珍藏本·增订本
纪念版

汉译世界学术名著丛书

法社会学原理

〔奥〕欧根·埃利希 著

〔德〕曼弗雷德·雷宾德尔 编校

舒国滢 译

商务印书馆
SINCE 1897 The Commercial Press

Eugen Ehrlich

GRUNDLEGUNG DER SOZIOLOGIE DES RECHTS

Fünfte Auflage, neu bearbeitet von Manfred Rehbinder

中译本依据柏林顿克尔与洪布洛特出版社 1989 年第 4 版译出

汉译世界学术名著丛书
（120 年纪念版·珍藏本）
增订本出版说明

2017 年 10 月，为纪念商务印书馆创立 120 周年，本馆推出“汉译世界学术名著丛书”（120 年纪念版·珍藏本），计七百种。近五六年来，仰赖学界同人倾力支持，订正旧译，增补新译，拓展新著，积累日多。为满足读者需要，本馆在七百种的基础上，继续推出“汉译世界学术名著丛书”（120 年纪念版·珍藏本·增订本）三百种。至此，“汉译世界学术名著丛书”累计出版，已达千种。

今后，本馆将继续推进丛书的翻译出版工作，在积累单本名著的基础上陆续分辑刊行，汇印出版。为促进中外文明互鉴、推动我国学术发展，使“汉译世界学术名著丛书”这项对我国学术文化有基本建设意义的重大工程发挥更大作用，诚望海内外学术界、翻译界继续给予支持，帮助我们把这套丛书出得更好。

商务印书馆编辑部

2024 年 2 月

汉译世界学术名著丛书
（120 年纪念版·珍藏本）
出 版 说 明

2017 年 2 月 11 日，商务印书馆迎来 120 岁的生日。120 年前，商务印书馆前贤怀揣文化救国的理想，抱持“昌明教育，开启民智”的使命，立足本土，放眼寰宇，以出版为津梁，沟通中西，为中国、为世界提供最富智慧的思想文化成果。无论世事白云苍狗，潮流左右激荡，甚至战火硝烟弥漫，始终践行学术报国之志，无改初心。

迻译世界各国学术名著，即其一端。早在 20 世纪初年便出版《原富》《天演论》等影响至今的代表性著作，1950 年代后更致力于外国哲学和社会科学经典的译介，及至 1980 年代，辑为“汉译世界学术名著丛书”，汇涓为流，蔚为大观。丛书自 1981 年开始出版，历时三十余年，迄今已推出七百种，是我国现代出版史上规模最大、最为重要的学术翻译工程。

丛书所选之书，立场观点不囿于一派，学科领域不限于一门，皆为文明开启以来，各时代、各国家、各民族的思想与文化精粹，代表着人类已经到达过的精神境界。丛书系统译介世界学术经典，引领时代思想，为本土原创学术的发展提供丰富的文化滋养，为推动中国现代学术和现代化进程做出了突出的贡献。

为纪念商务印书馆成立120周年，我们整体推出“汉译世界学术名著丛书”120年纪念版的珍藏本，寄望既利于文化积累，又便于研读查考，同时向长期支持丛书出版的译者、编者和读者致以敬意。

两甲子后的今天，商务印书馆又站在了一个新的历史时间节点上。我们不仅要铭记先辈的身影和足迹，更须让我们的步伐充满新的时代精神。这是商务人代代相传的事业，更是与国家和民族的命运始终紧密相连的事业。我们责无旁贷，必须做好我们这代人的传承与创造，让我们的努力和成果不仅凝聚成民族文化的记忆，还能成为后来人可以接续的事业。唯此，才能不负前贤，无愧来者。

商务印书馆编辑部

2017年10月

目　　录

作　者　序

人们常说，一本书必须能够用一句话来概括它的意思。假如摆 12
在面前的这本书应该接受这种检验，那么这句话大致可以这栏说：**在当代以及任何其他的时代，法的发展的重心既不在于立法，也不在于法学或司法判决，而在于社会本身。**或许这句话里就包含着任何一种法社会学原理的精髓。

作者

1912 年圣诞节于巴黎

第四版编校者说明

欧根·埃利希的《法社会学原理》第四版以一种崭新的面貌 13
出版，目前这变得愈加必要。本书第二版和第三版系第一版（即埃利希在世时出版的唯一版本）的重印本。我有幸校订目前这个新版本，埃利希由于过早地去世，不能亲自做这件事了。在埃利希与 J. C. B. 莫尔出版社（图宾根）老板保罗·西贝克博士（Dr. Paul Siebeck）的通信中曾经谈到，在第一次世界大战期间出版作为计划中的《法社会学原理》修订版的一部分，即《法律逻辑》，其中称："我收到许多页的回信，从中可以看到，在我的《法社会学原理》中缺乏索引（原文如此！），故此我相信许多读者希望有这样一个索引。"[①]

在编辑这个事实上令人期待的索引（我把它们分成人名索引和内容索引）的过程中，可能消除了一系列印刷错误，使标点符号符合当今的规则。而且，在通常十分冗长的章节中间加上一些段落标题，通过多少有些札评式的阐释可以让读者更好地跟上埃利希的思路。这些段落标题的措辞可能频繁地借鉴了迄今看起来出自埃利希本人之手的书眉标题。埃利希的照片（只可惜非常模糊，复制于

① 对此，详见 M. 雷宾德尔：《有关欧根·埃利希生平和著作的新材料》，柏林，赫尔穆特·舍尔斯基出版公司 1978 年版，第 403—418 页，第 412 页。

弗隆梯斯匹茨）出自胡果·仁茨海默（Hugo Sinzheimer）所著的《德意志法学的犹太经典作家》，阿姆斯特丹1938年第1版，第231页。

最后一点，这个版本中一个非常重要的创新是有关科学研究资料方面。埃利希引用了当时学术界的资料，没有仔细地注明自己的资料来源（这在其他一些的重要作者那里也早就是习以为常的事），而把特别是对现代文献的知识预设为读者阅读的前提。然而，若干代过后，这些知识不再是现成的，所以遗漏的科学研究资料今天愈来愈显得是一种缺憾。根据多年对埃利希及其著作的详细研究①，
14 除少数例外，我尽可能完成（本书）所引用的资料来源的注释。如果目前这个版本的哪位读者能够填补依然存在的缺漏，敬请告知。埃利希自己很少的几处注释现在作为带星号的脚注呈现，而由我添加的注释则按每章连续注码的形式呈现[1]。

曼弗雷德·雷宾德尔

1988年5月于苏黎世

① 见M. 雷宾德尔：《通过欧根·埃利希之法社会学的创立》，柏林1986年第2版。

[1] 本书正文部分的注释“[1][2]……”等序号后内容为中译者注，“①②③……”序号后内容为编者注，本中译本已将编者注一律改为页下注，每页单独起排，不再按每章连续注码形式呈现，原作者注序号用星号“*”表示，特此说明。——译者

第一章　实用的法概念

曾经有一个时期，它事实上离我们并不是很遥远，那时大学培 15
养未来的从业医师主要通过这样的方式，即要求他必须熟记各种已为人们所知的疾病的症状和治疗这些疾病的药物。这个时期已经过去。现代的医师是选择病人的身体作为其研究领域的自然科学家。同样，不到一个世纪之前，机械工程师与由师傅传授其制造机器之手工技艺的技工并无二致。现在，这也完全变了样。当今的机械工程师成了物理学者，他研究其应使用的材料的性质，研究这些材料在各种不同的外部作用力下运行的规律性。无论是医师还是工程师都不再纯粹手把手地掌握其职业所需要的技巧，而首先要学习这些技巧的科学原理。长期以来，在无数其他的领域也经历着相同的发展过程。

相反，在法学（Jurisprudenz）中，法科学（Rechtswissenschaft）与实用法论（praktische Rechtslehre），即实用法学（praktische Jurisprudenz）[1]之间所形成的分别，在当代暂时还没有被大多数

[1]　德文“Jurisprudenz”“Rechtswissenschaft”“praktische Rechtslehre”“praktische Jurisprudenz”，被本书的英译者瓦尔特·L. 莫尔（Walter L. Moll）分别译为“jurisprudence（Jurisprudenz）”“theoretical science of law（Rechtswissenschaft，理论法学）”“practical science of law（praktische Rechtslehre，实用法科学）”“practical juristic science（praktische

从事法学的人所意识到。但是，这种分别构成了一门独立的科学的基础，这门科学的意图不打算服务于实用的目的，而服务于纯粹的知识，它研究的不是词句，而是事实。这种在自然科学领域长期以来已经发生的转向，也开始渗透于法学领域，这个领域以前被安东·门格尔(Anton Menger)称为所有科学中最落伍的，“可以比喻为一个偏远的外乡小镇，在这里，大都市的(服装)淘汰款式还总是

Jurisprudenz，实用法学)”。对此，莫尔作了一个英文长注。为了让中文读者更进一步了解埃利希用词的涵义，特将这个英文长注翻译如下：

“Rechtswissenschaft”系区别于实用学问的形式的理论法学。“德国人将‘Rechtswissenschaft’归为法学(Jurisprudence)，将法哲学归为另一类。在这个图式中，法学包含具体的法律原理，而法哲学则处理抽象和根本的法律问题。相应地，德语作者可能不严格地把法学看作是普遍原理的科学，而看作是被时间或空间所限定的东西。因此，他们可能随意地谈当代的某种法学，或者某个特定国家的法学……这是欧洲大陆，特别是法国的用法，在那里，‘jurisprudence’(法学)在实践上与判例法同名。这种用法在我们的语言中也被广泛接受。……在这个语境中，自然很明显，正如人们常常所评论的，如果法学是一门科学，它就不能被如此地方化。”(Gareis, *Introduction to the Science of Law*, translated by Kocourek, p.22, n.3.)

除了法学的适当意义以外，本书译者回避其他意义上的“Jurisprudence”的用法。但埃利希在“实用法学”(在这个用法中，法律技术的观念逐渐增大)意义上使用“Jurisprudenz”的场合，译者使用“juristic science”一词。在此情形中，科学的用法可以按照下列根据来证成：他事实上在实用科学、技术科学意义上使用科学一词。因此，比如说，他谈到欧陆普通法法学。(Eugen Ehrlich, *Fundamental Principles of the Sociology of Law*, transl. by Walter L. Moll, Harvard University Press 1936, pp.3-4, n.1.)

《法社会学原理》的日文译者把“Jurisprudenz”译为“法律学”，将“Rechtswissenschaft”译作“法学”。相应地，“praktische Jurisprudenz”被译为“实用法律学”(参见：エールリッヒ：《法社会学の基础理论》，河上伦逸、M. フーブリヒト共译，みすず书房2001年9月第4刷发行，第3页)。

一般情况下，中译本作此处理：“Jurisprudenz”译为“法学”，“Rechtswissenschaft”译作“法科学”，“praktische Jurisprudenz”译成“实用法学”，“Rechtslehre”有时候译为“法论”，有时候直接译为“法学”，因为埃利希在行文中，经常交替使用“Jurisprudenz”和“Rechtslehre”，这两个概念之间是通用的。——译者

被当作新奇的样式穿在身上”。① 也许，此时它还没有取得预期的效果。新的法科学不纯粹带给我们有关法和法律制度之本质的某些迄今尚隐而不显的洞见，它无疑也会提供实际上可资利用的结果。

法律史的科学锻造

对法学家来说，几乎没有什么比对已完成转向的法学领域的考 16
察（比如国家的一般理论或者法律史）更富有启发的了。那就让我们匆匆地看一下法律史。法律应当根据其历史背景进行解释，古罗马法学家对这个想法并不陌生，无论是盖尤斯（Gaius）的著作，还是学说汇纂的残卷都满含着历史的说明。注释法学派和后注释法学派也大量利用法律史的注解，尤其是，16 世纪、17 世纪和 18 世纪伟大的法国学者和荷兰优雅派的学者简直可以称得上是历史学的和文献学的法学家。17 世纪的德国公法学家同样从历史的角度开展工作。英国学者大概从福蒂斯丘（Fortescue）[1]以来也是如此。布莱克斯通（Blackstone）[2]堪称是对看似难以理解的现行法从历史的角度进行解释的技艺之完美大师。但是，此前，研究法律史只是为了更好地理解现行法，直到历史法学派才使它成为一门独立的科学，并使之入主正堂。对于现代的法律史学者而言，法律史

① 安东·门格尔：《民法与无产的大众阶级》，1908 年第 4 版，第 30 页。

[1] 福蒂斯丘（Sir John Fortescue，约 1385—约 1479 年），英国法学家。以法学论文集《英国法律颂》（1470 年）闻名。其著名格言“宁可让有罪者脱逃也不能让无辜者受罚”，至今仍为英美陪审团制度的伦理原则。——译者

[2] 布莱克斯通（Sir William Blackstone，1723—1780 年）英国著名法学家、法官。著有《英国法释义》（1765—1769 年）。——译者

的研究结果是否实际有用已无关紧要，在他们看来，法律史不是手段，而本身就是目的。然而，即使法律史不再是法教义学的婢女，它对后者仍然发挥着极其宝贵的服务作用；当今的法教义学所包含的最好的科学成就均应归功于法律史的滋养。不过，法律史对于法科学的重要性与其说在于它是历史这一事实，倒不如说在于它是一门纯粹的科学，而且几乎就是当今存在的唯一的法科学。法律史已经成为国民经济学、国民经济政策以及立法技术永不枯竭的激励和启发之源泉！在其当初有限的目标和方法当中，这难道是可以想象的吗？

实用学问的必然局限性

人类的思考必然受目的观念的支配，目的观念为人类的思考提
供方向，决定着材料的取舍，决定着思考的方法。在所有这些方面，
法学家的思考也还取决于法学追随什么样的实用目的。一个从事
钢结构技术研究的工程师，当他思考钢铁的时候，他不去理会其中
17 的化学元素，而要考虑冶炼厂提供给他用作建筑的产品。他只关心
对钢结构起重要作用的钢的性能，而且，当他应当力图去研究这些
性能时，他就会对此采用那些看起来适宜于钢架建筑工之工地的方
法。他不用操心发展科学研究的方法，因为从事钢结构技术志不在
科学的成果，而且，科学上的精益求精对实用目的而言不仅显得多
余，而且也太过昂贵，太耗时间，太困难。钢结构技术工程师把他
能够做得最好的事情做好就行了，而让别人去做那些他们能够做得
更好的事情。当然，这一切本身并不是什么短处。不过，由于这种

必然的局限性，钢结构技术工程师并没有看到许多既对科学也对钢结构技术都很重要的东西。但是，一旦科学家和在钢铁开发的其他部门的专家发现了某些对钢结构有价值的东西，他当然会对此加以利用。如果他在自己狭窄的领域以其有限的手段完成了杰出的工作，那么这不仅具有实用的价值，而且也常常具有科学的价值。实践家的观察历来为科学提供养分；当代科学植物学的相当大一部分还是来自古代药师的药草术。

但是，假如没有钢铁的科学，而只有钢结构工程技术，假如没有植物学而只有药师的药草术，那么情况会大不相同：研究本身和实践工作均将极大地遭受这种片面性的损害。除了已经取代药师的药草术的生药学和药理学之外，农学、林学、园艺学以及许多其他的学科也都在研究植物的性质。植物学完全独立对此加以研究。不言而喻，其研究成果将有利于上面所提到的所有实用学科，另一方面，所有这些领域的实践家的工作成果同样为植物学家提供大量的启发。

实用法学的缺陷性

法学的不幸在于：尽管它目前几乎完全是一种实用法论，但它同时也总是法的唯一学问。那么，这就意味着，法学有关法和法律关系所讲授的内容，在方向、对象和方法上仅仅不过是实用法论所能提供的东西。事实上，这就好像矿物学和化学告诉我们，钢不过是为了钢结构工程的目的所研究的东西；就好像植物学告诉我们， 18
植物不过就是生药学和药理学中所包含的东西。法学的这种状况确实极其令人不快，尤其是当今的法学尚远未穷尽法律人所有领域的实践活动。其实，有多种法律职业，也应当有多种法学。罗马人把法学家的活动分为法律解答(respondere)，制作契据(cavere)，协助诉讼(agere)，翻译成现代术语，即：法官活动，法律文书制作人活动和律师活动；看起来至少在共和制时期，法学研究、法学文献和法学教育都是围绕这三方面的活动的某一方面展开的。在英国，法学同时既是法官的，也是律师的；此外，制作法律文书(conveyancing)是作为一种特别发达的法学部门存在的。然而，法官、法律文书制作人和律师长期以来还不是法律职业活动的全部代表；除了国家管理事务之外，法律人在私人事务管理，在农业、商业和手工业中也有丰富的活动空间；另外，他们还参与立法、政治和新闻业的活动。

当今法学的漏洞

比起古罗马的法学和英国的法学，当今欧洲大陆的法学要薄弱得多。自罗马法继受以来，欧陆的法学几乎完全在大学里找到了自己的安乐窝，这些大学绝大多数由国家设立和维持，随着博学的法官阶层的兴起，国家就把训练未来的以法官为职业的人这一使命主要委托给了大学。假如法律课程由私立学校提供的话，那么除了有法官的学校外，肯定还应有律师的学校和公证人的学校，各类不同的法学均应相应地得到发展。但结果出现的却是这样一种法学，其整个内容几乎完全可以说是训练法官应如何履行职责的实践指导。后来，又慢慢地、犹犹豫豫地增加了外交事务和行政事务方面的课程；相应地，法学和法科学也开始涵盖国际法和公法。故此，鲍尔森（Paulsen）[1]很有道理地说，如今的法学院是法官和行政官员的 19
技术训练机构。① 但是，绝大多数学生既然都打算从事法官职业，那么法官所需要的法律依然居于（法律训练的）中心地位。也许正因为如此，在德国，公法和国际法比私法、刑法和诉讼法要早得多地被接受为一门学科方向；一般国家法（allgemeines Staatsrecht[2]），后来称为“一般国家学”（allgemeines Staatslehre），作为法学的第一个分支学科出现，它不关注研究成果的实际应用，而只追求纯科学的目的。但法学院只愿意并且只能是训练官员的学校，这一点不仅是法学教育而且也是法学研究和法学著述的决定因素。因此，所有的法律文书制作人和律师几乎找不到能够对其职业中充满责任、困难且重要的使命而从中获益的东西。他们必须在实践中纯粹手把手地学会其所需要的大部分知识，而颇有价值的职业经验大多会随其拥有者的死亡而消失。不过，下面一点或许至为要紧，即：只知法官需要的法律而不知其他法律的法学正在无视这些东西，尽管匆匆一瞥法律生活就会明白，很大一部分司法和续造法律活动是在律

［1］ 鲍尔森（Friedrich Paulsen, 1846—1908 年）德国学者，教育学家。他曾提出，德国大学的任务是“参照政治的善恶，完全（代表）某种人民的公共良知”。他力图创立一种没有冲突的，在意识形态上完全同质的社会。——译者

① 弗里德里希·鲍尔森：《德国的大学和大学的学习》，柏林 1902 年版；另见氏著：《在其历史发展中的德国教育事业》，莱比锡 1912 年第 3 版。

［2］ 莫尔的英译本将一般国家法（allgemeines Staatsrecht）译成了“狭义的公法”（public law in the narrow sense），此译是为了使国家法区别于国际法。在他看来，国家法（Staatsrecht）可以分为宪法（Verfassungsrecht）和行政法（Verwaltungsrecht）。See Eugen Ehrlich, *Fundamental Principles of the Sociology of Law*, transl. by Walter L. Moll, Harvard University Press 1936, p.8. ——译者

师和公证人的办公室里进行的，法科学能够从中获取丰富珍贵的素材。而且，现代的法学家无论如何都可以从法律史的手册中获知法律文书作为法律发展之杠杆的重要性。与此相应，还有下面这个事实：法学根据同样的观点，把自己局限于其本身的素材领域。一些重要的事项若法官不在职业上普遍关注，它们就不会被人们研究。在德国，由于工业的蓬勃发展，司法开始逐渐忙于应对劳动契约法问题，此后大约十年前，洛特马尔（Lotmar[1]）① 才第一次为了法学而揭示这个问题。对于法学而言，当代最重要的法律问题，即工会问题、托拉斯问题和卡特尔问题还几乎不存在，或许只是因为：尽管它们可能在法律生活中重要，但在司法上却并非起着同样重要的作用。

这种状况对方法造成极其有害的影响。一切研究之要务在于寻找到与其研究对象相适应的研究方法。故此，一些大学者终其一生都花费在方法的寻求上；一旦找到方法，那么工作就可以完全由下属的人力来继续进行。归根结底，即使光谱分析也不过是一种方
20 法。除了目前已经拥有了科学精神的一般国家学，法学所熟悉的不过就是实践学说为法官司法所发展的方法。根据 16 世纪在欧洲大陆兴起而至今仍具主导地位的法官观，法官必须从现存的一般法条推断出应如何裁决具体的个案之结论。旨在法官应用的实用法学应当在这一点上为法官提供法条，它们以尽可能一般的方式加以表

[1] 洛特马尔（Philipp Lotmar, 1850—1922 年）瑞士法学家，劳动法专家。——译者

① 菲利普·洛特马尔：《依据德意志帝国私法的劳动契约》，2 卷本，慕尼黑 / 莱比锡 1902/1908 年版。

达，以使判决能够从中推导出来；实用法学应当指导法官如何将一般的法条适用于具体的案件：因此，它必须是抽象化的和演绎性的。然而，除一般国家学之外，整个法学是抽象化的和演绎性的，好像人的精神没有了更高级的成就，只不过是创造贫血的思想体系，它们越抽象，就越丧失与现实的一切联系。这样，法学与一切真正的科学之间就有了明显的区别，在真正的科学中，归纳方法占主导地位，它力图通过事实的观察和经验的积累使我们深入洞察事物的本质。

实用的法概念

因此，法学也根本不了解法的科学概念。这正如钢结构技术专家谈到钢的时候所想到的不是被化学家或矿物学家称为钢的纯化学物质，而是运用于钢结构中非常不纯的合成钢，同样，法学家所理解的法也不是在人类社会中作为法存在和起作用的东西，而完全是（除了公法的若干领域）在法官司法中作为法来考虑的东西。较为深刻的洞察之偶尔闪现（这无论如何会出现）不应迷惑任何人。当钢结构技术专家在投入某项科研时，他也许会说出用于钢结构之中的合成钢的化学分子式，但在实际执行的过程中，他却只关心这个合成钢（材料），因为他对科学意义上的钢不感兴趣。同样，重要的不是在手册和专著之导论部分可以找到的定义，而是法学实际运用的法的概念；因为概念不应是一种外在的装饰品，而应该是构筑科学思想大厦的工具。

作为行为规则的法

21 从法官的观点出发，法是法官据以必须对呈现面前的法律争议进行裁决的规则。而根据目前特别是在德国法学上流行的定义，法似乎是人类行为的规则。人类行为的规则和法官据以裁决法律争议的规则可能是大不相同的两码事，因为人类确实并不总是依照适用于其纠纷裁决的规则来行为的。毫无疑问，法律史学家把法理解为人类行为的规则。他们是这样来描述规则的：在古代或中世纪，人们依照规则缔结婚姻，丈夫、妻子、父母和子女依照规则在家庭中生活。依照规则，财产要么由个人所有，要么由共同所有；土地要么由所有者自己耕作，要么由纳贡的佃户或由隶农（农奴）耕作。依照规则，契约应如何签订，财产应如何继承。当我们请求某个从国外归来的旅行者，让他描述其所了解的那些国家的法律时，我们也许有相同的体会。他会向我们讲述：当地人如何结婚，如何在家庭中生活，契约如何签订；但他几乎不会告诉我们据以裁决法律争议的规则是怎么规定的。

当法学家出于纯粹科学的兴趣追踪外国法或者遥远时代的法律时，他完全无意识地采用这个法概念，而当他转向研究自己本国和同时代的现行法时，则立即抛弃之。人们据以行为的规则，完全不知不觉地，一定程度上甚至秘密地就变成了法院和其他国家机关应当据以裁判人们行为的规则。当然，后者也是一种行为规则，但只是适用于民族中一小部分人的行为规则，即属于担当执法之责的国家机关的规则；它不像前者，乃是普罗大众的行为规则。对实

践的、旨在适应司法官员要求的考察恰好取代了科学的考察，而司法官员们也确实想主要了解那些其本身必须据以进行活动的规则。当然，法学家也把这些规则视为行为规则，但这里显然隐藏着某种思想的跳跃。他们的意思是说，法院据以进行裁决的规则就是人们**应当**据以行为的规则；此外，这还伴随着一种模糊的观念，即：随着时间的推移，人们确实将会按照法院据以裁判的规则来调整自己的行为。此时，不言而喻，行为规则不仅是人们通常据以行为的规则，而且也是人们据以应当行为的规则；但是，说有关这个“应当” 22
完全或者主要是由法院加以决定的，这是一个完全无法接受的推定。日常经验告诉我们的情况恰恰相反。的确，没有人会否认法院的判决会对人们的实际行为产生影响，但我们也必须首先研究这在多大程度上切合实际以及它依赖什么样的环境。

法律错误的学说

法学著作、法学报告的每一页都证实了刚才所讲的这一点。几乎每一句话都表明：在那些讨论某种法律关系的法学家脑海中所浮现的，仅仅是从这个关系中产生的法律争议应当如何加以裁决的问题，而不是与此完全不同的问题，即：人们在这个关系中如何行为以及应当如何行为。即使像梅特兰（Maitland）[①] 这样的大人物也可能说，写英国人的诉讼史就是写英国的法律史。法学思考过程在

① 见莱特雷顿：《评弗里德里克·波洛克爵士 / 弗里德里克·威廉·梅特兰著〈爱德华一世时代之前的英国法律史〉》，波士顿 1903 年第 2 版。

这一法律错误学说中找到了一种简直天真的表达。把法律理解为行为规则的法学原本不大可能提出一个原则，即：人们即使根本不知法律也要受其拘束，因为人们不可能按照其所不知道的规则来行为。相反，法学本应追问什么样的法律素材应被承认为行为规则并被人们遵守，它至多再应追问：到底应该怎么做才使法律为世人所知。事实上，宾丁（Binding）①在数年前就已经研究这整个题目，并提出如下原理：被人们普遍共知并实际地引导人们行为的只有刑法规范而非刑法典。追随他的仅有马克斯·恩斯特·迈耶尔（Max Ernst Mayer[1]）②，但后者并没有充实任何必要的经验素材。然而，假如我们（像通常所做的那样）说，法律既对知道它们的人有效，也对不知道它们的人有效，那么我们显然就彻底放弃作为人们行为规则的法概念；我们将它仅仅确认为针对国家机关的规则，国家机关必须适用法律，而不管它是否被参与者所知。当然，要求人人都知道法律，或者我们提出一种推定说适当公布的法律是人所皆知的，这样做不会使情况变得更好。

当今法学上的非国家之法

23 主流的法的起源观也完全受相同的思想所迷惑。法律规则到底从何而来？谁为它注入了生命和影响力？观察一下对这些问题

① 卡尔·宾丁：《规范及其违反》，第2卷，莱比锡1872年版，第23页及以下。

[1] 马克斯·恩斯特·迈耶尔（Max Ernst Mayer, 1875—1923年），德国法学家。——译者

② 参见马克斯·恩斯特·迈耶尔：《法律规范与文化规范》，布雷斯劳1903年版。

所作的回答是极其有趣的，因为这些回答清晰而明确地折射出一个事实：当服务于某种实践需要的必要性指向另一条道路时，即使某种完全正确的科学知识也不足以引导人们的精神。如今，在萨维尼（Savigny）和普赫塔（Puchta）过后一个世纪，受过科学训练的法学家均不再怀疑，过去的大部分法律不是由国家创制的，即使在今天，大量的法律也来自其他的源头。这是理论。那么问题在于：哪里曾探究过这种非国家之法（außerstaatliches Recht[1]）呢？哪里曾阐释过它呢？哪里曾讲授它呢？如果我们在这里说，当今欧洲大陆的法学研究、法学著述和法学教育不知有别的法而只知有制定法，那么我们确实并不算太过冒昧。

当然，人们会说，习惯法（几个世纪以来，这个流行语被用来概括指称在本质和起源上完全不同种类的非国家之法）在今天是“微不足道的”，以此来平息内心的不安。这个说法在萨维尼和普赫塔的著作中即已存在，从那时起，它又无数次地以各种不同的形式被重复，甚至那些未曾明确表达这个说法的人也坚持这个说法。这样想问题的人已不再把法看作是普遍的人类行为之规则，他们已然清楚地证明，在他们看来，法至少主要是法院和其他国家机关的行为规则；因为即使国家万能的信奉者也不会经常真的持有这种想法，

［1］ 埃利希在本书中分别谈到“außerstaatliches Recht”和“staatliches Recht”，前者直译是“国家外的法”（参见：エールリッヒ：《法社会学の基础理论》，河上伦逸、M. フーブリヒト共译，みすず书房 2001 年 9 月第 4 刷发行，第 11—15 页、第 463—464 页），后者乃是“国法”。 英译本分别将“außerstaatliches Recht”和“staatliches Recht”译为“non-state law”和“state law”（See Eugen Ehrlich, *Fundamental Principles of the Sociology of Law*, transl. by Walter L. Moll, Harvard University Press 1936, p.13.）。中文译本借鉴此译法，而将两概念分别译为“非国家之法”和“国法”。后者之所以没有译为“国家法”，主要是为了避免与“Staatsrecht”（国家法）一词翻译的混淆。——译者

以为国家能够制定调整人类所有行为的规则。在整个欧洲文明的范围内，唯一的例外或许就是约瑟夫二世皇帝（Kaiser Josef II.），他在这一点上却遭到了失败。因此，法学同非国家之法的关系，完全不依赖于科学的信念，而随国家对法院态度的变化而变化。如果说法学如今完全委身于国法，那原因恰恰在于：国家相信，在它长期以来设法得到司法专权的历史发展过程中，它也能够把立法的专权掌握在自己手中。所以，我并不怀疑，现代自由的法的发现运动不仅显露出在科学认识上的一个进步，而且也表现出国家与社会关系上的一种实际转变，这种转变在其他领域早已发生。

24 几乎到处都一样，直到很晚的发展阶段，比如在罗马共和国时期或者德国中世纪，法官主要根据习惯来进行裁判，这个时候当然没有任何人会想到，这样的法起源于国家。直到共和国晚期，在罗马人看来，罗马民族的习惯法，即市民法（das ius civile），仍然是一种至少与法律（leges）[1]同等重要的法源。德国中世纪的法书（Rechtsbücher）[2]仅仅很例外地提及制定法或者法令的规定。在中世纪，《民法大全》（*das corpus iuris civilis*）[3]或者《教会法大全》

［1］ 拉丁词“leges”是“lex”的变格形式，指罗马时期的各种与习惯法相区别的成文法，这里译作“法律”。——译者

［2］ 德国中世纪有各种习惯法之“镜”（Spiegel），如《萨克森之镜》《施瓦本之镜》《德意志人之镜》《法兰克人之镜》，这些“法镜”（或法鉴，“Spiegel des Rechts”，英译“Mirrors of the Law”）又名曰“法书”（Rechtsbücher，英译“law-books”）。它们大都出现在13世纪至16世纪。故此，人们往往把德国1200—1500年这一法律历史发展时期称为“法书的时代”（die Rechtsbücherzeit，the“Age of the Law-Books”）。——译者

［3］ 《民法大全》（一译《国法大全》）是公元6世纪东罗马帝国皇帝优士丁尼（Justinian I，拉丁文写作：“Justinianus”，一译“查士丁尼”，约482—565年）于公元529—534年指令编纂和颁布的官方法律文件的总称，包括《优士丁尼法典》《法学阶梯》《学说汇纂》和《新律》四个部分。——译者

（*das corpus iuris canonici*）[1]，甚至《金玺诏书》（*die Goldene Bulle*）[2]均享有很高的权威，人们在处理疑难而重要的问题时，就像求助于其他权威（比如《圣经》或古代作者的著作）那样求助于它们，因为在中世纪所有领域的工作均主要依靠权威来进行，这一点在法学上与在神学、哲学和医学上并无二致。只是到了国家强大起来并努力趋向专制政体形式时，思想才开始萌芽，冲动才开始觉醒，使国家成为权威性的法的来源，且随着时间的发展成为唯一的法的来源：这一过程在罗马发生于帝制时代，在西欧发生于16世纪。尤其是在罗马帝制的初期，通过法律解答权（das ius respondendi），即皇帝授权法学家负责创制法律[3]，试图使非国家之法的形成受国家授权

[1]《教会法大全》（一译《教会法汇要》）系中世纪教会法的基础文件，于1500年左右正式汇编成册，其包括6个法律文本，适用于罗马天主教会，具有法律效力，直到1917年才被由教皇本笃十五世（Pope Benedict XV，1854—1922年）修订颁布、1918年生效的《教会法典》（*Codex Iuris Canonici*）所取代。——译者

[2]《金玺诏书》，是欧洲中世纪的国王或皇帝颁布的相当于国家根本大法的文书，因该文书钤用金玺而得名，其内容涉及贵族、教士的基本权利、特权，君主的权力范围、遴选或王位继承等。比较著名的有1356年神圣罗马帝国皇帝查理四世和1222年匈牙利国王安德烈二世分别颁布的《金玺诏书》。——译者

[3] 因为罗马法学家工作的独特性和重要性，也是为了消除法学家解答之间的意见纷争，第一位古罗马帝国皇帝奥古斯都（Caesar Augustus，公元前63—公元14年）执政时期，曾经赋予罗马最杰出的法学家享有“经君主批准的解答权”（ius respondendi ex auctoritate principis），其能够在皇帝的公共权威下进行解答。然而，史料并没有记载他那个时期到底授予何人具有“经君主批准的解答权”，也不知道授予此项特权的法学家到底有多少人。根据现有的文献，我们可以肯定的只有彭波尼的记载，最早获得此项特权的法学家是提比略皇帝执政时代（Tiberius，公元14—37年在位）的法学家马苏利乌斯·萨宾（Massurius Sabinus），他大约50岁时，被提比略皇帝亲授“公开（以官方名义）进行解答”（publice respondere）之权力，负责向民众进行解答，系有明确记载取得此项特权的第一人。——译者

的约束，把它限定在制定法尚未规制的问题上，在制定法中针对习惯法的效力采取一些非常严格的规定，而且力图通过旨在覆盖全部法律的法典编纂使习惯法成为多余，有时甚至明文将习惯法排除在外。即使法学家的法学著作也受到轻视，有时甚至被直接禁止，因为（统治者）感觉到，从中会出现一种新的非国家之法，即法学家法（das Juristenrecht）。也许，优士丁尼对这一发展潮流作了最后总结："只有皇帝才是法律的创制者和解释者，这些法律不是在改变前辈们所创制的规则，而是通过皇权对这些规则加以认可。"（*tam conditor quam interpres legum solus imperator iuste existimabitur, nihil hac lege derogante veteris iuris conditoribus, quia et eis hoc maiestas imperialis permisit.*）[①]

法学坚定不移地追随国法的这种发展之路，却很少关注科学认识的进步。它对科学的教导表示暂时的敬意，之后立即又回到它认为属于其本来的任务方面，即为司法提供其想要得到的东西。其关键的一步发生在这样的时刻：法官不再被要求同时熟悉国法和非国家之法；法官只以国法的知识为前提，而非国家之法则必须由每个
25 具体案件的当事人来向法官提供证明。从那时起，唯有国法才是完全合格的法，其他的一切法仅仅是一种"事实"。随着受到学术训练的国家法官阶层的兴起，也就是说，早在德国 16 世纪，法学就走到了这一步。逐渐得到巩固的学说认为：习惯法（目前它涵盖科学法以外的所有非国家之法）是一种从属性的法；它在起源和效力上取决于立法者的授权、认可或批准；立法者当然也可以完全禁止之。

① 《优士丁尼法典》，第 1 卷，第 14 章，第 12 号谕令，第 5 款。

习惯法遭到轻视，有时甚至遭受嘲弄，对它的证明变得愈来愈困难，它获得承认的条件愈来愈严格。致力于探究或阐释非国家之法的著作越来越少，最终至18世纪，它们几乎消失殆尽。在课堂教学中，“习惯法”几乎徒具虚名。这是19世纪初期的状况。那时的法学认为，确定法是什么不是它份内的事，它的职责只是向国家任命和委任的法官指明，法就是按照委任者（国家）的意志必须作为法加以适用的东西。

作为非国家之法的自然法

即使对法院和其他国家机关而言，也不曾有一个时代，把国家以制定法形式宣布的法当作唯一的法律；故此，总是存在一股潜流，力图使非国家之法获得一个相应的地位。在欧陆的法科学中，这股潜流两次强劲地冒出地面：一次是在17世纪、18世纪的自然法学派作者们的著述之中，另一次见诸历史法学派的创立者萨维尼和普赫塔的作品之中。令人遗憾的是，自然法学者在多大程度上是法的历史观的先驱，历史法学派的开拓者在多大程度上是自然法志向的完成者，这个问题很少受到人们的关注，而且几乎无人给予适当的考察。这两个学派的共同点在于：它们均不盲目地将国家宣称为法的东西认可为法，它们力图科学地探究法的本质。两者均从国家之外探索法的起源：其中，一个找到了人性，另一个则找到了民族的法意识。

这两个学派均没有把它们的思想贯彻到底。无论如何，它们受到了至今仍在整个法学占支配地位的观念的阻碍，这个观念就是：

只有法官在司法中当作法加以适用的东西才是法。尽管自然法学
26 者持激进主义，他们（尤其是在法国之外，那里的情形与欧洲其他国家还有些不同）从来不敢断言，至少不是带着果断的口吻断言，法官能够负有职责适用那种未经国家至少以默示的方式认可的法律规则。故此，自然法事实上完全是悬在半空中的。唯有对法官有效的东西才是法，而自然法对法官却不生效。这在一点上，自然法学说彻底推翻了自己。自然法作为建立在人性基础上的非国家之法，它的斗士们最终还是呼吁国家的立法，以便将自然法付诸实现。

萨维尼与普赫塔作为法科学的思想之父

萨维尼和普赫塔或许是最早至少模糊地持有下列想法的人：他们认为法科学的目的仅仅是增进知识。他们毕生的事业见证了对任何以实用目的为指向的法学的鄙视，这种鄙视也许是无意识的，他们的确从没有明确地承认过，但却清晰表现了出来。甚至在他们致力研究的共同法（gemeines Recht[1]），即当时的实在法的著作中，他们也试图首先科学地理解共同法中构成任何一种法的本质的东

[1] 中世纪末期以来，欧洲大陆在继受罗马法、教会法的基础上，逐渐形成一种在欧洲大陆适用的法，称为共同法（gemeines Recht）。与共同法相对的是地方特别法 (Partikularrecht)。起初，共同法只居于补充地方法的地位。在共同法里，以罗马法为基础的私法占主要部分。由于这一部分主要来自《民法大全》中的《学说汇纂》(*Pandectae*)，于是共同法中的私法部分又特称为潘德克顿。有关“gemeines Recht”的译名很不统一，有的译作“普通法”，有的译为“大同法”。为了避免与英国的“普通法”（Common Law）译名混淆，本书将欧洲大陆的“gemeines Recht”统一译为“共同法”。——译者

西，在共同法中不是探究某个法制度，而是探究法本身[1]。他们远远超越他们的时代，把注意力从立法者个人的卑微角色移开，转向关注那些在法的形成中起作用的伟大的自然力量。依据建立在其学说基础上的思想，这些自然力量主宰着习惯法，当然，在他们看来，习惯法是在法律上一切超越人类现象的一个象征，而不是一个清晰可辨的观念。然而，对他们而言，创建一门法科学这个使命过于重大，他们对此做了个开头，却未能完成之。

非国家之法在当代未被探究

历史法学派的创立者们从来没有尝试过把他们所讲的方法论
原理应用于其教义学工作之中。他们对非国家之法的兴趣也许引
导他们努力搞清楚习惯法的概念，但他们从没有下工夫去探究德国
的习惯法；他们从未尝试完善当时乃至当今仍极不完备的方法，以
厘定习惯法；他们拒绝了贝塞勒（Beseler）[2]的建议，尽管这些建 27
议非常不周延，但毕竟值得重视；他们也根本不去研究在法学文献
中可能不得而知的某个活的习惯法的具体情形。尽管他们认识到
法在民族的法意识中自我演进，但除了备受非议的立法之外，他们
并没有能够指出一种道路，告诉我们新法律如何纳入已然确立的法

[1] 埃利希在这里分别使用了“ein Recht”和“das Recht”，英译本将前者译为“a system of law”，将后者译为“law itself”，本译者从其译。See Eugen Ehrlich, *Fundamental Principles of the Sociology of Law*, transl. by Walter L. Moll, Harvard University Press 1936, p.16. ——译者

[2] 贝塞勒（Georg Beseler, 1809—1888 年），德国 19 世纪著名法学家，日耳曼法学派的重要代表。——译者

体系之中；他们也没有谈到，当新法律不是通过立法者来规定时，法学如何认可并接受之。他们研究的法律素材完全包含在18世纪的共同法法学之中。他们十分用心地整理这些材料，有时更加精细、有时也钻牛角尖地考察业已被前辈们研究过的事实情况，通过在历史上经常也是教义学上已经经过检验的原始文献的内容来鉴别上述材料，他们经常用令人钦佩的敏锐力校正传统的定义，但他们不曾努力充实这些定义或者引入新的方法。

他们很少有延续者，更没有后继者。当然，贝塞勒①曾以杰出的灵感紧接着在线索中断的地方尝试重新连线；这个时候，他虽然正确地看到了很多东西，但他最终思考得不多，终究没有清晰地表达出来，所以有关其作品价值的一般判断很容易被心怀恶意的批评者所误导。只有若干日耳曼派法学者和教会法学者以历史学派的精神作为法教义学者实际地开展工作：日耳曼派法学者把自己主要限定于追踪古老的德国法制度的蛛丝马迹，这些制度连同所谓德意志共同私法已经融入德国（各邦）特别法[1]之立法当中；教会法学者则仅仅关注一个无比狭窄的领域。

正是在习惯法至关重要的问题上，得到证实的与其说是进步，不如说是退步。历史学派的模仿者作为历史教义学者相当令人不解地与萨维尼和普赫塔的习惯法学说（它或许是人类思想的一项重大成就）失之交臂，他们越过萨维尼和普赫塔而连接到18世纪的共同法法学。在他们看来，习惯法不再是一种支配法的形成的（其

① 格奥尔格·贝塞勒：《民众法与法学家法》，1843年版。

[1] 这里的特别法（Partikularrecht）是相对于共同法（Gemeinrecht）而言的，特指国家之内某个特定地方（省，邦）的地方法。——译者

规律必须由科学加以探究的）力量。他们研究的问题仅仅是：在什么条件下，根据立法者的意图（这种意图应以对《民法大全》和《教会法大全》或者某个现代法律的规定进行解释来加以确定），习惯法才对法官具有拘束力。那么，这仍然是一种只追问“法官必须做 28
什么”之问题的法学。在这一点上，它对于非国家之法根本没有兴趣。习惯法学说在教科书和手册的若干导言性段落中被轻描淡写地提及，而若干篇幅更小的著作则只讨论一些世人早就耳熟能详的争议性问题。在这些人的作品中根本还谈不上有一种系统的探究。他们甚至不知道这样做的方法。少数研究过习惯法个案的学者（布隆斯[Bruns][1]、菲廷[Fitting][2]）也完全停留于书面的来源，尤其是法学文献；故此，他们以好像研究某种制定法的方式在开展工作。在“法律规则的解释”这个标题下实际上所讲的仅仅是制定法的解释。有些学者（温德沙伊德[Windscheid][3]、巴尔[Bähr][4]）将司法判决引入现行法的阐释之中，这被认为是一项开拓性的创新。

法体系之完美性学说

故此，尽管有萨维尼和普赫塔，自国家的法官阶层兴起以来，

[1]　布隆斯（Carl Georg Bruns, 1816—1880年），德国民法学家、罗马法学家。——译者

[2]　菲廷（Hermann Heinrich Fitting, 1831—1918年），德国法学家。——译者

[3]　温德沙伊德（Bernhard Windscheid, 1817—1892年），德国19世纪著名法学家。《德国民法典》第一草案起草人。——译者

[4]　巴尔（Otto Bähr, 1817—1895年），德国19世纪法学家。著有《法治国》（1864年）和《作为负担根据的承诺》（1874年），在后一书本中提出“独立（抽象）的债务契约”的概念，被《德国民法典》所采纳。——译者

法学依然是它曾经存在的那个样子：它是一种适用国法的理论。实际上，至少在私法领域，整个现代法学文献和整个现代法学教学所想要做的，仅仅是尽可能清楚、尽可能忠实、尽可能完整地对制定法的内容予以阐释，这不仅涉及极其精细的分支，也包括其最宽远的适用情形。但这样的文献和这样的教学还不能称为科学：从根本上说，它们只是制定法传播的一种特别有力的形式。这个学派得出的最终结论是法体系的完美性和无漏洞学说。在这一点上，历史学派恰好栽了跟头，就像自然法学派在呼吁国家立法时栽了跟头一样。布林茨（Brinz）[1]第一次明确表述了这种法观念，或许更早被这个学派的代表人物实际践行过，但它却如此彻底地与自然法一道终结了历史学派的命运，以至于人们很想从中看出某种更高的正义的主宰。在这两个创建了历史学派并克服了自然法学说的伟大学者的整个法学世界观与其学说之间恰恰裂开了一条鸿沟，他们的学说是：对出现的任何法律问题，现行法中总有一种答案，人们必须懂得去寻求之。这个学说——因为它不过是一个实际上毫无意义的学说——显然暴露出整个法学所构想的只是一个法官的裁判规范体系；因为确实不再有人持有荒唐的想法，认为整个法律是一个预
29 先规定一切可能关系中的一切人类行为的完美规则体系。耶利内克（Jellinek）已然注意到，法体系的逻辑完美性的教条不适用于公法，“而仅适用于法律秩序中法官有权作出个案之最终判决的那个部分”。① 作为证明，耶利内克引证了大量现行公法中根本找不到

［1］ 布林茨（Alois Brinz，1820—1887年），德国19世纪著名民法学家。——译者

① 格奥尔格·耶利内克：《一般国家理论》，1913年第3版，第356页。

答案的公法难题。但是，即使法官有权作出个案之最终判决（这在耶利内克引证的任何一个个案中似乎是可能的），事情也并无二致；当然，法官必定要找到一种答案，但确实不是根据逻辑完美的法体系得出的，因为其中不包含有这样一个体系。也就是说，耶利内克认为属于公法特性的情形实际上也适用于任何其他的法律领域，法体系之逻辑完美性原理并未表达一种经过科学确认的事实，而仅仅表达了一种实践上的努力，即：为法官应对一切发生的案件提供储备充足的裁判规范，使法官尽可能受它们的束缚。

法作为国家强制秩序的学说

在此情形下，我们才最终可以理解目前依然占支配地位的观点，即：法是一种强制秩序，法的本质在于允许可强制的请求和课予可强制的义务。这里首先要搞清楚什么是强制。它不可能是指任何一种心理的强制，人确实经常在某些心理强制下行为，甚至完全在法律领域之外进行。因此，它只能理解为属于法律特征的一种强制，即仅仅通过威慑的刑罚和威慑的强制执行的心理强制。这两种强制被认为是法的本质特征，但这又只有从下面一点得以说明：人们总是把法看作是有待法官适用的规则。某个法律案件提交到法官面前，几无例外，目的均在于试图让法官施加某种惩罚，或者想让某种请求在法官承认其具有法效力之后以强制的方式加以执行，而且，几无例外，在当代，司法判决事实上也是可以强制执行的。如今，法官法与可强制执行法在相当程度上是重合在一起的。
但是，若把法主要看作是行为规则，对持这种看法的人而言，无论 30

刑罚强制还是执行强制都必然退居次要位置。如此看来，人类生活本身并非都是在法庭面前进行的。亲眼所见的现象表明，任何人均处在数不清的法律关系之中；他几无例外地完全按照自己的意愿从事其在这些关系中所要担负的事情；他履行作为父亲、儿子、丈夫或妻子的义务，他不妨碍其邻居所享有的财产，他偿还自己的债务，为其购买的货物支付价金，对其雇主提供其应尽的义务。当然，法学家会反驳说，所有的人履行他们的义务，仅仅因为他们知道可能最终会被法院强迫这样去做。假如法学家真的想不辞劳苦地观察人们在做什么和不在做什么，那么他会很快相信：人们通常根本不考虑法院的强制。只要人们不单纯受本能驱动来行为（当然，通常情形如此），那么其他一些行为理由就具有决定性意义：不然的话，他们可能与自己的亲戚吵翻脸，丢掉自己的职位，失去老顾客，获得好吵架、无信誉、行为草率之人的坏名声。但法学家至少不应忽视下面一点：人们在这个意义上作为法律义务作出一定行为或不作出一定行为，常常完全不同于（有时甚至远远不同于）官方能够强迫他们作出一定行为或不作出一定行为。行为规则通常完全有别于强制规范。

很久以前人们已然注意到，相当大一部分国家法和行政法根本没有这种意义上的强制。假如有人反对这一点，指出在内阁部长的责任中，在国家机关的议会责任或纪律责任之中也存在着一种强制，那么他就必须首先说明：这个所谓的“强制”能否与执行强制视为相同的强制。这两样东西搁在一起看起来风马牛不相及。弹劾内阁部长的武器是很笨钝的，在许多情形下国家官员的议会责任和纪律责任也是如此，如此笨钝的武器能否被称为强制手段，这个心理学问题，我们在此可以完全不去管它。但是，在国际法、教会法、国家法以及专制国家或非议会之宪政国家的大量行政法中，特别是几乎在所有调整议会代表机构的权限和行事程序的规定中，连这种解决办法也是失灵的。人们常说，假如议会的大多数或代表机构的主席同意，几乎可以做一切违宪之事而不担责任。其实，在这种情况下，依然存在着“公共舆论的强制”，“公众的愤怒或抗议”， 31
最后，还有革命相暗示。但这种不由法律规定也不受法律调整的强制威慑能否被看作是法的本质特征呢？任何社会规范，无论是伦理、习俗、荣誉规范，还是礼节、社交或时尚规范，在被触犯时均可能引起此种强制，该强制在上面提及的某些非国家之法规范中经常比在国法中更加有效，有时甚至强大到具有超出法律上执行强制的作用。故此，有人尽管欠裁缝的钱但会清偿其所欠下的赌债，他会藐视刑法的禁令与人决斗，但会不假思索地遵从社会强制。

所有这些经常被人说得够多了，再次提及它们也许是多余的。因此，这里只应强调目前被人所忽略了的一点，即：至少在私法中常常缺乏某种有效的法律强制。特别是，一切严格受时间约束、源于恒久的法律关系的纯粹个人请求，则更是如此。基于这个理由，许多规定家庭成员或合伙人之相互权利和义务的条款，规定社团机构、董事会、董事以及董事大会义务的条款，不能创设任何可强制的法律情形，因为诚如法学家所言，它们没有提供主观权利：换言之，此处不存在任何对它们予以实施的法律救济手段。然而，在许多情况下，这些规定甚至也缺乏利用现成的法律救济手段的任何可能。一个财团董事由于董事会没有让他使用阅览室就起诉董事会不成？一个雇主因为房间没有被打扫就起诉女仆么？这样的诉讼

能够使他得到什么好处呢？损害赔偿之诉也无法提供保护；故此，无论当事人多么重视其在某个既定时刻的权利，事后他也不能证实损害值得一提。只有当义务人由于其损害行为而使某种关系难以维持时，权利人才有效地被赋予了法律救济手段，即，请求解散关系并要求损害赔偿。但这其中不存在对另一方当事人履行义务的法律强制，否则后者肯定会针对损害赔偿经常以其违法和违约行为来造成关系的解散。人类社会秩序的基础在于法律义务一般可以得到履行，而不在于它们可以被起诉。

作为人类团体秩序的法

32 因此，无论如何，传统法学在实质上（即便并非总是在形式上）顽固坚持的三个特征必须排除在作为国家强制秩序的法概念之外。法概念的本质特征既不在于它来自国家，也不在于它充当法院或其他国家机关判决的基础，或者构成此种判决之后的法律强制的基础。不过，这里应保留法的第四个特征，人们或许必须以它作为出发点：法乃是一种秩序。基尔克（Gierke）[1]的不朽功绩在于：他在其称为合作社（Genossenschaften）的组织体（他把国家也算作这种组织体之内）中发现了法的上述性质，并在一项详细从事的研究中对此加以阐释。① 根据他研究的成果，我们也许可以将这一点看作是得到确证的：在合作社概念所及范围之内，法是一种组织结构，

[1] 基尔克（Otto von Gierke, 1841—1921 年），德国著名民法学家、法律史家。——译者

① 奥托·冯·基尔克：《德国合作社法》，第 1—5 卷，1868—1913 年版。

它是一种为合作社的每一个成员分配其在共同体中的地位、上下位的顺序及其职责的规则；我们现今完全不可能想象，在这种共同体中，法的主旨在于据以裁决来自共同体关系的纠纷。据以裁决法律争议的法律规范，即裁判规范，仅仅是具有有限职能和有限目的之法律规范的一个亚种*。

基尔克的学说仅仅在下面一点上是片面的，即，它把纯属合作
社法的东西说成是对整个法律领域都适用的东西。从他自己的著
作可以看出，合作社法不仅对人加以组织，而且对物加以组织；它
不仅涉及社员做什么或不做什么，而且涉及他们应当在此过程中如 33
何利用合作社的财产。很久以前就有人注意到，基尔克把他的合作
社法概念表达得过于宽泛，几乎把整个德意志法都纳入这个视野之
下。不过，在他的概念中事实上也存在着一种正确且伟大的认识的
萌芽。我们可以远远超越基尔克设定的边界，在能够寻找蛛丝马迹
之处去发现有组织秩序的共同体，同样，我们也能够从中发觉作为
任何人类团体之整序者和承担者的法律。

* 有人告诫我说（巴塔格里尼：《刑法规范》，罗马，无出版年代），构成组织形式的法律规范与裁判规范之间的区分同马克斯·恩斯特·迈耶尔首次提出的法律规范与文化规范的区分是相互重合的。我对此首先要说明的是，我第一次在 1903 年 3 月 4 日维也纳法学会所做的关于自由的法的发现和自由法学的学术报告中谈到组织形式与裁判规范之间的区分。这个报告于 1903 年印刷出版，序言所载的时间为 1903 年 6 月：在这个版本的第 9 页有相关的讨论。马克斯·恩斯特·迈耶尔的书出版于 1903 年，其序言注明时间为 1903 年 8 月 8 日。故此，既不能说我借鉴了迈耶尔，也不能说迈耶尔借鉴了我。而且，一个悉心的判断者本不应忽略一点：我的学说尽管得出的结论许多方面与迈耶尔的相似，但却是从一个完全不同的观点出发的，在目的上也与他的学说完全有别。——作者原注

作为社会学的法科学

当前，人们把社会科学一词理解为任何一种研究人类社会的科学，它可能是理论的，也可能纯粹是实践的；因此，它不仅包括理论国民经济学，而且也包括实用国民经济学（所谓“Nationalökonomie”）、统计学和政治学。大约一个世纪以来，由于法国哲学家奥古斯特·孔德（Auguste Comte）[1]的首创，理论社会科学总体以“社会学”的名称出现。而且，人们试图给予社会学赋予特有的内容，使之成为一门独立的科学，这门科学将所有理论社会科学的内容综合成一个统一的整体，一定程度上以社会科学之统一的“总论”存在。这样一门科学的存在本身可能是有道理的，但把它称为社会学则不合适，因为那样的话，我们就必须为理论社会科学总体寻找到另一个名称。迄今为止，“法学”（Jurisprudenz）一词常常既指理论法学，也指实用法学；我们或许还将保留这一流行的说法，但也有必要区分真正的法的理论即法科学（Rechtswissenschaft）与实用法学（praktische Jurisprudenz，在不必担心误解的地方，直接称“法学”（Jurisprudenz）。因为法是一种社会现象，所以任何一种法学均属于社会科学，但真正的法科学是理论的社会科学，即社会学的一部分。法社会学是法的科学理论。

[1] 孔德（Auguste Comte，1798—1857年），19世纪法国哲学家、社会学家、实证主义的创始人。——译者

第二章　社会团体的内部秩序

社　　会

人类社会的概念构成了一切社会科学考察之不言自明的出发 34
点。社会乃彼此存在联系的人类团体的总体。这些构成社会的人类团体是各式各样的。国家，民族，国际法上的国家共同体，地球上的开化民族结成的远远超越个别国家和民族界限的政治、经济、思想、社交共同体，宗教共同体，单个的教会、教派和宗教组织，国内的财团法人，阶级，阶层，政治党派，狭义和广义的家庭，社会帮派、宗派，这个由盘根错节的团体和相互交织的圈子形成的整个世界组成了社会，总之，它们之间的相互影响是可以认知的。故此，首先有一种地球上文明民族的社会，这其中又有各种相对狭窄的社会，比如基督教民族的社会和伊斯兰教民族的社会，最后有仅仅包括单个文明民族的社会。在这个意义上的社会之外，存在着一些民族，它们完全脱离了文明民族社会的影响，比如地球上的未开化民族和野蛮民族，不久前，还有日本人和中国人，不过，他们在与世隔绝的状态中形成了一个独自的社会。

原始团体和其他团体

从这些各种不同的人类组织中，我们必须首先挑选出一种有组织的团体，这个团体接下来将被称为原始（原生性的）团体。在原始时代各种组织形态（如氏族[Geschlecht，gens，clan]、家庭和家族成员共同体[Hausgenossenschaft]）中，我们将会看到这种原始团体。氏族和家庭是它的原型。不过我们至今还不能确定氏族是充分发展的、扩大了的家庭，还是家庭在氏族之后很晚才出现，抑或于氏族之内产生的，它们两者哪一个应被视为真正的原型。不
35 言而喻，自从人类开始结成团体那一刻起，人类自身不断增强的结社能力就变成了其为生存而斗争的一种武器。它使那些自私欲和食肉动物本能占上风的人类逐渐受到排挤，并趋向消亡，使那些有结社能力的人类继续生存，后者由此变得愈来愈强大，乃因为他们能够利用其整个团体的力量。相应地，物竞天择和遗传产生了一种不断增强结社能力的人类种群。这种植根于相互依赖之朦胧意识中的连带感培育了氏族，并且通过共同的血统意识强化了（血缘的、血亲的）家庭。在牲畜饲养者和土地耕种者之中，共同的劳作使他们居住在一起，于是家庭发展成为家族成员共同体，通常仍称为家庭。通过原始团体（氏族、家庭和家族成员共同体）的结盟，就形成部落，接着从中又产生了民族。

在较低的发展阶段，人类的社会秩序完全建立在原始团体及其结盟而成的部落和民族之上。故此，这些团体也履行着大量的职能。氏族、家族成员共同体、家庭是经济、宗教、军事和法律的团体，

也是语言、习俗和社交的共同体。但是，在更高发展阶段的社会中，这些职能逐渐从原始团体脱离开来，另一些形式的组织产生，它们除部分地增加了新的职能外，还承袭了原始团体原有的职能；这些组织是：公社(Gemeinde)[1]，国家，宗教团体，社团，政党，社会帮派，社交俱乐部，农业、作坊和工厂中的经济团体，行业协会，职业协会，运输经营联合体。在最高级的文明民族中，几乎不计其数的各式各样的共同体加入其间，他们的生活更加丰富、更加多样化、更加错综复杂。结果，一度很强盛的原始团体也部分地趋于衰落了。只有聚居在同一个屋檐下的直系血亲的家族共同体，即狭义的家庭，一直充满活力地维持到我们这个时代；范围更大的家庭大体上已然褪色，有关氏族，只在高级的贵族和农民阶层中还残留有少量几乎不易察觉的痕迹。

所有后来的团体与原始团体之间存在着明显的差异。任何个人几无例外地归属于某个原始团体，但其他团体却不存在这种必要性；人通常生于某个原始团体之中，而要成为其他团体的成员，自愿加入和接纳通常具有决定性意义；原始团体的起源归因于无意识 36
的本能，而后来的团体是人类有意识的活动的结果。而且，随着文明的每一次进步，这种差异还在不断扩大。与今天相比，一百年前，一个人的工作和职业，其作为宗教共同体成员、作为政党成员以及

[1] 公社(Gemeinde)是中世纪欧洲实行自治的城镇或乡镇(故此，下文根据上下文的需要也译为“乡镇”或“乡镇公社”)。在中世纪中期和后期，西欧大多数城镇或乡镇实行公社的城市制度。其特点是：公社的公民或市民宣誓相互保护和帮助。公社可以拥有财产和签订协议，对其成员有不同程度的司法权和行政权。不同类型的公社之间有非常明显的地区差别。在公社内部通常实行寡头政治。——译者

他的社会联系在更大程度上由其出身所决定，也就是，由其所属的原始团体所决定；而所有这些由其自由选择决定的程度则比当代要小得多。

作为团体法的古代法

我们对欧洲现今各文明民族由之而来的诸部落之原始时代的法所知甚少，但有一点是毫无疑问的：我们当今大多被称为法，有时甚至完全被称为法的东西，即，确定的、成文表达的、由超越于个人之权力发布的、从外部强加于个人的法律规则，在原始部落中只可以找到些许蛛丝马迹。他们的法主要是氏族、家庭、家族成员共同体中的秩序：这种秩序决定一个有效婚姻的前提条件和后果，决定夫妻、父母对子女间的相互关系以及其他氏族、家庭和家族成员共同体之相互关系。每个团体完全独立地为自己创造这种秩序，而不受其他团体秩序的拘束。假如一个民族之同类团体中的秩序差别很小，那一定是因为生活条件存在相似性，常常也是因为借鉴的结果，但肯定不是因为从外部为它们规定一种相同的秩序。按照德国的学术用语来说，在这些团体中可能存在着一般的法（allgemeines Recht），而非共同的法（gemeines Recht）。

最古老的土地法、契约法、继承法和国家法

土地占有一旦开始固定下来，大概就产生了与此相关的法律，但还没有产生一般的法律规则。每个聚居区都创制有自己的土地

法；每个领主均独立地为自己的属民规定这种土地法；国王的每个封赏令完全独立于其他领主对封赏土地占有之法律地位作出规定。在各种乡镇公社、聚居区和领地，大概还有一些具体的法律关系，但不存在如我们在《民法大全》或者现代法典中所见到的那一类土地所有法。

契约的情形与此毫无二致。契约法仅仅以所签订契约的内容 37
为基础；它完全缺乏有关契约的一般法条，缺乏所有强制性的、补充性的和解释性的规则，而这些规则却充斥于《民法大全》和现代法典之中。契约保持沉默之处，就是法外空间（rechtsleerer Raum）；逐字逐句、墨守成规的契约解释（这在中古法律上是很典型的）不是基于（自称源自原始时代，但原始时代却相当陌生的）形式主义，而是基于下面一点：契约言辞之外，无物可被持守。

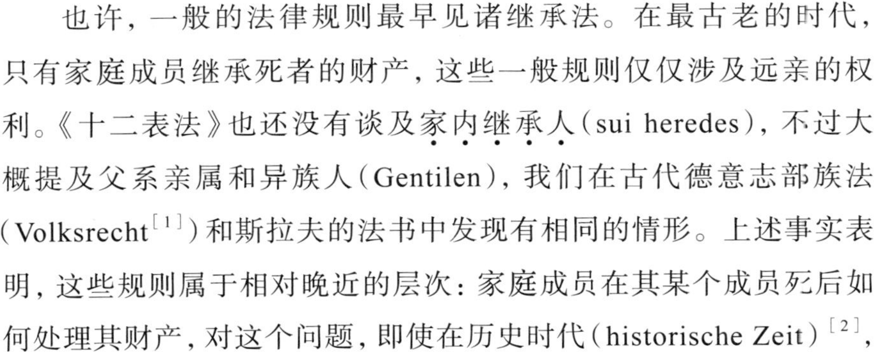

也许，一般的法律规则最早见诸继承法。在最古老的时代，只有家庭成员继承死者的财产，这些一般规则仅仅涉及远亲的权利。《十二表法》也还没有谈及**家内继承人**（sui heredes），不过大概提及父系亲属和异族人（Gentilen），我们在古代德意志部族法（Volksrecht[1]）和斯拉夫的法书中发现有相同的情形。上述事实表明，这些规则属于相对晚近的层次：家庭成员在其某个成员死后如何处理其财产，对这个问题，即使在历史时代（historische Zeit）[2]，

[1] 有关“Volksrecht”，目前有“民俗法”“部族法”（参见李宜琛：《日耳曼法概说》，中国政法大学出版社 2003 年 11 月版，第 5 页；エールリッヒ：《法社会学の基础理论》，河上伦逸、M. フーブリヒト共译，みすず书房 2001 年 9 月第 4 刷发行，第 27、33、202、234、235、239 页）等译法。本译本将它作为与“法学家法”“科学法”对称的概念，统一译作“民众法”，在讲日耳曼古法时译作“部族法”。——译者

[2] 在西方，有人曾经将人类历史分为原始时代（Urzeit）、神话传说时代

仍由每个家族、每个氏族自主决定；只是在没有直系血缘的家族成员存在的情况下，才在相对较早的时期出现了一般的条款规定。

最古老的国家完全建立在创建它们的高贵氏族的协议基础之上；除了这个协议之外，就没有任何东西可以确定各国家机关之地位、权利和义务。在终身王位制和稍后的世袭王位制取代这个暂时的领导地位之后，所有的一切都取决于国王的个性、财富和影响，取决于其臣民的数量、勇敢和忠诚。如果国王能够信赖他的臣民，那么其权力或许会很强大；否则，他就必须在事关较为重要的统治行动中确保人民之中有影响力的人物的同意，必要时确保全体人民的同意。故此，长老会和民众大会绝不是宪法性的制度，而只是国王贯彻其意志的手段。国王官吏的权威仅仅以国王给予他们的授权以及他们的权力地位为基础。因此，不存在有关这方面的法条。

晚近时期无法条之法的残余

在现今的王侯家法（Privatfürstenrecht[1]）中，人类最古老的一部分法律状况（Rechtszustand），像一只包裹在琥珀壳内的洪荒时代的蚊子被保存至当代。冯·顿格恩（v. Dungern[2]）① 令人信服地证

（mythologische Zeit）和历史时代（historische Zeit）。由此看来，所谓历史时代，就是有文字记载的狭义的人类历史时期。——译者

［1］ 王侯家法（Privatfürstenrecht），是关于贵族族务的特别法。——译者

［2］ 奥托·冯·顿格恩（Otto von Dungern, 1875—1967 年），奥地利公法学家和法律史学家。——译者

① 奥托·冯·顿格恩："论捐赠权能问题"，载《格林胡特杂志》第 39 期（1912 年），第 227—248 页。

明：王侯家法根本没有任何实质的内容。它的全部内容在于规定： 38
高级贵族的家庭能够自主地决定他们的法律关系；他们就此作出的决定完全取决于他们自身。故此，今天王侯家法的状况，就是从前整个法律的状况。但是，高级贵族家庭的自行决定仅仅触及家庭法和继承法的若干问题，而在原始时代，每个具体的团体、团体内每个具体的法律关系、每个契约、每块土地均有它们自己的法；在古代社会，除了这种有关个别法律关系的法之外，没有其他的法律。

这种法律状况还反映在荷马史诗（die homerischen Gedichte）、斯堪的纳维亚的传说以及塔西佗的《日耳曼尼亚志》（*die taciteische Germania*）当中。当然，《十二表法》和最古老的日耳曼法律记述的法律传统一定程度上超越了这一点。日耳曼法律记述采用了与刑罚制度、刑事诉讼以及一些公法与私法事项有关的一般法条：当然，它们一部分仅仅是对罗马法的借鉴，一部分也依赖罗马法产生，但绝大部分证明是一种不断演进的法律发展。斯拉夫的法律渊源与拜占庭的法之间具有类似的关系。

但是，即使历史（记述）时代高度发展的罗马法依然包含着无数暗示着上述较为古老的法律状况的残余。在罗马家族和氏族内部，所有的一切均以自治为基础，在罗马契约的早期发展阶段，契约的言辞完全决定着契约的权利和义务，这是一个由于缺乏有关契约义务之前提条件和后果的一般规则之必然结果。**家内继承人**（sui heredes）的继承权历来没有受到规则调整，在历史（记述）时代，罗马的遗嘱处分权以及子嗣在**遗产分割之诉**（actio familiae herciscundae）中的争议缺乏一切规定，均证明了这一点。根据明确的证据，异族人的继承权完全独立地由各个氏族调整。那么，罗马

的国家法究竟怎么呢？蒙森（Mommsen）[1]在这个题目下给我们所提供的东西，除了少量包含国家法的**法律**（leges）之外，仅仅是对罗马国家机关在罗马帝国存续期间所从事的实践的记述。蒙森可能从中得到了一般的法条：但是这些法条几无例外均属其智力劳动的成果，它们是他从事实中提炼出来的，它们在罗马从来就不是针对这
39 些事实的规则。我们的确可以将它们称为罗马的国家法，但它们肯定不是罗马国家的宪法。如今在整个东方，其情形几乎还是如此。自从上层的东方贵族开始环游欧洲并接受欧洲的教育以后，东方并不缺乏制定法，有时甚至并不缺少成文的宪法；但是，它们通常确实只是小把戏，也许对于遥远的未来并非没有意义，但目前并没有什么效果。如果有人想了解某个东方国家实际的国家法，他就必须以切身的直接观察来代替《拉丁碑文大全》（*Corpus Inscriptionum Latinarum*），试图去理解个别国家机关的活动。冯·顿格恩有关埃及国家法之著作①的方法论意义就是建立在这一认识基础之上的。

史前社会的法

故此，在原始阶段，整个法律秩序存在于人类团体（当然国家也属于该团体之一）的内在秩序之中。每个团体独立地创造这个秩序本身，尽管这些团体在此过程中也经常模仿某种已存在于另一个团体中的秩序，或者在团体解体时承袭某个秩序并延续下去。由于

[1] 特奥多尔·蒙森（Theodor Mommsen，1817—1903 年），德国作家、历史学家和法学家。著有《罗马史》（5 卷本）、《罗马国家法》等著作。——译者

① 奥托·冯·顿格恩：《埃及国家法》，格拉茨 1911 年版。

秩序包含着关系的相似性所产生的因素，因此，它们并不缺乏共同的特征。对外在的观察者而言，这些共同的特征可能表现为民族的共同法：但这的确仅仅是由观察者对所见所闻所做的一种普遍概括。塔西佗向我们讲述了一些有关古日耳曼人的法律关系，但浏览其报告就足以看出：其中并没有包含任何法条，而只是关于日耳曼人习惯上如何作为和不作为的叙述。假如我们能够把日耳曼人这个时期的存在称为社会，那么这个社会不是通过法律规则，而完全是通过其团体的内部秩序来维持自己的平衡。

采　邑　法

跳过许多代人不提，我们直接过渡到封建国家。现代人理解封建国家的巨大困难在于：长期以来人们一直试图去寻找一部封建国家的宪法。但封建国家的特征恰恰是：它根本没有宪法，而只有契约。国王与封赏的大领主，大领主与封赏的家臣，相应地，
这些家臣与他们封赏土地的采民之间存在着契约关系。非自由民 40
（Unfreie，农奴）处于这个关系的最底层。当然，这里可能漏掉了某一个或更多的层级，在每个层级，领主都可以直接拥有非自由民。故此，若想完全详细地叙述某个封建国家的国家法，那就必须能够说明领主与其封赏者之间所有的契约以及领主与非自由民之间（通常也仅仅是契约性的）关系的内容。在一定的地区和一定的民众当中，领主与非自由民之间的契约和关系常常可能是非常相似的：但这个相似性又只是以伴随的条件之相似性为基础，它建立在直接的模仿或借鉴的基础上，而不是依赖于某种一般的规则。这个所谓的

“采邑法”(Lehnrecht,一译“封建法”)最初只是各个契约当中共同要素的学术表述,这些契约后来才转化成一般法律规则,以弥补契约的内容。

当然,更高阶段的采邑法已经规定有个别领主之采民的集会,它们有时不仅仅是直接采民的集会,而且甚至是隶农(Hörigen,农奴)的集会,这些集会作出共同的决议。但至少在制定法观念得到普遍认可之前,这些决议并不包含当今意义的法条。它们纯粹是共同的意思表示,其法律意义在于:它们被领主接受并由此而变成与领主共守的总契约。德意志帝国议会最古老的决议就是这种意义上的总契约,至今仍作为英国宪法基础的《自由大宪章》(*Magna Charta Libertatum*)是一种总契约;德国的庄园与劳役法(Hof- und Dienstrechte)实质上也是总契约。

但是,封建体制从来都不可能穷尽封建国家之社会秩序的整个内容。在封建国家之内,还总是有氏族、家庭和家族成员共同体之古老团体继续存在着,只是氏族极大地削弱了;与此同时,一些新的地区性团体兴起,它们接管了一系列的社会职能。在地区性团体中,城市很快获得了重要的意义和一种高度的自治性,这实质上使其置身于封建体制之外。封建体制根本上一直仅仅是城外农村的体制。在城市围墙之内,无数独特的、在其他地方还不为人知的社会团体纷纷崭露头角,一种生气勃勃的法律生活渐次展开。在这里,完善的法律制度才第一次在一系列法条(土地占有法、担保法、契约法、继承法)中得到表达。

但这些法条只构成法律秩序中极小的一部分。在封建国家中,
41 法律秩序的绝大部分还不依赖它们,而是依靠各种社会团体的内部

秩序，这些团体既有传统的，如氏族、家庭和家族成员共同体，也有新兴的，如封建联盟、庄园、马尔克公社、城市公社、同业公会、行会、法人团体和公共机构(Anstalt)[1]。所以，要想了解中世纪社会的法，就不应仅限于了解法条：还必须研究封赏文书、特许状、土地登记簿、行会登记记录、城市名册以及行会章程。即使在这个时期，法的重心仍在于人类团体的内部秩序。

作为团体秩序的当代法

如果将当代的法与若干世纪前的法进行比较，我们第一眼就会被此间经过权威发布并以成文表达的法条所具有的巨大意义所吸引。所有欧洲国家(也许，唯有大不列颠例外)的国家法均采纳了这一形式，还有国家官吏法、行政法和诉讼法；整个私法和刑法看样子也都是由法条构成的。因此，法不过是法条的总和，这个观念至今还整个支配着我们的观念。

然而，这一观念是充满矛盾的，一定程度上自己否定自己。在国家法、行政法和诉讼法中，此种内在的矛盾表现得最不明显：但恰好在这里，有关事实、惯习性规则和行政官员行事方式之规范意义的新近研究表明，这一类法也不纯粹是由法条组成的。相反，法条仅仅在表面上触及当今的家庭秩序。在当代，法人团体法和公共机构法也主要依靠团体章程。当今尽管对契约法有详细规定，但在

[1] 在德国法上，所谓的公共机构(Anstalt)是指依公法成立，由某些物(设备、设施)及人(管理机构成员)组成，以持续性方式来达成特定之目的，例如公立学校、博物馆、公园、公立医院等。——译者

个案中起决定作用的远不是有关契约的法条，而是契约的内容。对于现实的继承法秩序而言，最终意志的表示、婚姻契约、继承契约、继承人分配共同财产的协议要比有关继承法的法条重要得多。每个法官、每个行政官员都知道，相对而言，他们很少单纯根据法条作出裁决；大量的裁决是根据法律文书、证人与专家证言，根据契约、团体章程、遗嘱和其他宣告来进行的。因此，按照法学家们的行话讲，大多数情况下，与其说是在进行“法律问题”的判断，还不
42 如说是在进行“事实问题”的判断：而事实问题恰好就是人类团体的内部秩序，它们是法官从证人与专家证言、契约、团体章程、继承人分配共同财产的协议以及遗嘱宣告中提炼出来的。当今如同在原始时代一样，人的命运在很大程度上依然由团体内部秩序而非由法条来决定。

在法学家那里，这个真理常常被下列情况所掩盖：在他们看来，有关事实问题的裁决似乎只不过是将他们确认的事实情况涵摄于某个法条之下。但这仅仅是基于单纯法学上的思维习惯的结果。国家出现在国家宪法之前，家庭比家庭秩序更为古老，占有出现在所有权之先，先有了契约后有契约法，自发产生的遗嘱也远比遗嘱法古老。假如法学家认为，在一个有拘束力的契约签订之前，在一个有拘束力的遗嘱确立之前，必然有某种法条存在，据此，契约或遗嘱才是有效的，那么他们在一点上就把抽象的东西搁在具象的东西之前了。有关契约法或者遗嘱法的法条应该比没有法条的契约或者遗嘱更具有拘束力，法学家或许更容易理解这一点，但法学家以外的民众和个人却恰好不是这样来思考问题的。事实证明，过去支配人们的观念是人根据契约或者封赏而获得权利；但根据某个法

条取得权利这个想法却是完全陌生的。即使在当代，只要法学理论没有那么久地施加影响，那么人们通常会认为，权利不是来自法条，而是来自人与人的关系，来自婚姻、契约和遗嘱。将权利的来源归结为法条，至今仍不过是在法学家中间流行的观点。然而，社会现象不可能按照法学上对它们进行推释的方式来解释，而是基于事实展开思维过程的方式来解释，思维过程以事实为基础。

法条最初只作为诉讼法

到目前为止，我的论述一直仅仅在有意关注欧洲的民族；但这一论述当然不只适用于这些民族。事实上，在原始民族中，法与它们的内部秩序恰好是重叠的；在较低的发展阶段，根本不存在一般的法条；大概到了较高的阶段，法条才首先以宗教律令的形式出现。

但看起来，只有高度发达的人类才能够完全理解这一想法，即：抽 43
象的法条可以把它们的意志强加于生活。中世纪早期的德国部族法大概已部分地包含非常详细的法条，但是它们可能只是在一定的地区适用的法，这些地区有足够多的罗马人居住，故而罗马人的思维过程也在日耳曼社会延续下来。众所周知，在中世纪，立法的影响是很微弱的。在落后的国家，在东方，在东欧和南欧的部分地区，从西方去的旅行者所注意到的是普遍的“无序”（Unordnung）；这种无序在于，一般的法条，即使它们存在着，也从没有人遵行。与这种公共生活中的无序适成奇异对照的是小团体、家族成员共同体、家庭和氏族中的传统秩序得到遵守的严格性。

比较法学大师亨利·萨姆纳·梅因爵士（Sir Henry Sumner

Maine)[①] 从另一个背景指出了相同的现象。他最早论述，最古老的法似乎总是诉讼法。照字面来理解，这一说法当然是欠考虑的。一个还很简单和原始的社会，其整个秩序以诉讼法为基础，是不可想象的。也不是在任何地方，法律争议都只是依据诉讼规范来裁决。诚然，一项控告常常因为原告在形式上的错误而足以被驳回，或者一项起诉由于被告在形式上的错误而可能被受理；但是，即使抛开程序缺陷不谈，裁决也必须总是根据实体法来作出的。若没有实体法，作出裁决当然是不可能的。尽管诉讼法的确不是最古老的法，但最早的法条可能是诉讼法的法条，这大概与刑罚的规定有关，就这一点而言，梅因的学说是正确的。实体法无疑是早已存在着的，只是还没有用法条表述罢了。

法律规范与法条

人类团体的内部秩序不仅仅是原初的法的形式，而且直到当代仍然是法的基本形式。法条不仅很晚才出现，而且至今其绝大部分依然来源于团体的内部秩序。因此，要说明法的起源、发展和本
44 质，就必须首先探究团体的秩序。所有迄今为止想弄清法的本质的尝试均告失败，原因就在于其不是以团体中的秩序而是以法条作为（研究的）出发点。

团体的内部秩序由法律规范决定。法律规范不应与法条混淆。

① 亨利·萨姆纳·梅因爵士:《古代法》(1861 年)，弗里德里克·波洛克爵士编辑，伦敦 1909 年版。

法条是某个法律规定在一部制定法或者法书中偶然的、具有普遍拘束力的表述。与此相反，法律规范是转化为行动的法律命令，比如，它们在某个特定的、也许规模很小的团体中可能居于支配地位，哪怕没有任何字面上的表达。一旦某个社会有了实际有效的法条，那么法律规范也就从这些法条中产生；但是，在任何社会，法律规范远比法条的数量多，因为适用于个别情形的法总是远远多于适用于所有类似情形的法，也远远多于同时代试图用语言表达的法学家对它们的认识。任何一个现代法律史家都知道，《十二表法》或者《萨利克法典》（*Lex Salica*）中所包含的在当时生效的法是很微小的一部分；然而，与它们相比，现代法典也没有什么两样。在过去若干世纪里，决定着团体内部秩序的所有法律规范均以习俗、契约、法人团体的章程为基础，至今我们仍然需要到那里去寻找它们。

第三章　社会团体与社会规范

45 社会团体是这样一种人类群体：他们在相互的关系中承认某些规则对其行为具有决定性，而且至少大体上实际地依此行为。这些规则是多种多样的，有不同的名称：法律规则、伦理规则、宗教规则、习俗规则、荣誉规则、礼仪规则、社交规则、礼节规则、时尚规则。此外，大概还可以加上若干相对不那么重要的规则，比如游戏规则、（在购票窗口或在繁忙的医师候诊室等待的）排队规则。这些都是社会事实，是在社会起作用的力量之产物，它们不得与其发生作用的社会割裂开来，而只能在其社会背景中加以考察；与此不同，尽管人们不去关注潮汐推进中的自然力，但照样可以计算潮汐的运动。这些规则在形式和内容上是规范、抽象的命令和禁令，它们涉及团体内的共同生活，引导团体的成员。除了这种行为规则之外，还有一些规则因为不涉及人类的共同生活，本身不是规范：比如，语言规则、品赏规则或者卫生规则。

作为社会行为规则的法律规范

故此，法律规则仅仅是行为规则的一种，在这一点上与所有其他的社会行为规则具有相同的性质。可想而知，主流的法学绝不强调这一点，而是基于实践的理由强调法与其他规范、特别是与伦理规范之间的差异，以处处尽可能强烈地告诫法官：他们必须只依照法律而绝不能依据其他规则来进行裁决。在尚未完全国家化的法的形成过程中，这种差异是隐而不现的；在罗马，人们把法称为“善良与公平的技艺”（ars boni et aequi）[1]，当时几乎没有听说过这种差异，当今的英国人对这一点也很陌生。在并非追求实用的法官目的的法律领域，比如国际法、国家法和行政法领域，法远没有如此精细地与伦理、习俗、礼仪、社交，与现今所称的惯习性规则相区别， 46
甚至也极少像在私法理论和刑法理论上所做的那样，与纯粹的合目的性考量加以区分。

任何的人类关系，无论是临时的还是恒久的，都完全以团体中的行为规则来维系。假如规则不再起作用，团体就会四分五裂；这些规则的效力愈弱，共同体就会愈松散。若宗教规定不再有效，则宗教团体消亡。若家庭成员不再遵守家庭秩序，则家庭解体。在奥地利的北方斯拉夫人中，大家族的最后踪迹于最近50年里已然彻底消逝，因为其远房的家庭成员不再很严格地承认共同生活的规则。

并非一切人类团体均由法律规范来决定，显然，只有那些从属于法律的团体，其秩序才以法律规范为基础。法社会学应该专门研究这些团体，其他团体则是社会学的其他分支研究的对象。在法律

[1] “善良与公平的技艺”是古罗马法学家杰尔苏（Selsus）对法所作出的一种界定。乌尔比安在《法学阶梯》第1卷中最早引用杰尔苏的这个著名定义。见D 1, 1, 1. 汉译，参见《学说汇纂》（第1卷），罗智敏译，纪蔚民校，中国政法大学出版社2008年版，第5页。——译者

团体中，有一些可以很容易从外部加以辨认：它们是被法学家称为法人的组织，即财团、公共机构、基金会，最主要的是国家。但在公法上，还有无数的法律团体没有法人资格，比如行政机关、公共机构、人民、军队、阶级、阶层、行业；在私法中，这样的团体可以见到很多。

作为团体组织的法律规范

在所有的法律团体中，法律规范构成了其内部秩序的支柱：它们是其组织体的最强有力的支撑。组织体意味着团体中的规则，这些规则为团体成员分派相应的职位（其上下的位序）和职责。它们不仅涉及人和人的关系，而且可能涉及人和物的关系：后者也总是间接地涉及人与人的关系。故此，消费品的所有权人决定着对该消费品进行消费的人应当如何实施其相应的行为，工厂主决定着工厂的秩序及其经营方向，债权人决定着债务的标的，并常常决定着债务人的命运；不过，债务人也同样经常决定着债务的标的和债权人的命运，因为他作为物的当下占有人对物拥有很大一部分法律上的权力。然而，只有当法律规则已经在某个团体中成为实际的行为规
47 则，也就是说：法律规则至少被人普遍地承认并加以遵行，它们才创造团体中的秩序。那些依然作为纯粹的裁判规范，只在很少的诉讼案件中发生效力的法律规则不可能为团体确定秩序；当然，更不用说现实中大量存在，但却对生活根本没有什么影响的法条了。伦理规范、习俗规范和宗教规范自然也是如此。因此，我们要不断追问立法者、宗教创始人或哲学家所创制的东西、所宣称的东西、所

宣讲的东西，哪些已被法院适用，哪些已被牧师们布道，哪些在书本和学校里被传授，而且还要不断追问哪些内容事实上被践行并变成生活本身。唯有进入生活之中的规范，才是活的规范，其他的则纯粹是学说、裁判规范、教义或理论。事实上，仅仅在人类行为规则的意义上才有习俗规范、荣誉规范、礼仪规范、社交规范、礼节规范和时尚规范；虽然每时每刻都在涌现新的荣誉法典（决斗规则）、新的社交法典、新的礼节法典和新的时尚法典，但假如没有实际地渗透于生活，它们完全是毫无意义的。

法总是团体法

故此，社会学法学的头等重要的任务是把规制、调整和决定社会的法的成分从单纯的裁判规范中分离出来，并且证明其组织的性质。这一点最早在国家法和行政法上得到认可。事实上，今天几乎没有人再怀疑，国家法是国家的一种秩序，其目的不是裁决法律争议，而是确定国家机关地位和职能，确定国家机关的权利和义务。但是，国家首先是一种社会团体，在国家中起作用的力量是社会之力；凡是出自国家的活动，即国家机关的活动，特别是立法活动，均是社会通过其为此而创建的团体即国家完成的工作。掌控社会的阶级、阶层和利益群体，在国家之中也同样居于支配地位；假如国家对它们之中的任何一个发动战争，那么这不过是意味着国家落在了它们中的另一方之手。因此，在国家法中不仅包括国家的组织，而且也包括社会的组织。

学者的丰富人生很大一部分在从事这种工作，即阐述法人社团

48 的组织性质，说明法人社团及其法律对于文明、特别是德意志文明曾经具有且至今依然具有的贡献。历史的每一页都在告诉我们法人团体作为政治、思想、宗教、经济和社会生活之团体所具有的意义，任何一本英国或美国论述法人和托拉斯的著作也都是在完善这幅图景。就本书的目的而言，对这些论述再做补充，或许是多余的。

基尔克将国家法、公法人与私法人的法（他称之为“社会法”）与全部其余的私法（他称之为“个人法”）相对立。[①] 但这种对立其实不存在。根本没有个人法，所有的法都是社会法。生活本身不了解与整体相脱离的独往独来的个人，法也不熟悉这样的人。对法而言，个人永远只作为无数团体中某一团体的成员而存在，个人通过生活而加入到团体之中。这些团体只要还带有法律的烙印，它们就通过法和其他的社会规范来加以调整和规制；正是规范在分配着每个个人在团体之中的地位，分配其上下的顺位及其职能。个人的加入，有时（绝非总是）产生个人的权利和义务，这大概是一种后果，但不是它的目的，也不是它的本质内容。

然而，在占支配地位的私法体系中，团体只是很不充分地得以表达。私法法学的分析方法带来的后果是：人们把绝大多数团体肢解得七零八落，好将它们的成分作为权利主体和客体、作为对物权和对人权分别在放大镜下加以观察。这在实践上可能是必要的，但无论如何是不科学的：这正如字典的字母排列顺序在实践上可能是必要的，但亦并不科学。因此，不受实用考量束缚的社会学法学必

---

① 奥托·冯·基尔克：《人类团体的本质》，柏林 1902 年版（1954 年重印本），第 28 页。

须想办法把肢解得七零八落的部分再度整合为一个整体。不言而喻，即使从外在的方面看，私法上的法人、无法人资格的协会、会社、其他共同体以及家庭，都可以被视为团体。事实上，整个私法不过是一种团体法。因为私法主要是经济生活的法，除了家庭法之外，它甚至完全是经济生活的法，而经济生活毫无例外地在团体中进行。

经济团体的三种职能

经济生活包含产品生产、产品交换和产品消费，相应地，私法 49
上的经济团体也服务于这三种职能。然而，正是在这个方面，我们今天的经济和不太久远的过去的经济之间存在着某种巨大的反差。在古代和中世纪，封闭的自耕农庭院经济和国王及领主庄园的自给经济（Oikenwirtschaft）占支配地位。这些明显都是经济团体，它们的法律秩序是显而易见的。当前在欧洲，封闭的庭院经济大概只有在那些与世隔绝的地区还可以找到。不过，直到今天，至少在农民中，在家庭手工劳动中，特殊情况下也在手工业者中，家庭依然是产品生产的劳动团体，但它不再是自给自足的，在农民那里，劳动很大程度上还只是部分地满足他们自己的需求。但这在手工业者和农民中也只是行将消逝的经济形式的残余。一般而言，家庭不再是一个产品生产的场所，而是一个产品消费的场所；只有消费品的最后一道准备工作大体上还在家庭里进行。除此之外，当代的家庭和工场是截然分开的。工场为市场提供生产的产品，家庭到市场上获取其所需要的产品，产品于是就变成了商品。商品必须流通，直

到它们从生产经济转到消费经济，这个过程在不断延长，而该过程的每一次延长也扩大了贸易和商业的领域。故此，至少在当代，下面的说法大体上是正确的：工厂进行产品生产，商业进行产品交换，家庭只进行产品消费。当代经济团体的法律秩序也必然与这三分领域相适应。

社会的经济结构与法律形式的联系

每一个经济团体必须区分三件事情：首先是工作或消费的人群组织；其次是经济的物质基础，即生产工具和原料；最后是人群组织为整个团体生活获得法院及其他国家机关保护的法律形式。据此，我们至少可以描绘出社会的经济结构与其法律形式之间联系的基本特征。

50 农民在同其妻儿和用人共同经营的农场上耕作、种植谷豆、饲养牛羊。这就是该团体的经济内容；它的法律形式是农场的所有权、物之用益权或用益租赁关系、将家庭成员结合在一起的家庭法以及约束男女用人在农场劳作的劳务契约。大地产所有者自己耕作一部分土地，将另一部分土地通过租约出租或者转让给用益权人。大地产所有者的这种经济组织中也包含有其各种法律形式：所有权、租赁权和物之用益权。手工业者同伙计、学徒用自己的材料和工具在租来的工场里工作；工场的租赁权、工具和材料的所有权、与伙计之间的雇佣契约以及学徒契约同时构成手工经营的法律形式和经济内容。一个股份公司由工厂向市场投放几百万价值的产品；这样，股份公司连同其董事会、监事会、董事、董事大会，连同

大批的公司雇员和工人，连同所有权、工厂大楼的用益租赁和使用租赁[1]关系、机器、能源、原材料和商品，所有这一切就是工厂经营活动的经济秩序，它反映在公司契约之中，反映在无数物权法律关系之中，反映在同公司雇员和工人、承租人与出租人之间数不清的契约关系之中。

我们对其他经济团体、商业公司、银行和家族消费共同体进行研究，也完全得出类似的结论。商业公司和银行内的团体与在工厂中的团体很类似，其由所有人、雇员以及通过契约而为企业主提供劳务的服务人员组成；不过，这里除了工资契约以外，还有许多代理契约以及其他种类的无偿委任契约。商业公司和银行的秩序远比工厂更多地针对外部事务，因此，它们同每个雇员签订的服务契约与各种不同的代理权关系联系在一起，这在工厂那里并不存在。此处，物质基础见诸有关商店和仓库之所有权或承租权以及有关商品和金钱所有权的法律形式之中。最后，家庭和家族成员共同体作为消费共同体除了包括家属之外，也包括用人。其物质基础通过住房承租权以及在厨房、地下室和储藏室中的消费品之所有权来确立。

契约法的组织性质

家庭内部的家庭法，工厂、工场、商业公司、银行内部的服务、51

[1] 这里的“用益租赁”（Pacht）和“使用租赁”（Miet）用语，见《德国民法典》，第6章，第5节。——译者

工资与雇佣契约，处处与在法人社团那里通过章程所做的事情，以及在国家、公社和教会那里通过公法上的服务关系所做的事情都是一样的，即：它们形成了这些经济团体中共同存在的人群组织的内部秩序。不仅服务契约、工资契约与雇佣契约的情形如此，所有其他种类的契约，特别是产品交换契约、获取使用权契约（使用租赁—用益租赁契约、租借契约）和信贷契约的情形也同样如此。一旦我们不仅仅（像通常为了纯粹实用法的目的所做的那样）关注签订契约的双方当事人，而且也关注通过常规的契约性产品交换连接在一起的整个人群，那么所有这些契约的组织性质就立即显现出来了。这个群体中的所有的人组成了一个经济团体，它为消费者生产产品，为需要者提供服务，并由此而对每个成员提供相互需要的产品与服务：在这个团体之内，每个个人通过已签订或有待签订的契约整体确定了他们各自的地位、上下的顺位（这通常当然只是非常基本的）以及各自的职责。在商业交易中，契约——至少是有关可代理履行的契约，事先并不是面对特定的人，而是面对处在产品交换关系中的整个群体签订的：这就是订单、背书、结算，一定程度上也包括不计名可转让证券的意义所在。

契约的社会性质最为明显地表现在信贷行为之中。每个信贷行为都受到硬通货在社会中的储存之限制。故此，只要人类还只是生产仅够眼前需要的产品，只要人类通过生产仅够糊口，就像在原始发展阶段一直存在的情形那样，那么就不会有信贷行为。即使在自然经济时代，农民只有收获多于其直接需求时才会用留种的庄稼去帮助邻人，他们必须先有存储。在当今的社会，存储采取了货币的形式。一个人产出超过其自己需要的经济产品时，把它们变卖，获取货币作为交换；假如他把钱花出去，那么他就用它来购买其他产品；假如他把钱攒在手里，那么与金钱相当的产品价值必然没有在国民经济中的任何地方被消费。此时，购买价格由卖方担保，这意味着，卖方暂时没有以货币的价值购买其他的产品，也就是说，52
这种价值暂时没有在国民经济中被消费。故此，伴随着每一次提供信贷的额度，任何一种经济中所存在的硬通货存储的价值就为了另一种经济而得到利用，而且每个信贷行为都是对下面这个问题进行决断：在社会中是否可以找到与信贷者申请信贷的额度相对应的存储；因此，信贷行为总是受社会条件限定。在高度发达的国民经济体系中，每个人都可以把那些不立即使用的货币存到银行，这样，在银行里，绝大部分储存以货币的形式（一些经济为另一些经济节省下来的钱）逐渐积累起来；由于银行为了某些经济的目的而利用这些货币，它们事实上就取得了社会之产品制造、产品交换以及产品消费的主导权，它们的核算也就逐渐成为经济企业之形成、扩大和生存的基础。

契约的签订与契约的内容的社会制约性

这样，契约就是分配和利用在国民经济中存在的财富及个人能力（劳务）的法律形式。契约的签订和契约的内容均来源于社会的关系。对任何一个日常生活的普通契约，大概都可以充分提出以下问题：什么部分是这个特定契约所特有的，什么部分是被社会秩序、经济组织、商业和交易组织所决定的，以便使我们确信这后一部分究竟多大程度上占有优势。如今，我们有能力通过每天的买卖、租赁、承揽契约来满足我们对吃、穿、住的需求，此时我们确实应当感谢：在我们所生活的社会中，商业和产品生产是受到规制的，所以，这样一种需求的满足才成为可能。的确，五百年前，这种情况在任何地方都不可能存在，至今，世界上还有很多地方长久以来也不曾发生过这种情况。假如一个小山村根本无出租的房屋，人们就不可能在那里承租一套住房，假如附近无粮食或衣服可供出售，人们就不可能每天置办这些东西，假如提供服务不是以支付工钱的方式进行，人们就不可能雇一个人提供服务。不言而喻，这不仅适用于契约的标的，而且也适用于每个契约的具体条款。假如我们能够逐条逐项地通读契约，那么我们就很容易到处看到为何契约会这样
53 规定而不那样规定：其社会原因有时是双方当事人的一方居于社会的或经济的优势，有时是市场的行情，有时是商业部门的交易习惯。一个人改变了居住地，他马上就意识到，他此刻在签订一个与以前完全不同的契约：尽管他可能依然决心不改变其生活状态，但其周围的世界已经发生改变，他必须在其契约意图上适应这一变化。在英国，人们通常不是租赁某一套住房，而是租整个一栋房子；在小城镇中，人们不是每天亲自到肉铺里购买猪肉，而是每周雇人将它们送到住处。这意味着：除了法律规则以外，英国的租房契约和猪肉买卖契约与欧陆国家的同类契约具有完全不同的内容。在这里，我有意从零售交易契约出发，因为在这些契约中每一个别情形所具有的特点最容易显现出来。批发商业契约和工业契约在多大程度上纯粹是市场的普遍行情和经济领域的特别需求的一种表现，这一点常常有充分的说明。大多数书面契约按照书面的格式签订，其内容经常根本不为当事人所知，恰好是由社会决定的，独立于当事人

个人的意志。当然，这并不排除在此过程中写进格式契约中的少量个人化的数据实质上也来源于社会关系。

单个契约很少纯粹出自当事人个人的意志，由此，奥地利国民经济学派就能够完全从它们的社会和经济的前提条件，计算出产品贸易的主导契约的最重要部分，即买卖价格；著名国民经济学家瓦尔拉（Walras）[1]甚至成功地尝试将这种买卖价格化约为一个数学公式。这些研究的成果也许至少可以直接适用于所有其对价可用金钱支付的交易契约，适用于劳动契约、租赁契约和承揽契约。尽管几乎肯定不可能为其他剩余契约的内容提出一个数学公式，但这也确实只是因为计算因素的无法估量，而不是因为该任务原则上无解。

契约的社会任务

不过，契约的社会性质仅仅是契约必须服务于社会目的这个说法的一种表达。契约以无数的形式存在，目的在于规制和调整 54
以土地、劳动工具和消费品私有制为基础的市民社会中的产品生产、产品交换和产品消费。在所有权、物权，或许还有获取使用权契约（使用租赁、用益租赁、租借）所形成的物质基础上，公司契约（Gesellschaftsvertrag）[2]或者与之相近的公司成立行为把多个企业

[1] 瓦尔拉（Léon Walras, 1834—1910 年），法国经济学家，经济学“洛桑学派”的奠基人，著有《纯粹国民经济学纲要》（1874—1877 年），系最早用数学方法对一般经济均衡进行全面分析的著作之一。——译者

[2] “Gesellschaftsvertrag”直译为“公司契约”或者“合伙契约”，是两个或两个

主结合成一个公司或一个联合体，劳动契约和劳务契约把庄园和工厂的雇员与工人组合为一个阵营；各种各样的交易契约通过商业的媒介把农业和工业产品引向需要它们的地方；信贷契约使各个具体的经济能够获得适合其目的而暂时闲置可用的资金。在个体经济、国民经济和世界经济相互交叠在一起的这个庞大机器上，每个在其中创造性运转的个人相当于一个小发条，一只小轮子或者一颗螺丝；不过，他在其中的地位和任务主要是通过签订的契约总量分派给的。

继承法的社会制约性

没有任何一个法律领域像现代欧陆国家的继承法一样，在其组织意义上被法学如此根本地误解，如此残酷地歪曲，如此悲惨地虐待。假如去读一本文献阐释，检索一部法典，研究一个判例集，我们有时可能会相信：继承法似乎是一种博彩；法律条款取代了遗孤的角色，通过这些条款之拐弯抹角的句子，充满神秘的命运之神带着被蒙住的双眼按照玄妙莫测的天意将其礼物分发给那些幸运儿。当然，这种不幸很早就到处开始出现了。尽管我们今天透过《十二表法》和德意志法书中的继承法之清晰线索还可以几乎毫不费力地

以上公民（特别是公司股东）通过协商，一起进行某项业务或共同享用某些物质条件（如金钱、货物、项目等）达成的协议。合伙存在期限的长短、经营管理权以及赢利分红等问题均由“公司契约”或“合伙契约”来确定。在通过这种形式新建有限责任公司时，“公司契约”或“合伙契约”一般可以作为公司的章程（Satzung）。它应确定公司的名称、所在地、经营对象、原始资本的数额、各股东现金或实物的认缴额以及对公司的代理权的规定等。——译者

看到当时的社会体制，但由于它们发生效力的社会已经消逝，这些线索就失去了一切意义，丧失了一切的理解价值。在此期间，一种新秩序油然而生，但奇怪的是，无论在罗马，还是我们现在，此种秩序都未能为与之相适应的继承法找到清晰明了、普遍有效的规定；在其许多突破之处，它可能一再地造成严重的破坏，但几乎没有一处建立起值得保留的东西。相应地，几乎所有的事情都留给个人去预先筹划：遗嘱表示、家庭规矩、先人的约定与预先安排（pactum
et providentia maiorum）、婚姻契约、父母遗产的分割、生前财产的 55
赠与、庭外的遗产分配，一切都必须突破。这就是当今继承法的混乱状况，它们是长期以来从过去的时代保留下来的一些正在腐烂的残片，在此基础上，某些拼凑物毫不连贯、未经思考地被堆放在一起；然而，预防法学（die Kautelarjurisprudenz[1]）必定要完成重要的事业，尽管这种法学仅仅被极少数人注意到，且根本无人赏识，但它已承担起沉重而富有成效的任务，即：在这个混乱之处，为生活

[1] 德语“Kautel”，拉丁语“cautela”，有“当心”“小心”“预防措施”之义。“Kautelarjurisprudenz”是来自罗马法的一个术语，在历史上，这种措施在罗马最早得以发展。根据蒂利希主编的《德国法学百科词典》的解释，所谓“Kautelarjurisprudenz”，是指事前的担保预防法律纠纷的法律活动。他们的目的和任务是预先查明可能存在的法律问题，并通过适当的保障措施（例如一般商业条款和条件、合同设计建议、税务规划）将其排除在外（见：Horst Tilch [Hersg.], *Deutsches Rechts-Lexikon*, Band 2, 2 Aufl., München 1992, S. 644.）。还有一解说，“Kautelarjurisprudenz”是与“Dezisionsjurisprudenz”（裁断法学）相对称的，前者是着眼于未来、着眼于预防的法学，目的是从未来角度看预防可能来自契约的缺陷，其典型代表是公证人；后者从事于“诉讼中的法律获取”，这种法律发现的典型代表是裁决争议的法官。这两种法学代表着两种法学思考方式和训练方式。《法社会学原理》日译本译作“预防法律学”（参见：エールリッヒ：《法社会学の基础理论》，河上伦逸、M. フーブリヒト共译，みすず书房 2001 年 9 月第 4 刷发行，第 173、336、337、347、392、393、400、414—416、421 页）。本译本将“Kautelarjurisprudenz”统一译为“预防法学”。——译者

的需求开辟一条能够通行的道路。

这里所能做的，只是寥寥几笔勾勒出继承法中有关组织方面的重大而永恒的基本主题。一家之主，也就是，整个（为家庭成员提供面包、一定程度上也为之提供活动领域的）家庭事业的灵魂人物归天了。那么，他的工作应该如何继续进行？一切由他的精神赋予生命、由其坚强的臂膀予以支撑的事业到底该怎么办？任何一个经营组织，无论农场和工厂，还是商铺和矿山，都是一个团体；在这个团体中，受到调整和规制的不仅有人，而且也有物，所有这一切均以能够最好地服务于经营组织的经济目的之方式组合成一个整体。假如它们被拆解或者被瓜分成“概念上的”块状，那么它们至多保留了被瓜分部分的物质价值，而对那些依然健在的家属，乃至整个国民经济而言，其无以估量的财富却因此而永久地丧失了。除了法学家之外，或许曾经关注这些事情的人还没有谁会忽视下面一点：任何人都会在一生功德圆满之后想到自己的死，这是任何一个清醒的人忧心所在。人应该怎么办才可以使休戚相关的人仍然待在一起，在其所创建的任何经济团体中使合适的人找到合适的位置，分配给他合适的地位和任务？除非有人事实上经历过这种事情，否则他不可能想像在他去世之后，事情落到了法学家之手时会是什么样子的；他不可能想像此时所有的一切都跟他对着干，不可能想像法典、律师、公证人和法庭的整个法律的忙动（πολνπραγματεια）[①]、带着有些孜孜不倦的热衷对他的意图画着叉子，不可能想像任何的愚

① 希腊文“πολνπραγματεια”（polypragmateia）等同于德文“Geschäftigkeit”（英文译作：bustling activity）。

蠢和恶意都会有用于破坏工事的武器来加以对付。但与大量更周密的工作相比，这一切就会烟消云散；当缺乏遗嘱表示，甚或当监护人给予当局对被监护人有更大的权力手段时，更周密的工作能够发挥作用。的确，凡过去在统治家族、贵族和农民家庭的继承法中被预先思虑的地方，即使偶尔遭到法学家的顽固抵抗，但有些经济事业仍得以维持，有些则得以重建。不过，这些有生命力的树苗还是太少了，更多的时候，更像是没有希望的残片。人们只是模模糊 56
糊地意识到自己有责任制定一部考虑当代生活之多重需要和特殊需要的继承法。不过，目前，有关它的所有前提条件几乎都是欠缺的。开头的工作似乎必须由法科学来做；它必须首先探究包含在遗嘱条款、父母遗产的分割、生前财产的赠与以及庭外的遗产分配之中的所有活的法律，并且发现它们的指导思想。这类性质的东西在《瑞士民法典》中最容易找到。

作为“社会法”的私法

既然法是社会团体的内部秩序，那么它的内容就绝对必然地来自团体的结构及其经营方式。故此，任何一次社会和经济的变迁都会引起法律的变迁；如果经济和社会没有发生改变，那么就不可能改变它们两者的法律基础；假如法律的变化是任意的，而且采取了经济不能与之相适应的方式，那么经济的秩序就会遭到破坏而无以弥补。只有当法律秩序至少在很大程度上确保农民获得劳动的成果之时，他们才能够长久地在自己的耕地上生产所需要的产品，不仅为了自己，而且也为社会的其他阶级提供原材料。因此，假如一个无限掌握国家政权的阶级想使用暴力强加给农民某种法律秩序，强迫农民把自己所收获的一切东西全部交出来，那么农场将会荒废，而且这个掌握国家政权的阶级也会因此迅速失去其维持国家并保证其经济地位的手段。所以，即使是外来的征服者，也总是满足于将自由农变成自己的隶农和佃户，总是让他们适量地拥有自己的占有物和劳动的收成，而这些是他们维持自己的经济活动所绝对必需的。

故此，就组织内容而言，整个私法就是社会法，它完全与国家法和法人社团法的意义相同。它的客体永远是人类共同体，调整个人在劳动人群组织中的地位以及人群组织与劳动工具之间的关系。同国家法和法人社团法一样，私法也首先是创设团体，而不是创设
57 个人的权利和义务；组织化的共同体中也可能为个人产生“个人领域”，但这是一种组织的反射作用，公法、法人社团法与私法没有什么两样。在这里，团体不是以宪法或者章程为基础，而是以物法、契约和家庭秩序为根据，这种情况并不能使我们掩盖这个重大的真理，因为此处的物法、契约和家庭秩序所起的作用与别处的宪法或章程的作用显然相同。一个隐居者可能具有法学、社会学和经济学意义上的现实“个人领域”，但一个与他人共同生活的人则不可能具有这样的领域；经济学和社会学意义上的个人权利大概存在于经济学上一些无关紧要的日用品上，比如：衣服、首饰、钱包或信纸；但除了完全单身的男人和女人，家庭陈设则均由家庭共同使用。现实的个人权利同时至少也是社会权利，如：同牧区的居民对共同使用牧区牧场的权利请求，或者读书俱乐部的成员对共同使用图书和杂志的权利请求。在保证个人拥有这些日用品并且允许其对此完

全按照自己的喜好加以利用的同时，社会也调整着这些物品的使用和消费；社会承认个人拥有这些物品的所有权只是这个社会秩序的一个结果。个人作为一个有序共同体的成员享有这种所有权，该共同体尊重和保护其所有权，而不再进一步关注某些特定物是如何被使用的。人类共同体自身本来可以用一种完全不同于当今社会的方式来调节个人的使用和消费，且比今天的方式要详细得多；一旦自然资源枯竭（目前业已面临威胁，也会越来越近），我们也许会比我们希望的更早地确信这一点。只要社会真正给予个人一种“个人领域”，那么这个领域原则上不受任何干预。譬如，成年人的内心生活是他的“个人领域”；它属于艺术、宗教和哲学的范畴，而不属于法律，也不属于法律以外的社会规范的范畴。

作为保护法的二阶秩序规范

因此，人类社会的法律团体主要是下列几种：拥有官僚机构的
国家，家庭和其他组织体，具有或不具有法律人格的合作社和共同
体，经由契约和继承而创立的社团，特别是国民经济体系和世界经
济体系。占有权、所有权（为了社会学考察的需要，在一定程度上
可以将它们视为两个互换的概念）、物权和债的请求权形成了这些 58
团体的内部秩序。这就是法律对当今社会的政治生活秩序、精神生
活秩序、经济生活秩序和社交生活秩序所起的作用。当然，这里并
未穷尽整个的法律素材，但它们是在法律上具有直接规制和调整意
义的全部素材。除此之外，还有一种法，它不直接规制和调整团体
秩序，而仅仅是保护团体免受攻击；这种法本身作为二阶秩序而与

社会团体发生联系，它维护和巩固团体，但不塑造团体。它适用于法院和其他国家机关的裁决程序，因为该程序仅仅是负责保护社会制度中国家机构秩序的一部分：它对社会没有直接的影响。它也适用于刑法，因为刑法不创设任何社会制度，它只保护社会既有的财产和社会中已产生效力的制度。最后，它适用于单纯涉及法律保护的实体私法的一切规定；像刑法一样，这些规定既不创设财产也不创设社会制度，它们仅仅规制由法院及其他国家机关已然提供的保护。这些规范不像团体内部秩序那样产生于社会团体本身，而是产生于法学家法或者国法。所有的独占权，特别是专利权和著作权，完全都是国法。它们存在于一种针对所有服从国家意志者（除权利人以外）的禁令之中，该禁令要求人们在特定的领域不得从事一定的行为。不过，类似性质的规范有时也来源于法学家法。

法律以外的规范作为法律团体秩序的支撑

最后，我们必须指出法律以外的规范对于团体内部秩序所具有的意义，这种意义迄今为止尚未受到重视。说法律制度完全以法律规范为基础，这是不正确的。伦理、宗教、习俗、礼仪、社交，甚至礼节和时尚不仅调整法律以外的关系，而且也涉足法律领域。没有任何一个法律团体仅仅依靠法律规范即可维持其存在，它们还不断地需要法律以外的规范的支持，后者增强和补充前者的力量。只有各种社会规范的相互协作才会为我们提供一幅社会机制的完整图景。

59 看一看每天发生在我们周围的事情就足以使我们相信这一点。没有任何一个国家的政府能够完全长期依赖法律维持自身的存在；

即使马基雅维利(Macchiavelli)[1]也敦促君主(Principe)至少在表面上要维护伦理、宗教、习俗、荣誉、礼仪和社交的一些原则。而且,假如法律成了唯一的行动准则,任何国家机构也会失去控制;一个国家官员,在与同事和外界打交道时不仅遵守法律规则,而且遵行伦理、习俗、荣誉、礼仪和社交的律令,这正好就是他的职责。当然,没有一个公共生活机构,如同军队一样,很多事情以组织性的法律规范来规制,而且,即使是高度发达的法本身也不够用;众所周知,军队也非常重视伦理、习俗、宗教、荣誉、礼仪、社交,甚至礼节和时尚的组织性价值。事实上,来自过去的事例表明,一个仅懂得法律规范的军队,很可能会变成一个脱离社会之外而以野蛮的纪律捆绑在一起的一群暴民。议会礼节(parlamentarischer Anstand)或许是所有文明民族都知道的一个词,充分地证明了法律以外的规范在公共的代表机关中所起的作用。就在这一点上,它们最初作为惯习性规则成为科学考察的对象。

家庭法和财产法是否有什么不同呢?若一个家庭诸成员相互间都立足于法律的观点,那么这个家庭在大多数情况下就像社会团体和经济团体一样解体:假如他们把官司提交给法官,他们也就分道扬镳了。禁止权利滥用(Chicane,欺诈)的规定表明,物权行使也不得不考虑法律以外的规范;在土地和住宅之相邻关系中,更是要求人们超越法律规范来习惯性地遵守伦理、习俗、礼仪、社交和礼节。解释和履行契约应当按照诚实信用和考量交易习惯的要求来进行:就是说,在这个过程中,除了法律规则,除了契约的意义

[1] 马基雅维利(Niccolò Machiavelli,1469—1527年),意大利政治思想家和历史学家,著有《君主论》。——译者

及用语之外，还要考虑许多其他的东西。

然而，即使不拘泥法条的法学家根据诚信和交易习惯所认可的东西，也远远达不到生活的要求。确实，大城市的租赁与其他的契约关系不同，很大程度上被剥去了其法律以外的内容；尽管如此，在这种租赁关系中，“正派的房主”和“懂理的房客”也会得到很高的评价：这两种称谓在维也纳很流行，事理本身无疑是到处都存在着的。然而，在任何性质的用益租赁契约中，双方当事人的个人声
60 誉经常起决定作用，甚至比契约的内容重要得多。没有任何一个精于商道的人不在深入了解另一方当事人的人品之后就立即签订某种契约；这样做可以使他得到保证，他可以期待另一方当事人也将遵守在用益租赁关系中通行的法律以外的规范。在劳务契约和工资契约当中，法律以外的规范之组织性意义也表现得特别明显。企业主以及他的全权代表对自己的权利的坚守同某种伦理、习俗、礼仪、荣誉和社交的感觉在一定程度上的融合，就构成了被通称为“组织才能”（organisatorisches Talent）的天赋的主要内容；假如缺乏这一点，其所签订的契约无论对于企业主自己，还是对于工人和雇员都将贬值。另一方面，没有任何一个企业主可以同仅仅熟悉法律观点的人在一起共事，他们相互之间也不可能和睦相处；企业可能会因此变得“紊乱无序”（desorganisiert）。对信贷契约内容，法律以外的规范的影响也最早、最明确地得到承认：这样，信贷契约就把伦理上无懈可击的资本投资，同在伦理上、通常也在法律上受到唾弃的高利贷区别开来。虽然说在商业交往中经常应当坚守商人的严谨，然而，一个“动不动拿条款说事”的商人将很快疏远他的顾客和生意上的伙伴。“商人的习俗”“商人的荣誉”和“商人的礼仪”

构成了商人法律生活的一部分：它们统称为“互谅互让”（Kulanz）。在某个时期，过去占支配地位的性伦理遭到某些标新立异的思想激烈抨击，而迄今为止的家庭秩序还是以这种性伦理为基础的，回想这一点也许并非完全是多余的。如果有什么东西隐藏在这些经常瞄准目标的抨击背后，那它可能只是这样一种想法，即：此时人们正在为一种全新的家庭秩序做准备。但是，假如人们放弃了当今的性伦理观念（没有这种性伦理观念，家庭不可能存在），却依然相信家庭还能维持其今天的形态，则是荒谬的。

因此，也可以说，法律是国家生活、社会生活、精神生活和经济生活的秩序，但无论如何不是它们的唯一秩序；与法律并行的还有其他许多有同等价值的、在程度上或许甚至更为有效的秩序。事实上，假如生活只由法律来规制，那么生活必定变成地狱。的确，法律以外的规范并非始终一贯地被人们遵守，但在相同的程度上，法律规范也是如此。社会机器总是不停地在它的秩序中发生故障。不过，虽然它只是嘎嘎吱吱、嘎嘎吱吱进行工作，但重要的是它还在运转。就此而言，至少它的规范还必须被人遵守，在差不多还存 61
在某种有序生活的国家，这些规范依然受到了尊重。最后，对现存秩序的违反常常不单是纯粹暂时的或局部的无序；它也时常意味着一种新的发展阶段的开始。

社会主义社会秩序与当今社会秩序之比较

我们片刻地比较一下当今的社会及其法律秩序同各种社会主义者经常向我们描绘的社会主义社会。在一定程度上，两者都好像是巨大的起重机，向人类提供他们所需要的维持生存及其发展能力的产品。社会主义社会也像我们今天的社会一样，必须具有生产产品的农场、矿山和工厂；它必须具有像我们的铁路、轮船和车辆这样的运输工具，将这些产品运送至大型仓库和商店，就像我们现在的仓库和商店一样，必须将产品加以保存，直到有人对此产生需求；最后，它必须具有像小型经济那样提供用于直接消费的产品，如同今天在手工业者的工场里，在厨房和家政中所进行的那样。而且，社会主义社会为了满足人们对产品的巨大需求，将这些产品运送到所需要的地方和地点并加以分配，有成千上万勤劳的人用双手忙碌在农场、矿山、工厂，忙碌在运输场所、仓库和商店。不过，所有这一切之上，盘旋着一个全知的、俯视一切的官僚体系，它能够对整个物资需求作出预算，定购产品，调配劳动力到工作地点，调度产品到人们所需求的地方。当然，我们今天的社会没有这样的官僚体系。但社会主义社会由这个全知全能、高耸于人类之上的官僚体系完成的事情，我们当今的社会则是由法律自动运行完成的，且借助于一些简单的手段，比如家庭秩序、财产、契约和继承法。作为企业主的所有者为生产场所、运输场所、仓库和商店建章立制，在这些地方通过工资契约和劳务契约来召集劳动力，通过信贷契约筹集企业资金；商人就人们对商品的预先需求作出估算，并通过交换契约将这些商品运送至人们可能需要的地方。确实，完成所有这些事
62 情并非没有大量的差错、摩擦和冲突，但比起最好的纯官僚体系所能够做到的，还是要顺畅得多，且消耗更少的力量。在我们的社会，占有、所有权、物权、契约、继承以及旨在消费的家庭，几乎自动地完成了社会主义社会须由复杂的官僚体系网络来完成的事情。

第四章　社会的规范强制与国家的规范强制

作为社会权力之表现的社会规范

有一种学说当前非常流行，具有不同的来源，它试图以社会统 63
治集团的权力来解释法律规范的起源，有时也以此来解释其他社会规范，特别是伦理规范的起源，认为这些统治集团基于自己的利益创制了这些规范，并维护这些规范。但另一方面，只有通过把人统一到团体之内并在团体中为人们规定行为规则，即：把人加以组织化，统治人们的权力才能持久地得以维持和运行。照此理解，该学说可能与我们在这里要阐释的观点是相一致的，根据本书的观点，社会规范只不过是人类团体中的秩序。然而，当上述学说断言团体中的统治集团完全基于自己的“利益”为团体中的其他成员设定行为规则时，它就不知所云了，或者它是不正确的。人总是基于自己的利益来行为，如果我们成功地做到详尽地说明推动人去行为的利益，那我们不仅解决了规范强制的问题，而且也在相当大的程度上解决了社会科学的所有其他问题。反之，若将人类团体中的统治集

团的利益同整个团体的利益或其他团体成员的利益对立起来，则是完全错误的。在一定程度上，统治集团的利益必须同整个团体的利益或至少同大多数团体成员的利益是相一致的，否则其他成员将不会遵守由统治集团所发布的规范。如果每个人不能至少朦胧地意识到某个目标一旦实现将对所有的人有利，那么让大多数人都支持该目标几乎是做不到的。这种意识从来都不是完全无根据的。抽象地说，团体中的秩序也可能是一个坏秩序，它或许保护统治集团的不当利益，而给其他成员施加沉重的负担，但坏秩序总比根本没有秩序要好。没有更好的秩序存在，这一直是一个令人信服的论据，说明为什么在既定的精神和伦理状态下，在现有的经济供给条件下，社会不可能创造一种更好的秩序。

法律强制与规范强制

64 那么，问题是，社会团体以什么手段促使属于该团体的个人遵守其规范。确实，有一种在心理学上经不起推敲的流行观念认为，人们之所以不去强占别人的财产，只是因为他们畏惧刑法，之所以偿还债务，只是因为面临法院执行者之威慑。事实上，当所有的刑法丧失其力量之时——比如，经常在战争和内乱中临时发生的情形，总是只有很少一部分居民可能参与杀人、抢劫、盗窃和抢夺；在和平时期，绝大多数人不顾及强制执行者而将履行所承担的义务。的确，从这一点得不出结论，说绝大多数人服从规范仅仅出于内心的冲动；但可以肯定地说，畏惧刑罚和强制执行并不是决定他们这样去做的唯一因素，即使完全撇开下面一点不谈：绝对有一些社会规范，既不靠刑罚也不靠强制执行来威慑僭越者，尽管如此，它们依然具有实效。

强制并非法律规范的特有属性。假如习俗规范、伦理规范、宗教规范、社交规范、礼仪规范、礼节规范和时尚规范不存在由它们施加的某些强制，那么它们也完全没有了意义。这些规范构成了人类团体的秩序，它们也有责任强迫属于团体成员的个人服从这种秩序。但是，任何规范强制均基于下面这个事实：个人从来实际上就不是一个"孤立的个人"；他登记、加入、融入和受制于一系列团体，因此，对个人而言，脱离这些团体生存是难以忍受的，常常甚至是不可能的。我们这里所谈的是人类情绪和情感生活的基本事实。世界上占绝大多数的普通老百姓的精神需求确实不能被高估，然而对任何人而言，祖国、家乡、宗教共同体、家庭、朋友圈、社会关系、政党党籍不纯粹是一些词语。大多数人很容易忽视上述词语中的这一个或者那一个，但的确极少有人不在任何一个其全身心所依赖的群体圈子中生存。每个人在他的群体圈子之内，危难时寻求帮助，不幸时寻求安慰，并且寻求道德上的支持、社会交际、承认、个人名望和荣耀；归根结底，个人的群体圈子将保证其获得生活中所珍视的一切。但上述团体的意义并不局限于这些道德上无以估量的价值，因为它们对于个人职业和行业上的成就也具有决定性的意义。另一方面，个人的职业和行业又再度将个人带入一系列职业 65
和行业的团体之中。

团体中的规范强制之起源

故此，我们所有的人都生活在无数的团体之内，它们有时有些密切，有时又完全松散，我们人类的命运将主要取决于我们能够在团体中获得什么样的地位。显然，在这个过程中，服务和被服务之间必然是并行不悖的。团体不可能向每一个成员提供地位，除非每个成员本身同时也是一个付出者。而且事实上，所有这些团体，不管是组织化的还是非组织化的，不管被称作祖国、家乡、居住地、宗教团契、家庭，还是朋友圈、社交界、政党、企业联合会和消费者协会，均要求对它们所做的事情有所回报；在这些团体中盛行的社会规范不过是团体对个人所提出之要求的普遍有效的沉淀。因此，一个人若需要团体的支持（难道还有谁不该需要这种支持？），那么，服从或至少大体上服从社会规范是明智的。任何拒绝服从的人都必须考虑清楚，他的行为将会使他与团体之间联结的纽带松动；谁要执意对抗，自己中断与一直保持联系的共同体的纽带，那么他将逐渐被抛弃、被疏离、被排斥。至少就外部遵守戒律而言，这一点在社会团体中正是所有社会规范的强制力的来源，也就是法律以及伦理、习俗、宗教、荣誉、礼仪、礼节和时尚的强制力的来源。特别是在礼节和时尚方面，耶林（Jhering）[1]多年前曾在柏林的《当代》（*Gegenwart*）杂志上发表的两篇文章（即"时尚的社会动机"和"服饰的社会动机"），阐释过它们的性质，后来这些观点经若干删减、修改而被收录于他的《法律的目的》一书。① 礼节和时尚是享有特权的社会阶层的规范，它们是身份的外在标志；谁想要被其接纳和从中享有好处，就必须了解和遵守它们。

[1] 耶林（Rudolf von Jhering，1818—1892 年），德国著名法学家，著有《罗马法的精神》《法律的目的》等书。——译者

① 鲁道夫·冯·耶林：《法律的目的》，第 2 卷，莱比锡 1898 年第 3 版。

社会之规范强制的权力

故此，一个人按照法律来行为，主要是因为社会关系迫使他这样去做。在这个方面，法律规范与其他规范没有分别。国家并不是 66
唯一的强制团体，在社会中还有无数团体实施强制比国家更加有力。当今，在这些团体中最强有力的一个还是家庭。现代立法对建立婚姻共同体的判决愈来愈否认其强制执行的可能性。但即使国家的整个家庭法被废弃，家庭看上去比今天确实没有什么很大的不同，因为家庭法幸好很少需要国家强制。工人、雇员、政府官员、军队官员履行自己的契约义务和职责，即使不是出于义务感，也是因为他们想保住自己的职位，或者想得到晋升；医师、律师、手工业者和商人仔细认真地履行自己的契约，旨在让自己的客户满意，扩大客户数量，无论如何要确保自己的信誉，最后才会考虑刑罚和强制执行。有一些大型商业公司在自己的交易关系中原则上不诉讼，通常至少也不让自己被起诉，而充分满足某种甚至无理的要求。为了应对拒付和鲁莽的要求，它们可能中断交易关系，以自己的实力地位这样去做，而很少诉诸法院的法律保护。社会的高端人士与服务阶层即雇员、工人和手工业者之间一般也不引发法律诉讼；他们以其社会的和经济的影响足以防止不得体的行为。几十年来，英国工会一直拒绝接受国家的所有承认，有意识、有目的地无视法律的保护：在此过程中，它显然并未遭致不利。现代的托拉斯和卡特尔拥有一套完整的强制手段系统，通过这一系统，它们可以在不诉诸国家权力或法院的情况下，对碰巧在其权力范围内的每一个人强制

执行其公正的、通常也是完全不与人讲理的要求。在由奥地利政府召集的一项有关钢铁卡特尔调查的会议上，该卡特尔的一个头目凯施特拉内克经理（Direktor Kestranek）解释说：对他而言，钢铁卡特尔是否具有法律效力并不重要，因为这些协议不论是否合法有效，都要把它们当作有效的协议来遵守。他说：“搞钢铁业的人是守约的，哪怕这些契约没有法律效力。”他或许还可以补充道：个别钢铁企业通常也可以利用国家的法院几乎一样有效的手段去加以强制。同样，对于工人来说，他们的工会协议之法律拘束力也没有多大意义，因为这些协议一直被他们当作是在法律上有效的协议来遵守
67 的，在很大程度上，其理由与钢铁巨头们遵守钢铁协议的理由类似。无论是朋友，还是敌人，均赞赏天主教教会在其法律秩序中随处可见的牢固结构，然而，教会法只有极少的部分是由国家强制实施的，在政教分离的地方则根本不通过国家强制手段来保障，其整个结构主要而且在广泛的领域甚至完全依靠社会的基础。在法国，自从政教分离法颁布以来，即使不信仰天主教的人也真心实意地缴纳教会的捐税。诺特纳格尔（Nothnagel）[1]在他很有意思的处女作中曾致力于研究社会“利益集团”的强制执行问题，① 不幸的是他过早地被夺去了学术。

企业主团体与工会的规范强制

看一看现代的罢工，也许没有什么比这更适合来阐明刚才所讲

[1] 诺特纳格尔（Walther Nothnagel, 1874—1900 年），奥地利法学家，去世时年 25 岁。——译者

① 瓦尔特·诺特纳格尔：《通过社会利益集团的执行》，维也纳 1899 年版。

的这个问题了。多年来，工厂的工人最为自觉地履行来自劳动契约的一切义务。是什么因素在促使工人这样去做呢？假如不是他自己的义务感，那么就是他害怕被解雇和失业，或者是他期待在其所工作的企业有更好的发展前景，或者是出于对同事和上司的尊重。相反，对他来说，法院的起诉和强制执行只不过是纯粹的言辞而已，因为他除了双手的力量，其他很难称得上是他自己的。现在，他加入刚成立的工会，后者通过一项决议，规定工会成员不得与未加入组织的人一起工作。诚然，法院和其他国家机关所适用的法律可能会否定该规定具有任何法律效力；但工人依然不加反对地接受之，因为它是由与其联系最密切的团体做出的。当他的同事们由于这个决定而罢工时，他不会有片刻犹豫，而参与其间，宁愿违反其多年来忠实履行的契约，将自己和家人置于失业的危险之中：此时，解雇之后的贫困潦倒没有给他带来任何恐惧，契约规范尽管是一种具有可强制性的法律规范，但它却被另一个规范搞得彻底失灵了。罢工将这个工业部门的所有的企业主和所有的工人分裂成两个进行战斗的阵营，在这两个阵营中，领导人的命令被盲目服从，尽管这些命令在法律上无疑是没有强制性的。双方最终达成和平的决议，即劳资协议。众所周知，这样一个协定是否可诉，回答几乎总是否定的，在大多情况下，根据现行法，这个协议在法庭上几乎不能得到维护。但是，问题的关键根本不在这一点上。无论如何，这 68
个协议被劳资双方牢不可破地遵守，即使那些没有亲自签字的企业主和那些在协议签订很久以后才就业的工人也要遵守它。因为此时劳资协议是该行业工作秩序的基础，劳资双方可能对这个协议都很不满意，但他们知道，即使这个糟糕的秩序也总比永久的战争要

好得多。

刑罚强制的意义微不足道

当然，有一些强制形式即使不是绝对地，但也完全主要地属于是法律规范所专有的，这就是刑罚和强制执行。这两种强制形式有什么意义？它们是否真的像人们通常所认为的那样，为法律规范赋予整个的力量？确切地说，如耶林所认为的，没有刑罚和强制力的法律，真的只是不燃烧的火？[1]（附带说一句，有很多种火不燃烧）为了详细回答这些问题，深入地考察刑罚和强制力的实效或许是必要的，但对生活本身瞥一眼就足以让我们相信：一般而言，两者只是在有限的程度和完全有限的方面才具有重要性。人们之所以向法院和其他国家机关提出诉求，乃因为法律问题或事实问题是有争议的，或者，所涉及的不是强制地实施法律的问题，而是要表明法律是什么的问题。如果我们将上述情况排除在外，那么，我们就会得出结论说：刑罚和强制力作为普遍现象（我们这里仅仅可能关注这一现象）只是在非常有限的程度和有限的范围内，即由于某种原因，社会团体的其他强制手段失灵时才起作用。

刑罚到底有多大的意义，刑事统计表业已显示出这一点。的确，在所有的社会群体圈子中都会发生刑事案件。但是，假如我们不把品质卑劣的人（社会的抑制对他们不起作用）考虑在内，假如

[1] 耶林在《为权利而斗争》中把没有强制力的法称为“不燃烧的火，不发亮的光”（参见〔德〕鲁道夫·冯·耶林：《为权利而斗争》，胡宝海译，中国法制出版社2004年版，第7页）。——译者

我们撇开一些罪行（侮辱、决斗、政治犯以及在一部分德国农民中发生的斗殴）不谈（由于某些原因，对于这些罪行，社会影响隐而不显，因为它们本身并未触动社会的基础），假如我们不考虑某些零星的情形，而是考察刑事法庭所做的绝大多数日常工作，那么我们就会明白，刑法几乎完全是针对这样一些人：他们由于出身，由于经济贫困，由于缺乏教育或者道德上堕落而被人类共同体所排斥。69
因此，只有面对这些被排斥者，国家作为最后范围最广（甚至包括这些被排斥者在内）的团体，才随着刑罚权一同出现。此时，作为社会机关的国家保护着社会免受脱离社会之人的侵犯。这到底有多少成效，几千年来的经验已经对此作了证明。对付犯罪的唯一严厉的手段在于社会共同体尽可能重新接纳犯罪人，使其重新服从社会的压力。这一信念愈来愈获得了突破。

强制执行的有限作用

强制执行的情形会有所不同么？我们已经指出，强制执行对个人履行的请求，比如劳务、工资和承揽契约的请求，几乎根本不起作用：它也许只是在支付货币中，也就是只在一小部分法律生活中才具有社会意义。那么，我们也许可以提出一个问题：支付货币是否事实上要考虑到强制执行才成立呢？因为很清楚，债权人在提供信贷的过程中已经把促使债务人还债的一切因素都考虑在内了。然而，看一看信贷的组织就会明白，恰好在信贷业务中法律强制不是特别重要。我们有充分的根据断言，在任何一个发达的国民经济中，几乎不存在一种信用资格把强制执行的预测考虑在内。一般而言，信用资格的检验在于对申请信贷者进行某种相当深入的社会学和心理学的考察：在普通的贷款过程中，日常经验足以为此种检验提供事实基础；而在商业信贷中，需要一种广泛分布的组织为此种检验提供事实基础；如果这个检验证明有可能存在某种法律诉讼或某种强制执行，那么信用资格的问题通常也已被否定了。

信贷的安全取决于信贷申请人的财产、社会地位、经济需求、个人关系以及价值信念；所有这一切必须确保他将经常把自己的义务挂在心上，并将履行之。恰好最没有组织化的信贷，即高利贷，追求以过度的利润来防范损失的风险，故此，其大多依赖于债务人的义务感或者他生活其间的关系来促使他还债。所有这些均表现
70 出作为信贷前提的社会团体的重要性。假如某个陌生人想得到某种信贷（这种情况无论如何会出现），那么他一定是因其行为举止使人产生这种印象：他的地位、他的经济状况、他的财产为其信用资格提供了担保。在罗马，由于债务来自于交易，买卖原本是一种信用交易，诚如原始文献所显示的那样，人们事实上并不轻易从陌生人那里购买东西。

故此，信用资格并不是对强制执行进行预测的表现。毋宁说，它是债权人在贷款过程中所信赖的社会关系的经济表现。一个人的地位若不能对还贷提供若干保证，就不会有人为其提供信贷，而凭现金或者抵押品同他进行交易。现金和抵押交易存在于资产占有权之转让过程中，因此它不仅不以任何强制执行为前提，而且甚至不以法律秩序为前提：比如，人们只要通过随扈人员防止野蛮人的暴力侵袭，也可以同初次见到白人的野蛮人进行现金和抵押交易。在一个文明社会，团体的内部秩序足以保障占有；最后，国家

作为已知范围最广泛的团体，作为社会机关，也经常对占有提供保障。现金和抵押交易之所以能够同任何人签订，乃因为它作为纯粹的资产占有权之转让不以强制执行为前提，而是旨在使其成为多余。在此，出租人的扣押权具有下列有益的效果：任何人可以获得房屋租约而不在意其是否具有信用资格；如果出租人收不到租金，就可以扣留承租人带进房子里的物品，这一点受到同业公会保护。在英国，由于不存在出租人的扣押权，在签订租约（lease）时要求有证明书，能够证明承租人的信用资格。只有（对与之交易的顾客没有选择权的）旅店店主由于无法判断房客的信用资格，他才对房客带进房子里的物品有法律上的扣押权（lien，留置权）。也就是说，在这里，文明社会中基于占有的保障又再度取代了信用的组织性。

社会的规范强制与国家的规范强制

因此，当我们特别是像法学家们那样，把强制执行看作是法律秩序的基础时，就意味着夸大了它的影响范围。强制执行的普遍影响一开始仅限于一小部分法律生活，即支付货币的债务，而且即使 71
在这个领域，面对敦促我们履行义务的社会关系之冲击力时，它也是望而却步的。一般而言，我们对于下面一点不可能有任何疑问：债权人可以正确地预计到债务人的信用资格，也就是说，决定他提供信用的理由与促使债务人履行义务的理由是完全相互重合的。事实上，当一个人重视其个人声誉、社会交往、业务联系时，一句话，当一个人重视信用时，他确实不会想到强制执行到底有多大的意义：对他而言，所有这些比他为了眼前利益而想破坏它们要重要得多。赌徒纯粹出于社会强制而会支付其不可诉的赌债，普通人至少比普通的赌徒对社会强制更加敏感。人们通常对来自证券交易所期货中不可诉的债务是会清偿的，尽管不清偿此债的社会后果与经济后果无疑比不支付纯粹的商业债务的后果要小得多。反高利贷法没有实效性，这一众所周知的事实向我们最好地证明：没有强制执行，借高利贷者也能够被迫偿付债务。商人信用组织的报告显示，大家所知的纯粹经济强制手段（联合抵制声明、黑名单）在强制执行完全无效的情况下仍然具有某种效果。对此，诺特纳格尔在上述著作中提供过一种更为古老的资料，目前依然可资利用。故此，正如刑罚一样，强制执行也仅仅是为社会的落魄者和被驱逐者而准备的：它们对付那些漫不经心的借贷者、诈骗者、破产者，对付由于灾祸而变得无偿还能力的人是有效的。无论这些人可能给商业生活带来多大的负担，但他们最终所占的份量还是太小了。我们不能说，法律秩序的价值取决于它为预防这些因素所提供的手段。

那么，国家的法律强制秩序的效力基本上限于对人身、占有以及针对脱离社会者之诉的保护。国家所做的旨在维护法律的其他事情就没有多大的意义，人们可以有理由断言，即使没有国家做这些事情，社会也不会乱套。在古波兰共和国[1]，局势不稳定时，商业终究还是能得以维系的；在今天的东方，尽管司法腐败、极其无能，几乎名不符实，但商业交往仍按自己的方式运行。英国上个世纪
72 30 年代法院改革之前，成本昂贵、烦琐迟缓的民事诉讼的好处几乎到不了非常富裕的上层市民阶级之外：但这并不妨碍英国人同时成

[1] 在波兰历史上，1492—1795 年，被称为“波兰共和国”时期。——译者

为一个富有且高度文明的民族。顺便说一句，德国和奥地利在古老（诉讼）程序支配下的法律保护却不是很有效果。在这种情况下，人们可能会限制信贷，通过挖空心思想出的安全措施来保护自己，但其余的事情则由社会团体来完成了。歌德（Goethe）[1]觉察到帝国最高法院对司法的影响微乎其微，正确地指出到底什么因素在其中起关键作用。如果刑事司法也崩溃了，这是一个更严重的问题。但匈牙利、南意大利和西班牙的情况证明，一个民族甚至可以经得住几个世纪的强盗横行。

无国家强制秩序的社会

人类的原始时代（当时整个社会完全由小型团体组成），后来晚近的时代，甚至当代，并不缺乏一个社会仅仅依靠其团体的内部秩序来加以维护的例子。在国家权力异常薄弱之处，只有这种秩序基本上存在。而且，事实上，在近代欧洲，社会也是建立在这种秩序基础之上的，比如古波兰共和国，17 世纪、18 世纪的匈牙利，那不勒斯和西西里王国；在东方，情况一部分也是如此。在中世纪，国家衰弱导致特殊的法律保护团体和委身制（Commendation）[2]产生；在近代，也有类似的组织形态，诸如古波兰共和国之联盟、那不勒

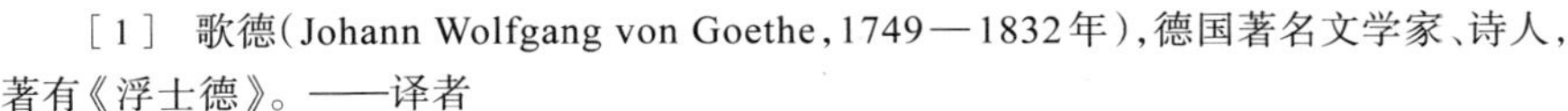

［1］ 歌德（Johann Wolfgang von Goethe，1749—1832年），德国著名文学家、诗人，著有《浮士德》。——译者

［2］ 委身制（Commendation）是指在欧洲中世纪封建制中，拥有自己土地的自由民将自己和自己的土地让与封建领主个人庇护之下，并使自己成为其封臣或附庸（See Eugen Ehrlich, *Fundamental Principles of the Sociology of Law*, transl. by Walter L. Moll, Harvard University Press 1936, p.72. ）。——译者

斯和西西里的卡莫拉(Cammorra)[1]以及黑手党(Maffia)。总之,我们可以引证内尔德克(Nöldeke)[2]有关公元6世纪阿拉伯人的论述作为证明:一个伟大的民族,甚至一个伟大、富有的商业城市完全以其团体的内部力量就能够生存。"在这里,人们首先注意到,阿拉伯人中没有任何地方显露出国家形成的痕迹。宗族、家族是重要权威的道德统一体,但没有任何强制的权力……谁要是置身于家族或者宗族事务之外,他就会遭到讥讽,甚至遭到蔑视,但根本没有任何强制来对付他。只有血亲复仇才会保证一定程度的安全。任何其他犯罪能否通过不同于私人复仇的手段来惩罚,我对此一无所知。盗窃家族成员甚至某个客人的财物是可耻的,但被盗者除了看看如何夺回被盗之物外,没有别的什么办法。这种状况不仅支配着
73 贝都因人(Beduinen)[3],而且主宰着城市,甚至麦加(Mekka)。一个城市,其居民非常广泛地从事商业,智力上远远优越于贝都因人,后来迅速成功地成为半个世界的征服者和统治者,却没有实际的政府,这真是令人难以置信。但我们必须始终强调,名门望族的道德权威刚好弥补了这种缺陷。当宗族长老们(他们也仅仅对宗族行使一种道德权威)就一些事情达成协议之后,任何个人或单个家庭都

[1] 卡莫拉(Cammorra)是意大利罪犯的秘密帮会名称。该罪犯帮会起源不详,也许是在15世纪形成于西班牙,后来流入意大利。19世纪曾经控制过那不勒斯。——译者

[2] 特奥多尔·内尔德克(Theodor Nöldeke, 1836—1930年),德国东方学家,研究闪语和伊斯兰教而闻名,著有《古兰经史》(1859年)。——译者

[3] 贝都因人(Beduinen),是指阿拉伯半岛和北非的游牧和半游牧的阿拉伯人。——译者

不敢轻易置身于这些事情之外；但它无论如何是发生了的。”[①] 从内尔德克的最后一句话中可以看出，只有阿拉伯宗族极为密切的、一直延续到当代的凝聚力，以及每个人在其群体中得到的支持，才使这样一个社会的存在成为可能。

过去和现在的社会规范强制

如果我们追溯人类文明的开端，就会看到法律规范（当时它尚未与宗教规范、伦理规范、习俗规范相分离）的力量完全或几乎完全基于其所属的范围较为狭小的团体对每个个人实施的影响。一般而言，每个人均毫无异议地服从家庭和宗族的秩序。真正的法律强制或刑罚强制几乎不用来对付亲密的成员：针对冥顽不化的违抗者，人们可以通过驱逐出团体来保全自己；驱逐被看作是每个人面临的最大的不幸（此即荷马所讲的“众叛亲离”［αφρητωρ］、“丧失家园”［ανεστιος］、“没有法度”［αθεμιστος］[②]）。暴力的法律实施和暴力的防卫只是用来对付外来人的，因为团体的内部规范对这些外来人没有效力。如果认为我们目前已经远远超越了这个状态，那将是一个错误。即使在今天，就像在法律发展的开端一样，法律的力量仍然主要立足于包含个人在内的团体的影响，这种影响是无声的、持续不断的。从这个方面看，至今，法律仍然显示出与其他社

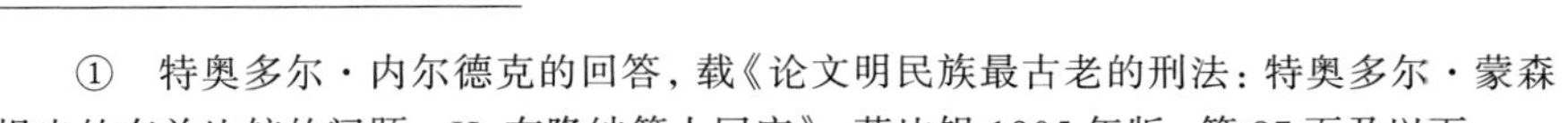

① 特奥多尔·内尔德克的回答，载《论文明民族最古老的刑法：特奥多尔·蒙森提出的有关比较的问题，H. 布隆纳等人回应》，莱比锡 1905 年版，第 87 页及以下。

② 希腊文“αφρητωρ”（Aphraetor）相当于德文“stammesfremd”；“ανεστιος”（anestios）相当于德文“heimatlos”；“αθεμιστος”（athemistos）相当于德文“rechtlos”。

74 会规范即伦理规范、习俗规范、礼仪规范、社交规范、礼节规范和时尚规范之间本质上的亲缘关系。直到今天，驱逐出团体（教会、协会、社会意义和法律意义上的会社）、撤销信用、丧失地位和丧失顾客仍然是与顽固违抗者作斗争的最有效的手段。当今，法学家一直视为一切法律秩序之基础的刑罚和强制执行仅仅意味着对付被团体驱除之人的极端手段，就像从前以武力自卫来对付来自陌生团体的成员一样。

法与国家强制秩序的等置作为社会主体与国家疏离之表现

尽管如此，把社会规范的力量完全普遍地归结为国家的强制力，这个事实还需要澄清。任何错误的学说必然立足于这样或那样一种正确的观察：我们的感知和感觉总是对的，而我们由此得出的结论却可能是错的。首先，事实上只有一部分法律才是通过国家强制保持有效的。这部分法律既不是很多，也不是很重要，但它们是法学家最感兴趣的，因为只有当强制成为必要时，法学家才关注法律。其次，若没有刑罚和强制执行，无疑也会有一些规范不被大多数人遵守。在这方面，警察法规范（马克斯・恩斯特・迈耶尔）[①] 不是很重要，这种规范不仅被警察法庭和刑事法庭的法官所运用，而且也被民事法庭的法官所实施。作为裁判规范，它们是由国家权力创制的，所以与社会生活格格不入，而且经常通过产生的判决才被

① 马克斯・恩斯特・迈耶尔：《法律规范与文化规范》，布雷斯劳 1903 年版。

人们知晓，由此也才成为行为规则。那么，这些判决看起来才真正是法律的公布，“不知法者不利”（*ignorantia iuris nocet*）规则才显示出其真正的意义。更为重要的是，现代国家的整个军事体制和税收体制，也就是说，在传统上被认为是国家生活基础的东西，若没有国家强制，则几乎不能片刻地存在。但是，所有这一切仅仅意味着：国家与相当大一部分社会业已有意地相互对立了。由于这样的对立，国家的军事体制和税收体制与社会毫不相干，乃至完全变成了国家的制度。然而，这也许只是一个历史的过渡阶段。古代的城邦国家就不是这样。当时，整个军事和用于国家的资金部分必须由公民征募，因而由社会来加以组织；在今天的小国家中，情形亦依 75
然如此。

法作为剥削大多数无产者的工具？

因此，法作为一种强制秩序的观念基于下面一点：人们只是片面地注意到法律中完全通过国家获得其力量的部分。但这不是全部。在相当大的程度上，这一观念不仅源于对法律的考察，而且源于对整个社会生活的考察。人们可以看到，在社会上，富人和穷人之间存在着巨大的反差，整个社会工作的负担都落到了穷人身上；作为交换，他们得到的不过是一点基本的生活必需品。法律秩序迫使他们为社会所做的付出，远远多于他们从中的获取，他们用充满价值的劳作换取价值微薄的报酬。它是通过国家权力手段强行维持的，只有在这种前提下，才能够理解由此造成这么多损失的人依然忍受着这种状况。这种思想最终贯穿于社会主义历史哲学之中。

它从人类古老的经济体制出发，即从家庭与氏族秩序、自给自足的家庭经济和手工业（这种经济保障所有参与其中的劳动者相当平等地分配整个劳动成果［恩格斯、罗德贝尔图斯[1]］）出发，指出：在资本主义的影响下，这种状况正在不断发生变化，使人数愈来愈多的无产者处于不利境况，人数愈来愈少的有产者处于有利境况（马克思）。有人认为，旧的经济秩序由多数人来维持，他们发现这样做对他们有利；新的经济秩序，即资本主义的经济秩序，则完全由国家来维护，国家是一个强大而精密的组织，有产者以此来保护以私有制、契约和继承权为基础的法律秩序。因此，社会主义者一直主张无产者以广大人民群众的组织对抗有产者的组织，以实行对他们更为有利的法律秩序。

假如下面这一说法是正确的话，即：若没有国家，当今整个法律秩序就无法维持，国家这种组织仅仅是（本来很少而且愈来愈减少的）少数有产者对抗无产者之广大人民群众的组织，那么法律秩序和国家在这一点上当然是不打自招的。然而，我们目前的研究表
76 明，国家保护法律秩序的权力手段事实上并非用来对付广大的人民群众，而只是用来对付一小撮人，即：对付那些脱离一切社会关系之外的违抗者。广大的人民群众不需要通过国家来压制，他们自愿地服从法律秩序，因为他们意识到法律秩序就是他们的秩序，是任何人作为其中一员的经济和社会团体的秩序。因此，说少数人利用这些团体剥削大多数人，这不可能是正确的。而且，认为少数人可

［1］ 罗德贝尔图斯（Johann Karl Rodbertus, 1805—1875年），德国普鲁士经济学家，曾经提出过与社会主义经济理论相似的观点。——译者

以长时期地这样做，却没有爆发持续不断的暴力，也与一切历史经验和一切群众心理相矛盾。每一次伴随着违反协议的大罢工表明：国家的权力手段长期以来并不足以用来针对成百上千的反抗者提出法律诉求。因此，假如绝大多数人——从表面现象看，也包括整个工人阶级——遵守法律秩序，那么他们对此即使没有一种清晰的信念，但毕竟有一种强烈的感觉：这样做是必要的，为了他们自己的利益是必要的。这种感觉清楚地表现在每一次目的不是政治变革而只是经济变革的动乱之中：绝大多数人在这个过程中站到了国家权力一边，而且只要上述感觉在较大的疆土之内还能够始终得到保持的话，那么这样一种动乱就从来没有获得过成功。

事实上，由于当今的法律秩序同时既是一种产品生产的组织形态又是产品交换的组织形态，所以，假如它不是必然同时既剥夺大多数人的生存条件，又剥夺少数人的生存条件，那么就不可能废除它。因此，如果人类文明应该继续存在，现有的法律秩序绝对没有必要废除，除非它能够立即被另一种法律秩序即社会主义法律秩序所取代。但目前也许还没有任何有判断能力的人，哪怕是社会主义者可以宣称，这一点在任何时候都能够实现，似乎毋需费吹灰之力。明智的社会主义者很早以前就谈到社会主义经济在资本主义经济中有一个缓慢的成长过程：顺便说一句，我相信我在其他地方已经说明，在可见的未来做到这一点绝不可能。[①] 因此，不管今天的社会秩序让大多数人担负了多么巨大的牺牲，但如果说它终究展现出某种还过得去的稳固结构的话，那么这显然要归因于下面一

① 欧根·埃利希："安东·门格尔"，载《南德月刊》第3卷第2期（1906年），第285—318页（重印于氏著：《法律与活法》，柏林1986年版，第48—87页）。

点：能够既有利于有产者，也有利于无产者的任何其他秩序当前还
77 行不通。“终极目标”的问题可以平静地放一放：在实践上，即使有社会主义倾向的欧洲工人阶级也只关心当今法律秩序的改善，在他们看来，这样一种法律秩序保证有一种适度的但却可以达到的社会进步。

规范的作用并非通过强制而是通过感化

个人在社会团体中通过压力被强迫遵守规范，显然既是主动的又是被动的；任何一个团体成员都参与形成压力，而又必须服从压力。也就是说，规范强制的群众心理事实同时产生规范遵守的个人心理事实。尽管如此，过分强调这一点也是错误的。人民大众把整个一生长期毫无异议地融入庞大的社会机制，对他们而言，这种融入不是自己有意识的思想活动的结果，而是对周围人的感情和思想的一种无意识的适应，这个过程伴随着人们从摇篮走向坟墓。最重要的规范只通过感化才发挥作用。它们作为命令和禁止出现在人面前，向人发布，而不用说明理由；被人遵守，而不用进行反思。它们不曾降服人，而是教化人。它们在人作为孩童时即已映入其脑海：一种永恒的命令（“人不应该这样做”“这样做不妥当”“上帝命令这样做”）伴随人的终生。而且，人越是自愿地服从它们，就越是强烈地感受到遵守的有利和违背的不利。利与弊不仅仅是社会的，而且也是个人的，因为服从命令的人既省却了自己思考的苦工，也省却了自己作决定的重负。自由和独立纯粹是诗人、艺术家和思想家的理想而已；普通人是一个俗人，他不太懂得这些事物，他喜

欢自己所习惯的、符合本能的东西，痛恨的莫过于智力上的苦心劳神。职是之故，女人们热衷于意志坚强的男人：后者为她们做决定，甚至根本不让反抗的想法出现。对于自己受到供养的一切劳苦，她们为此衷心地对其丈夫表示感谢。

这样，服从规范最终会给整个人留下印记。它不仅使个人行为，而且使人本身变得符合法律、秉持道德、虔诚敬神、遵守习俗、合乎礼仪、举止得体、崇尚荣誉、端庄风雅、时尚摩登。人基于信念而服从规范，这使其行为具有恒常性；在每个具体情形中，遵守 78
规范产生的社会压力一旦构成人们的信念，它们就不可能再被其他的影响所抵消。社会规范塑造个人的特性。

社会规范限于各自的团体

任何探究法律规范起源和实效的人首先试图回答下面这个简单得多的问题，这并非是完全不适当的，即，为什么他没有看到任何一个男人在大街上身穿传统的民族服装而不打领带呢？这可能不是一个纯粹讲究衣着的问题，因为毫无疑问，有大量根本不重视衣着的男子也从来不会不打领带就出现在公共场合。为了减少难以避免的历史考察，我要说明，领带本身的确是相当多余的服装饰物，顺便说一句，它也不是完全不可挑剔的品位。领带是由路易十四时期的巴黎克罗地亚军团的服装演变而来，这个服装饰物的奥地利和法语名称（Krawatte/cravat：音译“科拉瓦”）也归功于路易十四。正因为如此，要求每个文明的欧洲人自身注意佩系领带这个社会规范的调整职能目前已相当隐而不显了，对它进行更为深入的研究将为法学家提供大量的信息。

相应地，社会规范，不管它们是法律规范还是其他种类的规范，总是来自于某个团体，仅对该团体成员施加某种义务，这种义务只对团体成员具有拘束力，不对外发生效力。假如这些话是在古典时期写下来的，它们就不需要作进一步的证明，因为它们是对每个人不言而喻的真理。那时，没有人会怀疑，法、宗教、伦理和习俗只存在于本民族，这个范围有时甚至不包括住在城墙之内的其他人，且从不扩大到最密切的世系和语言亲缘关系之外。超过了这个范围，才必须通过一种对客的、友好的或者商事的契约来建立联系。故此，甚至在今天，欧洲文明之外的所有民族的情形依然如此。确实，在大多数情况下，客人是受到尊敬的，但客人在跨进门槛的那一刻才被当作了家里人，在他走出家门的那一刻为他提供的保护常常也就停止了。

79 诚然，目前，这种情形在程度上不再完全相同了。无论如何，有一点是清楚的：习俗规范、礼仪规范、社交规范、礼节规范和时尚规范超出了一定的范围就不起作用。但法律规范至少在一定程度上是对每个人有效的。三四个世界宗教宣称自己是整个人类的真理。同样，现代伦理也不再承认其仅适用于同一民族成员的古代限制。问题是，所有这一切到底意味着什么？

就宗教而言，无论它的教义还是它的仪式规范一开始仅适用于信仰者。当它们宣称自己是世界宗教时，不过是说，它们对觉悟到其真理的任何人都敞开进入其共同体的大门。当然，在这一点上，它们与古代各种局限于民族的宗教形成反差，但这种反差存在于别的领域。

然而，就现代伦理而言，不论其立足于宗教基础还是哲学基础，情况看起来就有所不同了。它的目的是把道德戒律强加于所有人，并使之在同每一个带有人类面孔的人打交道时约束他们。但是，认为现代伦理已经不再是纯粹的说教或学说，事实上好像已成为绝大多数人的行为规则，这个观点必须坚决予以驳斥。即使在今天，道德戒律实际上也只是在家庭的亲密圈子里，最多是在朋友之间，才被严格遵守。在这些圈子之外，人们的距离愈远，它们的效力就愈加无力；**对普通人而言**，面对陌生人的时候，除了毋须费力的帮忙之外，则几乎不存在负有义务去做什么的伦理；对于祖国敌人的仇恨至今仍被看作是值得称赞的，这一点如同在最遥远的古代一样。纵观这个或那个大国殖民地偶尔犯下的暴行，就可以看出，在不存在共同体联系纽带的地方，现代人的道德可能会堕落到什么程度；这些暴行只是地球上最文明国家的国民认为他们有权对手无寸铁的土著人犯下的暴行的极小一部分。

一阶秩序的法律规范限于各自的团体

的确，一系列法律规范为了每个人而有效，对每一个人都有拘束力。但这些法律规范要么是国法，要么是纯粹的裁判规范，也就是说，它们是仅仅适用于法院和其他国家机关的法，而不是一种行
为规则。就连所谓的国际私法和国际刑法也只包含裁判规范，它们 80
只适用于当局，而不是适用于人民。相反，活的法律，哪怕是由国家制定的，就其内容而言，通常局限于某个团体。国家法产生的权利和义务以国家公民权为前提，家庭法以家族共同体成员身份为前

提，法人社团法以参与法人社团的资格为前提，契约法以契约为前提，继承法也以家庭成员身份为前提或者以接受遗赠为前提（附带说一句，根据某些法律，对遗赠纯粹不加回绝也等同于接受）。其他的权利和义务则来自于官员和国家公务员的地位。如今，只是有关生命、自由和财产的请求权所通行的规则才有所不同，因为至少在欧洲文明占据无可争议的影响领域内，每个人都可以获得这种请求权，而不论国籍。这是一项相当现代的成就：直到16世纪，外国人的生命和财产在欧洲还根本得不到保障。即使在今天，它们在文明的边缘地区也是不存在的，世界各地殖民地的历史和美国黑人的命运都表明了这一点。19世纪反奴隶制立法证明，劝导世界上最文明的民族尊重毫无自卫能力的黑人的生命和自由是何等的困难。但尽管有这些时间上和地域上的局限，尊重每个人的生命、自由和财产目前不再仅仅是裁判规范和国家政策，而事实上变成了一项活法的原则。在这个适当的程度上，整个人类已经成为一个庞大的法律团体。然而，对于其他的法律关系，尤其是对于契约法，还不能这么说。遥远国度之信贷关系的不确定性（所有贸易报告中的一个惯用措辞）为此提供了很有说服力的证据。

然而，依然存在着如下事实：目前确实有一些宗教伦理和哲学伦理，它们并不把自己的道德戒律限定于某一个人类团体。这个事实无论如何需要加以解释。它意味着，至少在世界上最杰出的精神中孕育一种包容所有人类的伦理观念，一种不受任何疆域限制的法的观念。尽管它在目前还不过是预示更好未来的一个最高贵和最美好的梦想，但它确已在活的法律中广泛地得以实现，乃至在最高文明的宝座上，每个人均保证有生命、自由和财产。

第五章　法的事实

当代法学家习惯于仰望一个由法和法律强制主宰的世界。这 81
个唯一属于他的世界，归功于他的世界观，该世界观认定法和法律强制从万物伊始即存在。若没有法和法律强制，他根本无法想像有人类共同的生活。在法学家看来，一个不通过官方维护或至少监管的家庭，一个不受法院保护的财产权，一个不可起诉或至少不可以抗辩的契约，一个无法通过法律救济手段执行的遗产，这些统统存在于法律之外，在法律上没有意义。所以，在法学家的观念世界中，法律秩序、法院和法律强制联结成一个整体，只有找到了法院和法律强制或者行政机关和行政强制时，法学家才会毫不犹豫地谈论法或者法律关系。

把法律渊源限定于制定法和习惯法站不住脚

在这个狭隘的观念世界里，法律渊源的纯法学概念就诞生了。显然，这个概念只能解释法院和行政机关实施法律强制所依据的规则之来源问题。按照这个路子，当时流行的法学形成了众所周知的二源论（Zweiquellentheorie），它把所有的法均归结为制定法和习惯。这个理论所依据的显然是《**民法大全**》和《**教会法大全**》的规定，它们除**法律**（*leges*）外，也只承认**习惯**（*consuetudo*）为法律渊源。但它的认识论基础可能是排中律的逻辑定理。因为所有的法，若不是制定法，就只能是习惯法，故此有关习惯法概念的问题就化约为下面这个问题：不是制定法的法必须具有什么性质呢？没有人告诉我们，为何除了制定法和习惯法以外就没有其他的法源；没有人建议对制定法的性质进行科学探究；有关习惯法方面的学说也是在老生常谈的圈子里面打转转。归根结底，罗马人做事太科学了，因为他们满足于简单罗列其中对法官具有拘束力的法律规则如何形成
82 的六种或者八种方法。然而，迄今无人能够成功地尝试在两个法律渊源之后再列上哪怕第三种法源，比如科学，或者法院惯例，（当事人之间确立的）惯行规则（Konventionalregel），或者交易习惯（die Usance）——这是许多商法学者经常引用的例子。

但也许最悲催之处在于：那些目前为制定法和习惯法概念绞尽脑汁的人们显然在一个完全不需要寻找麻烦的地方去寻找麻烦。法律渊源问题，根本不是法官或行政官员应予适用的法律规则如何采取对他们有拘束力的形式问题。法不是由法条组成的，它存在于法律制度之中；有谁要想说明法律渊源是什么，他就必须能够解释：国家、教堂、公社、家庭、财产、契约、继承是怎样产生的，又是怎样变更和发展的。法源论的职责在于寻找法律制度发展的推动力；而对法条（更确切地说，一定种类的法条）如何被确定的形式进行陈述，是不够的。法和法律关系是一种思想之物，它不存在于有形的、可被感知的现实领域，而存在于人的头脑之中。如果没有承载法观念的人，也就不存在法。但在这里，和在其他任何地方一样，我们

人类的观念也是从有形的、可被感知的现实领域中提取的素材形成的。它们总是以我们观察到的事实为基础。在法和法律关系的观念出现在我们人脑之前，这些事实肯定已然存在。即使在当代，在我们能够谈论法和法律关系之前，某些事实也必定存在。故此，我们在这里必须去寻找法的工作坊（Werkstätte）。相应地，法学的第一个问题，即有关法的起源问题，逐渐变成了这样一个问题：在历史发展的过程中，事实上的制度哪些成为了法律关系，哪些是产生这种关系的社会过程？

人类群体通过他们的组织成为一个团体。组织是为团体中的每个人分配其地位和职能的规则。因此，我们这里主要关心的是确定人类的思想与这些规则相关联的事实。这些事实虽然表面上看多种多样，但都可以化约为少数的几种。如果允许我们可以先行披露我们的研究成果的话，那么它们是下面这些：习惯、支配、占有和意思表示。

习惯作为团体内部秩序的来源

习惯不应与“习惯法”混用。我们所说的不是法条的习惯性适 83
用。这里的习惯是指：过去得到遵循的东西在未来仍应作为规范。习惯决定着团体之首领、机构以及成员的地位（上下的秩序）和每个人的职责。习惯创造了一切原始团体（氏族、家庭和家族）中的秩序；在家庭和家族中，这一点也许直到现在都是如此。在原始阶段，习惯在一切地方团体和国家中基本上占有主导地位。即使在高度发达的国家中，比如罗马共和国和当今的大不列颠，国家机关的国家法地位亦主要取决于习惯。关于罗马，我们匆匆翻阅一下蒙森的《罗马国家法》就足以相信刚才所讲的这一点。在罗马，少量涉及国家法内容的法律，几乎完全与民众大会（Komitien）[1]相关。而且，根据蒙森的陈述，直到帝制时期，罗马执政官一直按照传统习惯应当做什么以及事实上做了什么；除此之外，连他都不知道决定执政官之权利和义务的其他手段。同样，任何人要想阐释清楚英国的国家法，也必须照此进行。国王、议会、内阁大臣、最高官员，所有这些国家机关实际上主要根据习惯，或者按照英国人的说法，根据先例（*precedents*）来调整自己的行为。古代和中世纪占统治地位的团体也优先以习惯来维护它们的秩序。

当今大多数团体都有一种秩序，以契约、章程、法条和宪法为基础。尽管如此，习惯在它们之中也绝非失去了它的全部意义。凡契约、章程、法条和宪法对团体中的个人地位和职责留有疑问或者漏洞之处，习惯就起决定作用。因此，即使在宪政国家，习惯也具有极端重要性（惯习规则）；在（工厂的）工会中，它是团体生活不可或缺的基础。

用耶利内克的话来说，习惯通过"事实的规范力"①而发生作用。它在团体中的规制力和调节力基于这样一个事实：它反映着团体中的力量的平衡。所有成员在团体生活方面的利益，他们对团体中每一种有效力量的正当利用，他们中的每个人被安置到证明最适合他

[1] 民众大会（Komitien，comitia，民会）是古罗马共和国全体罗马市民参加的集会，由行政长官召集。会议内容主要是审议法律议案、选举执政官和履行某些审判职能。——译者

① 格奥尔格·耶利内克：《一般国家理论》，1913年第3版，第337页及以下。

的地方，按照整体的需要为他分配权利和义务，所有这些利益均可在个人自私自利的欲望（过自己的生活，坚持自己的个性，追求自 84
己的利益）中找到其反向平衡力。习惯总是反映最终的力量平衡。一般而言，当被安置在某个特定地位的人主张某项权利而没有遭到反对，当某个人被分配了一项任务而没有遭到异议，或者某个已经爆发的矛盾已被克服，此时就会产生一种对未来具有规范作用的习惯。在原始团体中，起决定作用的是体力、智力、经验、个人名望和年龄；在其他团体中，决定性因素是财富、出身和人际关系。与一定的地位相关联的权利和义务通常会通过习惯从拥有者手中转移给继承者；但是，假如力量平衡关系由于继承而发生改变，习惯则会立即适应这种变化的情况。

习惯内容的经济决定根据

即使在今天，家族成员共同体是其秩序仍主要依赖习惯的唯一团体，它不仅作为伦理—社会共同体，而且也作为经济共同体。在农民阶级当中，它是一个生产和消费共同体，在城市中产阶级当中，它纯粹是一个消费共同体，而在一部分工人阶级当中，它几乎完全是居住共同体。的确，中产阶级家庭和工人阶级家庭之间在经济上还存在巨大的差别（即使后者同时也是一个消费共同体，也是如此），因为中产阶级家庭通常只以一家之主的劳动收入来维持，工人阶级家庭则靠一切有劳动能力的家庭成员的劳动收入来生活。纵观这三种家庭，就会发现：每一个家庭都有自己的法，不仅涉及个人的从属关系，而且也涉及财产和收入。我们还会发现：记录有关家庭事务的文书（婚姻契约、遗嘱）之内容，因签署者的阶级身份的不同也有很大的不同，据此我们就可以直截了当地确定文书签署者的阶级身份。农民在其家庭内部至高无上的统治地位，在中产阶级家庭则弱化为一般的指导，在工人家庭则更弱化为一种至多属于道德的影响。在农民家庭，财产和消费是共同的；在中产阶级家庭，财产是分开的，消费是共同的；在工人家庭，一切都是分开的，每个家庭成员占有自己的份额，也为共同的开销支付属于自己的部
85 分。同样，在所有其他团体中，团体生活的经济基础决定着习惯的内容以及由习惯所形成的秩序。

支配作为团体内部秩序的来源

在任何一个有组织的团体中都存在着一种上下位的秩序，这种秩序恰好是团体内部秩序的表现，必须明确地将它与支配、服从关系之间区别开来。由有组织的上位秩序所发布的命令不同于根据支配关系所发布的命令。前者是代表团体的利益发布的，后者是代表发布者个人的利益发布的；前一种关系的上位者和下位者都同等意识到为团体服务，但后一种关系的服从者首先想到要为支配者服务，只是偶尔意识到通过这种方式也为团体服务；团体内部尽管有上下位的关系，却依然保持统一，因为上下位秩序是团体的体制所必然创设的，而支配与服从关系却把团体分成支配者和服从者，在此过程中，至少那些支配者，经常也包括服从者，形成各自的团体，或者形成团体之下的团体。

我们必须区分两种支配与服从关系：一种是来自于家庭的支配

与服从关系——孩子服从父权，妻子服从夫权；另一种服从关系来自纯粹社会的根源，例如，奴隶制与隶农（农奴）制。我们非常自然地会把各种各样的、不同层次的支配和服从关系归结为法条规定，这些关系在社会发展的各个阶段都存在，直到最近的时期，才为欧洲和美洲最先进的国家所拥有。事实上，一般认为，正是法条规定妻子服从丈夫，孩子服从父亲，被监护人服从监护人，奴隶和隶农服从他们的主人。但是，支配和服从关系的事实早于法条而到处存在，然后法条作为法律秩序之组成部分才对此加以规定。所有的支配都只是被支配者之无保护状态和需要帮助状态的另一面。被支配者被人支配，乃因为他享受不到任何法律保护，他之所以受不到保护，乃因为他不隶属于可以保护他的任何团体，或者因为他所隶属的团体太弱而保护不了他。

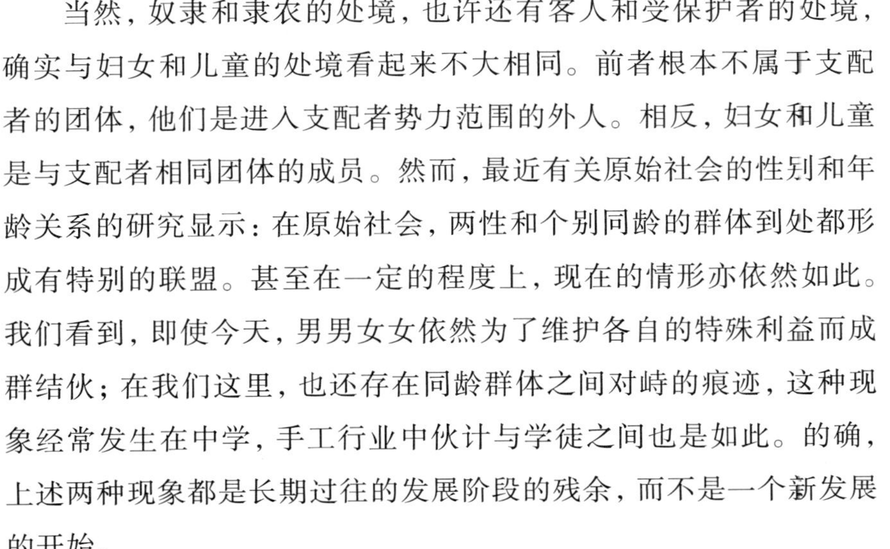

当然，奴隶和隶农的处境，也许还有客人和受保护者的处境，确实与妇女和儿童的处境看起来不大相同。前者根本不属于支配者的团体，他们是进入支配者势力范围的外人。相反，妇女和儿童 86
是与支配者相同团体的成员。然而，最近有关原始社会的性别和年龄关系的研究显示：在原始社会，两性和个别同龄的群体到处都形成有特别的联盟。甚至在一定的程度上，现在的情形亦依然如此。我们看到，即使今天，男男女女依然为了维护各自的特殊利益而成群结伙；在我们这里，也还存在同龄群体之间对峙的痕迹，这种现象经常发生在中学，手工行业中伙计与学徒之间也是如此。的确，上述两种现象都是长期过往的发展阶段的残余，而不是一个新发展的开始。

支配作为被支配者无保护状态的结果

在最古老的社会，最初由同等价值的成员组成团体，他们在必要时能够运用自己的力量击退进攻，并且能够在别人求助时为其提供相同的援助。妇女、儿童和尚无资格佩带武器的青年人都做不到这一点，因为他们不能够独自为自己形成任何有作战能力的团体；离群索居的外来人做不到这一点，因为他们没有接纳他的团体；被征服的民族或者部落的成员做不到这一点，因为他们所属的团体正好被摧毁了；贫穷受压迫的人在动荡的年代也做不到这一点，因为其团体所能够为他提供的保护在面对强权者的恣意时变得无效。因此，这些所有的人，即妇女、儿童、外来人、被征服者，都处在应当保护他们的那些人（丈夫、父亲、主人、征服者）的权力支配之下。任何其他对自己的力量缺乏信心的人都会自愿地委身于他人的保护之下。假如他找不到任何保护人，他就会隶属于将其抓获并饶他不死的人：他成为后者的奴仆。有主人的弱者不再是无助的，因为此时任何对他的攻击同时就是对其主人的攻击。*

* 一位熟悉非洲的奥地利海军军官有一次告诉我，他认为斯坦利（Henry Morton Stanley, 1841—1904 年，英国探险家，以在非洲探险闻名，著有《穿过黑暗大陆》一书。——译者）的成功绝大部分归功于他与黑人搬运夫之间达成的协议。其他的非洲探险者通常雇用搬运夫走短短的一段路程，负责其部落成员居住的区域，当他们到达边境时就解雇他们，在此处按照相同的条件寻找其他的搬运夫。与此不同，斯坦利按照全程的费用雇用他们。此时，非洲黑人出了边境大多就失去其部落的法律保护。因此，一旦斯坦利进入了一个陌生的地区，他的荒野考察队就是搬运夫唯一的安全之所。这样，他们就无条件地听命于他。他成了他们的保护人，正因如此也成了他们至高无上的主人和统治者。——作者原注

支配范围的经济决定根据

但是，所有这些保护关系均以被保护人对其保护人能够提供某 87
种利益为前提。支配的存在有利于支配者，而不是为了被支配者的利益。人只要自己能够竭尽苦作生产所需之物、勉强维持他自己的生存，就像极其贫困的猎人和牧人的情形那样，他也就没有任何主人。支配也可能不给支配者带来任何好处。因此，被俘的敌人要么沦为奴隶，要么全部被屠杀，或者，在极个别的情况下，被征服的部落接纳。在这个发展阶段，只有妇女是有价值的，因为她不仅是经济剥削的对象，而且也是性剥削的对象。因为这个原因，她保住了自己的性命，而被迫从事男人因为觉得掉价或者需要劳苦而不屑做的工作。

无保护状态本身不能作为任何法律关系的基础。这种状态将无保护者就像一个无主物或者一头无主的牲口那样被舍弃，交给了强占者，但它没有为无保护者规定任何主人，也没有赋予任何人对他的权利。但支配显然不是对一个人的纯粹占有以及对其劳动的剥削，因为它是一个在支配者和被支配者之间受法律调整的关系。个人服从的事实以其劳动的经济生产能力为基础，但只有被支配者的劳动对于社会的经济秩序具有决定性的意义，它才成为法律秩序的一部分。非自由民可以成为农场上的雇农，或者宫廷里的侍从，他可以和成千上万的受苦的难友一起在种植园或者矿山劳作，他可以作为独立的世袭隶农同妻子和孩子居住在其主人土地上的茅舍里，向后者支付租金，或者作为隶农一边纳贡、一边自担风险，耕

种一块分给他的份地，他可以在其主人家里做教师、管家或者骑士头领，也可以在城里独立从事手工业或者商业。他做这一份工作或者那一份工作，当然不取决于主人的专断意志，而取决于国家的整个经济体制和构成非自由民人口群体的人的素质。的确，在罗马帝制时代早期，依靠隶农来耕作是不可能的，同样，在中世纪的德意
88 志，在种植园种植烟草和甘蔗也不可能。非自由民的法律地位取决于他在经济体制中被置于何种地位。雇农、种植园奴隶、宫廷侍从、世袭隶农、依附农、骑士头领、管家、手工业者作为非自由民不仅在事实上而且在法律上具有完全不同的境况。在罗马奴隶制中，这种现象只是在非常有限的程度上被外界所知，但这个事实确实与下面一点有关：罗马的法学家几乎完全专心于研究可以在法院适用的法律，而不告诉我们有关家庭的内部秩序。罗马奴隶制法的相关阐释并不局限于法学的原始文献，也要参考碑刻文字和文书，它们特别突出地表现了法律关系的许多差异，而这些差异在罗马法学的原始文献中却只被一笔带过。也有一种不太像罗马法那样倾向于抽象的法，从外在的方面形成非自由民的法律状况的差异，与他们的经济任务相一致。因此，从中世纪一开始，欧陆法上的非自由民的类型总是与经济体制的差异相一致的。两个较晚的类型，即领主土地所有制（Grundherrschaft）和领主家族制（Gutsherrschaft）[1]既指经济管理体制的差异，也指隶农的法律待遇的差异。我在自己的文章

［1］ 根据莫尔的英译本的脚注，在领主土地所有制（Grundherrschaft）中，非自由民以自由公共的农役租佃相应的地租形式获得自己的土地；在领主家族制（Gutsherrschaft）中，他们被转化成隶农（See Eugen Ehrlich, *Fundamental Principles of the Sociology of Law*, transl. by Walter L. Moll, Harvard University Press 1936, p.92.）。——译者

"论权利能力"（载弗朗茨·柯布勒主编的文集《法》[1]）中，较为详细地论述个人的权利能力的范围总是与他在经济体制中的地位相互关联的。

也许，所有作为法律制度的支配最初都是对被支配者的一种占有。确实，奴役（不自由）开始于对人的劫持，婚姻也可能开始于对妇女的劫持，父权大概常常依赖于对孩子（只是他们还是很小的时候）的占有。但是，支配作为占有只有在完全例外的情况下才能持久地得到维持，比如，种植园中的奴隶一直有人看管，晚上被关起来。一般而言，支配以更多的其他东西为前提：比如，被支配者的某种精神状态，对支配体制的一种思想上的自我适应和自我融入。若没有这种精神状态，支配就只能以经常性的看管来维持，因而在大多数情况下这对支配者是毫无价值的。

占有作为对物的经济支配

就物的经济利用过程而言，物的法律关系无疑是完全无关紧要
的。即使农夫以无效的遗嘱获得一块地，这块地也会结出卷心菜； 89
不要问工厂主是怎么得到织布机的，织布机照样能把线织成布；一块面包即使是饥饿者偷来的，也能为偷窃者充饥。在物的经济利用过程中，最重要的是占有。歌德在《诗歌与真理》[2]的著名段落中，对位于韦茨拉尔的帝国最高法院所作的观察进行概述，曾经非常清

① 欧根·埃利希："论权利能力"，载弗朗茨·柯布勒主编，《法》，柏林 1909 年版（阿伦 1973 年重印本）。

② 约翰·沃尔夫冈·冯·歌德：《诗歌与真理》，《歌德全集》第 12 卷"书信与谈话"，苏黎世 1948/1969 年版，第 10 册，第 574 页及以下，第 576 页。

晰地谈到占有：这也许是有关占有保护之理由所写的最好的东西。自然，我们在这里谈的不是任何一种教义学体系意义上的占有，用一位占有学说的著名大师的话说，这里所讲的乃是一种“作为有关物之实际支配的可能性的占有，这种支配的可能性达到人们根据经验通常会尊重我们的支配意志的程度。情况是否如此，这是一个现实生活的问题，这个问题必须根据关系，特别是客体的多样性，根据主体的统治手段，根据公共安全、公共道德和经济发展的状态来加以回答”（兰达语）。[①]

也就是说，是否承认占有，这是“一个现实生活的问题”。在这里，起决定作用的不是制定法的规定，而是支配生活的行为规则。在共同法领域，承租人、借用人和保管人的占有本身会被契约的另一方当事人“根据经验习惯性地尊重”，即使萨维尼已经证明，根据罗马法他们无权占有，也是如此。在共同法领域，盗窃者或者抢劫者的占有无疑不会“根据经验习惯性地”得到尊重，不管罗马法在这一点怎么说：哪怕第三人在盗窃者或者抢劫者那里发现了被盗物或被劫物，其亦很难毫不犹豫地因为这些规定，擅自（即使可能）将它们夺回，交给受害人或者当局。在罗马，法律是否就不同呢？人们必然会想到这样一个奇怪的案型，即：盗窃者或者抢劫者在占有受到阻挠时，明知他人能够证实其盗窃或者抢劫，却仍然会提请制止暴力夺回令或者优者占有令（*das interdictum unde vi oder utrubi*）。[1]这类实际的案型在我所知道的原始文献中是找不到的。

① 安东·兰达：《奥地利法上的占有》，莱比锡1876年第2版。

[1] 按照罗马法的规定，当两个占有人对物的归属发生纠纷时，一方可以通过向执政官申请上述令状排除另一方的干扰，维持自己的占有状态。——译者

占有是一个法的事实，在此意义上，占有人根据其经济目使用和利用该物。在物的经济使用过程中，所有的法律都保护占有人。至于是否像罗马法那样以独立的法律救济手段进行保护，或者像英 90
国法那样以侵害之诉（trespass）进行保护，或者像斯堪的纳维亚法那样主要以刑法进行保护，这是无关紧要的。不管怎么，占有保护无所不在，在很大程度上归刑事法庭和警察管辖。在动产方面，目前刑法保护实际上足以使占有人能够对抗盗窃和侵占，几乎很少使用独立的占有保护手段。因此，《法国民法典》废除了独立的动产占有保护：当然，任何占有人都有权针对其他任何人提起财产所有权之诉（按照《德国民法典》也一样），只有对物因被盗窃或者损坏而灭失的人例外；相应地，它也执行着占有权之诉的职能。在不动产方面，罗马法以及由此衍生而来的欧洲大陆法上的特别占有保护之所以不可或缺，是因为在这一点上无论是刑法保护还是侵权法保护都太弱了。由于在《法国民事诉讼法典》中排除妨害之诉（即“la complainte”）以“无瑕疵的一年自主占有”为前提，由此变成了一种抗辩之诉，缺乏真正的占有之诉，故此，法国的司法判决就毫无根据地在法律上为撤销情形创造了一种纯属治安救济的占有保护手段，即恢复占有之诉（la réintégande），它既不要求自主占有，也不要求无瑕疵的占有：鉴于抢劫他人的方式不能为文明社会所容忍，因而，即使这种诉讼方式[1]不存在，我们也必须创造它（attendu que les voies de fait ne peuvent pas être tolerées dans une société civilisée et que si cette action n’existait pas, il faudrait l’inventer.）。

[1]　即恢复占有之诉。——译者

所有权不依赖于对物的经济关系

占有作为对物的纯粹经济关系，与所有权和其他物权不同。所有权人本身与物在经济上没有干系；一个人即使多年并不关心自己的某物，他仍不失为（该物的）所有权人，即使他对某物一无所知，他仍拥有（该物的）所有权。这无论如何都证明了所有权至少在一定程度上是受经济之外的影响形成的。人们一贯地奉行所有权（与占有相对）独立，这意味着：法完全无视体现在占有中的经济秩序，而只承认建立在所有权和物权上的秩序。自然，这种观点可能是罗马法上形成的占有和所有之截然二分导致的。法学文献也支持这种观点，因为它们明确认为，需要正当化证明的是占有保护，而不是
91 所有权保护。但是，原初存在的东西无疑不是所有权，而是占有。纵观中世纪德意志法，我们可以看到一种完全建立在占有（Gewere[1]）而非所有权基础上的法律秩序。这个思想的生命力在后来的历史命运中得到了证明，因为它不仅在共同法上迎着阻力开辟发展道路，而且在英国法上也获得充分的发展，满足了世界上一个最发达的商业国家的需要；这种思想还在一些现代法典中盛行，即《法国民法典》《德国民法典》和《瑞士民法典》。但将整个法律发展的结果与罗马法进行比较，就会发现，在所有对生活具有重要意义的问题上，罗马法与德意志法追求相同的目标，即：尽可能使所有权秩序密切

[1]“Gewere”是日耳曼法上的占有，它是日耳曼物权法的核心概念，为物权的一种表现方式。“Gewere”，原意是占有转移之行为，以后就指以该行为招来的状态。“Gewere”具有防御效力，即具有“Gewere”者被适法推定有此物权。——译者

地适应体现在占有中的经济秩序。

所有权秩序依赖占有权秩序

那些按照物的经济用途来利用物的人具有占有权。至少在不动产方面，占有权完全与经济秩序相一致，因为任何间接或直接享有物之收益的人或者任何旨在从物中得到某种经济利益的人，也具有对物的占有权，他仅仅对那些能够证明自己拥有更优权利的人让步。在此之前，他把享有经济收益视为自己的权利，他对物享有支配权；一旦拥有更优权利的人不再主张权利，他就有资格取得真正的占有权。因此，就其根植于物权法而言，占有权事实上是当时的经济体制的一种相当完善的表达：若能够描述存在于特定法律领域内的所有物之占有权的种类和范围，那么，除受纯粹占有权限制的变动以外，就可以得到该法律领域之经济的一幅相当可靠的图景。英国法授权占有人事实上拥有所有权人的一切权利，直至享有更优权利的人剥夺其占有权为止，通过此种方式进一步发展了德意志法的这个基本思想。占有人有权收获物之果实（“播种者，收其成”），他对物的支配可以有充分的法律效力，但他不能把比他本人拥有的权利更优的权利转让给财产买受人。买受人必须像他原先的物主那样向拥有更优权利的人让步，也必须向他交付一切由物而生的孳息（mesne profits，中间收益[1]），但买受人优越于所拥有的权利比原先的物主拥有的权利要少的任何第三人。此外，由于英国法

[1] 中间收益（mesne profits），是指于土地非法占有期间所得之收益。——译者

不承认（绝对的）所有权而总是权衡两个权利人谁拥有更优的权利，
92 故此，英国法学家可以时不时地说，每个占有人都是所有权人，直到他占有的物被剥夺。一旦拥有更优权利的人的诉讼因法定时效届满而失效，那么占有人的权利最终就变成了“最优的权利”。不言而喻，在这个过程中，不可能存在所有权的取得时效。在罗马法上，由于采取无限（绝对）所有权概念，经济的观点显然退居次席。但实际上，罗马法只是否定占有人使用一定的诉权，即返还所有物之诉（*rei vindicatio*），作为替代，它准许占有人可以行使善意占有之诉（*actio Publiciana*）[1]，并允许在极其广泛的程度上行使纯粹的占有之诉。根据罗马法，占有人可以持有物并可以在经济上加以利用，直到他被剥夺对该物的占有为止，而且在财产所有权之诉中具有一种优越的地位。他至少暂时收获物之孳息，随后又善意地消费它们（此处罗马法超越了英国法），不予补偿，不可更改。假如他善意地以自己的购买而利用该物，那么它就成了他的所有物：这就是罗马法有关加工过程中的耗用规定的意义。由于有关物而签订的一项契约的有效性不依赖于物之所有权，由于善意的买受人通常有权利用与该契约相关的善意占有之诉，占有人也尽可能广泛地对物进行支配。最后，根据罗马法，经济关系由于时效取得而变成所有权，通过诉讼（时效）的失效而变成某种“最优的权利”。在所有这些方面，现代欧洲大陆法均追随罗马法；只是对于被盗窃或者被拾得的动产，它规定了一些条款防止占有人对它们进行利用，但这更

［1］ 善意占有之诉（actio Publiciana），也译为“布布里其之诉”，由罗马共和国末期的执政官布布里其（Publicio）创设，故以其名字命名。——译者

多地是为了保护所有权人免遭损失。

“必须以手护手”原则

罗马法超越了德国法和英国法，也许还超越了实践的需要，因为它甚至也为盗窃者和抢劫者通过非经济的方式获得的财物提供占有保护，尽管这在实际的生活中无疑不被看作法律关系。把完全以债权关系为基础的物之经济关系（特别是用益租赁、使用租赁关系）不作为占有来对待，就此而言，它没有达到上述法律制度的程度。但它至少像德意志法和英国法一样，几无例外，给予善意占有人具有所有权人同样的地位；而且由于善意占有对经济体制具有重要意义，那么很显然，甚至在罗马法上，经济的观点也总是胜过了其所有权概念。现代欧洲大陆法一般都继受了罗马占有法的这些 93
基本思想，尽管它们受历史的发展制约对日耳曼法有若干让步。

只有在这一点上，所有权而不是占有人的权利成为行为规则：就此而言，只有所有权人能够有效地转让所有权或“最优权利”。这一原则在罗马法和英国法中对一切物均有效，而在欧洲大陆法中则仅限于不动产。适用该原则时，买受人必须查明出让人的权利或者保护自己免受由约定的责任造成的损害。买方的安全依赖于卖方的责任承诺（担保），也就是说，像我们在罗马法上所看到的，依赖卖方的信用资格：由此每一笔买卖才成为一种信用交易。在英国，不动产生出一种律师责任，律师撰拟契约并且负责查明出让人的权利（investigation of title，财产权的调查）。与此不同，在动产方面，欧洲大陆国家规定，出让人的占有权一般足以将所有权转让

给善意的买受人。对此，考察以下方面是很令人感兴趣的：在上个世纪的进程中，占有在那些以前从未发生效力的领域是如何获得突破的；在欧洲大陆，它如何发展成为土地登记的公共信赖之相关原则，即“表见事实之信赖”（韦尔施帕赫［Wellspacher］语）的原则；法国的抵押登记如何逐渐演变为土地登记；目前即使在英国，土地登记如何变得愈来愈重要；英国的“必须以手护手”原则（Hand muβ Hand wahren）[1]直到不久前还局限在集市的买卖交易上（部分也在零售商店），如何由于现代的立法而逐步取得了进展。

占有作为团体内部秩序的基础

占有法因此是经济秩序的真正法律，它与国民经济的活法之间的联系最为紧密。正因如此，它也是最具有变动性的法律领域之一。每一次的经济变化都会立即反作用于占有法。罗马法学家在占有问题上的说法经常自我矛盾：这必须至少在一定程度上归因于世界观的变化。在其他的任何一点上，德意志法不曾对罗马法进行过如此顽强和富有成效的抵抗，但它同样在不断地发生变化。英国
94 的侵害之诉在各个世纪呈现出不同的面貌。19 世纪初期法典中的占有法现在已经过时：奥地利和法国的司法判决必然远远超越法典

［1］“必须以手护手”原则（Hand muβ Hand wahren）系日耳曼法上有关动产善意取得的一项古老制度，也称为“前手交易的瑕疵不及于后手的原则”，其大意是：任意与他人以占有者，除得向相对人请求返还外，对于第三人不得追回，唯得对相对人请求损害赔偿。近世各国法典多采用该项制度（比如《德国民法典》第 932 条和 933 条，《法国民法典》第 2279 条和 2280 条，《日本民法典》第 192 条）。——译者

的规定。

在这个意义上，土地占有关系在任何时代事实上都只是土地占有之经济体制的法律方面。当人们谈到游猎民族和游牧民族时，所指的是什么意思呢？显然，其意思是说，这些民族一般不知道土地的所有权，他们只是对他们所占据的领地主张某种部落主权，这种主权准许其部落的每个成员狩猎和放牧。最古老的农业，即原始的草田轮作制（die wilde Feldgraswirtschaft），对耕作过的土地带来了一种至少通过法律上的自卫保护的占有。随着二区轮作制和三区轮作制[1]的产生，出现了稳固的关系：对农舍庭院的无限所有权，对居住在庄园里的各个家庭的田地之分割，对分散农田中的耕地之（受强制同时耕作制[2]和相邻权限制的）所有权，对公有地、森林、草场的共同所有权。一种更为集约的农业，特别是轮种制（Fruchtwechsel）产生这样一种后果：土地从封建的重负中解放出来，当然直到最近才局部地在公有的土地上出现个人的权利。最

[1] 二区轮作制（die Zweifelderwirtschaft），是欧洲和西亚早期采取的农业耕作体制，其把可耕地分成两区，一区种植小麦、大麦或黑麦；另一区休闲以恢复其肥力直到下一耕作季节。收获作物后，第一区转为休闲地，放牧牲畜，用牲畜粪便使土地肥沃。三区轮作制（die Dreifelderwirtschaft）是中世纪欧洲采用的农业耕作体制，其在秋季用1/3的土地种植小麦、大麦或黑麦，在春季用另外1/3的土地种植燕麦、大麦或豆类植物，夏季收割。这样休耕地通常要翻耕两次，因而促进了农业的生产，标志着农业生产的重大进步。——译者

[2] 莫尔的英译本将强制同时耕作制（Flurzwang）解释为“由公社所规定的耕作方式”（See Eugen Ehrlich, *Fundamental Principles of the Sociology of Law*, transl. by Walter L. Moll, Harvard University Press 1936, p.99.），但内容不详。根据《克璐斯百科词典》的解释，强制同时耕作制（Flurzwang），即大多在分散农田的情形下，要求个人必须在较大的可耕地块中的自家用地上同时耕种和收割。这在中世纪马尔克公社（即共同使用土地的自由农民共同体）中非常流行，后来在德国废止（参见：*Knaurs Lexikon*, München/Zürich 1972, S.260.）。——译者

终，正是货币经济与信用经济将土地变成了交易的对象，因而创造了现代土地法。

所有权的内容依赖经济秩序

当然，在罗马法和现代法律制度的绝对（自由）所有权中，占有秩序与经济体制以及土地法与占有秩序之间的直接联系不可能立即就看得出来。绝对（自由）所有权表面上在任何土地上都是相同的，不论这个土地上可能附着有森林、矿山、耕地或者“出租房”（Zinshaus[1]）。这一点说明：罗马的地产和现代的地产同样都来源于土地的解负。在罗马，这种土地解负在不可详细确定的、于历史传统之后存在的时代，创造了自由的意大利土地模式，并再现于英国17世纪以及欧洲大陆国家18世纪和19世纪的进程之中。在土地解负之前，在始终清晰呈现出来的经济和社会联系之中存在一种所有权：在村落中的庭院、分散农田中的耕地、公有地上的森林和草场，所有这些都嵌入到了整个地区的社会秩序之中。同样，最终所有权
95 人的请求权、受益人的负担和义务也是由其在社会和国家中的地位以及整个经济联系所决定的。所以，几乎每一个地产的所有权之范围和内容均被法律以肯定和否定的方式加以规定：也就是说，某个特定地产的所有权性质如何，是不能从所有权概念推导出来的；至于公有耕地上的每一块耕地、公有地上的森林和草场、村落中的每

[1] “Zinshaus”是南德、奥地利和瑞士对“Mietshaus”（出租房、出租公寓）的称谓。——译者

一个农家庭院和每个骑士封地，其使用的方式和范围，即：邻居可以提出要求并且必须允许做的所有事项，最终所有权人可以提出请求、受益人必须付出的所有事项，法律均分别加以规定。这些或许很早就曾在古罗马出现过并且也在德国中世纪存在过（即使确实并非在同等程度上存在过）的限制和束缚，随着土地解负而消逝了。

从土地解负发生的那一刻起，就不再有必要谈所有权内容；所有权人既不需要再顾虑其邻居，也不需要再顾及某个上位者（Übergeordneten），他对于自己喜欢的一切事情可以作为，也可以不作为。当然这不是说，此时所有权的内容不再由整个经济体制决定。它主要意味着一种否定，即：此前占支配地位的某种束缚随着以往的经济体制的瓦解而一同瓦解了。此时，所有权必须创造出与经济体制本身相适应的新法律秩序：不过，这种新法律秩序一部分出现在家庭法和奴隶法领域，一部分由于土地相邻人（相邻权）和雇用的薪酬工人之间的自由协议而产生。法律秩序通过一系列经济政策的规定来创造一种适应于经济目的和物本身的所有权法；但这些规定通常被归为行政法，所以从法学家的观点看，这种方式表面上并未影响所有权法。结果就导致了一种概念上无限的、无条件的"罗马式"所有权，它不仅允许对所有物进行特定的使用，而且允许进行可以想像到的几乎任何的使用。"罗马式所有权"是一种通过法学家的智力工作将社会与经济联系撕裂开来的所有权。

但这种所有权毕竟只是一种法律拟制（虚构）。"物之绝对支配"学说至今仍然如此来陈述：好像它穷尽了所有权的整个内容，好像根本不存在森林法、水法、矿山法、农业法、建筑法规、工商法规，好像不存在林地的所有权和钱包的所有权之间"概念上的"

差异。这一点即使对**意大利土地模式**（*solum italicum*）[1]上的**土地**（*fundus*）来讲也是不正确的，后者最大程度地解除了一切负担和限
96 制，构成了现代所有权概念唯一的经验基础。即使罗马法也知道森林法、水法、矿山法、农业法以及建筑法规和工商法规，尽管所有这些法律制度很大一部分没有流传给我们，在一定程度上还必须从碑刻文献、散见的原始文献和其他文物古迹中费力地去搜寻。就内在的必要性而言，林地、水、矿山、耕地、建筑的所有权（也包括物之用益权、用益租赁权，可能还有使用租赁权）不仅在经济上，而且在法律上都是很不相同的事情；同样，那些构成经营企业物之总和的客体，其所有权、物之用益权或用益租赁权也必然随着该企业性质的不同而具有一种完全不同的内容。这并不因此与下面一点有关，即：立法者已经对此作出了某些不同的规定。在这个领域，而不是在其他方面，制定法的规定仅仅不过是历来事实上经过实践的东西的一种积淀而已。正是由于这一点，根据同样的原则对具有完全不同经济目的之物行使所有权是不可能的。物之经济性质决定了所有人与相邻人的关系，决定了其所服务的企业之内部组织，决定了企业在交易中的地位。一如我们在别的地方所证明的那样，既然所有权由此被利用的契约属于所有权行使的一部分*，那么，契约的内

---

［1］ 意大利土地（solum italicum）是与（罗马法上的）“行省土地”（solum provinciale）相对称的概念，指罗马帝国在意大利的土地，其实很不同于行省土地的制度。——译者

* 人们通常认为，工厂工作日的法律限制是对工厂主之所有权而不是对工厂工人之契约自由的一个极其重要的限制（第四版编校者附注：大概埃利希知道洛赫纳诉纽约州一案［198 US 45, 1905］推翻霍姆斯判决意见的判决。在此案中，美国联邦最高法院把契约自由解释成一项宪法所保护的所有权，从而将一项［拟定为面包工人限定工作时间的］制定法作为违宪的法案而予以否定。也见本书德文第四版，第194页和第208页。——译者）。——作者原注

容也决定了所有权的内容：相应地，矿山的所有权之所以不同于工厂的所有权，是因为与矿工签订的工作契约不同于与工厂工人签订的工作契约，同样道理，铁路的所有权之所以不同于森林的所有权，是因为铁路运输的契约不同于伐木契约（Holzabstockungsvertrag）。具有特定的经济目的之物的所有权秩序均以契约为基础，有关这些契约的规定就构成了为这些物而存在的特定的法律（如矿山法、森林法、铁路法）之实质内容。

占有对经济秩序的适应

这样，在任何地方，占有通过适应经济秩序成为法律关系。人 97
类以其经济活动让他周围的自然服从自己的意志；在这个意义上，占有只是经济秩序的事实方面。一旦人们了解了占有之客体的用途，它们的数量就会不断地增加。野生动物的驯养与畜牧业的兴起同时出现，土地的掠夺与农业的开始同时发生。但一个有条不紊的经济不仅以占有为前提，而且也以占有的保护为前提。因为只有当占有在一定程度上受到尊重时，通过存储的积累和产品的生产为未来作打算才是有可能的；只有这样，占有人才会考虑实际地保存他花费心血以维护、增加和利用其占有而获得的劳动成果。故此，在稳固的经济秩序中，占有关系也必然成为受法律保护的关系。相应地，任何占有秩序均属于经济秩序的一种反映。占有保护的根据是毋庸置疑的，这个根据在于：若没有占有的安全，农业、贸易、工业和商业简直是不可想象的。占有概念给接受过罗马法训练的法学家带来的难题在于：他们总是力求在不考虑经济秩序的情况下为占

有这个概念下定义，这样做当然是不可能的。而且，只要所有权不是直接紧贴以占有为基础的秩序的话，那么更加困难的是解释所有权存在的根据。在这里，复杂的社会关系所起的作用很大，整个问题属于另一个领域的主题。

作为互换概念的占有与所有

从上述内容可以得出结论：法社会学必须在一定程度上将占有和所有看作是互换的概念。因为连制定法和法学通常都并不在占有和所有两者之间作出区分，法社会学就更有必要持这种态度。让我们尝试在财政法、矿山法、水法、森林法或者农业法中来明确区分两个概念。其实，在这些法律领域凡是谈到所有的，也是在谈占有，很少有例外，反之亦然。在日常生活中也是如此，生活每时每刻都需要把占有看作是所有。只是在占有法专门处理占有和所有的地方，两者才被严格地加以区分。在这些例外的场合，法社会学
98 也将坚持这种区分。在这种情况下，所有区别于占有，是指非占有人有权获得用来实现对物的自主占有的法律救济手段的总和。

契约作为团体内部秩序的来源

现在，我们到了讨论法定的意思表示作为法的事实的时候了。在这一点上，既没有可能也没有必要考察所有分支的法定的意思表示及处分行为的事实基础。只有两种法定的意思表示具有世界法律史的意义：即契约和遗嘱处分。法人社团法的章程原本是既有习

惯的一种总结，或者是契约的一个变种：因此，它不具有独立的法的事实的意义。

我们这里首先只讨论契约。同占有和所有权、物权的区分类似，也必须将合意的纯粹事实与契约区别开来。日耳曼法学不断发展，并由布林茨第一次表述的思想，非常精致地阐释了债务（Schuld）和责任（Haftung）之间的差异，不仅为契约的历史考察而且为契约的社会学考察确立了基础。债务是债务人的当为（das Sollen），即依照生活规则视为某种义务内容的东西；责任是债权人强制执行其债权的权利，对他而言，这是一种即使违背债务人的意志也应得到执行的权利。合意不产生任何责任而只产生某个债务，即使如此，它仍可能从一个纯粹事实变成一个法的事实，从而转化为契约。罗马法上的契约（*contractus*）产生债务和责任，而约定（*pactum*，简约）[1]却不产生任何责任，不过通常会引起某个债务：故此，"*contractus*"始终是契约，而"*pactum*"通常仅相当于契约。传统法学步罗马人的后尘，把注意力完全放在占有和物权的区别上，却根本不知所措地面对契约法领域中的一种完全并行的现象，尽管罗马人在这个方面利用自然债务（*naturalis obligatio*）的概念，一定程度上为此做了一些准备工作，温德沙伊德根据交易习惯的观点（生活规则）曾将自然债务正确地评价为无责任的纯粹债务。

[1] 约定（pactum，简约），在古罗马，是指两个以上的当事人采用法定契约形式以外的方式达成的合意，它不导致权利的转移，也不产生诉权。但在实践上，执政官也会对约定（pactum，简约）予以考虑和维护。——译者

契约法的根源

99 契约法的第一个根源是物物交换。这并非是起源于友好邻人之间的交易。在人类发展的低级阶段，在氏族内部，在自己的村子里，人们很少签订契约，这至今在家庭群体中仍是一个通行的现象。掠夺物和赠礼交换促成了货物交换。最早的商人是较高级发展阶段的海盗，他相信与陌生人交易比抢劫对自己更有利。最早所知的交易形式也与抢劫有关联。在庄稼收获前，非洲的矮人（Zwergvölker）[1]会突然闯进黑人的地里，抢走那里长着的香蕉、花生和玉米，把他们的主要经济产品——腊肉留给被抢者。希罗多德（Herodot）和普林尼（Plinius）[2]所讲述的“哑巴交易”（der stumme Handel）大约处在更高级的阶段。“最古老的契约是物物交换的契约，它可以不通过任何个人的言语关系而签订；编年史家向我们讲述有关俄罗斯人与陌生人之间的哑巴交易，他们中的一方听不懂另一方的语言。”布丹诺夫—弗拉迪米尔斯基（Budanow-Wladimirski）在他的《俄国法律史》的契约史中作了这样的开场白。

契约法的第二个根源是对他人支配的服从。第一种情形是自我的买卖：一个人需要种子来从事耕作，或者一个人在赌博时输得精光、付不起账，他就把自己交给富裕的领主，领主因为替其预付

[1] 非洲的矮人主要是指身材低于 1.5 米的矮小人种，如俾格米人。——译者

[2] 普林尼（Gaius Plinius Secundus, 23—79 年），后世称“老普林尼”，古罗马作家。著有《博物志》（一译《自然史》）37 卷。其外甥和养子普林尼（Gaius Plinius Caecilius Secundus, 61/62—约 113 年），后世称小普林尼，也为古罗马作家。——译者

就把这个人监管起来，让他为自己劳作。另一种情形是骑士的土地租借，它使土地接受者有义务从事军事和骑士服务；还有一种情形是支付租金和提供劳役的土地租借，它要求土地接受者负责纳贡和负担役务；最后一种情形是委身契约（Ergebungsvertrag），根据约定，一个人把自己的人身和财产交给有权势者支配，后者根据他的纳贡和役务担保其免受侵犯。

债务与责任

无论在物物交换还是在委身契约中，都存在着占有的承认，前者是对物的占有，后者是对人的占有。但在通常情况下，占有权的转让还伴随着另一些合意：比如，在物物交换契约中的保证，即，物不是盗窃来的；在委身契约中双方相互履行的商量，即，债权人对债务人承诺，一旦债务人清偿或者以劳务抵偿债务，他就解除对 100
他的束缚。故此，在这里，债务超越于责任，因为对于这类合意不存在责任。

但是，债务可以通过债务人以外的第三人之占有或者契约约定标的物以外的物之占有来担保。当债务人把第三人作为人质交付给债权人或者向他交付某个抵押物时，就是这种情形。此前，责任仅仅存在于下列场合：债权人控制着债务人或作为债务的标的物，直到他的债务被清偿；而在这一阶段，契约义务同构成契约主体或客体的人和物的占有相分离。责任是独立自存的，责任的范围、内容和存续期间由债务的范围、内容和存续期间决定，也就是说，最终受契约决定。假如债务已经消灭，债权人不释放人质，不归还抵押物，就构成抢劫罪或者盗窃罪，这很早就构成了可以到法院进行追诉的根据，或许它最初还是一种处死的情形。既然限于未履行归还（人质或抵押物）义务，那么认为契约义务可以被起诉，可能是正确的，因为未履行归还（人质或抵押物）义务的义务人应作为刑事责任人来对待。不过，附带说一句，不完全履行义务或者根本没有履行义务的人应对由此产生的损害承担责任，这个观念出现得很晚，要比基于契约的直接责任晚得多。

契约责任的每一次进一步发展在于责任与责任客体之占有的不断脱离，在于债务的内容不断纳入责任之中。即时的债务人人身买卖和给付抵押被附条件的自我买卖和担保所取代：债务人只有在不能清偿债务的情况下（德国人的效忠宣誓，古罗马人的债务口约［*nexum*］，俄罗斯古法上的许多例子），才把自己的人身出卖给债权人，或者他为此替自己找到一种担保。抵押逐渐弱化成一种赌注：就是说，它由债务人向债权人交付一种没有价值或价值较低的标的作为象征。通过所有这些方式，委身契约和抵押契约逐渐演变为要物契约（Real Vertrag）[1]。后来，物物交换契约也由一种现货交易契约变成一种要物契约：契约的一方当事人在接受另一方当事人的履行之后才负有义务作出对等的履行。再后来，接受部分的履行，最后甚至接受一种表面的履行（arrha，定金）就已经足够了。那么，这导致的不仅是接受者，而且也是发出者对其承诺履行的责任。除此之外，履行的宣誓承诺（根据这种承诺，一旦债务人不履行承诺，就

［1］ 要物契约，与诺成契约（Konsensualvertrag）对称，指债的成立不仅需要当事人合意，而且还需要有物的交付。——译者

会遭致神的报应）是否在这个阶段已作为要式契约（Formalvertrag） 101
对法的发展具有决定性的意义，对此，根据目前的研究现状也许还不能加以断定。从源头上看，要式的承诺无论如何只是用来确认对支付赎罪金（Wehrgeld）[1]或者罚金的妥协。

责任范围的契约决定性

所有这些首先意味着，责任不再与占有相关，而与契约相联系：债权人不依赖占有而获得对债务人的人身或财产的支配权，这种责任的种类和范围由契约债务的内容来决定。根据现代的研究，这整个的发展过程对日耳曼法而言已毋庸置疑：而对于罗马法，虽然我们在发展的较晚阶段才知道一些，但其中却依然保存着有关它的无数发展线索。我认为这很有可能，费斯图斯（Festus）[2]从《拉丁盟约》（*foedus Latinum*）在关键词“占取”（*nancitor*）项下流传给我们的少数几个词涉及债权人占取债务人财产的权利。最古老的罗马诉讼，即拘禁之诉（*legis action per manus iniectionem*），即使在历史（记述）时代也是债权人对债务人人身之权的一个活的残余。债权人无论在何处遇见了债务人都可以捉住他，拘禁起来。由于这不是绑架，而是法律上的自力救济，因此不产生武力自卫：谁想为债务人辩护，就必须与债权人一道听候裁判官发落。认为债权人直到

[1] 赎罪金，这里特指中世纪日耳曼民族国家中为防止世代血仇而付给被杀者亲属的赔偿金。——译者

[2] 费斯图斯（Sextus Pompeius Festus，生卒不详），大约公元2—3世纪的拉丁文法学家，曾将弗拉库斯的《论字句的含义》缩编20卷，使之得以保存。——译者

法庭面前才行使**拘禁**(*manus iniectio*),这个流行的观点显然是不正确的。我们在南斯拉夫人中发现直到中世纪末期依然有**拘禁之诉**,称为“乌达瓦”(udawa)。诺瓦科维奇(Novakovič)主要根据拉古萨(Ragusa)[1]的原始资料,在塞尔维亚科学院发表的一篇论文中,对**拘禁之诉**在时间流程中遭受的弱化过程做了非常生动形象的描述。

直到责任和占有完全分离,并且责任的范围至少原则上与债务的内容一致,才为信贷契约扫清了道路。然而,信贷契约使契约的性质发生了彻底的变化。物物交换契约和委身契约由此丧失了它们原有的特性,因而在愈来愈大的范围内,向债务人为其所担负的对等履行提供信贷成为可能。债务人自我人身买卖变成了(金钱或实物的)借贷,提供劳役和支付租金的租借转变为使用租赁契约和用益租赁契约(Miet-und Pachtvertrag),对此,任何人身的隶属、任何劳务都还是陌生的(尽管这在罗马法上并没有完全得以实行);

102 因此,在更为发达的关系中,只有雇用契约、工资契约以及委托契约还让人们想起:在从前,契约能够导致人身的隶属。通过信贷,物物交换契约变成了诺成契约。

因此,在合意发展成为一种法的事实过程中,我们必须区分下列层级:物物交换契约、债务契约、责任契约、信贷契约。物物交换契约仅仅实现了对契约标的物的占有取得。这里的法的事实不是契约而是占有,它所引起的一切法律后果是占有转移的后果,而非契约的后果。不过,一旦承诺伴随着占有的转移,并且债务也与此联系在一起,契约不仅成为占有转移的根据而且也构成债务的基

[1] 拉古萨,意大利的一个省名,在西西里岛东南部。——译者

础，由此它就作为一个独立的法的事实存在。正是通过责任契约（这种契约准许债权人因为债务而对其所占有的债务人之人身和财产进行支配），契约才作为一种产生责任的法的事实逐渐与占有脱离各种联系。

在欧陆共同法上，非正式契约可诉性原则是指：任何一种契约原则上都会产债务和责任，责任的范围由债务的范围所决定。诚然，这一事实使共同法的法学家们难以认识到，如今和遥远的过去一样，除了有**契约**（contractus）之外，还有**约定**（pacta，简约），除了有构成责任之根据的契约，也还有仅仅形成债务的契约。

现代生活中的债务契约

我们必须更加着重强调，对经济生活起决定作用的，主要是债务，而不是责任；假如仅仅根据支配日常生活的行为规则就能够期待契约的履行的话，那么契约是否可诉，在绝大多数情况下几乎是无关紧要的。鉴于契约在原则上的可诉性，人们确实很自然地认为，契约在生活中之所以被遵守，是因为它们是可诉的；但是，根据法律史，并匆匆观察现代生活，就会发现：恰恰相反，契约之所以是可诉的，乃因为它们通常在日常生活中被人们所遵守。即使在今天，那些不可诉的，仅仅构成债务之基础的契约在经济和社会中仍起着重要的作用。工业中非常重要的一部分依赖于童工的劳动，与童工签订的劳动契约直到工人保护立法开始之前无疑绝对是无效的。尽管许多童工契约在今天被认为无效，但这并未阻止剥削童工常常是一个非常保险的、绝对赚钱的营生。至少一个世纪以来， 103

大量的证券交易所的交易也肯定超出了可诉的界限，一部分甚至超出了法律上许可的界限。特别是，社会斗争和经济运动产生了一系列不受约束的契约：企业主的大量卡特尔协议，工人的许多工资协议以及大多数劳资协议都不可能到法庭上执行。

因此，有必要铭记：不仅在历史上，而且在现行法中，除了那些整个在法律管辖范围之外的协议，还有一些契约，它们蕴含着一种债务而不是责任，它们蕴含着一种人们据以在日常生活中调整自我行为的规则，而非蕴含着国家机关据以活动的规则；这些契约像可诉性契约一样对经济生活具有重要意义。法科学不应当忽视它们，而且还必须走得更远，必须注意，可诉性契约支配世界，不是因为它通过当局产生效力，而是因为它变成了行为规则。

法律史告诉我们，每当契约变成法的事实，不是人的意志之自主性得到法律承认，而是契约在社会生活和经济生活中实际所起的作用受到重视。在法律上，契约只不过是社会秩序和经济秩序的一个工具；只有当某种社会需求为它存在时，契约才成为一个法的事实，一旦促成它产生的需求消失，它将从生活中迅速消失。今天不可能存在保护关系中的委身契约或者分封契约（Lehnsvertrag），就像塔西佗时代的日耳曼不可能有抵押贷款一样。契约法也只是社会秩序和经济秩序的法律形式而已。

继承法的产生

到目前为止，我们的讨论可能建立在公认的比较法学和法律史成果的基础上。但这种说法不完全适用于继承法。主流的学说将继承法的起源归结为家庭共同所有权：即使在家庭共同所有权不再存在的地方，它依然继续发挥作用，因为它赋予从前曾经属于该家族共同体成员的某些亲属有一种不可剥夺的期待权（Warterecht）。假如这一学说是正确的话，那么继承法本应该是从其他法律关系发展而来，我们似乎应当考察的不是导致继承法产生的事实，而是导 104
致期待权产生的事实。

然而，亨利·萨姆纳·梅因爵士早就对该学说的正确性表示怀疑。① 在我看来，这一学说至少在对待日耳曼民族的问题上（该学说最早就是针对日耳曼民族而提出来的），已被菲克尔（Ficker）[1] 驳倒。我认为，菲克尔确凿地证实，即使在日耳曼人中，继承法也比期待权更为古老，即在亲属已经拥有充分发展的继承权时期，所有权人也可以自由地处分自己的财产，而不关心其子女的请求，更谈不上远亲的请求了。

继承法的起源史必须从家族成员共同体出发。继承法根源于家庭。我们这里讨论两个问题：首先，一个死者，假如其（生前）曾生活在一个家族成员共同体里，其遗产归谁？其次，假如死者单独一个人生活，或许仅仅由非自由人或者仆人一同经营家务，其遗产又归谁？这后一种情形显然很少发生在原始社会，也许从来就没有出现过，但是后来在有秩序的国家之内却逐渐变得频繁，国家使单

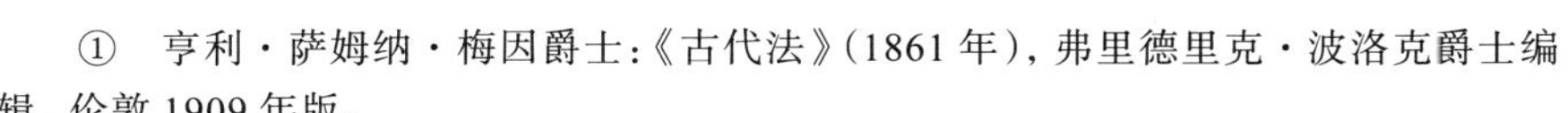

① 亨利·萨姆纳·梅因爵士：《古代法》（1861年），弗里德里克·波洛克爵士编辑，伦敦1909年版。

[1] 菲克尔（Julius Ficker, 1826—1902年），奥地利法律史学家，曾任奥地利因斯布鲁克大学法律史教授。主要研究中世纪德意志国家法史，著有《德意志神圣罗马帝国与意大利法律史》（4卷本，1868—1874年）。——译者

独一个人的生存成为可能。这就容易理解，死者的财产只要不同他一起带进坟墓，就归其曾经一同生产、一同居住的家庭成员。当然，这只涉及动产，因为这个秩序早在猎人和牧民那里已经流行，因此比土地占有更为古老。家庭成员本不需要侵占死者的遗产，因为他们在他死亡的那一刻已经拥有这些财产，他们也能够用死者生前的相同手段对抗第三人的任何侵犯。家庭成员依然占有死者留下的财产，并一如既往地将它们经营下去；此时，情况变化不大，只是家庭人数缺少了一个而已。那么，在这个阶段，法的事实是占有。但原始的继承法并没有超越家庭成员对遗产的继续占有。因此，假如死者生前不是生活在某个家庭里，那么他的遗产就成了无主物。在罗马人和日耳曼人那里，这种状态的遗迹还清楚地呈现在历史上的继承法当中；不过，最重要的线索也许是在斯拉夫人身上发现的，他们最古老的法律遗迹实际上展现了一种最令人感兴趣的早期发展阶段，而在其他欧洲民族那里，该线索在其法律传统还没有被文字记录下来之前就已经消失很久了。18 世纪的俄罗斯人、波兰人、
105 马佐维亚人（Masowier）、捷克人、摩拉维亚人以及（可能还有）塞尔维亚人还不知旁系亲属的继承权为何物，在无嗣死亡的情况下，遗产就变成“空着的”，归王侯所有，若是隶农的遗产则归其领主。

附带说一句，14 世纪斯拉夫的法律记述只是在有限的程度上承认旁系亲属的继承权（《威斯利克法》[1]，《杜尚沙皇律书》[2]第

[1] 《威斯利卡法》，德文名称为：*das Statut von Wislica*。——译者

[2] 《杜尚沙皇律书》，德文名称为：*das Gesetzbuch des Zaren Duschan*（据称，斯特凡·杜尚［Stephan Duschan］于 1331 年成为塞尔维亚国王，1346 年在马其顿的斯科罗普加封为塞尔维亚和希腊沙皇）。——译者

41 条和第 48 条)，条文规定显示了这是一个创新。在斯拉夫人那里，迅速增强的王侯权力显然为了他们自己的利益使旁系亲属的继承权的形成延缓了很长的时期，因为旁系亲属的继承权将会削弱遗产归公权[1]。在波希米亚人和波兰人那里，王侯的遗产归公权可能追溯到德意志的影响，在俄罗斯人和塞尔维亚人那里，这种影响可能追溯至拜占庭。

遗嘱宣告很晚才获得有效的死因处分的意义。在此之前，我们只发现家庭收留外人，这样做的效果是：一家之主的财产在他死后将平等地遗留给被收留人，同其他家庭成员一样。稍晚出现了直接交付的死因赠与，但它直到赠与人死亡才发生法律效力；然后出现了托付行为，罗伯特·凯勒默(Robert Caillemer)的那本划时代著作曾向我们指明了这种托付行为在世界法律史上的意义。① 在罗马继承法上，受托管理人出现过两次：作为家产买受人(*familiae emptor*)，作为受托人(Fiduziar)。英国的“用益”(uses)和“信托”(trusts)[2]也根源于托付行为。在这里，继承法也还没有任何独立的特征，它仍沿袭着占有秩序并利用契约的形式。收留外人(自权

[1] 遗产归公权(Heimfallrecht)是指因死者无亲属而由原主或国家复归其遗产(主要是农庄、封地)的权利，也可译为“遗产复归权”(参见エールリッヒ：《法社会学の基础理论》，河上伦逸、M. フーブリヒト共译，みすず书房 2001 年 9 月第 4 刷发行，第 377 页)。——译者

① 罗伯特·凯勒默：《遗嘱执行的起源和发展》，里昂 1901 年版(Robert Caillemer: *Origines et développement de l'exécution testamentaire*, Lyon 1901)。

[2] 英国于 1535 年颁布《用益法》(*Statutes of Uses*)之后，出现了双层用益，大法官法院(衡平法法院)以“信托”这一专门术语称呼第二层用益。1925 年英国颁布《财产法》取代 1535 年的《用益法》，“用益”和“信托”两个概念统一于“信托”名下。——译者

人收养[1],他权人收养[2],无嗣收养[Adfatomie][3])的后果是被收留人对死者财产的直接占有,即死因赠与;托付行为作为生者之间的契约发生效力,经常与占有的转移联系在一起。直到遗嘱开始出现时,遗嘱处分才成为一个独立的继承法事实。

继承法的经济—社会意义

继承法的经济意义并不像其他法律制度显得那么清晰,因为在这个法律领域有几种潮流经常相互交叉和相互干扰。主要关切的问题是经济事业的延续。这在农民家族成员共同体当中表现得很明显。在这种家族成员共同体中,经济事业直接地由生者延续下

106 去:但这其实还不是继承法,因为家族成员共同体是永远存在的。假如没有生者,经济共同体就将瓦解,因为没有人能够将经济事业延续下去:遗产成为无主物,或者说,受到国家军事权力手段支持的王侯将强占这些遗产,这仅仅是换一种说法。但是,不久以后,人们就试图将遗产留给从前的家庭成员或者亲属。于是,继承法的目的就不再是服务于经济团体,而是服务于一种纯粹的社会团体,

[1] 自权人收养(Arrogation, arogatio),在罗马法上是指对成年人(自权人,尤其是享有家父权的人)的收养,通过收养,自权人将丧失其原有独立的地位而处于收养者的家长权之下。——译者

[2] 他权人收养(Adoption,adoptio),在罗马法上是指对未成年人(他权人,家子)的收养,又被称为“纯正收养”。——译者

[3] 莫尔的英译本将“Adfatomie”解释为德意志古法上的两种收养形式之一,但内容不详。See Eugen Ehrlich,*Fundamental Principles of the Sociology of Law*,transl. by Walter L. Moll,Harvard University Press 1936,p.114. 经查,“Adfatomie”(无嗣收养)在《萨利克法典》上也写为“Affatomie”,相当于拉丁文的“adfari”。——译者

即家庭。诚然，在此方面，家庭延续死者的经济事业这个思想仍然同时在起作用，但看一看继承法秩序的实际状态，就会明白：恰好在亲属继承顺序上，社会观点击败了经济观点。不言而喻，只有在长子继承法占主导作用的地方（比如英国法上），才会预先采取预防措施，防止因继承方式瓦解而导致的经济破坏：但这里的推动力仍然是家庭的考虑，整个制度完全不是出于经济的考虑。因此，通过收养或死因处分使经济得以维持，这是一种很有力、很典型的努力；特别是在非经济性的继承法中，比如在晚期的罗马继承法或者现代欧洲大陆国家的继承法中，立遗嘱被视为一种义务，死亡而没有遗嘱宣告被认为是巨大的不幸。即使在遗嘱宣告中，非经济因素的影响再度从中发挥作用：比如为家庭着想（这种方式通过遗嘱的处分来防止遗产的损失），对教会的考虑，公共福利的制度安排，最后，还有对死者的孝顺。这些因素都纯粹是社会的力量，但在遗嘱声明被官府承认之前很久已经具有效力了。

非经济因素对法的事实的影响

如果只考察经济因素而忽视其他的社会现象，无疑是大错特错的。国家、教会、教育、艺术、科学、社交、娱乐在社会生活中所起的作用一点儿也不亚于经济劳动。因此，特别是在讨论人类团体和继承法时，我们已经指出非经济因素影响的重要意义：不言而喻，它们在支配与服从关系之中，在占有之中，在契约之中，每时每刻都在发挥作用。但在这方面，我们绝不能忘记，经济构成一切非经济活动的前提。只有当国民经济获得的收入超出了劳动者生活之

107 需时，才能维持国家，才能服务教会，才能提供教育，才能培育艺术和科学，才会存在社交和娱乐的空闲与手段。正因如此，了解经济秩序是了解其他整个社会秩序，特别是社会的法律秩序的基础。

法的事实的历史发展

如果我们把注意力集中在社会生活的最初阶段的法的事实上，那么就会看到，所有这些法的事实可以追溯至两个方面：以习惯维系在一起并创造秩序的社会团体作为主体；占有，即：一种在团体中成为法律关系的社会关系，作为客体。在一开始，所有的支配似乎均基于对某个团体中的被支配者的占有；契约存在于单方或者双方的占有转移，或者存在于将自我的人身交给他人占有；继承法规定，死者的亲属单独保留死者以前与家庭共同占有的财产，亲属相互之间分配死者以前在共同的家产中独自拥有的部分。也就是说，所有的法律都来自于这样一个事实：在团体之内，尊重成员的人身，也要尊重他的占有，这成为一般秩序的基础，成为一般的行为规则。不过后来，对人的占有变成了对人的权利（支配关系和家庭关系），接着又变成了对要求他人履行（个人的责任）的权利；对物的占有变成了对物的权利或对物的各种用益的权利（所有权、物权），最后，基于契约的对物占有变成了基于前手占有人（bisheriger Besitzer）的意思表示的对物之权。从这个时候开始，所有的法的发展存在于要求尊重团体成员人身及其占有的规范之缓慢发展过程当中，存在于上述规范发展成为和平的产品交换和产品运输的规范的过程当中，也存在于人类团体扩大和分化成为一个日益广泛、精致和多重

复杂的人类组织体的过程当中。

不过，我们也许还可以把这个想法稍微作一点延伸。在我们所知，处在最低发展阶段的民族之简单团体中，我们既找不到对物之占有，也找不到契约。团体秩序完全建立在习惯之上，也许还基于对妇女和未成年人的支配。这种支配的事实足以说明：那些我们所知，处在最低发展阶段的民族毕竟达到了性别和年龄引起一些特殊 108
团体产生的发展阶段；在早已消失的最古老团体中，习惯很可能构成了唯一的秩序形成的因素。但即使在我们当今社会的原始团体中，在家族成员共同体中，占有和契约还没有被看作是法的事实；在这里，整个秩序依然建立在习惯的基础上，而且，其越是如此，家庭生活就越好、越密切。就家庭关系而签订的契约（尤其是夫妻共有财产的契约）从一开始就只是要调整家族成员共同体可能解体之情形的关系：只要家庭团团圆圆地在一起，彼此和睦相处，那么通常不会有人关心契约，也很少在乎占有。因此，在所有的法的事实中，习惯是唯一原始的事实。只有在较高级的、由较多简单团体组合而成的团体中，占有和契约才成为法的事实；在这种组合而成的团体不存在的地方，它们事实上也不存在。关于这两个法的事实，占有显然比契约更为古老、更为原始。在占有没有调整团体关系的地方，这些团体要么还没有整合成为一个更高级别的团体，要么它们已经解散了这种更高级别的团体：在这两种情况下，这些团体均生活在战争状态。即使在今天，占有依然决定着哪怕是仅仅希望在一个松散联系的团体中和睦相处的人们之间的关系：请大家想一想在火车包厢和轮船上占铺位、占座的情形，想一想在咖啡馆独占报纸的情形；在售票口或接待室排队的规则也与占有规则相接近。契

约以更加紧密的关系为前提，而且越是这样，它就越是彻底地摆脱了占有的赤裸裸的转让。一个超出了现货交易的契约，哪怕一个完全不具拘束力的协议，通常也只在熟人之间、同一社会阶层的人之间、商业伙伴或商人之间签订，在国外可能会在本国同胞之间签订。

团体作为其内部秩序的创造者

人类的整个经济和社会秩序是建立在以下几个事实的基础上的：习惯、支配、占有和处分（主要是契约和遗嘱处分）。这些事实是通过它们本身的存在决定着构成整个社会的人类团体之行为规
109 则；不言而喻，这些行为规则并不完全是法律规范。它们是融入我们的法律世界之现象、一定程度上也是其他规范世界之现象的整个无限多样性的要素。在此过程中，每一个小的人类团体最初完全自发地形成秩序，当小的团体联合成为或者被联合成为较大的团体时，组合而成的团体就必须在它同其组成部分的相互关系中创造一种新的秩序，但它也必须从整体上继受已然存在于其原始细胞中的秩序，并且大体上让这种秩序保持它当时在那里发展的方式。相信国家如今到处创造秩序，这个观点的确非常简单，却也非常肤浅。尽管据称总是有相同规制家庭的国法，但却没有两个相同的家庭，尽管有相同规制公社的国法，但却没有两个相同的公社，尽管有相同规制结社的国法，但却没有两个相同的会社，尽管有相同的财产法、契约法和贸易法，但却没有两个相同的农场、车间和工厂，当然也没有两个相同的契约。不言而喻，假如不再完全表面化地关注团体章程和契约的词句，而是也关注它们在具体团体中运作和习惯上

践行的方式，那么在具体情形中它们的差别将表现得更加明显。各地的重心都在于团体为自己创造的秩序，国家和社会中的生活更多地依赖团体中的秩序，而不是依赖由国家和整个社会创制的秩序。

团体内部秩序的相似性

但这种巨大的多样性绝不能使我们忽视其相似性。这种相似性主要根据在于：各个团体中的经济和社会生活条件无论在时间上还是在空间上很大程度上都是如此相似（一部分也不受时间和空间的影响），以至于大量相同的规则由此产生，带有一定的必然性。此外，还有一些（规则的）直接吸收。因为从内容上看，规范不是随着任何一个新团体的产生而重新产生。在任何社会中，事先都有大量存在于人们意识之中的法律规范和法律以外的规范；在几千年的文明进程中，这些规范在很久以前即已产生的团体内逐渐演化，并被那些联合成为一个新团体的人们通过继承或学习而带给新的团体。每一个新的一代都是以远在我们身后的原始时代为其简单的
团体创造出来的东西作为基础，把这些东西大多数原封不动地继受 110
下来，淘汰掉一些已经变得不合时宜的东西；其他一些部分则因为特定的目的而特别地加以发展，有些部分特别是在法律类型的组织中通过章程或者契约明确加以确定。从本质上讲，任何一个新的家庭均反映着既有的家庭秩序，任何一个新的经济企业在基本特征上都追随类似性质的企业的传统法律体制和法律以外的体制，任何一个新签订的契约皆从同类契约的传统内容中吸收绝大部分内容；不过，在此过程中，任何为了新的目的而出现的新的发展一旦经受了

时间的考验，就会并入社会规范的宝库，作为后来的团体之行为准则。这是一个新的需要、新的关系的永恒适应过程，这个过程同时体现了人类及其规范世界的发展。我们也许可以列举大量的例子：最近几十年间，由于社会运动的发生，在各种各样由这些社会运动催生或者重新创造秩序的社会组织中产生了大量新的规范，这不仅包括法律规范，而且也包括伦理、习俗、荣誉、礼仪、社交规范，至少在一定意义上也包括礼节和时尚规范。

一个在社会中孤立发生的事实绝不是一个社会事实；一个孤立的制度不可能导致社会规范的产生，也不会得到社会的重视。一个制度只有传播开来并变成普遍的现象，才能够证明是社会秩序的组成部分。也就是说，只有当特定性质的人群组织，比如一个特殊类型的家庭共同生活、一种新型的教会、一个新的政治派别、一种服从关系、一种占有形式、一个契约内容，由于普遍地传播而成为一个重要而持久的现象时，社会才必须对此表态：要么必须拒绝它，必要时还必须与之斗争，要么必须将它作为满足社会和经济需求的合适手段纳入一般的社会和经济秩序当中。在这样做之后，它就变成了一种新的社会组织形式，从而成为一种社会关系，在某些情况下可能还会成为一种法律关系。

第六章　裁判规范

法院作为社会的制度和作为国家的制度

法院不是作为国家机关，而是作为社会机关产生的。法院最初 111
的职能仅仅是根据彼此关系密切的氏族和家庭的委托，对下列问题进行裁断：不同团体成员之间的争端是通过赎罪金来抵消，还是必须以流血来赎罪，最终赎罪金的幅度如何确定。直到很久以后，国家才设立法院，来处理直接涉及国家的事务，比如谋害国王、勾结敌人、违反军令等。再后来，尽管国家在很大程度上掌控了第一种性质的法院，但纯粹的国家司法与社会司法之间的区分至今仍继续存在于刑事案件和民事案件的司法管辖权上，哪怕刑事法庭迄今已经侵入到从前纯属社会的领域。然而，法院从来就没有被完全国家化。社会总是有自己的法院，其独立于国家之外并保存至今，这样的法院甚至在当代还时不时地出现。尽管主流的法学依然想把法院仅仅看作是国家司法机关，这是它必须从专业上关注的问题，但对法社会学而言，什么是法院的问题，仅仅是要不要一个应当履行法院一般职能的制度问题。从功能上看，法院是这样的人或耆人的集合，他们不是争议的当事方，其应当通过对争议主题表达的判决

意见来促进和平。这种判决意见即使是由原始时代的国家法院发布的，仍不具有拘束力，也就是说，它乃是一种纯粹的鉴定意见：拒不服从的人仍旧可以最终诉诸自卫和决斗，但他也因此使自己显得理亏，丧失了公正对决的纯粹社会优势。法院，哪怕是国家的法院，一开始针对不服从者（以及那些即使传唤也不到庭或者藐视法院判断意见的人）所采取的强制措施不外乎就是驱逐出共同体（放逐），这样，被驱逐的人就变成了失去法律保护的人，他无家可归地流浪，直至被杀，或者沦为奴隶，或者被另一个共同体收留。在这个阶段，我们在很早的时代发现的死刑仅仅是向失去法律保护的人
112 所实施的一种对神的祭献，在古典时期的人民那里则是一种对阴间神灵的祭献。

假如我们仅仅关注法院的职能，那么就必须把一系列各种不同名称的社会司法机构都归于法院之列，它们与国家的关系多少有些距离：比如，荣誉评判委员会、纪律评判庭、仲裁庭、协会裁判庭、调解局。英国俱乐部的社会司法管辖已经发展出一套独特的法和独特的裁判。它们的判决可能遭到国家法院的反对，并且必定受到后者的审查。诺特纳格尔在上面已提到的著作《通过社会利益集团的执行》中对这些现象进行过讨论。[①] 所有这些法院像原始时代的法院一样通常只判决将成员开除出共同体。另一方面，国家的行政当局，特别是警察以及公共代表机构的主席团无疑在一定程度上也实施着某种司法的活动。不管是什么种类的法院，都不应任意地或者凭感觉来作出自己的判决，而应基于普遍的原理推导出判决：判

① 瓦尔特·诺特纳格尔：《通过社会利益集团的执行》，维也纳 1899 年版。

决所根据的裁判规范总是表现为更高的力量和智慧的灵感，在较为低级的发展阶段，它甚至是一种来自神性的顿悟。裁判规范像所有的社会规范一样是一种行为规则，但确实只为法院适用，它主要不是一种为在日常生活中活动的人设定的规则，而是为那些对他人的行为进行裁判的人设定的规则。因此，就裁判规范是一种法律规范而言，它表现为一种特殊种类的法律规范，不同于包含一般行为规则的法律规范。

裁判规范的来源

法院从什么地方创造裁判规范呢？对一项纠纷作出裁决，意味着要界定彼此纠纷的领域，主要是按照纠纷前界定的领域来加以界定。这种界定首先要标明纠纷产生之前即存在于团体中的内部秩序。因此，任何裁判规范最先以团体中的内部秩序为基础，也就是以由此创造这种秩序的法的事实为基础，以给每个人分配团体中的地位和职责的习惯为基础，以支配—占有关系、契约、章程和遗嘱的处分为基础。每个纠纷中所涉及的问题是：基于这些事实产生的 113
规范被人违反，因此法官在所有的法律诉讼中必须根据自己的知识或者根据证据来查清这些事实，以便对纠纷进行裁决。所有这些事实在纠纷产生之前已经形成于具体的团体之中，故而构成了裁判的基础。

过去经常有人（特别是在自然法学家那里）摆弄着一种思想，认为：整个法律必须被概括为少数几个清晰的命题，其由纯粹理性予以澄明。他们显然持有一种事实上相当模糊的想法，即：现存的习惯、占有关系、契约、章程、遗嘱处分对于裁决而言大体上就足够了，只需要通过少量附加的规则予以补充。但持这个想法的人没有看到，裁判规范始终不仅仅是团体的内部秩序，而且甚至不同于团体的内部秩序。即使裁判规范直接以明确的词句表达的团体秩序为基础，即使它完全来源于某个会社章程，来源于某个契约或者某个遗嘱，它同团体的内部秩序仍旧是两码事：因为纠纷关系不再是和平关系。一种曾经很有适应能力、灵活可变的东西被某种固定不变的东西所取代，模糊的轮廓被清晰的、鲜明的线条所取代，词义上经常添加了某种连当事人也搞不清楚的涵义。但在法律诉讼中，法官有义务对提交其裁决的关系行使职责，而且只要这些关系是留给他们自己处理的，则与日常生活中的团体不相干；对于法官的这些职责，团体的内部秩序也很少或者根本提供不了什么指导。在此情形下，法官必须独立地、不依赖于后者来利用裁判规范。

裁判规范的普遍化和统一化

我们必须考虑司法本身的独特需要。确切地说，每个社会团体都是任何地方无法复制的特例。没有任何两个家庭的父亲、母亲、孩子和用人地位完全相同，世界上没有任何两个土地上的支配关系相同，没有任何两个契约、法人章程和遗嘱宣告相互之间没有任何差异；此外，由于词句上的差别，还总是存在者人和物之关系上的差异。不言而喻，当我们关注更广阔的领域时，这种差异也将随之
114 扩大；在不同的乡镇、不同的省份、不同的国家，团体呈现出不同的图景。司法不可能应对得了这些斑驳复杂的情形；出于技术的原

因，它必须把这种多样性化约为简单的公式。这通过普遍化和统一化手段来完成。社会关系是根据一定地区占主导地位的关系形式来加以判断的，或者说，整个国家的社会关系，是不分青红皂白地用某一地区或者某一社会阶层占支配地位的关系形式来加以判断的。假如某个地区有一条规则规定丈夫对妻子的财产拥有绝对的处分权，那么丈夫对妻子财产所做的处分就被视为对妻子有拘束力，而不管这个家庭是否遵守该规则。假如下面这个习惯在一个国家是普遍流行的，即：承租人添附到土地上而与土地不可分离的一切东西归土地所有权人所有，那么它就被视为国家的共同法，承租人因这些支付的补偿诉求在任何地方都会被驳回，哪怕不能证明该习惯在国家的这个地区或那个地区就一定存在。这就是所谓的普遍化过程。但法院比这更进一步。一个与一般规范相冲突的秩序，即使其存在已被明确证明，也是无效的：通过这种方式，法就实现了统一化。由此出现的只有普遍而统一的裁判规范，而不是普遍而统一的活法；不过，完全个别化的、地方性的差异也许还能够继续存在于这个统一的外壳之下。

针对纠纷关系的独特裁判规范

但是团体为了自己的圆满和完善，本身也需要裁判规范。故此，在建立正常生活时，团体仅仅为其成员预期的情况提供规范；对于没有预料到的任何一种新的情况，团体有必要寻找新的行为规则。团体的这种难以避免的改造（Ausbau）通常是从其内部完成的。不言而喻，当父亲再婚时，家庭成员的彼此关系就立刻脱节，家庭必须寻求重新建立秩序；一些从前一直占支配地位的个别规范被放弃，另一些规范则被采纳。假如租赁来的财产被用在租赁契约没有包含在内的另一种经营形式当中，那么当事人之间就必须相应地对这种关系作出安排。在许多情况下，当事人会逐渐形成一种无意识
115 的适应过程，在另一些情形下，当事人也会签订一个新的契约；但恰好是一些不可预期的事件所造成的麻烦，经常促使当事人向法官提出诉求。法官不可能从团体内部秩序本身获取解决办法，因为团体内部秩序恰好证明不能够创造这样一种秩序，为此他必须拥有自己的裁判规范。

此外，还必须记住，当某个纠纷发生时，团体通常已经陷入脱离其原来的秩序状态。那么，再把它们的规范作为裁判规范的基础是愚蠢的，因为这些规范在团体内已经丧失了其规制力（ordnende Kraft）。这就需要有特别的裁判规范，它们不是针对和平的关系，而是针对法律诉讼。但这些规范常常在内容上有别于以前的规范。《德意志帝国民法典》的编纂者们把财产管理共同体（Verwaltungsgemeinschaft）上升为正式的夫妻共有财产制度，是很不明智的。一般而言，只要夫妻俩彼此和睦相处，婚姻能够自动形成一种作为《民法典》中的财产管理共同体的秩序；妻子通常会把财产托付给丈夫管理，她既不会实行某种特殊的监管，也不会要求仔细核对账目；彼此和睦相处的夫妻是不需要法官的，本来已经有了财产管理共同体，再通过一种制定法强加一个财产管理共同体就是多余的。一旦婚姻产生纠纷，从前促使妻子与丈夫在财产管理共同体中一起生活的爱和信任就消失了。此时，法律应当选择夫妻财产分割制，它单独保护妻子在失败的婚姻中防止丈夫权力的滥用。

在日常的财产管理共同体中，所有的人都明白这一点。无论如何，我们偶尔可能遇到下面的情况：一个能干、诚实的生意人与一个完全无能且轻率的人建立合伙关系，在这种情况下，如果前者根据契约禁止后者审查账簿、函件和结算清单，则可能是一个好的安排（秩序）。只要该合伙关系和平存在，只要另一方服从安排而使合伙得以维持，这样一种禁止就是有效的，但它不是作为裁判规范。一旦合伙关系引发法律诉讼，法院也不必受这一点拘束。

法律诉讼本身也有它自己独特的需要。某些问题总是在纠纷中才出现的：它们应当如何解决，不会由团体内部秩序来决定，因为后者不是战争的秩序，而是和平的秩序。在司法的最初时期，面对所提交的最普通的案件，法官必须寻找超越团体内部秩序的裁判 116
规范。假如所涉及的是一起杀人案，法官不仅必须裁决原告根据其氏族的内部秩序是否有权为被杀者要求赎罪金、被告根据其氏族的内部秩序是否作为氏族成员承担责任，此外，法官还必须裁决赎罪金的金额应该是多少。就此，法官不可能从内部秩序中再寻找到任何东西。在后来更加麻烦、更加复杂的关系中，这一点在程度上更是如此。将土地所有权连同土地所有权所赋予生活中的一切权能都判给土地所有权人，是不够的：前一个土地占有人所种的庄稼，他所付出的劳动和支出，该怎么办？同样，按照契约签订时的情形来执行契约也是不够的；法官还必须对当事人根本没有想到的事情作出裁决。如果债务人有义务交付的物在交付义务履行前灭失了，会有什么后果？假如所交付的物与事先约定的物是完全不同种类的物，又会怎么样？对于这一类问题，裁判者只有在诉讼过程，而非和平发展的生活关系所呈现的形式指导下，才能创造性地找到问

题的答案。整个损害赔偿法、不当得利法、撤销权（撤销转让行为之诉，actio Pauliana[1]）、有关法律保护的实体法规定、权利主张和证明义务的原则以及既判力，都属于这一类。我们在这里到处作为前提的不是某个活的秩序，而是与一个死的秩序相关的法律诉讼。

社会对裁判规范的影响

最后一组是由多个团体势力领域冲突而产生的裁判规范构成的。在我们当今的社会，每一个人首先属于国家的一个成员；他平时所参与的各种共同体的范围是相互交织在一起的，又全部属于国家权力管辖范围之内。相互交叉、相互包含的团体力量分布不一，它们之间的斗争通常同时在几个不同领域里展开；这些斗争在很大程度上涉及法院据以作出其裁决的规范。最大限度的父权或夫权与特定的家庭或特定阶级或地区的家庭内部的力量对比关系相一致；但它却与国家和社会的一般家庭秩序相矛盾，这种秩序给占
117 主导地位的法律规范、伦理规范、习俗规范和礼仪规范打上了自己的烙印。因此，国家和社会不会容忍它，可能会试图建立一种与普遍的观点更和谐一致的秩序，至少当它们向法院提出诉求裁决纠纷时，会这样去做。一切工资契约无论对工人可能多么不利，始终会完全准确地反映企业主和工人在签订该契约当中存在的力量对比

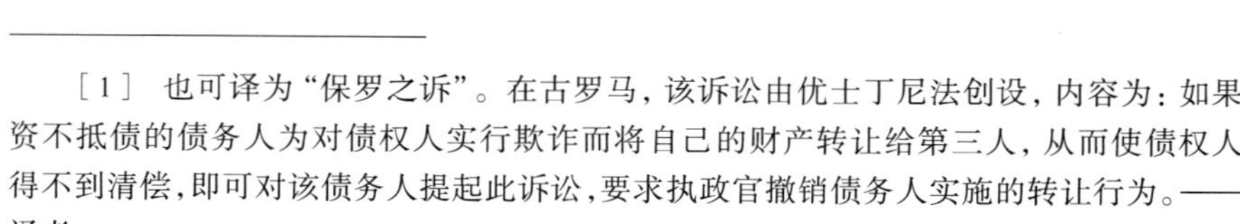
[1] 也可译为“保罗之诉”。在古罗马，该诉讼由优士丁尼法创设，内容为：如果资不抵债的债务人为对债权人实行欺诈而将自己的财产转让给第三人，从而使债权人得不到清偿，即可对该债务人提起此诉讼，要求执政官撤销债务人实施的转让行为。——译者

关系。但是，如果工人阶级获得了较大的社会影响力，他们就会试图按照自己的想法来订立工资契约；这不仅会在社会中产生一种潮流，即：把工资契约的具体条款看作是对伦理和礼仪的违抗，而且还可能最终导致对有关工资契约的裁判规范的影响。

法律以外的规范对裁判规范的影响

法院根据裁判规范来裁断某个社会规范是否被违反。主流的法学认为，被违反的规范必定是法律规范，法院存在的目的并不是为了保护法律以外的规范。但是，亲眼所见的现象告诉我们，这种说法其实只适用于国家的司法机关。不过，只有当我们把法院据以作出裁决的所有规范都称为法律时，这种说法才是对的；但同时，如果我们这么做，整个问题也就被平浅化了，变成了一个术语问题。如果我们出于公道，考虑法院据以作出裁判的规范的内在内容，就会确信，法律以外的规范本身在国家的法院中也起着巨大的作用。

在一个原始的发展阶段，法与伦理、宗教、习俗、礼仪，甚至同实践的行为准则之间几乎没有什么区别，以至于司法部门将会不加区别地加以利用。古罗马的智者（prudentes）和德意志的陪审官（Schöffen[1]）均直截了当地依据伦理、习俗和礼仪；英国的法官至今还这样做，他们目前可能是法官阶层之古代遗风的唯一承继者。但他们所有这些活动都存在一种不断重复的限制，即：法律以外的规范只允许用来填补法的漏洞，也就是说，法官无权为了它们而无视

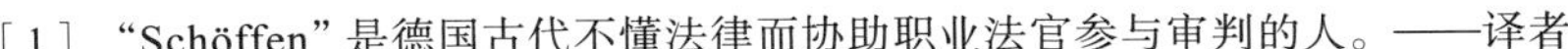

[1] “Schöffen”是德国古代不懂法律而协助职业法官参与审判的人。——译者

法律来进行裁决。这一原则是很有弹性的，它强加给法官自由裁量上的限制有时几乎无法被感觉到；尽管如此，它依然是很重要的。这意味着，在法律中表现出来的社会秩序的基础不得被另一些社会
118 秩序和规则干扰。不过，当国家本身直接干预司法时，这一点并不适用。罗马裁判官，法兰西帝国和德意志帝国的国王以及英国（衡平法院的）大法官根据正义或者伦理，即根据法律以外的规范进行裁判，在某些情况下甚至违反既定的法律。当然，后来根据这些判决，也发展出来了法条。尽管罗马裁判官法和英国的衡平法主要是由法律以外的伦理规范、习俗规范和礼仪规范发展而来，但它们随着时间的推移逐渐成为独立的法体系：不过，这一点仅仅表明，法与这些法律以外的规范之间的主要区别，在于它们的稳定性、确定性方面以及它们的社会重要性之普遍感受上，而不在于内容方面。

受制定法约束的效力

然而，即使在完全国家化的欧陆国家的法院（它们彻底变成了国家的司法机关）中，法院只应依法裁判的原则从来不过是表面现象。法律规则本身时时刻刻都在援引其他社会规范，它不容忍任何背离伦理、习俗或者礼仪的法律滥用，它禁止违反伦理的契约，要求按照诚实信用和交易习惯来解释和履行契约，对损害名誉、侵犯礼仪以及严重的不法行为给予惩罚；法律规则让判决有自由裁量的余地，这常常意味着有一种不是以纯粹的法律考量为根据的法官裁量。但是，司法事实上远远比制定法更进一步。法官在各方面受制定法约束，这一事实迄今为止只是阻止了法官公开地将法律以外的

规范作为判决的基础，但并未阻止法官以各种不同的、有时是非常透明的伪装来这么做。法国的法院曾判决，房主不得在同一幢房子里出租一间店铺给其承租人的竞争者，因为根据保证免于一切妨害（*garantie de tout trouble*）的法律，他对前一个承租人造成了损害；那么，通过这个判决，法国的法院事实上就承认了一种制定法的意义与词句根本无法掩盖的礼仪原则。一般而言，法律以外的伦理规范、习俗规范和礼仪规范很容易成为法律规范，乃至在大多数情况下根本不可能对此作出区分。洛特马尔的著作《不道德契约》[①] 通过一个具体的实例以无可争辩的方式对这一过程的基本特征进行了阐释，尽管在其他方面，我们这里所提出的思想对这本书来讲可能是陌生的。 119

不言而喻，所有这些并不意味着，法院完全负有责任直截了当地依据法律以外的规范来进行裁判。并非所有的法条都适合作为裁判规范，公平地说，一切法律以外的规范则更是如此。这里，作出正确的选择是一个极其困难、责任重大的任务，这项任务对法官提出了完全不同的、比纯粹法律适用要高得多的要求。在欧洲大陆，人们试图束缚法官使之成为一个尽可能无意志的法律的奴仆，这个强大的潮流确实让人对其理由产生怀疑：法官是否胜任这么高的要求。罗马的智者、英国的法官和部分法国的法官已经证明了他们在这方面的能力；从前的吕贝克高等上诉法院（Oberappellationsgericht Lübeck）和莱比锡高等商事法院（Reichsoberhandelsgericht in Leipzig）也证实德国的法官同样有能

① 菲利普·洛特马尔：《特别是依据共同法的不道德契约》，莱比锡 1896 年版。

力担当此任。最后，这项工作无论如何都必须要做，而且今天正在这样做。如果说这项工作由于司法秩序不完善，在大多数情况下，仅仅以某种极具争议的方式在进行着，那么对此不理不睬，肯定也无法解决这样一种困难。

然而现在，人们也不会支持国家司法机关以外的其他法庭根据法条来进行裁决。国家的行政机关、警察、纪律法庭、公共代表机构的主席团的判决经常必须完全根据伦理规范、习俗规范、荣誉规范、礼仪规范、社交规范和时尚规范来进行。这种做法更多地适用于非国家的法庭，适用于各种各样的仲裁法院、协会法院、荣誉法院、卡特尔—托拉斯—工会法院和俱乐部法院。不言而喻，在教会法院中，宗教规范也起着重要的作用。警察对违反礼仪的行为施以惩罚，众议院的主席团对违反议会习俗的行为进行训诫，荣誉法院强迫违反荣誉“法律”的官员辞去公职，纪律法院责罚那些（未足以表现出得体的举止）损害其职位声誉的官员，俱乐部法院将不偿付赌债的成员驱逐出俱乐部，卡特尔法院对那些向被宣布贸易抵制的企业主供货的企业主实施贸易封锁，工会法院对在罢工期间依然工作的工会会员作出名声不佳的宣告。以上所有这些法院都是由社会自身设立并加以维护的，它们完全在法律以外的规范基础上开展
120 一种卓有成效的、日益增长的活动，而且在一定程度上拥有比国家机关掌管的手段更为丰富多样的强制手段。上文反复提及的诺特纳格尔的著作对于这一点已经收集了很令人感兴趣的资料，这些资料尽管有些过时，但一直还是可以利用的。

裁判规范的稳定性法则

裁判规范包含裁决所依据的一般法条，从而也提出这样的要求，一般法条应当是一个真理，不仅适用于当下涉及的案件，而且适用于任何相同甚或类似的案件。如果说一项判决判定应当由杀人者的兄弟将赎罪金付给被杀者的兄弟，那么这项判决就确立了一项规则，即：至少被杀者的部族的兄弟总是具有索赔权，杀人者部族的兄弟则负有赔偿责任。如果根据某个契约判处被告负有责任，那么这个判决所表达的意思是：在既定的情况下，诉讼的请求来自于当下的这个契约。即使通过抓阄来解决争议（这种情况在低级的发展阶段经常发生），人们也会普遍地承认，在这种情形下，幸运抓到阄的一方获胜。

这就是裁判规范的稳定性法则，其对于法的形成具有重要意义。首先，这种法则建立在社会心理的基础之上。假如对相同或类似案件作出不同的裁决，那么这就不是法律，而是任性或喜怒无常。不过，这种法则也符合一种思考的经济性。如果人们按照已经寻找到的裁判规范来进行判决，那么毫无疑问，显然可以省去不断寻找裁判规范的智力工作。此外，社会对稳定的裁判规范还有着巨大的需求，它至少可以让人在有限的范围内预见和预测裁决，从而使人能够事先对自己的事务作出相应的安排。

裁判规范的稳定性法则首先有时间上的作用。只要规范依然被人们记起，法院不会无缘无故背离曾经适用过的规范，而且经常采取特别的措施，以防止其被遗忘。然而，这一项法则也有空间上的作用，因为由某个法院所找到的裁判规范也很容易被处于相同影响范围内的其他法院适用：这样做，主要是来自上面的那种需求，即节省自己的寻找工作。在更高的发展阶段，既然法院作为国家的
121 司法机关获得了一种地方的审判管辖权，那么它们的裁判规范也就随之成为这个地方具有管辖权的、稳定的规范，而且随着不同的法院彼此间形成相互的联系，这些裁判规范就成为在所有法院管辖的地域均具有管辖权的、稳定的规范。

对现代法律意义重大的法律领域的国家主权，也是建立在裁判规范的稳定性基础上的。如果说人们如今习惯地认为法律领域和国家领域是同一个东西，那么其原因也仅仅在于：某个国家领域内的法院始终一贯地在遵循着某些裁判规范。裁判规范的稳定性具有特别重要的意义，因为它不仅涉及相同的案件，而且也涉及类似甚或近似的案件。通过这种方式，某个规范适用于那些它根本无法裁决的案件成为可能，唯一的理由在于这些案件与已决的案件相类似。当然，任何此类的判决均以某个新的裁判规范为根据，但这个新的规范的内容确实仅仅在于：既有的规范可以适用于当下的案件。新的规范拓展了原有规范的适用范围，丰富了它们原有的内容，而每一次这样的延伸和充实又都是按照裁判规范的稳定性法则运行的。法学上的法律创造主要是基于规范对不断出现的新案件之“持续性投射”（fortwährende Projektion），乌尔策尔（Wurzel）[①]讲过这一点。

① 卡尔·格奥尔格·乌尔策尔：《法学思维》，维也纳 1904 年版，第 43 页及以下。

裁判规范的内在变化

正是由于这个稳定性法则，规范就获得了一种极其顽强的生命力和巨大的伸展力。每一次外国法的继受都是稳定性法则的表现。故此，两千年前古罗马的祭司（pontices）构想出来的某些规范至今还在继续发挥作用。有人可能在这里提出这样一个问题：如果说规范确实是从它们构成基础的裁决的情况本身发展而来，那么，一个规范如此远离其源头，且产生之后经历这么久，却在一个完全不同的社会和经济秩序中依然能够得到适用：比如，当今的德国法在内容上包含着与《民法大全》，甚至《十二表法》和《摩西十诫》相一致的规范，《法国民法典》可以适用于像法国和罗马尼亚这样两种完全不同种类的社会，这到底是如何发生的呢？

答案在于：这些规范，特别是源自罗马法的规范，在千年的历 122
史过程中，随着其内容持续不断的扩展和丰富，已经采取了一般的和抽象的形式，以至于它们可以适应各种不同的情境。不过，这意味着，稳定性法则毕竟只是基于事情的表面观察。事实上，这里所谈的根本不是同一种规范，规范只是表面上看起来没有变化，它从内部确实获得了全新的内容。

过去的法律和现在的法律之间的巨大反差，各个国家和民族之间的法律差异，都是基于法的事实，而不是基于法律规范。习惯、支配、占有关系、契约和遗嘱处分所发生的变化比规范本身大得多，也对规范产生反作用，尽管规范的字面意义仍保持未变。在财产所有权之诉中，孳息或者支出的赔偿原则的表述可能至今实质上同在罗马人那里没有差别，但是它们到底适用于罗马的**土地**，还是适用于近代的骑士封地或者价值百万的信用票据，这绝不是无关紧要的。人们只要回想一下在上述三种情形中孳息（Früchte）和支出（Aufwendungen）的术语所表达的涵义是什么，立即就会明白规范本身在这个过程中到底发生了怎样的变化。在一定意义上，罗马的债法显示出某种令人惊异的抗拒力：在罗马，无论债权人还是债务人都是**家父**（*paterfamilias*），他们是常常包括人数接近半百之众的大家庭的一家之主，而现在的债权人和债务人至少在形式上都是个人。鉴于这个巨大的差异，当今的个人对过错和意外事件采取与过去罗马之**家父**相似的方式承担责任，这一事实有何意义？假如有人拿同一把锤子砸玻璃或者铁块，会发出完全不同的响声。

裁判规范的继续发展

无论如何，我们决不能认为，向规范注入了新的内容就帮助我们摆脱了规范的稳定性法则自身带来的一切困难。对“不尽如人意的法律”（schlechte Gesetze，坏法）的抱怨，通常是这样的：由于规范的稳定性，规范在不是它自身产生的环境中发生作用，因而也不适应这些环境。但由于这些规范恰好不是行为规范，而仅仅是裁判规范，上述多重易变质的后果才在很大程度上受到了限制。假如罗
123 马规范的稳定性可以强迫我们事实上按照罗马法生活，比如生活在罗马的大家庭里，伴随着**带夫权的婚姻**（*Manusehe*）或者可任意解除的自由婚姻，假如它意味着我们必须按照罗马**土地**的模式来安排我们的田产，那么，这种后果无疑是难以忍受的。实际上，它所涉

及的仅仅是法律诉讼偶尔按照罗马法来裁决。我们日常生活中出现在法庭上的那一部分太微不足道了，以至于我们能够忍受哪怕还很不公正的判决。所以，即使我们偶尔必须在这种情况下遭受很大的痛苦，我们也只有哀叹地顺应这种不可避免的事情，因为规范的稳定性作为一切司法判决和法学的基础是不可避免的。

裁判规范的稳定性使它们失去了原有的形式，变成了法条。荣格（Jung）在他的著作《自然法的难题》[①]中得出的一个极其重要的结论："（以裁判规范的稳定性为基础的）判例力属于法条产生的概念上的前提条件。"不过，我们在讨论这种法条形式的裁判规范以前，必须从根本上考察另一种法的形式，即国法。

① 厄利希·荣格：《自然法的难题》，莱比锡 1912 年版。

第七章　国家与法

124　国法(staatliches Recht)应与制定法(Gesetz)明确地区别开来。国法不是在形式上，而是在内容上，来源于国家；国法是一种仅仅通过国家而产生的法，没有国家，国法就不可能存在。它以什么形式产生，是无关紧要的。并非每个制定法的条款规定都包含国法。也有一些制定法，它们纯粹为某一法律关系创设内部秩序，如团体章程、商事规则；国家也可以采取一种制定法的形式签订某个契约。团体章程、商事规则、契约并未因为采取制定法这种形式而变成国法；它们依然保留它们原来所是的样子，即某一法律关系的内部秩序。同样，法学家法(Juristenrecht)也可以采取制定法的形式：立法者可以按照法学家的方式，把自己限定于实现普遍化和统一化，根据正义去寻找规范。许多中世纪的国家法人社团的决议，尤其是德意志帝国议会和英国议会的决议通常都是议会条例(Weistum)[1]，

[1] “Weistum”，有时也写作“wistuom”，“Weisheit”，据考证，该词最早来自于德国莱茵中部和摩泽尔地区的原始文献中(在德国其他地区的原始文献中则称为“Willkür”或“Beliebung”)，原意指精通法律之人有关现行法(主要是习惯法)的答复(咨询意见)。按照中世纪的观点，法不是由国家专门机关(议会)确立、发布的法，而是通过惯行在一定地区(公社)产生的习惯法。在案件中有待适用的法必须由陪审官(Schöffen)从传统的法推断出来或者引导出来。这样一种法，也被译为“判例”，它们成为德国中世纪和近代的法源之一。13世纪开始，欧洲(尤其是德国)的一些议会开始使用“Weistum”作为其有关法律问题事项和其他事项的决议的名称，中文文献多将它们

既是内容上，也是形式上的法学家法。另一方面，国法不仅能够以制定法的形式存在，而且也可以作为行政条例（Verordnung）、御前官法（Amtsrecht）[1]或者法官法的形式存在。罗马的裁判官[2]本质上是最高司法当局，因此，其裁判官告示绝大部分包含御前官法，有时，在它仅仅意图解决疑问和困难的地方，可能也包含法官法；不过，**有关放置与悬挂的告示**（*edictum de posito et suspenso*）或者**有关诬告的告示**（*edictum de calumniatoribus*）是国法、治安条例和刑法。英国的法官作为英国的国家机关用他们的司法判决创造了英国刑法最重要的部分，英国的**衡平法**也包含大量的国法。

原初的国家与法

大多数法学家当被非常严肃地问到，他们习惯地视为一切法之

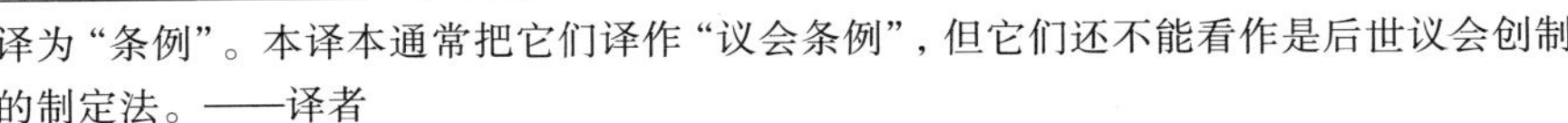

译为"条例"。本译本通常把它们译作"议会条例"，但它们还不能看作是后世议会创制的制定法。——译者

［1］"Amtsrecht"，英文译为"magisterial law"，日文译作"官权（権）法"（参见エールリッヒ：《法社会学の基础理论》，河上伦逸、M. フーブリヒト共译，みすず书房 2001 年 9 月第 4 刷发行，第 169、172、285、432 页）。其不仅指（罗马的）"裁判官法"，也指英国负责司法事务的大法官（Lord Chancellor）所创制的区别于（法官创制的）"普通法"（common law）的法律（衡平法）。在罗马法上，御前官法是由高级执法官在司法审判中创立的法律规范之总和。创立此法的高级执法官主要是享有司法权的裁判官，故称"裁判官法"（拉丁文"ius praetorium"，德文"das prätorische Recht"）。而高级执法官（裁判官）是一种荣誉职位，因而此类法律规范又常常被称为"荣誉法"（拉丁文"ius honorarium"）。本译本将"Amtsrecht"译作"御前官法"，作为（罗马）"裁判官法"（荣誉法）和英国的大法官法（衡平法）的上位概念。——译者

［2］古罗马第一个百科式学者瓦罗（Marcus Terentius Varro，公元前 116 年生），著有《论农业》（*Rerum rusticarum libri*），《拉丁语论》（*De lingua latina*），其在《拉丁语论》中指出："Praetor dictus est, qui praeiret iuri et exercitui"（裁判官被称为：驾驭法律与军队的人）（Varro，*De lingua latina*，5，80-85）。——译者

源头的国家究竟如何关心起法的事情，他们可能会稍稍感到有些惊讶。但这个问题并非完全没有道理。因为国家原本是一个军事团体，它同法律生活仅仅存在着非常松散的关系；除了少数以前和当
125 代在北美和世界的其他地区的英国殖民地所形成的现代国家之外，国家至今在本质上仍然是一个主要的军事团体。无疑，国家的起源可以追溯至很遥远的过去，但却无法在氏族或者家族成员共同体中寻找到它。历史上最早与现在的国家发生联系的构成体，是多个语言相近的氏族之战争贵族的联盟，这些贵族不仅仅为了临时地应对特殊情事，而是为了常设的事项，在其余自由民的拥护下选择一位军事首领。国家从未否认过它的军事起源；在国家发展的每个阶段，军事利益均处在中心的地位，除了上面提到的英国殖民地和少数欧洲的小国之外，这种情形至今到处存在。

随后，早期国家在纯粹军事职能之外，又添加了另外两种职能，但它们与军事职能之间也有密切的联系。首先，国家应为国王即永久的军事首领及其随从提供必要的物质辅助手段。这最初是通过强迫索要贡品来实现的，后来尤其是在东方逐渐强化，变成正式的征缴：罗马人似乎在其行省最早发展出一个真正受到规制的征税体系。其次，国家很早（特别是在反抗和叛乱的情形下）形成了非常残暴的警察活动。疆域辽阔的东方大国直到 19 世纪中叶也没有超越这个阶段。经过漫长的间隔期之后，最早在地域较小的国家和城邦国家，然后在地域广阔的国家，在罗马帝国、在卡洛林帝国、在英格兰，分化形成一种正规的国家司法，再往后这些国家又分化出立法。直到 17 世纪，法国才出现真正的国家行政，其职能的多样性几乎与当今的行政大致相当：在此之前，类似的行政只在城邦国

家存在过。在东方，直到最近的时期还几乎没有真正的行政，在古波兰共和国以及 19 世纪以前的英国，也不存在此种行政。因此，假如不是下列情况的某些征兆出现，即：国家活动发展的最高点要么已经跨越过去了，或者要不了多久可能就被跨越过去，那么我们本来可以同阿道夫·瓦格纳（Adolf Wagner）① 一道来讨论国家活动不断增长的规律，不仅如此，我们甚至还可以讨论国家活动不断快速增长的规律。

显然，有四种事情使国家在特别显著的程度上成为法的来源：
第一，国家通过立法参与法的创制；第二，国家通过它的法院、部 126
分地也通过其他国家机关参与司法；第三，国家对国家官员有指挥
权，这种权力使国家能够通过这些官员来实施其制定法；最后，有
一种观念认为：与法相一致的事实状态主要或者至少最终靠国家强
制力来维持。然而，这最后一点并非至关重要，因为它对国法的形
成和发展没有影响。

原 始 的 法 院

法律史表明，不论立法还是司法一开始并非为国家所专属。无疑，司法并不是起源于国家，它植根于前国家的时期。司法最古老的形式在阿喀琉斯盾牌（Schilde des Achilleus）[1]上的法庭审判场景

① 阿道夫·瓦格纳：《一般的或理论的国民经济学》，第 2 版，莱比锡 / 海德堡 1879 年版，第 308 页及以下。

[1] 阿喀琉斯（Achilleus），也译作“阿基琉斯”或“阿基里斯”，乃古希腊荷马史诗《伊利亚特》中的英雄，特洛伊战争中的伟大战士。传说其身体除踵部外，其他刀枪

中表现得很清楚，有关它的唯一可能的阐释，我们得感谢霍夫迈斯特(Hoffmeister)。两个人相互间因为被杀者之赎罪金发生争执：一个自称他会支付所有的一切，另一个对此表示异议，说他什么东西都不会接受。这样，被杀者的亲属坚持要血亲复仇，于是要求睿智的法官必须作出裁决，他到底应当保留复仇的权利还是有义务接受赎罪金。该法庭不是由国家指派的，判决也确实与国家强制力没有干系；假如另一方拒不服从判决，他还是可以采取复仇的：这样做的唯一后果就是他会丧失公正自卫的纯社会优势。这种司法的发展阶段似乎通过冰岛传说中的刑法很容易找到，就像小安德烈亚斯·霍伊斯勒(Andreas Heusler)[1]最近活灵活现地对我们所描绘的那样；① 它不仅在前卡洛林时代的法律诉讼中，而且在罗马《十二表法》更为发达的诉讼中也都可轻易地看到。在这个阶段，已经有了固定的赎罪金数额，不过受害者一方还是没有义务接受之，若达不成协议(ni cum eo pacit)，判决就把加害者一方交给受害者一方复仇。此种诉讼是严格的和正式的，因为在两个死敌之间确实必须如此；法院管辖权还主要是限于血亲复仇案件(杀人、抢劫、身体伤

不入。据《伊利亚特》描述，阿喀琉斯的母亲忒提斯(Thetis)为了激发他的战斗意志，托付匠神赫淮斯托斯(Hephastus)为儿子打造了一副天下最精美的盾牌。“阿喀琉斯盾牌”绘有一幅法庭审判场景，即发生在和平之城的一场诉讼，出自《伊利亚特》：两个男人为一位被杀的亲人的一笔偿命的血债而争执，一方(被告)向众人(demos)声称将如数偿付，但另一方(原告)则坚决不接受。前者希望以赎罪金作为责任，不希望复仇；后者希望复仇，而不愿意接受赎罪金，于是双方诉诸一位裁判者(histor)，以定分际。围观者意见纷纷，为双方呼喊助威(参见荷马：《伊利亚特》，陈中梅译，燕山出版社 1999 年版，第 18 卷，第 403—407 页)。——译者

[1] 小安德烈亚斯·霍伊斯勒(Andreas Heusler,1834—1921 年)，德国法律史学家。——译者

① 小安德烈亚斯·霍伊斯勒：《冰岛传说中的刑法》，莱比锡 1911 年版。

害、盗窃)。

查林格尔(Zallinger[1])① 早已就此指出，这种诉讼不可能是德意志原始时代存在的唯一的诉讼。的确，早在原始时代，争讼不纯粹
发生在死敌之间，而且也发生在亲密团体的成员之间，其中有一些很 127
可能是由于轻微的违规导致的。事实上可以证实的是，总是存在着一些机构来调解这类性质的争议，但我们得到的这方面的报告少得可怜，因为法学家明显对此不感兴趣。我们发现有氏族首领的审判权、家长的审判权和乡村长老的审判权。我们还发现有家族法庭和乡村法庭。诉讼完全不拘形式，判决所依据的法律原则是不固定的、不确定的，判决只是一种心平气和的调解，除非它宣判将某人驱逐出共同体。当然，在罗马，家长有生杀权(ius vitae ac necis)[2]：但诚如罗马人自己所强调的，这种事情在古代是很罕见的，而且在其他亲密团体的法庭中也不能轻易地找到(在古代俄罗斯兴许有？)。或许，它是在国家形成的时代才出现的。

我们在帕赫曼(Pachmann)的著作《俄罗斯民事习惯法》(*Obytschnoje grazhdanskaja prawo w Rossii*)中 ② 看到这种司法的很详尽的阐释。在俄国，公社法庭(Gemeindegerichte)或许起源于很早的时期，专门管辖农民的事务，一直维持到今天。立法只是规

---

[1] 查林格尔(Otto v. Zallinger, 1856—1933 年)，奥地利法学家。——译者

① 奥托·冯·查林格尔:《南德意志针对本邦危害人之诉讼：专论中世纪德意志刑法史》，因斯布鲁克 1895 年版。

[2] 生杀权(ius vitae ac necis)，在罗马法上是指家长(家父)对子女所拥有的绝对处置权，包括剥夺其生命的权利。此种权利后来逐渐废除。——译者

② 塞门·V. 帕赫曼:《俄罗斯习惯法：民法研究》(俄文版)，2 卷本，圣彼得堡 1876 年版(该注书名与埃利希所注书名有一定出入。——译者)。

定了其司法管辖权的界限，但在其他方面一直到最近的时期仍让其拥有充分的自由。在六七十年代，一个政府委员会对它们的活动进行过详细的调查，并且出版一部六卷本的调查报告。帕赫曼的著作即以这个报告为基础（有关阿尔特[Artele][1]一节除外）。诚如马里谢夫（Malyschew）和柯瓦列夫斯基（Kowalewskij）所指出的那样，这些成果极易引起争议，因为目前该法院处于极端的颓败状态。即便如此，帕赫曼的著作并非是毫无价值的。在俄罗斯所有地区公社法庭司法中存在的唯一的原则是非常重要的，它就是：**双方平分**（*Grech po polu*）。假如法庭不知道应当怎样作出判决，那么它就将在双方当事人之间平均分配损害。

不过，还有第三类法院。这些法院完全来源于国家，它们出自军事领袖的指挥权。不言而喻，一旦国家遭到危险，尤其是在叛国、通敌的情况下，军事领袖就会干预。但他并不局限于这些情形。军事领袖必须在其军队里维持军纪，特别是要防止私自报复：面对大敌当前，他不可能容忍血亲复仇盛行。因此，一定程度的司法管辖
128 权介入私人事项早已是不可避免的。在更高级的发展阶段，按规定，国王有资格行使该项权力。国王在和平时期得到的至上地位使他有可能也在和平时期进行审判，但国王这样做，依据完全不同于其他法院的原则，采取完全不同于其他法院的诉讼程序，无论如何，不绝对是按照国王自己的自由裁量，而是根据其幕僚的咨询意见来进行的。

[1] 阿尔特（Artele）系沙皇俄国时期由手工业者等形成的劳动组合。——译者

法院的国家化

这个过程的下一步是：首先，由于旧的团体联系纽带的松散，亲密关系中的人们争讼的调解绝大部分失去了其重要性，这样，他们之间的争讼也就提交至正规的法院面前。既然正规的法院从此不再限于对杀人案件进行裁判，那么它们的任务就不仅仅是进行和解，而且也要作出判决。第二步是由国家来改组这些法院：要么像在罗马时期那样委托某一个国家官员来主导诉讼，要么像在卡尔大帝[1]统治的法兰克王国和被诺曼人征服（Eroberung[2]）以后的英格兰那样由国家（为法院）任命一个首席法官。同时，国王的司法权仍继续存在。接着才是第三步，出现了国王司法权的扩展。国王的幕僚（枢密顾问）于是成为独立的法官，由于其拥有特权，或许也因为其司法的优越性（如英国）而事实上取代了旧的正规法院，或者自身转化成为上诉法院（法兰西王国的巴列门[3]，德意志帝国的王室法院），但国王个人的司法权并没有由此而被废止。最后一步，在正规法院中，从老百姓里挑选出来的陪审法官被剔除，这样，法院就变成了纯由官员构成的国家法院。也许还有一个后期的发展

[1] 这里的卡尔大帝（Karl d. Groβe，742—814年，一译“查理大帝”），即法兰克王国统治时最著名的国王。——译者

[2] “Eroberung”（英语“the Conquest”），特指1066年英国为诺曼人的威廉公爵所征服的事件。——译者

[3] 巴列门（Parlamente），也译为“大理院”。是从12—13世纪法国由国王召集大臣和高级僧侣商讨封邑和朝廷政事的御前会议发展而来逐渐具有司法职能的建制。路易九世在位中期（1226—1270年），在御前司法会议的基础上成立特别审讯庭或诉愿庭，以后又形成大法庭。这种建制在法国大革命（1789年）被废除。——译者

阶段，在此期间，大众化的因素再次确立于司法之中。亨利希二世（Heinrich II）统治时期的召审团（Assisa）和稍后的陪审团（Jury）就是这种情形。在欧洲大陆，这一趋势直到法国大革命以后才出现，起初只限于刑事案件，但后来逐渐扩展到一定种类的私法事项。

然而，司法的国家化仅限于欧洲。东方还未曾受到欧洲的影响，至今仍不知国家司法为何物。卡迪（Kadi）[1]是由宗教的当权者任命的，独立于国家。同样，在穆罕默德教国家，裁判一部分由世俗的地方当权者进行，一部分地由宗教的地方当权者来进
129 行，后者既不是国家任命的，也不是国家委任的。在克里米亚战争（Krimkrieg）[2]之后，唯独土耳其开始采纳欧洲的模式，设立国家法院，但在这个过程中它依然在一系列事项上保留了宗教法院的司法权。

国法产生的条件

在历史上，国法的出现比国家司法要晚得多。首先，国家建立了其自身的秩序，即国家法（Staatsrecht），而且每当它设立任何一种官吏时，它都为其规定权限、活动规则，有时也为其规定程序。在早期阶段，法律记述受国家委托由个人来撰拟或者为国家所认

[1] 卡迪（Kadi）原是阿拉伯国家部落的长老，是一种人的身份的称谓，他负责处理部落纠纷调处。马克斯·韦伯把这种解决司法纠纷的做法，称为卡迪司法。到现在卡迪司法仍具有重要意义。——译者

[2] 克里米亚战争（Krimkrieg）是以俄国为一方，英国、法国和奥斯曼土耳其人为另一方自1855年以克里米亚半岛为主要战场的一次战争，它于1856年结束。——译者

可，它们汇集了法院据以行为和进行判决的规范。然而，它们本身还不是国法，即便这种流传物已经具有了添加和变更的内容。这种添加和变更的内容甚至在完全属于私人的作品中也可以找到，它仅仅证明，无论当时还是后来，人们不能够，也不情愿在法律记述（Recht-Aufzeichen）和法律制定（Recht-Setzen）之间划出一条界线，就像与法律人邻近的从医者一样，不仅要知道药物，而且也要揭示药理。

国法作为对法院和其他国家机关应如何行为之国家命令，根据这个本质，可以推断出它产生的前提条件。因此，国法只能来自于法院和其他国家机关的掌控者。在国家能够以这种方式制定法律之前，国家的行政与司法秩序必须在一定程度上是统一的。但国家必须拥有非常发达的权力手段，足以迫使中央政权所发布的命令通行于全国。这包括一定程度的军事发展和一定种类的警察部门。最后，国法以民众心理的某些因素为条件。国家必须找到某种材料，从中造就遵从制定法的法官和其他官员。在这件事情上，读写的能力起着重要的作用。这必然留待尚未成文的国家立法史去研究，以说明各地的立法都是怎样随着行政的发展而发展的。我们可以想像，假如我们至今还对亚述国家的性质一无所知，那么研究汉穆拉比立法和其他的亚述法（assyrisches Recht）该有多么大的价值。仅仅认为国家能够创制与通过古老习惯自发产生的法一样有效的法，用《萨克森之镜》（*Sachsenspiegel*）[1]评注中的话说，“国

[1]《萨克森之镜》系 1221—1224 年之间由艾克·冯·雷普高（Eike von Repgow，也写作：“Eyke von Repgow”）所编纂的一部最早的中世纪德意志法书。在内容上，它大体上分为两个部分：一部分是领地法（Landrecht，territorial law），另一部分是采邑

130 家的意志应作为法律一样对待”，这一纯粹的想法假定了人类只有在发达的阶段才拥有巨大的抽象能力。德国中世纪早期的陪审官还没有掌握这种抽象力，所以帝国也不可能有真正的立法。众所周知，直到13世纪，德意志帝国模仿罗马蓝本才形成的少量制定法依然没有受到重视。出于同样的原因，在东方，一般而言直到当代也还不了解制定法。随着土耳其开始颁布制定法，它也必须为此建立全新的法院：假如苏丹（Sultan）[1]把一部商法典交给一个卡迪，那么这个卡迪就必定犯难，不知该怎么处理。此外，如果没有一个服从国家意志的司法，就不可能有国家的立法。这在（欧洲）中世纪也是缺乏的。法国的巴列门在一定程度上独立于国家之后，甚至一再地对抗专制君王的制定法。假如德国的大学没有为完全依附于国家权力的法官和其他官员提供出色的素材，德意志国家确实也不会早在16世纪和17世纪就建立起一套国法体系。最后，必须要有公布国家法令的有效手段，老百姓也必须对某个制定法的目的和内容有一定的了解。但是，假如在缺乏所有上述条件的地方我们还经常看到有制定法，那么它们大多肯定是对外国模式的完全无效的模仿。法兰克国王模仿罗马的恺撒，塞尔维亚的杜尚沙皇模仿拜占庭皇帝；在最近的时期，许多东方国家都在仿照欧洲人的做法，比如

法（Lehnrecht，feudal law）。前一部分包含有我们现在称为公法或宪法、刑法、民法和程序法等法律的一些原则特性。后一部分则限于采邑法的各别领域。在德国的某些地区，《萨克森之镜》作为有效的法律渊源一直沿用至19世纪末《德国民法典》被通过之时。它除了被翻译成各种德语方言，还被译成拉丁语、荷兰语和波兰语等，成为名副其实的一部影响广远的“法经”。——译者

［1］ 苏丹（Sultan），在《古兰经》上原指道德或宗教权威人士，自11世纪起成为穆斯林统治者的称号。——译者

暹罗（Siam）[1]，他们让一位法国人起草民法典。

论国法的历史

只有当一个由中央指挥并受到一种强大的军事和警察权力所支撑的司法和行政建立起来时，国法才会出现。这些条件最初只存在于疆土很小的国家，在古代，它也存在于异乎寻常的强大的国家埃及，存在于城邦国家雅典和罗马，在中世纪，它存在于意大利和德国的城市共和国。当然，罗马市民和罗马官员把国法的观念带到了整个庞大的帝国；但直到帝制后期，即从《安东尼谕令》（*constitutio Antonina*）之后，这种观念才开始盛行。现代的研究表明，这一现象表面性多，现实性少。一如《卡洛林王朝法令汇编》

（*Kapitulariengesetzgebung*）[2]所显示的，在罗马帝国废墟上兴起 131
的日耳曼国家确曾有国法，但这也说明，它们很多继受了罗马的文明和罗马的官僚制度。我们很难判断：这些制定法是否有效，在多大程度上实际有效，它们是否事实上被适用过。正好在这一点上，最近，尤其是多普施（Dopsch）[3]活灵活现地提出有根有据的怀疑，可惜他的这本书我不再能够用得上。① 日耳曼各国与罗马帝国

[1] 暹罗（Siam），泰国的旧称。泰国在1939年以前以及1945—1949年间即以暹罗称。——译者

[2]《卡洛林王朝法令汇编》（Kapitulariengesetzgebung，通常写作：“*Kapitularien*”），指公元8—10世纪西欧卡洛林王朝各君主（查理及其继承人）颁布的法令汇编，这些法令处理行政、王室领地、公共秩序和司法、宗教等问题。——译者

[3] 多普施（Alfons Dopsch，1868—1953年），奥地利著名历史学家。——译者

① 阿尔方斯·多普施：《卡洛林时代特别是在德国的经济发展》，2卷本，魏玛1912/1913年版。

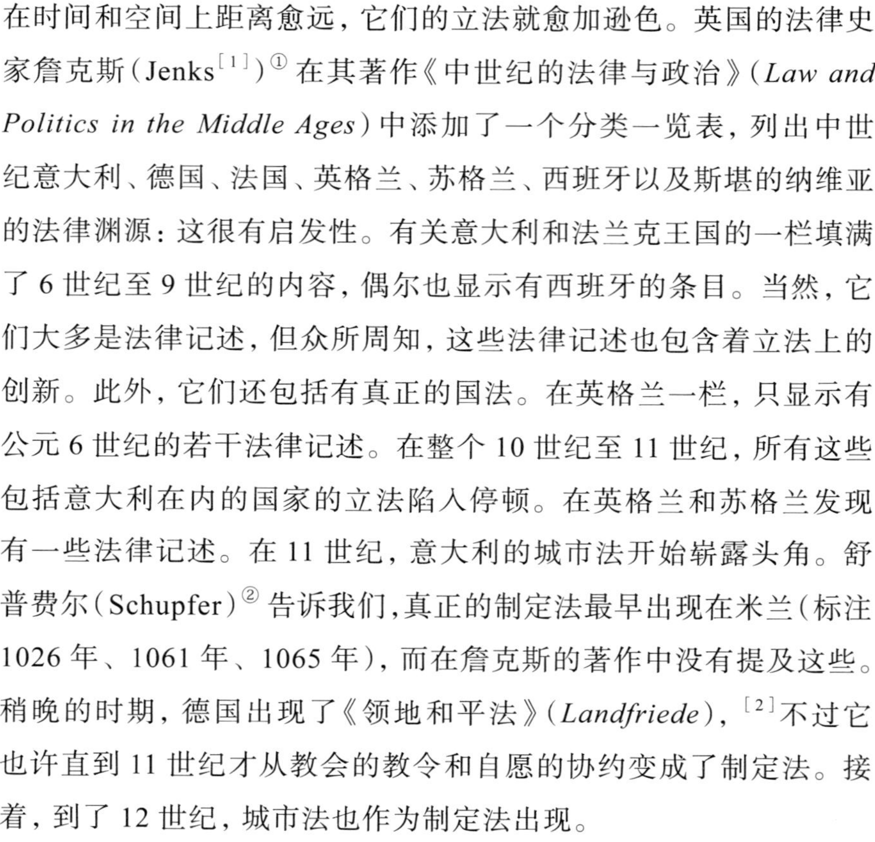

在时间和空间上距离愈远，它们的立法就愈加逊色。英国的法律史家詹克斯（Jenks[1]）① 在其著作《中世纪的法律与政治》（*Law and Politics in the Middle Ages*）中添加了一个分类一览表，列出中世纪意大利、德国、法国、英格兰、苏格兰、西班牙以及斯堪的纳维亚的法律渊源：这很有启发性。有关意大利和法兰克王国的一栏填满了 6 世纪至 9 世纪的内容，偶尔也显示有西班牙的条目。当然，它们大多是法律记述，但众所周知，这些法律记述也包含着立法上的创新。此外，它们还包括有真正的国法。在英格兰一栏，只显示有公元 6 世纪的若干法律记述。在整个 10 世纪至 11 世纪，所有这些包括意大利在内的国家的立法陷入停顿。在英格兰和苏格兰发现有一些法律记述。在 11 世纪，意大利的城市法开始崭露头角。舒普费尔（Schupfer）② 告诉我们，真正的制定法最早出现在米兰（标注 1026 年、1061 年、1065 年），而在詹克斯的著作中没有提及这些。稍晚的时期，德国出现了《领地和平法》（*Landfriede*），[2]不过它也许直到 11 世纪才从教会的教令和自愿的协约变成了制定法。接着，到了 12 世纪，城市法也作为制定法出现。

［1］ 爱德华·詹克斯（Edward Jenks, 1861—1939 年），曾任澳大利亚墨尔本大学法学院教授和院长。另编有《英国法汇编》。——译者

① 爱德华·詹克斯：《中世纪的法律与政治》，伦敦 1905 年英文版。

② 弗朗克·舒普费尔：《意大利法律史手册》，第 2 版，1895 年意大利文版。

［2］《领地和平法》是中世纪的德意志法，它代替 11 世纪前后出现在南法兰克王国的《上帝和平法》（*Gottesfriede*），从 12 世纪起成为制止不法所发布的和平律令。早期的《领地和平法》（1103 年亨利希四世的《帝国领地和平法》以及《帝国和平法》）还包含绝对的复仇（决斗）禁令。从其产生以后，它要么被归入共同体的协议，要么被归为制定法。其通过誓约而具有效力。后世的领地和平法主要是针对复仇而制定的。——译者

当然，这种外在的考察告诉不了我们太多的内容。相对于国家的意志（或许受外国的影响，或者由于某种偶然的事件）是否在任何地方被宣布为法律这个问题，更为重要的还有两点：第一，国家负有使命并且有能力独立创制法律，这个想法是何时被认真地提出的，它是如何扎根的；第二，只有国家才能创制法律的观念是何时开始深入人心的。遗憾的是，有关上面这两个问题，目前都缺乏任何研究。在希腊，除了雅典之外，几乎找不到国法的痕迹。在斯巴达（Sparta），早期完全没有国法的观念，后来发展为一条禁令，禁止改变古老的习惯法，即所谓莱库古[1]立法。甚至直到帝制时代的末期，罗马人对国家垄断法律的思想仍然是感到陌生的：也许，君 132
士坦丁（Constantin）才第一次明确地表达了这个想法。在那之前，只有公法（ius publicum）才归为国法；诚如我在自己的著作《论法源理论》①中所证明的，除了国家法之外，罗马人也把下列实定的法（das gesetzte Recht）归为公法：法律（leges）[2]、元老院决议（senatus consulta）、执法官告示（edicta magistratuum）、谕令（constitutiones）；但它不包括非实定的法（das ungesetzte Recht），即以不成文的形式由智者创立的法（ius quod sine scripo venit compositum a prudentibus），技术意义的市民法，后者连同万民法（ius gentium）和自然法（ius naturale）一并被概括为私法。罗马人是从什么时候

［1］ 莱库古（Lykurgos，约公元前九世纪或八世纪），传说古斯巴达的立法者。据说，他所制定的习惯法要斯巴达人立誓永不破坏。——译者

① 欧根·埃利希：《论法源理论》第一卷：市民法、公法、私法，柏林 1902 年版（殁后，阿伦 1970 年版）。

［2］ 这里的“法律”（leges），是古罗马在后古典时期对君主谕令的笼统称呼，与“iura”相对应。——译者

开始通过制定法来创制法律的，这一点还不好确定。但即使在历史（记述）时代，他们也不愿意通过制定法来改变市民法，即传统的习惯法。这一事实表明：他们相对古老的法律旨在防止滥用，并非试图通过直接废弃滥用所依据的法条来消除滥用，而仅仅赋予受害一方要求归还的权利：它们就是所有的不完善法律[1]（普莱多利亚法[lex Plaetoria]、弗利亚遗嘱法[lex Furia testamentaria]、马尔齐亚法[lex Marcia]和琴齐亚法[lex Cincia]）。盖尤斯偶尔还曾这样说：古老的市民法与废弃它们的新制定法好像一并继续存在。在中世纪，大约从卡洛林王朝解体以后，法原本只能由国家创制或变更的想法长时期完全是不存在的。根据942年由鄂图一世[2]主持的斯特拉议会（Reichstag zu Stela）的决议，孙子们作为继承人继承祖父遗产的代位权（Eintrittsrecht）不是通过制定法来决定，而是通过对决斗的神之裁判来确定。在《萨克森之镜》中也找不出上述思想的踪迹。“双剑理论”（Zweischwerterthoerie）[3]肯定与这个思想也没有关联。该理论断然否认教皇（教会之剑的持有者）有权修改领地法（Landrecht）[4]和采邑法。《萨克森之镜》的评注只是很有限度地承

[1] 不完善法律（leges imperfectae），系罗马法学家对禁止性法律所划分的三个类别之一，指明确宣布违反法律禁令的行为无效并且规定相应罚则的法律规范。——译者

[2] 鄂图一世（Otto I, der Große, 912—973年）又称“鄂图大帝”。德意志萨克森王朝国王（936—973年），神圣罗马帝国皇帝（962—973年）。——译者

[3] “双剑理论”（Zweischwerterthoerie）系欧洲中世纪的一种法律和权力起源理论，认为，国王（皇帝）和教皇两者均从上帝那里获得象征性的剑来保护（基督）教界，并构成各自的权力和法律起源的基础。——译者

[4] 领地法（Landrecht），是指中世纪德意志对某个领地的居民均有效的法。——译者

认“议会条例”（Willkür[1]）可以视为法。（英格兰）默顿市议会的条例（1235—1236 年）非常有名：“所有的主教都要求就遗产继承而言，同意婚前出生的人如同婚后出生的人一样是婚生子，理由是婚前出生的人也是婚生子。所有的公爵和勋爵都一致答复说他们不愿改变已经通过并且实施的英国法律。”（Ac rogaverunt omnes episcope Magnates, ut consentirent, quod nati ante matrimonium essent legitimi, sicut illi qui nati sunt post matrimonium quantum ad successionem hereditariam, quia ecclesia tales habet pro legitimis, et omnes Comites et Barones una voce responderunt, quod nolunt leges Angliae mutare, quae usitate sunt et approbatae.）① 诚如目前所普遍认为的，贵族们[2]的态度决不应解释为对（非婚生子女）准正原则（Grundsatz der Legitimation）[3]的反感，——因为当时在英格兰也有非婚生子，而应解释为那个时候尚缺乏这种观念，即，法就是通过议会决议创制或修改的东西。

国法的形式

即使制定法出现，也绝不是“国家的意志”。制定法最古老的 133
形式似乎应是契约形式。罗马人或许就是这样的：罗马的神圣约

[1]　“Willkür”在中世纪德国的某些地区（如：Niederdeutschland）是“Weistum”的别称，或者“Weistum”的一种方言用法，并非指现代通常所讲的“专断的意志”或者“恣意”一词。——译者

①　弗里德里克·威廉·梅特兰：《英国宪法史》，剑桥 1911 年英文版。

[2]　此处的贵族们即指公爵和勋爵。——译者

[3]　准正原则（Grundsatz der Legitimation）在法律上通常是指非婚生子女因特定条件（如父母后来结婚）成就而取得婚生子女地位的原则。——译者

法(leges sacratae)[1]原本可能是每个相互关联的市民宣誓约定的协议。在古希腊发现有相似的情况。不过，毫无疑问，这一点也适用于德意志王国最古老的制定法，即《领地和平法》。它们必然是宣誓约定的，并且仅仅对已经宣誓约定的人有效。也就是说，它们的力量不是基于国家意志，而是基于誓约，尽管个人常常是被迫宣誓的。即使在英格兰，制定法也常常是国王与议会像契约一样协议达成的。另一种形式是特许权(privileg)[2]的形式。特许权是由城市领主授予给城市的，主要是德国和意大利的城市(租借)宪章(die städtische Bewidmungsurkunden)以及对城市制定法的特准。制定法经常以议会条例(Weistum)的伪装出现。詹克斯①把英国早期的议会称为宣示法律(law-declaring)的机构，而非制定法律(law-making)的机构。有人把《自由大宪章》(*Magna Charta*)说成是人类历史上最著名的国法来源之一："这一神圣的文件形式是一种授权契据的形式。"(梅特兰)②国法观念本身尽管根本不容易理解，却也如此艰难、如此缓慢地在人类最发达的民族中取得了进展。故此，这与下面的事实并不存在矛盾：在中世纪早期，法的国家观念在前注释法学派(Glossatoren)，后来在后注释法学派(Postglossatoren)以及应用于宗教的宗教法诠释学派(Kanonisten)那里已经被发现。因为这一观念所反映的不是他们自己的思想过

[1] 神圣约法(leges sacratae)是早期罗马的平民在圣山上制定的旨在调整平民代表机构的活动以及平民护民官职责的法。——译者

[2] 根据本书英译本引注的解释，特许权(privileg)是由主观权利直接依据的国家主权的一种宣示(Eugen Ehrlich, *Fundamental Principles of the Sociology of Law*, transl. by Walter L. Moll, Harvard University Press 1936, p148, n.2.)。——译者

① 爱德华·詹克斯:《中世纪的法律与政治》，伦敦 1905 年英文版。

② 弗里德里克·威廉·梅特兰:《英国宪法史》，剑桥 1911 年英文版。

程，而是来自拜占庭时期的《民法大全》的学说。此外，这一观念到底在多大程度上可以追溯至政治上的野心，尤其是吉伯林派[1]的野心，这里可以存而不论。

在东方，能够找到国法的地方少之又少，如同国家司法一样。在欧洲以外的国家，被称作制定法的东西，要么是法律记述，如《摩西律法》《查拉图斯特拉律法》或《摩奴法典》，要么是国家政权所发布的条例（Anordnungen），它们没有普遍意义，仅仅适用于旨在应对而被发布的特殊情形。至于那些对欧洲模式没有认真想法的模仿，我们可以忽略不计。

国家行政法的产生

就内容而言，国法起初只包括裁判规范：它仅仅是对当时已 134

经被国家化了的法院应如何裁判法律诉讼的一种指令。自从罗马帝国解体以后，法国首先发展起来国家的行政，它仅仅负责征税和军事事务（总督）；因此，只有在这个程度上，国法存在的目的只是为了这些行政事务。后来，这些财政和军事的机构获得了针对个别情形的特别使命，再后来又获得完全普遍的使命，在特定情形进行干预，最后由中央政权发布的更详细的规定，指令他们应如何干预。正是通过这种方式，一种新的国法形成，作为国家干预法或国家行政法的基础。从法国开始，这种国法随着国家行政一起蔓延至整个欧洲大陆。因此，在没有国家行政机构的地方，在古

[1] 吉伯林派（Ghibeline），意大利中世纪的保皇党成员，他们反对拥护教皇的归尔甫派。——译者

代德意志帝国、在英格兰、在波兰、在匈牙利，也就没有一个行之有效的行政立法。偶尔，国家也会借助于这些手段，即：委托小型团体的自治管理机构，特别是乡镇、区（Bezirke）和郡（Komitate）的自治管理机构来实施制定法，在英格兰，国家也利用初级法院的名誉法官（Friedensrichter），但这些手段通常还不太适合上述目的。如果要想更加有力地贯彻国家意志，就必须为此设立专门的机构。故此，英国人在制定救济穷人立法的同时设立穷人公会（Armengemeinde），在制定（工厂）工人保护立法时设立工厂督察委员会（Fabrikinspektorat），这些制度在别的地方也经常被当作典范。

国家立法作为社会统一性的表现

这整个发展的推动力究竟是什么？国家逐步夺取了原来只属于组成社会的较小团体之事务的司法和法律创制，最终至少在理论上宣称对所有这一切拥有至高无上的权力，促成这一结果的又是什么？假如我们完全脱离社会来考察国家本身，那么这就无法理解；只有把国家看作是社会的机关才是说得通的，除非我们认为国家不过是一个悬在空中的东西。原因在于不断增长的社会统一性，在于下面这个逐渐提升的意识，即：所有在社会中部分地相互包含、部分地相互交叉、部分地相互啮合的较小团体经常不过是一个较大团
135 体的基石，并且最终不过是其所进入的整个社会的基石。任何一个团体的结构和构造均取决于各个团体所包含的体制。所有社会团体的这种相互依赖性以及其构成部分的整体依赖性，就是孔德所讲的“普遍共识”（consensus universel）和赫伯特·斯宾塞（Herbert

Spencer）所讲的“社会共识”（social consensus）；若没有这些共识，社会的概念就是不可理喻的，社会学也是不可想象的。

不言而喻，一个完全自给自足的团体（如远离人烟的岛屿上的或者荒漠中的某个氏族或家庭）能够完全自主地创设自己的秩序：它将什么看作是婚姻，那就是婚姻，它将什么看作是所有权，那就是所有权。在组成整个社会的小型团体中，它们越是相互独立地仅仅过自己的生活，情形就越是如此。但随着团体紧密地联接在一起并成为社会整体的组成部分时，情形就相应地发生改变。此时，社会中的每个团体，连同社会本身，对属于社会整体之团体内部所进行的一切事情都更加敏感。它们由此感觉到真正存在的东西，即，它们作为整体的存在都是由其部分存在的状态决定的。无疑，可能有这样一种社会，其中婚姻被一种很松散的两性结合所取代；但这种社会确实与我们当今的社会有很大不同。如果社会在一个改变了的基础上要重新获得平衡，那么不仅是婚姻，而且无数其他的事情都必须经历彻底的变革。尤其是在农业生产上，很大一部分产品的生产秩序以及几乎整个产品的消费秩序都是建立在婚姻和以婚姻为基础的家庭之上的，因为众所周知，绝大多数人类仍然是居住在家庭，并在家庭中获得供养的。如果各种不同的婚姻改革考的要求都被采纳的话，那么子女的抚养、教育事业以及伦理道德，都必须按照全新的原则来安排。这些变化将给社会带来种种困难，至今无法估量。库克罗普斯墙（die zyklopische Mauer，独眼巨人墙）[1]虽

[1] 库克罗普斯墙（die zyklopische Mauer），又译“巨石墙”，即用巨大石块垒成而不用灰浆的墙，见于克里特岛、意大利和古希腊。库克罗普斯为希腊传说和文学中的独眼巨人，后世作家把他们描绘成赫淮斯托斯的工匠，某些迈锡尼时代的古城墙据说是他们所筑。巨石墙因而得名。——译者

历经千年，只要有一块石头被挪出原来的位置，就会摇摇欲坠。社会有稳固的婚姻和家庭形式，对于这些形式，哪怕明显无关紧要的东西也不能轻易改变；在每一次革新的过程中，社会都会为整体担忧，并小心翼翼地消除一切被发现与现状不和谐的情况。

立法作为通过社会的团体之外部秩序

136 这就说明了为什么社会要努力按照它的需要来统一规制团体中的内部秩序，而所有类型的一般社会规范都是建立在这种努力之上的。人们或许可以断言，任何团体，哪怕是每一个最微小的团体，每一个家庭、每一个家族成员共同体、每一个村庄、每一个乡镇，乃至每一个国家、每一个民族都有它们自己的法律、自己的宗教、自己的伦理、自己的习俗、自己的社交、自己的礼仪和自己的时尚。因此，对情况熟悉的人，往往一眼就能够看出一个人的团体成员身份。然而，除了这些之外，还有一种法律、一种宗教、一种伦理、一种习俗、一种社交、一种礼仪、一种时尚，它们产生于更大的团体，而施加于作为其组成部分的较小团体，最终，这一类规范来自于整个社会。故此，每个社会都有普遍有效的法律规范，通过这些法律规范，社会对于属于其组成部分的团体之内部秩序进行干预。我们发现，在任何地方不仅有在社会受到歧视的个人，而且也有受社会冷落、排挤和迫害的团体：它们是社会极尽可能对其生存施予重压的婚姻关系、一定种类的家庭、民族、宗教共同体、政党，以及在社会上没有拘束力的契约。这些规范通过同样的社会压力，由小型团体对属于其成员的个人加以实施。但是，这些规范，特别是法律规

范，不再是小型团体的一种内部秩序，而是整个社会的一种内部秩序，它们是作为外部秩序强加给每个团体的。这些不再作为团体内部秩序的秩序具有了支配—斗争秩序的烙印：它们在很大程度上是在社会中处于统治地位的团体对处于被统治地位的团体之权力的表现，也是在社会中有组织的团体对另外一些不融入该组织的团体进行斗争的表现。而一整套社会规范根本不是为了直接在团体中创设某种秩序，仅仅是把社会所创设的秩序带进各个团体之中：也就是说，它们只是二阶秩序的规范(Normen zweiter Ordnung)。只要司法还没有被国家化，那么整个司法及属纯社会法院的整个诉讼程序即以这类纯粹二阶秩序的社会规范为基础。然而，甚至在今天，只要还存在独立于国家的法院(荣誉法院、协会法院、俱乐部法
院、仲裁法院)，我们就必然碰到这一现象。它们的管辖权和诉讼 137
程序唯有通过二阶秩序的社会规范来规制。

作为社会机关的国家

国家对于法律的巨大意义在于：社会利用国家作为其机关，以便对于由它所创制的法律给予强有力的支持。当然，一个独立于社会的国家也并不是不可想象的。这个概念长期以来即在“社会王国”(soziales Königtum)的学说中得到理论上的表达。它似乎是一个完全由国家元首、军队和官员构成的国家：在这种国家中，元首进行集权统治，军队盲目服从其命令，官员无限顺从，一切与其余国民毫无干系，摆脱了任何社会潮流的影响。当然，这只有在一个由外国官员统率的雇佣军里以及自我补给、内部通婚的官员

中才是可以想见的。而常见的官员、军官的婚姻秩序显然与努力使他们独立于社会或至少独立于一定社会阶层的愿望有关。我们几乎不可能举出任何脱离社会的国家的历史实例；也许有一类国家与此接近，它们与社会有意对立，哪怕只是在某个方面：比如奥地利约瑟夫二世（Kaiser Josef II.）、普鲁士腓特烈大帝（Friedrich des Großen）、俄国彼得大帝（Peter des Großen）、法国拿破仑三世（Napoleon III.）的统治，也许还有普鲁士施泰因（Stein）、哈登贝格（Hardenberg）以及丹麦施特鲁恩泽（Struensee）的活动。但即使在最有利的情况下，这种统治制度也不会维持长久，它们最终会随着统治者的死亡而崩溃。如果后来某个时候有人重新拾起他们企图实现的想法，那也只是因为社会在此期间发生了很大的变化，以致社会本身需要那些从前必须违背自己的意愿去做的事情。

撇开这些例外不谈，从通常的角度看，特别是在有关法律的事项上，国家仅仅是一个社会机关。即使在一个集权主义国家，国家元首、军队和官僚机构与社会中有影响力的阶级和阶层也都会存在千丝万缕的联系，他们通常只做后者所要求的事情：假如国家到处存在对抗社会的情形，哪怕仅仅是与之对抗的企图，社会都会找到无数的手段来达到自己的目的。社会力是自然力，至少从长远的观点看，人类意志是无法战胜的。正如孟德斯鸠（Montesquieu）当年所理解的那样（后来一再被人们重新提及），国家体制的整个问题涉
138 及这样一种技术性使命，即国家尽可能在毫无阻力、毫无摩擦的情况下实现社会的意志，通过这样的方式来塑造国家。在一个自由的国度里，尽管国家元首和法官在理论上独立于社会，但他们实际上受制于体制（宪法）和立法，并且受各种力量的影响，所以他们不可

能违抗强大的社会潮流。

国法作为社会的二阶秩序

社会本身利用国家作为它的机关，通过国家来把自己的秩序施加属于它的团体。当然，国法的大部分内容包含着国家作为社会机关所确定的一阶秩序的规范。这些规范是：国家宪法、国家机关法、纯粹的国家裁判规范，以及国家对各种经济和社会生活领域（比如教育、贸易和财政）所作出的规定。但国法另一非常重要的部分是专门通过二阶秩序的规范来保护和维护社会之法或国法的；这就是刑法、诉讼法，可能还有危险禁止令和警察规定，它们已经完全被国家化了。因此，刑法、诉讼法和警察法完全包括二阶秩序的规范，它们不直接规制生活，而仅仅维护通过其他方式建立的秩序。

故此，这很容易理解，在一切本质方面，国法只是在追随社会的发展。如果社会想在国家中排斥、剥削或者压迫一定的团体（比如某个民族、某个宗教团体、某个阶层、某个阶级、某个政党），那么国家连同它的国家机关、法院（只要它们还依附于国家），特别是二阶秩序的法条（刑法、诉讼法和警察法）就会站到迫害者一边：国家就会解散社团，禁止集会，打击宗教、政党和科学理论，并且通过立法为此提供法律根据。上面刚刚提到的一些罕见的例外情况，只是见证了这一规则。但如果被迫害的一方被证明无法被制服，社会就会改变立场。那么，它就面临着将新的元素尽可能适当地纳入旧结构之中的必要性。这里存在着此前受到打压的团体对社会的适应，但也存在着社会对团体的适应：此时，社会有必要恢复一个新 139

的平衡状态。因此，这个过程很大程度上在社会内部完成。另一部分任务则必须由法学来完成：它必须为新的关系创制新的法条。罗马法学过去常常很出色地履行了这一职责，欧陆共同法法学、英国法学和法国法学在这个方面也作出了一些卓越的贡献。但国家的体制、官员的活动以及整个国法最终必须适应新的秩序，而且随着社会的进步必须对制定法进行修改。然而，假如社会中的力量对比关系变化太大，以至于从前的受压迫者获得了对国家的控制权（不言而喻，这种情形不是一场其社会结构毫发未损的纯粹军事革命或者宫廷革命，而是一场社会变革），那么国法以及国家机关也将会站在胜利者一边，从前的迫害者本身常常必将成为被迫害者。

因而，实际上，如历史明确地表明的那样，国法的蔓延只是社会不断增强的统一性的表现而已。凡在社会中存在的均归属于社会，凡在社会中进行的均与社会相关；随着这一感觉变得愈来愈强烈，相应地产生了一种需求，即：通过国家为一切独立的社会团体规定一个统一的法的基础。请允许我通过一些例证来阐明这一点。

国家同罗马的家庭秩序的关系

我们看看罗马家庭的法律状况。在这样的家庭，大约不少于30到40个成年的自由人居住在一起，不言而喻，他们既不可能以一种完全的无政府状态来统治，也不可能以家长纯粹的专断来统治。无论对于上面哪一种方式，罗马人都有很好的管理。事实上，据我们所知有关罗马家庭的少量资料表明，在那里已经存在着一种稳固的法律秩序。家庭里有家庭法，有些甚至还是针对家父的：我们至少知道，一个已婚家子和已婚家女的婚姻权总是受到其父母尊重的，夫权属于家子，而不由家父拥有；受家庭权力支配的人也有自己的财产，即土地、牲畜和商业经营，它们是由家庭权力拥有者分给他们的或者是他们自己努力挣得的；他们之间也存在着债务关系；我们还听说还存在着家庭法院。但从罗马社会的角度看，这些关系，不管怎么说，一开始都不是法律关系，因为原则上，社会并 140
不关心家庭内部所发生的事情。罗马社会只知道一种类型的法，即调整家庭之间的相互关系的法律，由地方执法官（Magistrat）[1]和法官加以执行。当然，随着时间的推移，这种情况有所改变，医为家子变成了商人，他在家庭中的财产，即他的特有产（peculium）[2]构成其信用的基础。通过这种方式，家子也开始走出门户、面对外部的世界，他在家庭中的法律地位成为商事和交易的重要因素。在这个意义上，罗马家庭的内部秩序也成为社会之法：裁判官就此发布告示性规定，法学家在其著作中也对此予以探讨。最终，帝制时期的立法直接干预家庭权力拥有者和受家庭权力支配者之间的关系，保护家子免受父权的滥用，赋予家子拥有家父也不能剥夺的财产。罗马的奴隶法的发展方式稍有不同，但原则上非常相似。

［1］　执法官（Magistrat），拉丁文写作“magistratus”，指负责公共管理责任并有权依照法律处理和裁决争议的人员。在共和国时期，根据其是否拥有治权，可以分为高级执法官和下级执法官；前者包括执政官、裁判官和监察官，后者包括营造司、基层执法官等。——译者

［2］　特有产（peculium）在罗马法上是家父允许家子保留的小笔财产，其所有权名义上归家父，但家子对其享有处分权和经营权，家子可以使用之对外独立进行交易。——译者

国家同中世纪庄园的关系

在中世纪庄园制中，类似的过程也在进行，尽管规模要大得多。在中世纪，的确任何时候都有特定规则来调整非自由的土地保有人（die unfreien Grundholden[1]）相互之间的关系以及他们与领主统治之间的关系。这些规则很早就被记录下来，因而产生了欧洲大陆的庄园—役务法以及英国庄园的采邑法（byrlowes）、规章（bylaw）和习惯（customs）。此类规定无疑都是法，现代法律史也将它们作为法来对待。但它们只是向内的，因为中世纪的庄园最初像罗马家庭一样，是一个自为的世界，其内部体制与外部世界无关：故此，直到17世纪，英国法学家科克（Coke）还把领主和公簿土地保有人（copyholder）[2]的关系称为“小共和国”（little commonwealth），尽管在他那个时期，这种体制仅剩一些残余。在中世纪后期，庄园

［1］ 中世纪欧洲的土地保有制度在形式上多种多样，主要有以下一些：（一）完全保有，包括：1. 宗教保有，又称自由保有。保有人应该提供宗教服务作为对保有的报偿。2. 世俗保有，因为军功以及对王室提供个人服役而取得的保有。（二）不完全保有，又称非自由的隶农保有，即后来所称的公簿（登录）保有。取得的根据是：1. 由于臣服和效忠；2. 由于没收和充公；3. 由于婚姻、监护和继承；4、由于其他一些特殊习惯，如救济和资助等。在1925年以前，英国还存在以服兵役为条件而保有土地的形式，后来才改为以支付货币为保有的唯一形式。——译者

［2］ 公簿土地保有人（copyholder），是英国中世纪根据公簿记录占有土地的佃户或根据公簿记录租赁土地的人。公簿保有土地（copyhold）是早期英国法中保有土地的一种形式，称为“按照庄园的习惯，依据领主的意志保有土地”。其来源于隶农（非自由农民）对属于封建领主庄园的份地的占用。这种土地保有权起先仅仅根据领主的意愿占用，后来逐渐演变为根据习惯的占用，先得到习惯的承认，后得到法律的承认。庄园法院的档案记录成为隶农佃户对记录登册的土地享有权利的证明。因而就有了“公簿土地保有”和“公簿土地保有人”的概念。该项制度在英国于1925年被取消。——译者

逐渐融入整个社会，其结果是，那些当初仅仅在庄园内部团体中属于法的规范此时也变成一种对外的法，整个中世纪社会也承认它为法。这样，过去按照庄园法（庄园习惯，the custom of the manor）仅仅属于（公簿）土地保有人的财产，无论在德国还是在英国均变成了一种依照共同法（普通法）归法院保护的财产。英国法学家利特尔顿（Littleton[1]）① 于15世纪写过一部论土地保有的著作（*Upon* 141
Tenures[2]，《论保有》），其中有一段很有名，表明了这一（历史的）过渡，尽管这一段第一句话所讲的土地保有人（习惯土地保有人[3]）与第二句话所讲的存在着矛盾："据称，若领主驱逐他们，他们无以救济只得通过请愿书诉至其领主们，因为根据庄园的习惯，若他们本应有任何其他的救济，他们就不应称作是依据领主的意志的土地保有人。习惯土地保有人乃属依习惯本应拥有其土地的继承者，如同拥有普通法上的自由土地保有[4]之人一样。"顺便说一句，据悉，第二句不是利特尔顿的原话，而是后世添加的内容。更进一步的发展是这样的：依据庄园法（习惯）调整的关系最终完全融入社会之

［1］ 托马斯·利特尔顿（Sir Thomas Littleton, ？—1481年），英国法学家。其所著的《论保有》，被认为是英国历史上第一部不用拉丁文写作且不受罗马法影响的重要法学著作。——译者

① 有关利特尔顿，参见弗里德里克·波洛克爵士 / 弗里德里克·威廉·梅特兰：《爱德华一世时代之前的英国法律史》，波士顿1903年第2版。

［2］ "tenures"，意思是"对土地的保有、保有关系和保有制度"。——译者

［3］ 习惯土地保有人（tenants by custom），按照英国古法，主要是指非自由的隶农作为领主土地的保有人，比如公簿土地保有人。——译者

［4］ 自由土地保有（freehold），是与非自由的隶农土地保有相对的一种保有地产形式。这种土地形式的持有人除了向其领主履行一定不带奴役性的役务外，有权自由地、完全不受限制地占有处分其地产，如租佃、抵押和转让等。——译者

法中，直至庄园团体解体，单个的（习惯）土地保有人（Grundholde）[1]与社会形成了直接的联系。

国家同公社的关系

第三个例证是国家本身的发展。任何一个疆域广大的国家最初都是由创造了自己秩序的公社（Gemeinwesen）构成的。罗马的意大利在同盟者战争（Bundesgenossenkrieg）[2]之前，还只是一个由意大利城邦国家与罗马城邦国家结成的国际法同盟；欧洲的现代中央集权制国家一开始是城市和行省结成的同盟，这些城市和行省本身又是由各种公社构成的：每个这样的城市国家、每个省、每个公社都有它们自己的传统秩序或者实定的秩序，这些秩序除了永久的特许权和城市宪章外，完全不依赖国家来形成和发展。在罗马时期的意大利，由于自治市体制（Munizipalverfassung）的创立才第一次发生变化：从那时起，城市秩序以罗马制定法为基础。随着现代中央集权制国家的兴起，行省也从国家那里获得一种制定法基础，或者与后者完全融为一体，例如法国和意大利；公社法是通过城市与乡镇公社的国家法令来规制的。人们经常看到，通过这种方式，

[1] 莫尔的英译本将“Grundholde”译为“习惯土地保有人”（tenants by custom）。See Eugen Ehrlich, *Fundamental Principles of the Sociology of Law*, transl. by Walter L. Moll, Harvard University Press 1936, p.158. ——译者

[2] 同盟者战争（Bundesgenossenkrieg）是古罗马盟友意大利于公元前90—前89年所发动的反对罗马特权和争取政治独立的战争。公元前89年，罗马人打败意大利人，从此意大利实现政治上的统一，而罗马人和意大利人也合并成为单一民族。——译者

实际上并不必然产生一种彻底的法的变迁，因为罗马的自治市体制与此前意大利城邦国家所通行的体制并没有多大区别；现代国家的领地法令和乡镇（公社）法令也经常遵循已有的传统。但它确实在原则上带来了一场巨变，因为所有这些当初不依赖于国家的公社自身秩序被一种由国家赋予的秩序，即来源于国家的秩序所取代。每个行省、每个城市、每个乡镇公社均随之由一个独立的生命体变成国家的一个纯粹行政的组织。然而，直到今天，德意志帝国的各联 142
邦国还具有一种体制，并非来源于德意志帝国宪法。[1]

法律规范并非总是由国家创制

现在，基于以上事实，我们应当对下面这个主流的法观念进行评判，该观念是：一个规范，只有当它被国家制定为法律规范时才是法律规范。我认为，我们此前阐释的内容可能已经驳倒了这个观念，因为我们已经看到，只有较少一部分法，即国法，实际上才是由国家创制的。然而，通常，当把所有的法均归因于国家时，这仅仅意味着：一个规范，不管它是怎么产生的，当它被国家承认为法律规范、被国家用二阶秩序的规范（刑事处罚，诉讼法和行政法规则）加以包裹时，才成为法律规范。如果这实际上就是法律规范概念的话，那么，我们迄今为止所讨论过的构成物，即罗马家庭的秩序、中世纪庄园的秩序和原始公社的秩序就不属于法，除非人们把

［1］ 这里埃利希讲的是本书写作时间（1912 年）以前的德国宪政体制。后来，德国的宪法已经有了很大的变化，比如，德国 1919 年的《魏玛宪法》已经改变了这种情形。——译者

家庭、庄园和公社本身看作是国家。当然，有人可能会主张，罗马的家子，除了后期可以独自在法庭面前提出自己的诉求外，没有任何权利。众所周知，这并非是罗马人的观念，因为原始文献清楚地表明，家子而不是家长（家庭权力拥有者）享有夫权；特有产是家子（哪怕是奴隶）的财产；在家庭权力拥有者和受家庭权力支配者之间以及受家庭权力支配者相互之间可能存在自然之债（obligationes naturales）[1]，即便所有这些针对家庭权力拥有者的关系在法庭上不受保护（它可能受监察官［Censor，户口调查官］保护，因不是法律保护，自然这里不必考察），即便针对第三人的法律救济手段只授予给了家父。同样，人们也必定否认德意志的庄园法和英国的庄园习惯（manorial customs）具有法的效力，因为仆役不可能据此到国家的法院去诉求。但最通晓中世纪法的学者们作出了不同的判断："那么，涉及领主和土地保有人的案件，土地保有人不能在领主的法院起诉领主；被领主驱逐的维兰[2]土地保有人将无处获得救济。但我们可能会问：这是法律权利的一个否定吗？国王侵占格洛斯特伯爵的土地，伯爵将无处获得救济；但我们也不可否认，格洛斯特的领主特权依法是属于伯爵们的，或者说，国王在侵占其土地时将

［1］ 罗马法上的自然之债（obligationes naturales）是因缺乏法律规定的条件而不存在诉权的债的关系，包括：由家子缔结的债，受监护人在未获得监护人许可情况下缔结的债以及由奴隶缔结的债。虽然这种债不能得到法理的承认和保护，但在债务人自动清偿的情况下债权人有权保留被给付物并拒绝返还。——译者

［2］ 维兰（villeinage），西欧封建时代的一种农民。该词来源于拉丁文"villani"。出现于公元九世纪。在法国、德国西部和意大利，他们的地位高于非自由民（塞尔夫），有人身自由，可以转让所占份地，改投其他领主。在英国有时也把他们称为"农奴"。——译者

会破坏法律。”（梅特兰）[①] 另一位确实并不逊色于梅特兰的学者也认为：“领主对封臣应当封赐的东西在法律意义上具有义务性，这种 143
观念为一切日耳曼团体法所固有。但只有当且只要被赋予更高的团体权力干预团体成员权利的保护时，可强制执行的义务才从中发展而来。尽管如此，在所有这些情况下，权力拥有者否认权力服从者有权享有某物或者对其附加某种无理的要求，这种行为被认为是违法的。”（基尔克）[②]

因此，国法的观念经不起历史的检验。同时，它也是可以被驳倒的，因为假如通过国家加以保障是法概念的本质要素的话，那么在整个历史的时间长河中，法没有国家似乎是不可能存在的。故此，问题的关键仅仅在于：我们目前与法这个词联系在一起的概念是否具有这样的性质，即国法观念是有道理的。此时，也许有必要在一切细节上彻底澄清它的涵义。

与国家无关的生活关系

在生活的各个领域，我们都能找到一些关系，它们与国家所承认、所调整、所保护的关系是完全类似的，对此，国家既不想以什么方式加以反对，但也没有基于任何一种理由为之提供某种法律保护。在这类关系当中，存在有大量的团体——经济团体、社会团体、宗教团体以及某些契约；此外，在物法和继承法中也有这一类

① 弗里德里克·波洛克爵士、弗里德里克·威廉·梅特兰：《爱德华一世时代之前的英国法律史》，波士顿 1903 年第 2 版。

② 奥托·冯·基尔克：《德国合作社法律史》，1868 年版。

现象。在有限的范围内，德国民法中的那些无权利能力的社团也属于这种情形。19世纪下半叶工人阶级所谓“结社自由”就是以这个思想为基础的。国家决不反对，也许甚至会同意法律诉讼之人按照特定的秩序行事；但国家也愿意人们应当只是自愿地这样行为，或者应当纯粹在社会压力下这样行为。有时，为法律保护寻找到一种适当的法律规则和法律形式，只是一个技术性难题；这种关系不是“在法律上”可解释的。这一点在权利方面，尤其是对待法人成员的特别权利（Sonderrechte）以及某个基金会或者公共机构的受益人的权利，常常如此。所以，德国的法学家不能够将制糖厂股东的甜菜供应义务（Rübenlieferungspflichten）融入他们的法体系当中，奥地利的法学家至今也不能够将南斯拉夫人的“查德卢加”（Sadruga）[1]纳入其法体系当中。迄今，在劳资协议的认可上也存在类似的技术

144 性难题。此外，偶尔也会有人故意拒绝接受他们建立的机构的法律保护，尽管他们可能会享受这种保护。在英国工会，这种情况早已持续了很长一段时间，如今在法国的罗马天主教会中，其做法也常常类似。熟悉法国情况的学者，比如布鲁（Bureau）在其著作《巴列门和法庭面前的政教分离》（*La séparation de l'église et de l'état devant le parlament et les tribunaux*）① 中断言，通过这种态度，教会在很大程度上得到加强。就卡特尔和托拉斯而言，双方似乎经常抵

[1] “查德卢加”（Sadruga，也写作：“Zadruga”）是巴尔干半岛上的斯拉夫人在古代所建立的家庭氏族组织，它大约有50—60人组成，这些人出生于相同的姓氏，奉从作为氏族代表与外界或者神打交道的长老。所有氏族成员具有相同的权利，共同占有财产。由若干这样的家庭氏族组成部落，部落的事务由家庭长老组成的长老会管理。部落的首领称为祖潘（Zupan），由家庭长老选举产生。——译者

① 保罗·布鲁：《巴列门和法庭面前的政教分离》，巴黎1912年法文版。

制国家的法律保护。有时候，人们以下列方式签订契约，也以下列方式进行遗嘱处分，即：按照处分主体明示的意思，不可能从中产生任何可诉的请求权。

独立于国家的法

也许，更重要的一点是：绝大部分法律生活根本上就是在远离国家、国家机关和国法的领域进行着的。到底什么在决定这一点呢？我们其实从一开始就清楚，一堆杂乱的制定法不可能涵盖多姿多彩的法律生活。制定法可能并不知晓新的共同体、新的占有关系、新的契约以及新的继承规则，即使是在今天，后者仍然继续存在着，正如过去的年代所发生的情形一样。尽管几千年来我们人类的基本制度不借助这种帮助已经为这些人类事务提供了秩序，难道这些关系必须要等到在某个制定法上提及才能成为法律关系吗？基于这些生活关系的诉求怎么可能在法庭或其他国家机关面前发生效力？然而，无数的生活关系，最终引起法院和其他国家机关关注的，简直是太例外了。有成千上万的人建立了不计其数的法律关系，他们非常幸运，从来不必诉求于官府。既然这种远离立法和司法的关系最终是常态的关系，那么在规则形成的情况下，就会缺乏一切必要的东西来确定我们是否在与某个法律关系打交道。在此方面，法院和其他国家机关能够去做什么和他们认为自己不得做什么之间的界限时刻在发生变动，这种变动不仅仅是由立法引起，而且也由事实上的惯行造成的。每一次这种性质的变化、每一次不为人察觉的变动，对一切从未诉诸法院或者不应诉诸法院的关系是否

也应当产生反作用呢?

145 无论如何，即使在今天，依然活跃着两种完全独立于国家的法体系，更确切地说，完全独立于国家立法和司法的法体系，它们就是教会法和国际法。一个只把国法当作法的人可能不把教会法称为法，除非它只是国家的教会法：但这可能与构成通说之最强支持者的一般观点存在矛盾。教会法是法，而不管国家对它持什么态度，因为它是教会的法定秩序；比如在法国，虽经历了彻底的政教分离，但教会法并未失去其法的特性。同样，反对承认国际法的法律性质，当前也几乎完全张口结舌了。这种观点从一开始就不是建立在一般的法和特定的国际法之科学探讨的性质上，而完全基于这样的判断：国际法并不符合一个现成的模式。

国法观念站不住脚

如果最先进的国家社会主义者(Saatssozialisten)的理想能够实现，如果所有的产品都是国家通过其雇员在国有工厂里生产的，而且这些生产的产品再度由国家通过其雇员在有权消费的人们当中加以分配，那么我们确实会得到一种法律体系，它是真正被彻底国家化了的法，而不仅仅是由国家创制的一些法条。在这种情况下，所有权和契约连同私人的产品生产和产品交换就被国家的法律制度所取代。美国作家贝拉米(Bellamy)在他的乌托邦式小说《回顾》(*Looking Backward*)中[①]描述了一个完全国家化之法的社会图景。

① 爱德华·贝拉米:《回顾》，莱比锡 1890 年英文版。

在这个社会图景中，我们是否感到比现在更快乐，可以暂且不论；无论如何，本书到目前为止的阐释表明，我们与那种所描述的社会状态还有很远的距离。

因此，国法观念在科学上是站不住脚的。它部分地基于这样一点：借助于各种各样完全行不通的人为虚构，一切法律规范，不管它是怎么起源的，也不管它凭什么维持存在的，都与国家联系起来；其部分的依据还在于：人们对大量独立于国家而产生、独立于国家而存在的法粗暴地视而不见。但由此而产生的法之极端片面的概念，无论对于真正的科学研究，还是对于实用法学以及对于法律的教学均产生了致命的影响。之所以如此，不仅因为此概念本身是错
的，而且因为它剥夺了法学研究者充满刺激的丰富研究领域。由于 146
将法学研究者的目光局限于国家、官员、制定法和诉讼，这个法概念就使法学变得贫乏，直到今天，法学仍极大地遭受此种贫乏之苦。法学的进一步发展应以下面一点为前提：它需要从这些桎梏中解脱出来，不仅要在与国家的关联中，而且也要在它的社会关联中来考察法律规范。

根据情感色彩区分规范种类

凡法律规范吸引社会学家目光的地方，无论它是追根溯源、确定概念，还是考察其社会职能，法律规范总是与其他社会规范相伴而生的。然而，毫无疑问，在法律规范与法律外的社会规范之间也存在着一种明显的差异。否认这种差异的存在是不可能的，鉴于目前法学的现状，也难以确定这种差异存在何处；接下来的考察与其

说是提供问题的答案，不如说是为了明晰地限定问题。这个问题肯定不是法律所特有的，因为人们也有必要发问，凭什么伦理区别于宗教和习俗、凭什么宗教和习俗区别于礼仪和社交、凭什么礼仪和社交区别于荣誉或礼节、凭什么礼节区别于时尚。另一方面，不同种类的规范之间的界限无疑在一定程度上是任意的；这里和任何别的地方一样，概念不是自我规定的，任何明晰的界限都是由人附加在事物之上的。在不同的规范类别中存在着属于亚种的规范，它们构成了一个类属到另一个类属的过渡，在许多现象中几乎不可能确切地区分它们到底归于哪个类属。

尽管在科学上很难对法律规范和其他种类的规范划出一个界限，但在实践上这种困难却很少见。一般而言，任何人都可以毫不犹豫地立即说出一个规范是法律规范，还是属于宗教、习俗、伦理、礼仪、社交、时尚或礼节的范畴。这个事实必须成为考察的出发点。探讨法律规范与法律外的规范之差异的问题，不是一个社会科学的问题，而是一个社会心理学的问题。不同种类的规范触发不同的情感色彩（Gefühlstönen），我们对不同类型的规范违反做出不同的情感反应。我们可以比较一下违法后引起的愤怒感、面对违反道德律
147 令的恼怒感、违反礼仪引起的气恼感、举止无礼引起的厌恶感、违反礼节引起的嘲笑感，最后，追求时尚的人（Modehelden）对于未达到其时尚程度的人所给予的挑剔感。法律规范所特有的是这样一种情感，欧陆共同法学者已然为之找到了一个独特的名称，即确信（opinio necessitatis）[1]。根据这种确信，人们必然识别出法律规范。

[1] 莫尔的英译本将“确信”（opinio necessitatis），解释为“人们在内心里所

不同的规范，相同的内容？

但问题马上又来了：是什么造成了不同规范类别中情感色彩的不同？我们发现，表面上内容相同的规范在不同的时间、不同的国家、不同的阶级和阶层中属于不同的类别，而且它们也容易从一个类别过渡到另一个类别。在几千年的进程中，禁止违反等级的婚姻曾经是一种法律规范、宗教规范、伦理规范、习俗规范和礼仪规范，而现在也许偶尔只是一种社交规范、礼节规范，甚或只是一种时尚规范。当前，按照情感色彩进行判断，可能在波兰贵族那里以当地通行的伦理为基础，在奥地利贵族那里则以礼仪观念为基础，在法国贵族那里也许甚至只以他们的礼节观念为基础。但也许，它同时在同一个地区流行，效果却大相径庭。一位青年农民同他的女仆结婚，在他们生活的圈子内可能被认为是违背伦理，而批发商人同其女用人结婚则可能被视为违反礼节。所有这一切应作何解释呢？或许我们首先应将这种现象产生的原因归结为当下的社会阶级彼此之间的不同结构，归结为不同时间和不同国家中的同一社会阶级的不同结构。但我们也可能做这样的假设：在一个规范有效的共同体之不同结构中，规范尽管词句相同，但使命有别，因而可能具有某种不同的内容。

持的一定的规则必须遵守的确信”（See Eugen Ehrlich, *Fundamental Principles of the Sociology of Law*, transl. by Walter L. Moll, Harvard University Press 1936, p.467.）《法社会学原理》日译本将“opinio necessitates”译为“必然性的意识”（参见エールリッヒ：《法社会学の基础理论》，河上伦逸、M. フーブリヒト共译，みすず书房 2001 年 9 月第 4 刷发行，第 152 页）。——译者

另一方面，人们很容易相信，虽然具有相同词句的规范可以属于不同的类别，但在每种情况下，它都具有不同的内容。因此，字面意义上的一致性仅仅是外在的。“尊敬父母”（Ehre Vater und Mutter）这个句子可以视为法律命令，也可以视为伦理命令、宗教命令、习俗命令、礼仪命令、社交命令、礼节命令和时尚命令。但作为法律规范，它要求子女对父母有表示尊敬的外部表现作为确证，而作为伦理规范则要求一般有表示敬意的行为即可。宗教假如不纯粹是重复习俗的命令，那么它还规定对父母的宗教义务，尤其是
148 要为父母祈祷。习俗要求子女对父母表示敬意，这在善良家庭里是习以为常的。作为礼仪规范，该命令禁止由于对尊敬之不理不睬的表示而激起他人的气恼；而作为社交规范，它禁止（子女对父母）可能引起在场者反感的轻微冒犯。礼节规范只关涉（子女）在社会中对父母的行为。假如对父母尊敬的行为在上流社会中很时尚，那么一个对父母不尊重的人在这个上流社会就触犯了时尚规范。

法律规范必须被“承认”吗？

无论如何，人们不必像当今经常所做的那样，说明法和伦理的差异，基于这样的说法：法是他律的，伦理是自律的，法是由外部强加的，伦理来自于人的内心。作为行为规则的所有规范——只有这样看待，它们才是这里所要考察的——同时既是自律的，也是他律的。它们是他律的，因为它们总是起源于团体；它们是自律的，因为它们以组成团体之个人的信念为基础。在下列意义上，规范也是自律的：只有当规范的遵守是出于确信（这种确信以

某种通过规范所塑造的信念为基础）时，这种遵守才被认为是完全有价值的。这就是经常被误解的比尔林的承认说（Bierlingsche Anerkennungslehre）的真正核心。一个规范，无论它是法律规范还是其他种类的规范，都必须在人类实际上依此来调整自己行为的意义上得到承认。一个没有人注意的法律或者伦理就如同一种无人拥戴的时尚。我们只是要记住，不应将有关行为规则的论述适用于裁判规范；法院可以随时抽取某个迄今已沉睡若干世纪的法条，并将它们作为自己判决的基础。我们也不应该按照比尔林那样来理解这个学说，好像规范都必须如此得到每个人的承认的。规范是通过社会团体的承认所赋予的社会力量来运作的，而不是通过团体的每个个别成员的承认。即使伦理上的无政府主义者，假如他明智的话，也会服从在团体中通行的规范，也许就像确曾发生过的那样，他尽管咬牙切齿并且大声咒骂社会的“伪善”，但确实为了自身的利益也要服从之；也许还因为他不想放弃这样做给他带来的好处，他想避免反叛带来的不利。

法律规范的特性

因此，社会学法学不可能像迄今流行的法学所做的那样，利用 149
一种简短的公式来说明“法与伦理的区别何在”这样一个问题。只有对那些暂时甚至还未曾收集到的心理事实和社会事实进行很详细的调查，才能澄清这一难题。虽然我们清楚地意识到，在目前的法学现状下，我们必须谨慎行事，但这个时候，我们或许仍可以认定法有下列本质特征。至少从它起源的群体感觉上看，法律规范调整那些较为重要的、具有根本意义的事项。通过法条规定的个人行为可能在份量上并不是很重要，譬如有关粮食、防火的规定或者动物瘟疫法中的情形，但我们却常常要想到，作为一种群体现象，对它们的违反将意味着什么。只有份量相对较轻的事项才留给其他的社会规范调整。因此，“尊敬父母”这个规定只有在国家和社会秩序主要以家庭秩序为基础的情况下才被视为法条。认为上帝同它的事务有紧密关系的团体会倾向于将宗教律令上升为法律规范。另一方面，法律规范与其他规范不同，它经常明确地用清晰、确定的语词表达。通过这种方式，它赋予那些以法律规范为基础的团体具有一定的稳定性。因而那些不是建立在法律规范基础上的团体，比如政党、宗教派别、亲属组织以及社交关系，总是具有某种松散的、不牢固的形式，直到它们采取法的形式。伦理规范、习俗规范和礼仪规范一旦丧失它们自身的普遍特性，用明确的词语加以表述，并且对于社会的法律秩序具有根本的重要性，那么它们也经常会变成法律规范。通过这种方式，罗马的智者和裁判官常常成功地把这些规范纳入法律规范之中；以相同的方式，衡平法（equity）在英国兴起，如今成为与普通法（common law）一样充分发展的法体系。因此，或许下面一点是可能的：契约关系中的诚实信用之伦理规定，随着时间的推移被浓缩成为一系列确定、明晰的法条。

故此，我们谈法的他律性和伦理的自律性，当然是以某种正确的观察为基础的；只是其所涉及的不是一个本质特征问题，而是程度差异的问题。在法律规范方面，社会要比在伦理和其他法律之外的规范方面更多地采取明确表述的形式；鉴于社会对法律的重视，
150 它不仅要提供某种一般表述的指引，而且要给出一种详细的规定。

每个人根据法律规范的规定就应该很容易知道他在具体的场合应当怎样行为；相反，采取一般表述的法律之外的规范不过是一种行动的方针；在此基础上，人们还必须在具体的场合自己来制定行为规则。因此，事实上，在法律之外的规范当中，内心的自觉远比在法律当中重要得多。一个没有法感（ohne Rechtsgefühl）的人也知道，他应如何履行其公民义务，他必须履行契约，必须尊重他人的所有权；但为了能够做到举止符合伦理、宗教、习俗、礼仪、社交、礼节和时尚，人们就需要有属于这样行为的伦理感、宗教感、习俗感、礼仪感、社交感、礼节感和时尚感：只有从这些感觉出发，人们才能找到正确的东西。由于这个原因，事实上法律之外的规范远比法律更重视我们的内心。

我们必须牢记这些特征，才能够更准确地界定法律规范。法律规范是来源于法的事实的规范：即，来源于在社会团体中给每个成员分配其地位和职责的习惯，来源于支配、占有关系、团体章程、契约、遗嘱处分和其他类型的处分行为；而且，法律规范也是来自国家的法条和法学家法的规范。只有在这些规范中才会发现（人们的）确信存在，因此我们可以说，除了这些，没有其他的法律规范。但这个句子不能颠倒过来：并非一切按照这种方式产生和发生效力的规范都是法律规范。首先，法条包含的许多内容根本就不是规范，而是“无拘束力的法律内容”（unverbindlicher Gesetzesinhalt）。其次，既有源自法条的规范，也有源自法的事实的规范，后者即使不属于法，但属于伦理、习俗（穿衣戴帽的规则！）、荣誉（下级军官之间的间接强制决斗）。甚至宗教的教义也通过制定法来加以确定。因此，根据这些特征并不能够在法律规范和其他规范之间划出一个

确定的界限。或许，这样的划界首先应以对非法律类型的规范的性质进行详细考察作为前提条件。

国家所禁止的关系不是法律关系

我们能否将一个在社会中有效，却违反国家禁令的规范看作是社会学意义上的法律规范，这个问题是一种社会力的问题。此处的关键在于：该规范是否在社会中触发了法律规范所特有的情感色
151 彩，即共同法法学家所说的确信。但恰好在这个问题上，欧洲大陆的共同法法学在所谓习惯法之废止力学说（Lehre vom sogenanten derogierenden Gewohnheitsrechte）中以值得我们深表感谢的方式为法社会学奠定了工作基础，它假定并且证明：与法意识相冲突的法条有可能消亡。我们可以援引《卡洛林法典》的许多刑罚条款规定的命运作为例子，此外，还有阿迪克斯（Adickes）[1]引述的《普鲁士内阁会议的决议》，该决议把直接向国王提交请愿书规定为死刑；《奥地利政府部长会议的法令》也是如此，它宣布拥有和获得带有革命宣传家的货币即马志尼杜卡特（Mazzinidukaten）[2]、科苏特票 (Kossuthdollarnoten)[3]的行为属于严重的叛国罪，而现在，人们却可以在维也纳的商店里购买它们作为收藏品。但一般而言，违反

［1］ 阿迪克斯（Adickes），德国 19 世纪法学家，曾著有《论法源学说》（1872 年），被认为是“自由法学派”的先驱。——译者

［2］ 马志尼杜卡特是 19 世纪欧洲印有意大利政治思想家、宣传鼓动家和革命家马志尼（Giuseppe Mazzini, 1805—1872 年）头像的金币。——译者

［3］ 科苏特票是 19 世纪流通的印有匈牙利独立运动的领袖科苏特（Lajos Kossuth, 1802—1894 年）头像的货币。——译者

国家禁令所形成的关系，即，被禁止的结社或契约、被禁止的婚姻、被禁止的遗赠、被禁止的社团，几乎不会被看作是法律制度：强制决斗，哪怕在下级军官之间进行的，也不被视为这种法律制度。当国家并不禁止而纯粹作为无效对待的某个民事行为（比如，纯粹通过宗教仪式缔结的婚姻，未经登记的土地转让，作为遗嘱处分之庭前无效形式的托付行为）普遍在社会流行时，情况就不一样了。经验表明，这些关系可以通过社会强制而认可为法律制度，并且经过一段时间的发展，也通过法院和国家强制认可为法律制度。

第八章　法条的形成

152　极其多样化的内容均可配上法条的形式，特别是制定法的形式。因此，有些法条没有任何规范性内容，有些具有非约束性的法律内容，有些是纯粹形式意义的制定法。还有一些法条，其规定的不是法律规范，而是其他种类的社会规范。这里不拟讨论其他类型的法条，而仅讨论包含法律规范的法条。这些法条的目的是用作法院裁判或者直接的行政干预的基础。

作为事实问题的裁判规范

用作法院裁判依据的每一项法条本身是一种裁判规范，它用条款表达，并以权威的方式发布，主张普遍有效，但不涉及可能促使其得以适用的案件。主流的法学把法官的裁判看作是一个逻辑推理过程，在这个过程中，法条构成大前提，诉讼案件构成小前提，判决构成推理的结论。该思想假定：在时间上，法条必然是先于任何裁判之前的。从历史上看，这是完全错误的。审判发展的初期，法官将赎罪金判给原告人，仅仅是在查清特定的、具体的支配关系或占有关系，查清某种习惯或契约以及它们是否为被告人所违反，并在此基础上自由地寻找到有关赎罪金的规范：因此，他们的裁判规范不是建立在某个法条基础之上的。也许，在这样的判决中已萌生了下列的思想：相同或相似的案件，应当同样地或者相似地加以裁决；但是这种萌芽当时还深深埋藏于法官的潜意识之中。如果我们认为原始时代的法官保护占有或契约，仅仅因为他假设有一个法条的存在，根据这个法条，占有或契约应当受到法律的保护，那么我们就把我们自己的观念强加给了他：那个时代的法官只考虑具象，而不考虑抽象。法律史家若试图从这些判决中搜集过去时期的法律，从中至多能够提炼出普遍通行的或普遍流行的规范，而非普遍有效的规范。尽管缺乏法条，但裁判规范仍然不是任意的。法官总 153
是根据由其（基于自己的知识或者通过证明）查明的法的事实，也就是习惯、支配关系与占有关系、遗嘱宣告、特别是契约来获得裁判规范。换言之，随着这些事实的出现，规范同时得以产生，事实问题根本无法同法律问题分开。

即使在今天，我们也会遇到相同的情况：应当待决的案件没有任何法条存在。在此情形下，法官仍然不过是查明法律诉讼所涉及的习惯、支配关系或法律关系、契约、团体章程、遗嘱处分，在此基础上自主地寻找某种裁判规范。无论是这些事实的查明，还是裁判规范的自由发现，似乎都不能看作是法条对诉讼案件的一种涵摄。对条文的一切胡乱的推释和人为的堆砌，只能蒙骗对下面这个真理有偏见的人，即：当且仅当法条已然存在时，依照法条裁决才是可能的。

法律问题和事实问题不可分

当然，按照法言法语，这里要查明的是一个有关事实的问题，而不是一个法律问题。但是，法官的裁决不仅是根据所查明的事实作出的，而且也是根据法官从事实中得出的裁判规范作出的。尽管这个裁判规范还不是一个法条，因为缺乏明确的条文表述，缺乏普遍有效的要求和权威性的发布，但它的确是有效法律的一部分，因为如果不是这样的话，法官显然就没有权力依此对法律诉讼进行裁决。因此，即使在这种情况下，事实问题也根本无法与法律问题分开。

但即使已经找到了能够涵盖当下待决案件的法条，也不能够直截了当地从法条中得出判决。法条的表述总是笼统的，它不可能像案件本身一样具体。法条能够很精确地界定什么是“从物”（Zubehör）[1]，但法官还总是必须要判断案件争执的标的物是否属于从物的定义。在这里，法官必须首先查明事实，独立地判断所查明的事实是否符合法条中所包含的从物的定义。无论法官对该问题作出的回答是肯定或是否定的，判决总是根据他所独立寻找到的裁判

154 规范来作出；该裁判规范穷尽了系争的标的物是从物或者不是从物的问题。假如该裁判规范只是将法条具体化，那么它还是同在法条中包含的规范本身有区别，因为“什么是从物”这个问题总是有别于“一定的标的物到底是不是从物”这个问题的。在此情形下，主流的法学一般采取有关法律问题的判断；只有当涵摄于法条是无争议的或者看起来是不可争辩的，人们才会谈到事实问题。但很清楚，在这种事情上，和以前的情形一样，事实问题、被查明的事实，同法律问题以及刚好由法官寻找到的（可以适用法条的）裁判规范之间几乎不可能分开。这个具体的裁判规范是法官从事实中推导出来的，它被插进了包含着一般裁判规范的法条和法官的事实确证之间。

---

［1］“从物”的界定，见《德国民法典》第 97 条。——译者

尽管作为法条，裁判规范仍属必要

故此，无论法官是不依法条作出裁决，还是基于某个法条作出裁决，他都必须自己独自去寻找某个裁判规范；只有在后一种情况下，法官的裁判规范才是由法条中包含的规范所决定的，相反，在前一种情况下，法官完全自由地去寻找裁判规范则。法条愈具体，法官的裁判规范就愈能够通过法条的规范来决定，法条的内容愈笼统，法官就愈会自主地、自由地寻找裁判规范。但也有一些法条让法官拥有几乎无限的自由裁量权。私法上属于这一类的，有关于权利滥用的法条、关于严重过失和轻微过失的法条、关于诚实信用的法条和不当得利的法条；在刑法和行政法上，这一类法条也具有重要的作用。在这些情形中，法条尽管表面上包含某种裁判规范，但它事实上的确只是法官独立地寻找到某个裁判规范的一种指示，就好像是法条完全把裁判交给法官去自由裁量一样。这些情形表面上只属于第二类，但实际上属于第一类，即法官自由寻找裁判规范。由此可以看出，依据法条的裁判和不依法条的裁判之间只存在着程度的差别。法官从来没有完全缩手缩脚、毫无主见地受法条摆布，法条的内容愈笼统，显然给法官留有的自由度就愈大。

裁判规范作为法条的来源

任何裁判规范都包含有法条的萌芽。裁判规范化约为本身所 155
包含的原则性内容，用条文加以表达，以某种权威的方式发布、宣称普遍有效，于是就变成了法条。即使裁判规范仅仅将某个法条中所包含的概念加以具体化，也是如此。比如说，裁判规范宣称某个特定的标的物归入“从物”的法定概念之下，那么其中就存在着下面这个法条的萌芽：这一类标的物总是从物。从历史的角度看，绝大多数法条都来自裁判规范。至于我们当今的大部分法典，我们可以肯定地说明：法条是从包含在《民法大全》中的判决里提取的；在《民法大全》本身没有陈述判决而陈述法条的地方，这些法条的确几无例外地来源于裁判规范，它们是某个法律家首次由于其所面临的待决案件而加以阐释的。

也可能有这样的情况：某些个别的法条是法学家在没有考虑任何特定的判决的情况下构想出来的。《普鲁士邦法》的“遗留产”（Erbschatz）[1]大概就是这样产生的，因为根据可靠的报告，无论以前还是后来，都没有出现过“遗留产”；同样，所谓“模拟案例”（Schulfällen）也是这种情形。但是，这些可能从一开始就只是一些微不足道的法条。那么，我们也许可以说，当制定法调整某个制度以便引进法条时，法条就先于某个具体案件中的裁判规范而存在，尤其是当制度是从外国引入时更是如此，比如奥地利关于有限责任公司或者有关农民的农场继承权（Höferecht）的法律[2]。但除了这些例外，无论这里还是别的什么地方，通常都是具象先于抽象，裁

［1］ 根据《普鲁士邦法》第 2 编第 1 章第 277 节的规定（1794, PreußALR. II 1 § 277），“遗留产”（Erbschatz）是夫妻共同财产权上的一项制度，即：是为了婚生子女的利益在共同生活期间被使用的财产的一部分；然后是夫妻生存者一方的财产；再后来就变成了婚生子女之不受妨碍的财产。据称，这项制度在普鲁士从未实行过。——译者

［2］ 有关农民的农场继承权（Höferecht）的法律规定，参见《奥地利民法典》第 761 条及以下条文。——译者

判规范先于法条。

裁判规范作为法学的作品

为了从裁判规范中形成一个法条，需要首先对裁判规范进行进一步的智识工作，因为我们必须从中提取普遍有效的内容，并且用一种合适的方式加以表述。这项智识工作就是法学，而不管哪个人能够完成之。历史法学派曾经不遗余力地揭示"习惯法"——更确切地说，"习惯法"的法条是如何直接在民族意识中产生的。这是徒劳无益的辛苦。朗贝尔（Lambert）① 令人信服地证明：法条不可能从 156
民族意识自身中产生，也许法律准则除外。法条总是由法（律）学家创制的，主要根据司法判决中的裁判规范。也就是说，法官推动了法学，他们在为判决进行证成的过程中，按照裁判规范在未来的案件中应具有拘束力的方式来表述裁判规范。法官法常常只是法学家法的一个变种。法学是由法学著作者或教师创作的，比如，艾克·冯·雷普高（Eyke von Repgow）[1]，或者布莱克顿（Bracton）[2]，他们力

① 爱德华·朗贝尔：《比较民法的功能》，第 1 卷，1903 年巴黎法文版，第 127 页及以下。

[1] 艾克·冯·雷普高（Eyke von Repgow，约 1180/1190—1232 年），德国中世纪法律思想家，《萨克森之镜》的编纂者。被誉为德国 500 年来法律和法学发展史上的第一人。——译者

[2] 布莱克顿（Bracton，约 1216—1268 年），英国中世纪著名法学家。曾在英国法学史上开创了一个新时代，被誉为"英国法学之王"。他的代表作《论英格兰的法律与习惯》从宏观角度，对英国普通法作了整体性论述。由于该书吸取了罗马法的有益营养，它不仅"帮助创造了普通法"，而且发展完善了普通法。就其内容的完整性和系统性而言，在以后五百年间英国无一法学著作能出其右。该书长期被奉为英国法的权威教科书，被后人多次编纂，编纂种类多达 40 余种。——译者

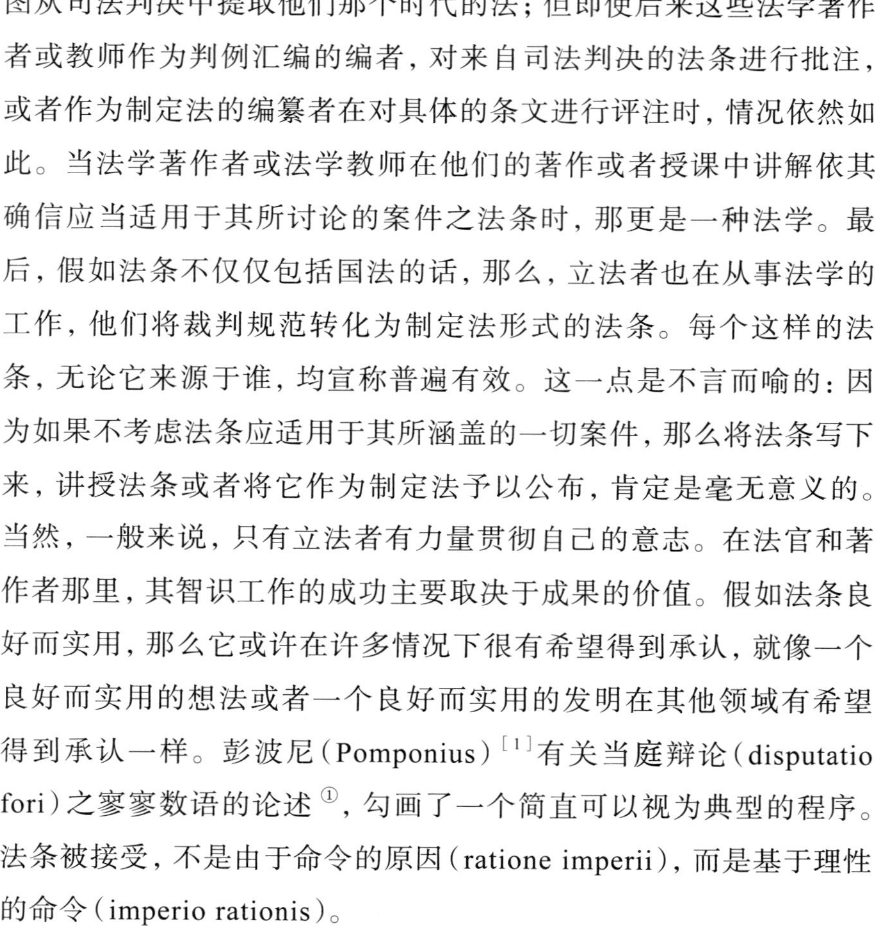

图从司法判决中提取他们那个时代的法；但即使后来这些法学著作者或教师作为判例汇编的编者，对来自司法判决的法条进行批注，或者作为制定法的编纂者在对具体的条文进行评注时，情况依然如此。当法学著作者或法学教师在他们的著作或者授课中讲解依其确信应当适用于其所讨论的案件之法条时，那更是一种法学。最后，假如法条不仅仅包括国法的话，那么，立法者也在从事法学的工作，他们将裁判规范转化为制定法形式的法条。每个这样的法条，无论它来源于谁，均宣称普遍有效。这一点是不言而喻的：因为如果不考虑法条应适用于其所涵盖的一切案件，那么将法条写下来，讲授法条或者将它作为制定法予以公布，肯定是毫无意义的。当然，一般来说，只有立法者有力量贯彻自己的意志。在法官和著作者那里，其智识工作的成功主要取决于成果的价值。假如法条良好而实用，那么它或许在许多情况下很有希望得到承认，就像一个良好而实用的想法或者一个良好而实用的发明在其他领域有希望得到承认一样。彭波尼（Pomponius）[1]有关当庭辩论（disputatio fori）之寥寥数语的论述①，勾画了一个简直可以视为典型的程序。法条被接受，不是由于命令的原因（ratione imperii），而是基于理性的命令（imperio rationis）。

无论如何，如日常经验所表明的那样，在人类活动的所有领域，思想的成功不纯粹取决于其内在的价值，而且也取决于外在的环境，尤其是取决于附加在表达该思想的人所用词语的份量上。在

---

[1] 彭波尼（Sextus Pomponius），公元 2 世纪的罗马法学家。撰有大量的法学著作，其中很多被收入《学说汇纂》之中。——译者

① 《学说汇纂》第 1 编、第 2 章、第 2 节、第 5 项。

法条中，这个份量经常是随着法条创制者在国家中的权力、地位和个人声望的增加而增加的。针对这些问题，一些国家已经形成了某种习惯，这种习惯有时是相当固定的，通常情况下也很不确定。157
朗贝尔在他的著作《比较民法的功能》(*La function du droit civil comparé*)中[①] 以令人钦佩的文献知识就这个问题的侧面进行了非常详尽的阐述；我在《论法源理论》中对罗马人也做了同样的研究。[②] 有四类人以不同的名义、在不同的伴生环境下出现在历史舞台上，他们就是：法官、法学著作者和教师、立法者、受国家委任的官员。故此，如果裁判规范要变成某个法条，就必须经过法学的过滤；这种法学可能是法官的法学、法学著作者的法学、立法者的法学，或者是国家官员的法学。

法官法作为法学家法

当然，至少在当代，欧洲大陆的通说否认法官和法学著作者有权创制法条；新的法律只能作为习惯法直接产生于民族意识，也产生于制定法。法官的职责仅仅是适用由此产生的法律。因此，法官的判决不过就是一种法律文献和对现行法的解释而已；一旦超出了这个范围，它们就必然遭到摒弃。故此，历史法学派的共同法法学事实上一直以这种方式对待司法判决。其早期代表人物萨维尼、普

① 爱德华·朗贝尔:《比较民法的功能》，第1卷，1903年巴黎法文版，第127页及以下。

② 欧根·埃利希:《论法源理论》第一卷:市民法、公法、私法，柏林1902年版(殁后，阿伦1970年版)。

赫塔、范格罗[1]，还有布林茨，根本没有在意这个问题；其后期代表人物，尤其是温德沙伊德，通常仅仅关心：司法判决与《民法大全》中的法是否一致，它们遵循了法学文献中所代表的哪一种观点。此外，他们至多把判决看作是习惯法的证据。即使是《绍伊菲尔特档案》(*Seufferts Archiv*)，在其第1卷中仍主要刊登判决中所包含的文献阐释。但所有这一切仅仅是理论；实际上，人们经常感到，司法判决不仅仅是法学文献，而且也不同于法学文献。人们要求司法具有稳定性，从主流法学的观点看，这一要求是完全不可理喻的。当一个法官仅仅应遵守制定法或者习惯法时，他确实不能同时遵循在制定法或者习惯法没有加以规定，却由另一名法官所确定的原则。假如我们要求法官不应违背以前的判决，同时，判决应当是稳定的，那么判决就不再仅仅是法学文献，不再仅仅是有关制定法解

158 释或者某个法律案件推释的无拘束力的文献观点，它们是法官法。

法学著作者和法学教师的法学家法

科学法(wissenschaftliches Recht)的情形就不同了。科学只能够知道什么是实然的，而不能够安排什么是应然的；因此，科学不创制规范，而仅仅研究、阐释和传授规范。这是一个人所共知的道理。所以，我们必须采取一种与通常所采取的方式完全不同的方式来提出有关原创法学的问题；这不是要讨论新法是否基于法的认识

[1] 卡尔·阿道夫·冯·范格罗(Karl Adolf von Vangerow，1808—1870年)，德国法哲学家、罗马法专家。著有《学说汇纂教程》(1838—1846年)。——译者

而产生，而是法学家作为法律内行是否有权要求制定新法。不言而喻，这个问题只能通过历史来回答，只要法学并不试图局限于尽可能忠实和无偏见地陈述“什么被承认是法”这个问题，而是超越这一点，对于在其他法源中找不到任何裁判规范的情形，努力自主地去查明到底什么对法官是决定性的，那么这个问题总是会得到肯定回答的。这样一种法学就是罗马人的法学，它总是创造性的，即使它不曾意识到这一点；在一切共同法国家，随着罗马法的继受，这种法学得到复兴。在其晚近的鼎盛期（当然限于德国），共同法法学产生了大量新的法律素材，由这些法律素材，《德国民法典》近似地提供了一种观念。奇怪的是，迄今还没有人作出值得感谢的努力来从历史的角度筛选法典的内容，并且阐释共同法法学在其中的份量。诚如朗贝尔指出，东方的法学（伊斯兰法学、印度法学）以及至少斯堪的纳维亚的古老法学（法律宣谕者）可能就是这一类的法学；它其实很少完全是接受性的、描述性的，在我看来，它基本上仅在当今的英国人中存在，在美国人那里似乎相对较少一些。

当然，细节上存在着很大的差异。不言而喻，科学的重要性同制定法和法官的重要性成反比：法官的地位愈高，他愈加热衷于维护自己的独立性，而立法愈有无限权威、愈加包罗万象，它将留给法学家的空间就愈少。因此，每当法典编纂完成，法学总是会跟着衰落，直到人们意识到法典中的缺陷和漏洞时，它才会觉醒而成为新的生命。法学家试图作为鉴定专家、作为教师、作为著作者、作为司法判决的评论者来影响法官；他要么为个案寻找裁判规范，要么运用历史上已有的法学技术建立一般的原则，为法官在个案中用作指导。所有这些形式都是在历史上出现过的。在罗马，法学家的

159 影响或许最初只以其作为有关个案的鉴定专家的活动为基础，后来也以其作为法学教师的活动为基础；到了帝制时代的晚期，则主要靠他们撰写的著作产生影响。共同法法学的重要性主要是在著述过程中对个案裁判中指导法官的原则进行提炼。最近一段时间，法国的法学家们通过评注，将法官的判决添加于庞大的案例汇编之中，重新确立了他们作为评论家的地位。这些评论家，即判例评注汇编者（Arrêtisten），将法国司法判决的研究作为其终生的事业；他们在评注中除了详细的科学评论之外，也还探究法官审判所关心的司法判决的历史。这个研究方向的创立人就是拉贝（Labbé），前巴黎大学罗马法教授。梅伊尼尔（Meynial）在《法国民法典百年纪念文集》（*Livre de Centenaire du Code civil*）中对判例评注汇编者的历史进行了描述，极其令人感兴趣。

自由的规范创制之拘束和限制的标准

不言而喻，凡科学法或法官法盛行的地方，也必然存在有效的传统规则或确定规则来指导司法裁判和科学裁判的评价。我们当然不可能认为，法官的任何判决，法学家的任何观点都普遍应受这些规则的拘束。或许，在法官法那里，法官的官方地位通常是决定性的，而在科学法那里，则常常缺乏任何外在的标准；它取决于作品的价值，或者，在与作品价值无关的情形下，则取决于作者的声望。彭波尼在《手册单编本》（*Enchiridion*）[①] 中所作的陈述让我们

① 《学说汇纂》第1卷，第2章，第2节。

深入了解到，一个罗马共和国时期的法学家怎样获得对一个法的创制者（conditor juris）而言所必要的个人名望，直到帝制时期这件事最终得到解决。在英国，法官裁判的拘束力有一套固定的秩序。一般而言，高级法院的判决优先于低级法院的判决，但那些具有历史名声的“伟大法官”（great judges）被人们加以援引，受到的尊敬程度远远超过其他众多法官。

对法官和法学著作者而言，也存在着一种难以逾越的限制：他 160
们的判断必须符合现行法以及法科学的原则。因此，他们的职责有时（并非总是！）可以这样来理解：他们根本不是要创制新法，而仅仅是要揭示在法律中已然存在的正义。尽管这个限制可能看起来也是可变的、有伸缩性的，但的确不可以被忽视；因为它也像制定法的限制一样是一种强烈的确信感的表达：法官和法学家尽管有资格在现行法律秩序的基础上进行续造，但这样做并不是要使现行法律秩序发生动摇或者用其他的东西取而代之。法国法学文献中经常可以见到这种评论：《法国民法典》著名的第 1382 条[1]将足以解决社会的问题。那么，这个条文赋予法国法官巨大的权力就会被法官用来创制一部损害赔偿法，这个（由法官创制的）制度在基本框架上是完全清晰、前后一致的，而且本质上是全新的，尽管它至少在形式上总是以现有的法律为基础的；但是，法官从来不曾尝试按照这种方式来解决社会问题，或者将其他任何一种革命性的创新引入到法律中来。人们或许大可放心，因为这种尝试从来不会有人去做。之所以如此，原因在于，人们之前从未在正常的情况下进行过这种尝试。通过一项法官判决，英国普通法被引入爱尔兰

[1] 《法国民法典》第 1382 条是关于侵权行为的规定。——译者

(肯特郡土地保有习惯案例, case Gavelkind),至今仍被认为是一种鲁莽的哥萨克式突袭(Kosakenstreich),但此处所涉及的是一个由于战败而被摧毁的民族,而且事情是在胜利者的命令下进行的,顺便说一句,胜利者从此以后常常足以为之感到后悔。在孟加拉(Bengalen),一次类似尝试也以失败而告终,法官和国家政权不得不在人们普遍的抗争面前让步。法官的力量不足以压制巨大的社会反抗力,后者反抗法官试图通过判决将社会置于一个新的基础之上;法官需要对世界有足够的了解,以便对这种反抗力和自己的力量正确地作出评估。当然,法官在为肆无忌惮的国家政权服务时常常会绕过法和法律;有时由于受到法律的支持,他本身能够抗拒一个强大的国家政权,但他从不冒险与国家、社会和传统的法进行斗争。法学的权力手段更为有限,就更不这样去做了。

法官法和科学法是否在被限制的范围内活动,这经常遭受人们的批评,这种批评可能使许多创新无疾而终。尽管在我们看来罗马
161 法学家的力量可能是很强大的,但它似乎仍不足以创设(schaffen)[1] 裁判官的继承法或者信托遗赠(Fideikommisse),甚或从未创设落下物与投掷物致害之诉(actio de effusis et deiectis);波洛克①曾经这样谈英国的法官:“**由于没有已然确定的特定规则并适切于手头上的案件,国王的法官必须寻找并适用他们所能寻找并适用的最合理规则,以使其不与任何既定的原则相抵触。**”目前,欧洲大陆的司

[1] 莫尔的英译本把“schaffen”一词译作“abolish”,与这里的意思似乎完全相反(See Eugen Ehrlich, *Fundamental Principles of the Sociology of Law*, transl. by Walter L. Moll, Harvard University Press 1936, p.181.)。——译者

① 弗里德里克·波洛克爵士:《契约原理》,伦敦1911年英文第8版。

法和法学之自由限制得更严一些。故此，科学法和法官法总是面临着被大量的传统因素压垮的危险。处在低级发展阶段的人类绝不像当今的人类这样具有通过立法来补救的想法。立法机器迄今为止运行缓慢而迟钝，没有人会想到它可能改变习惯法；人们只需阅读一下盖尤斯的著作就可以看到，他在谈论帝制时代与古老的市民法存在冲突的元老院决议和法律时，是多么地小心谨慎。

法学家法和御前官法

这可能也是御前官法（Amtsrecht）的历史前提。像法官法一样，御前官法是由受命于执法之责的官员因履行这些职责而创制的；但它们的创制不是基于通常的法官权限和权力手段，而是基于国家授予的远远超越于此的权限和权力手段。当关系到需要突破僵化、过时的裁判规范之支配时，国家官员需要对此进行干预，这在法律史上已经发生过两次：罗马的裁判官和英国的大法官通过提出一种完全崭新的法体系来对抗传统的法，从而完成自己的历史使命。自中世纪以来，御前官法不再能够在大陆国家站稳脚跟。法兰克王国和德意志王国的王室法院不能获得稳定的司法判决，法兰克国王颁布的法令（Kapitularien[1]）不是御前官法，而是罗马皇帝之立法权的一种余音回响。无论在罗马，还是在英国，御前官法最终变成了一套固定的、完善的法律规则体系，它们赋予负责适用的官员不比法律的其他部分更大的自由。

[1]“Kapitularien”，一般特指卡洛林王朝颁布的法令。——译者

制定法中的法学家法

162 如果制定法中的裁判规范是同法官的法学家法或者著作者的法学家法中的裁判规范一样的智力劳动成果，那么它们也是法学家法。对法条的性质而言，法学家法是包含在某个判决理由之中，或是在某个法学著作者阐释之中，还是包含在某部法典条款之中，显然是完全无关紧要的，尽管这一点可能对其实际运作是相当重要的。众所周知，在制定法中所包含的法学家法很大一部分本来取自当时存在的法学家法。但是，假如立法者没有规定一个新的裁判规范，而仅仅对它加以确认，那么它依然不过是法学家法，因为它只是判决理由或者某一篇文章中陈述的内容在某个制定法中加以表述而已。在这一点上，制定法中的法学家法与以其他方式产生的法一样能够得到扩展和深化。每次对外国法的继受最终也以此为基础。国法的确可以从外国继受而来，但必须通过国家意志，也就是通过制定法，通过法令或者国家政权的其他规定。很明显，普遍的国防服役的义务、税收，或者有关紧急状态的规定，不得以其他的方式从外国的立法进行移植，除非是通过国家政权规定的方式。但即使采取制定法形式的法学家法也可以像某个科学学说或者实用发明一样由一个国家移植到另一个国家。这种移植先是进入法学文献，继而通过它，甚或直接转化为司法判决。除罗马法的继受以外，有关这一现象的例子屡见不鲜。《奥地利民法典》目前在匈牙利实际上有效，乃至在法学院被讲授，尽管它在判决书上还不允许援引。《法国民法典》在俄罗斯得到认可，《德意志通用商法典》在

瑞士和斯堪的纳维亚国家得到承认；当前，《德国民法典》也在斯堪的纳维亚国家站稳了脚跟。

实定的法学家法的必要性

制定法形式的裁判规范终究是靠不住的，无论它们来自现行的法学家法，还是由立法者所确定。立法者制定一个正确的一般规则要比法官办好一个具体的案件要困难得多；而且，对立法者而言，确定一个对千秋万代绝对有拘束力的信条要比从事科学工作的法学家表述经受不断检验的原理要危险得多。制定法上的裁判规范 163
与它从前的状态大不相同。之前，它仅仅是“什么看起来是正确的”的一种描述，而现在它变成了有关“什么是应当的”的一种规定。这样，它同时也就丧失了能够使自己适应一切更好的认识和发展的应变性。一个法律学说被抛弃，另一种学说取而代之，尽管在一种更好的洞察力的幌子背后确实掩盖着考虑新发展的需要，却是多么常见的事情！但直截了当地以对待某个学说的方式来对待制定法可能根本不够用，或者至少不能够很轻松地加以处理。因此，只有在绝对必要的情况下，立法者才应按照自己的想法来形成和塑造生活；但在能够让生活自行选择的地方，他应避免进行不必要的干预。这无疑也是萨维尼曾一度反对立法（尽管未曾明言），不仅仅是（像现在人们经常错误地断言的）反对法典编纂的主导思想。任何多余的制定法都是一种糟糕的制定法。

尽管如此，试图完全放弃法学家法的法典化，似乎仍是一个孩子气的想法。当然，科学法和法官法在材料丰富性、应变性和灵活

性上处处胜过制定法；但在更高级的发展阶段，人类面临一系列法律生活的职能，至少在当今的社会体制中只有国家才能胜任这些职能。

数千年的经验表明，一个在局部上四分五裂的法律图景只能够满足适度的地方性需求；法律的发展只有发生在大的疆域，从某个唯一的中心点出发展开，才会大规模地进行。显然，为了使自己能够得到一个丰富的发展，法律需要大量的刺激，只有散布于地域辽阔的国家各个地方的丰富多彩的法律关系才会给予这样的刺激；同时，法律也需要一个能够把所有这些刺激因素聚合在一起的中心点。然而，这样一个中心点只能由国家创造。当然，这样做并不是要以某种彻底的立法为前提[1]。立法在两个最杰出的法律制度中均普遍遭到否定。罗马法和英国法本质上都不是通过制定法才形成的法。在罗马，法学家借助庞大帝国的大量辅助的智识资料为此开展工作；在英国，法官们做同样的工作，他们在伦敦几百年来一直为一个经济上发达、政治上进步的伟大国家寻找法律：普通法主要是坐落在伦敦的法院的工作成果。只有第三个世界性法律制度（Weltrechtssystem），即法国的法律制度，才把自己的成功主要归结于立法。也就是说，一个高度发达的法律体系或许可以不通过国家
164 的立法而产生，但它肯定是离不开国家的。然而，为了从根本上清除法律中过时的东西，快速推进必要的革新，或许制定法通常是不可或缺的，因为科学和司法在创造性活动中存在着一个不可克服的

[1] 莫尔的英译本把这一句译为“当然，这要以某种彻底的立法为前提”，与这里的意思似乎完全相反（See Eugen Ehrlich, *Fundamental Principles of the Sociology of Law*, transl. by Walter L. Moll, Harvard University Press 1936, p.184.）。——译者

限制，即它们不得与既有的法律发生抵触。除了御前官法（这种法迄今只存在过两次，而且这两次只是短时间得以自由发展，随即自身就变得僵化了）以外，迄今在法律发展陷入僵局时，总是制定法能够帮助其渡过难关。故此，我们可以说，制定法在经济或者政治动荡的时期常常既是结果，也是原因，可能被看作是社会进步的最重要的杠杆。正因为如此，革命党激烈地抨击创制法律的国家，却经常呼吁制定法上的干预，而保守派支持国家，却默不作声地对国家的（立法）工作充满不信任。但即使在历史发展的太平时期，制定法也常常证明是废除陈旧制度、促使争取承认的合法利益的一个不可或缺的工具。

法官的法学家法与实定的法学家法之关系

除了法学家法的裁判规范以外，现代的制定法也还包括以所谓“监管条款”（Reglementierungsbedingungen）的形式存在的预防法学（Kautelarjurisprudenz）[1]，有时，至少根据立法者的意图，它还包括也作为任意性的契约法或者有关遗嘱宣告内容的规定。立法者以补充性法律的方式要求在法律文书中加入他认为谨慎的法律文书制作者应予采纳的条文。这些制定法从本质上看同样是法学家法。此外，它们也包括国法：比如有关登记簿上注册及在此过程中实施监督的规定。

[1] “Kautelarjurisprudenz”是一个过时的法学术语，是指在进行合法交易或起草法律文件时必须遵守的与规制性规定有关的法律活动。它包括起草法律文件的整个技艺与学问（See Eugen Ehrlich, *Fundamental Principles of the Sociology of Law*, transl. by Walter L. Moll, Harvard University Press 1936, p.185, n.1.）。——译者

目前，在英国，御前官法也销声匿迹了。自从衡平法发展成为一种固定的法体系之后，衡平法院的判决所包含的就是法官法，而非御前官法了。在德国，著作者的法学家法连同共同法一道退居幕后：法学教师将自己限定于讲授现有法，法学文献作品中的论述也只视为司法判决和立法的建议，而不再被看作法条。

165 浏览“附有来自司法判决之评注”的现代法典汇编，便可以看出法官法和制定法中包含的法律之间具有怎样的关系。汇编者对各个的制定法规定，均附加有从法官判决中提取的法条。据称，这些法条的目的只是把制定法规定的内容具体化，但实际上依其内容和目的，它们与制定法中的法学家法完全具有同等价值。而且，事实上，它们正是在其所提取的判决中才被具体化的。当制定法被修订时，比如《德国商法典》所做的那样，它们通常会纳入新的制定法的内容当中。有时，判决之间并非是相互协调的。但这只是证明，法学家法仍然是不确定的。不过，假如它们表达的内容是相同的，那么对付这种法学家法，并不比对付制定法的条文轻松许多。

当然，根据这一点，好像没有给完全自由发现的判决留有任何余地。但对评注更仔细的考察表明，它们常常只是完全表面地与制定法的规定发生联系，事实上完全不依赖于后者。《法国民法典汇编》的确把不当得利的判决附注于无因管理的规定之下。但法国的法学家们并不怀疑，他们与此事没有干系。也就是说，在这里，司法判决完全自主地创造了不当得利的法学家法。

同样的情形也表现在：制定法表述的内容过于笼统，以至于它仅仅给法官一种指示，让他自己去寻求裁判规范。在这种情况下，从这些裁判规范中提取的法条显然不再是制定法的修订，而是在制定法上添附了新法。我们至今也还不知道，当债务的履行违反诚实信用时，当契约触犯善良风俗时，到底是不是德国法上的所谓权利滥用，因为《德国民法典》对此没有作出任何规定，我们或许过一百年后基于法院的判决才会确切地知道这一点。这些判决远远不是根据民法典作出的，所以任何一个其他法律领域的法官都可以毫不犹豫地适用其中的裁判规范，比如有关触犯善良风俗的契约或权利滥用概念的裁判规范，除非原有的制定法规定了禁止背离的条款（Abweichendes）。

我在自己论默示的意思表示的著作中[①]谈到，在罗马人那里，这个术语仅仅是指：采取不同于通过言辞表示的其他方式的表示、166 通过特别是基于交易习惯进行解释获得的表示意思。此外，德国、奥地利和法国法院的司法判决把下面的内容理解为默示的意思表示：通过履行行为或者占有行为接受要约；单方连带表示的法律义务，比如，担保、抵押、无任何承诺（“默示承诺”）的放弃，由于长期不主张权利（“默示弃权”，其实是一种被隐藏的时效）而导致法律义务的消灭，在较长的期限终止（“默示弃权”，其实是一种被隐藏的期限）之后通过准许或确认而生效的民事行为，针对不提出异议（“默示承诺”）的受货方之发货单内容的效力。在共有合伙（societas omnium bonorum）[1]和用益承租人之收益中的“默示交付”是指：在未交付占有的情况下，也就是，仅仅基于契约，通过例外的方式转让所有权。把所有这些仅仅看作是具体化的情形是不

① 欧根·埃利希：《默示的意思表示》，柏林 1893 年版（殁后，阿伦 1970 年版）。

[1] 共有合伙（societas omnium bonorum），在罗马法上最初是家子在家父死亡后联合在一起的不分遗产共同体，后来指合伙人以各自现有的和未来的全部财物参加合伙，他们按照一定的比例分摊产生于合伙的亏损，分配其中的赢利。——译者

可能的：所有这些无疑都是法学家法之特殊、独立的法条，它们只是完全表面地与罗马有关默示的意思表示的裁判规范联系在一起。

国法与法学家法的划界

国法与法学家法之间的界限通常容易确定。首先，法学家法是由法学家通过一般化获得的裁判规范构成的。国法是由国家对其官员发布的命令构成的。法学家不能发布命令，他们只能发现法律。国家不发现法律，它只能发布命令。因此，行政干预规范（Eingriffsnormen）始终是国法。但就某些制定法中的裁判规范而言，人们很可能怀疑，它到底包含了法学家的考量，还是国家对法官应当如何裁判的命令。买卖中风险转移的原则是法学家法。《德国民法典》有关团体的权利能力之先决条件的裁判规范无疑是国法。但在这两者之间也还存在大量的临界情况，对于这些临界情况，事先并不清楚应将它们归到何处。

无论如何，它们并不缺乏外在的标准。法学家从社会关系中提取他们的法，故此，法学家法的范围没有超越其所来源的社会关系。这样，任何真正的法学家法限于与这些社会关系相关的人和
167 物，法学家为了这些关系而获取自己的法。法学家法是由属人原则（Grundsatze der Personalität）支配的，在没有其他法律而只有法学家法的时候，它便是整个法律。罗马的市民法和德意志的部族法既是对人法，又是对物法，就像当代的穆罕默德法一样。相反，国家是为特定的领土发布制定法，因此，所有真正的国法都是属地法（Gebietsrecht）。罗马的法律，除了有关市民法的法律（leges

de iure civili)，以及法兰克王国的法令均为属地法。在现代法中，这种标志在表面上已然消失；但如果我们考察自“城邦法则说”(Statutentheorie)[1]到齐特尔曼(Zitelmann)[2]期间任何一种流行的国际私法原理①，那么就会发现，尽管如此，它依然到处存在。在现代法中，属于法学家法的部分作为对人法和对物法已超出国界发生作用，而国法只在国家领土范围内有效。这一点最清晰地表达在国际私法之“国民学说”(nationale Theorie)当中，它业已转化为《意大利民法典》的内容，根据这一理论，国民法在世界各地均跟随着国民，除了国法中所包含的公共秩序法(lois d'ordre public)，后者始终是对一定地域生效的。

两类法条至少在力量上也是存有差异的。此处所讲的差异并不是强行法与非强行法之间的差异，一如我在自己论强行法的著作中②所阐述的，强行法与非强行法之间的差异只有在涉及行为的法律后果时，才具有某种意义，这些法律后果有时能够通过当事人的

[1]　拉丁文“Statuta”，德文写作“Statutarrecht”，英语译为“statutes”，特指中世纪(尤其是13世纪)意大利各个自治城邦制定的条例或法规，它们类似于各种公会、行会或者“团体”(corporation)所采纳的自治规则。在理论上，有关城邦法则适用发生冲突应如何处理(比如：罗马法的规定与威尼斯地区的遗嘱习惯之冲突，来自不同意大利城邦的商人签订合同如何适用法律，遗嘱宣誓适用罗马法还是教会法，等等)，14世纪著名法学家巴尔多鲁(Bartolus de Saxoferratis，英语写作：“Bartolus of Sassoferrato”，1313/14—1357年)提出了影响及今的“法则区别说”，他因此而被誉为国际私法的奠基人。——译者

[2]　齐特尔曼(Ernst Zitelmann，1852—1923年)德国民法学家、比较法学家和法律史学家。著有《国际私法》2卷本(1897—1912年)。——译者

①　就此，详见欧根·埃利希：《国际私法》，载《德国评论》第126期(1906年)，第419—433页。

②　欧根·埃利希：《德国民法典上的强行法与非强行法》，耶拿1899年版(殁后，阿伦1970年版)。

意志排除，有时则无条件地发生作用。在此意义上，也会存在强行的法学家法，而国法有时也是非强行法，即使情形很少见。某些类型的法条，如解释规则、补充性法律总是属于法学家法；反之，唯有国法能够为权益人赋予其不得放弃的利益，施加不得豁免的不利。另一方面，诚如《民法大全》的例子所显示的那样，国法对时代变迁的抗拒力是远远低于法学家法的。《民法大全》中包含的几乎整个法学家法都逐渐转化为了欧洲大陆的共同法，相反，国法转化的却很少。

法律命令和法律内容

168 国家对法院和其他国家机关发布的法律命令中所包含的法条经常以法院和其他国家机关之掌控者的意志为基础；但它们的内容并不总是来自这个掌控者。因此，目前在国法中流行的法律命令和法律内容之间的区别，是建立在一种正确的社会学洞察之上的。然而，问题不取决于必须由谁发布法律命令的国家体制，而取决于由谁来支配国家军事和警察政权的国家体制，此外，要看他是否有可能通过该体制来主导法院和行政机关，他能否做到使法官和行政官员来服从其命令。实现这一点的前提条件通常是：他控制着司法和行政的中心，多半是帝国的首都。假如所有这一切条件都具备的话，那么即使按照宪法的方式制定的法律内容对他也是无能为力的，他甚至能够违反宪法来推行国法。众所周知，一直到戴克里先（Diokletian）[1]时期的罗马皇帝之立法完全建立在这种权力关系

[1] 戴克里先（Diokletian），公元284—305年在位的罗马皇帝。——译者

的形态之上的：众多的势均力敌的皇帝每一个都有权在其势力范围内立法。同样，普鲁士政权能够创制强迫人们接受的宪法，俄国的政权强迫改变选举法，丹麦政权通过皇家法令推行军队的改革。众所周知，奥地利所谓“第 14 条法令”（§14—Verordnungen）的合宪性也颇受质疑，但鉴于奥地利行政官员和法官的性质，几乎没有人否认其效力。这些事实的力量是如此强大，甚至连不同意其前任政府之合法律性的政府通常也会承认其间所颁布的立法；故此，斯图亚特王朝（die Stuarts）承认僭主统治时期的立法，波旁王朝（die Bourbonen）认可法国大革命和帝制时期的立法。

第九章　法条的构造

法条的意义

169 人类社会的法律秩序直接以法的事实为基础，它们是：习惯、支配关系和占有关系、意思表示，尤其是其中最重要的形式，即团体章程、契约和遗嘱处分。决定人们在社会中的行为的规则正是基于这些事实而产生。因此，对社会中的法律秩序直接具有决定性的意义只是这些法的事实，而不是法院据以裁判或者国家行政机关据以活动的法条。但当法院的判决和行政机关的措施对法的事实产生影响，从而导致习惯、支配关系和占有关系、团体章程、契约和遗嘱宣告发生变化，这个时候，法条也确实是有意义的：在这一前提下，法院判决和行政机关根据法条采取的措施，反过来导致调整人们在社会中的行为之规范产生。故此，新的法的事实不仅可以像过去几个世纪那样，通过使用武力，或者像当代大多数情况那样通过社会力量悄无声息的影响来形成，即：特别是通过新的类型的合伙、新的契约和新的遗嘱宣告来确立，而且也可以至少间接地通过法条来形成。然而，法条在形式上有效或者仅适用于个案，这都还是不够的；因为任何一个孤立的事实绝不是社会事实。为此，人类

还必须依照法条来调整自己的行为。规定法院或国家行政机关之活动的法条，一旦被这些机构实际地执行，就包含着法院或国家行政机关的法律规范，当且仅当社会关系据此而事实上形成秩序时，它才成为一种行为规则。

不受法条影响的法律关系

因此，从法条衍生出来的法律规范总是与社会关系相关联，但 170
这种关联是各不相同的。任何时代，对法院和其他国家机关生效的法律规范的总和，并不是与社会之法的总和相重合的；一直有大量的社会法律关系不受这个方面的任何干涉。在罗马法上，此种情况比在任何其他法体系中表现得更加明显，因为几乎没有一种法学像罗马法学有关市民法和荣誉法（ius honorarium，裁判官法）[1]那样对自己法条的界限有一个清晰的概念。有一种官方的罗马家庭法，除此之外，也有纯粹由社会所承认的家庭关系，它们不受裁判规范调整或者几乎没有裁判规范加以调整：比如，姘居、罗马人与无通

[1] 荣誉法（ius honorarium），是古罗马高级执法官在司法审判中创立的法律规范的总和。由于高级执法官是一种荣誉职位，故此类法也就被称为“荣誉法”，称为罗马法的重要法源之一。由于创立此种法源的高级执政官主要是享有司法权的裁判官，所以，荣誉法有时也称为“裁判官法”（ius praetorium）。比较权威的解释，见 D.1, 1, 7, 1：“裁判官法是由裁判官为了公共利益而引入的法，其宗旨是辅助、补充或修正市民法，人们也称其为荣誉法，这一称谓来自于执政官职位的荣誉。”也有人将荣誉法称作罗马时期广义的“行政法”，它由裁判官法构成，也就是由每个裁判官的告示构成。

尚需要指出的是，罗马法是一个开放的体系，其中包括四类子体系，即：自然法、万民法、市民法和荣誉法。自然法是适用于所有的人，包括动物和奴隶的法；万民法是适用于人和各民族的法；市民法由不同的法源构成，仅适用于罗马人；荣誉法属于裁判官的法源，适用于在罗马生活的外国人和罗马人。——译者

婚权(connubium)的人之间的婚姻关系(现代人将它称为万民法婚姻[matrimonium iuris gentium]),以及来自这两种类似婚姻关系的余绪。罗马人在任何时候都对其自由民实行一种特殊的管制,对于这种管制直到很晚才通过裁判官法形成若干规定:在此之前,它显然主要是依靠社会手段来实施的。临时让与(precarium)是一个典型例子,其纯粹是由社会之法保护的占有关系;无论如何,直到共和国晚期,裁判官对此才通过针对临时让与的令状(interdictum de precario)提供至少针对第三人的若干保护;但是毫无疑问,在很长时间里,公田(ager publicus)的占有关系一直具有这种性质。只有社会效力的简约和可以通过法院强制执行的契约之间的二分,一直贯穿于整个罗马法律史。最后,一切类型的遗嘱宣告、死因赠与(donatio mortis causa)、铜衡式遗嘱(testamentum per aes et libram)[1]、信托遗赠,最初是国家和法院都不过问的民事行为,这个传统明确地流传下来。不言而喻,这里的列举不可能是穷尽无遗的。至少还应当提及待自由人(statu liberi)[2],即裁判官开始保护其享有自由之前的未正式被解放者之地位,还有托付(fiducia)、最古老的租赁(*locatio-conductio*),受保护制(Klientel[3]),它们作为

[1] 铜衡式遗嘱(testamentum per aes et libram),也被译为“称铜式遗嘱”,是公元前2世纪出现于古罗马的一种遗嘱形式,即遗嘱人采用家产要式买卖的方式将遗产转让给自己的一个朋友(家产买受人),委托其依照遗嘱人的意愿处置遗产。这种遗产也被称为“市民法遗嘱”。——译者

[2] 待自由人(statu liberi),是指在遗嘱解放中,如果被继承人为解放奴隶附加了生效条件,在此条件成就之前,被解放的人处在待自由的状态。——译者

[3] 拉丁文“clientele”,是指古罗马的受保护制,即平民与贵族之间的一种依附关系。根据这种制度,受保护者对保护主应表示尊敬、忠心并负有按期交纳金钱或实物的义务,在人民大会中应顺从保护主的意见而投票。保护主则指导受保护者,在法庭上

社会制度，甚至在相对晚近的时代仍继续存在。

自然，我们在别的地方也遇到过裁判规范与社会之法间的类似关系。13 世纪，布莱克顿沿用《法学阶梯》第 1 卷第 3 章第 18 节（Institutes 1,3,18）的措辞来谈论英国的契约法："合意性（要式口约），它源自各方当事人达成的合意，不是源自法官或裁判官的指令；并且，只要王座法院自己不在整体上把所有的契约混在一块（有时候，善良契约除外），几乎有多少能聚集的物，就有多少类合意性要 171
式口约。"（*conventionalis* [*stipulatio*] *quae ex conventione utriusque partis concipitur, nec iussu iudicis vel praetoris*; *et quarum totidem sunt genera quot paene rerum contrahendarum, de quibus omnibus omnino se curia Regis non immiscet, nisi aliquando de gratia*）[1]

作为现代法的例证，我们似应提及意大利的一些地区宗教婚姻在法定的登记结婚中所起的重要作用，还应想到存在于国家结社法之外的各种不同的自由结社（直到不久前，一些法国的结社组织仍以此为基础），想到奥地利的南斯拉夫人中依然存在，但却不为奥地利实在法所知晓的家族成员共同体（"查德卢加"），想到各处出现的纯粹被社会认可，却不可诉诸公堂的契约，想到基于信托的

为受保护者辩护，当受保护者贫困时予以相当的补助。在罗马王政时期和早期共和国时期，受保护者集团是罗马贵族的主要社会支柱。——译者

[1] 德国汉堡马克斯—普朗克外国法与国际私法研究所弗朗克 · 明策尔教授认为，"stipulation" 原来是有固定形式的口约，但是在优士丁尼时，"stipulation" 已不是要式的，干脆是有约束力的话。请看 I 3.15.1。而且，"Bracton" 改 "stipulations" 为 "stipulation"（单数）而且加：e quibus omnibus omnino se curia Regis non immiscet, nisi aliquando de gratia（王座法院除有时为了表示怜悯外，完全不干涉这些诺言种类）。——译者

遗嘱赠与，它在法国通过宗教社团积累了无计其数的成千上万的财产，尽管直到最近的立法仍未认可这些宗教社团。

承认基于事实之规范的法条

我在自己的著作《德国民法典上的强行法与非强行法》[①]中研究了法条的性质以及法条与其所调整的诸构成要件（Tatbeständen）之间的关系。读者可参考该书的阐释，我在这里只强调对目前的讨论所必要的内容。任何包含规范的法条都会将某个命令或禁令附加给构成要件，作为其法律后果。这种由此限定规范、命令或者禁令的构成要件就是法的事实，即：习惯、支配关系或占有关系、意思表示。因此，在一个规范化的法条中，总是涉及规范化了的命令和禁令同上面所称的某一个法的事实之关系。职是之故，我们必须区分三类法条。

首先，有一类法条，它们通过承认团体中的习惯具有法律实效，通过庇护支配和占有关系，通过强制实施社团章程、契约和遗嘱处分，来直截了当地或者在一定条件下为在社会中已然存在的法的事实提供法院和其他国家机关的保护。在这些情况下，具有逻辑必然性的法条的规范紧随着直接来自法的事实（即来自习惯、支配、占有、意思表示）的规范。它们就是本身“来自概念”“来自事物的本性”（“aus der Natur der Sache”）的规范。这是法律中的逻辑要素

① 欧根·埃利希：《德国民法典上的强行法与非强行法》，耶拿1899年版（殁后，阿伦1970年版）。

的恰当领域，逻辑必然性上升为一种数学确定性，哪怕是价值概念 172
也加入进来，因为价值本身事实上也有数学的成分：它是一个方程。因此，这种法律数学，一种“根据概念的运算”，存在于损害赔偿与不当得利之诉的法律当中，存在于有关等价交换、物物交换和提供消费交换等契约之诉的法律当中。

否认基于事实之规范的法条

与上述法条不同的，是否认现有的法的事实或者主动创造法的事实的法条。根据这些法条，法院和其他国家机关人为地拼凑一些团体，或者解散一些团体，树立和废除支配关系，给予、夺取或者转移占有，撤销团体章程、契约、遗嘱宣告，或偶尔又强制地对它们进行创设。属于这方面的，主要是剥夺标的物或者使标的物无效的法条，宣布一定的关系无效、失效、可撤消或者可惩罚的法条。现代的制定法通过为团体章程和契约规定特定的内容，尤其借助所谓“监管”（*Reglementieren*）来强制当事人从事法律行为，通过国家机关（登记机关）来监督当事人对这些规定的遵守情况。

不言而喻，无效的、失效的，或者可惩罚的社会关系与法院、其他国家机关认为不属于法律范围内的关系是完全不同的；一个无效的婚姻不等于无婚姻关系，一个可惩罚的结社不等于不受结社法管辖的自由联合；一个禁止的契约不等于既不可据以起诉也不可据以辩护的契约：这些关系之所以被法院或其他国家机关拒绝予以法律保护，不是因为法律对它们没有作出规定，而是因为它们应当被社会所排斥。自然，假如它们在法院和其他国家机关禁止的情况下

被容忍或者允许继续存在，那么从法社会学的视角看，它们不是通过法条排除在社会之外的关系，而仅仅是法院或其他国家机关拒绝保护的关系，因为法社会学所关注的不是对法律规定的解释，而是对这些关系的社会考察。我们每天都可以看到，无效的、禁止的、可惩罚的婚姻、结社、支配关系和占有关系、契约、死因赠与等实
173 际上都持续存在；奴隶制尽管被废除并可能受到惩罚，但在南美、刚果自由邦（Kongostaate）[1]和俄罗斯，稍微改头换面后仍很活跃。

设定不依赖于事实之法律后果的法条

第三类法条是为法的事实设定法律后果，完全不依赖于在生活中伴随这些事实所形成的习惯、支配和占有关系以及处分而出现的规范。请大家想一想与所有权有关的禁区特权[2]或工商业管理权（Bann-oder Gewerberechte）或者纳税的负担，想一想某些契约中的保险义务，想一想毒品和炸药拥有者的告知义务。

社会对法条的影响

故此，法条所规定的规范要么能够使由法的事实产生的规范绝对地得到执行，要么能够使之遭到瘫痪或者破坏；最后，法条能够

[1] 刚果自由邦（Kongostaate）是19世纪80年代由比利时国王利奥波德建立的一个非洲国家，1908年被撤销，改为比属刚果。——译者

[2] 禁区特权（Bannrechte），是指中世纪在一定的禁区被授予特权的人有经营磨坊、酒坊等的专利权。——译者

对这些规范加进一种与从事实产生的法律后果之间毫无关系的法律后果。也就是说，在法的事实中，在习惯、支配、占有、团体章程、契约、遗嘱处分中，社会自行创立的法律秩序面对着一种通过法条形成的，并且仅仅通过法院和其他国家机关的活动加以执行的法律秩序。法的事实由于这个二阶法律秩序而被保护或者被塑造、被改变，也许还会被废除，在这个范围内，产生于法的事实的规范，即行为规则，只有包括这两种秩序的规范，事实上才构成社会的全部法律。但对二阶法律秩序的规范而言，显然重要的并不是在个别社会团体中进行利益分配，而是在包括一定地域内的所有团体中进行利益分配。故此，二阶法律秩序是由社会施加给一切团体的法律秩序。

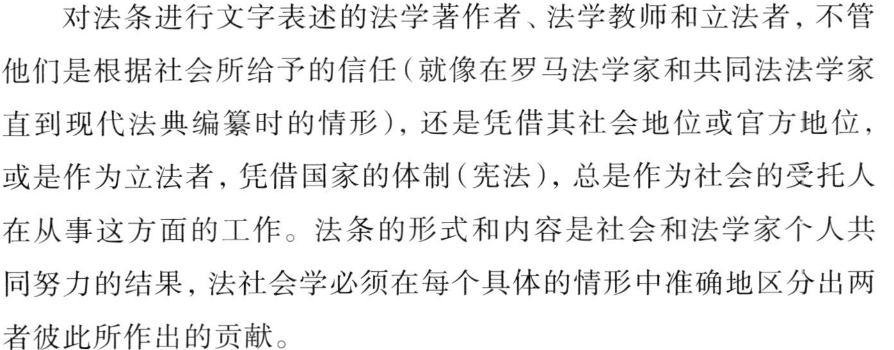

对法条进行文字表述的法学著作者、法学教师和立法者，不管他们是根据社会所给予的信任（就像在罗马法学家和共同法法学家直到现代法典编纂时的情形），还是凭借其社会地位或官方地位，或是作为立法者，凭借国家的体制（宪法），总是作为社会的受托人 174
在从事这方面的工作。法条的形式和内容是社会和法学家个人共同努力的结果，法社会学必须在每个具体的情形中准确地区分出两者彼此所作出的贡献。

法律形成的推动力来自社会，它伴随着社会的力量对比关系。当然，平常所用的“力量对比关系”（Machtverhältnisse）一词由于其本身的不确定性而不能作为科学的术语来使用；不过这里所指的仅仅是从国家、经济或者社会地位中产生的力量对比关系。另一方面，法条的存在，原因并不在于对个别阶级或阶层的利益的考量，而在于对一切社会阶层的利益的考量：此处，关键不在于它是实际的全体利益，还是仅仅像在巫术迷信中那样臆想的全体利益。对外来敌人和自然力量的防范就属于后者。至少根据行为者的确信，个别的居民阶层的利益归根结底也是全体利益，即便从公众的感觉看另一些阶层的利益不在考虑之列：比如罗马的奴隶的利益，直到19世纪还相当普遍的隶农的利益，古波兰共和国和古匈牙利常见的非贵族者（Nichtadeligen）的利益，以及也许到19世纪末期依然存在的无产大众阶级（die besitzlosen Volksklassen）的利益。不过，即使对大多数现代人来讲，道德败坏者和“不可救药者”的利益一般只应作为防范的对象：故此，在他们看来，保护社会秩序免受脱离社会的个人的破坏也属于全体利益的观点，这种保护可以通过刑法的一部分、通过安全警察、通过诉讼法来实现。但实际上，所有这一切的确只是力量对比关系。基于全体利益的决定也可以称之为根据权宜之计（合目的性）衡量的决定。

法学家作为社会正义的机关

无论在力量对比关系完全明确地存在的情形，还是在公众的意识里肯定无疑地谈到全体利益的情形，法学家有一个亟待解决的技术性的任务。法条的内容是由社会赋予的：法学家仅仅用文字对它加以表述，并且寻找把应当保护的利益以最可能有效的方式加以保护的手段。但这个技术性任务不容低估。在这个领域，程序的繁冗和实体法有限的表达能力常常造成巨大的困难：一切法律上的“形
175 式主义”都是建立在这个基础之上的。形式主义是一个必须加以克服的技术性缺陷，而不是一个值得赞赏的法的特性。罗马人和英国

人的法律史每一页都告诉人们，他们从前的诉讼程序之臃肿给他们带来了什么样的麻烦。有关诉讼基础、证明和判决内容之学说状况表明，它至今仍然困扰着我们。罗马人有关“诚信审判”（bonae fidei iudicia）[1]的发明或许可以算作是人类在法律领域思想最伟大的成就之一。他们的工作被法国的法院、德国汉莎同盟[2]的法院、纽伦堡商事上诉法院以及帝国商事最高法院继续发扬光大。但遗憾的是，德国商事法院的成果已经有一部分被人遗忘了。至少就罗马法而言，在盗窃之诉成为对物之诉之前，在占有人对事先占有财产或交付财产的责任、对物之灭失的责任以及对收益和损害的责任被规定和划定界限之前，它都需要什么样的工作，法律学说史的研究为我们提供了一种概念。许多法律制度目前最令人不满意的状况，在很大程度上可归因于这样一个事实：我们至今还不能够为它们确立一种技术上完善的法条。

当争议中所涉及的利益看起来既不能明显地通过全体利益，也不能通过社会整体的力量对比关系来预先确定时，社会就委托法学家对它们进行裁决。但这种情况可能是由各种原因造成的。首先，裁决中涉及的重大社会利益常常根本不为当事人所意识到，有时，这些利益超脱于阶级或阶层的斗争，以此分布在各个阶级和阶层之间；在许多情况下，它们太微不足道、太不重要而没有被人们感受

---

[1] “诚信审判”（bonae fidei iudicia），也称为“诚信诉讼”（actio bonae fidei），主要适用于委托、买卖或租赁契约的争议中。在此类诉讼中，审判标准不是严格根据法律或者裁判官的告示，而由法官享有较宽的裁量权，可以根据诚信的标准决定被告是否应当承担给付义务。——译者

[2] 汉莎同盟（Hanse），是13—17世纪北欧城市结成的商业、政治同盟，以德意志北部诸城市（如汉堡）为主。——译者

到。受命裁决的权力拥有者本身常常不参与利益的冲突。但最重要的原因也许是：代表各种利益的力量几乎保持均衡；或者是：在国家、经济和社会上最有权势的集团所产生的影响被另一些基于宗教、伦理、科学或其他意识形态信仰的社会派别所牵制或击退。

作为公平之表现的正义

当法学家被要求独立地在冲突的利益之间划出一条界线时，那
176 就意味着他必须依据正义来划这条线。这首先是指某种消极的东西：法学家必须不顾及权宜之计（合目的性）的衡量，不考虑力量对比关系来对利益进行判断。最近，确实，人们常说，正义本身也是一个有关力量的问题。如果言说者的意思是说，裁判所依据的正义思想在其影响法官的规范发现或者国家的活动时，必定已获得一定的社会力量，那么这种说法确实是正确的，但它也是不言而喻的说法；而不言而喻的说法本来就不需要说出来。但如果他的意思是说，在正义的幌子下面，国家、社会或者经济的地位对法的形成的影响总是有效的，那这个说法显然是不正确的。一个被证明其可以追溯至此种影响的法律规范，通常因为这一点就会被打上不公正的烙印。正义总是将天平的砝码仅仅偏向对弱者和受迫害者有利的一边。依据正义的裁判是一种基于对一个无利害关系的人也产生影响的理由之裁判：这种裁决是不牵涉利益冲突的人所做的裁判，或者即使由某个利益冲突参与者亲自来进行裁决，但这个判决本身也好像是不介入利益冲突者作出的或者批准的。故此，此种判决从不以力量状态的利用为基础。一个处于此种权力地位的人以正义

行事时，他其实是基于宗教、伦理、科学或其他意识形态的权衡，或者基于审慎政策的考量，而背离自己的利益，无论如何至少背离自己的切身利益。政治正义与社会正义的党派，比如教条的自由主义政党、英国的费边主义政党（Fabier）、德国的社会福利政策的政党（Sozialpolitiker）或民族社会主义的政党（Nationalsozialen）、法国的团结主义政党，它们的追随者主要是那些对政治与社会利益的斗争不感兴趣的意识形态者。事实上，他们的长处和短处就在这里。

作为超越情感之社会力量的正义

然而，所有这些都是消极的特征。哪些是正义的积极特征呢？当前有关利益衡量的流行语颇为成功，却不能回答这个问题；其关键在于：到底是什么加重了有待衡量的利益的份量？显然，加重份量的不是正在进行衡量的法学家，而是社会本身；无论是法学著作者、法学教师，还是法官、立法者，他们不管难易，都仅仅在于对这些利益作出判断。从社会滋长的利益中会产生一些思潮，这些思潮最终也会影响不牵涉利益的人。根据正义进行判决的法官会遵从 177
这些对其本身进行宰制的思潮。也就是说，正义不是来自个人，而是来自社会：在这个方面，裁判者的角色之所以重要，仅仅在于他能够至少在一定的范围内对于各种不同的答案选择一种最符合其个人感受的答案。但他这样做，也不能够忽视判决的社会基础。假如在古代，一位命运眷顾的斯巴达克斯（Spartacus）党人恰好废除了奴隶制，或者社会党人，比如在一个被围困的城市（就像公社统治时期的巴黎），恰好废除了私有制，那么这与正义之间没有什么

干系。同样，一个法官虽然是一个社会主义者，但他在某个判决中依然承认生产资料的私有制，他仍赞同股票交易的玩家对赌博指控的抗辩，尽管依照其信仰，这种抗辩破坏了诚实信用原则；法官这样做，并没有使自己陷入自相矛盾。这正是正义所要求的，他遵从了社会潮流而悖逆自己的个人情感。一个起义的奴隶，公社统治时期的巴黎那样被围困的城市政权，的确可以按照他们的个人感情行事，但他们这样做，仅仅是因为他们恰恰凭借特殊的环境摆脱了社会的影响。正义是一种超越情感的社会力量。

作为科学之对象的正义

234

首先，科学必须描述社会中存在的正义思潮，进而探讨它们是什么、它们从何而来、往何而去；但科学不可能断定这些思潮中哪一个是唯一正当的；在科学看来，所有的思潮都是同样有根据的。人类把什么看作是正当的，取决于这样一种观念，即：我们人类在尘世间追求什么目的。但科学的使命不是把人类在尘世间的追求当作目的，那是宗教创建者、牧师、先知、道德家、实践法学家、法官和政客们的事情。科学可能只关心什么东西可以通过科学的手段加以证明；一个东西是正当的，却难以在科学上证明，就像哥特式穹顶或者贝多芬交响乐之美难以向对它们毫无感受的人证明一样。所有这些都是情感生活的问题。科学也许能够确定某个法条的效果，但它不能够向人们规定，这些效果看起来对人是可欲的或者是可憎的。正义是一种社会之力，此社会之力总是关涉这样一个

178 问题：它是否足够有能力影响那些不偏不倚之人，这些人从事法学

家法之裁判规范和制定法的工作。

不过，尽管科学不能告诉我们有关目标的东西，但目标一旦确定之后却能够向我们说明到达目标的方法。完成该项使命的实用技艺就是建立在纯粹的科学基础之上的。没有一门科学告诉人们他们应当是健康的，但医学却告诉想要获得健康的人们根据自然科学的现状他们能够做什么。法学所关注的问题是人们如何通过法律达到所追求的目标的方法，但它必须为此目的而利用法社会学的成果。法条不仅是社会发展的一种结果，而且也是社会发展的一个杠杆，它是社会在其影响范围内按照自己的意志塑造事物的一个手段。人通过法条获得了对法的事实的一种哪怕有限的控制力；在法条之中，存在着一种体现意志的法律秩序，它与在社会中自行产生的法律秩序相对。

社会必须通过制定法（法条）来管理的思想早在古希腊就有，它在罗马人那里也起着重要的作用，16 世纪时再度兴起，从那时起直到 20 世纪初，成为欧洲大多数重大的政治和社会潮流的支柱，特别是成为绝对福利国家以及重商主义、自然法和社会政治运动的基本思想。对于现代的法律运动，这一思想依然具有巨大的、至关重要的意义。

法社会学能够在这个领域为法学提供些什么呢？我们人生旅程上的终极目标无疑将永远不会被我们看见，但我们毕竟能够眺望到旅程的一小段。任何科学的最高追求是向我们提供对未来的展望；研究者逐渐成为预言家。恰如物理学家试图预先确定加农炮弹的弹道，社会科学的信徒们也要努力计算出未来社会事变发展过程中的规律性；他们必然展现某些出色的成就，尤其是在国民经济学领域，而社会学的每一次进步也将为他们带来新的成功。

社会学告诉我们人类社会发展的规律和法条的实效。它指导法学如何让法条能够根据它们的实效来适应社会发展的规律。当
179 然，社会学没有告诉我们在法条和我们的其他行为方面必须按照科学规律来调整我们的生活，正如自然科学也不告诉我们必须保持身体健康一样，但人们通常愿意权宜行事，他们确实都渴望身体健康，极少例外。相应地，在社会学不断取得进步的成果之基础上，法学总是能够更好地告诉法官和立法者，他们何时在进行有用的工作，何时由于违背发展规律而对法条有错误认识、毫无目的地浪费社会之力。如果有“正确的法”，确切地说，如果有“正确的法条”，那么它们就是推动人类走向其未来发展方向上的东西。的确，不可能完全阻止违反目的之行为，因为毫无疑问，不管怎么说它也属于世界发展目的的一部分，但它确实只具有障碍的性质，即：阻止所使用的手段。

因此，当社会学家试图根据他的科学知识努力勾画未来的社会秩序和目前适应未来的法的图景时，绝不是在从事一项不科学的工作。同时，当马克思试图证明社会主义的必然性，即：社会发展必然走向社会主义时，也不是不科学的，至少不比气象学家为指导农耕而预测天气更不科学，或者不比地质学家为了有利于货币政策而描述黄金的前景更不科学。不幸的是，在所有这些研究中，很多站不住脚的东西都打着科学的旗号大行其道，这是事实；但这不应受到指责，而应归咎于整个知识领域的年轻和不成熟。当人们质疑为何社会学家将出现在眼前的目标提出来作为（人类不再能够超越的）全部发展的最终目的时，这很可能基于某种误解。天文学家研

究最远端的、望远镜所能达及的星云图像，微显技术专家向我们显示极微的、尚能为其仪器观察的粒子，他们均不否认在这个世界的背后还隐藏着另一个世界，在这些微小的粒子背后还隐藏着另一些微小的粒子。同样，社会学家也知道，在目前限制其观察领域的视域背后还有不在其观察之内的其他视域，但他满足于可以达得到的东西。

到目前为止所论述的所有内容——法条与社会的联系，法条对社会发展的依赖，都已经被历史法学派的创立者们正确地认识到；因为他们所称的民族法意识确实不过是社会正义的思潮而已。当
然，他们弄错了自己的学说的影响范围，因为他们根据这个学说所 180
解释的不是法，而仅仅是法条，不是所有的法条，而仅仅是以正义为基础的法条；但即使有这种局限，他们在一百多年前所作出的工作仍是一个巨大的业绩。他们远远胜过其后继者，这一点可以从下面的事实看出：在这些后继者中还没有人能够在他们建立的基业上进行建造。

或许，目前科学面对正义方面必须完成的任务，能够最好地显现在一个让法国的殖民政治家感到很头疼的问题上。在阿尔及尔（Algier）和突尼斯（Tunis）沙漠边缘的阿拉伯游牧部落，拥有大群的绵羊、骆驼和马匹；他们不仅需要为这些畜群而要不断扩大的牧场，而且也需要宽长的通道，以便在季节变换时将这些畜群从一个牧场点赶往另一个牧场点。他们这样做，势必带着牲畜经过耕种的土地。若此，大规模的农田开垦就不可能。那么，农业是否应当一如既往地继续这样贫瘠下去，以便让生活几个世纪的阿拉伯人能够为其牲畜找到食物？对此有人提出一个反问题作答：难道为了处于沙漠边

缘“由于极其不保险的降雨”而极度贫瘠、仅具有限发展能力的农业得到比如至多不超过一万公顷的耕地，就应该将成千上万只羊、大量的马和骆驼宰杀掉吗？大约19世纪中叶，在瑞士，农耕者、大牲畜饲养主为一方，同小牲畜饲养主为另一方，双方之间曾掀起一场类似的争斗。农耕者站在大牲畜饲养主一边，因为农田开垦仅仅牺牲小牲畜牧场而不牺牲大牲畜牧场就能够得以发展。据说，目前在瑞典和挪威，拉普人（Lappe）[1]和强行将他们赶出牧场的农民之间也有类似的利益冲突亟待裁决。任何研究西班牙国民经济的人都知道，美利奴细毛羊（Merinoschafe）牧场至今在西班牙还发挥着巨大的作用，这使该国很多地区不允许对这些牧场进行农田开垦。

法学家每天艰难地面对这种性质和这种影响范围的问题。它所涉及的问题，或者是划定界线，即从事经营的企业主在什么程度上才可以通过噪音或气味扰民；或者是界定标准，即用益权人在用益权终结之后，根据什么对物之毁损赔偿所有权人，或者可以为自己的支付而要求补偿；或者是测定范围，即在什么程度上劳动者的
181 生命、健康以及精神和身体的发展应在劳动契约中被考虑；或者是制定规则，即在什么程度上限制竞争条款（Konkurrenzklausel）可以阻止雇员自由地利用其劳动力；或者是以制定法条款作出规定，即社会应据以保证无产阶级通过最低限度的工资维持一定的生活水平，保证病人、老人、失业者以及寡妇和孤儿得到救济。公正的决定总是保护那种在发生争执的利益之中的更高的利益。但哪一种利益是更高的利益呢？

---

[1] 拉普人（Lappe），也称“拉普兰人”，生活在斯堪的纳维亚半岛北部的饲养驯鹿的民族。——译者

个别正义作为对立面的天才综合之结果

假如根据当事人的愿望(这种愿望不论是牲畜饲养人的，还是农田开垦者的；不论是经营企业主的，还是其邻居的；不论是财产所有人的，还是用益权人的；不论是工厂主的，还是工人的；不论是老板的，还是雇员的；不论是有产阶级的，还是无产阶级的)来作出判决或者发布制定法，那么作出这种决定不是正义说了算，而是权力说了算。如果应以正义行事，那首先就意味着，这些当事人的愿望本身不可能是决定性因素，关键的问题是冲突的利益哪一个对社会更具有份量：是牲畜饲养人的利益，还是农田开垦者的利益；是经营企业主的利益，还是住宅区的环境卫生；是财产所有人的利益，还是用益权人的利益；是工厂主的利益，还是工人的利益；是商业的利益，还是自由择业的利益；是有产阶级手中财富的增长，还是无产阶级的福利的增加？在这里，负责进行裁决的人不应仅仅看到眼前，而且也要看到未来的世代，不应仅仅看到经济需要，还要看到牲畜饲养和农田开垦、经营企业和公共卫生、财产所有权和财产用益权、工厂主和工人、商业和自由择业、财产和无产的大众阶级福利之政治、伦理和文化的意义。

作出这样一个决定是一个人可能面临的最重大、最艰巨、责任最重的任务。回答这一类追问正义的问题，就意味着能够读懂正在生成的社会中未来发展的迹象，提前感知到未来的需求，提前确定未来的秩序。如果我们确实有能力在科学知识的基础上敢于进行这样的尝试——目前以适度的方式这样做，那么我们就会看到，唯

182 有用整个科学技能武装起来的天才方能适任此项工作。与此同时，我们在自己的正义感中对浩瀚事物中隐藏的相互联系拥有一种模模糊糊的预感，这种预感像宗教、伦理，也许还有艺术一样，几千年来引导人类走向遥远的、未知的目标。在这个道路上，天才是人类天生的领袖；即使在最原始的时代的思想过程中，除了有宗教创建者、先知和诗人之外，也还有立法者和法官。天才是高度发达之人，其他人类远远落后于他；天才是通过神秘的巧合生于当下的未来之人，他当下所思所感就是未来所有人类所思所感；这是他的悲剧，因为他是孤独的，其唯一的报偿就是他为别人指明了道路。正如我们平时只能从最深邃的知识中所企盼的那样，天才眼前魔法般展现图像的预感，赋予他一种对隐藏的相互联系的如此高超的洞察力。19 世纪伊始，拜伦（Byron）[1]作为英国上议院的议员在针对保护机器作业（Maschinenarbeit）上的工人立法的演说中曾经提出了一种正义思想，50 年后，该思想才被大多数社会政策家所意识到；他在有关爱尔兰问题的演说中表达了一个正义的概念，这后来被格莱斯顿（Gladstone）[2]表述在一项法案当中；他在 19 世纪初即已参与了希腊的复兴运动，我们所有的人至今为之感到惊叹。因为尽管正义以社会潮流为基础，但它要变成现实，仍需要个人的亲历行为。在这一点上，它与艺术最为相似。正如我们今天所知，艺术家创造艺术作品不是从内心产生的，他只能够将社会所提供给他的东

[1] 拜伦（Lord Byron,1723—1786 年），英国著名诗人。著有《唐璜》等诗篇。他在一生中曾参与多种政治活动和社会活动。——译者

[2] 格莱斯顿（William Ewart Gladstone, 1809—1898 年），英国 19 世纪最伟大的政治家。自由党领袖和四届首相。1881 年主持制定爱尔兰土地法案，使爱尔兰农民得到好处。在政治上一直对爱尔兰自治表示赞同。——译者

西塑造成形；但正如艺术作品一样，虽然它是社会之力的产物，但也必须由艺术家为之穿戴上某种形体，同样，正义也需要一个先知来宣告它；再者，同艺术作品一样，尽管它形成于社会的素材，但从艺术家那里获得其整个个性标识，正义仅仅从社会那里获得其未经加工的内容，而正义的个别形态却更应归因于创造它的正义艺术家（Gerechtigkeitskünstler）。没有所谓唯一的正义，也没有唯一的美；但在每一件正义作品之中都有正义，正如美只在每一件真正的艺术作品中对人类叙说一样。制定法、法官判决和文献作品都赋予了正义以个别的形式，就其最高的表现形式而言，是对立面的天才综合之结果，就像人类心灵的其他伟大创造一样。

边沁公式只属于特定阶级的公式

人类的感觉多种多样，社会的阶层也千差万别，以至于难以 183
将正义概括为单一的公式。也许，还没有哪一个公式比“最大多数人的最大幸福”这个著名的公式获得更大的成功，该公式是边沁（Bentham）从贝卡里亚（Beccaria）那里借鉴过来的。但它从未得到“证明”，它也不属于那些不证自明的真理。

首先，边沁公式并不能说服所有的人：它说服不了宗教禁欲者，在他们看来，尘世的幸福根本不值得花力气追求；它说服不了贵族统治的信徒，按照他们的看法，“最大多数”的人生来不是为了幸福，而是为了劳作和顺从；它说服不了审美主义者，根据他们的观点，一个米开朗基罗（Michelangelo）或一个拿破仑（Napoleon）抵得上成千上万的芸芸众生；它说服不了爱国主义者，他们与其说关心祖国公民的个人幸福，不如说更关心祖国的力量和强大；它说服不了唯能论者（Energetiker），在他们看来，起决定作用的只有奋斗和实效，而非幸福。只有一开始就信奉上述公式的人才会拥护它：这些人是自觉的民主主义者。它是一个民主政治的口号，这意思其实是说，它只表达了一小部分人的思想意识和感情。因为民主是一种贵族式的思想。真正的民主主义者，依其精神气质不过是贵族而已；在那些出身贵族的人中，只有那些随其等级也共同继承了这种鲜明特质的人才是真正的贵族。平民（Plebejer）从来就不是民主主义者：他仅仅要求同地位比他高的人平等，而不要求与地位比自己低的人平等。有一种贵族的最为高贵的气质、一种巨大的力量意识、一种不可征服的固执精神，即：不仅要求特权，而且也排斥特权。

所有这些贵族主义者中的民主主义者和民主主义者中的贵族主义者把“最大多数”理解成了什么呢？对格拉古兄弟（die Gracchen）[1]而言，它是指罗马市民中的几十万个平民，对乌尔里希·冯·胡滕（Ulrich von Hutten）[2]而言，它是指数量确实不占多数的德意志骑士等级，对边沁本人而言，它是指城市市民的中产阶级，而对马克思而言，它则是指几百万的工人阶级。假如人们苛求格拉古兄弟，将意大利以外的侨民亦赋予市民权，或者苛求胡滕，将农民和骑士一视同仁，那么他们一定把这称为极端的不公正。边沁认为即使处于最底层的工人也有可能上升为中产阶级——或许

［1］ 格拉古兄弟（die Gracchen），公元前2世纪名叫塞姆普罗尼乌斯的两个罗马兄弟，他们曾利用保民官的职位和罗马共和国公民大会的立法权力，发动了罗马革命。——译者

［2］ 乌尔里希·冯·胡滕（Ulrich von Hutten，1488—1523年），法兰克骑士和人文主义学者。以爱国者、讽刺诗文作者和路德事业的维护者著称。参与写作《蒙昧者书简》（1515—1517年）。——译者

有万分之一吧，以些微的安慰使自己感到满意：难道这是“最大多数”？边沁最伟大的门徒约翰·斯图亚特·密尔（John Stuart Mill）首先想到通过一种（顺便说一句）非常温和的社会政策，在一定程度 184
上向工厂的工人提供帮助。从纯粹算术的角度看，马克思是对的。但在他的整个著作没有一句话谈生产资料的社会化应如何有利于那些游离于社会之外的人；假如考虑整个地球的人口，那的确是“最大多数”。我们发现，马克思最忠实的门徒之一的考茨基（Kautsky）在出版、作序和推荐的社会主义乌托邦中[1]，社会主义社会将通过黑人的强迫劳动来获取殖民地的产品，“因为黑人不会自愿地劳动”。

“最大幸福”最终到底指的是什么意思呢？一般而言，边沁和他的门徒把它理解成中产阶级的经济富裕和个人力量活动之最大限度的自由空间。但这些对人性最具深刻洞见的行家恰好没有明说，当“最大多数”被强人（starke Männer）领导并为其锻造生活的命运时，他们是最幸福的吗？当他们消失在任何一个共同体当中，甚或当他们可能服务于白天照料其生活用度、夜晚保护其免受贫困和愁苦的主人时，也是感到最幸福的吗？当一个同样的“最大多数”靠别人养活，生活在无忧无虑的闲散状态，尽管遭受着极大的贫困，难道他们感受不到最大幸福么？边沁的最大幸福观是特定国家、特定时期的特定阶级的幸福观，即上个世纪初英国资产阶级的幸福观。卡莱尔（Carlyle）针对这个幸福观提出了一个截然相反而对同一国家、同一时代的另一社会阶层同样有利的幸福观。其实，“幸福”是一个毫无意义的词汇，它根本与现实不符。没有任何一个人

① 亚特兰底库斯：《未来国家一瞥：社会主义国家的生产和消费》，斯图加特 1898 年版。

能够把幸福认真地想作是某个特定的事物，或许也没有任何两个人会把幸福想作是同一个事物。幸福同立法和司法根本上没有干系。尽管如此，边沁仍说得对，且说到点子上了；因为他把他那个时代的一种强大的正义思潮作为理想出现的东西表述为明确的法律要求。但他的学说没有超越时间、地点和阶级的意义。

正义没有公式，它只是一种表达道路和目标的术语：一个在阳光灿烂的远方的目标，人类的心灵能够预感，但却不知道，这是一条人类必须步履蹒跚、不确定地行进的道路。一个能够对正义作最后断言的人，也将因此找到人类的发展规律，也许甚至找到了宇宙
185 的发展规律。在此期间，科学必须满足于对已经载入历史的发展线索进行考察，满足于不久的将来对它所预示的东西做出猜想。

作为社会和法学家之整体作品的法条

从团体的内部秩序到我们的法典和法学手册中的法条，这中间还有很长的路要走。在原始时代，只有关于诉讼的法条和赎罪金规则被创造出来，而且完全出于权宜之计（合目的性）。这些法条中包含的规范属于形成社会之“二阶秩序”的规范，因为它们并不直接调整和规制团体，目的仅仅在于避免危险。另一方面，一阶秩序规范是法律诉讼紧急需要的，但还没有以法条形式存在：它们通过一般化和统一化从团体的内部秩序中提取或者通过自由发现而获得，直到后来通过法学才逐渐发展成为普遍有效的法条。同时，由于法学的发展，法条在数量和力量上均得到增长：一个内容愈来愈丰富的诉讼法得以发展，赎罪金规则部分地转变成为损害赔偿法，部分

地转化成为刑法。最后，国法产生，作为法院的裁判规范和国家（行政）干预的基础。

在所有的这些阶段，社会均像法学家一样活跃。任何法条都是从社会提供的素材中塑造出来的，但这种塑造却由法学家来完成。尽管在社会中通行的规范被一般化和统一化而成为法条，但最后还是由法学家来决定什么是一般化的，什么是统一化的。法学家要判定，其视野范围内的家庭秩序的哪一种应看作是典型秩序，根据这种典型秩序，对出现在其他情形中的纠纷进行裁决；各式各样出现的契约内容，哪一种适合充当裁决所有类似的契约争议的标准。自由发现规范应当只是补充和代替社会团体中那些对裁决法律诉讼已然失灵的内部秩序，整个“二阶秩序”从一开始就注定环绕着团体的内部秩序，就像它每时每刻重新创造习惯、支配和占有关系一样，用一堵防护墙防止攻击和危险。社会和国家干预团体内部秩序
的法律也始终来自于某种较大的社会团体或国家团体，后者试图对 186
其组成部分的较小团体施加影响。尽管这些规范是从社会中已然存在的关系中产生的，一旦被改造成为法条，法学家不仅必须将它们表达为条文，而且也必须为它们提供大量的内容。但给法条打上其个性印记的法学家本身总是受到社会影响的；社会的力量对比关系、社会的全体利益观念、社会的正义思潮都要求法学家个人必须将哪些东西加以一般化和统一化，必须为纠纷关系寻找什么样的规范，应当保护什么样的东西以防止攻击和危险，什么东西应对它们作出牺牲，在什么地方，国家和社会的团体自我创设的内部秩序应被变更或废除。故此，只有一少部分法条才是其创作者个性的表达，以至于人们可能认为，若法条由另外一个人来创制，它就不会

像它现在表述的这个样子，而可能以别的方式来表达。即使在这一点上，我们也不应忽视，任何一个人，哪怕是最特立独行的天才，都是受环境影响的结果，每个人都只能在某个特定的社会中出生和工作，否则他始终寸步难行，或者必将失败。

法条的社会联系之洞察

主流的法学（尽管并非总是有意地）把每个法条事实上仅仅看作是“立法者意志”的表达，因而完全没有认识到社会在这一点上所占有的重要份量。自然法学者过去看问题要深得多，因为他们试图将法律建立在正义感之上，也就是说，至少间接地将法条建立在社会的正义思潮之上；萨维尼和普赫塔由于提出民族法意识乃法律发展之基础的学说，常常只是将自然法思想改变成了社会之法思想。边沁通过其功利原则（耶林的《法的目的》之观点恰好在本质上与之相契合），第一次全面地把注意力引向全体利益，当然，他经常将全体利益同某个特定阶级即资产阶级的利益混为一谈。唯物史观比自然法学、历史法学派、边沁和耶林走得更远，它指出：法，同时也包括法条，只是经济秩序的上层建筑，因此，法条是在社会
187 力量对比关系的压力下形成和创造的。然而，同时，它又陷入了片面性，因为它有意地切断了个人的因素、正义思潮以及一切非经济的影响，它把这些影响常常或有时以非常任意的方式归结为经济影响，尽管大多数情况下也不经意地基于其考察角度而完全考虑到全体利益。法社会学不能忽视所有这些因素，凡在法条的构造上起作用的东西，它都必须顾及。

第十章　正义的内容

在正义的影响之下，法条的形成无处不在；法官在没有法条可资利用的情况下，会根据正义寻找裁判规范；一项法律、一个法官的判决、一种国家（行政）干预，都是根据其内在的正义来加以判断的，几乎每一个政党都至少依据其自诩的信念选择正义作为目标。在所有这些情形中，正义的具体内容是什么？既然在裁判规范、法条、批评、政党等情形中，归根结底，既然在所有法律的情形中，我们要处理的是法律保护的利益或者由法律赋予效力的利益，那么我们必须提出这样一个问题：哪些利益应被视为公正的？赫德曼（Hedemann[1]）① 的研究尽管限于 19 世纪德国、奥地利和瑞士的私法立法，但在一个更大的背景下对这个问题进行了考察，并且以一种符合最严格的科学要求的方式对此加以解决。然而，我们这里必须撇开法律领域的通行分类。我们要讨论的可能不是正义对私法、刑法、行政法、诉讼法的影响，而是依据正义来判断通过私法、刑法、行政法、诉讼法所应保护的利益。 188

---

[1] 赫德曼（Justus Wilhelm Hedemann，1878—1963 年），德国民法学家。——译者

① 尤斯图斯·威廉·赫德曼：《19 世纪民法的进步》，第 1 卷，柏林 1910 年版。

法的原始时代值得保护的利益

欧洲各国原始时代的法律史向我们展示了一幅国家司法的图景，当时，国家的司法完全局限于与国家有关的事项上：谋害国王、通敌、违反军纪。除此之外，其他的法律保护就是原始团体的事情，也就是氏族、家庭、家族成员共同体的事情，这些原始团体通过每个成员的这样一种强烈感觉（即：每个人在这个充满暴力行为的世界上只有通过与他自己的团体保持密切联系才能够维持生存）维系在一起。原始团体设立法院，为诉讼确立规则，形成了最早的法条。通过一系列可以追溯久远年代的法律记述，我们对所有的这些已经
189 有了相当的了解。就欧洲而言，特别是罗马人的《十二表法》，大体在同一阶段产生的德意志部族法，斯堪的纳维亚传说以及若干斯拉夫人的法源均应在考虑之列。从中我们得知，在这些法律曾经生效的社会，防止针对国家、人身、生命和财产的暴力行为是头等重要的生活问题。这些古老的秩序几乎完全指向凶杀、故杀、伤害、抢劫、盗窃和遗产掠夺。也就是说，其中所载的法律规定都涉及对国家、对百姓的生活、对家畜的生息、对财产以及对工作场所的关注。这些看起来都是唯一值得保护的利益；通过自救、血亲复仇、和平解决以及赎罪金来实施法律保护。这些依照当今的观念或许应统统归于刑法的法条，甚至直到今天仍是国家、人身、财产的法律安全以此为据的所有法条的原型。

通过损害赔偿之诉的所有权保护

一个值得注意的现象是，随着最早的法律记述出现之后，在所有的地方，传统中断了很长时期。此时，无论在罗马人那里，还是在德国人那里，黑暗世纪开始了，有关这个时期的法律形成，我们获得的信息很少。然而，一旦源流开始更加丰沛地流淌，我们就会看到一幅截然不同的景象。这在罗马大约发生在共和国末期，在日耳曼各国大概发生于13世纪；在英国，黑暗消逝得更早一些，而在斯堪的纳维亚各族，这一情况直到15世纪才发生。

尽管这时值得保护的利益同早期一样，即国家、人身、生命和财产，但其手段则更加丰富、更加多样化。首先，国家不再仅仅在处理涉及它本身的事项时动用刑罚权，而且在涉及百姓的人身、生命和财产的事项时也愈加频繁地使用之。其次，国家在很大程度上掌控了从前的社会法院，通过这种方式为利益提供一种比早期社会所能提供的更强有力的保护。不过，国家的刑事司法继续通过威吓手段对暴力行为、欺诈和盗窃行为进行防范，同时，将赎罪金转变为损害赔偿；通过这种方式，不仅在暴力、欺诈或盗窃等不法行为之情形中使赎罪成为可能，而且也使因以其他方式进行违法的行为而提供赔偿成为可能。最后，我们也发现了最狭义的权利返还之诉（rechtsverfolgende Klage），这种诉讼的目的在于使权利人亲自获得其权利客体：它是权利人主张所有权或占有权的物，或者被告应负 190
清偿责任的物。

主流的法学由于认定损害赔偿之诉和权利返还之诉之间有原

则的区别，因而没有认识到这一发展。它在债权中讨论损害赔偿之诉，在所涉及的具体权利中讨论权利返还之诉，比如所有权学说上的财产所有权之诉。但莫契卡（Mauczka[1]）① 曾正确地指出：人格权利，即生命权、身体权、名誉权、姓名权，即使在无过错侵害的情形中也只能够是通过损害赔偿之诉加以保护。故此，从体系上看，这些诉求不属于债法，而属于人法。其他一些权利返还之诉的情形也同样如此。基于占有丧失的对物之诉——顺便提一下，由于侵犯支配关系而提起的诉求也具有相同的性质——产生于因抢劫或盗窃而剥夺占有之诉，故此，它与基于抢劫和盗窃的损害赔偿之诉密切相关。现今，当占有之重新获得已不可能时，有时甚至当人们不指望占有之重新获得时，损害赔偿之诉甚至取代了对物之诉；在现代的英国法中，一定意义上，在古典的罗马法中，对物之诉最终只有作为损害赔偿之诉才可以执行。故此，在这些情形下，损害赔偿之诉是因剥夺所有和占有之诉的形式，即：一种基于所有和占有的特定诉讼形式，这种诉讼形式在某种程度上是必然的，在某种程度上又是历史所赋予的。但因损害原告所有或占有之物而提起的损害赔偿之诉同样也总是基于所有和占有之诉。同在剥夺之诉中一样，在这些损害赔偿之诉中，所有或占有构成诉讼的基础。事实上，我们今天不再像罗马人那样把排除妨害之诉（actio negatoria）理解为役权之诉，而是理解为财产所有权之诉，因为尽管保护某种自称的役权是其目标，但所有权是诉讼的基础，同样，我们也必须

---

[1] 莫契卡（Josef Mauczka，1872—1917 年），奥地利法学家。——译者

① 约瑟夫·莫契卡：《论人格权学说》，载《格林胡特杂志》第 39 期（1912 年），第 1—42 页。

根据诉讼基础而不是根据诉讼目标，把阿奎利亚法之诉（actio legis Aquiliae）[1]称为财产所有权之诉。

通过不当得利之诉的所有权保护

不当得利之诉也是财产所有权或占有权之诉：即所有人或占 191
有人要求在他人所获利益的最高额以内进行损害赔偿的诉讼，以弥补其所有权或占有权被他人利用而遭受的违反意思的损失。债权人的撤消契约之诉（Anfechtungsklage）所针对的是通过债权转移而形成的债权安全的损害，它实际上是一种债权之诉。在罗马法上，不当得利之诉曾经有过充分的发展：无因性请求返还之诉（condictiones sine causa）、无因管理之诉（actio negotiorum gestorum）、转化物之诉（actio de in rem verso），以及作为债权人撤消契约之诉的撤销转让行为之诉（actio Pauliana）。在共同法上，这种诉讼特别是通过温德沙伊德的影响而得到更加精致的发展。在法国法上，由于《法国民法典》仅仅包含有归还非债务清偿的法律规定，故此不当得利之诉的发展几乎完全是通过司法判决来进行的，在此方面，司法判决从形式上看通常是以转化物之诉为根据的。普拉尼奥（Planiol[2]）① 基于“任何人都不得根据别人的损失和

［1］ 阿奎利亚法之诉（actio legis Aquiliae），罗马法上依据《阿奎利亚法》由受侵害人向侵害人提起的诉讼，属于罚金之诉和损害赔偿之诉。——译者

［2］ 马塞尔·费迪南·普拉尼奥（Marcel Ferdinand Planiol，1853—1931 年），法国法学家。著有《民法原理》（1899 年）。——译者

① 马塞尔·费迪南·普拉尼奥：《民法原理》，第 2 卷，巴黎 1912 年法文第 5 版。

损害而获得利益”（neminem cum alterius detrimento et iniuria fieri locupletiorem）[1]的原则来进行论证：“这是少有的能够统领所有实在法的自然法规则，因而立法者甚至无须费心对它重新进行表述。”（c’est une des rares règles de droit naturel, qui dominent toutes les lois, alors même que le législateur n’a pas pris spécialement le soin de les formuler.）当代，也许在德国法和法国法中，几乎任何不是以当事人的意志为基础的获利，没有对发生损害的一方当事人进行补偿的获利，均构成不当得利之诉的理由。在英国法上，不当得利之诉与财产所有权—占有权之诉的关系更加明确地表现出来，因为针对所有权和占有权而通常应具有的两种诉讼（即：动产侵占之诉［trover］和债务诺言简约之诉［indebitatus assumpsit］[2]）最初都是侵害之诉（trespass）。动产侵占之诉最早是有关发现物而提起的诉讼[3]，现在则涵盖一切被告将原告所有之物或占有之物转由自己使用或者非法剥夺原告对物之占有和使用的情形；债务诺言简约之诉通常包括涉及金钱的动产侵占之诉一类的情形。

［1］ 该原则是古罗马法学家彭波尼（Pomponius）提出的，其完整的表述为：“iure naturae aequum est neminem cum alterius detrimento et iniuria fieri locupletiorem。”见《学说汇纂》第50卷，第17章，第206节（Digest 50.17.206）。——译者

［2］ 债务诺言简约之诉是英格兰普通法旧式诉讼程式之一，主要是针对违反默示的简式合约的损失而请求赔偿的形式，多发生于出卖、运输货物、完成劳务所引起的价金给付。故此，也有学者认为：债务诺言简约之诉与动产侵占之诉（trover）以及侵害之诉（trespass）是有区别的，因为后两者是基于侵权行为而非契约而发生的诉讼。——译者

［3］ 确切地说，动产侵占之诉最早是指对发现他人动产并非法将其转由自己使用的人提起的要求给予损害赔偿的诉讼。后来，该诉讼实质上成为对任何非法占有或使用他人动产行为的救济方式。——译者

公正的财产所有权之诉的技术性问题

因此，权利返还之诉、损害赔偿之诉和不当得利之诉连同其所属的刑法都只是人身保护、支配和占有关系保护的各种不同的形式。正义要求应保护人身、支配和占有关系，正义也要求这种保护应愈来愈丰富、愈来愈精致地发展；但无论如何，还有一个技术性 192
问题必须解决：通过什么方式才能够满足正义的要求？只要正义所要求的内容还没有找到合适的裁判规范和相应的法律救济手段，正义就必须保持谨慎。损害赔偿法的发展恰好为此提供了一个适例。所有权人至少当他的所有物被盗窃或者丢失时，甚至可以向无过错的买受人请求返还原物，但是他只有当能够证明物之损害者有过错时，才能够对损害者要求损害赔偿。这一对待损害者较为宽厚的处理方式并非是通过正义提供的，这首先有一个历史的原因。针对（占有盗窃物或者其他通过非法手段攫取之物的）第三人的权利返还之诉很早从盗窃之诉发展而来。与此相反，损害他人之物的原始之诉目标在于支付赎罪金，因为这是一种刑罚，它在任何发达的法体系中均以损害者的过错为前提。故此，损害赔偿之诉由于它与古老的赎罪金之诉具有这种历史联系，那么在支付赎罪金已然过渡成为损害赔偿之时，也是以某种过错为根据的。为了使之经受一个同由盗窃之诉到财产所有权之诉类似的转变，人们必须找到一个法条，它可以在无过错造成的损害和纯粹的意外事件造成的损害之间作出明确的区分。无论罗马人还是现代人迄今为止都没有成功地做到这一点，由于这个技术性难题，我们至今原则上依然坚持这些

在许多情况下感觉很不公正的法条，即："物主承受物的意外损害"（casum sentit dominus），"意外损失必落在其降临之处"（loss from accident must lie where it falls）[1]。罗马法和我们的中古法也明白其中的某些例外，在19世纪，至少个别的企业活动可能对他人带来巨大的危险，因而在法律上对其遭致的损害负责，但迄今只有法国的司法判决广泛地采纳无过错产生的损害责任。然而，至今只能部分地从他们的裁判规范中推断出明确的法条。

依据契约的处分的法律保护

最古老的契约是以占有的转移为内容的。在物物交换契约中，对物的占有发生转移；在债务奴隶的自我买卖中，也就是说，在所有负担劳役和劳务的契约（委身契约）中，对自我人身的占有发生转移。没有这种占有的转移，契约一开始在法庭面前是无效的，因此，法庭不是保护契约本身，而仅仅是保护已经转移给受让方的占有，使其免受抢劫、盗窃或者诈骗行为的剥夺。当抵押物替代了契
193 约标的物时，当第三人作为人质替代了自我为奴时，情况也并没有什么改变。此时，债权人可以持有抵押物或人质，并且在这种占有中受到保护，其方式与通常在物之占有的方式相同：他没有其他可在法庭上针对另一方契约当事人起诉的权利。

只有当债务人开始更多地由于他的承诺而不是由于他对债权人的转让而承担责任时，真正的契约法才产生。长期以来，人们依

[1] "loss from accident must lie where it falls"是美国著名法学家霍姆斯（Oliver Wendell Holmes）在《普通法》中对英美普通法中有关意外损害的规定所做的一个概括。——译者

然坚持交付给债权人的标志（即定金［arrha］、保证金［Angeld］、部分履行以及通过移交契约标的物或者交付债务人由债权人与有的保证行为）之思想联系；但是，这种思想联系逐渐消失，最终，承诺本身在愈来愈大的程度上产生了“责任”（Haftung）。

因此，契约的法院保护，最初总是仅仅意味着法院对根据契约所进行的财产处分的保护（无论这种处分是对物的，还是对人的；是对自物的，还是对他物的），至少意味着法院对个人从事劳务或者实物履行之处分的保护。假如这种处分没有立即履行，那么它首先只产生处分人之债（Schuld）。假如这种债附加上处分人基于承诺的责任，那么法院就立即强迫他事后履行处分行为。法律犹犹豫豫，在一定意义上不情愿地采取这些步骤，总是仅仅作为对最紧迫、最不容回避的生活需求的一种让步。责任最早出现在支付赎罪金的调解的情形以及同债务人象征性自我买卖相关的信贷契约之中，后来，在买卖的情形中，责任基于允诺（物未曾被盗窃过）而产生。物物交换契约中真正的履行责任是以大量的商业交往和社会劳动分工为前提的。罗马法还没有强迫物之卖者去履行承诺，而只是强迫他去转移占有，并且承担买者可以持有该物的责任；租赁（die location conductio）和其他一些交换契约，所谓的无名契约，还从未曾达到这个阶段，它们实质上产生债，但不产生责任。现代的所有权转让契约（Übereignungsvertrag）才第一次创设所有权转让的义务；但只有在法国的诺成契约和英国的契据（deed）中，在签订契约的那一刻，才产生处分的效力，即尽可能完全地转让所有权。因此，正义的发展总是旨在努力将契约中的言语（当事人承诺）塑造成法庭前可以执行的分量十足的法律效力来源。但是，首先，契约确 194

实总是仅仅表现为对自己的人身或者自己的财产之处分权的行使。显然这里的指导思想只是在于：就像所有权人可以把自己的所有物烧掉或者打水漂，他也可以将它转让给他人。归根结底，财产所有人的意志对属其支配的东西是至关重要的，当这种意志表示在依据契约的处分之中时，也同样如此。从这个角度看，契约是财产利用的一种手段。

契约法与国民经济的价值学说

在这里存在着另一种思想后果的萌芽。既然契约上的财产处分是财产利用的一种手段，那种通过利用财产而发生效力的东西也就属于契约内容的一部分。在那些对商业交易最重要的契约中，处分自己的财产应需要一种来自对方契约当事人的对价履行，这种对价履行反过来又存在于对方的财产处分之上。也就是说，在很早的时期，最初在交换契约中，后来逐渐扩大，也在其他双务契约中，一方当事人的履行可以引起对价履行的法庭之诉。但是，这样一种包括两个相互限制、相互关联，又相互交织在一起的处分的契约，这样一种只关注双方当事人在契约中所包含之处分，而不考虑它们的社会背景的法律制度，仅仅表达了契约内容的一部分，而不是全部的契约内容。

齐特尔曼的著作《错误与法律行为》(*Irrtum und chtsgeschäft*)①[1]

① 恩斯特·齐特尔曼：《错误与法律行为：一种心理学—法学的考察》，莱比锡1879年版。

[1] 埃利希在正文中将此书名写成了“Rechtsgeschäft und Irrtum”（“法律行为

包含着对行使处分行为时的心理过程所做的堪为楷模的剖析。既然每个契约都包括处分，那么，齐特尔曼的著作，无论出发点还是结论都绝对是正确的。但齐特尔曼停留在处分上。他把契约分成两种独立的处分，对他而言，契约甚至只意味着两种处分，而不是两种处分的交织。因为在他看来这种交织属于契约签订时的心理过程，因而没有受到他应有的重视。共同法和《德国民法典》中内容丰富的现代文献有关法律行为的"意思表示说"才第一次把注意力放在这一点上。对于此点，国民经济的价值学说包含着无比深入的研究。众所周知，无论是英国的古典经济学家还是"学派"型国 195
民经济学家均对此做过论述，后者由于其代表人物是奥地利人故称为奥地利学派，尽管属于其创建人的除了奥地利人卡尔·门格尔(Karl Menger)、英国人杰文斯(Jevons)、法国人瓦尔拉，尽管该学派不仅在奥地利，而且也在法国、英国，尤其是在意大利和美国可以数出许多门徒和重要的代表。表面上看，古典学派和奥地利学派获得了极其不同的结论，但实际上它们也许从不同的侧面阐明了同样的主题。古典经济学家的价值概念和奥地利学派的价值概念一样都是有道理的。但对于我们目前讨论的问题而言，唯有奥地利学派的价值概念是至关重要的。

我们首先研究根据经济原则签订的契约。"在每一种具体的经济中，可以想象有数不清的经济活动主体的行为方向；然而，可以肯定的是，抛开经济上毫无干连的差异性，只有一种经济管理的方向能够是合目的性的、合乎经济的方向；换言之：在任何经济中，

与错误")，显系笔误。曼弗雷德·雷宾德尔编校的德文第 4 版均将错就错，但言宾德尔编校的德文第 4 版脚注是正确的。——译者

都有无数的非经济的经济管理形式；然而，抛开经济上毫无干连的差异性，经常只有一种经济管理方向，一种严格确定的符合经济的经济管理方向是可以想见的。”（卡尔·门格尔）① 这个合乎经济的契约是一种进行等价交换的契约。

迄今为止，奥地利学派的研究主要限定于买卖和交换，甚至在这些领域仅限于相互履行的标的，特别是价格。直到最近，克莱因韦希特尔（Friedrich Kleinwächter[1]）② 才第一次把城市租约（土地租赁）包括在内。不言而喻，这种研究能够用于所有的契约，甚至用于完全单方的、无偿的契约以及没有任何经济内容的契约，特别是家庭契约和公法契约。契约处处建立在某种心理过程之上，这种心理过程可以像为交换契约确立基础的过程一样来加以剖析。在这个方面，英国法学在对价（consideration）学说上取得了可观的成就，波洛克论契约的著作 ③ 表明了这一点。但一个彻底详尽的研究必须考虑到一切具体的约定，考虑到契约中所包含的内容——所有
196 的责任、条件、期限规定，因为经济性不仅取决于履行的标的和价格，而且也取决于它们的整个内容。但迄今为止，在伯姆—巴韦尔克（Böhm-Bawerk）论资本利息的著作中 ④ 只讨论了时间即周期的影响。

① 卡尔·门格尔：《国民经济学原理》，维也纳 1871 年版。

[1] 克莱因韦希特尔（Friedrich Kleinwächter, 1877—1959 年），奥地利经济学家。——译者

② 弗里德里希·克莱因韦希特尔：《城市土地租赁的实质》，莱比锡 1912 年版。

③ 弗里德里克·波洛克爵士：《契约原理》（*Principles of Contract*），伦敦 1911 年英文第 8 版。

④ 欧根·冯·伯姆—巴韦尔克：《资本和资本利息》，1909/1912 年第 3 版。

契约法作为对非经济性契约的拒绝

一个完全正义的契约之理想是彻底按照经济性原则缔结的契约。如果契约法的裁判规范遵循这个正义理想，那么它们必定要么否定非经济性契约，要么只能使之发生效力，就好像它们是按照经济性原则来签订的。这种理想是法学难以企及的。首先，经济性原则本身大概根本不可能表达为一个一般的法学公式，更不用说表达为一个法条了；再者，法学家对此也缺乏程序性手段，特别是在证明程序上更是如此。因此，法学必须接受一种更为温和的使命：一方面它必须拒绝那些极其明显的非经济性情形，另一方面又必须在适当的情况下，细致地按照经济性的意义纠正契约的内容。法律史表明：在正义观念的影响下，契约法的裁判规范，一定程度上也包括法条本身，事实上正朝着这个方向发展。

非经济性契约缔结的原因包括疏忽、错误、紧急状态和强迫。整个世界上最古老的法条几乎都是打击利用这些原因签订契约的法条；特别是，最古老的制定法均针对这些情况：它们是禁止暴利和欺诈的法律。在古希腊，在罗马，在欧洲中世纪，已发现有反高利贷法和反欺诈法，它们是刑法最早超越其原始阶段的表现，而且甚至在今天依然还在不断地流行。

超过了这个阶段，契约法的进展非常缓慢。一切较为古老的法律制度，上古的罗马法、中世纪法、中古罗马法上有关要式口约（stipulatio）和其他产生严格法诉讼（actiones stricti juris）之契约的法条、中古的共同法，在许多方面甚至当今的英国法，在契约中所

197 看到的基本只是处分。直到晚期的罗马法、晚期的共同法以及最近的大陆法，这一点才在一定程度上被超越。

然而，无论罗马法，还是现代法都还没有达到某种最终的结论。困难的根源在于契约签订中错误的法律和契约解释的法律。像罗马人或者像现代人经常所做的那样，援引交易习惯、善意（bona fides）、诚实信用和善良风俗，自然不是解决问题的办法。这绝不是包含裁判规范的法条，而是对法官本身依照正义，也就是说，依照经济性原则去发现裁判规范的一种指引；这些裁判规范将尽可能使每个契约当事人进行价值计算所根据的所有考量发生作用；另一方面，它们又要对无法挽救的非经济性契约，特别是非伦理性契约拒绝进行法律保护。但这些法官的裁判规范是能够普遍化的，因而日后可以改造成为法条。罗马契约法的很大一部分就是建立在依据善意作出的裁判之普遍化基础上的，现代人从罗马法原始文献中所包含的裁判中发展出进一步的法条。对于从现代司法判决中产生的有关契约法的大量法条，我相信在我的著作《默示的意思表示》① 中业已做了大致的说明。不言而喻，这一类法条不应包括在法典之中，它们是最狭义的法学。

表见事实之信赖

在所有以这种方式从诚实信用原则衍生出来的法条中，有一个法条值得进行更仔细的考察。这个法条就是：每个当事人对其在签

① 欧根·埃利希：《默示的意思表示》，柏林 1893 年版（殁后，阿伦 1970 年版）。

订契约时所作的表示之真实性负责。假如另一方当事人根据这个表示进行其价值计算，那么裁判规范就将根据这一计算而使契约生效。所谓“表示理论”正确地认识到这一点。该法条可以适用于第三人：假如第三人通过其行为产生价值计算，那么契约对他也予以适用，就好像契约是由于他的行为签订的一样。这就是韦尔施帕赫所称[①]的“表见事实之信赖”原则。“必须以手护手”这个法条是对该原则的一项适用。它的意思是：经物之占有人善意签订的契约，198
对于将物委托给占有人的物之所有人也是有效的，由此就确立了表见的事实，正是根据这个表见事实，善意购买人进行其价值计算。官方登记产生了该原则的另一项适用。在这种登记中，价值计算的根据是由官方提供给当事人的。一个人由于自己的行为导致登记不正确或者不完善，他不能够向根据这一不正确或者不完善的登记进行价值计算的人追回自己的权利，他最多只能向从中受益者提出诉求。一些个别的法条使“表见事实之信赖”原则甚至在很大程度上超出了这个界限，然而，它们不再以诚实信用为基础，而是基于实践衡量、交易安全、信用安全以及官方文件的社会份量。

公正的契约之诉的技术性问题

值得注意的是，英国法在裁判规范中坚持契约作为一种纯粹的处分的旧观念，在程度上比大陆法大得多。直到晚近的时期，它还不知道土地登记簿——几年前这种制度才被试探性地引入；同样，

① 莫里茨·韦尔施帕赫：《民法上的外在构成要件之信赖》，维也纳 1906 年版。

它不久前也还不知道"必须以手护手"原则（该原则直到1823—1877年间的一系列法律，比如《代销商法》[*Factors Acts*]，仅仅为了商业交易才确定下来），仅有很少的例外（比如"公开市场"[market overt][1]中的买卖）；英国法更多地让当事人基于其意思表示而承担责任，不论它是否与诚实交易的前提条件相一致。

把这个考察推展到财产权契约以外的其他类型的契约，特别是推展到家庭法和公法上的契约并非是不可能的[2]。教会法有关婚姻无效的理由作为一千多年之经验和深刻的人性认识的结果，尽管今天在细节上自然有些过时，但依然可以用作一个例证，说明在这种困难领域人类精神能够完成什么。这种成效在任何其他的法律制度中还没有达到，甚至在现代的婚姻法和现代财产权契约法中也是如此。

我们已经清楚正义在契约法中所起的作用。也可以说，正义借助反高利贷和反欺诈之刑罚经过契约信守的刑法保护，从齐特尔曼的契约概念到奥地利国民经济学派的契约概念，从被看作是有关自己的财产或人身之纯粹处分的契约到通过该处分要求等价对
199 待履行的契约。在早期法律中，契约纯粹是人利用其财产的一种手

[1] "公开市场"（market overt）是英国依习惯或法律在规定地点和时间设立的市场。按照英格兰法，在公开市场中的买卖，不仅对买卖双方有效，还可以对抗第三者，即使销售的是赃物（马匹除外），善意的购买人仍能取得货物所有权以对抗真正的所有人。但若窃贼被定罪，则货物仍应归还失主。这一原则不适用于威尔士和苏格兰。——译者

[2] 此处，德文版原文用的表达是："es ist nicht möglich, ……"（"……是不可能的"）。根据上下文，不符合作者的原意，可能是印刷错误。莫尔的英译本已经指出这一点（See Eugen Ehrlich, *Fundamental Principles of the Sociology of Law*, transl. by Walter L. Moll, Harvard University Press 1936, p.227. ）。——译者

段；法律愈发展，它就愈把契约看作是一种诚实交易的工具。不言而喻，在每一个阶段，契约不仅指前者，而且也指后者，即：契约既是人利用其财产的一种手段，同时又是一种诚实交易的工具[1]；但问题并不在于契约的性质是什么，而在于裁判规范如何使之发生效力。为了使作为诚实交易之工具的契约在一定程度上生效，即使不考虑实体法问题如何，它也需要一个很精致的诉讼程序，就像罗马人直到出现裁判官抗辩（der pratorischen excetione）和诚信审判（bonae fidei iudicia）[2]时才获得的程序那样：纯粹的否定之诉（denegatio actionis）[3]哪怕它事实上服务于这个目的，肯定也不可能产生功效。即使在今天，这个目标也几乎没有达到。

亲属继承法的正义思想

由于纯粹军事考量对继承法的发展所产生的巨大影响，我们并不总是能够轻易地看出社会正义思想在其中所占有的份量。在任何地方，继承权都是与家族成员共同体一同开始出现的：死者的财

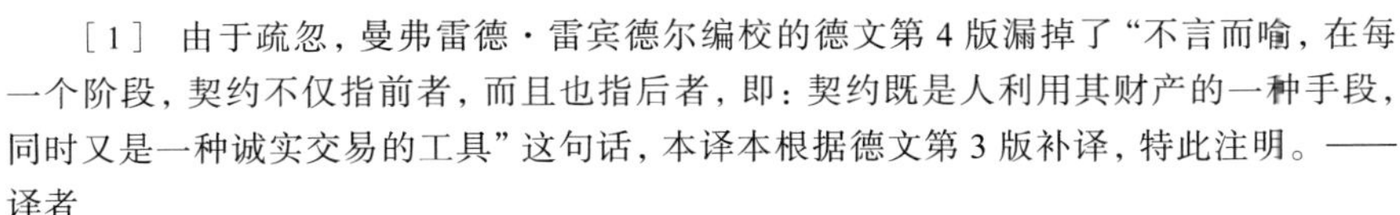

［1］ 由于疏忽，曼弗雷德·雷宾德尔编校的德文第4版漏掉了“不言而喻，在每一个阶段，契约不仅指前者，而且也指后者，即：契约既是人利用其财产的一种手段，同时又是一种诚实交易的工具”这句话，本译本根据德文第3版补译，特此注明。——译者

［2］ 诚信审判（bonae fidei iudicia），是指在罗马法之诚信诉讼（actio bonae fidei）中，法官可以根据诚信的标准决定被告是否应当承担给付义务。这种审判特别适用于有关委托、买卖或租赁契约的争议之上。——译者

［3］ 否定之诉（denegatio actionis），是指罗马法上程式诉讼的法律审阶段：在这个阶段，若执法官认为诉求缺乏根据或没有形式上的合法性，可以对原告的诉权予以否定，阻止诉讼继续进行，并终结诉讼。——译者

产只要没有随他陪葬，就留给家族成员（Hausgenossen）。若排除军事考量所起的作用，进一步的发展则首先建立在家族成员资格的拟制上：假如没有家族成员，那么无人继承的遗产只要还没有被分割，就提供给曾经是死者的家族成员的人或者确实本应是家族成员的人。这就是男系亲属继承权的基本思想。男系亲属要么是真正的家族成员，要么是拟制的家族成员，即：假如一个人或其先人未分家离居，他就是家族成员。当罗马人说，男系亲属是先人在世时与死者受同一父权支配或者曾经受同一父权支配的人，那么这只不过是上述思想的另一种表述而已，因为父权是家长对其家庭成员监管的权力。

因此，男系亲属继承权（das agnatische Erbrecht）不等于亲戚继承权（Verwandtenerbrecht）。不言而喻，只要绝大多数人生活在家族成员共同体中，它的亲属结构必然使每个人马上就明白，而且遗产事实上必然归于现在的家族成员或从前的家族成员，几无例外。但继承权愈加不可理解，规则愈来愈多地变成例外，家族成员共同体则愈来愈少见（父母及其子女的家庭共同体除外）。那么男系亲属继承权与家族成员共同体之间的整个联系最终必然被淡忘，以至
200 于男系亲属继承权看起来仅仅像是一种古怪的、荒诞的、局限于男性世系的亲属继承权。这显然是罗马人在共和国时期的观念，也是现代英国人的观念。此时，正义要求废除继承权的这种完全不可理喻的怪诞和偶然性，近亲属只要没有基于特殊理由被排除在外，均应有继承遗产的权利。这样，男系亲属继承权逐渐过渡为家庭继承权（Familienerbrecht）。尤其是留下遗产者本人曾在绝大多数情况下继承了过去遗留下来的财产，也就是说，他曾从家庭中获得财产，

在这里，家庭继承权的正义就直接地显现出来了。这项权利的一个特殊的进展体现在下面这个流传很广的法条之中：“父系后嗣承父产，母系后嗣承母产。”（paterna paternis, materna maternis[1]）根据这个法条，任何遗产均应重归于其所来自的世系。

遗嘱继承法的正义思想

菲克尔（Ficker）的研究①表明，拟制的家庭成员和家庭共同体对于日耳曼民族的原始继承法是没有什么意义的。只要自由人没有受到真正的亲属阻挠，他就可以在生者中间自主地处分自己的财产；在他死后其财产是无嗣继承的，除非它归国家或者公社所有。这种情形也适用于罗马人和斯拉夫人。无论何地，男系亲属或者亲戚的同意权（Beispruchsrecht[2]）均属于后来的秩序。故此，在原始时代，当时缺乏有法律效力的遗嘱宣告，原因在于缺乏执行遗嘱宣告的法律救济手段；但托付行为，附带延至死后生效条件的生前约定赠与并未由此受到妨碍。罗伯特·凯勒默（Robert Caillemer）在

[1] 弗朗克·明策尔教授解释说，这一句的意思是：（没有孩子的被继承人的不动产按来源分为从其父亲继承来的和从其母亲继承来的部分）父亲来的部分是父亲方面的（亲属应该继承的部分），母亲来的部分是母亲方面的（亲属应该继承的部分）。——译者

① 尤利乌斯·菲克尔：《东日耳曼法之遗产继承顺位研究》，4卷本，因斯布鲁克1891—1904年版。

[2] “Beispruchsrecht”，英语也译作“the right of veto”（否决权），日本学者译为“亲族同意权”。按照这种日耳曼的制度，接受任何一块个人的土地，必须经过其他家庭成员的表决同意，否则无效。——译者

其杰作①中，依据大量的材料，对托付行为的世界史意义予以阐述。托付行为是一种契约，托付行为的正义如同契约的正义：财产所有人对属于他的财产有处分权。甚至在托付行为变为单方遗嘱宣告之后，遗嘱继承法的基本思想仍保留这一点；在契约的情形中，财产所有人的意志对其财产有决定意义，这一点甚至延伸至其死亡之后。由男系亲属模式发展而成的法上继承权（rechte Erbrecht）——为恢复这个精致的表达，普赫塔曾提出法律上的继承权（gesetzliche
201 Erbrecht），以之代替，引起极度误解——越是同在（后来）社会中盛行的家庭秩序发生冲突，遗嘱赠与就越是具有重要性：不久以后，没有立遗嘱即死亡被视为一种不幸。我们在罗马，同时也在日耳曼的中世纪将会看到这种情形。自12世纪以来，教会为了自身的利益总是为遗嘱的发展开辟道路。此后，供养家庭、关心敬神和公共目的以及关心经济事业的努力引起重视。

在继承法中起作用的各种不同的思潮

然而，继承法中的这些相当清晰的正义思潮是与一系列属于完全不同秩序的思想相交叉的。在古代城邦国家中，农民和市民拥有土地的一部分，同时也是[1]武士的份地（Kriegerlose）。这些份地在数量上并不因为占有人的死亡而减少，也不因遗产的分割而减弱到占有人不能从中维持生计的程度。在日耳曼人那里，自由民

① 罗伯特·凯勒默：《遗嘱执行的起源和发展》，里昂1901年法文版。

[1] 由于疏忽，曼弗雷德·雷宾德尔编校的德文第4版在此处加了否定词“nicht”，意思完全不同，根据第3版校正，特此注明。——译者

之继承权看起来也受相同的考量因素的影响。女子继承权受到限制的情形亦如此。这些军事观点最强烈地体现在女继承人的权利（Erbtochterrechte）上。整个采邑法均瞄准于为领主的军队提供装备昂贵的骑士，采邑继承法（Lehnserbrecht）与这个目的是一致的。对于隶农的继承权而言，庄园的经济结构和领主的意志起着决定作用，后者主要操心的是贡赋和劳役不要被减少：他想让每个庄园都由一个有提供赋役能力的人占有，以此来规制继承权。其次，下面这个观点也受到重视，即：将具体的遗留物给能够利用其用益的人：将武器分给男人，将饰品分给女人。再次，在高级贵族中，有一种想法也是根深蒂固的：为了维持家族荣耀的利益而规制继承权。在农民阶层中，家族成员共同体原则有时还在以某种新的形态继续存在：农场由儿子中的一个人承继占有，其他继承人则作为帮工从中获得生计。在其他地方，年长的儿子们分配遗产，而依然与父同住的幼子承继农场（幼子继承制，Borough English）。

自从 15 世纪伦敦法院的影响使原先仅限于骑士等级的采邑继承顺位制度扩展到各个阶层以来，英国继承法就一直受这些正义思潮支配。根据采邑法，不动产归长子继承；在长子缺位时，则由直系亲属的子女中第一个出生的男性继承人继承（这里有相当复杂的亲等计算）；而在动产的继承方面，大约两个世纪以来亲属继承顺 202
位制度连同遗夫或遗孀的继承权一直在齐头并进。17 世纪，遗嘱自由大行其道，连特留份继承权（Pflichtteilsrecht）都难以对此加以限制。英国人对自己的继承法的迷恋是大陆人很难理解的，这个制度于 19 世纪只有些微的改变。

继承法的正义指导思想

在继承法的最近进展中，只有少数指导思想是可以看得清楚的。在遗嘱继承法上，欧洲大陆总的发展趋势是倾向于处分自由，这种自由受到特留份继承权的限制，特留份是为了立遗嘱人子女和父母的利益（偶尔也为了立遗嘱人遗夫或遗孀的利益）而规定的。特留份继承权被视为立遗嘱人有义务为提供衣食之人的一种照料。法上继承权具有某种极端无计可施的特点。人们好像持这样一种想法：任何一个人都必须在财产所有人死后得到其财产；谁得到这些财产，他拿它干什么，法律并不关心，只要它还留在家里就行。在德国和奥地利，农民的继承权上流行着一种相反的趋势，即倾向于把农场保持在确保适度经营的状态和程度上。《瑞士民法典》包含着一种试图对继承法问题更深入理解的有趣尝试。[①]

尽管如此，在历史发展过程中，继承法的正义指导思想还是容易察觉到的。对遗物的留存，发展成为拟制家族成员即男系亲属的继承权，继而又转化为家庭成员继承权。在此基础上，出现作为死因赠与契约的托付行为，随着这方面的法律技术充分地发展，由托付行为又产生出遗嘱处分。遗嘱继承权只在一定程度上被家庭成员继承权和直系亲属继承权所限制，在英国甚至都不受这些继承权限制。继承法的历史发展的潜在趋势产生了一种旨在维护家族荣耀、维护农场、维护经济经营之利益的继承权，一种特别是运用遗

① 详见欧根·埃利希：《瑞士继承法草案》，载《社会立法与统计学文档》，1896年第9期，第174—186页。

嘱处分而对教会和其他公共机构的捐助。如果没有家庭成员，遗产就被视为无主物，刑法最初对此不予保护，甚至从未防止对它的抢 203
劫和盗窃。与此不同，后来出现了旨在保护继承权的国家行政措施（遗产的查封，法院的遗产特许占有[1]）。

劳动成果权的正义思想

一个普遍存在的正义思想是：劳动必须像财产一样，被同等地视为值得保护的财富。这个思想在《圣经》的经文中得到认可：工人得工价是应当的[2]；它在社会主义者有关充分的劳动报酬权的主张中也得到明确的表述，当然，只要现下的社会秩序还继续存在，这一思想本身还无法主张通过法条来变成现实。但裁判规范当前也从未考虑过该正义，即便它很容易融入当今社会秩序的框架；而且，这一点又在很大程度上给相应地表述法条带来困难。故此，尤其是针对通过别人的劳动而致富的人所提出的诉求，类似于针对利用别人财产不当得利所提出的赔偿之诉，只存在于极其罕见的场合。只是对于一种独特的劳动，即创造性智力劳动，经过几乎一切文明国家的法学家的齐心协力，其中存在的巨大阻力在很大程度上已被克服，而且相当大一部分难题幸运地得以解决。我们把这归结为著作权法和智力财产的刑法保护。当然，还有许多事情留待人们去做。因此，在法国，目前研究的问题是，确保艺术家对于其通

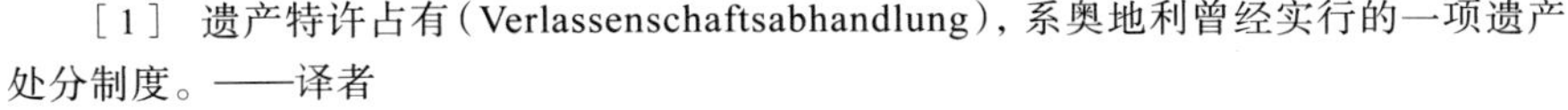

［1］ 遗产特许占有（Verlassenschaftsabhandlung），系奥地利曾经实行的一项遗产处分制度。——译者

［2］ 语见《新约·路加福音》第10章第7节。——译者

常非常低廉出卖的作品在成名后所获得的升值享有份额。这个想法的正义几无异议，但人们没有能够找到解决问题的技术方案。有人提出应从法律的角度将在公开拍卖中升值的价格的百分之二无条件地赋予艺术家，在其死后赋予其家属，这个方案显然是完全行不通的。正确的做法或许是允许其对自己的作品拥有优先购买权（Vorkaufsrecht），但即使在这里，越接近问题，困难也越积越多。

正义作为社会静力学之表达

故此，受正义思想的推动，为社会提供愈来愈丰富多样的防御手段的法条得以产生，以抵御对其秩序的攻击；这些法条更多地只
204 是对既有事实的一种组构，而不是对它的一种根本改造。人身、支配和占有都受到社会的内在秩序的保护：首先通过刑罚威慑，其次是通过损害赔偿之诉，最后，尤其是对占有来讲，甚至还要通过权利返还之诉和不当得利之诉来对此加以保护。契约之诉更完美地实现了最初契约的本有目的，即：利用对自己财产的处分权以同时获得对待履行，在信贷交易和借用契约中，甚至获得某种等价。继承权的司法保护和国家保护同样以正义为基础，只是贯彻了在生活中业已存在的一系列思想：遗产最初是死者的家族成员和直系亲属维持生计的储备。超过这个阶段，它属于死者的家庭；死者生前对其遗产的处分在其死后依然生效。通过法条和法律救济手段保护智力劳动在最近的若干世纪才得以实现，其原因在于，智力劳动此前还没有在社会中争得其地位。因此，根据前述，整个基于正义的法只是既有的法的事实的表达，即社会静力学的表达。不过，与该

正义相反，还存在着另一种作为社会动力学的正义。在后一种正义中，这样一种认识得以流行：法条不仅仅能够维持现状，而且也是社会规制其各种团体内部关系的一种手段。这个动力学的强大推动力就是个人主义和共同体思想（Gemeinschaftsgedanke[1]）。据认为，通过司法判决和行政干预，可以修改或者废除既有的法的事实，通过这种方式，推进社会进入一定的轨道。

个人主义的正义思想

关于个人主义和共同体思想对于法的发展的意义，我在自己论述权利能力（Rechtsfähigkeit）的著作①中已经做过详细论述，所以我目前的讨论主要引述该书即可。这里，关键的问题是个人主义对裁判规范的影响。个人主义在下面这个原则上达到了登峰造极的程度，即：人人自为目的，不受制于任何只把人当作其目的之手段使用的权力；不受制于让其屈从任何他人个别意志的统治，也不受制于任何一个不为个人本身服务而仅为整体服务的团体。个人主义的正义理想是个人及其财产，个人自由地处分自己的财产，在 205
他之上除了国家没有别的主人，他除了受自己自愿签订的契约拘束外不受任何其他的拘束。因此，个人主义废除了一切传统的依赖关

［1］ 莫尔的英译本将“Gemeinschaftsgedanke”译为“集体主义”（collectivism），据说是受戴雪（Dicey）的思想影响（See Eugen Ehrlich, *Fundamental Principles of the Sociology of Law*, transl. by Walter L. Moll, Harvard University Press 1936, p.234.）。——译者

① 欧根·埃利希：《论权利能力》，载弗朗茨·柯布勒主编：《法》，柏林 1909 年版（阿伦 1973 年重印本）。

系，即奴隶制、支配和臣服关系，废除或至少弱化了家庭法的权力。在它的影响下，夫权趋于消亡，婚姻本身由于愈来愈容易离婚而在很大程度上变得松散，父权、监护权和抚养权逐渐从自利的主人权（Herrenrecht）转变为由他代表服从者的利益而必须履行的一种职务。这一发展在19世纪初的《奥地利民法典》和19世纪末的《瑞士民法典》中已臻完成，据认为，它在法国由于《民法典》的修改本才达到顶峰，而在《德国民法典》中对此只可发现零星的苗头。在社会把个人视为成员的团体遭到解体和摧毁之后，个人和社会之间所保留的联结环节只有所有权、契约和国家，连个人主义都不得不承认国家有无限的权利，将个人用作达到其目的之手段。在国家和个人之间只存在国家建立作为其机构或者试图作为其机构对待的那些团体（乡镇、邦、教会）以及个人自愿加入或者缔约加入的团体（协会、会社）。个人应享有的所有权利均通过裁判规范转化成为个人权利，成为物权或者债权。这甚至适用于家庭中传统的共同所有权（Gemeinschaftsrecht）：赡养权变成了一种赡养请求权。《德国民法典》以特有的方式规定，赡养通常以养老金的形式支付。这一规定遭到很多人嘲讽，本身在法典体系上却是完全合理有据的；因为若赡养是应通过法院判付的（此处所指的主要是在个人主义私法上的情形），那么它通常采取养老金的形式进行。当且仅当个人通过契约承担义务或者由于过错而担责时，一般才根据裁判规范来对个人课予义务。

个人主义的物权法追求财产自由，这种自由忽略财产与共同体的一切联系，忽略对共同体的考虑。个人主义的契约法要求契约自由，当然，这种自由大体上也应受限，即：个人不能对自己的人身进行处分，因为在个人主义看来人身总是不可侵犯的。个人主义的继承法的最终目标在于：享有继承权的继承人尽可能同等地对待， 206
通过这种方式为社会提供拥有财产和契约自由的最大多数的个人。个人主义的国家法直接将个人置于国家的对立面：其最终的表达方式是普选权。迄今为止，任何有限的选举权形式均起源自家主或家长的多少有些秘密的选举权：这种现象在普选权中逐渐消失，国家即使从表面上看似乎也是由个人构成的。随着妇女选举权的出现，国家法几乎将家族和家庭拆解成作为其组成部分的个人。这样，人类切断了所有的关系，本质上根据相同的裁判规范来判断，实行在法律面前一律平等。

个人主义的世界历史意义在于：它不仅仅形成法条，而且还通过法条直接影响法的事实。它通过扬弃团体来废除团体中的习惯；它通过改变团体的结构，尤其是通过拆解家庭、通过在国家与个人之间形成全新的关系来改变习惯；特别是，它对家庭中的和一切文明民族统治团体中的支配权给予了致命的打击。它通过财产自由和作为其后果的土地解负，改变了土地的占有关系；通过契约自由，使商业和交易摆脱无数的桎梏；通过经营自由（它仅为财产—契约自由之部分现象），将财产构成的重心转移至动产领域。但这种变革的强大性恰恰最好地证明，法条唯有通过其存在本身所来自的基本社会力量才发挥作用。

共同体思想的正义

19 世纪，共同体思想作为个人主义的对立面而出现。社会主义或者共产主义表达的共同体思想，不在此处讨论，因为这种形式的共同体思想对当今的法的形成没有什么影响。然而，其他一些温和的学说，尤其是在最近几十年来几乎对一切法的领域具有重要的意义。

共同体思想首先意味着与个人思想（个人主义是它的先锋）的对立。根据个人主义的个人思想（individualistischer Einzelgedanken），人人应为自己着想，每个人尽可能合理地利用自己的财产和劳动。但个人主义即使在其如日中天之时也并没有能够阻止共同体产生
207 和继续存在，在这里，成员的特定权利要求由全体成员根据完全不同的原则来满足。在家庭成员共同体中，在法人社团中，在公益性机构中，在依然仅仅属于军事共同体，或者官员共同体，或者福利共同体的国家中，就不存在依照财产和契约来精确计算的履行和对待履行：个人各尽其能，各取所需。虽然共同体思想不像社会主义或共产主义那样努力按照上述原则来建设整个社会，但它也很想把看起来已在现存的共同体中实现了的若干原则引入社会之中。对于通过契约而自由利用财产与劳动，应由另一种秩序来代替，在这个秩序中，个人至少在紧急状态下要按照其力量与能力报效全体，而全体亦至少在紧急状态下满足个人的需要。

这个出发点就是个人主义所遭受的一个巨大的内在矛盾。尽管个人主义努力地对所有的人一视同仁，但它依然允许一些极大的不平等，特别是财富的不平等继续存在，法律面前的平等只会加剧这种不平等。越是按照同样的法条来对待贫富，富人的优势所占的份量就愈大。与社会主义不同，从共同体思想出发的社会运动并不试图根除不平等，而仅仅是削弱不平等。它想通过社会制度，通过

对富人过度利用其优势施加一定程度的限制的法条，来抵消富人的实际优势。

个人主义与共同体思想的关系

尽管个人主义和共同体思想两者表面上看似矛盾，但它们都只不过是一种针对纯粹以财产为基础的法律秩序之相反倾向的表达。财产给予财产所有人单独决定经济上可利用的自然力之可能性，这不仅是财产权的意义，而且是几乎所有其他法律制度的意义所在。任何契约，甚至包括劳动契约，依其内在的本质，都只是通过处分而对财产的一种利用；尽管劳动者不是对狭义的财产的处分，而是对其体力和智力的处分，但他这样做的确仅仅是为了生产资料的拥有者获取其劳动力并由此使其财产有所收益。无论像在过去的家庭，还是像在现今农民家庭那样同时既服务于产品生产又服务于产 208
品消费，还是主要像眼前这样仅仅服务于消费，家庭都通过财产所有人来维系在一起，并且通过财产而获得其内容。国家和公法人都是一种以财产为基础的社会的机关；其他一些共同体基于共同的目的为管理和利用共同财产而存在，当然这些目的也可能是一些理想的目的。然而，在奴隶主社会、在封建社会（在欧洲，这种封建社会的余脉一直延续至19世纪），以及在当今的家庭中，财产总是与一定的支配权联系在一起，这些权利部分地由财产所有人直接行使，部分地由国家和公法人行使，或者由生产资料的所有人通过同业公会来行使。个人主义所攻击的正是这一点；它所要求的财产自由和契约自由仅仅意味着：财产不得与任何支配权相联系。由于这些权

利至今还只在国家和家庭中寻找到其遗迹，所以，个人主义的历史使命几近大功告成。共同体思想做得比这更深入一些，它不是反对直接的支配权，而是反对财产所有人的间接支配权，尤其是反对作为财产所有人对自然力享有绝对处分权之结果而出现的人身依附。共同体思想在一定程度上试图通过下面这种方式来抵消这种支配权：它力图使国家或社会创设新的团体，或者通过国家或社会促进已然存在的团体；由此，旨在为生存而斗争的个人获得某种依靠（结社自由、工会运动、共同福利组织）。另一方面，共同体思想应直接通过国家来进行，这个最大的、包罗万象的团体能够为了在财产制度中处于不利地位者的利益，通过其立法及其国家官员比以往更强有力地进行干预。就财产所有人的权利可能危及人身或他人的财产而言（损害赔偿责任的延展，通常止于不可抗力所造成的损害），国家对它们进行限制，并对财产所有人施加针对其工人和雇员的特定义务（狭义的劳动者保护立法）。正如古代的反高利贷立法试图防止金钱和消费品的所有人利用其财产在信贷契约中牟取暴利一样，当今的国家也禁止生产资料所有者在劳动契约中进行某些类型的剥削（限制妇女、儿童劳动和工作日，星期天休息，禁止以物抵薪制度［Trucksystem］）。国家强制生产资料所有者准许工人获取其劳动成果中的更大份额（工资政策，英国、澳大利亚和新西兰的最低工资制）。它将国民经济收入的一部分运用于无产的大众阶级身
209 上（养老金、社会保险、国家的公共福利机构、瑞士民法典草案中的公益继承法、国家住房政策）。国家将一部分产品生产掌握在自己手中，以使收益和利润惠及所有的居民阶层（国有化运动）。顺便说一句，当市镇以这种方式采取措施时，其具有相同的意义（市镇自

治社会主义，Munizipalsozialismus）。而且，共同体思想甚至也表明：世界并非由法条所宰制。只有创立团体，对财产强制征税，并且限制契约自由，也就是说，只有通过创造法的事实，法条才产生实效。

因此，社会正义思想并未摧毁个人主义的正义思想，而是实现了这个思想。无论个人主义和共同体思想可能有多么大的争执，但在历史的进程中，它们会逐渐划清各自看起来均属合理的范围。个人主义必须尽可能向共同体，尤其是向国家让步，因为它需要公正地对待每个个人；共同体思想也必须向个人预示一个比他作为单个的人所能够获得的更好的当下或者至少一个更好的未来，以此来证明共同体存在的正当性。

个人主义和共同体思想并不局限于法律领域。它们在艺术和文学、哲学和伦理学，也许在人类活动的所有领域均产生了影响。在法律生活中，它们确实时刻都是起作用的。罗马法的“个人主义”和中世纪德意志法的“社会特征”直到不久前依然是时髦的词汇，尽管罗马法上确实并不缺乏社会特征，而德意志法上也不缺乏个人主义特征，即便一个人所获得外在印象总是由这两种法的判断者绝对要考虑的发展阶段所决定的。任何一本有关阿尔特（Artele）的著作都告诉我们，在俄罗斯法当中曾强有力地存在过这种共同体思想。每当多个俄罗斯人共同参与从事某一项活动时，哪怕只是共同去打猎，他们都会结成一个阿尔特，一个共同体。但两个世纪以来，先是个人主义，然后是共同体思想才自觉地成为法的形成的推动力。这两种思想不仅导致法条的产生，而且还通过法条有力地影响人们的行为，无疑，也通过它们而产生了许多新的活法。在有关个人主义的著作中，很多东西都曾遭到了合理的批判，但共同体思想

得出的某些结论也经受不住检验；这似乎是说，我们目前再次面临着一种个人主义浪潮，这个浪潮也许很快会被另一个浪潮所取代。210 这两种正义思想就像螺旋上的线，交替地引领人类不断地上升。

正义之永恒波动

在所有迄今描述过的正义思想中，还没有任何一个不曾在历史发展过程中遭遇过对手，这样的对手同样充满真诚的信念，把某个对立的思想宣称为唯一公正的思想。这使我们对正义的本质有了深刻的认识。几乎没有一个原则像财产的“神圣”原则一样，被广泛地承认为是公正的。但人们大可不必引证社会主义者对财产神圣原则的嘲讽，“不必就此对那些认为没有其他什么是神圣的人大谈特谈”。这足以让我们注意到，到了一定程度，人们会把基于公共利益的财产剥夺至少同财产本身一样普遍地视为是公正的。当然，这本身并不那么令人信服。但对现代法律的发展之详细考察表明：通过国家基于公共利益的财产剥夺（它被人们所普遍要求，并且实际地进行着，完全赤裸裸的，几无必要的掩饰）已经成为常事，变得很广泛，以至于上述原则现在似乎走到了它的反面，国家对私有财产的任何干预，只要它看起来无论如何还通过诉诸公共利益来掩盖着，人们感觉就是公正的。但这本身绝不是新的现象，因为即使一个像亚当·斯密（Adam Smith）那样具有极其纤细的正义感的人，也会将根据《航海条例》[1]所进行的不近情理的征收辩解为公正

［1］《航海条例》（*Navigation Acts*）是英国主要在17—18世纪生效的、规定仅

的，因为这符合英国海军的利益。[1] 契约的情形与此相比亦无二致。任何人均应受其所签订的契约拘束，这是公正的，但人们也时时刻刻基于公共伦理、人身自由、社会政策和商业交易上的诚实，以正义之名要求对契约自由进行新的限制。安东·门格尔谈到根据“必须以手护手”原则的“表见事实之信赖”，由于这种信赖，“整个国民财富为了交易的安定性而为一种虽受限制，但却不断发生作用的财产剥夺作出牺牲”。[2] 这个安东·门格尔确实又是一个极其激进的革新者，他与在家庭法上的个人主义相对抗，认为：在当今社会，家庭是几乎还培养爱和奉献的唯一场所，正是为了无产的大众 211
阶级的利益，家庭必须得到维护和加强。对大多数人而言，没有什么比死者的所有子女之平等继承权更为公正的事情了，法国大革命的立法根本不可能适合贯彻这个想法，但我本人确信，奥地利的德意志农民把他们中间流行的单一继承人法（Anerbenrecht）看作是公正的，根据这种法，所有的子女，除了单一继承人，被赋予极少的特留份。那些受到亏待的子女从不会对此心生抱怨。所有这一切，绝不是让一个普遍有效的原则在某个细节上受到有益的限制问题。问题的关键在于：正好相反的原则常常同时被人认为是公正的，这有时发生在不同的社会阶层当中，有时发生在关系距离遥远的群体当中，不过还经常发生在两个相互关系很近的人之间。两个对立的

仅由英国船只从事航运的一系列法律，旨在促进英国航海业的发展，以便在战时有适量的备用船只。这些条例于1849—1854年间被完全废除。——译者

① 亚当·斯密：《国民财富的性质和原因的研究》（J. C. 布洛克编），纽约1909年英文版。

② 安东·门格尔：《民法与无产的大众阶级》，1908年第4版，第128页。

诉讼当事人通常确信他们各自的诉讼理由的正义性，也许他们各有道理，因为他们恰好诉诸各自不同的正义。

正义的发展路线

但对法律史之事实的深入考察使我们能够在各种各样的现象中找出一条清晰的发展路线。在这些不同的、相互冲突的正义思想中，总是只有一种正义思想是胜出的；获得这个胜利的思想并不是历史的偶然性，而是一个内在的规律性。如同在宇宙的其他各个地方一样，在社会里，今天包含在昨天之中，明天包含在今天之中。在法律领域，正义是今天的思想从昨天的思想脱胎而来的，是明天的思想从今天的思想脱胎而来的。为了变成一个法条，孕育于社会的法律之今天和法律之明天，必须由对未来有预见和预感的人塑造成型。一切法学、一切立法政策，甚至迄今为止的一切法哲学，均以此为基础。当然，我们所有的人目前所处的情境比过去几百年前的药物师好不了很多，对这些药物师来说，几千年来的人类经验已经赋予了一种预知，一种不过是对各种不同植物所固有之疗效的预知。随着社会学能够指明人类社会的发展规律，相应地，法学家和立法者将逐渐变得像现代受过科学训练的医师一样。对此，目前，只有在国民经济学中才有一些适度的苗头。

第十一章　罗马法学

制定法和法学文献

任何把某个制定法同论述该制定法的法学著作做过比较的人 212
就会注意到，法学著作在篇幅上超出制定法许多倍，有时甚至超出数百倍。这促使人们追问这种现象产生的原因。一部如此简单的法律如何能够被写成一本厚厚的著作呢？这个问题一经提出，法学家手头上立即有了一个完全不错的答案。任何一部制定法，哪怕它很清晰、很详细，总会留有许多疑问的空间；解决这些疑问成为法学著述的任务。此时，假如这些疑问必须由法学著作加以解决，那么它们必定是相当多的，这些著作在篇幅上大大超过制定法本身。在这种情况下，或许另一个问题有待确证：到底为什么不把制定法表述得不留任何疑问呢？假如我们想搞清楚制定法所规定的所有内容，我们在当今的方法中尚一无所获，就必须参考论述该制定法的书籍才行。因此，要么制定法应更加详细，要么法学文献是多余的。

法学家们过去也曾想到过这一点。他们曾力图详尽地表述制定法，以使其含义根本不可能产生任何疑问。其直接的后果是，法律变得愈来愈厚；但法学著作并未因此变得愈来愈薄。随着时间的推移，法学家开始意识到，人们增加到法律上的每一句话都恰恰会引起新的疑问。当今，几乎所有真正有洞见的法学家均倾向于这一观点：法律愈简洁、言辞愈简练，则愈好。因此，对于“法学书籍所阐释的东西为何没有保存在制定法之中”这一问题，目前的回答不可能令人满意。

随着更深入的探讨，人们事实上相信，制定法和对制定法进行阐释的著作之间的区别不是量的区别，而是质的区别：法学书籍所带给人的不是一个篇幅更多的文本，而是一个内容不同的文本。法学书籍恰好包含着法律技艺论（die juristische Kunstlehre），即实用法学。法律技艺论是不放在制定法当中的。如果把它放进去的话，就如同想把一切东西都搁进制定法中的人所尝试的那样，它立刻就丧失自己的本性：它变成了一个混生物，既无助于法律技艺论，也毁损了制定法的形象，还时常在制定法运行中造成伤害。

法学的本质和任务

213 实用法学作为我们这里应讨论的唯一主题，是一门能够使法服务于法律生活之特殊需求的技艺。因此，它可能与法的科学（Wissenschaft vom Recht）完全不同。尽管因为有多种法律生活之需求而可能有很多种实用法学，但只有两种这样的技艺具有较为重要的意义：一种是法官法学（die richterliche Jurisprudenz），它来源于对法律诉讼进行裁决的需求；另一种是预防法学（Kautelarjurisprudenz），即法律文书制作之法学。这两者之间无法完全分开，因为制作法律文书必须考虑这样一个问题，即：由法律文书引起的法律诉讼必须如何裁判；而法官法学也必须不断地面对下一个问题：与法律文书相关联的法律诉讼必须如何处理。不过，法官法学总是被看作是主导性的法学，而且经常被看作是唯一的法学；它也是较为古老的法学，因为法律文书制作毕竟到了相对较高的发展阶段才出现。因此，实用法学的任何科学阐释都必将以法官法学作为出发点。

最早的法学并非源于根据技艺规则适用现有法律的需要，而是源于形成一种法律制度，使之能够被实际适用的需要。法律作为一种行为规则，即：社会秩序意义上的法，确实和社会一样古老：但这种法律从来不会以一种直接用作裁判规范的形式自发产生，也不足以裁判所有可能出现的法律案件。故此，法学家最初的任务是将社会之法加工成为裁判规范，不仅如此，还要去发现需要用于法律诉讼的裁判规范。在这个发展阶段，还不存在国家立法或法的创制，后来很长一段时间里，在值得重视的规模上也不存在国家立法或法的创制。法学家还不是一个国家机关，而是一个社会机关：他不是根据国家的委托作为法律发现者，而是基于其在社会中所享有的个人名望和信任，就像占卜者和医师一样，来完成自己的使命。他通常（看起来如此，并非总是如此）是一个祭师，这并不证明法与宗教之间有一种特殊的、紧密的联系，因为其他的艺术和科学（医术、音乐和诗歌）也主要是由祭师阶层所培育的。在还没有完全组织化的社会中，正是祭师阶层成了整个精神生活的承担者。

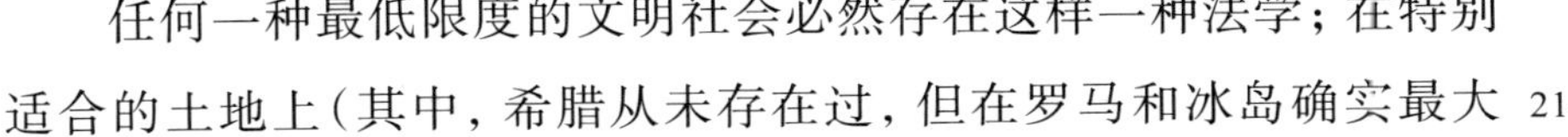

任何一种最低限度的文明社会必然存在这样一种法学；在特别适合的土地上（其中，希腊从未存在过，但在罗马和冰岛确实最大 214

限度地存在过)，它能够极其繁盛地发展。在法律和社会发展的更为高级的阶段，法学家的最初使命上又添加了一些其他内容：认识现行的法；深入洞察日益发展的人性和变得日益复杂的人际关系；能够将现行法表述为适应当前需要的法条；在出现实践需求时，能够找到正确的答案并且利用法学知识解决实践问题。在历史发展的进程中，这些特性一个一个地显现出来：但我们必须最大限度地强调指出，认为人们在法学上所想寻找的不外乎是现行法的知识，并利用这种知识解决实践问题，这仅仅是最近两、三个世纪欧洲大陆的观点。人们并不期待阿喀琉斯盾牌(Schilde des Achilleus)上的法庭审判现场的智者按照什么已然确定的规则进行审判，而是希望他们根据对人性的深刻洞察来寻找平息有关赔偿被杀者之争讼的判决。编纂《十二表法》的那 10 个人，或者“用三个木槌”(per tres mallos)公布《萨利克法典》的那 4 个人应运将已经渗透进人们意识中的法通过简洁、清晰的法条形式加以概括，一旦缺少这样的法条，他们就要合乎目的、合乎技艺地对已知的法律加以补充。斯堪的纳维亚的法律宣谕者(Rechtsprecher)和过去的任何其他法律记述汇编者所做的事情也是如此。在这些时代，缺乏必要的学术训练，这使人能够严格、清晰地在法的汇编和法的创制之间划定界线，就像现在法学院(当然，只有在法学院)作为必要前提那样。故此，在历史上，法学原本包含下面这些内容：法律认识、法律适用和法律续造。从本质上看，这些内容在今天仍是如此。

至今无人从巨大的历史连续性中考察法学在法律发展中的地位；只是朗贝尔的著作，即上文多次提及的《比较民法的功能》(*La*

function de droit civil comparé)[1] 包含着这个方向上的某种尝试，但这种尝试从其目的上看应是帮助阐明另一个主题。迄今为止，法学的发展总是仅仅追随某种特定的有效法；而事实上，有多少种法，就有多少种法学：因此，我们只能从文明民族之法学比较史中获得 215
法学对人类的意义。不言而喻，人们可能还根本没有想到解决此处的这一类问题。尽管如此，还是有一种法学获得了完全特殊的世界史意义：这就是罗马法学以及由此衍生的共同法法学。我们随后将主要对它们进行探讨。英美法学只将被粗略地阐释，斯堪的纳维亚法学则一笔带过。既然共同法法学一再地构成（除了穆罕默德法学以外的）其他最重要的法学之摹本，那么对其本质进行具体详细的阐释，将有助于对其他法学的理解。

中世纪德意志的法律记述

但在开始考察罗马法学和共同法法学之前，还是让我们先看看德意志法律记述和法书，因为它们处在比我们的罗马法传统更原始的法律发展阶段。当然，德意志部族法绝不是原始的法源。从前它们是在罗马人的领土上以高度的法律文化撰述，明显受罗马文化影响，此外还受到教会的影响；故此，它们所包含的许多内容不是土生土长的，特别是包含着很多国法，还有一些内容确实既不是法律，后来也没有变成法律。如果我们排除这些主要属于公法领域的借鉴因素，那么作为内容剩下来的主要是有关法律程序、刑法、损害

① 爱德华·朗贝尔：《比较民法的功能》，第 1 卷，1903 年巴黎法文版。

赔偿法以及旁系亲属继承法的规定，此外还有少量私法的规定，其大多明显是完全偶然地被放置进来的，而且它们之所以被采纳，仅仅因为不久前还适用于法律诉讼之中。但令人震惊的不仅仅是法律素材的片面性，而且还有法条的缺失。当然，几个世纪之后，到了中世纪，至少在某些地区，法条的数量大规模地增加：特别是，城市法包含的法条的数量，比蛮人法（leges barbarorum）[1]要多得多。但它们所涉及的法律领域比法兰克时期多不了多少：即：法律程序、刑法、刑事诉讼、损害赔偿法、继承法，大概还有保证法、担保法以及买卖担保。也许除了那些可以从法律记述中找到的规则外，还有少量其他的规则在不时地运行，其内容大概有关某些契约的形式，不过其数量毕竟不是很多。

那么，我们可以肯定地认为，当时人们通过部族法或城市法记
216 述所知的一般法律规则的全部内容，已经几无遗漏地流传了下来。

但它们当中也不可能包含一个充足的法秩序，即使仅从司法需求的角度看也是如此。那么，法官和陪审官到哪里去获得他们所需要的裁判规范呢？假如有人引证他们的公正感或者法感来回答这个问题，那么这是不严谨的。因为传统表明，在绝大多数情况下，有待裁决的个别法律关系之内在秩序已被用作裁判规范的来源。很长一个时期，一般表述的裁判规范是大量存在的，这些规范已经从作为个别现象的主观权利的内容中提炼出来了。在中世纪德意志法中，每一块土地原本也是个别体：它有自己的法，这些法要么来自传统，或

[1] 按照李宜琛先生的解释，蛮人法（leges barbarorum）就是指德意志部族法。参见李宜琛：《日耳曼法概说》，中国政法大学出版社 2003 年 11 月版，第 5 页。——译者

授权文书，或就此签订的契约，要么来自其在马尔克(Mark)[1]中的位置。所有这些，而且唯有这些，对于领主权、所有权和用益权的范围，对于相邻关系、地息以及其他贡赋和实物偿付，都是决定性的。同样，当时也没有一般的社团法：社团要么自己创制法，要么从国王那里获得它，或者由领主授予之。每一个人均属于一个或多个法律团体，法律团体基本上独立地规定其成员的地位；而且，大多数自由民家庭，特别是贵族家庭，通过章程、契约或者习惯来创制其自己的法，这些法决定着成员的人格权、家庭权和继承权。但实体契约法是最体现个人主体性的，它几乎完全以个人的契约为基础。流传给我们的议会条例和判决表明，这些在每个个别的场合所确定的有关土地、社团、家庭、种性或者契约内容的法，即来自传统、来自所提供的法律文书、来自交易习惯的法律关系之内部秩序，基本上构成了裁决法律诉讼的基础。

法书的法学

众所周知，所有这些并未妨碍法书作者(Spiegler，法鉴作者)[2]撰写《萨克森之镜》，在这个法书中，他无疑创制了大量的法条，远远超过当时成熟的法条所呈现给他的内容。我们目前在一定程度上也知道了他是如何做到这一点的。在公法部分，他多次描绘了古

[1] 马尔克指中世纪在西欧形成的一种村落共同体及其共同所有的土地。有时被译作“马尔克公社”。——译者

[2] 这里的法书作者特指艾克·冯·雷普高(Eike von Repgow，也写作“Eyke von Repgow”)，他于1221—1224年间编纂《萨克森之镜》，这本法书(法鉴)被称为最早的中世纪德意志法书。——译者

代帝国辉煌的理想图景：我们在接下来的探讨中将忽略这一部分。
217 但如果我们去考察私法（这是此处最关心的主题），那么就会得出这样的结论：法书作者本质上对其相对狭隘的国土边界之内的主观权利（法）关系形态非常强烈地和有意地加以一般化，他当时作为陪审官有机会较为精确地熟悉这些关系，当然，也有一些或许是他自由杜撰的。尽管在家庭秩序、占有关系、契约内容以及社会等级关系中存在着很大的差异性，但在经济同态性和文书制度的影响下，也通过直接模仿和借鉴，在一些地区发展起来了土地占有法、社会等级法、家庭法和契约法上的共同特征。这些特征引起那种阅历丰富的人和犀利透辟的观察者之注意，无疑，艾克·冯·雷普高（Eike von Repgow）就是一个这样的人，他在其著作中对这些特征予以强调并加以概括。因为他想写的不是一部法典，而是一部法书，不言而喻，他所做的仅仅是保留同类法律关系中的共同点，而并没有否定其中的差异性和特殊性；后者继续得以保留，因为它们像一般性的东西那样具有存在的合理性。但影响却是另一回事，因为后世把《萨克森之镜》不是看作是法书，而是当作法典。面对他所确定的，且一部分甚至是相当武断地确定的一般化内容，差异性和特殊性便处于一种艰难的地位，因为它们必须在每一个个别的场合被证明是合理的。确实，做到这一点比较少见，而且在一般性的东西得到表述之前，这无论如何就更加少见了。我们必须假设，只有当相关的当事人都意识到这一点，特别是，当它以书面的形式在某个法律记述或者授权文书中被记录下来时，这才有可能。故此，《萨克森之镜》中的一般化的纯粹事实变成了一种自主创造法律的力量；一般性成为规则，差异性和特殊性成为例外。这样一来，《萨克森之镜》

本身超越德意志国家的边界，变成了一个一般的裁判规范，自然不再是作为一般化的形式，而是作为一种规定，作为一种下列意义的规范：此时，以《萨克森之镜》之一般化作为根据的判决取代了以单个法律关系之主观性质为根据的判决，至少在特殊性和差异性并未清晰明确地表现出来的所有情况下，即是如此。众所周知，这个发展常常使法书作者的学说甚至在那些不包括一般化而仅为自由杜撰的部分中亦获得了法效力。正是该法学的这一高度显著的特点，其转化为规范的思考形式和原理，这种法学的巨大的二律背反，成为它确立自己的世界史地位的基础。

《施瓦本之镜》(*Schwabenspiegel*)和《皇帝法书》(*das kleine* 218
Kaiserrecht)[1]是以相似的方式产生的，获得了类似的重要性。在法国，许多法书的情形亦相同，特别是《诺曼底大习惯法》(*Grand Coutumier de Normandie*)、[2]《圣路易法令集》(*Etablissements de Saint Louis*)[3]和《乡村习惯集》(*Somme rural*)，当然，还有作者去世很久之后才冠名的《博马努瓦尔习惯法》(*Beaumanoir*)[4]；在

---

[1]《皇帝法书》是最晚出现的中世纪德意志法书，大约于1340年前后在法兰克福地区产生的，作者不详。因其篇幅较小，故而常被称作“小法书”。它在运用法兰克法的形式下颂扬包罗万象的皇帝立法诉求，直到15世纪末，被称为《卡尔帝法书》(*Kaiser Karls Recht*)。——译者

[2]《诺曼底大习惯法》是1225年在法国由私人写作的一部集习惯、法律和不成文的诉讼程序之著作。——译者

[3]《圣路易法令集》是13世纪法国的一部法令汇编，内容除路易国王的法令外，还包括法国某些地区的习惯以及摘自罗马法《民法大全》的部分，据说是1273年之前由一位法学家撰写的。——译者

[4]《博马努瓦尔习惯法》，又称《博韦人的习惯法》(*Coutum es de Beauvaisis*)，约写成于1280—1283年，因作者为法国13世纪法学家和皇家官员博马努瓦尔(Philippe de Beaumanoir，1247/1250—1296年)而得名。博马努瓦尔时任法国博韦省克莱蒙特

英国，布莱克顿那里，还有利特尔顿和科克，其情形亦同。瑞典、挪威和冰岛的法书可以放在一边，因为它们与特有的法律发布机构联系在一起；但丹麦的法书与先前提到的法书区别不大。同样还有采邑法记述、《耶路撒冷法典》(*Assisen von Jerusalem*)、[1]《封建法书》(*Libri feudorum*)[2]以及《萨克森之镜》的采邑法。按照这种路子，胡果·格老秀斯(Hugo Grotius)[3]的伟大著作创立了现代国际法。

故此，法书的重要性不单单在于一般化，而且在于：在法书中，这种一般化导致统一化。进行一般化，仅仅确定什么是一般有效的东西就行了；但统一化则总是意味着一种规定，即：差异必须符合一般。一般化本身只是一个逻辑程序，没有这样一个程序，就没有科学的和实践的思考；但在这里，只有规范隶属于这个逻辑程序，却不具有像在其他实践技艺学问和真正的科学中的现象的规律性；

市主管司法的副市长，不仅是一位诗人和画家，而且是一位对习惯法——包括巴黎高等法院在内的法院判例——和罗马法相当熟悉并且能够活学活用的法律实务家。他所撰写的这部书是13世纪末法国北部地区权威性的法律著作。——译者

[1]《耶路撒冷法典》，是以12世纪拉丁十字军的耶路撒冷王国的一系列习俗和惯例为基础的法典。其基础是耶路撒冷王国的第一个统治者布永的戈弗雷(Godfrey, 约1060—1100年)奠定的。法典包括朝官任免、司法管理、征收赋税、授予封地以及关于服兵役和从事贸易的规定。——译者

[2]《封建法书》(也写作“*Consuetudines feudorum*”，英文“*Books of Fiefs*”，一译“封土律”或“采邑律”)，是1150年前后一本由意大利米兰和帕维亚法学家依据早期日耳曼诸帝王的采邑法汇编而成的采邑法著作，这部封建律书在1250年左右有了通行的文本形式。——译者

[3] 胡果·格老秀斯(Hugo Grotius, 一译“格劳秀斯”，1583—1645年)，荷兰优雅学派最为著名的法学家，其在理论和方法上受雨果·多内鲁斯以及西班牙后经院哲学家(加布里埃尔·瓦斯奎斯[Gabriel Vasquez，1551—1604年]、弗朗西斯科·苏亚雷斯等人)的影响，著有《战争与和平法》(*De jure belli ac pacis libri tres*，三卷本，1625年)，被公认为近代“国际法之父”(Der Vater des Völkerrechts)。——译者

其结果，在法书的法学中，从这个逻辑程序中所产生的不是一般的规律性（像通常在一般化的情形中那样），而是一般的规范。法学的这一巨大的二律背反在于：它的思考形式和教义一再地被转化为规范；这一点，法学大概与所有其他的规范科学相同，而与其他实践技艺学问和真正的科学有异。

罗马和德意志法律发展的差别

一开始就从中世纪的法律发展，特别是德意志的法律发展中，直截了当地得出有关罗马法律发展的结论，将是极其浅薄的。在共和国时期，罗马法基本上只在很狭小的地区生效：这样的法一开始就完全不同于德意志法那样在广袤的地区流传的法。另一方面，我们也不能拿罗马法同意大利或者德国的城市法作比较：因为后者对从事工商业者是至关重要的，而上古的罗马法主要处理贵族和郊外的农民之事。相反，在帝制时期，它迅速而彻底地转化成为一个帝

国之法：这个发展受到来自唯一的中心之监督，部分地甚至受到这 219
个中心的引导，因此，在这个方面只能同英国法相比较；在英国法中，自亨利二世（Heinrich II）起，伦敦法院一直履行着类似的职能。但就伦敦法院影响范围来看（且曾经如此），罗马帝国要比英国广袤得多，行省在法律上的独立性比英国各地方要多得多，也许甚至多得超乎我们今天的想象。在这一点上，倒不如与法国比较，在大革命之前，法国的行省尽管依附于巴列门（议会），但在法的创制上确实比罗马的行省更加独立，至少涉及罗马公民的法方面即是如此。此外，我们还要考虑到罗马传统的状况。罗马的传统在共和国时期

是极其零碎的，到了帝制时代，由于都市的法学家对此感兴趣，它又仅仅带有统御一切的都市化色彩。这里要关注到的是构成共和国时期遗风的农民和乡村贵族，除此之外，还要考虑的几乎只有都市执法官和官员阶层；商业和工业则退居次席。

《十二表法》的法学

如果我们牢记这些极其重要的差异，那么在比较中世纪的和罗马的法律发展过程中，就可以消除最重要的错误来源。首先，我们可以自动地从中看出《十二表法》的历史地位。我们必须承认佩思（Pais）和朗贝尔所谈到的这一点：在历史（记述）时代，不存在《十二表法》文本的真正传统。[1]这一点也相对地被现代语言所证实，为

[1] 公元前 462 年，罗马国家的一位保民官（tribune）特兰提留斯（ C.Terentilius Arsa，生卒不详）提议将民间口耳相传的法律规则编纂为成文法。该提议获得了民众和元老院的共同支持。公元前 454 年，罗马元老院（senatus）被迫承认人民大会（plebis）制定法律的决议，设置“具有公共权威的十人委员会”（decemviri，即：board of “Ten Men”，也称第一“十人委员会”），并派人赴希腊考察法制（其中，比较著名的有“梭伦立法”［Solonian Constitution］），于公元前 452/451 年完成十表法律条文的编纂，经民众大会通过，元老院批准，镌刻在十块铜版上，悬置罗马广场以供民众阅读、知晓。公元前 450 年，法律编纂的成员发生部分变动，成立了一个新的“十人委员会”（即第二“十人委员会”），他们于公元前 499 年又增加了两表法律条文，补充镌刻在铜版上。十二表法凡五千言，内容涉及债务法、继承法、婚姻法以及诉讼程序等方面，基本上是罗马人传统习惯法的汇编。公元前 387 年，高卢人（The Gauls）入侵罗马，在战火中，镌刻法律的铜版全部被毁，原文散佚，我们目前所见到《十二表法》之内容实质上是后来的学者们根据历史上的著作（文献）引证或转述（西塞罗、瓦罗、乌尔比安、彭波尼、盖尤斯等）而重新建构（复原）的，在此过程中，17 世纪法国著名的“戈德弗雷瓦家族”（法学家与历史学家家族）成员、人文主义学者雅克·戈德弗雷瓦（Jacque Godefroy, 拉丁文写作“Iacubus Gothofredus”，1587—1652 年）于 1616 年在德国海德堡出版《〈十二表法〉残篇》（Iacubus Gothofredus, *Fragmenta XII. Tabularum*, Heidelberg, 1616），对于复原

下列事实证明，即：它的文本在不同的引文中是变动的；这也证明其许多内容无疑属于后世的添加：譬如说，有关在继承人中区分姓名(nomina)和他人的钱(aes alienum)[1]的法条，或者有关在支付价金之后才将出卖物之所有权转移给买者的法条。与此不同，我认为有正式的证据证明：罗马人有一种可能甚至属于官方的(尽管流传很糟糕的)古代习惯法汇编，这些习惯法的基本架构起源于我们开始纪元前的5到4个世纪。只要我们能够按照所流传下来的内容对它进行判断，那么它与日耳曼部族法是完全一致的。它主要包括有关诉讼程序、刑法、损害赔偿法、旁系亲属继承权、相邻权以及祭祀法的规定，除此之外，还有少量的法条有关契约形式和遗嘱，其中，前者或许是后世的添加，后者大概原来就具有不同于后世添加 220
在它上面的含义。

假如这个说法是正确的话，那么我们至少可以得出如下结论：在《十二表法》产生的年代，具有一般拘束力的法条储存大概与日耳曼民族6—8世纪存在的法条储存相当。这首先意味着，只有很少一部分社会之法被这个时期的罗马人所知道。大量的裁判规范必定像在德国中世纪一样，在每个具体场合从各个法律关系的主观形态中提取。在德意志帝国史和法律史上，我们确实找不到我们此处所看到的那种形形色色的多样性，那么这个事实与下面一点有关：罗马《十二表法》以及随后时代的法发生效力的地域，同德意志法相比较是一个极其狭小的部分；但就地域范围的比例而言，

《十二表法》做出了最初的重要贡献。——译者

[1] 在罗马法上，他人的钱(aes alienum)是指借来的钱，与自有的钱(aes suum)相区分。——译者

《十二表法》时代的罗马法律制度确实并不比法兰克王国的法或者德意志中世纪的法更统一。认为罗马的各个氏族 (gentes) 曾有一个统一的法，这是完全不可能的：每个氏族都有它们自己的法，这些法以传统为基础，也许甚至以氏族章程（Satzung）为基础，但确实不是以立法为根据的。在历史（记述）时代，我们仍然可以寻找到这些氏族自己的法之遗迹。确实存在着可以对此作出概述的共同特征，如同在盖尤斯著作所丢失的那一部分所包含的内容。我们也不能认为，我们熟知的罗马家族法完全普遍地是罗马家族的内部秩序。我在论述权利能力的著作[1]中已经指出，流传给我们的罗马家族法只涉及家族与外界的关系。家族的内部秩序则随着等级、职业、财富、地点、出身、家庭的不同而不同。此外，在时间上，随着从一个世纪到另一个世纪的转换，必然在一切细节上经受着极其巨大的变化；认为罗马工匠或小商贩甚或平民在我们所熟知的大家族中生活，或者已取得罗马公民资格的外国人立即按照罗马法学家的规定来规制他们自己的生活，这简直是不可想象的。但我们的原始文献对这一点则语焉不详，因为它们根本没有提及家族内部所进行的事情。它们完全关注下面一点：家父单独代表家族出庭，他能够单独有效地处分家族财产。但在这个外部秩序还没有确立之前，罗
221 马的家庭，诚如直到罗马帝制时期的罗马氏族一样，其所拥有的法不过就是其内部秩序，这种内部秩序正像氏族一样，主要是由其自身确立的。氏族秩序和家族秩序的差异很久以前也侵染了继承法，这至少是非常有可能的，尽管继承法最早通过一般法条来加以调

① 欧根·埃利希：《论权利能力》，载弗朗茨·柯布勒主编：《法》，柏林 1909 年版（阿伦 1973 年重印本）。

整：甚至到了西塞罗（Cicero）时代，贵族克劳狄（Claudier[1]）实行的继承仍与平民克劳狄有别。至于罗马土地法，现在人们愈来愈承认，我们只知道它在原始的体制被废除时的形态。认为《十二表法》造成了土地制度，这是不可能的，说土地规制的时间更早，当然就更不可能了；在公元5世纪，土地还不是一种要式物（res mancipi），所以，《十二表法》中的要式买卖（mancipatio）即使出自这个时期，也还不可能适用于土地事项。而且，在村体制和地区体制被废除之前，罗马的土地也是一个个体，同中世纪的德国土地一样：土地法也不是由法条来决定的，后者必然在每一个别的情况下根据传统、契约、授权文书、在乡村马尔克中的位置以及相邻关系来加以确定。即使在历史（记述）时代，罗马的契约法本身并不像现代的阐释向我们所展现的那样，长期受程式化捆绑。当然，我们必须先放弃下面这种先入为主的观点：罗马人所知的契约种类和内容可以用某种方式从“contractus”[2]的种类和内容推断出来。只要我们能够重读罗马契约法史，就会得出结论：在发生特定的契约之诉前，契约必定已在生活中获得了相当重要的地位。最先存在的不是契约之诉，而是契约：这是原始时代的情形，在帝制时代亦然，因此，当时存在着比“contractus”要多得多的契约。如果一个人不得不签订

[1] 克劳狄（Claudier），拉丁文写作“Claudii”或“gens Claudia”，是一种最古老的罗马贵族家庭名称。——译者

[2] 这里，埃利希实际上并未将德文的“Vertrag”与罗马法上的“contractus”划等号，但在汉语上两者均可译为“契约”。不过，在罗马法中，并非当事人的所有协议都可称为“contractus”，实际上只有那些产生债关系的协议才算作“contractus”；“contractus”是最重要的债渊源。在这一点，德文的“Vertrag”含义要宽泛一些（是否将“Vertrag”译作汉语的“合同”，有待斟酌。为了避免混乱，本译文一律译为“契约”）。这大概是埃利希在此进行辨析的原因。——译者

或想要签订一项不可诉的契约，他就必须依赖宣誓(juramentum)、担保(satisdatio)和(动产)质押(pignus)。哪怕人们想把加图程式(die Catonischen Formeln)[1]同很难说是正确的可诉契约联系在一起，但这个程式最好地证明，人们不是在诉讼中而是在契约的保证手段中寻求其履行的保障。罗马法的原始文献也显示：罗马人不过分看重诉讼。信用(fides)的巨大意义来自信托(fiducia)至帝制时代依然所起的作用，确实，直到很晚的时期，这种信托才产生诉讼(actio)。同样的现象出现在信托遗赠上。解放誓约(iuramentum liberti)在成为可诉的事项之前，也通行了很长时期。当然，对于特定财产(certa pecunia)或特定物(certa res)的一些契约请求权可以提起请求给付之诉(condictio)，这种诉讼直到较晚的时期才逐渐衰亡；一如我们现在多数人所认为的，自从采用程式诉讼之后，事实诉讼(actio in factum)才能够由此产生。我们愈深入地回溯过去，
222 就会看到更多的契约法存在于市民法之外，为此，在同样的程度上，它们也更少存在一般有效的规则。

法之形式严格性来自更晚的时期

自然，这一点与下面主流的观点截然对立，后者认为：最古老的法之僵化性和形式严格性直到后来才逐渐遭到削弱。但这个通

[1] 加图程式(die Catonischen Formeln)，也称“加图规则”(Regula Catoniana)，是一项处理无效遗赠的规则。根据该规则，在遗赠自始无效的情况下，即使导致无效的原因在有关遗嘱订立后消除，仍不能使造成无效结果的瑕疵得到补救，除非遗赠的予权日被确定在继承人取得遗产之后(参见黄风编著：《罗马法词典》，法律出版社 2002 年版，第 215 页)。——译者

见可能建立在较多的误会之上。在古老的法中，不是日常生活和商业往来受制于僵化的形式，而是到法院起诉限定于非常严格的条件。我们应当从根本上丢掉这样一种想法，即对于人的权利被侵犯，原始时代的法院就像当今的法院一样是向一切人开放的。要向法院起诉，一个人必须是一个有权有势的人，这样的人仅仅与跟他有同等权势之人进行诉讼。法律诉讼确实取代了私人复仇。甚至在历史（记述）时代，几乎从罗马法律史的每一页都可以看出，在法律诉讼当中，得到一个有权有势的保护人（奴隶主）是何等重要。在针对穷人的典型诉讼、即拘禁之诉（legis action per manus iniectionem）中，一开始就取决于被告人是否得到一个有地位和财富之人即有固定居所者（assiduus）的庇护。诉讼程序之严格的、断断续续的形式对应着站在法官面前的两个死敌之间的关系：它们与今天依然流行的决斗规则有相同的特性。

但起诉的前提条件同法律生活的形式和格式没有什么干系。最初，诉因可能仅仅在于被告应对自己的过错行为承担责任：如我们现在所承认的那样，法兰克时代的非法占有（malo ordine tenes，以邪恶的方式保有）[1]，甚至曾经是返还所有物之诉（rei vindicatio）的出发点。对于这种诉因而言，商业交易的形式根本是不适合的。唯一严格的形式对契约之诉才可能是至关重要的，这种诉求在任何地方都是最晚才成为可诉的一类。既然为契约所提供的最古老的法律保护不外乎是保护通过契约转移的财产，那么不言而喻，契约只有伴随着财产转移，才在法律上受到保护：之所以如此，乃因为

[1] 弗朗克·明策尔教授认为，这是中世纪初在法兰克王国法中起诉要求对方换土地时所用的格式。意思是：“你的占有是非法的。”——译者

契约只在财产转移时才受到保护，而财产转移本身不是契约签订的一个格式。在契约债务与财产转移行为逐渐脱钩的过程中，独立的契约观念才逐步得到强化：直到这个时候，财产占有的象征才成为
223 形式。证人被传唤出来，他应向买者保证所出卖之物不是偷来的，或者所属成员被传唤出来，他们的同意是转移有效的必要条件，但这些都不是格式。同样也不允许将最古老的诉讼程序之粗鄙生硬和笨拙迟缓理解为形式严格性：该诉讼程序不可能允许人们无拘无束地阐述事实、精致地展现诉求并且提出辩护的意见，这只是技术的缺乏，而非形式主义。原始时代所熟悉的是缓慢朴拙、天真率直的形式，而非严格僵化的形式。这些严格僵化的形式到处存在于宗教、艺术、法律之中，诚如我们所能够追寻到的最久远的历史所表明的那样，最初，柔性的和变动的形式后来逐渐僵化，而不是相反。的确，当形式变成了一个难以承受的桎梏时，就会出现一个时期，这个桎梏有时突然一下子被抛弃：但正因如此，我们切不可相信，该桎梏存在于一切发展的开始阶段。假如我们能够比如在德国、法国和英国观察更长一段时间，就会相信，法总是从自由走向僵化的。无论如何，这里请允许我引用梅特兰有关英国法的表述，在他看来，英国法大约从 15 世纪以后愈来愈因繁文琐节而令人窒息，直至 19 世纪受边沁的影响又获得一定程度的自由。梅特兰说："认为我们的普通法一开始即带有刚性、严格的规则……只知道某些被精确界定的赠与的形式，拒绝丝毫地背离既有模式的任何东西，这是一个错误。相反，在 13 世纪，它是弹性、自由的，宽松、模糊的。"[①]

① 弗里德里克·威廉·梅特兰：《衡平法》，A. H. 凯特、W. J. 维特克尔编，剑桥 1909 年英文版。

制定法和告示不是罗马法学的来源

故此，罗马法学在其最初的时期，即大概在公元前 4 世纪，面临着法书作者在开始撰写《萨克森之镜》之时的相同使命。当时仅仅在若干私法的领域才有少量的一般法条。在其他领域，人们必须在每个个别的情形中通过直接感受生活来找到规范：人们必须查明，在这一点上什么传统在氏族或者家族中具有支配地位，当事人达成并签订了什么协议，在一定的地区或一定的等级通行的交易习惯是什么。但如果我们把目光投向共和国晚期的法学残片，甚或投向拉贝奥（Labeo）或者萨宾（Sabinus）的著作，就会发觉，罗马法在比《萨利克法典》与《萨克森之镜》相互分隔时间更少的几个世纪的历史进程中，经历了一个极其漫长的道路。在这个极不
完整的传统中，我们可以发现丰富的法律规则，某些部分已达到了 224
令人惊异的精致的完美程度。尽管迄今在罗马法史研究上曾付出了大量的劳作，但罗马法学家到底从何处获得其法律素材，这个问题从未有人找到令人满意的答案。以前，人们普遍地相信，罗马法学家大概是通过解释制定法或者裁判官的告示来获取这些素材的。* 但这一回答似乎仅仅在一定程度上转换了问题：那么人们必定要问，制定法和告示是如何得到其素材的。但是现在，该学说也许可以被抛弃了。我们今天已经充分地了解《十二表法》、后期私法领域的制定法和告示，所以知道这一整个的法学财富不可能在那

* 这个观点依然清晰地见诸特奥多尔·蒙森：《罗马国家法》第 3 卷第 1 章，莱比锡 1887 年版，第 604 页，注 2。——作者原注

里获得：它们至多为不法行为法和无遗嘱继承法提供了可观的素材。也许，我可以为自己请功，在我的著作《论法源理论》中①业已证明，罗马法学是不依赖于任何其他法源而独自获得其素材的。构成罗马法基础的是固有的市民法（proprium ius civile），即：法学家本身创制的法学家法，按照彭波尼的话说，它是以不成文的形式由智者汇编而成的法，仅仅由智者的解释构成的法（ius quod sine scripto venit compositum a prudentibus, ius quod in sola prudentium interpretatione consistit），②或者按照波伊提乌（Boethius）[1]的话说，它（市民法）被解释为市政法官的可靠信念和意见（probatae civium iudiciis creditaeque sentenciae）[2]。尽管市民法从形式上看与《十二表法》相联系，但却是罗马法学家的一种完全独立的创造。对于所有其他问题，我必须提请读者参看上面提到的那本书，它的结论当前已相当普遍地被认为是对的。

生活的切身观察作为罗马法学家的来源

尽管现在可以断定罗马法学自己提供了自己的素材，但它从何处得到素材，这个问题仍悬而未决。在这一点上，各个时期的罗

① 欧根·埃利希：《论法源理论》第一卷，市民法、公法、私法，柏林 1902 年版（殁后，阿伦 1970 年版）。

② 《学说汇纂》第 1 卷，第 2 章，第 2 节，第 5 段。

[1] 波伊提乌（Boethius, 约 480–524/ 525 年），一译“波爱修斯”，古罗马学者，哲学家、神学家、政治家。——译者

[2] 这句话完整的拉丁文是：Iurisperitorum auctoritas est eorum qui ex duodecim tabulis, vel ex edictis magistratuum, ius civile interpretati sunt, probatae civium iudiciis, creditaeque sententiae（see Boethius, Topica Ciceronis）。——译者

马法学家的著作包含着丰富的信息，尚未得到开发，我或许在《论法源理论》第二卷中将会利用这些信息；顺便说一句，在新近的文献中也可以发现有关这方面的一些零星散布的参考资料。老派的著作者（veteres），包括拉贝奥和萨宾，他们所进行的工作同《萨克森之镜》的作者所进行的工作完全一样，即：他们有意识地、有力 225
地、明智地将其在狭小范围内所观察到的东西以及他们切身观察到的关系之内部秩序加以一般化；后来的作者在很大程度上只是在这个传统上继续作业。只是在这个过程中，他们并没有选择比如某个特定的地点、某个唯一的阶级、阶层或职业作为出发点，顺便说一句，这种做法事先似乎是不可能的。他们的观点随着所涉及的法律制度的变化而不断地变化：之所以如此，部分地是因为在法学开始关注这个问题之时，对特定阶级、职业、阶层或许还有一定的地方的切身观察是决定性的；部分地是因为某些法律制度事先就出现在特定的社会阶层当中。但一个观点一旦被采纳，通常会保持一致。罗马家庭法的基础是罗马小自耕农（Vollhufner）的家庭体制，而这种状况在小自耕农体制从罗马社会消逝以后，还依然存在。在罗马共和国末期和帝制时期，对整个人类生活的巨大重估无疑已经彻底改变了家庭的内部秩序，但难以置信的是，这种现象却很少出现在涉及家子之诉讼地位、继承和契约的规范方面。马其顿决议（Sc. Macedonianum[1]），对有关家子无诉讼资格和无获得财产资格之旧规定稍作缓和，对继承法稍作修改，仅此而已。只有自由婚中的嫁

[1] Sc. Macedonianum，全称为“Senatusconsultum Macedonianum”，译为“马其顿决议”。系罗马元老院针对高利贷者马其顿通过的决议（法律），内容包括保护未成年人及其家庭免受高利贷盘剥，规定：对高利贷者给予未成年人的钱款，不得提起偿还之诉。——译者

资权（Dotalrecht），也许还有我们在晚期所看到的自由婚本身，在贵族和殷实的市民阶层中兴起。罗马的遗嘱法似乎也出现在农民阶级中间，而且主要关注农民阶级的利益。罗马的买卖法主要涉及土地、奴隶、牲畜，即主要关注农民和小市民交易的零售行为；为了能够适用于其他的买卖，市场法的一些原则后来也被一般化了。当时，对于批发商业和工业几乎找不到明显考虑的踪迹。显然，委托（mandatum）是有贵族制根源的：它起源于大家族主与其委托人、管家之关系。合伙法的根源一定程度上已被揭开：它们先是存在于农民的家庭共同体，后来存在于旨在赚钱或投机的临时结伙，最后存在于持久性的企业主联合之中。实物租赁（Sachmiete）几乎完全涉及大地产法和兵营租息法。顺便说一句，考察这种内容也会提供一些有关调整这些制度之法产生时间的信息。

在这个方面，罗马法的两个组成部分即市民法和万民法处于什么样的关系，对于我们这里要讨论的问题来说并不十分重要。无论
226 如何，罗马人在其一般化的过程中，很可能曾经考虑过地中海沿岸各国通行的商业交易法，但根据上述所言，这似乎又不太可能，毕竟，他们这样做的程度很有限。而且，明显属于万民法的法律行为，比如买卖、使用租赁、用益租赁，只是在形式上充当了法学家法的基础，就像它们在罗马市民中所使用的那样：不言而喻，这甚至在更大程度上也适用于委托和合伙（societas）。只有这样，人们才可以解释说，买卖法依然主要是有关土地交易、奴隶交易和牲畜交易的法，而对外国人也可参与的批发商业及其他商业交易之标的和形式却几乎只字未提。我们切不可忘记，万民法只有在其成为罗马法学家法时，也才适用于罗马市民；诚如我在自己的著作中所阐述的，

在这个范围内，罗马人在谈市民法时，显然包括了万民法。

一般化作为罗马裁判规范的来源

诚如上文，我基于《萨克森之镜》所作的说明，法的一般化，依其目的看是一回事，依其效果看则是另一回事。它们的目的不外乎确定什么是普遍有效的，而它们的效果则在于将已经确定的东西变成规范，据以调整一切不能为特殊性所维护的事情。故此，在这一点上，再度表现出一切法学获得其世界史地位所基于的巨大的二律背反。一般化本质上是一个逻辑程序，通过它，人类的精神从其不可把握之事情的多样性中抽象出一般。但在法学中，一般化变成了一种规范，成了一种规定。一般成为规则，特殊成为例外，它必须在每个具体场合证明自己存在的合理性。罗马法学家的统一化与生活之间的关系如何，不可能轻易地详加说明；然而，可以肯定的是：生活并非处处遵循着法学家的统一化。有人业已指出，晚期的家庭内部秩序与法学家以前从小自耕农家庭体制中借鉴而来的东西并非一致；另一个事例是买卖，它成为一种转让契约，不是通过罗马法学家法，而恰恰是略过了法学家法。但罗马法学家法的一般化证明了它们作为法院的裁判规范的巨大力量。它们本身在罗马毫无保留地得到承认，归根结底，即使在今天，家庭财产法上的争议，通常也有物权法、债权法[1]和继承法上的争议，偶尔甚至还有法

[1] 由于疏忽，曼弗雷德·雷宾德尔编校的德文第4版漏掉了“通常也有物权法、债权法”这句话（见德文第4版，第226页），本译本根据德文第3版第212页补译，特此注明。——译者

227 人社团法上的争议，均按照一般化来裁决，这些一般化是罗马的法学家通过观察其所熟悉的关系获得的，并且已纳入现代的法典。

正是这些已经变成裁判规范的一般化才与无限丰富的裁判规范相联系，而罗马人发现这些裁判规范，完全基于法律诉讼的需要，并且为了合目的性和正义的要求：它们首先包括高度分化的补充性、任意性的契约法，其次包括有关故意、过失和延迟之责任的规则，有关风险承担的规则，有关错误之法律后果的规则，有关权利取得和丧失之时点的规则，有关对不当得利要求赔偿的规则，有关诉讼请求之范围和内容的规则，有关法的既判力（Rechtskraft）的规则，有关请求之竞合的规则。所有这些内容，不仅在《萨克森之镜》中，而且在其他法书中，只要它们是独立于罗马法的，就根本见不到或者极少见得到；现代英国法尽管在许多方面比世界上任何一种法得到更为丰富的发展，但在涉及这类法条上却远远落后于罗马法。其原因是多方面的，但首先是因为这类法（罗马法）最容易被移植到外国的土地上，所以我倾向于认为，正是大量的裁判规范清晰、深思熟虑，并且符合目的，才使罗马法有资格成为一个世界法（Weltrecht）。

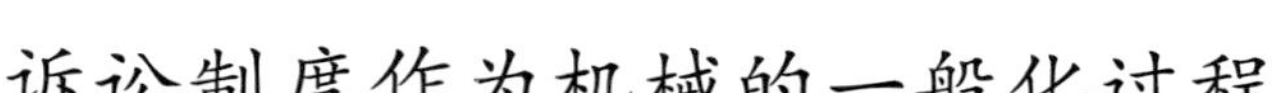

诉讼制度作为机械的一般化过程

尽管原始文献处于支离破碎的状况，它们仍可以让我们对罗马的法学的“工作坊”（Werkstätte）有一个深入的洞察。在法律发展中的极其重要时期，罗马法中曾经流行的诉讼制度意味着，任何一种诉求都存在着一种独特的诉讼程序：当事人必须以明确的言语向

法院提出他们的愿望和要求，在这个过程中也要履行特定的行为，
所有这些在每一个诉讼（actio）格式中都有明确的规定。诉讼制度
产生于原始时代的诉讼程序。最初向法院提出诉求只适用于特定
的犯罪行为，对此，原告须事先对犯罪行为和要求的赎罪金数额进
行陈述：犯罪行为不同，起诉会有所不同，随之依诉求不同产生了
不同的诉讼。在罗马的返还所有物之诉（rei vindicatio）中，与古老
的盗窃之诉的联系依然很明显。由于取得新的诉讼请求权显然有
巨大的困难，现有的诉讼格式必须不断地加以修改，以使诉讼制度
能够符合生活的需要。这就要求有渊博的法学知识和一流的技术 228
能力。诉讼格式必须通过这种方式设计出来，以便能够更好地适应
诉求，而且，使尽可能多的诉求均能够被每个诉讼格式所确认；因
此，起诉文书制作人必须对诉求所产生的各种生活关系，以及对其
正在为此准备某个新诉讼的许多诉求共有的东西有一种敏锐的观
察力。所有这些对法律文书制作的技艺是至关重要的。由于诉讼
具有相当大的僵化性和不灵活性，因此需要起草法律文书，以便使
现有的诉讼能够与之相适应，或者通过各种保证措施来保护当事
人，使其能够免于诉讼。

在这种制度下，法律上的一般化过程在一定程度上是在机械地进行着的：每个人都尽可能将他打算为之起草法律文书的法律关系塞进某个现成的法律文书格式之中，将其打算使之得到确认的诉求塞进某个现成的争讼格式之中；对于每一个诉求，诉讼不仅产生了程序，而且特别是涉及相关的法律文书，还产生了很大一部分实体法。故此，基于同样的法律文书格式和按照同样的争讼格式提出的诉求，总是有一系列通行的法律规则。一旦嫁资契约的文书和诉讼

确定下来，一般的嫁资法也就有了，因为每个人都会尽可能按照现有的文书来签订契约，以便能够利用得到认可的诉讼。努力节省对诉讼格式的使用，最终导致将完全异质的关系合并进一个通用的诉讼，譬如，将劳动契约归于租赁契约的范畴之下，将监护人（原始监护人）或管理人的赔偿之诉归于无因管理（negotiorum gestio）的范畴之下：因此，这常常引起非常不自然的法学推释和对实体法的一种非常不令人满意的歪曲。罗马人把制作法律文书称为“*cavere*”，将制作争讼格式称为“*agere*”；此外，还有“*respondere*”，即提供法律咨询意见，不言而喻，它同时也就变成了一般化过程的一个杠杆。只有当我们至少将从前花在重构裁判官告示的一小部分努力转向研究罗马的法律文书制作人之实务时，大量的罗马法才会被我们所理解。尽管在我们的传统中很难寻找到罗马契约格式的踪迹，然而在许多方面，我们为此所能够做到的远比迄今实际做到的要多得多。

229 进一步的研究将会澄清某些我们目前尚无法理解的事情。随着带有书面格式的更加自由的程序取代古代的口头格式，法学家的技术早已被固定下来，故而，这种革新必定对它没有任何实质的影响。

通过罗马法学家的法的创制

法学家的意见通过什么途径成为在庭上有效的法（即市民法）之构成部分的，对于这个问题，我在自己的著作《论法源理论》中[①]

① 欧根·埃利希：《论法源理论》第一卷：市民法、公法、私法，柏林 1902 年版（殁后，阿伦 1970 年版）。

已做了阐释。从彭波尼的《手册单编本》残篇(遗憾的是，这本单编本很不完整)，我们只能做这样的推断：它们必定在共和国时期就成功地出现自当庭辩论(disputatio fori)当中。根据苏维托尼乌斯(Suetonius)[1]的评论，恺撒(Cäsar)曾急于对这件事进行规制("即，重新编纂市民法到一定程度[ius civile ad certum modum redigere[2]])；也许，奥古斯都(August)通过规制法律解答权(ius respondendi)，仅仅是为了实现了这个意图。[3]但法学家不仅作为法律顾问的身份创制法律：他们作为教师和著作者的影响力肯定还要大得多。或许看一下我们所掌握的法学文献就知道他们在这一点上是如何做的。法学家通常很谦逊地引述自己的观点："并且，我认为"，"我更加坚信"，"但是我更觉得"，"这更公平"，"这更可取"(et puto, magis arbiter, sed magis sentio; aequius est,

[1] 苏维托尼乌斯(Gaius Suetonius Tranquillus，约公元69/75年—约122 /130年后)，古罗马著名的历史学家和传记作家。著有《罗马十二帝王传》。——译者

[2] 这一句话见诸苏维托尼乌斯所著的《恺撒传》中。——译者

[3] 罗马法学家们的活动对于罗马法型塑的影响有一个演进过程。在共和国时期，法学家们的解答意见对法官并不具有约束力，它们的力量主要来自法学家的名望或权威。随着时间的推移，鉴于罗马法学家工作的独特性和重要性，特别是法学制度(institution of jurisprudentia)之不可否认的价值，当然也是为了消除法学家解答之间的意见纷争，提高法的权威，第一位古罗马帝国皇帝奥古斯都(Caesar Augustus, 公元前63—公元14年)规定，法学家根据他的批准可以进行解答；从那时候起，法学家们开始把解答权作为一种恩惠进行申请。通过这种方式，法学家享有"经君主批准的解答权"(ius respondendi ex auctoritate principis，"以皇帝的名义的解答权")，其能够在皇帝的公共权威下进行解答。有解答权的法学家之解答(responsa prudentium)被看作是"获准发表具有法律效力的意见的人的判断和看法"(sententiae et opiniones eorum quibus permissum est iura condere)，他们的实际裁断由于获得皇帝授予的特权而愈来愈具有权威性，对法官具有约束力。不过，奥古斯都帝在其执政时期是否真正授予法学家享有"经君主批准的解答权"(ius respondendi ex auctoritate principis)以及到底授予哪位法学家具有此种特权，这个问题在历史上没有定论。——译者

magis est)；但偶尔也会碰到很强势的表达，比如“我认为应该规定”(existimo constituendum)。接下来就是辩论，不再是在法庭上，而是在文献上，运用下面的表述：“并且，他曾经更相信……甚至这更正确……且彭波尼更愿意认为 …… 并且我认为……此外，我认为斯凯沃拉的意见正确，并且，马切罗[1]承认他(承租人)有这个义务：而这是最公平的”(et magis placuit, sed magis visum est, et magis putat Pomponius... et ego puto, secundum Scaevolae sententiam quam puto veram, et magis admittit[Marcellus]tenere eum, et est aequissimum[2])；或者使用否定的表述：“这个判决不是真的。并且很多人指明了这一点，我们甚至也不适用塞尔维[3]的意见”(quae sententia vera non est et a multis notata est, nec utimur Servii sententia[4])；直至最后确立如下规则：“古代的人们规定，我们适用卡西奥[5]的意见，我们也适用拉贝奥写就的法律，这位(法学家)和尤利安[6]承认我们可以适用曾提及过的法律，昆图斯 · 穆

[1] 马切罗(Ulpius Marcellus)，公元2世纪古罗马法学家。——译者

[2] 据弗朗克 · 明策尔教授考证，埃利希的书所引为D 19.2.9.1，但是引错了。应该是：“Marcellus... et magis admittit teneri eum : et est aequissimum”。完整的文本是这样的：

马切罗讨论这样的案子：用益权人把(作为用益权的客体的)物出租而此后去世。用益权到用益权人死为止。因此，租赁关系也终止，用益权人的继承人没有义务给承租人提供该物。马切罗问：如果按租赁关系，承租人应该按他使用该物的时期付租金，但是其实，用益权人的奴隶承揽了有关工作，那承租人仍然要不要付这个租金？(马切罗)更赞成他(承租人)有这个义务：而这很公平。——译者

[3] 塞尔维(Servilius)，公元1世纪古罗马法学家。——译者

[4] 见D 5.1.16。——译者

[5] 卡西奥(Cassius)，公元1世纪古罗马法学家。——译者

[6] 尤利安(Salvius Julian)，公元2世纪古罗马法学家。——译者

齐[1]也回指这些事情并且这些事情是真的，所以某些前人的意见被废除了”（maiores constituerunt, Cassii sententia utimor, Labeo scribit iure utimur, et hoc et Julianus admittit eoque iure utimur, haec Quintus Mucius refert et vera sunt, abolita est enim quorundam veterum sententia）。只有当人们能够说出一位法学家所表述的一个规则，即“我们适用曾提及过的法律”（eoque iure utimur），它才最终赢得了胜利。

罗马裁判官法与法学家法类似

看来，直到程式诉讼的引入，裁判官法才开始强有力地、独立地发展。无疑，很长时期以来，裁判官的创造活动被高估了。莱内尔（Lenel）[2]对告示的重释充分地表明，裁判官在罗马法的整个宏伟建筑中所占的份量是很微弱的。告示包含着各种不同的法条：程 230
序法、刑法、治安条例。但就它们所包含的民法的内容而言，它们绝大多数是法学家法，更进一步讲，即法官创制的法学家法。这是由裁判官基于他的司法活动而发现的，裁判官的规范直接依赖法学家法的规范，裁判官经常利用法学家法规范的诉讼格式，只是基于自己的目的而做很微小的改动；几乎没有任何疑问的是，正是那些从事市民法工作的法学家让裁判官也把思想吸纳进其告示之中。

[1] 昆图斯·穆齐（Quintus Mucius），公元前3世纪古罗马法学家。——译者

[2] 莱内尔（Otto Lenel，1849—1935年），德国犹太裔法学家，罗马法史学家。著有《永久告示》（*Das edicum perpetuum*, 1883年）和《市民法之再生》（*Palingenesia juris civilis*, 2卷本，1887—1889年）。——译者

故此，裁判官的规范发现就像法学家法的规范发现一样立足于各种生活关系之具体性质的一般化，部分地也以法学家遵循的相同之正义和衡平原则为基础。裁判官尽管被法律（leges）和市民法所限制，大概还必须服从元老院的授权命令，但无论如何可以依靠其治权（imperium），比法学家更加大胆、更加果断地行事。目前尚难以确定的是裁判官活动的界线是什么：这个界线大概随着时间和裁判官个性的变化而变化。

作为实务家、著作者和教师的罗马法学家

然而，法学家的纯粹实践活动并不能解释一切。完全来自实践法律活动的法只会产生一系列松散的法条：我们在中世纪德意志法，更多地在当今英国法上看到这一点。在我们看来，在共和国晚期的法学家那里，罗马法似乎已经是一个相当完整和完善的结构，具有大量一般的法条，这主要是因为罗马法学家不仅仅是实务家，而且也是著作者和教师。当然，假如他们不过就是著作者和教师，他们的话语所具有的份量不会比他们的推理所给予他们的份量更大；他们似乎必须像英国的教科书编者一样把自己限定于汇总司法判决的结果，偶尔委婉地对它们作一点谦逊的评论，时不时小心谨慎地从中引出无论哪一个都不大胆的推论。但在罗马，很快就形成了一种法律惯例，即：赋予法学家的文献话语相同的重要性，与他们在实务职业上所创造的话语一样，这些话语无可争议地具有重要地位。故此，他们作为著作者，不仅敢于告诉那些想从其著作求教的人什么是人们从前所遵从的，而且也要预见到之前被忽略了的

可能性，从事进一步的一般化，并创造新的裁判规范。更为重要的
是，他们依然是教师。法学教师专有的特性是努力彻底穷尽法条的 231
内容，揭示其所隐含的一切。自然，教师并不愿意创制法律，但他愿意发展法律。实务家讨论某个契约之诉时，会停留于那些对法律争议至关重要的关键点上。著作者讨论这个问题时，会首先关注引起法律争议的意外情形。而教师却愿意论述所有的一切：谁拥有权利，能够对谁提出诉求，什么地点、什么时间应履行义务，它有什么内容以及可能有什么内容，迟延会引起什么后果，不履行会造成什么后果。罗马法恢弘体系的完整性和完美性，归功于法学家们的教学活动。

作为法学作品的罗马法

假如人们在一定程度上公正地对待罗马法学通过这种方式所完成的工作，假如人们愿意相信，罗马法仅仅通过法学，而不是因为罗马人神秘的天生的特殊法学天赋而变成了它实际所是的样子，那么，人们就应当只把罗马的市民法同任何一个在传统上不受法学家之法学影响的法律领域进行比较。这其中包括关于公田(ager publicus)的法律关系、国家法、绝大部分的行政法、刑法；直到很晚的时期，当零星地且只在这个程度上受到裁判所法(leges iudiciorum)的规制时，它们才构成法学家工作的对象。这里根本找不到罗马法的其他领域值得赞赏的东西。对于公田，几乎没有什么一般的原则；任何单个的用益租赁都是一个独特的法律关系，罗马的执法官必须像德意志的陪审官一样在具体的场合基于法律关系

的特殊形态作出裁判。在刑法上，人们徒劳地追求一种一般的理论；在所有原则问题上存在着令人尴尬的吞吞吐吐，裁判规范完全通过制定法的解释来获得。所有这些的确不取决于素材，而只是由于缺乏一个伟大的法学传统：因为用智识的方式对待侵辱（iniuria[1]）并不比对待其他的私法客体少。罗马的国家法与行政法法学是否有别于制定法、条例和司法裁判成果的有序汇编，对此，我们不能够基于传统作出任何程度的断定。

关于罗马法学的保守性

232 然而，罗马法学史却恰恰表明，这种法学在本质上像任何其他的法学一样，更多地是一种持守力，而不是一种推动力。它只有犹豫不决地、不情愿地、闷闷不乐地屈从于生活之不可推托的需要，从不越过绝对的必要之外。即使对于绝对的必要，它也喜欢悄悄地去做，借助不可能的解释、拟制和推释来把新的东西装扮成旧的东西。甚至那些非常有用，但有些大胆的创新也会遭到正统法学家的拒绝。确实如此：法学家受现行法的拘束；顺便说一句，他们的权力的界限大概更在于对可允许之事的感受，而不是事先明确地划定这一界限。如果他们发现法律的权力完全是没有限制的，那么似乎既不需要私法的立法（leges de iure civili，市民法的制定法），也不需要裁判官的告示；法学本身就能够满足新法的所有需要。罗马法

[1] 侵辱（Iniuria）是罗马法中私犯的主要形式之一，表现为通过行为或语言在身体上或精神上对人造成侵害。《十二表法》列举了 3 种不同程度的侵辱形式，即：断肢、折骨、简单侵辱。——译者

学试图努力（顺便说一句，这种努力是它和任何其他法学所共有的特征）应对现有之事，不越过事物之必要一步，这种耶林所称的“法的经济学”（Ökonomie des Rechts），在许多方面成为共同法法学的典范。

第十二章　英国法学

233 从中世纪早期开始，英国法学家（梅特兰说[①]，他们比罗马法学派更“罗马”）就顽固地不理睬罗马法，这对法社会学其实是一件特别幸运的事情。原因在于：在欧洲的文明民族之中，除了罗马法与大陆的共同法以外，还有另一种法系，即英美法系，达到了一个高度的、完全独立的发展阶段。如果说任何科学考察的使命是揭示现象的规律性，那么假如除了罗马法及由此而产生的大陆共同法，没有任何其他的法系处在高级的发展阶段，在法社会学上要完成这个使命几乎是不可能的。因为如其显示的那样，地球上没有受到罗马法影响的其他民族法发展如此落后，以至于人们至多可以将它们拿来同我们文明民族法的早期阶段进行比较。当然，罗马法和英国法的整个发展过程之比较不在我们目前考察的范围之内，这里将限于通过继续不断地回顾罗马法学和大陆法学来研究英国法学。但若对英国诉讼的发展没有投入过哪怕是匆匆一瞥，那么对英国法学进行评价是不可能的。

① 弗里德里克·威廉·梅特兰：《衡平法》，A. H. 凯特、W. J. 维特克尔编，剑桥1909年英文版。

罗马的程式判决和日耳曼的双舌判决

最古老的英国诉讼与其他日耳曼民族的原始诉讼没有区别。因此，它在本质特征上与史前的罗马法诉讼也可能是一致的。这个观点或许令许多人感到奇怪，它以下面一点为基础：在历史上，所有的罗马诉讼中出现了一个二分程序，作为特别引人注目的特点，即：在一个先行程序之后，有一个举证程序，作为争点决定程序（litis contestatio）[1]的分割，这显然是诉讼程序较早发展阶段的残余；而且，假如不是所有都弄错的话，它们本质上也可以在日耳曼民族中寻找得到。在形式和内容上，晚期罗马诉讼的程式都不外乎是有 234
条件的证据裁决（Beweisurteil），无论在罗马人中，还是在日耳曼人中，这种证据裁决均被举证程序所遵从。既然这种庭审程序的二分对于法定诉讼而言也是确实可靠的，既然争点决定程序在这种诉讼形式中就像在程式诉讼中一样进行了一个分割，那么毫无疑问，无论在法定诉讼的争点决定程序还是在程式诉讼的争点决定程序中，都会作出一个双舌的证据裁决（zweizüngiges Beweisurteil）[2]，这种

［1］ 争点决定程序（litis contestatio）在古罗马法上是法律诉讼中的一个承上启下的程序，表现为双方当事人在法律审结束时邀请数名见证人在场对有关争点加以确认和说明。这种程序旨在对诉讼标的加以确定并将争点提交审判人裁决，从而启动裁判审。争点决定程序后来保留于程式诉讼之中。——译者

［2］ 在中世纪早期的日耳曼诉讼法上，其裁判大多会采用所谓的“双舌判决”（zweizüngiges Beweisurteil，日文译为“二枚舌判决”）。这种判决不是有关案件即诉讼真假的判决，而是一种证据裁决。通常，当一个判决不仅处分证据，而且还决定证据的结果时，那这个判决就是“双舌判决”。这种裁决制度符合日耳曼人（古德意志人）有关法官（Richter）和裁判人（Urteiler）二分的传统：前者是法庭诉讼的引导者，他提出

裁决尽管不是以书面的形式拟定的，但在形式和内容上却与程式判决极为接近。

召审团和陪审团

英国法和英国诉讼的真正发展，开始于12世纪的亨利二世(Heinrich II)。这位国王或许是身居王位的最伟大的法律天才人物之一；尽管如梅特兰所言①，他也曾出卖过自己的劳动，由此他向当事人索要巨额的报酬，但他在这个过程中确实获得了比任何一个其他的正义贩卖者都要好的结果。首先，我们必须在这里对他的法律改革做一个简要的勾勒。我们应该先谈一谈，他由其御前会议(curia regis，宫内咨议会)[1]组成了一个常设的法庭，作为一个全心全意的法律家，他曾亲自掌管该法庭。

他最重要的庭审革新或许是新侵占之诉(assisa novae disseisinae)[2]，自然，如其所显示的那样，该诉讼是在教会法的侵夺之诉(actio spolii)[3]影响下发明的，它授予任何被侵占的人有权获

与法庭的合法性有关的关切问题和裁判问题；后者(陪审官后来由此发展而来)通过自己的裁判宣告回答这些问题。这样一种法庭结构在英国陪审团制度中可以发现某些痕迹。——译者

① 弗里德里克·波洛克爵士/弗里德里克·威廉·梅特兰：《爱德华一世时代之前的英国法律史》，波士顿1903年英文第2版。

[1]《法社会学原理》日译本将“curia regis”译为“王会”（参见エールリッヒ：《法社会学の基础理论》，河上伦逸、M. フーブリヒト共译，みすず书房2001年9月第4刷发行，第258页）。——译者

[2] 这是亨利二世于1166年通过法令建立的一种不动产(土地)权益诉讼。——译者

[3] 侵夺之诉(actio spolii)是12世纪由教会法学家创造的一项诉讼。该诉可用

得一个令状，由此，郡主受命召集12位邻人（XII liberos et legales hominess de visneto，“附近的12位自由与合法之人”）组成召审团（Assisa，一译“状召陪审团”或“咨审团”），一旦王室法官将来巡回到这个地方，该召审团就得回答法官向他们提出的有关土地是否发生过侵占的问题。这个新侵占之诉后来被更多的其他召审团所遵循，其基本想法是相同的：通过国王的令状（writ）传唤到庭，根据邻人的事实评判作出判决。此外，国王还对每一个欲使不动产诉求得到确认的当事人授权，允许其通过国王的令状从普通地方法院撤回起诉，提交给御前会议。这一革新就给当事人很多优势：首先，御前会议作为法庭，比地方法院拥有更大程度的信赖，其次，它实行一种比呆板的旧日耳曼诉讼程序更灵便、技术上更高的程序，取 235
代了传统的、极其不完善的证明手段，如决斗审判，或者助誓人（Eideshelfer）宣誓，邻人的证言等。

我们这里正在讨论英国陪审团（jury）最早的萌芽。诚如布伦纳（Brunner[1]）① 所证实（其研究成果目前在英国已被整个普遍接受），这一诉讼程序起源于诺曼底（Normandie）。亨利二世当时也是诺曼底公爵，很可能熟悉他家乡的这个诉讼制度。但他以如此宏伟的方式使它适应了新的需求，这使他的制度革新堪称最伟大的立法行为之一。当然，召审团还不是英国的陪审团。陪审团很晚才从前者发展而来。

于恢复动产、不动产以至无形权利的占有；其诉讼对象可以是第三人，以至不占有诉讼请求物的人；该诉讼无需原告证明其所有权；最后，该诉讼甚至可以由本身便是不法占有人的人提起。——译者

［1］ 海因里希·布伦纳（Heinrich Brunner，1840—1915年）德国法律史学家，著有《德国法律史》（2卷本，1887/1892年）。——译者

① 海因里希·布伦纳：《刑事陪审法庭的产生》，柏林1872年版。

在召审团中，“自由与合法之人”通过传唤被召集到一起，而陪审团(jurata，一译“当事人合意陪审团”)则以当事人合意服从其邻人的判决为前提。陪审团出现稍晚，原因在于：当事人不想要求有召审团，而同意其将争议交由邻人事实评判，以避免不受欢迎的证明方式(即决斗审判和助誓人宣誓)。但即使有了召审团，当事人经常达成协议，要求其邻人对令状上没有提到的争点作出事实评判。中世纪的法学家把这称为：召审团向陪审团的转化(assisa vertitur in iuratam)。

由于王室法院诉讼程序的优越性，由于正确裁判的更好保障，以及由于其公正性，古代日耳曼诉讼程序逐渐消逝，被不同的新诉讼式样所取代，它们模仿新侵占之诉的模式。原告向国王的大法官提出申请，并在支付费用后，获得一份令状，传唤被告到王室法院出庭。在令状中标明诉求，大致上也标明诉讼程序。每一种诉求都有其各自的令状。一些令状被视为普通令状；但假如某个诉求不能纳入这种令状，就必须起草一种特别的令状，不言而喻，后者要花费更昂贵的费用，或许甚至以原告在王室法院的某些影响为前提条件。在后来的诉讼模式(actions)中，陪审团完全取代了召审团。两者之间的区别在于：陪审团成员的传唤不再根据令状来作出，而是按照当事人的请求来进行；有关陪审团成员应作出裁判的问题不再事先在令状中标明，而是应出自诉讼程序当中。

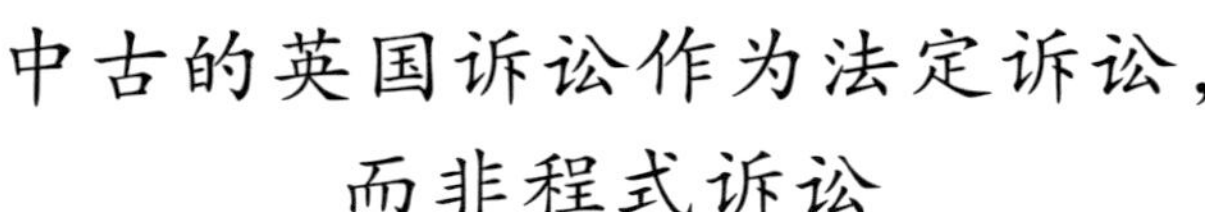

中古的英国诉讼作为法定诉讼，而非程式诉讼

236 任何读过上面描述的罗马法学派学者立即会想到罗马的程式

诉讼和裁判官编制的审判官名册(Album)[1]，所有指明作为通行使用的程式记录在上面，原告从这些程式中需要挑选一种合适的程式；但若找不到一种合适的程式，原告才必须请求某种特别的诉讼程序，或者设法从裁判官那里得到这个程序。事实上，英国的法史学家经常将上述直到19世纪的《司法组织法》(*Judicature Acts*)[2]以前在英国流行的诉讼程序同罗马的程式诉讼程序进行比较。然而，这种比较是建立在对事情之表面观察的基础之上的。两者的共同点是：无论令状还是程式(后者至少按照通说)均属书写的文书，它们两者中均标明有原告的诉求。但程式终结庭上程序，而令状则开启这个程序。[3]程式是一种证据裁判，令状是一种传唤。假如更深入地研究问题的本质，那么人们就不会将中古的英国诉讼同程式诉讼作比较，而与罗马的法定诉讼进行比较。罗马的法定诉讼开始于私人传唤，即传唤受审(in ius vocatio)[4]，英国的诉讼开始于官方传唤，这或许没有本质上的区别。但恰如在罗马一样，在英国，原告和被告双方均应采取某些固定的术语，遵从国王的令状所言，符合诉讼的法律基础来提出他们各自的请求。恰如在罗马一栏，在

[1] 审判官名册是古罗马时期用于登记有权参加司法陪审的人员的名册。该名册最初由裁判官逐年编制，一般包括450名审判官的名字；在进行民众大会审判时，控告人可从名录中选择100名审判官，被告人可以从中选择50名。后来，法律规定：对审判官的选择由裁判官逐案作出。——译者

[2]《司法组织法》是英国1873—1875年间对高等法院的组织和审判程序进行改革的法律。——译者

[3] 由于疏忽，曼弗雷德·雷宾德尔编校的德文第4版漏掉了“程式终结庭上程序，而令状则开启这个程序”这一句话(见德文第4版，第236页)，本译本根据德文第3版第221页补译，特此注明。——译者

[4] 传唤受审是罗马早期审判制度中的引入程序，表现为原告向被告发出口头通知，要求其与自己一起到执法官出庭，进行对抗式诉讼。若被告拒绝出庭，原告有权在见证人的协助下采取武力强制被告出庭。——译者

英国，形式（程序）法同时也是实体法。每一种诉求都有其相应的程序，程序法决定着诉求的实体法基础。就像罗马的实体法绝大部分是具体诉讼之法，在英国，其情况也是如此。任何诉讼都有它自己的先例（precedents），英国法学家曾就具体的诉讼写过教科书："在相当大的程度上，用某种特定的诉讼形式实施的实体法是独立于以其他形式实施的法律而发展起来的。"（梅特兰）因此，最古老的英国法，就像罗马法一样，是一种诉讼法（Aktionenrecht）。与这些许多相似点相比，其区别或许就变得无足轻重了，但它们不应完全被我们忽略。英国法官在陪审团成员在场的情况下引导整个庭审程序，他在更为发达的程序中不再像罗马人那样下达一个证据裁决，而是允许当事人本身表述事实问题，这些当事人愿意使有关事实的判决从属于庭审的结果（争点），将这些事实问题提交给陪审团成员，并根据陪审团成员的事实评判作出最终的判决。陪审团成员不解决法律问题，也就是说，法官就这方面的问题专门作出裁断。

237 直到通过了《司法组织法》，废除了古老的程式，听凭当事人自主将自己的诉求以随便任何一种书面的形式提交给法院，英国的法定诉讼才被在本质上与罗马的程式诉讼相类似的诉讼所取代。这个庭审过程也像罗马程式诉讼一样分为两部分（庭外办公程序［in chambers］，庭上程序［in court］），只是庭上程序，即法律审程序紧接着准备程序；此外，庭上程序也包括举证程序。

法院管辖权

法官本身由于所收的高额费用而对法定诉讼感兴趣，这一点对于理解英国诉讼程序而言是极其重要的。由此可以说明，他们持续不断地努力扩张自己的司法管辖权，尽可能在实践上让诉讼的形式适应当事人的需求，以使他们的活动得以扩大。令人奇怪的是，他们表现出对快速、简易的程序不感兴趣：或许，他们担心这种程序可能会减少他们的诉讼费。

为了证明这些司法管辖权的扩张是正当的，英国的法学家诉诸拟制（Fiktionen）的运用。较为重要的王室法院有3种，它们全部位于伦敦：民诉法院（Common Pleas）、王座法院（King's Bench）和财税法院（Exchequer）。民诉法院是真正的民事法院。王座法院的管辖权（通常发生在私人之间的法律诉讼很少由它管辖）大多建立在拟制的基础上，即：假如被告由宫廷侍臣看管（in custodia Maresschalli），囚禁于国王的监狱，那么就归王座法院管辖。财税法院，其实是一个财政署，其审判管辖权建立在这种拟制上：原告拖欠向国王缴纳的税款，但因为不能从被告那里收到自己的钱，故而不能支付税款。

令状的签发

但法院的运作首先取决于原告能够得到一个合适的令状[1]。假

[1] 在英国法上，令状（writ）是由大法官以国王的名义签发给郡长、法庭或者政府官员要求接受令状的人作为或不作为的命令。最初为了行政管理和司法目的而签发，后仅为司法目的而签发，尤其是在国王和王室法院干预地方法庭和领主法庭时使用，如命令郡长公正审判，或命令把某个案件移送至王室法院审判。亨利二世时，采用一种固定的格式书写和签发令状，成为王室司法中的一种习惯做法，即：自由人若想在王室法院提起诉讼，须先取得（主要是金钱购买得来）相应的令状。普通法的诉讼遂演变为必须依据令状进行。——译者

如令状与他的诉求不匹配，那么他就会输掉官司。本来，在中世纪早期，大法官的令状显然是为任何一种看起来有理的诉求任意签发的，故此，布莱克顿①写道：“有多少个诉权类别，就会有多少个简易令状”（Tot erunt formulae brevium quot sunt genera actionum[1]）。
238 但随着时间的推移，这件事变得愈来愈困难：只有当然令状（writs as of course，习惯承认的令状）[2]才被直截了当地签发。男爵贵族们在牛津集会（1258 年）通过一项决议[3]：“（大法官应该发誓）除当然令状外，若无国王的命令和王座参事在场，则他（即大法官）不盖大臣之印于任何令状（以使得裁判官根据他们的永久告示执法）”（Ke il ne enselera nul bref fors bref de curs sanz le commendement le rei e de sun conseil ke serra present[ut praetores ex edictis suis perpetuis ius dicerent]）。但《威斯敏斯特法》（*The Statute of Westminster*，1285 年[4]），则允许大法官府事务官（clerici

① F. W. 梅特兰编：《布莱克顿笔记》，伦敦 1887 年版；弗里德里克·威廉·梅特兰编：《布莱克顿与阿佐文选》，伦敦 1895 年英文版。

[1] “Tot erunt formulae brevium quot sunt genera actionum”这一句的英译为：“There may be as many forms of action as there are causes of action”。中译本部分地参考此句的英译。——译者

[2] 当然令状（writs as of course），也写作“writs de cursu”或者“brevia de cursu”，是指当然应签发的令状，区别于依特权签发的令状（Prerogative writs）。——译者

[3] 在英国历史上，随着案件的增加及复杂化，13 世纪时令状的数量显著增加，导致王室法院司法管辖权和对地方法庭干预权不断扩大，这引起领主和贵族们的强烈不满，他们 1258 年在牛津集会，通过《牛津条例》，规定：未经国王和御前会议的允许，大法官不得擅自签发新的令状。——译者

[4] 这个法令的全称应是“The Statute of Westminster II”，译作《威斯敏斯特法Ⅱ》，1285 年由爱德华一世发布，内容分为 50 章。该法颁布的背景是：为了避免因《牛津条例》的规定而使权利得不到救济，《威斯敏斯特法Ⅱ》授权大法官府事务官遇到与

de cancellaria)[1]在全体意见一致、没有异议的情形下，可以签发令状(breve)：而不要发生这样的事，即：对要求公正[的处理]的人们，长期缺乏国王的御前会议的调查(ne contingat de cetero quod curia diu deficiat querentibus in iustitia perquirenda)。若大法官府事务官们不能达成一致意见，那么他们就应当向议会(Parlament)报告。尽管如此，自从14世纪起，获得一个新的令状变得愈来愈困难，尤其是，法官们开始嫉妒大法官，轻易地就撤消非当然令状。布莱克顿的原理事实上被颠倒过来了："有多少个简易令状，就会有多少个诉权"(Tot erunt actiones quot sunt formulae brevium)。

侵害之诉的蔓延

只有一种令状构成例外：侵害之诉令状(trespass)。最初，侵害之诉作为针对依据力量(暴力)和武器(vi et armis)破坏国王和平的行为而提起的刑事诉讼，大约于16世纪变成了一种民事诉讼，几乎所有在18和19世纪还在使用的诉讼都是从它衍生出来的。它的3种最古老的形式是：对身体的伤害和殴击之诉(assaults and batteries)、侵占动产之诉(de bonis asportatis)和对地产的阻碍与侵占之诉(quare clausum fregit)。

侵害之诉后来变得非常流行，呈现出一系列新的形式，这些新

根据现有令状可获得救济案件的类似案件时，可以对现有令状进行变通以审理这些案件，但这并不产生新的权利和救济手段。——译者

[1]《法社会学原理》日译本译作"大法官府的书记(官)"(参见エールリッヒ：《法社会学の基础理论》，河上伦逸、M. フーブリヒト共译，みすず书房2001年9月第4刷发行，第263页)。——译者

的形式在17和18世纪实际上从法律实务领域取代了一切旧的诉讼形式。早在16世纪初，逐出地产之诉（ejectment）就与通过暴力和武器的侵害之诉（trespass vi et armis）密切相关，此后取代了不动产的对物之诉（die dingliche Klage）。根据《威斯敏斯特法第二届议会章程》有关“收回土地的令状”[1]之规定 (the Statute of Westminster II in consimili casu)，间接侵害之诉（case）在15世纪与通过暴力和武器的侵害之诉分开。间接侵害之诉与通过暴力和武器的侵害之诉之区别，主要在于间接侵害之诉中，原告不需要声称“通过暴力和武器”，由这种诉讼，更多重要的诉讼形式依次发展而来。16世纪初，最主要的是简约之诉（assumpsit）[2]：被告对原告按照契约承担义务，对由原告向他移交的物用一定的方式加以处理，比如对物进行加工，在此过程中可能给原告造成损害。这个简约之诉后来成为承诺之诉，即：一种取代了旧式的追偿债务之诉（debt）的契约之诉。在“斯雷德案”（*Slade's case*，1602年[3]）中，

［1］“收回土地的令状”（consimili casu）是根据1285年《威斯敏斯特法第二届议会章程》第24章规定颁发的令状，内容涉及享有继承权者从转让土地的不动产终身承租人或者继承亡妻遗产的鳏夫那里收回土地的规定。——译者

［2］简约之诉主要是针对违反简式合约的损失而请求赔偿，从侵害之诉中发展而来。拉丁语“assumpsit”，意思是被告应担责，也有人把它译作“要求赔偿违约所造成的损失之诉”。它与侵害之诉的区别在于：前者基于简式合约，后者基于侵害（侵权）行为。——译者

［3］德文第3版第223页和第4版第238页关于“斯雷德案”的时间均标为1682年，英译本第277页标为1602年。根据英国法学家辛普森著作《契约法历史：许诺之诉的兴起》，证实该案判决的时间发生在1602年，故采英国学者之说（See A. W. B. Simpson, *A History of the Law of Contract: The Rise of the Action of Assumpsit*, Oxford 1975, pp. 316-488.）。在“斯雷德案”中，原告要求被告偿付其销售农作物的价款。陪审团发现“这里并没有其他允诺与承担方式，仅仅具有口头协议”，普通法法院的陪审团成员最终一致通过了一项重要原则，即任何一种契约“本身即意味着一种简约之诉（要求赔偿违

（陪审团成员）曾作出如下决定："任何一种将来执行的契约本身即意味着一种简约之诉（要求赔偿违约所造成的损失之诉），因为当一个人同意付钱或者交付任何物时，他借此假定或者承诺支付之或交付之。"这就是债务诺言简约之诉（indebitatus assumpsit，一译"债务人承诺偿还或履行之诉"），它过后成为纯粹不当得利之诉的组成部分："在纯粹不当得利之诉中，契约的要素是纯粹拟制的。"16 世纪中叶，动产侵占之诉（trover）开始在间接侵害之诉（trespass on 239
the case[1]，一译"例案侵害之诉"或"类案之诉"）领域萌芽：被告拾得原告遗失的动产，虽然原告索要但拒绝归还，他将该物转为自用（conversion，挪用）。后来，动产侵占之诉对抗第三人，遗失和拾得被拟制，本质上只是要求归还物，阻却被告的侵占。动产侵占之诉于是变成了动产的一般对物之诉（allgemeine dingliche Klage），同时也成为一种很便利的不当得利（将他人之物转为自用）之诉。根据这些诉讼要求物之返还，或者损害赔偿，或者同时要求两者，它们分别是对物之诉（real actions）、对人之诉（personal actions）和混合之诉（mixed actions）[2]。逐出地产之诉是对物之诉，简约之

约所造成损失的诉讼）"。即使没有后续的允诺，债权人也能够于提起要求赔偿违约所造成损失与要求债务人提供担保的诉讼之间进行选择。债权人最终因陪审团的决定而非因担保法而获益。——译者

［1］ 埃利希的德文版（第 3 版第 223 页，第 4 版第 239 页）将此写成"trespass in case"，疑为笔误。根据英译本和相关英语辞典，校正为"trespass on the case"，其常简称为"case"或者"action on the case"。根据《元照英美法词典》的解释，所谓"trespass on the case"（间接侵害之诉），指一方的侵害行为与另一方的损失或伤害之间有间接而非直接的因果关系。这种诉讼构成现代法上过失损害侵权之诉的前身。见《元照英美法词典》，法律出版社 2003 年版，第 1356—1357 页。——译者

［2］ 对物之诉、对人之诉和混合之诉是英国普通法中的民事诉讼的分类：对物之诉是指为返还为他人占有但却属于自己所有的财产而进行的诉讼，包括动产的对物之

诉和动产侵占之诉是对人之诉，因为在动产和契约关系的场合，普通法上的原告（Kläger *in law*，否则就是衡平法上的原告）只能要求损害赔偿。故此，英国人把动产和债权算作个人财产（personal property）。

侵害之诉获得巨大的成功归功于不同的原因。首先，它是一种比其他较古老的诉讼形式更有效能、更便捷的诉讼程序。它起源于破坏国王的和平（通过暴力和武器）而提起的刑事诉讼，这是以临时羁押被告开始诉讼的做法。证据也得到更好地规制。在古老的对物之诉（权利令状[1]、返还不法扣留动产之诉[detinue]）和契约之诉（追偿债务之诉）中，依然存在通过助誓人的宣誓（wager of law，誓证裁决）。在召审的场合，召审团成员必须随同诉讼开始令状（original writ）的发布而被召集在一起，只允许回答令状同时载明的问题；而在侵害之诉中有陪审团，他们在诉讼过程中被召集在一起，要求回答来自当事人诉状中的问题。律师的影响也至关重要。侵害之诉是留待王座法院管辖的。在民诉法院，通过国王令状指派一定类别的律师，即高级律师（serjeants-at-law），他们享有代理专属权（Vertretungsmonopol）。所有其他的律师显然有兴趣把官司引到王座法院，在这里，他们本身才可能出庭，故此，案件的数量亦愈积愈多，超出了该法院管辖的范围。

诉和不动产的对物之诉；对人之诉是基于契约或侵权而针对特定个人提起的诉讼，目的是要求被告履行契约债务或针对所造成的损害进行赔偿，如侵害之诉、简约之诉、动产侵害之诉等；混合之诉包括对物之诉和对人之诉性质的内容，比如同时要求恢复所有权和损害赔偿。——译者

[1] 权利令状（writ of right），与“特权令状”相对的一类令状，主要是根据1215年《大宪章》国王有义务签发、以别于根据国王的恩典或法庭的自由裁量权签发的特权令状。有两种：诉讼开始令状（original writ）；司法令状（judicial writ）。——译者

英国诉讼程序的拟制

各种诉讼之适用领域的扩大，一定程度上是由于下列原因导致的：法官在其判决中将特定的诉讼形式解释成可适用于特定的案件。从那以后，这种做法就畅通无阻了。故此，“斯雷德案”使简约之诉成为一个一般的契约之诉。拟制制度还更为重要。最为著名的就是逐出地产之诉的拟制，即后来英国法的不动产对物之诉。起初，逐出地产之诉是承租人对抗任何剥夺其占有的第三人的占有 240 之诉（侵害之诉）。所有权人约翰·罗杰斯（John Rogers）一开始通过下列方式利用了这种诉讼：他根据声称属于自己的所有权实际地抢占了地产，然后把地产租给理查德·史密斯（Richard Smith）。理查德·史密斯作为承租人被威廉·史泰利斯（William Stiles）逐出，于是就此提起诉讼。威廉·史泰利斯作为名义上的不动产侵占人（casual ejector）事后将诉讼通知了地产的现下保有人乔治·桑德斯（George Saunders）。

在对现下保有人提起的诉讼时，承租人首先必须提供如下证明：1. 所有权申请人有权利将地产出租给他，也就是说，所有权申请人是地产所有权人；2. 所有权申请人事实上已将地产出租给他；3. 他作为承租人曾经实际地占有过该地产；4. 他被名义上的不动产侵占人逐出。然而，这个程序在很大程度上被一系列的拟制大大简化，这些拟制由共和政体时期（The Commonwealth）[1]的首席大

[1] “The Commonwealth”是英国历史上 1649—1660 年间由“Oliver Cromwell”父子统治下的共和政体时期。——译者

法官罗尔(Chief Justice Rolle)所发明。承租、威廉·史泰利斯的强占和驱赶，这些都是被拟制(推定)的。(威廉·史泰利斯)这个人作为拟制的名义上的不动产侵占人直截了当地向现下保有人乔治·桑德斯提起诉讼。如果现下保有人乔治·桑德斯保持沉默，那么地产就判给承租人(真正的原告)，因为名义上的不动产侵占人根本没有打算对自己的权利进行申辩。假如现下保有人想参与争讼，那么只有在下列条件下才有可能：他承认约翰·罗杰斯已把地产租给了理查德·史密斯，后者根据用益租赁契约已经占有该地产而又被威廉·史泰利斯所驱赶。在这些事实被承认之后，该官司仅仅还围绕着一个问题：约翰·罗杰斯是否有权把地产出租给理查德·史密斯，换言之，这是一个有关约翰·罗杰斯之权利的问题。

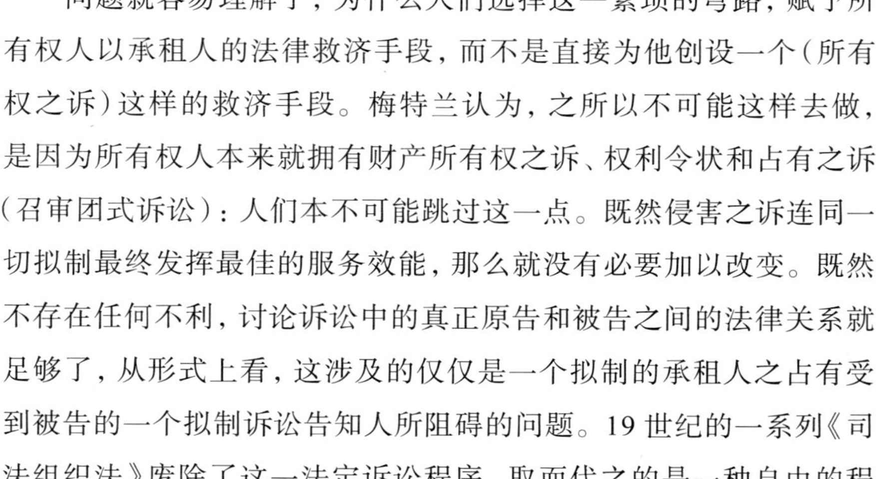

问题就容易理解了，为什么人们选择这一繁琐的弯路，赋予所有权人以承租人的法律救济手段，而不是直接为他创设一个(所有权之诉)这样的救济手段。梅特兰认为，之所以不可能这样去做，是因为所有权人本来就拥有财产所有权之诉、权利令状和占有之诉(召审团式诉讼)：人们本不可能跳过这一点。既然侵害之诉连同一切拟制最终发挥最佳的服务效能，那么就没有必要加以改变。既然不存在任何不利，讨论诉讼中的真正原告和被告之间的法律关系就足够了，从形式上看，这涉及的仅仅是一个拟制的承租人之占有受到被告的一个拟制诉讼告知人所阻碍的问题。19世纪的一系列《司法组织法》废除了这一法定诉讼程序，取而代之的是一种自由的程式诉讼；这一点将在后面讨论。

大法官与衡平法

在12—13世纪[1],由王室法院所实施的英国法是极其易变而灵 241 活的。但到了14—15世纪，它变得僵化和程式化，主要是因为获得新的令状有巨大的困难。这促使大法官将很大一部分法的续造本身掌握在自己手中。自古以来，当事人均习惯于对其遭受的不公向国王申请救济。这是古代君王审判权的一部分，（正逐渐取代旧式法院的）王室法院之整个司法审判权归根结底以此为基础。尤其是，在大法官不再直截了当地签发新的令状之后，向国王提出的申请的数量激增，这些申请要么是在由于缺乏相应的法院令状不能得到救济的情况下而请求救济，要么是针对由法院作出的不公正判决而请求救济。国王将当事人指派给大法官，由他来调查此事，假如他确信当事人一方遭到不公，那么他自己就予以干预，帮助此人获得公道。该程序一般仿照教会法院的模式：大法官这样做是很容易理解的，因为他通常是一个神职人员（牧师）。不言而喻，这个程序既没有废除（普通法）法院的活动，也没有使之成为多余。大法官不能直接干预法院的司法。但大法官作为王室官员具有从国王之权力丰满性（Machtfülle）中推导出来的权力救济手段。根据这个被授予的王权，他就可以禁止当事人在既定案件中向法院诉求，也可以禁止他们利用其在庭审中已获得的判决，最后他还可以通过自己

[1] 埃利希的德文版第4版第241页将时间标为“7—8世纪”显系将第三版第225页的罗马数字XII和XIII误作VII和VIII所致，本译本予以校正。——译者

的执行官来实施由他亲自作出的裁决。

相应地，大法官实际上有权根据一方当事人的请求，从法院撤回任何法律诉讼（无论是已决的，还是未决的），并将其交由自己处理。针对当事人的命令和禁令统称为禁制令（injunctions）[1]。它们可以由大法官通过监禁或者罚金来强制执行；它们也会发布传票（sub poena）。当然，它们不仅可能涉及一方当事人呈交给法院的争议事项，而且也可能涉及种类繁多的其他事项。

（普通法）法院不会在没有任何抵抗的情况下忍受大法官的这种干预，特别是因为，尽管只是在少数情况下，禁制令甚至适用于法院本身。对大法官的抗拒在爱德华四世（Eduard IV）统治时即已开始，并且在詹姆斯一世（James I[2]）统治时，导致科克法官（Justice Coke）和大法官埃尔斯密尔勋爵（Lord Ellesmere）之间的冲突。大
242 法官声称，他的命令不是针对法院，而是针对当事人的："禁制令并不干涉普通法。判决是成立的。大法官所关心的是当事人对这个已决案件的行为。"在这个基础上，詹姆斯一世听从了当时的总检察长培根（Bacon）的评价意见，对双方的争吵作出了有利于大法官的决定。由于禁制令被认可有法效力，大法官最终占了上风。在17—18世纪，法院又多次试图挑起事端，但均未获成功。这样，由

[1] 禁制令是大法官签发的要求当事人做某事、某行为或禁止做某事、某行为的命令。它是衡平法上的一项救济措施：当普通法上不能对某种损害行为提供充分的救济时，便可寻求以强制令作为补救。根据其内容，可以分为命令性禁制令（"mandatory injunction"或"compulsive injunction"）和禁止性禁制令（"restrictive injunction"或"preventive injunction"）。——译者

[2] 德文本第三版第226页和第四版第241、242页，有两处均将詹姆斯一世（James I）写成"Jakob I"，显系笔误或排版错误。根据相关资料校正。——译者

于被授予了独特的司法权，大法官也能够创制一个法体系，它在许多方面与罗马的裁判官法可以形成完美的类比。

衡平法和裁判官法

不言而喻，假如我们仅凭若干外在的相似性就误导自己，把大法官和罗马裁判官相提并论，将会是非常肤浅的。人们在观察这两种相同的历史现象时，被证明合理的不是外在的方面，而是由他们创制的法体系的整个内在结构。当然，这个观点在英文著作中很少见，因为英国人对他们的法律作概念性的理解不感兴趣。但若是阅读了美国学者朗代尔（Langdell）的阐释，就很难怀疑这一点。我从他的著作《衡平法审判概论》（*Survey of Equity Jurisdiction*）[①] 中摘引下面一段：

> “由于普通法上的权利本身没有衡平法上的要素，衡平法上的权利本身也没有普通法上的要素……一如普通法是国家的产物，衡平法最初也是国家的最高行政机关即国王的产物。那么，能够使国王创制衡平法的权力是什么？可以这样来回答：他本身享有唯一的司法权以及唯一的行政权，但绝不享有立法权，即他不能够单独行使后者的任何一丝权力。根据其司法权，只要立法机关不加干预，他完全掌管着诉讼程序；正是这一点能够使他创制衡平法。由于他没有任何立法权，他就不

① 克里斯托弗·哥伦布斯·朗代尔：《衡平法审判概论》，康桥（马萨诸塞州）1908 年英文第 2 版。

能够给予其在衡平法上的判决任何普通法上的效力或者普通法上的效果，但当他通过实施其司法权作出了有利于原告的衡平法上的判决时，他能够对此加以实施，通过执行其针对被告个人的行政权，他通过判决，无论命令被告做什么或不做什么，被告就得做什么或不做什么……。”

243 或许，一个罗马法学家不需要别人告诉他，我们只需要在这个表述中变不了几个字，它们就可以同样适用于罗马裁判官。

然而，裁判官法和衡平法的内在相似性也还表现在一系列细节上。首先，衡平法本身直接与市民法即普通法（common law）相关联。它不是一个独立的制度，而只能理解为普通法的附加物。若没有衡平法，普通法的确会是一个生硬的、刚性的法体系，它的发展难以适应生活的需求，但不管怎样，它仍不失为一个法体系。若没有普通法，衡平法简直就不可能存在。诚如罗马的裁判官也在内容上附随于市民法，仿效市民法制度的模式创制了裁判官法制度，通过拟制之诉（actiones ficticiae）和准诉讼（actiones utiles）[1]创设仿拟市民法之诉的法律救济手段，根据市民法的继承权创设裁判官法的继承权，而大法官也恰好以这种方式模仿普通法。衡平法的一项原则是：公道追随法律（aequitas sequitur legem，一译“衡平法追随普通法”）。几乎任何普通法规则，只要其不纯粹涉及诉讼程序，都

[1] 准诉讼是裁判官根据市民法之诉稍加变通所形成的诉讼，为裁判官之诉的一种。在准诉讼中，裁判官通过对市民法之诉的拟制，将自己的管辖权范围扩展至原直接之诉所未涵盖的当事人和案件上。比如，将未成年人拟制为已成年，无资格拟制为有资格，等等。——译者

有一个衡平法规则与之相对应。正像罗马裁判官成功地以这种方式完全独立地创制法律制度，比如裁判官法的所有权或裁判官法的继承权，或许在更高的程度上，英国的衡平法的情形也是如此。

衡平法作为衡平法院独有的法体系

尽管如此，裁判官法与衡平法之间的原则区别仍不可小觑。罗马的审判官（iudex）隶属于裁判官，因此，裁判官可以直接向审判官发号施令，后者必须服从。英国的法官完全独立于大法官。大法官不得向法官发布命令。他只能吩咐当事人不可以向法官诉求或者不可以利用由法官作出的判决。他可以传唤当事人到他那里出庭，并可以作出一个裁定，用他自己的手段加以执行。因此，相对罗马裁判官法之于市民法，衡平法面对普通法要独立得多。与裁判官法不同，衡平法不是整个法体系的组成部分，而是一个与其他法体系并行的独立的法体系。随着时间的推移，衡平法逐渐采取了像普通法一样的固定而刚性的形式。大法官就像法官对待普通法制度那样，不再创制任何新的法律救济手段，而纯粹是续造现存的救济手段。大法官不再宣告任何新的法律原则，而只是在他们原有的先例（precedents）基础上进一步发展，如同法官对他们的先例所进
行的工作一样。这个时候，衡平法成为大法官依此开展活动的法体 244
系，普通法是法院依此作出裁判的法体系。这两者在程序上存在差异；特别是，在大法官（衡平法院）那里出庭没有陪审团。在法律后果上也有差别。但归根到底，大法官也是法官，像其他法官一样。衡平法或普通法是否适用，完全取决于当事人是向大法官提出诉求

还是向（普通法）法院提出诉求，以及当事人提出诉求的大法官或法院是否有资格对所提出的诉求作出裁决。假如当事人申请大法官就衡平法未作预先规定的事项进行干预，那么大法官就指引他到普通法法院。

自从《司法组织法》颁布之后，衡平法院就变成了（英国）最高司法院（Supreme Court of Judicature）的一个分庭。它在名义上也是一个法院。在衡平法和普通法产生矛盾的情况下，衡平法的原则应居于优位。当然，某些法律救济手段只能在衡平法院适用，另一些则在最高司法院的其他分庭适用。但一旦各分庭的管辖权确定下来，那么，无论衡平分庭还是其他分庭均可以适用衡平法或普通法，根据案件的情况而定。只是程序还依然有区别。尽管每一个英国出庭律师（barrister）既可以在衡平法院，也可以在普通法法院执业，但传统上，在林肯律师会馆（Lincoln's Inn）办公的出庭律师主要在衡平法院开展业务。衡平法主要包括信托法（trusts）、大部分担保法、若干继承法上的法律救济手段、特定履行（specific performance，一种在契约义务中要求履行而不仅仅是损害赔偿的权利），最后，还包括禁制令，即上文已提及的针对当事人（在禁令申请人担心发生不可挽回的损失之情况下）的临时禁令。因此，衡平法只涉及法律制度和法律救济手段的一小部分。但其中有一个，其本身已经形成一个独特的法体系，那就是信托。

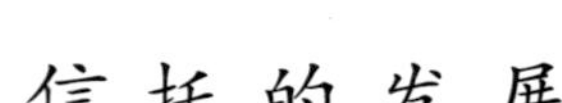

信托的发展

信托可以追溯到14世纪。最初的术语是“用益”（use，来自

“ad opus”，“用于工作”）。在欧洲大陆中世纪，信托也是众所周知的受托管理行为（Treuhandgeschäft）。受托管理人称为受托人（trustee），从中受益的人称为信托受益人（cestui que trust）。中世纪后期，在英国，像在德国、法国一样，信托代替了遗嘱。无论谁想把某个物遗留给教堂或者其他什么人，他得先把该物托付给受托管理人即受托人，并且确定在他死后应如何处理之。大法官对此事行使管辖权，就像罗马的皇帝强制受托人一样，通过自己的权力手段 245
强迫受托人来履行死者的遗嘱。不久以后，这种受托管理行为也可以在人的生前进行，托付给受托管理人的物在托付的那一刻起就在衡平法上被视为归其所指定的受益人所有。这类行为范围巨大，最初主要是由采邑（封建）体制造成的，由于该体制对行为自由有大量的限制，而且由于采邑因无人继承而充公给领主这个永远存在的危险，这就使此种规避行为成为必要。大封建主对信托也有兴趣。当然，他的封臣把财产托付给受托人（这种受托人可以代表封臣本人保管地产），通过这种方式，能够避免许多无人继承的财产充公给领主而可能对领主造成损害：因为将财产托付给某个受托人的人在这个过程中甚至能够提出下列条件，即受托人应为领主本人（托付者）保管财产。但大封建主甚至本身也是受封的，其中最大的封建主直接由国王授予封地，他们又从自己的封建主（即国王）那里通过信托获得利益。在很长的时期，他们的影响如此之大，足以让大法官转向对信托进行强有力的保护。但亨利八世（Henry VIII）作为国王通过信托仅仅得到损失、没有任何收益，于是强行在有抵触情绪的议会通过一项法律，根据该项法律，任何信托应赋予受益人法律上的不动产权益（legal estate），即依照普通法的相应权利。该

项法律还没等到公布，就被一项限制性解释所取代，乃至失去了任何实际的意义。它并未妨碍信托的发展。

信托法并不是一个孤立的信托关系，而是一个完整的法体系。它首先包含法人社团法。大量英国宗教派别和天主教教会的很大一部分教会法以及英国的社团法均以下面一点为基础：受托人为信徒、为社团成员保管信托的财产。在信托法中出现了一种特殊的物权法。信托的标的物一旦托付给受托人，受益人立即取得一切其应有的用益权、消费权和处分权，他可以将这些权利转让，但受信托限制的除外。被委任的受托人尽管保留着法律上的不动产权益，但仅仅是作为一个裸权（nudum ius，空虚的权利）。只有买受人善意按对价购买法律上的不动产权益，且未获得告知，才能够使受益人丧失权利；既然法院至少在涉及不动产的场合将在所有权调查（investigation of title）中的最小疏忽视为推定告知（constrcutive notice），那么只有在契据被非常精巧地伪造的前提下，这种情形才有可能发生。基于债权，债权转让法作为一个整体，是信托法的一部分[1]；直到最近，它才部分地受制定法的规制。

246 英国家庭财产法也是在信托法中发展起来的。家庭财产协议

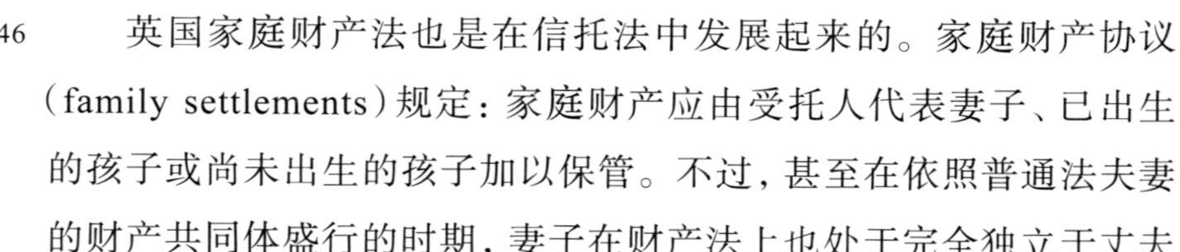

（family settlements）规定：家庭财产应由受托人代表妻子、已出生的孩子或尚未出生的孩子加以保管。不过，甚至在依照普通法夫妻的财产共同体盛行的时期，妻子在财产法上也处于完全独立于丈夫

[1] 莫尔的英译本说，这个句子可能根据斯蒂芬的《英国法评释》（*Stephen's Commentaries on the Laws of England*）的陈述（See Eugen Ehrlich, *Fundamental Principles of the Sociology of Law*, transl. by Walter L. Moll, Harvard University Press 1936, p.286.）。——译者

的地位，因为在衡平法上给予她的权利并不受财产共同体影响。目前，这种衡平法上的权利在制定法上被作为夫妻共有财产权确定下来。英国法上的遗嘱宣告，一定程度上也是建立在信托法的基础之上的。这正是信托的历史出发点。

同样重要的是大法官对英国担保权的影响。普通法上的担保权，即抵押权(mortgage)，相当于罗马法上信托(fiducia)的最古老形态。抵押债权人在债务到期得不到偿付时，立即取得抵押物的全部法定所有权。但假如债务事后得以清偿，大法官可以强制债权人将抵押物归还给债务人，这样就能够使确实已让渡所有权的抵押人对物创设追加的担保权，当然，它此时可能仅仅是衡平法上的担保权。

不言而喻，罗马法学家在这里又会想到罗马法上的双重所有权。事实上，外在的相似性是非常吸引人的。正如裁判官将财产转让发展成为一种物权契约，大法官也以同样的方式利用一种为第三人受益的契约，而这最终正是信托。尽管梅特兰在论述衡平法的著作[①]中很果断地否定信托受益人的权利是一种物权，但这确实只适用于整个法律关系的法学推释。朗代尔的阐释[②]再度指出了衡平法上的权利(equitable right)的整个内在结构与裁判官法上的权利之间如何相对应：

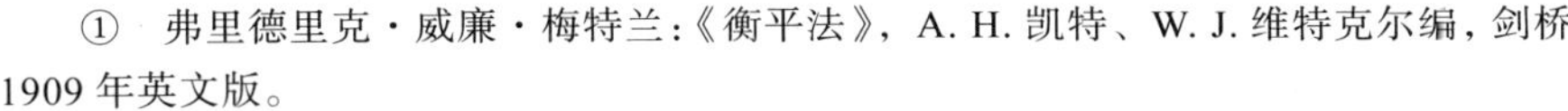

① 弗里德里克·威廉·梅特兰：《衡平法》，A. H. 凯特、W. J. 维特克尔编，剑桥1909年英文版。

② 克里斯托弗·哥伦布斯·朗代尔：《衡平法审判概论》，康桥(马萨诸塞州)1908年英文第2版。

"由于衡平法只具有实际的权力，它似乎不可能真正创造任何东西。而且，在国家所创设的权利即法律权利以外，似乎也不可能有任何其他实际的权利。因此，如果衡平法能够创设实际的权利，这样创设的权利的存在就必须得到一国之内的每一个法院的承认；然然而，除了衡平法院之外，还没有任何其他法院会承认衡平法所创设的任何权利的存在。故此，衡平法上的权利似乎只存在于衡平法的沉思之中，也就是说，它们是衡

247 平法为了促进正义而发明的一个拟制。再者，由于这种权利的确存在于衡平法的沉思之中，衡平法就必须对它们进行推理，对待它们好像它们有一个实际的存在。"

在另一处，朗代尔又谈到大法官：

"通过他的实际的权力，他可以监禁人的身体，控制其财产的占有，但是他的命令和裁决以及任何这些命令和裁决所做的行为都没有任何法律效力或效果；因此，他不能够影响财产的所有权，除非通过财产所有权人的行为。即使是在他作出了改变财产的占有的裁决时，也只是采取命令被告将财产转移给[1]原告的形式，而作为最后的手段，大法官签发一道令状给他的执行官，命令他剥夺被告的财产并交原告占有。"

[1] 德文本第三版第232页和第四版第247页，可能是作者笔误或排版错误，在引文中漏掉了英文动词"convey"，致使理解产生困难。本中译本根据莫尔的英译本补正（See Eugen Ehrlich, *Fundamental Principles of the Sociology of Law*, transl. by Walter L. Moll, Harvard University Press 1936, p.288.）。——译者

普通法作为法官的法学家法

从这一段阐释可以看出，英国法的裁判规范与罗马法的裁判规范一样主要是法学家法。当然，英国的制定法显得比在罗马更重要一些，但这可能是因为我们对共和国时期的罗马立法机器的成效评价太低。不过，英国裁判规范的基本架构不是源于制定法。我们可以把亨利二世及其直接后继者的法令（die Assisen）算作是国法，尽管无疑它们的很多内容是法学家法：但后来的诉讼程式（一如英国的法学家所承认的，通过这些诉讼程式创造了大量的英国实体法，即“materielles Recht”）确实毫无疑问属于法学家法。我们甚至知道其中一些诉讼程式的原创者：租赁期内驱逐租赁人之诉令状（writ quare ejecit infra terminum）[1]是由布莱克顿的老师、首席法官威廉·雷利（William Raleigh）[2]创作的；首席大法官罗尔（Rolle）[3]改进了逐出地产之诉。这种情形并没有因法律拟制的存在而改变，英国的拟制、罗马裁判官的拟制以及共同法法学的拟制根本无法区别。认为任何法律创造都是立法者的事情，拟制不允许由法学家创制，以这样的伪观念为依据根本上就是一个错误。诚然，罗马的智

[1]　这是一种针对侵权人并非地产所有人而是地产所有人之租赁人或权利依附于他人的人发生侵权行为而发出的令状。——译者

[2]　威廉·雷利（William Raleigh, ?—1250 年），英国 13 世纪著名法学家。1228 年担任法院法官（德文本第三版第 232 页和第四版第 247 页，将“Raleigh”写成“Releigh”，显系笔误）。——译者

[3]　亨利·罗尔（Henry Rolle, ?1589—1656 年），英国 17 世纪法学家、著名法官。——译者

者没有使用过拟制，但中古的共同法法学和法国法学曾广泛地使用过它们。顺便说一句，凭什么罗马法和共同法上的推释（推定）与拟制是有区别的，这一点似乎很难说明。通常，这仅仅是表述上的问题。

那么，这些英国法官到底从哪里来创制其据以裁判纠纷的裁判
248 规范的呢？在几个世纪的进程中，英国的普通法是怎样从中成长起来的呢？无疑，这种发展采取了与罗马市民法相同的方式。法律关系、契约、团体章程、遗嘱、传统、交易习惯的内在性质处处构成了裁判的基础，它们后来经过一般化，充当了适用于其他事项的统一的裁判规范。由于中古英国法律史比罗马法律史和德意志法律史更为人所知，我们也能够更好地追寻这种统一化和一般化的过程。我们可以看到：法院是如何通过采邑法的一般化而获得物权法的，丈夫对妻子的嫁资之独有财产权是如何慢慢地被法院采纳的，法院是如何在14世纪逐渐以那时的一切子女的平等继承权取代了长子继承权的。在任何地方，似乎都在努力使法律统一，特别是，把过去在上层社会流行的法律原则扩大至整个民族。采用类似的方式，甚至到了18世纪，商法经过一般化和统一化而得以产生。此外，英国的法官从一开始就认为自己有权按照正义和公平来寻找裁判规范。

衡平法大多也属于法官的法学家法

不言而喻，衡平法的发展在历史上是很清晰地进行的。最著名的衡平法院法官之一、掌卷法官乔治·杰塞尔爵士（Sir George

Jessel）[1]曾谈到这一点：

“请不要忘记，衡平法规则不像普通法规则那样，[2]被认为是从远古的时候起就已经确立了的。众所周知，它们不时地被确立、改变、提高和完善。在很多情况下，我们知道创作它们的大法官的名字……举这样一些事情作为例子：已婚妇女的单独用益、财产转让的限制、反对永业权的现代规则、衡平法上的浪费[3]规则。我们可以说出最早发明它们的大法官的名字，能够说出它们在哪一天被首次引入衡平法判例的日期，因此，在这种情形中，较为古老的先例价值不大。这些学说是进步的、精炼的和提高的，而且，如果我们想要知道衡平法规则是什么，我们当然要看更现代，而不是更古老的案例。”①

也就是说，衡平法的产生也和任何一种法学家法产生的方式一样。信托法、家庭财产协议法、衡平法上的担保权法主要是以协议

［1］ 乔治·杰塞尔爵士（Sir George Jessel, 1824—1883 年），英国法学家，被认为是最伟大的英国衡平法审判法官之一。——译者

［2］ 德文本第三版第 233 页和第四版第 248 页，将这一句写成：“the rules of equity are not like the rules of the common law”，中间少了一个逗号，意思完全不同。本中译本根据莫尔的英译本校正（See Eugen Ehrlich, *Fundamental Principles of the Sociology of Law*, transl. by Walter L. Moll, Harvard University Press 1936, p.289.——译者）。

［3］ 衡平法上的浪费（equitable waste），一译，“衡平法上的损耗”，指在衡平法上，由于当事人未能很好地管理或合理使用而对财产造成的浪费或损耗，这种浪费（比如不经管自己承租的土地而造成地力闲置）因为有可能造成损害而应予制止。——译者

① 引自一项判决的论证，载威廉·霍尔兹沃思：《英国法律史》，第 3 卷，伦敦 1903 年英文版。

249 的传统内容的一般化为基础的。一如乔治·杰塞尔爵士所说，其他的衡平法也主要是由大法官们自由发现的裁判规范构成的，通过这种方式，他们认为自己比普通法法官更不受先前判决的拘束。

英国法上的法官之个性

或许最让欧陆法学家对英国的法官法引起注目的，是每个法官之个性的鲜明呈现。援引判决的律师，可能会引证法官的名字。如果判决是由合议庭全体法官作出的，那么每一个表决的法官都要特别地说明其裁决的理由，这些理由今后会以他们的名义加以引用。确实，一个高等法院的任何判决均具有其份量，但这种份量的大小并不取决于法院，而取决于法官。有些法官在英国法律史上曾开创过时代，其名字在死后若干世纪还被人肃然起敬地提及，其他许多人则长期默默无闻。每一个伟大的法官（great judge）都表现出鲜明的个性，人们在法律史上描述他们，样子有点像伟大的诗人和艺术家在文学史与艺术史上被描述一般。在英国，最著名的法官如下：科克、哈德威克（Hardwick）、曼斯菲尔德（Mansfield）、斯托威尔（Stowell[1]）、格兰特（Grant）、威尔斯（Willes）、杰塞尔、凯恩斯（Cairns）、鲍文（Bowen）、帕克（Parke）；在美国的法官中大概有：马歇尔（Marshall）、肯特（Kent）、斯托利（Story）、肖（Shaw）、O. W. 霍姆斯（O. W. Holmes, Jr.）。在梅特兰的一本书里，我发现下面一

[1] 斯托威尔（Stowell, 1745—1836 年），英国 18 世纪著名法官，在海商法领域作出了杰出的贡献（本书德文第三版和第四版以及莫尔的英译本均将其名字写成“Stowall”，查对后校正）。——译者

段很有意味的话："我已经提到过这个案子，因为我们可以说，当上诉法院推翻 M.R. 杰塞尔的判决时，这个案子非常接近模糊不清的境况。"

英国的预防法学

英国法学也包括起草法律文书的事务。在这方面，它也已成为一门臻于完美的技艺，主要涉及有关不动产和婚姻契约（家庭财产协议）的法律文书事项。它的基础是律师的实务，但也不断地追随立法和司法判决的进展。有关法律文书的司法判决得到悉心地记录，并予以采纳。法官们经常说，他们对从前的司法判决不会置之不理（尽管他们可能认为这些判决是错的），这是因为律师可能在起草法律文书过程中已经把它们作为行动指南。

在一项提交至贵族院的诉讼案中，法官詹姆斯·帕克爵士（Sir 250
James Parke），即后来的文斯利代尔勋爵（Lord Wensleydale）[1]，这样来阐释英国的法学家法的性质：

> "我们的普通法制度包括针对新的情况组合适用那些我们从法律原则和司法先例推导而来的法律规则；为了达到统一性、一贯性和确定性，我们在它们并非明显不合理、不便利的情况下，必须将那些规则适用于一切出现的案件；我们无权因

[1] 詹姆斯·帕克（Sir James Parke，1782—1868 年），英国 19 世纪法学家，著名法官。1856 年，英国国王为了加强议会上院（贵族院）的司法界力量，以特许状的形式授予其终身爵位，其后定为世袭贵族，称"文斯利代尔勋爵"。——译者

为我们认为规则并不像我们本身可能业已设想的那样便利、那样合理，而随意地拒绝这些规则，在那些它们尚未在司法上加以适用的事项上放弃对它们的一切类推适用。”

自由的法的发现不因制定法而被排除

值此之际，请允许我纠正一个在欧洲大陆流传很广的讹误，即认为：在英国，自由的法的发现与法典法的缺乏有关。也就是说，自由的法的发现，即使面对制定法仍不失为是一种有效的方法。在这种情形中，法官也可以通过自由的法的发现来确定模糊的意义，填补漏洞；这些判决就像适用普通法的判决一样对未来也具有拘束力。只有事后完全无疑地确定制定法的意义之时（即在意思明确的情况下），法院才不受先前判决的拘束。另一方面，如果一项错误的解释是非常古老的，法院也不能不理睬它。[①] 这样，即使英国法已经被编纂成法典，英国法官所享有的崇高的行动自由也将得以保留。查尔默斯（Chalmers）在一篇发表在《法律季评》（*Law Quarterly Review*）上[②]论述商法编纂的文章中，引述了皇家刑法起草委员会的一个报告，该报告由法官布莱克本勋爵（Lord Blackburn）、首席法官卢施（Lord Justice Lush）、詹姆斯·史蒂芬爵士（Sir James Stephen）和巴利法官（Justice Barry）共同完成的，其中有这么一段话：

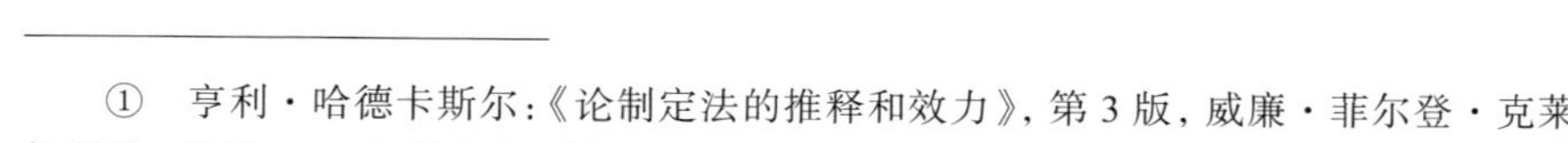

① 亨利·哈德卡斯尔：《论制定法的推释和效力》，第3版，威廉·菲尔登·克莱伊斯编，伦敦1901年英文版，第93页及以下。

② 《法律季评》，第19期（1903年），第15页及以下。

"英国法的巨大丰富性在司法判决所体现的原则和规则之中，无疑涉及这样一个后果，即一个充分代表它的法典必定是详尽细致的，但这样一部法典除了现行法律存在模糊的少数情况下，不会限制法官目前所拥有的任何自由裁量权。它只会改变约束他们的规则形式。"

不通过英国法学文献的法律创造

相反，英格兰和不列颠的法学文献只是在很有限的程度上创造 251
了法律。霍尔兹沃思（Holdsworth）在他的《英国法律史》[1]中只提到5位对英国法律史有重要作用的法学著作者，他们是：格兰威尔（Glanvill）、布莱克顿、利特尔顿、科克和布莱克斯通。但我们难以证明被算作亨利二世首席法官格兰威尔（卒于1190年）作品的《法律研究》（*Tractatus de legibus*）和布莱顿的亨利（Henry de Bratton，通常称为布莱克顿）之著作对英国法律发展的直接影响。布莱克斯通的书是对现行法的阐释，不属于著作者续造法律意义上的实用法学作品，他的学说很少获得普遍认可。因此，只剩下利特尔顿（？—1481年）和科克（1552—1628年）。波洛克[2]提及米哈伊·福斯特爵士（Sir Michael Forster）的《论刑法》（*Treatise on Crown Law*，最早出版于1762年），认为"可以算作最晚近的精确意义上的权威著作"。

① 威廉·霍尔兹沃思：《英国法律史》，第3卷，伦敦1903年英文版。

② 弗里德里克·波洛克爵士：《契约原理》，伦敦1911年英文第8版。

顺便说一句，英国的法学著作者们从来不曾试图依照共同法之著作者的样子去独立地寻找规范：他们满足于收集判例。他们甚至缺乏欧洲大陆意义上的法律评注，因为法律只能通过司法裁决来解释。布赖斯（Bryce）[1] 说："英国的教科书几乎完全是一个案例汇编，其中穿插着评论。有时，某个一般规则被陈述出来，它可能比案例更进一步；有时某个观点在一个权威著作未涉及的问题上被抛出。不过，案例依然是教科书的要点。"只是到了最近，才开始出现像弗里德里克·波洛克爵士或美国学者朗代尔和 O. W. 霍姆斯等人试图独立研究和深入探讨的著作。

普通法的意义和价值

英国普通法不仅仅是英格兰、爱尔兰和威尔士的法，而且很大程度上也是苏格兰的法，进一步说，也是美国的法，几乎所有英国殖民地的法，只是土著人除外，顺便说一句，即使对他们而言，普通法通常也被用作辅助性的法。印度的法典编纂一定程度上恪守普通法不变。或许人们可以说，普通法适用于整个世界最
252 富有、最发达的国家和民族；因为它不以必须补充的某个特别法（Partikularrecht）为前提，所以，它比共同法的作用甚至更加直接，渗透更加深入。此外，它不仅包括私法，而且也包括刑法、商法，纯粹从历史上看，还包括诉讼法。它的确没有做到共同法在所有细节上的打磨、完美和精致的造就；但它在法条的丰富性和法律制度的

① 詹姆斯·布赖斯：《历史与法理学研究》，第 2 卷，牛津 1901 年英文版。

多样性上远胜于欧陆共同法。这样一个法律体系的法学在法科学的发展中不可缺少。有证可查的是，它的开端可以追溯至亨利二世时代，即12世纪中叶；其最古老的成就之一，即新侵占之诉（Assise of Novel Disseisin[1]），出自1166年。在令人崇敬的古老这一点上，它的确被共同法法学所超越，但这个弱项很大程度上又被下面一点所抵消：不仅因为它的法律在更广大空间上的传播，相应地也因为英国法学家必须去应对的情况千差万别，而且还得益于其商业和工业早期巨大的发展以及它所考虑的各个国家社会关系和政治关系的巨大发展。所有这一切都为它提供了异常珍贵的激励。

自从自由法运动引导欧洲大陆法学家关注英国法学和英国的法的发现风格以来，经常在欧洲大陆有这样的论调：英国人既不满意其法学的成果也不满意其法的发现的方法。因此，最后请允许我引证两位著名的英国法学家的话，顺便说一句，他们两个均属欧洲大陆（法）方面的行家。尽管他们两个没有直接谈自由的法的发现，而是谈判例法（case law），一种建立在自由的法的发现基础上的法律制度；不过，既然这种判例法以自由的法的发现为前提条件，那么，他们的意见无论如何都必然适用于这两者。这种声音之一来自《美利坚合众国》（*The American Commonwealth*）这本书的知名高寿作者詹姆斯·布赖斯，他年轻时在海德堡成为范格罗的高足，其第一本著作致力于研究德意志民族的神圣罗马帝国。他谈起判例法制度，听起来简直像一首赞美诗，其中以这样的句子开头：“对我们的律师和法官而言，能够以其他国家都不知道的完美和成功创造

[1] 新侵占之诉的拉丁文表达为：“assisa novae disseisinae”。见上文。——译者

出了这个制度，这是一种永恒的荣耀。”①

如果有谁想了解一位极其重要的英国法学家如何看待与欧洲大陆法律制度不同的英国法律制度之宏伟，那就请他读一读所引述的这本著作接下来的 3 个页码的文字。它们看起来更有说服力，因
253 为众所周知，布赖斯对外国的制度毫无偏见地进行了评判，对英国方法的缺点也绝不会视而不见。

不过，也许波洛克在我们已经提及的那本书②中的下列说法比我们所谈的这一切具有更强的说服力：“在这两个制度形成竞争的地方，就像它们在魁北克省、好望角以及其他原本位于大陆法管辖的英国占有地所做的那样，这一专属司法判决之权威的方法，据我所知，已经一成不变地被接受。”换句话说：建立在自由法的发现基础上的英国判例法制度无论在什么地方与欧洲大陆的法的适用方法发生接触，后者都注定被挤到一边。任何一个了解法学家保守思想的人都可以据此作出判断，英国的法的发现风格之优越性是多么地明显！此外，我们还不应忽视一点：无论在加拿大还是在南非，人们通常所指出的英国司法组织的某些特征并不存在，例如，法院的极端集权化和法官的崇高地位；即便如此，在这些国家，法官的地位可能还是比在中欧国家要高一些。

最后，我还是想在这里引述美国学者霍姆斯的一句话。他把普通法称为“远比罗马法更发达、更合理、更强大的法体系”。

在英国，人们针对普通法的抱怨完全是指它过分缺乏体系性安

① 詹姆斯·布赖斯：《历史与法理学研究》，第 2 卷，牛津 1901 年英文版，第 289 页。

② 弗里德里克·波洛克爵士：《契约原理》，伦敦 1911 年英文第 8 版。

排[1]。事实上，它散落在成千上万卷典籍之中，就像是一片热带的原始森林，在这里，迷路的漫游者所看到的每一棵新树都会使他感到意外和危险。但是，这种缺陷显然根本不在于自由的法的发现，而在于所有法官判决的无限拘束力，这种拘束力一直延续到它们被上一级的法院推翻为止。但即使自由的法的发现确实处处必定产生这样一种后果，即曾一度发现的法不允许轻易地被放弃，那么在英国由于历史的发展而从中产生的这一弊端也绝不是不可容忍的。它们是很容易避免的。

总　　结

英国法学与罗马法学的区别主要在于：它不像后者（至少在帝制时期）主要是著作者的法学，而几乎完全是法官的法学。尽管
如此，正如我们的研究结果所显示的那样，英国的法的形成与罗 254 349
马的法的形成完全是并行发展的。英国的诉讼程序走过了像从前在罗马一样的阶段，英国法官创制普通法，采取与罗马的法学家们创制市民法相同的一般化和规范发现之手段，英国的御前官法（Amtsrecht[2]）不只是在个别的外表上，而是在其整个内部的结构上显示出与罗马裁判官法相同的本质特征。难道还需要进一步的证据来证明，我们面对的是事情的自然统一法则吗？

---

[1] 莫尔的英译本将德文“schreckliche Unübersichtlichkeit”（过分的漫无头绪）意译为“terrible lack of systematic arrangement”（过分缺乏体系性安排），比较容易理解，可作参考。See Eugen Ehrlich, *Fundamental Principles of the Sociology of Law*, transl. by Walter L. Moll, Harvard University Press 1936, p.295.——译者

[2] 埃利希这里所使用的德文词“Amtsrecht”，显然讲的就是英国的衡平法（大法官法）。——译者

第十三章　中古的共同法法学

法学业已变化的角色

255 中世纪和近代对罗马法的继受该放在这里讨论，因为它无疑产生了一种新的、独特的法学。首先，大家清楚，任何固有法的发展中居于中心地位的法学活动模式，即通过一般化和法的自由发现来获取裁判规范，从此以后必然受到遏制，因为罗马法教科书业已完全为法学准备了丰富的裁判规范可供使用。当罗马人的一般化手段在继受法上部分地丧失其一般化的特性时，这一点就显得更加明显。在它产生的土地上，一般化必然被人们认为是它作为一般化实际所是的样子。而移植到一个一般化现象从未出现过的土地上，一般化就不再是一般化了；它变成了一个被据以裁决法律诉讼的规则，这种规则有时显得极其任意，面对这种规则既不存在一般的东西，也不存在特殊的东西。故此，曾经发生过法律效力的整个罗马法成为了法律上的裁判规范之汇集。过去，它在罗马是直接从生活中成长起来的，而此时至少看起来作为固定不变的标准来面对生活：与一定程度上固有法的发展情形不同，法律生活不再是法学的主体本身，而只是它的客体。由此，法学也变成了与其从前实际所是的样子完

全不同的东西。它走到了社会的对面。它想履行的职能是把那些并非经过社会本身创制，而从别处继受而来的规则强加给社会，不管社会是否愿意，也不管社会如何承受得起，之所以如此，只是因为它们实际地存在着。在很大程度上，它实现了这个职能。法学的巨大二律背反在这里重新证明了其世界史的意义，在法学的手中，所有的思维方式一定程度上均变成了产生规范作用的力量。

继受外国法过程中的结合难题

尽管罗马法的继受表面上省却了法学家通过不断地创制法律 256
来应对生活的负担，但它同时使法学家面对另一个或许更大的困难：把新法同其完全陌生的法律关系结合起来。法学家们怎样可能在继受伊始在头脑中产生这种想法，即罗马法的原始文献所应对的制度正好与他们本国的制度相同？中世纪特有的地产权或一定程度上完全不同性状的契约必须按照罗马法法条来加以裁判，难道这是显而易见的么？罗马法继受的事实本身足以证明社会学法学（soziologische Rechtswissenschaft）的基本假设：法律制度的存在是不依赖于实在法的；但它也毕竟证明，在所有继受罗马法的民族中，曾有一些法律制度是这些民族与罗马人所共有的，以至于罗马法的适用看起来一开始并非完全不可能。

当然，一如我们从罗马法学中得知，这在一定程度上取决于罗马法。罗马法学以无法模仿的高超技能将任何社会必然存在的普遍的人类元素（das Allgemeinmenschliche）提炼出来：法人、家庭法上的权力、所有权和物权、各种契约、遗产；所有这些以及任何

法学的许多其他基本概念，不仅仅是某个特定民族的概念，它们得到阐释，并且为法律争议中可能出现的最重要的问题找到了相应的裁判规范。但中世纪社会与罗马的社会完全不同，它们处于不同的发展阶段，故此，继受时期的法律制度，我们一眼就看清楚它们与罗马的法律制度相一致的地方在数量上可能并不是太多；或许仅仅在于这种或那种家庭关系，少量的契约，比如买卖和借贷。顺便说一句，尽管它们也有许多外在的相似之处，但它们的差异则绝对是更主要的。

罗马法继受时期的法学家的处境也许最好是通过比较来加以说明。我们设想一下，现下这个时刻，欧洲大陆的随便一个什么地方通过某种奇迹让英国法发生效力。而且，假如欧洲大陆的法学家比如参考史蒂芬—詹克斯的《英国法评释》（Stephen-Jenks[1]，*Commentaries on the Laws of England*），此外还被告知：这是唯一的一本堪与大

257 陆流行的法典评注相比较的有关英国法的著作，那么他起初会惊讶地发现，这本书根本就没有讨论过整个法律思维中的基本概念，即所有权概念。首先，它根本就没有一个涵盖动产和不动产法的所有权概念。在这本书里，一个与不动产所有权相对应的概念被称作自由保有地产（freehold），并被定义为：一种继承的或者通过自由保有而终身拥有的地产（an estate, either of inheritance or of life held by free tenure）。对欧陆法学家而言，这里的几乎每一个字都是无法理解的，而概念本身则更是如此。因为自由保有地产最初仅仅是指不动产。它意味着一个物权的类别，包含用益权、可继承的租赁

[1] 德文第三版第240页和第四版第256页均将其名字倒写成“Jenks – Stephen”，根据莫尔的英译本并查对相关资料后校正。——译者

权、可继承土地之营造权，不包括大陆法上的土地自由所有权，因为它以采邑权（Lehen）为前提。故此，欧洲大陆法上的自由所有权，既然不是采邑权，究竟可否归在自由保有地产这个概念之下，这个疑问必须首先加以解决。的确，欧洲大陆的法学家不管喜欢还是不喜欢都必须正面回答这个相当困难的问题，因为当今英国法上的采邑权仅仅是一种拟制，而且，如果不是这样的话，那么不仅所有权，而且还包括用益权、可继承的租赁权、可继承土地之营造权等都缺乏法律上的规制，所有这些权利都是以所有权人派生而来的取得为条件的。除此之外，界定一个包括用益权、可继承的租赁权、可继承土地之营造权的所有权概念，其疑难还表现在这个概念存在派生的种类，即不自由地产（base fee[1]，附有离奇的解除条件的所有权）和限嗣继承地产（fee tail，只移交给特定继承人的不可转让之所有权，它类似我们欧洲大陆的信托遗赠，但又根本不是信托遗赠）。所有这些都是指什么呢？

教皇亚历山大三世（Alexander III）最著名的谕令（其规制教堂圣俸授予权[Kirchenpatronats][2]转让给包租领主庄园人[Firmar[3]]）

---

［1］ 德文第三版第 241 页和第四版第 257 页均将“base fee”错写成“fee base”（《法社会学原理》日译本将“fee base”译为“单纯封土权”。参见エールリッヒ：《法社会学の基础理论》，河上伦逸、M. フーブリヒト共译，みすず书房 2001 年 9 月第 4 刷发行，第 289 页），本中译本根据莫尔的英译本并查阅相关资料后予以校正。“base fee”主要是指由于某些条件的存在而受到限制或限定的地产。——译者

［2］ 《法社会学原理》日译本将“Kirchenpatronats”译为“圣职推举权”（参见エールリッヒ：《法社会学の基础理论》，河上伦逸、M. フーブリヒト共译，みすず书房 2001 年 9 月第 4 刷发行，第 289 页）。——译者

［3］ Firmar，拉丁文写作“firmarius”，指终身或在一定期限内保有土地的土地承租人，即：包租领主庄园人，也译为“租地农场主”。他们出现于欧洲 11—12 世纪。——译者

证明，这个想像出来的、不可能实行的例子毕竟相当忠实地反映了所有在中世纪由罗马法的继受而必然产生的困难。几个世纪以来，浩如烟海的文献充斥着争议问题，堆积着虚假结论和误解，都忙于讨论教堂圣俸授予权转移让给什么样的物权所有人之问题，因为当时完全不可能决定在欧洲大陆出现的哪一种物权与英国的地租（firma）相对应。瓦赫（Wach）[1]在一项全面的历史学、教义学研究中详细阐述了地租的性质，但他没有解决这个实际问题，即在欧洲大陆，到底什么东西必须作为地租看待，这纯粹因为该问题是无解的。在欧洲大陆原本就没有任何东西被称为地租。该问题不可能得到回答，它必须被决断。

258 这类不可解的问题在《民法大全》每一个字里行间向继受时期的法学家喊嚷着。即使他们是一些受过科学训练的人，比如说萨维尼的历史法学派或者现代的社会法学派，他们也肯定从未敢碰这项运用科学手段根本不可能完成的工作。他们事先必定会对自己说：罗马法原始文献中所讲的所有权在我们这里根本不存在（在中世纪，连名称都没有，更不用说概念了）；我们所谈的隶农并非罗马的奴隶；像要式口约（stipulatio）、混合保证（cautio indiscreta）以及委托（mandatum）、承揽租赁（locatio conduction operis）或雇用租赁（locatio conduction operarum）这些事物，当今根本就不存在，同样也没有先取遗赠（legatum per praeceptionem）或者收益特有产（peculium profectitium）。无疑，有一些法律生活现象，它们与上述的罗马法制度表现出一定程度的相似性，但它们的差异性却处处

［1］ 阿道夫·瓦赫（Adolf Wach，1843—1926年），德国法学家。以创立“法律保护请求权”学说闻名。著有《德国与外国刑法比较阐释》。——译者

显得更大、更显著，以至于根据相同性原则来对待之，是极其不科学的。罗马法学派的法学之所以免于流血致死，其原因在于它从没有提出萨维尼在世时所倡导的科学使命。继受时期的法学家面对待处理的案件，试图在《民法大全》中查找与该案件相匹配的判决。当案件在一定程度上与之相类似时，判决就是匹配的；科学的精确性在他们那里并不重要。他们的法学要履行的绝不是科学的使命，而是任何法学永恒的实践任务：使法律服务于法律生活的需要。

然而，自中世纪以来，对历代法学家而言，这一实际工作被大大地减轻了，原因在于，它的很大一部分，同时也是最重要的部分已经由注释法学派在极其有利的条件下完成了。因为在10世纪和11世纪，当注释法学派开始他们的工作时，他们与罗马古代的联系还是非常密切的，至少在注释法学派生活的意大利部分地区以及法国南部是这样的；罗马人的许多法律制度虽然在历史的过程中遭到毁坏，但当时可能依然存在，至少还能够在一定程度上建立起联系。还有一个更重要的因素是语言本身所起的作用。当时，拉丁语仍是一种口语，它以自己的方式把罗马的世界呈现给使用这种语言的人，当然这种呈现也再一次没有要求有历史的精确性。罗马的兵士（miles）与中世纪的骑士的确完全不是一码事；但因为骑士被称为兵士，故此，军营特有产（peculium castrense）的法律也可以直截了当地适用于骑士的家子了。

结合难题作为概念法学的肇因

尽管如此，还是有许多结合难题存在着，这些难题成了概念法 259

学的策源地。在任何地方，即使在固有法当中，也必定存在着法律规范与法律关系之间的结合问题；但在绝大多数情况下，生活的切身观察就足以解决这个问题。人们可能对帝国最高法院就“铁路”作出的很可笑的定义①所提出的最大指责在于：它完全是多余的。难道没有这个定义，我们就不知道铁路是什么了吗？无论如何，在全神贯注地将帝国法院的定义通读过无数遍之后，我们对铁路知道得并不比以前更多。一些模棱两可的情形可能确实令人怀疑，但铁路叫什么，通过比较大量的情形就几无疑问，这些情形对每一个肯定看见过铁路的人来说（我们今天谁还没有见到过铁路？），完全清楚无误地通过生活的切身观察予以判断。切身观察带着同样的确定性，告诉罗马人什么是替代（delegatio）和针对自己事务的委托（mandatum in rem suam），告诉萨利克的法兰克人什么是掷草仪式（chrenechruda）[1]。但在中世纪，生活的切身观察常常不足以帮助人们理解罗马法，于是概念法学正是为了弥补这一点应运而生。

对于实用法学而言，（罗马法）结合的问题至关重要。在注释法学派那里，这个问题还不是特别突出，因为在他们那里，学问的兴趣胜过实践的兴趣。他们更多地关注《民法大全》所具有的内容，

① 该定义载《帝国法院报》（RGZ）1879 年 3 月 17 日，总第 247（252）期，第 1 版：“针对人员或物体在不小的空间距离内重复持续移动的企业，它被规定以金属为基础，凭借其能够运输散装货物的一致性、结构性和平稳性，或被设计成能够显著提高运输速度，并通过这一特性连同额外产生运输运动使用的自然力（蒸汽、电、动物或人类的肌肉活动，在铁路的倾斜水平上，运输轨距的自身重量及其荷载等），在企业经营中有能力造成相对较大（视情况而定，仅以预期的方式使用，或者也能够剥夺人的生命和损害人体健康）的影响。”

［1］ 掷草仪式（chrenechruda）是萨利克的法兰克人法律中的一种仪式：如某人过于贫穷而不能支付其债务或罚款，他可求助于其亲属代为偿还。实际做法是将青草向当事人抛掷，被掷中者代为清偿全部债务。——译者

而不是它应如何适用。对他们而言，《民法大全》是一部崭新的法典，他们对待它的态度，就像法学家对待任何一部新法典一样，甚至像当今德国的法学家对待《德国民法典》一样：他们首先想知道其中包含什么内容。同样，注释法学派首先是解释和说明《民法大全》，而不是发展实用法学。但他们也不能够完全回避法律适用问题，因为即使他们本身不是实践法学家，他们也肯定想成为实践法 260
学家的老师。因此，他们必须在切身观察或者语言没有给他提供这个方面的正确或错误信息的所有情形中，首先根据罗马法的原始文献，以便清楚地了解它们的规定实际上指的是什么。因此，我们在注释法学派的概念研究中发现有比如共和国这个概念（其目的在于断定，除了罗马帝国以外，对法而言，还存在另一种国家共同体），有团体（universitas）、替代、市民法占有（possessio civilis）和自然占有（possessio naturalis）等概念。

罗马法通过抽象化的适应

这种工作的纯粹实践的一面反过来涉及巨大的实践上的困难。罗马法原始文献上的纯粹概念很少由罗马的法学家用言语表达，甚至很少被正确地表述出来（法律上的所有定义都是冒险的，omnis definition in iure periculosa[1]），而只是法学家在他们的判决中非常明确地对罗马人法律生活事实所提出的一般化；这些概念本身对

[1] omnis definition in iure periculosa，英文译为："Every definition in law is perilous"。这句话来自公元1世纪末罗马著名的法学家普里斯库斯·雅沃莱努斯（Priscus Javolenus，一译"雅沃伦"）。其原话是："市民法上的所有定义都是危险的，因为它们几乎总是能够被歪曲。"（D. 50. 17. 202.）——译者

中世纪和近代的法学家是难以运用的，就像对欧洲大陆的法学家来说，英国法上的自由保有地产或者地租的概念难以运用一样。为了使罗马法上的概念能够被运用，它们首先必须扩大适用范围，即不仅包括罗马人生活的现象，而且也包括中世纪生活的现象。为此目的，一切不适合当下的情况都必须从概念中剔除，也就是说，那些情况是罗马的概念从中产生的特定社会联系与经济联系所给予的。一个概念愈丧失其经验特征，它就变得愈抽象；这样一来，罗马法的一般化在中世纪就变成了抽象化。中世纪和近代的抽象化在很大程度上是内容被抽空了的罗马法的一般化。

如果将这一点理解为法学家在其抽象化过程中已经放弃了任何与经济或者社会生活的联系，这也是不公平的。法学概念与生活毫无联系，即没有任何实际内容，简直是不可想象的。事情仅仅是这样的：罗马的法律关系所服务的实践目的在现代社会不再存在，相反，现代社会存在着另一个实践目的，不管怎样，罗马法的规定可以用于这一目的；因此，人们所要做的事情就是将它在罗马所具有的实践目的尽量吸收进概念之中，通过这种方式，它在中世
261 纪社会的运用就会畅通无阻。罗马法原始文献上的共同责任（Die Korrealität），像任何一种连带债务一样，来自于连带债务人之间的共同体关系，特别是来自于家庭共同体关系、合伙关系和担保关系。的确，这种共同体关系对连带债务的性质也有影响：丈夫和妻子的共同责任、财产共同体中的兄弟的共同责任在罗马也有别于合资经营合伙人之共同责任。罗马的法学家们已经考虑到了这些区别，即便由于在罗马人那里经常存在着自愿选择的共同责任，这种现象很少出现。然而，中世纪和近代的连带债务所产生的共同体关系完全

不同于罗马的共同体关系，以至于，假如人们在连带债务的定义中将构成其基础的罗马共同体关系考虑进来，却根据共同体关系的差异来分别对待连带债务类别，那么有关连带债务的罗马法对近代的关系似乎是难以使用的。故此，人们设想出一个抽象的连带债务概念。其全部经济内容仅限于债权人能够要求连带债务人中的任何一个人履行全部债务。连带债务人对债权人的关系以及他们之间的相互关系（该关系根据连带债务人之间的共同体种类不同而有所不同），在这个抽象的连带债务中是不予考虑的：这样，罗马法仍然是可以适用的，尽管它预设的共同体关系明显不同于中世纪存在的共同体关系。这种抽象化从一开始就注定只能用于诉讼的目的。在实际生活中，根本就没有抽象的连带债务。每一种连带债务都有某种经济基础，随着经济基础的不同，存在着各种不同的连带债务。在财产共同体中生活的兄弟、合资经营合伙人、参与担保的主债务人都成了抽象的连带债务人，于是，不分青红皂白地利用罗马出现的规则来规范现代抽象的连带债务人，就成为可能；顺便说一句，这个抽象的连带债务人可能是来自夫妻财产共同体、汇票交易共同体（Wechselgemeinschaft）、担保共同体、商业公司、合资公司或者民法上的合伙之连带债务人。困扰着罗马法学派之共同责任和连带责任（Solidarität）学说之众所周知的困难，根源即在于抽象的连带债务概念。

抽象的所有权概念

由于下面这种形式，继受国的法学家异乎寻常地减轻了罗马 262

法通过抽象化对完全陌生的社会需要的适应，即：每一种法律制度的基本概念——所有权概念，早在罗马共和国时期的土地法上就已经形成。说罗马法上的所有权是一个抽象的所有权肯定是不对的。罗马法上的所有权是一个经济上的所有权，正像任何其他的所有权也必然是经济上的所有权一样；但这个罗马法上的意大利土地模式之经济所有权（古典时期罗马的法学家曾单独论述过这种地产），由于意大利土地体制而具有如此的性质，在继受它的过程中，理论上必然直接导致一个抽象的所有权概念。

假如罗马的法学家一直在处理原始的乡村体制中的土地，处理所有的邻里关系和在这种情形中必然出现的庄园主依附关系，那么让这样一种土地法无论怎样去适应中世纪社会的需要，都几乎是不可能的；而且，罗马所有权法在中世纪的继受就像当今的英国土地法在欧洲大陆被继受一样都是不可能的。但众所周知，罗马人在历史传统形成之前的时期就废除了其古老的乡村体制，所以罗马法不熟悉村庄，而只熟悉单个的庄园（Einzelhof）。罗马的法学家们面对这样的使命（即通过此种革新从剪断了以前关系的土地上重构一个新土地法），按照动产所有权的模式对土地所有权进行了创设。他们简单地根据适用于动产所有权人的规则来对待土地所有权人：土地像奴隶、像一头牲畜一样是一种要式物（res mancipi）。如果不是因为保留了一些较为古老秩序的残余（诸如地役权，尤其是乡村地役权［servitutes praediorum rusticorum，农业用地役权］、潜在损害之诉［actio damni infecti，未发生损害担保请求之诉］、新施工告令［operis novi nuntiatio］、雨水阻止之诉［actio aquae pluviae arcendae］），那么，在古典的罗马法中，至少对于私田（ager

privatus）而言，就没有什么特别之处了。这实际上是不是全部的罗马土地法，而且，是否就没有多少地方性的法和经济性的法存在（这些法律根据土地用途的特性不同而有所不同，而且我们对此不再了解），这些当然都很有疑问；至少，甚至在古典时期的原始文献中，一些营造法和采矿法还可以见到；但所有这些似乎都超出了罗马的法学家们的兴趣范围。然而，我们必须着重地强调，这个所有权和占有权的法学家法也是特定的经济占有秩序之法，即意大利私田的 263
经济占有秩序之法；它没有超出这个占有秩序的范围。它既不适用于公田（ager publicus），也不适用于行省土地（solum provinciale）。但从这些完全有差异的占有秩序中，只有极其少量有关赋税田（ager vectigalis）和永佃权（emphyteusis）的规定挤进了罗马法原始文献，在中世纪只有教会能够利用这些规定。

如果我们把土地作为动产看待，那么土地所有权所存在的社会关系就从所有权概念中被清除掉了，只剩下所有权法以及与之相关的占有权法要考虑的唯一的问题，即：所有权和占有权之诉。因此，在土地问题上，罗马法学家可以无视土地的经济联系和意大利经济体制，他们实质上仅仅关注所有权和占有权之诉。职是之故，罗马的法学家们告诉我们的有关土地所有权的一切，都是围绕着各种不同形式的所有权之诉以及占有权之诉。主要被视为诉讼之前提条件的所有权和占有权的取得与丧失、所有权之诉和申请禁令之诉中的当事人以及证明问题：这几乎就是我们从罗马法学家那里所学习到的全部内容。

故此，罗马的法学家们的所有权法和占有权法是一种从意大利土地体制中提取的法律秩序，这种秩序基本上仅仅包含有关所有权和占有权之诉的规定，这是因为按照意大利土地体制，唯有所有权和占有权之诉需要进行规制。但在《优士丁尼法典》中，它已经有了完全不同的意义。这不纯粹是因为意大利的土地体制在此期间经历了一个完全的变化，而且因为罗马的土地法从此变成了帝国的法律，也应在行省有效，即便行省的土地体制与意大利土地体制完全不同。这种新的土地法表述在皇帝的谕令中，其见诸《优士丁尼法典》和新律，尽管很不全面、很不完善：或许绝大部分根本没有加以规制，故此，行政和司法必须尽量对此作出应对。但同时，古典时期法学家的所有权法和占有权法也被《法学阶梯》和《学说汇纂》所采纳，以此嫁接进新的土地体制之中；然而，在这种背景下，它不再是指某个特定的土地体制的法，而是一种由《优士丁尼法典》和新律规制的在其他地方土地体制中也包括一些补充性规定（主要是有关所有权和占有权之诉的规定）的法律。在此种形式中，它极

264 其适宜于继受。不言而喻，继受国家的法学家们从来不曾考虑，也根本不可能考虑在继受罗马法的同时也继受罗马的土地体制。无论古典时期的法学家们作为前提的古代意大利土地体制，还是后来的皇帝谕令中的土地体制，在中世纪都不是有效的法；中世纪到处发展出一种特有的，与罗马的土地体制完全不同而与采邑制度联系在一起的占有秩序。他们把罗马的所有权法和占有权法理解成：这种法抽象掉任何实际的土地体制，只规制所有权和占有权之诉。作为纯粹的所有权和占有权之诉的法律，它本身显然又与任何土地体制，甚至与中世纪的土地体制很好地协调起来。故此，抽象的罗马所有权概念其实不是罗马法的创造，而是罗马法继受的成果。正是这样一个所有权法，它的整个经济内容就是所有权之诉，因此，它

并不规制经济上的占有秩序，而是以之为前提条件。

抽象的概念建构的限制

因此，抽象的概念建构只是为了使罗马法规范适应另一个社会的需要的一个完全必不可少的法学应急手段。总的来说，这种结果都与连带债务和所有权的情形相同。本土（固有）的社会体制习惯于作为任意选择的、习惯法的、特别法的（团体章程的）体制而存在；这些体制通常被人们完全从外部且只是为了诉讼的目的而添加上了罗马法规范，只是这些罗马法规范可以概述为抽象的、被抽空一切特有的罗马体制内容的法律概念。但只有当如此获取的概念与中世纪和现代的状况产生结合时，才是被允许的。故此，概念法学就遭遇到一种限制，因为即使运用了最大限度的抽象，也不可能彻底做到将完全属于中世纪法和近代法的法律关系归到罗马的法律概念之下。然而，无论在意大利还是在德国，法律继受之初的法学家们以某种令人惊奇的泰然方式避开了这些困难。注释法学派很少为这些问题发愁。他们解释罗马法，而不必适用罗马法；据我所知，关于他们那个时代的哪些关系（对此，罗马人是陌生的）不应适用罗马法，他们只有一次原则性地讨论过这一点：见《学说汇纂》第1卷第3章第32节第1句关于“法律”的评注：“在采邑内，我们不采用任何成文法”（Glosse zu 1.32. D. leg. 1, 3 : de quibus scriptis legibus non utimur : in feudis.）。在罗马法评注中没有任何暗示，中世纪的共同体关系、意大利9世纪即已出现的不记名可转让证券 265

以及可追溯至古代的康孟达(commenda)[1]在法律上应如何理解,尽管注释法学派必定熟悉这一切。但从他们的整体态度可以推断,他们认为罗马法仅仅对受其规制范围的关系才可以适用。凡通过其他制定法、团体章程、习惯加以规制的,已经超出了罗马法的范围;因此,他们直截了当地承认意大利城邦的规章与罗马法并行不悖。也许,《优士丁尼法典》第1卷第7章关于公田法第11条第47款的评注是一个典型的例子;在这个评注中,依据《法典》这一条的裁判相当突兀地与依据共同的习惯(communis consuetudo)的裁判并列放在一起。评注的这个态度与下面一点有密切关系:它反映了罗马法继受之初的状况。结合(即罗马法的继受)只有在一定程度上自发形成时,才可以进行。比较典型的情形是,查修斯(Zasius)[2]以同样泰然处之的态度保留了建立在德意志法基础上的制度之法律独立性,他在德国继受罗马法期间的地位相当于后注释法学派在意大利继受罗马法期间的地位。

[1] 康孟达(commenda)是中世纪兴起的一种商业组织形式和经营方式,即一种将共同财产委托给别人经营的合伙。它实际上是借贷和合伙的交结的产物。康孟达的巧妙之处在于"这样一个团体可没有什么灵魂,个人怯于教会惩罚的许多事,它却可以公然行之"。这种经营方式的新形式尤其适应了中世纪海上贸易尤其是远洋贸易高风险的投资需要。航海贸易是当时风险最大但也是利润丰厚的贸易,有足够资本的投资者既希望能投资获得这高额的利润,又不愿承担高风险带来的无限责任,而船主虽然有专门的航海和商业技艺,但又苦于缺乏足够的资金来造船、贸易。而商人创造的康孟达合伙组织形式正能完满地解决这个矛盾:资本所有者以分享企业利润为条件,将资本委付给船舶所有者由他们去经营而资本所有者仅对委付的这部分负有限责任。它可谓是资本与知本合作的极佳形式。康孟达这样一种新型的商业经营方式于11世纪晚期在意大利开始出现,而后在英格兰和欧洲的其他地方逐渐被使用。——译者

[2] 查修斯(Ulrich Zasius, 1461—1535年),德国16世纪著名法学家。其在注释法学派的基础上对罗马法的研究作出了重要贡献。——译者

推释的必要性

但随着后注释法学派时期以及德国17世纪罗马法学派也开始掌控实际的法律适用，于是就流行一个原则，即：任何案件必须按照罗马法加以裁决，除非对此确立了另一个裁判规范。从此以后，纯粹的概念法学不再可能有用了，因为罗马法的概念，至少流传给我们的罗马法原始文献的概念并不能满足更加丰富、更加多样化的现代生活；此外，当两种相互有天壤之别的社会制度，比如一方是罗马的社会制度，另一方是中世纪和近代的社会制度，相互胡乱搁置在一起，并按照同样的裁判规范予以裁判，却不顾它们在时间、经济和社会方面相互分歧的鸿沟，那么必然常常导致极其令人不满意的结果。有几种方法可以摆脱这些困难：可以曲解罗马法的概念以使之适应完全异样的构成体；可以将罗马法的各式各样的构成体相互整合在一起，以便使通过这种方式获得的裁判规范符合人们对现下案件所要求的内容；可以通过解释对罗马的裁判规范加以篡改，使之产生期望的结果。事实上，所有这些方式根据具体情况的需要都曾被人们使用过。由此，我们就来到了推释法学（konstruktive Jurisprudenz）[1]的阶段。

［1］按照德文的字面意思，“konstruktive Jurisprudenz”当然也可以翻译为“建构法学”。但根据埃利希在这里所论述的重点，“konstruktive Jurisprudenz”主要是指14—16世纪意大利评注法学派所运用的法学思维和法学方法，故译为“推释法学”，它不同于19世纪德国普赫塔、耶林等人代表的“建构法学”。按照19世纪法学家们的理解，“建构”（construction/Konstruktion）是“生产性法学方法”的核心操作手段。比如，鲁道夫·冯·耶林曾经指出：“我们当今的法学有两个喜欢的表述……一个在法律

推释法学的历史

266 诉讼制度之迫切性使罗马人有必要以法律的工具来满足新的生活需求时，就得求助于推释法学。诚然，裁判官和法学家们可以为新的法律制度找到新的法条；但这种权力无疑会遇到传统的限制，对此我们知道得还不够详细。另一方面，对于他们而言，推释有其优点：人们在一定程度内可以利用已经确立的法，这样就能够避免某种新的法律发现的诸多危险。当然，法律拟制不能算作推释，因为只有立法者和裁判官才作为法的发现者来使用拟制，不像在英国，法学家为法的发现者可以使用拟制。实际的法学推释是这样的：比如，保证被推释为委托借贷（mandatum pecuniae credendae），债权转让被推释为为了自己利益的委托（mandatum in rem suam），通过保证的债务偿付被推释为债权买卖，匿名的商业合伙被推释为非常寄托（depositum irregulare）。然而，这种罗马法的推释并不产生任何有拘束力的法律规则，它们对罗马人而言不外乎是其技术上的补救办法。罗马的法学家们会毫不犹豫地拒绝由

史方向上，另一个在教义学方向上——前者为有机发展，后者为法学建构。”（Rudolf von Jhering, *Der Geist des römischen Rechts auf den verschiedenen Stufen seiner Entwicklung*, II.1., Druck und Verlag von Breitkopf & Härtel, Leipzig 1852, S.340.）按照伯恩哈德·温德沙伊德的理解，所谓“建构”是指“将法律关系还原为为之奠定基础的概念”（Bernhard Windscheid, *Lehrbuch des Pandektenrechts*, Bd. I, 3. Aufl., Verlagshandlung von Julius Buddeus, Düsseldorf 1870, §24, S.60.）。基于温德沙伊德的理解，从教义学的角度看，所谓法学的建构是将法律关系还原为法律概念的工作，它所处理的问题是将某个法律图形（或法律案型）归于法体系之中，使之与体系的一般概念形成联系。“建构”的这个理解，与“推释法学”还有所不同。——译者

推释推导出来不适合他们意图的结果；故此，代偿的保证人不像债权购买人那样有权从债权人那里要求担保履行，或者从债务人那里要求多于其所付给债权人的数额。

注释法学派也同样进行过推释，而且到了非常大胆的程度。他们把罗马法的法条“任何人不得为他人缔约”（alteri stipulari nemo potest）限定到这种程度，认为：尽管第三人没有权利提起直接所有权诉讼（actio directa），但或许可以直接通过准所有权诉讼（actio utilis）起诉，而不用获得原始文献以之为前提的债权转让。他们极尽可能抽象地推释占有转移协议（constitutum possessorium），以弱化所有权转让中的移交条件。他们通过区分直接所有权（dominium directum，一译“完全所有权”）[1]和准所有权（dominium utile，一译“扩用所有权”或“受益所有权”）[2]，曲解（或许无意识地）罗马的所有权（dominium），以这种方式为中世纪的用益权获取适宜的裁判规范。为了赋予法人社团（Körperschaften[3]）通过总体决

［1］ 直接所有权在采邑法上是指领主对土地享有的权利。——译者

［2］ 准所有权在采邑法上是指领主的封臣对土地享有的使用和收益的权利。——译者

［3］ 莫尔的英译本在脚注中称：德文本这里所讲的法人社团（Körperschaften）就是罗马的“自治市”（“municipium”或“municipia”。See Eugen Ehrlich, *Fundamental Principles of the Sociology of Law*, transl. by Walter L. Moll, Harvard University Press 1936, p.311.）公元前 3 世纪罗马征服意大利半岛后，建立了以罗马为盟主的意大利同盟国家。除作为投降者对待加以奴役的一些部落（布鲁提伊和卢卡尼亚人等）外，在同盟内部，罗马根据被征服的城邦、部落的具体情况，分别给予不同程度的自治权利，因此形成多种具有不同法权地位的自治公社：(1) 罗马公民公社或有投票权的公社（如拉提乌姆的一些城市）。其公民享有完全的罗马公民权。(2) 无投票权的公社（如坎帕尼亚、伊特鲁里亚南部的一些城市）。其公民在保持原来公社权利的同时，得到与罗马公民通婚和在罗马获得动产的权利，但没有在罗马公民大会投票和当选为罗马职官的权利。无投票权的公社在拉丁文中写作“municipium”，该词后来成为对一般“自治市”的称呼。

议的权力，他们通过添加一个任意的评注，即评注 V'“（市民）他们不能：你要容易地或从容地理解这点”（Glosse V' non possunt: subaudi hic facile vel commode），篡改了《学说汇纂》第 41 卷第 2 章第 1 节第 22 句之罗马法法条的意思：“自治市的市民们不能自行占有任何东西，因为他们整体不能达成一致（municipes per se nihil possidere possunt, quia universi consentire non possunt）”。他们的确将他们那个时代的公证人即法律文书制作人（tabellio）称为公共服务者（servus publicus，公仆），按照阿库修斯（Accursius）[1]的说法，“因为他为公共而服务，而不是因为他是奴隶”（quia publice servit, non quia servus est），所以，他可以以委托人的名义作为其代表人签订契约；这样，他们就有意地曲解了公奴隶（servus publicus）的概念。

267 但是，巴尔多鲁（Bartolus）[2]及其学生为法学推释带来了无与伦比的巨大推动。他们在后来的许多世纪为欧洲大陆的共同法技术指引了道路。这些推释最著名的有如下方面[3]：(1) 制定法之空间效力的完整理论，在《民法大全》几乎没有任何基础，仅在表面上与《优士丁尼法典》第 1 卷第 1 章（1. 1. C. de summa Trin. 1,1.）

公元前 2—公元 2 世纪，罗马奴隶占有制经济的发展和繁荣是与各种自治城市的发展密切相关的。随着奴隶占有制生产方式危机的深化，公元 3—4 世纪罗马帝国的各种自治城市渐趋衰落。——译者

[1] 阿库修斯（Accursius, 1181/85—1259/63 年），13 世纪意大利法学家，前注释法学派的代表人物之一，也是该学派的集大成者。——译者

[2] 巴尔多鲁（Bartolus de Saxoferratis, 1313/14—1357 年），意大利后注释法学派的重要代表人物之一。——译者

[3] 德文本在这里没有使用序号，本中译本采用莫尔英译本的办法加上序号，便于读者阅读。——译者

相联接；(2)巴尔多鲁公平说(aequitas Bartolina)，这是由巴尔多鲁确立的教会(ecclesia)作为享有永佃权地产的所有权人之义务，即：教会在永久佃户(emphyteuta)的后代全部死亡之后根据世袭租约将该土地交给他们的旁系亲属；这是以《学说汇纂》第43卷、第20节“论日常用水和夏季用水”(1. 1. §43 D. de aqua quot. et aest. 43, 20.)为基础的(在这一段，乌尔比安仅仅说，假如一块土地的购买人能够证明从公用水渠汲水的权利赋予给了这块土地，而不仅仅赋予给了土地的前手所有人个人，那么他就有一种法律请求权，即：把从公用水渠汲水的权利归还给他，这种情形显然与将永佃权授予给永久佃户的旁系亲属没有任何干系)。(3)地役权通过家父的纯粹指定即可成立的学说，同样追源于巴尔多鲁，其所根据的是对罗马法原始文献所做的很有缺陷的理解；(4)奇诺(Cinnus)[1]和巴尔杜斯(Baldus)[2]根据《优士丁尼法典》第4卷第28章第5节(C. 4, 28, 5)对马其顿决议(exceptio Sc. Macedonianum)在商事事项上对家子的抗辩所给予的否定；(5)为了规避反高利贷法，巴尔杜斯将汇票推释为一种购买；(6)后注释法学派把无限责任公司的无限责任合伙人以公司名义与第三人缔结契约之全权推释作互为设置经管人(praepositio institoria)；将无限责任公司的财产推释为“由多数个人的名字结合而成的神秘体”(corpus mysticum ex pluribus nominibus conflatum)；将预防风险的保险推释为风险买卖契约(emptio venditio periculi)。

[1] 奇诺(Cinus de Pistoia，也写作“Cino da Pistoia”，约1270—1336/1337年)，意大利14世纪法学家和诗人，巴尔多鲁的老师。——译者

[2] 巴尔杜斯(Baldus de Ubaldis, 1319/1327—1400年)，意大利14世纪法学家，巴尔多鲁的学生。——译者

切身观察也作为推释法学的来源

表面上，概念法学和推释法学同罗马的法学方法明显处于截然对立的状态。后者试图通过深入地观察生活来研究在日常生活中出现的各种法律关系的性质，将这种观察的结果一般化，通过这种方式，或者直接根据其直观发现来源于法律关系自身之经济和社会联系的裁判规范，或者创制适应法律关系性质的裁判规范。相反，无论概念法学，还是推释法学都不追求反映在日常生活中的直接知识。它们学着罗马的法学家们所做的样子来确定法律关系的所有“概念”，旨在将它们那个时代必须由其处理的所有法律关系涵摄于
268 罗马法的概念之下，并对它们适用罗马的裁判规范。但所有这些绝大部分只是假象，不是现实。概念法学与推释法学，只有当它们将罗马的裁判规范适用于现代的关系而不考虑其结果是否与之相适应时，才算得上是纯粹的逻辑操作，一种“概念的计算”。但我们很容易证明，情况并非如此。若没有一定程度上对日常生活中法律关系的切身观察，根本就没有任何法学。罗马法学派为了使其时代的生活关系能够涵摄于罗马的概念之下，必须获得对这些生活关系的切身观察。因此，他们像任何时代的法学家一样，首先试图熟悉有待他们裁决的法律关系。故此，他们在一切个别的场合，根据档案、文书、证人证言，根据他们从其他地方知道的有关传统和交易习惯的东西，弄明白所讨论的土地权、家庭权、对人权以及契约的内容。这种生活的知识才为我们在前注释法学派和后注释法学派那里所看到的概念建构和推释提供了基础。只有生活能够让注释法学派

知道他们推释为准所有权（dominium utile）的物之用益权具有什么样的内容；只有生活告诉注释法学派有关预防风险的保险，他们试图通过风险买卖契约的概念来对待之。意大利学者按照这种方式获取的现代法律关系的概念并没有被他们天真地涵摄于罗马法的概念之下，而是提前考虑这一逻辑操作的结果。他们不是为了法学的目的来利用他们从罗马的原始文献中找到的罗马法的概念，而是首先有意地从技巧上通过抽象和推释来进行重塑：从中产生一个适合新的一般化或至少不完全有伤大雅的结果。如果罗马的裁判规范绝对是不可使用的，那么结合就不会进行。因此，他们并不企图将罗马的奴隶法适用于中世纪的隶农身上，例外的情形是，譬如在17 世纪、18 世纪的普鲁士，隶农一度受压迫之甚，以至于近代的法律关系的构成体本身发生了（与罗马的奴隶法）结合。这一法学的性质在推释过程中比在纯粹的概念建构中表现得更为明显。在这里，法学家不纯粹获得了对法律关系的切身观察，而且也通过一般化和自由的法的发现获得他们打算适用的规范：他此时所要寻找的只是为其提供所期望的规范之原始文献的出处。既然他在此过程中带有极大的任意行事，毫不犹豫地拒绝阻碍他的一切东西，甚 269
至不害怕公然的伪造和歪曲，所以，在这一点上他终究会取得成功。对于法学推释的本质的描述几乎没有比下面这个众所周知的故事更有代表性的了：巴尔多鲁对其探讨的法律问题先是找到答案，然后委托他的学生为这些答案搜集原始文献出处。巴尔多鲁的确不是唯一的一位先得出判断后查找原始文献出处的学者。

最后，概念法学和推释法学导致的结果是，罗马的原始文献上的法学概念绝大部分丧失了其原来的内容而被充实了全新的内

容。基尔克①的阐释表明，（注释法学派的）评注在讨论人的集合体（universitas personarum）时，其所表达的是有关他们那个时代的法律生活现象，按照他们当时的理解是这样一些集合体，即：帝国、城市、村庄、行会、团契教会和修道院以及只有一位神职人员任职的教堂；评注区分集合体财产的不同种类，即集体财物（res in patrimonio universitatis）和集体物（res universitatis，一译“公法人之物”或“团体物”）[1]；在集合体的内部关系中，又区分不同的财产类别（Gütermassen），它们受各自特有的法律原则调整。诚如菲廷（Fitting）②指出，罗马原始文献上的兵士有权利获得军营特有产，在注释法学派那里，兵士成为中世纪的骑士；他不允许经商，必须通过骑士学徒满师的考试，必须履行骑士誓约，必须佩带剑，必须获得公共徽章（nota publica，评注没有把它称为刺绣物，而称为环带，骑士将它戴在袖子上，直到某个王侯或者贵妇人将它摘掉），其名字必须登记在册。考虑到准军营特有产（peculium quasi castrense）、非武装民兵（militia inermis）与上面这种武装民兵（militia armata）被置于同等的地位，他们又被分为牧师的侍从者（coelestis[2]）和法学家的文书（litterata）。后注释法学派为了推释出汇票、无限责任公司、公司财产、保险等完全现代的概念，以类似的方式利用了罗马法的概念。

① 奥托·冯·基尔克：《德国合作社法律史》，1868年版。

［1］ 按照罗马法上的理解，“res in patrimonio universitatis”是集合体（团体、共同体，如自治市）拥有的可用来交易之物（财产），“res universitatis”是集合体拥有的专门为公众使用的不可交易之物。——译者

② 赫尔曼·海因里希·菲廷：《波伦亚法学教育的开端》，柏林1888年版。

［2］ “coelestis”直译为：天上者，来自天上者，居于天上者。——译者

因此，正如在罗马人和《萨克森之镜》中的情形一样，新法学的出发点也是各种法律关系，由此产生裁判法律争议之规范。与以往一样，在前注释法学派和后注释法学派时期，大量的判决都是基于以上的方式所获知的各种法律关系的性质、生活的切身观察、档 270
案中所记载的内容以及法律文书和证人证言而作出的。运用现代的话说：在绝大多数法律争议中，所要裁决的是事实问题，而不是法律问题。每当事实问题具有了一般的意义，容许一般化并实际上促成一般化时，它就浓缩成为了一个法条。从此，这些新的法条服务于下面这个目的，即运用概念建构和推释的外表形式，为《民法大全》的概念注入一种全新的、现代的、适应另一个时代需要的内容。故此，这个时期的法学仅仅在很有限的程度上看起来像这样的法学，即：纯粹阐释和说明罗马法的原始文献的内容；在更大程度上，它是一种全新的法学，这种法学为了一个全新的时代履行着任何时代的法学的永无止境的使命：使法律服务于生活的需要。

德国法学上的概念建构和推释

概念建构和推释一直是罗马法学派的法学屡试不爽的“家庭常备药”，无论在何地，这种法学都在不断地开辟发展的道路，尤其是从 16 世纪起，它在历史和科学上最重要的分支即德国法学也是如此。查修斯[①] 曾打算将德国的隶农同罗马的自由民而不是同罗

① 乌尔里希（乌达尔里库斯）· 查修斯：《民法问题之我见》，巴塞尔 1526 年版，第 33 页。埃利希可能引用的是施廷琴的著作，见罗德里希 · 冯 · 施廷琴：《乌尔里希 · 查修斯》，巴塞尔 1857 年版，第 149—152 页（感谢汉斯 · 蒂梅的友好提示）。

马的奴隶相提并论，那么，这首先意味着建构一个抽象的自由民概念是一种当然流产的尝试。如果查修斯不管怎样曾经试图重视过这两种情形的经济和社会关系，那么不言而喻，他本来会立刻察觉到，德国的隶农更多地类似于罗马的奴隶，而不是类似于自由民的地位，因为在隶农和奴隶那里均涉及一种世袭的身份。的确，诚如查修斯本人所强调的，隶农通过解放才成为自由民。但查修斯恰好完全忽略了经济和社会关系，仅仅注意到罗马法有关自由民的规定（罗马法规定的自由民在一定程度上似乎与德国的隶农身份相符合），然后将它用作概念的建构，直截了当地把德国的隶农与之进行比量。为做到这一点，他显然也有必要对隶农的概念有一个清晰
271 的理解，这完全得益于其对生活所作的很透彻、很深刻的切身观察。

从查修斯的尝试，我们能够或许最好地了解到欧洲大陆的共同法是如何产生的。假如查修斯在这一点上成功的话，那么他的尝试本会以罗马自由民概念为基础产生一个一般隶农概念。有关自由民的罗马法中适用于一般隶农的规范或许就变成了（通行于欧洲大陆的）共同法，其他的规范将会被舍弃；除此之外，不言而喻，对于隶农，所有的地方特别法上的事项依然保持有效，这些事项依照传统、习惯法、团体章程、契约以及制定法而起作用。有关所有权、担保权、债权和继承权的共同法全部是以这种方式构建和发展的。但查修斯的概念建构尝试失败了，他的结合看起来确实是粗暴的。结果是，隶农的法律地位完全受契约、团体章程、传统、习惯法和制定法所决定。在查修斯去世百年之后，梅维乌斯（Mevius）[1]在他

[1] 梅维乌斯（David Mevius, 1609—1670 年），德国 17 世纪法学家。——译者

的著作《论征收的状况和农民的顺位》中完全坦率承认这一点，这一段曾被施廷琴（Stintzing[1]）① 引述："但他们的奴役和自由在哪里存在，就它们两者共有的情形而论，这或许不可能一般地加以描述。鉴于在这个方面每个国家和地区都有它自己的方式、习惯和惯例……在此，想对农民的状况、费用和权利进行评判的人必须对这些妥善地加以研究和探讨。"

德国法学的第一个成就，即查修斯对种类物和可替代物的确立，也是以这种方式形成的，即基于对预购买卖（Lieferungskauf[2]）的切身观察，这种买卖大概在 16 世纪已成为实际重要的事情，而这并不为罗马法学家所熟知。这样，在前注释法学派和后注释法学派那里所做的事情也以此种方式到处重复着：自称从罗马人那里继受而来的概念被填充以全新的内容。反映在法律文书、证人证言、档案以及传统和交易习惯中的各种法律关系提供了大量的素材，这些素材被一般化并用来同罗马法的原始文献之陈述进行比量：只是在这里对地方特别法事项的处理更加置于优先的地位。众所周知，17 世纪、18 世纪最著名的德国罗马法学派所致力阐述的，不是罗马法，而是披着罗马法外衣的本土法。他们中的每一个人都被分派到其毕

［1］ 施廷琴（Roderich von Stintzing, 1825—1883 年），德国 19 世纪法学家。——译者

① 罗德里希·冯·施廷琴：《乌尔里希·查修斯》，巴塞尔 1857 年版，第 149—152 页。

［2］ "Lieferungskauf" 是相对于现货交易（Kassageschäft）而言的，在这种交易契约中，卖主不是立即交货，而是在一个特定的未来期限内向买主交付货物。这在证券交易中尤其重要。——译者

生工作所在之地：卡普佐夫（Carpzow）[1]和施特鲁韦（Struve）[2]在
272 萨克森，梅维乌斯在德国北部，劳特巴赫（Lauterbach）[3]在符腾堡，施特里克（Stryk）[4]在马尔克地区。为了研究各自家乡的法律关系，他们利用了法官判决、学者观点、诉讼卷宗以及他们在此进行活动并为之写作的地方业已制定的法律。那么，在这里，（他们）也以对具体法律关系的切身观察作为开端。

总　　结

故此，通过罗马法的继受，既不曾省却法学家对生活的观察，也不曾省却一般化，而只是规范发现的工作重心稍稍有所转移而已。只要罗马的规范能够被直截了当地继受，那么法学家们当然就可以把自己仅仅限定于对罗马法的纯粹阐述和解释了；顺便说一句，原始的自由诉讼程序，比如过去在罗马人和德国陪审官中所通行的那种，已通过概念建构和推释被高度修饰过的，但在本质上相似的诉讼程序所取代。只要法学家们还本应从事纯科学的工作，那么他们在概念建构和推释中利用诸如概念歪曲和规范篡改等非科

[1] 卡普佐夫（Benedikt Carpzow, 1595—1666年），德国17世纪法学家。——译者

[2] 施特鲁韦（Burkhard Gotthelf Struve, 1671—1738年），德国18世纪学者。——译者

[3] 劳特巴赫（Wolfgang Adam Lauterbach, 1618—1678年），德国17世纪法学家。——译者

[4] 施特里克（Samuel Stryk, 1640—1710年），德国17世纪著名法学家。“usus modernus Pandectarum”（学说汇纂的现代运用）一语的最早提出者。——译者

学手段（这种做法大概极少是无意的），就理应受到谴责。然而，他们不追求任何纯科学的目标，而只追求实用法学之永恒不变的目标，即：使法律服务于生活的需要。

第十四章　共同法法学的历史学派

273 自16世纪中叶以来，罗马法学派的法学经受历史学派持续增长的影响。任何法律史的目标均在于探究法条的本义和法律关系的原有内涵。这些是纯粹科学的努力，它们本身与实用法学无关，因而我们现在可以不予讨论。仅就历史学派的法学家为法律适用所进行的工作而言，他们关注的不是纯粹科学，而是实用法学。我并不能够断定法国和荷兰的法律史家是否在什么地方曾明确地主张过他们的研究结果对法律适用应是权威性根据，不过这一点可能在于：除历史法学外，他们不认可任何其他的法学。这种断言可能只具有一种含义，即：历史的、科学的法学同时必须是实用的法学。不管怎样，德国19世纪的历史学派[1]曾经如此思考，并一直按照它行事。作出这个推断，主要不是基于他们飘忽不清的纲领性表述（其中，当然萨维尼的较多表述几乎不允许有其他的注解），而是基于他们的其他著作。特别是萨维尼的《论占有权》倾尽全力向世界宣告了这一思想，它简直成为历史学派专著写作的范本。这本书（第6版）共654页，其中有610页全都用来论述罗马法，却对近

[1] 历史学派（die historisch Schule）是19世纪末、20世纪初法学著作中对历史上的历史法学派（特别是19世纪德国历史法学派）的通常称谓。本中译本一律沿用这一名称，除非文内明确使用“历史法学派”（die historisch Rechtsschule）一词。——译者

代的发展只字不提。没有其他东西能够引起萨维尼的兴趣：在他看来，一旦出自罗马人之口的原始文献表述所具有的含义得到阐释，那么实践问题也就迎刃而解了。短短35页的篇幅草草地处理了“罗马法的修改”。他探讨罗马法的修改首先是要考查，它们能否在原则上与罗马人的法律问题相协调。如果可以证明这是可能的，修改就可能是有效的，否则它们就被以轻慢的态度撇在一边。后来，在《当代罗马法体系》中，萨维尼宣扬一种完全不同的原则，以教义学的方式对待法律；但在那之前，《论占有权》在方法论上完全是唯一的权威。在德国乃至整个大陆共同法的专论文献中，还没有第二
本书在影响方面能够与这本书相媲美。根据我的经历，我确信，在 274
世界的（法学）文献中，再也没有第二本专著，其书名，甚至一定程度上，其内容，像萨维尼的《论占有权》一样为一切法律制度中受过科学训练的法学家们所熟知。它是历史学派为实用法学所作的真正的纲领性著作。

唯有法条作为历史法学派的客体

历史学派的法学家们的指导原则并不在于任何法律的科学理解只能从历史的角度来阐明。这是一个没有任何实践意义的科学公理。更确切地说，他们的指导原则是，实用法学必须能够运用这种科学的理解；这个思想被赋予了完全特殊的色彩，即：按照居亚斯（Cuiacius）[1]以降罗马法学派的所有法律史家的基本观念（当然，

[1] 居亚斯（Cuiacius, 1520—1590年），法国16世纪法学家，法国历史法学派的领袖人物。——译者

这种观念从来没有被他们表达过，但他们总是依此行事），法不是由法律关系构成的，而是由法条构成的；故此，为获得对法的科学理解，就要领会出自其最初表述者之口的法条所具有的含义。因此，实际上，历史学派的观念造成的结果是，法律适用只应将其在制作者那里所具有的含义附入法条。所以，在这一点上，法学具有世界史意义的二律背反再度发挥效力，它将自己的思维模式转化为规范，哪怕违背自己的意愿。

历史法学派的创立人决非浪漫主义者

萨维尼所称的“法的历史观点”局限于法条，这向我们表明了历史学派的法学家们的行为态度。在德国，自耶林起，至少历史学派的创立者们经常被称为浪漫主义者[1]。但这并不公允，因为无论他们还是其在罗马法学派中的门徒，实际上哪一个都不是浪漫主义

［1］ 1884年，耶林出版晚期论辩性著作《法学上的诙谐与严肃：给法律公众的圣诞节礼物》（Scherz und Ernst in der Jurisprudenz: Eine Weihnachtsgabe für das juritische Publikum），以“轻快的文笔”和“深刻的洞察力”，批判学说汇纂学派的代表人物（普赫塔，路德维希·阿恩茨·冯·阿尔内斯伯格，卡尔·格奥尔格·瓦希特尔和萨维尼等人）以及他们所构建的“完美的”“没有瑕疵的”“纯粹的”“理想的”法学的概念天国，认为他们的法学在概念和方法上对数学进行了错误的模仿，无视法律的目标和目的，无视需要考量的社会利益和个人利益，不考虑抽象的法律概念在现实生活中适用的条件和其他实践问题。在随后的一篇文章（“重返尘世：应如何变得更好？”）里，他更明确地把一切“以概念进行操作”、将法学思维等同于“概念思维”的法学（包括他自己早年的“法律技术论”）通称为“概念法学”（Begriffsjurisprudenz），即：法学上的经院哲学（Scholastik）（Rudolf von Jhering, *Scherz und Ernst in der Jurisprudenz: Eine Weihnachtsgabe für das juritische Publikum*, Druck und Verlag von Breitkopf & Härtel, Leipzig 1884, SS.337, 347.）。——译者

者。浪漫主义者身上特有的那种把生活变回过去的渴望，对他们来说则完全是格格不入的。他们从未表现出这样一种渴望：复兴家父权，按照要式口约的形式签订契约；即使萨维尼在一篇有关现代土地登记制度的书评中言语尖刻，但他并无意要求回归罗马的担保法。既然对所有时代的法律史家而言，法并非法律关系而是法条，那么他们也就不关注法律关系在日常生活中是如何形成的。他们 275
让生活顺其自然，但却又只是要求由法院根据在科学上正确确定的罗马法法条来评判法律关系。不过，恰好在这一点上，他们必定要遭到破产。在历史学派的影响之下，只有我们的生活重新变回罗马人的生活，所谓罗马法的正确适用才会是顺理成章的。但既然我们的生活依然是现代的，而且必然要保持现代性，那么我们就不可能将罗马法适用于罗马人在很大程度上无从知晓的法律关系之上，况且有些法律关系与罗马人当时的关系根本不同。

面对结合问题的历史学派的法学家

故此，历史学派的法学家再度面对（罗马法）结合的巨大困难。他们最严重的过错正在于对这个困难视而不见。他们从未研究过这个困难，尽管从他们的角度出发，其第一要务似乎是做这件事，而远不是澄清罗马法史上的若干晦暗不明之点。他们从未探究前注释法学派、后注释法学派以及 16 至 18 世纪的德国罗马法学派是如何实现结合的。萨维尼的《中世纪罗马法史》是一部法学文献史，历史学派的法学家为自继受以后的时期所写的其他法律史几乎完全是法律学说史。当他们的目光掠过过去几个世纪的法学家时，他们只关注这些法学家理解罗马法的方式，而对这些法学家如何对待他们那个时代的法律之态度则不感兴趣。时至今日，我们依然没有有关前注释法学派、后注释法学派或者德国的“学说汇纂之现代应用”（usus modernus）[1]学派之法律的阐释，甚至仅有少量讨论前注释法学派、后注释法学派以及“学说汇纂之现代应用”学派如何对待单个的法律制度的学说史著作。

但众所周知，困难不会因为人们对它视而不见就被排除。罗马法的结合问题最终必须日复一日地由司法判决来解决。一个不想搞清楚过去的法与当代的法律关系如何结合的法学，根本不会提供任何实践上的法，而仅提供一种历史上的法。这一点并不是对法国和荷兰的历史学派的严厉指责[2]，因为表面上看，他们只是想讲授

［1］ usus modernus，全称为“usus modernus pandectarum”。此语最早来源于施特里克（Samuel Stryk，1640—1710 年）1690 年开始撰写的四卷本的同名著作，他把德国 16 世纪中叶到 18 世纪中叶的德国法学及其实践做如此称呼，主要指德国“继受”罗马法之后出现的旨在推进罗马法（尤其是《学说汇纂》）在德国法院适用的运动，该运动持守“意大利方式”传统并部分地吸收了欧洲大陆学者法的共同点，致力于将德国的法律现实插进评注法学派的思想框架之中，重铸并完成了“评注学派所建构的法律体系”。——译者

［2］ 在 16—17 世纪，流行于法国、荷兰等地的人文主义法学家主张以语文与历史考古的思想和方法（所谓“高卢方式”）研究法学（优雅法学），他们瞧不起以意大利注释法学和评注法学为主的“实践派”的法学（所谓“意大利方式”），指摘这些所有法学家拉丁文“糟糕”（“巴尔多鲁、阿库修斯，他们讲的不是拉丁语，而是蛮语”［Bartolus, Accursius, qui non romana lingua loquantur, sed barbara］）。与此同时，意大利“实践派”也针锋相对地批评人文主义法学家：“精通流利、优雅的拉丁文，绝不可能是真正的法学家。”（Nullum esse Iurisconsultum posse, qui Latine loqui et eleganter sciat）；“不是巴尔多鲁派学者，不能算是良好的法学家”（nemo bonus íurista nisi bartolista）。后世也有学者认为人文主义法学家“简直可以称得上是历史学的和文体学的法学家”。更有甚者，个别学者指出，人文主义法学的代表人物不应称作“法学家”（Iureconsulti），而应称作“文法学家”（Grammatici）。——译者

历史上的法，并且让司法尽可能妥善地对此加以应对。但德国的历史学派的法学家所讲授的事实上不是罗马法，而是一种在德国可以 276
适用的法，故此，他们不管喜欢还是厌恶，除考虑罗马法以外，还必须考虑结合问题。他们的做法通常是简单地把前人已经完成的结合的结果拿过来。他们像前注释法学派、后注释法学派以及德国“学说汇纂之现代应用”的教师们所做的结合那样，把罗马法的法条同现代的关系结合起来。历史学派的学说汇纂教科书[1]与较古老的著作的区别主要在于，它们根本不再讨论结合问题，而是把结合

[1] 这主要是指19世纪德国学说汇纂学派（潘德克顿学派）法学家所写有关德意志共同私法的“学说汇纂教科书”。据不完全统计，在1840—1899年间，德国出版的“学说汇纂教科书”（包括再版）或相关的研究类著作有80种之多，其中比较有名的作者有：路德维希·阿恩茨·冯·阿尔内斯伯格（Ludwig Arndts von Arnesberg, 1803—1878年），尤里乌斯·巴龙（Julius Baron, 1834—1898年），厄恩斯特·伊曼努尔·贝克尔（Ernst Immanuel Bekker, 1827—1916年），爱德华·博肯（Eduard Böcking, 1802—1870年），阿尔瓦斯·布林茨（Alois Brinz, 1820—1887年），卡尔·布赫尔（Karl Bucher, 1786—1854年），格奥尔格·克里斯蒂安·布尔卡迪（Georg Christian Burchardi, 1795—1882年），古斯塔夫·埃姆明豪斯（Gustav Emminghaus, 1791—1859年），卡尔·厄斯马尔西（Karl Esmarch, 1824—1887年），弗里德里希·路德维希·凯勒（Friedrich Ludwig Keller, 1799—1860年），约翰内斯·埃米尔·孔彻（Johannes Emil Kuntze, 1824—1894年），费尔迪南·雷格尔斯伯格（Ferdinand Regelsberger, 1831—1911年），康拉德·弗朗茨·罗希赫特（Conrad Franz Rossihirt, 1793—1873年），布鲁诺·席林（Bruno Schilling, 1798—1870年），约翰·亚当·索伊菲特（Johann Adam Seuffert, 1794—1857年），卡尔·弗里德里希·费尔迪南·辛特尼斯（Carl Friedrich Ferdinand Sintenis, 1804—1866年），卡尔·阿道夫·冯·范格罗（Karl Adolf von Vangerow, 1808—1870年），弗里德里希·H·费林（Friedrich H. Vering, 1833—1896年），卡尔·格奥尔格·瓦希特尔（Carl Georg Wächter, 1797—1880年），莱奥波德·奥古斯特·瓦恩柯尼希（Leopold August Warnkönig, 1794—1866年），伯恩哈德·温德沙伊德（Bernhard Windscheid, 1817—1892年），海因里希·德尔恩堡（Heinrich Dernburg,1829—1907年），奥托·温特（Otto Wendt, 1846—1911年），等等。——译者

的结果作为前提；在所有重要的方面，它们仅仅呈现共同法之德意志法学家早在18世纪即已获得的结果。只是他们始终固执地拒绝引用这些法学家的著作，因为尽管他们从中深受其益，但他们从心底里极其瞧不起这些作品，故此，由于这些历史学派的法学家，我们丧失了有关19世纪和之前若干世纪在结合问题上的历史联系的任何知识。但在应对19世纪才出现的问题时，这个办法是失灵的。既然历史学派没有为此提供任何新的解决办法，那么在这个方面，过去经过检验的旧办法应依然得到了保留。因此，人们完全像过去一样凭借切身观察和一般化来开展工作，并且按照经过检验的模式把它们伪装成概念建构和推释。

我们可以利用当事人不在场之缔约作为例子，对此愈来愈多的共同法文献进行过论述。它所讨论的完全是由现代邮政和电报业的发展带来的新问题，因而罗马法的原始文献对此没有包含任何现成的答案。故此，人们必须完全独立地去寻找解决办法。它的基础就是对所经验之事的切身观察和一般化，但通过这种方式得出的答案事后被穿凿附会地加进了原始文献。耶林有关缔约过失（culpa in contrahendo）和消极的契约利益理论也是这样做的。更为严重的是埃纳特（Einert）[1]和利伯（Liebe）[2]论述汇票的著作。他们基于生活的切身观察对汇票法加以发展之后，就把这一结果硬塞进了罗马

［1］ 卡尔·埃纳特（Karl Einert, 1777—1855年），德国19世纪法学家。他曾于1839年出版《依据最近10个世纪汇票交易需要的汇票法》（Das Wechselrecht nach dem Bedürfnis des Wechselgeschäfts im neunzehnten Jahrhundert）。——译者

［2］ 利伯（Friedrich Gottlob August von Liebe, 1809—1885年），德国19世纪法学家。——译者

法学派有关书面契约和要式口约之形式当中。巴尔(Bähr)的工作也完全是基于切身观察来完成的，在他那里，与罗马法原始文献的结合几乎不过是一种表面的装饰罢了。

因此，历史学派的法学家为实用法学所作努力的结果可以概括为：在一定程度上限制了蓄意的篡改和歪曲的推释。他们强调，法条应当处处以其原意来加以适用。不过，尽管这一点可能看上去微不足道，但历史学派在实用法学上的间接影响确实还是巨大的。历 277
史学派的法学家把揭示法条在其形成时刻的含义当作法学的唯一使命，通过这种方式，他们有意地将法学兴趣的重心转移到了过去。他们把当下排除在法学之外，使法学从一门创造性的艺术实际上变成一种理论科学，但它仅仅是一种文字学，其不关注事物本身的知识，而只关注人们对该事物说了些什么的知识。他们不再关心从法条以时至今日仍然有效的形式被表述的那个时刻直到当下的整个发展过程，他们停留在萨宾或帕比尼安(Papinian)那里，假如优士丁尼曾经做过某种文字添加[1]的话，他们甚至会停留在这种文字

[1] 有资料显示，从公元527年开始，优士丁尼皇帝的法律顾问、东罗马帝国司法大臣特里波尼安带领其他编纂委员会成员在编纂《民法大全》(尤其是《学说汇纂》)时，已经对他们所摘引的古典时期的法学文献进行过多少有些“过分的修订”(drastic revision)，甚或篡改，并且把这些部分经过他们改造的著作片段置于《民法大全》之中，它们笼统地称为“优士丁尼添加”(“Justinian’s interpolations”，当然，更确切地说，它们是特里波尼安和其他编纂委员会成员对古典时期法学家文本的添加或更改，故也称为“特里波尼安镶嵌”[the emblemata Triboniani])。“优士丁尼添加”或“特里波尼安镶嵌”的方式主要有：术语和文风的改变，不合逻辑的编排，废除以前的法律，保留(法律颁布的)年代错误，节略文本，等等：比如，《学说汇纂》中摘有公元2世纪的法学家尤里安的一段文本(D.15.3.17pr.)，后世无法确定该段落是不是尤里安本人在2世纪所写。16世纪，人文主义法学家为了复原罗马古典时期的法学家们的原作，专门开创了“优士丁尼添加”或“特里波尼安镶嵌”的研究，简称“添加研究”(Interpolationenforschung)。

的添加上。实际上，将创造性的法学退化为一种学说所造成的效果是，所有问题的答案都必须通过原始文献的解释来加以寻找。立法者能够预见一切，法体系完美无缺，这个学说在后注释法学派那里已有萌芽，它通过历史学派的法学家，尤其是德国的历史学派的法学家，获取了其在科学上的神圣地位。

法律的概念数学

然而，正是因为历史学派的法学家们事实上否定了任何有意识地超越原始文献内容的法的发展，他们被迫继续建构法学方法。恣意的处置、幼稚的误解和蓄意的篡改，以往法学派所做的这一切最终都只是服务于这样的目的：让法律适应新的需要；通过当今所需要的规范来丰富法律。但历史学派的法学家们带着如此的热情，力图回归原始文献之原初内容，却把相当大一部分(即使不是全部)最有价值的法律素材丢弃了，并使法律变得很贫乏。传统的法与当代之间的鸿沟不断扩大，必须用某种方法在它们之间架起桥梁，这主要通过下面的手段：将法学的概念建构和推释转化为一种概念数学和推释的体系论。

他们试图通过这一研究，剔除被特里波尼安等人篡改过的内容，恢复古典时期罗马法或法学家著作的原貌。其所采取的办法是运用历史学和语言学的技巧探查和比较优士丁尼文献与尚存的罗马古典时期作品的语言风格，或根据某一件罗马帝国立法作品的年代来考察特里波尼安是否对原作者的文字进行了修改处理(当时，特里波尼安修改的目的在于将摘引的原作段落与优士丁尼时代的立法内容保持协调一致)。从那个时候起，“添加研究”一直是罗马法文献研究的一个重要领域，到19世纪以及20世纪初达到高潮。——译者

法律的概念数学之本质可以通过法学概念和数学概念的比较体现出来。法学概念是经验性的。它们是对调整经验上既定的法律关系之有效法律规范的一种概括，这些法律规范是如此重要，以至于通过它们可以将法律关系和其他类似的关系区别开来。因此，借助于形式逻辑，除了那些为概念建构而被运用的规范外，任何其他的规范不可能从法学概念中推导出来，因为形式逻辑其实不可能 278
提供任何新的思想素材，它只能够展开事先存在的素材，并对它们的成分加以分析。

相反，数学概念是任意性的，或者如著名的法国数学家庞加莱(Poincaré)[1]所称，它们是约定俗成的。数学概念具有某些属性或特征，而不管它们实际如何，甚至根本不考虑它们是否真的可以想像：我们可以用虚数、无穷大和黎曼[2]曲面(die Riemannsche Fläche)为例。人们并不要求从数学概念中得出的结论与任何一种现实相符合，人们仅仅要求它们本身不得自相矛盾。对现实的这种漠视在数学上绝对是有道理的，因为数学家并不要求通过他的概念来掌控现实世界。对天性特别适宜于数学思维的人来说，数学思维是一种纯粹愉悦的来源，相反，对另一些人而言，它在一定程度上是完全不易亲近的，对还有一些人(不幸，我也属其中的一个)来讲，它的效果简直是令人排斥的。

然而，将经验性概念当作数学概念来对待，把数学的性质任意

[1]　亨利·庞加莱(Henri Poincaré, 一译“彭加勒”，1854—1912年)，法国著名数学家、理论天文学家、科学哲学家。——译者

[2]　黎曼(Berhard Riemann, 1826—1866年)，德国19世纪最有创造力的数学家之一。许多数学方法、定理和概念以他的名字命名。——译者

地附加在它们身上，并且从中得出远离现实的结论，这样做也绝不是不可能的。过去几个世纪的自然哲学常常遵循这条道路。法学也异乎寻常地经历这样一种活动过程，因为它们的概念事实上也具有任意性和约定俗成的特点。法学从中得出其概念之本质特征的法律制度、裁判规范和法律规定都是人工的产物，其内在的经验必然性往往并非让我们明白，而在这些素材的基础上引用的东西常常给人这样一种印象，好像它们也能够被人随便用别的方式来加以处理。帝制时代的罗马法学家把布匿战争（die punische Kriege）[1]期间自耕农家庭秩序用作家庭法概念的基础，而这种家庭秩序在此期间却早已消失；《法国民法典》把动产共同体（Mobiliargemeinschaft），《德国民法典》把财产管理共同体（Verwaltungsgemeinschaft）上升为制定法上的夫妻财产制度，这些都的确仅仅是约定俗成的；不过，还有很多事情在这每一个法律制度中都是可以通过与实际所做的完全不同的方式来加以调整的。法学概念与数学概念的相似性当然只是表面的，因为法学概念本身不是任意构建的，它的经验基础纯粹建立在人的意志之上，尽管这也只是表面上的。纵然如此，这一表面上的相似性足以产生一种显示出与数学方法之间有很大的亲缘关系的法学方法。但仅仅通过这一点，还不足以解释法律的概念数学的巨大意义。

279 对此，我们必须增加这样一个很值得注意的事实：法学尽管与数学根本不同，但它却对几乎所有时代从事数学的天才具有一种令

[1] 布匿战争（die punische Kriege），又称“迦太基战争”，系指公元前3世纪和前2世纪时罗马和迦太基之间的战争。——译者

他们着迷的奇特魔力。法律数学家并不想通过法学来满足数学本来已经存在的需求，他只是试图通过它来获得高级的精神享受，即高等数学分析或者数论能够以很可靠的方式向他提供的那种精神享受。他按照数学家的方式至少在一定程度上任意地创设法学概念：但因为法学的巨大二律背反甚至在这里也会立刻表现出来，所以，他又与数学家不同，而要求其通过概念的展开得到的结论转化为现实，要求这些结论被承认为规范，法官要据此进行裁判，立法者要依此作为行动准则。在法律数学家眼中，他毕生为之奉献的这门艺术之神圣和尊严就在于这一点，即它赋予他虚构出来的构成物以客观实体。

在所有的地方都能找到法律数学家，甚至在罗马人中也零星地发现有法律数学家——也许他们在遗嘱继承中生存者取得权（Anwachsungsrecht）[1]学说中最为活跃，在当今的法国人和英国人中也能找到他们这样的人；但对法律数学家而言，共同法是格外有利的土壤。因为一般化的历史基础长期以来被人们已经遗忘，裁判规范的社会正义属于遥远的过去，我们基本上无法了解，制定法（比如《法尔奇第亚法》[*lex Falcidia*]）的目的性对我们今天的人而言仍是一个谜——所有这一切在这里比在其他地方更能够产生这样一种想法，即：法律上的许多事情或者绝大多数事情是任意的、约定俗成的。历史学派本应促进对罗马法法条产生的经济和社会关系的理解，但众所周知，他们与其说是历史的，还不如说是好古的，

[1] 生存者取得权（Anwachsungsrecht），拉丁文写作“ius accrescendi”，英文译为“survivorship”或“the right of survivorship”，指在共有财产中，生存者对死者权利之取得权。——译者

他们尚不足以胜任这样一项使命。既然历史学派仅仅强调超越罗马法的实践需要，那么这就很容易理解，概念数学或许从没有像在德国历史学派主宰下那样如此茁壮地成长。其最重要的代表人物主要是数学家：普赫塔、范格罗、温德沙伊德、布林茨，还有早年的耶林。或许，我们可以足够地指出，下面所有的事项暂时属于"概念上的"不能（"begrifflich" unmöglich）：债权的转让、通过遗嘱本身才证实的遗嘱基金的设立（"施泰德舍尔继承案"）、"买卖不破租赁"准则、股东对属于股份公司之地产享有的地役权。相反，下面这个事项属于概念上的必然（begrifflich notwendig）：一个骗

280 子将运输途中的一船煤不怀好意地出售给多个人，在船意外沉没的情况下，由于"买受人承担风险"这个准则，他可以向任何一个买主索要全部价金[1]。一个罗马人是否会满足于这个逻辑推论呢？面

［1］ 埃利希在这里所指出的是耶林曾经遭遇过的一起"一物二卖"的案子。1858年，鲁道夫·冯·耶林在吉森大学任教时所发生的一件事情，对他的思想转变影响很大：1844年，他在柏林大学任讲师时出版《罗马法论文集》，其中讨论"一物二卖"（Doppelverkauf，双重买卖）的问题，即：一物二卖的出卖人，在该物因不可抗力而灭失时，能否对两个买受人同时请求支付价金？耶林引述《学说汇纂》第18卷第4章第21节保罗《问题集》第16卷（D. 18.4.21. Paulus, Libri XVI Quaestionum）中的说法（一个奴隶出卖两次，奴隶在交付前死去，风险由买受人承担［Periculum est emptoris］），认为出卖人有权同时向两个买受人请求支付价金（"买卖标的物在交付以前，如因非归责于出卖人之事由而灭失者，出卖人仍可取得价金"，这一规则同样适用于"一物二卖"的情形）。此种见解大体上属于当时德国民法学界的"通说"。1858年的冬天，德国发生了一起真实的"一物二卖"的案件（即："Kohlefall"）：一艘价值昂贵的船舶在双重买卖后，出卖人因不可归责之事由，可否向两个买受人同时请求支付价金？一审法院援引耶林1844年发表的观点，判决出卖人胜诉，负责二审的罗斯托克高等法院否定耶林的见解，驳回出卖人的请求。此案送吉森大学法学院，耶林应邀于1859年1月1日为此作出一份专家鉴定书（"Kohlefall Jherings an der Gießener Spruchfakultät im Jahr 1859"），当他审视"Kohlefall"的二审判决与自己过去的理论冲突时深受折磨，陷入"恐慌""困窘"，感到"法律良心"不安（一位法学者究竟应该衷于罗马法的权威，还是

对这种情形，他是否就不去自由地发现一个合适的规范呢？

概念数学两例

概念数学的一个典型例子是德国历史学派的所有权概念。此概念的经验基础包含以下方面[1]：(1)动产所有权，它由于经济的决定而通常允许任何一种可能的使用和消费；(2)罗马法关于意大利土地所有权，现代对因土地解负而出现的土地所有权，它们两者由于罗马和当代的土地体制而允许有一种非常广泛的收益权；(3)受制于他人收益权的土地之裸权(nudum ius，空虚所有权)；(4)位于采邑—农民联合体内的土地领主权。这些法律关系相互间在经济上或许是没有多少干系的，所以为它们创设一个共同的经验性概念几乎是不可能的，因为这样一个经验性概念，像任何其他经验性概念一样必定被打上经济的烙印。罗马人没有所有权概念，当然也能够应付得了公田和行省土地的事情，当今的英国人缺乏一个普遍有

忠于自己内心的法感呢？)，甚至有些“绝望”，最后不得不放弃自己的旧学说，遂基于“目的”思想，认为出卖人因不可归责之事由(危险)而推卸责任后，对于买受人请求支付，自己不是因而得利，而是针对其处分权限之丧失而取得补偿，因此应该排除其请求双重给付之权利(参见吴从周：《民事法学与法学方法》(第二册)，《概念法学、利益法学与价值法学——探索一部民法方法论的演变史》，台湾地区一品文化出版社 2007 年版，第 29—37 页)。基于对一物二卖中风险负担问题的研究，耶林于 1859 年专门写了一篇文章“论买卖合同中的风险理论”(Siehe Rudolf von Jhering, Beiträge zur Lehre von der Gefahr beim Kaufcontract, Teil 1, in: *Jahrbücher für die Dogmatik des heutigen römischen und deutschen Privatrechts*, Vol.3, 1859, SS.449–488.)，对上述新的见解进行立论。这篇文章被称为耶林经历“大马士革经历”的“转向论文”。——译者

[1] 为了便于中文读者阅读，特在此增加序号予以表示，德文版没有这些序号。——译者

效的所有权概念，其实也挺好；中古的共同法法学也没有这个概念，而能够区分直接所有权（dominium directum）和准所有权（utile）。历史学派却不愿放弃一个普遍存在的所有权；不过，为了寻找一个应涵盖各不相同的经济关系的概念，他们不可避免地要得出一个完全非经济的概念。或许，温德沙伊德的定义是这个概念在表面上最吸引人的表述：所有权是其自身能够使权利人的意志对处于整个关系中的物具有决定性影响的权利。这个概念显然是完全任意的。假如我们把它同某种经济性的法学概念，比如担保权、用益权或出售权等概念仅仅比较一下，那么马上就会注意到，与这些概念不同，它根本没有蕴含任何经济的关系，而只是一个公式，用来为人的各种不同的经济关系取一个共同名称而已。尽管如此，我们还是可以从这个概念得出一系列结论：一个有体物上只能有唯一的所有权；自有物上的物权是不可能的；由于物权的消灭，所有权不再受该物
281 权的限制；在排除妨害之诉中，所有权人只应对他自己的所有权进行证明。这些规范实际上真的像温德沙伊德所表述的那样，来自所有权概念么？事实上，这些词是如此的不确定，它们不仅可以指这个意思，而且也可以指很多其他的东西。但即使没有这四个要素，就不能够谈论所有权了吗？可以肯定的是，当今在不同的法律制度中，所有权人对其所有物可以享有狩猎权、水权和采矿权；在他人享有的狩猎或采矿的物权遭到取消时，所有权并不总是立即扩大到包括这些权利；即使在排除妨害之诉中证明责任的规定有所不同，所有权人依然是所有权人。另一方面，人们也可以说，用益权人对于物除享有用益权外，不得有任何其他权利；他的用益权由于物权的消灭而摆脱了施加于它的限制；假如他在自己也享有权利的排除

妨害之诉中证明了自己的权利，这就足够了。故此，所有权这个概念并没有多少别的内容。但那些声称由这一概念产生的规范，实际上起源于罗马法，它们是经验性的，故此，把这些规范作为概念的派生物，让它们在其效力无法通过经验加以证实的地方仍然有效，这无疑是相当武断的。排除妨害之诉中的证明责任之分配属于晚近共同法上的法学家法，远远不是概念上的必然，所以它从未获得普遍的承认。

概念数学的第二个典型例子是萨维尼的“重大错误”学说。根据萨维尼的观点，法律行为在概念上是一种意思表示。因此，当由于有重大错误，意思和表示不一致时，法律行为就不存在，而在这一点上错误的一方是否有过错无关紧要。既然契约只是法律行为的变种，那么这也适用于契约，哪怕另一方契约当事人不可能认识到这一错误。就法律行为在经验上不过是意思表示而言，该学说是正确的：也就是说，涉及赠与和另外一些单务行为（保证、承认和追认）、遗嘱宣告、家庭法契约，或许还有大多数和解等事项，它都是正确的。但在用于商业交易的契约上，它无疑是不正确的。这个学说远远不是概念上的必然，我所做的有关上个世纪共同法司法判决的研究表明，法院只在极少的案件中才根据萨维尼意义上的学理来作出判决。假如无任何欺诈意图的代理人想以被代理人的名义签订契约，而另一方当事人可能对此并不知晓，那么这一点根本不会受到重视：尽管它或许是当事人错误的一个完全确定无疑的情形，也是一个最常见的情形。

概念数学脱离社会影响之假象

282 这两个例子提供了一个深入观察概念数学之实质的视角。历史学派建构的所有权概念和萨维尼的法律行为概念都是基于现实的切身观察而产生的，因而是经验性的。我们熟悉构成这些定义之基础的单个法律关系；声称由概念推导出来的规范一定程度上属于现行法。但这些概念既不是按照自然科学概念的模式精心地从经验事实中抽离出来的，也不是像实用法学的概念那样着眼于法律适用的需要来加以创设的。它们是现实的一般化，但它们不是科学的，而是肤浅的、非专业性的，掺杂着一系列完全恣意的成分，就像较为陈旧的自然哲学或谢林的哲学风格，众所周知，萨维尼和普赫塔曾经受它们的影响。但它们也不是实用性的，因为任何有关合目的性的考虑对它们来说自始就是陌生的。根据形式逻辑从这些概念推导出规范，其原因在于这些规范被用作了概念的建构：人们借助形式逻辑随时从某个概念推导出结论，并把结论放入规范之中。就规范通过经验确定而言，它们也是正确的，但假如它们不是来源于现实，那么它们不过是法学自行创设的规范而已。这些规范与其他的法学家法的不同之处仅仅在于，至少从表面上看，它们的产生不依赖于社会影响、不依赖于力量对比关系、合目的性考量以及正义思潮。但概念数学的部分成功，正是得益于这种情况。在人们打算把法的创制完全交给立法者的时期，这种概念数学达到了登峰造极的程度。每当司法不能够适应罗马的立法者和近代的立法者向它所提供的东西时，人们最愿意做的事情就是希望有一种完全

脱离社会的、声称只从概念推导出来的法的创制。可以看出，萨维尼和普赫塔在提出科学法的学说时，首先想到了这种法的创制。事实上，其他人对此不感兴趣。按照温德沙伊德的看法，将科学作为法的渊源意味着把助产士同产妇混为一谈。

一个完全脱离社会影响的规范发现，其包含从给定的概念出发的纯粹逻辑推理，当然几乎不能被称作法的创造，而仅仅局限于这一点的所谓的“科学”也很难被看作是法的渊源。然而，事实上，概念数学从未达到过它的这种目标。这些法学概念由于是任意建构 283
的，会随时因力量对比关系、合目的性考量以及正义思潮的要求而被任意地改变想法。通过代理人签约的行为是依代理人的意思还是依被代理人的意思成立，这取决于哪一种（这一个或那一个）推释会得到令人满意的结果：据此，我们再一次触及社会的影响。此外，在大量的场合，概念数学甚至被用作蓄意的法律篡改。

体系论的实质和职能

共同法法学的最后一块基石是它的体系论。这种体系论的源头不在于法律适用的需要。当然，即使实用的、专门用作法律适用的著作也必须有它自己的体系安排，但它这样做只是想让人们便于快速地找到头绪；故此，就像字典的字母排列顺序一样，法学著作的秩序编排对内容没有影响。法学的体系论来自于教学的需要。教学要一目了然、条分缕析地向学习者呈现素材。让学习者能够牢记的不是无数的细节，而是少数提纲挈领的道理。尽管在实际应用中至关重要的是逐点把这些要点所涉及的所有内容都讲到，但教师还是会尽可能提出一般原则，从这些原则推导出细节。然后，教师努力对可以表达一般原则的法律现象进行概括，把普遍规则可以适用的法律关系放在同一章节里进行讨论。确实，这些都是外在的考虑，但法律关系经常也是内在地相互关联的，它们之所以被放在一起，是因为对它们要适用相同的规则（比如程序追诉规则）。物权和债权（它们与对物之诉[actiones in rem]和对人之诉[actiones in personam]的重要区分相关）之分类，有关物权和继承权之规定的概述和有关契约、损害赔偿以及其他一些债之请求权的概述，均来源于此。故此，体系论早在罗马的教科书中即已开始。盖尤斯的体系，的确可以追溯至更早的来源，它主宰着直到优士丁尼时代的教学，后又见诸优士丁尼的《法学阶梯》（一译《法学总论》）。[1]在中世纪和近代，对优士丁尼《法学阶梯》的阐释构成法律教学的入门课程，自17世纪以后，德国出现了大量的教科书，它们包括完整的
284 法律素材，按照《法学阶梯》的体系来加以编排。《法国民法典》和《奥地利民法典》均遵循这个体系，它也被19世纪的学说汇纂体系（它可以追溯至胡果[Hugo][2]和海泽[Heise][3]）以及《德国民

[1] 优士丁尼的《法学阶梯》(*Institutiones Justinianus*)由公元6世纪东罗马皇帝优士丁尼下令编写的，于公元533年11月颁布，作为钦定官方法学“入门教科书”。它采取“三分法”结构——人法（ius personae）、物法（ius res）和诉讼法（ius actiones），这个结构最早可以追寻至《盖尤斯法学阶梯》，其构成近代私法体系化的基础，后来的《法国民法典》和《奥地利民法典》均遵循这个体系（秩序）。——译者

[2] 古斯塔夫·胡果(Gustav Hugo,1764—1844年)，德国著名民法学家、罗马法学家，格奥尔格·阿诺德·海泽的老师。——译者

[3] 格奥尔格·阿诺德·海泽(Georg Arnold Heise, 1778—1851年)，德国19世纪著名民法学家、罗马法学家，德国学说汇纂体系的重要发展者。——译者

法典》所遵循，只是在表面上稍加变动而已。[1]

起初，人们当然很少意识到由所有这些体系无意表达出来的法律制度之间的内在关联；但随着时间的推移，它变得更加引人注目，在拉米学派（Ramisten）[2]和多内鲁斯（Donellus）[3]的体系努力中处于中心地位。后来，被整合在一起的法律关系表现为同类法律关系的纯粹变种。年龄（Alterstufen）属于身份（status）的种类，所有权和其他物权属于物权的种类，各种契约属于契约的种类。范围更广泛的法律关系获得一种特有的名称，人们甚至为之寻求一个一般的定义。接下来的一步是，所有对多个同类法律关系作出相同规定的法律条款不再援用至这些单个法律关系，而援用把它们全部囊括在内的法律概念；最后，针对这些关系的某一种关系所规定的内容，对所有这些法律关系亦均可适用，除非有特别的理由反对这样做。因而，通过体系论，一般化过程得到合乎逻辑地推衍。通过这种方式，罗马人纯粹通过体系将大量的规范一般化：比如有关对物之诉和对人之诉的规范，有关自然之债的规范，有关契约关系中的过失责任和延迟责任的规范等。有关体系论的一般化，一个值得称

[1] 埃利希在这个地方可能有些轻描淡写，其实由胡果和海泽开创的、后来写入《德国民法典》法条的学说汇纂体系在很大程度上突破了《法学阶梯》“三分法”结构，而采取了“五编制”，即把私法（民法）分为五部分：“总则”“物权法”“债法’“亲属法”“继承法”。——译者

[2] 拉米学派（Ramisten）是因16世纪法国学者皮埃尔·拉米（Pierre de la Ramée[Petrus Ramus]，1515—1572年）倡导的所谓“拉米方法”而形成的学派。拉米在其研究活动中反对当时流行的亚里士多德—经院派的辩证法，创建一种独特的方法，后被应用于法律注释和教学之中，对法国的注释法学派有一定影响。——译者

[3] 多内鲁斯（Hugo Donellus，1527—1591年），16世纪法国法学家。他将“拉米方法”运用于法律注释和法学研究之中，著有《民法注释》（1589年）。——译者

道的现代范例就是温德沙伊德的不当得利的请求权学说。体系论的一般化与法学推释之间有很密切的关系。罗马人曾经常把一般化用作纯粹推释的目的。当他们把工作契约、劳动契约和劳务契约归属于租赁法时，他们的意图显然只是将这些契约上升为可诉的契约。当然，他们以同样的方式对物物交换进行体系化推释的企图却失败了。

然而，德国的历史学派超越了这种一般化。相同的事实和相同的法律效果可以在不同的法律关系中重复出现，甚至推释法学也能够利用这一点来达到其自身的目的。当罗马人把保证人对债务的清偿推释为债权购买时，他们这样做是基于下面的观察：无论在债务清偿还是在债权购买中都出现一个金额的计算，即他们让在清偿的情形下的计算产生的效果与在债权购买情形下的计算必然具有的效果相同。在这里，对债务人金额的计算就从两者的关系中

285 抽取出来，作为引起债权转移之请求的独立法律事实对待。同样，他们把无限责任商事公司推释为一种与合伙人的相互监督（mutua praepositio）相联系的合伙契约，其根据在于：把监督的法律后果、代理权与监督本身分离开来，并将它同监督上完全陌生的合伙契约结合起来。这种推释的特点是：把只存在于某个法律关系之整体联系中的一定事实或一定法律效果分离出来，用作另一个法律关系推释的基石。

按照这种方法，德国的历史法学派建构起整个私法体系和债法的“总则”。做到这一点，依然以下面这种有意识的努力为基础，即：通过推释，利用在不同的法律关系中重复出现的一定事实和一定法律效果。建立这同样的基础之上的，还有条件学说、规定期限学说、

错误学说、胁迫学说、欺诈学说、代理学说、选择之债学说、第三人利益契约[1]学说、债权人和债务人之多数学说、清偿学说以及其他许多学说。这些要素又与一般化联系在一起。在原始文献中，针对与特定的法律关系相关联的诸要素，法律规定了其中一个要素，在任何可能找到的法律关系中，都将援用这个要素本身。一个典型的例证是共同法法学对待“条件的回溯力学说”的方式。根据该学说，原始文献记录的一系列判例（它们完全涉及某个条件所出现的单个法律关系，或许甚至仅仅涉及此类个案）应完全不加区别地适用于每一个条件，不管它可能包含在某个遗嘱、某个婚姻契约、某个赠与、某个买卖或者某个抵押行为之中。法律行为中的错误学说感觉可能会更奇特一些；这种非常有趣的样本还见诸代理学说和权利保护学说。

法体系的完美性

对于体系的完美性观念而言，体系论比概念数学还要重要一些。一个体系实际上只是现存事物的一种条分缕析，但它也总是产生一个整体的观念。因此，法体系很快就被这样看待，好像它不仅包括现有的法律素材，而且包括整个法本身；其概念内容不再是单个法律关系，而是法律关系的整个类别，其范围是如此广泛，以至于它们看起来像是逻辑范畴，把整个法律的现象世界都装入其中。286

[1] 第三人利益契约（Verträge zugunsten Dritter），直译为“为第三人利益订立的契约”，与“为自己利益订立的契约”相对称。——译者

如果某个东西无法涵摄于某个特定的契约概念之下，那么它纯粹就是契约；如果它不是契约，那就是法律行为；如果它不是法律行为，那至少是一个法律上的事实。可以肯定，一个私权，既可以是家庭权，也可以是物权，或者是债权。人们运用大量的技巧来探究禁止权（Bannrechte）和地上负担（Reallasten）[1]到底是上述权利的哪一种，抑或它们能不能归为第三种。著作权和姓名权似乎不能当作上面提到的任何一种权利看待，这样，姓名权就成了人格权，物权成为了绝对权，其中也包括著作权。重要的是，在法体系中，每一件事都要有一个位置，而且在这个位置上也必须要找到裁判规范。共同法拥有的规范本来已经是极其丰富的了，但通过这个过程，使每个原本为某个法律关系或某个案件而创制的裁判规范延伸到所有相干和不相干的法律关系类型当中，因而规范的数量增加了千倍。施洛斯曼（Schloβmann）[2]的毕生之作①主要是针对这种规范发现方式的。

很明显，这种对待法律的方式所提供的打上“体系论”标签的东西，根本不再是什么体系论，它不想再以某种合适的秩序编排来阐释原始文献的素材，而试图代之以全新的内容。一个裁决买卖交易中之错误情形的规范，是仅限于买卖交易，还是应扩大适用于任何一种契约，甚或扩大适用于所有的法律行为，这肯定不再是同一码事了。在这个方面，法学家并没有从类比中得出结论。任何类比

[1] 地上负担（Reallasten，一译“物上负担”），即按期支付金钱或实物的土地负担。——译者

[2] 西格蒙德·施洛斯曼（Siegmund Schlossmann，1844—1910年），德国19世纪法学家。——译者

① 比如，西格蒙德·施洛斯曼：《契约》，莱比锡1876年版。

都必须通过法律情形的相似性才得以证成。但在这里，他们做事的方式，似乎是所有这些裁判规范在《民法大全》里已经原则上作出了规定，似乎原始文献上纪录的个别判例只不过是一种能够涵盖所有汇总在一起的法律关系的原则之适用而已。这确实是一种规范的获取，但在很大程度上是一种很有疑问的规范获取，因为在这一点上最关键的，最终还在于规范本身是什么样子的。对某个个案来说可能相当令人满意的判决，往往不能普遍地适应整个法律关系。在绝大多数情况下，绝对不可能找到一个同样适用于所有的法律领域（比如家庭法、物权法、债法和继承法）的裁判规范。因此，事实上，条件学说、债权人和债务人之多数学说、请求权竞合学说包含着比法条更多的争议问题。每个法学家都知道如何处理保险契约 287
和债务承担契约；假如把这两种相互之间毫无干系的契约摆在他面前作为第三人利益契约，那么他应该怎么说？由于这个原因，19世纪的德国共同法法学由两组截然不同的素材构成。人法、物法、契约法和家庭法同充满生活气息的形态相关联；整个（私法）体系的总则和债法总则是“贫血”的抽象化的游乐场，它们几乎没有用巨大的脚趾接触到地面。在历史学派的体系论中，法学的巨大二律背反，即：持续不断地将思维形式转化为规范，在庆祝它最后一次也是最具有决定性的胜利。

罗马法和共同法之间的区别

体系论的价值不能因此而被低估。但它只能提供其自身存在的那些服务。体系论不是实用法学，因此它也没有职责让法律满足司法的需要。假如体系论为此目的而被误用，就像共同法法学所做的那样，那么它事实上只是一种推释，不过是一种按照与法学的观点迥然不同的观点来进行的推释，一种充其量能够完全偶然地表达法律制度所存在的经济和社会关系之情形的推释而已。毫无疑问，大量的法律经院哲学均可记在共同法之体系论推释的账上。

当然，我们也不应忽视人数最多也是最有名望的历史学派的追随者和其他学派的法学家之间的重要区别。没有任何其他法学家会比他们这些人一样漠不关心他们的推释或者体系性的规范发现的结果是否与其正义感一致这个问题。这在一定程度上与他们对法学使命的看法有关。既然他们的任务主要是探察法条创作者的意图，那么他们就可能拒绝为判决承担个人责任。再者，历史学派中享有盛誉的法学家通常更多地是学者，而不是实务家，这一点在主要从事科学研究的这个学派之本质上看可能更为重要。当一个学解剖学的学生在练习解剖尸体的过程中想通过正确引导的刀法“纠正”自己的错误刀法时，解剖学教授通常会向该学生发问，他在病床上给病人做手术时是否也会“纠正”自己的错误刀法。人们在尸体上（in corpore vili）还是在活体上练习自己的手法或自己的敏觉，这一点并非完全无关紧要。

288 这种讨论使我们能够全面地审视大陆共同法法学的工作。自然，没有任何一个有思想的人长期以来没有意识到这样一个简单的道理：共同法并非罗马法，甚至并非优士丁尼法。假如我们基于吉拉德的《罗马法手册》（*Manuel von Girard*）[1]将涉及前优士丁尼法

[1]《罗马法手册》（全称为：*Manuel de drioit romain*）是法国的罗马法学家保

的所有内容全部删除的话，那么就绝不可能有什么学说汇纂教科书。普赫塔或阿恩茨（Arndts）[1]的教科书大多对后罗马时代的法律创造置之不理，并且将它们的阐释局限于罗马的法律素材，尽管如此，它们与优士丁尼法的教义学阐释还是有所区别的。另一个问题是，它们之间的这种区别在哪里存在呢？据我看：这就在于概念建构、推释和体系论。

毫无疑问，历史学派中的学说汇纂学者们真诚地相信，他们都是根据优士丁尼法来定义法学概念的。但实际上他们并不是这样做的。他们一开始就是按照下面的方式来理解每一个概念的：这个概念不仅能涵盖罗马的现象，而且也能涵盖现代的现象。所有权概念的定义无疑适用于最优化土地（fundus optumus maxumus），直到共和国时期的法学家还在讨论这个定义，但此定义不仅要涵盖上述概念，而且也必定涵盖领主的所有权和股票持有人的所有权：即使拉贝奥和萨宾使用过同一个词，但这个词在拉贝奥和萨宾那里和在范格罗和温德沙伊德那里的含义还是有所不同的。就更具体的概念而言，尤其是担保法和债法的概念（比如"替代"这个概念！），这种情况就直截了当地显现出来了。历史学派中的学说汇纂学者们无疑以法条按照优士丁尼法应当发生效力的方式来努力复述每一个法条。但通过这种复述，他们也是对法条进行推释：他们使用的每一个词都不是用来指代罗马的情形，而是被用来适应现代的、德

罗·弗雷德里克·吉拉德（Paul Frédéric Girard, 1851—1962 年）于 1896 年出版的著作。——译者

［1］ 阿恩茨（Karl Ludwig Arndts, 1803—1878 年），德国 19 世纪罗马法学家，著有《学说汇纂教程》（1852 年）。——译者

国的情形。在所有这些方面，他们正好是他们的时代之子，或许更为重要的是，他们都是 11 世纪至 18 世纪法律实务者的承继人。他们的体系论不是罗马式的，这一点似乎无关紧要：每个历史法学派的法学家都为其自身的阐释创建一套自认为最符合有待阐释的素材的体系。但他们的体系根本不是优士丁尼法的一种历史描述，而不过是一幅现代社会的法律划分的图景而已，当然，这幅图景是相当笨拙的、图解式的，并不完美。在此方面，他们通过这个体系论形成了一个罗马人完全陌生的教义学；随着许多人，比如萨维尼、普赫塔和翁格尔（Unger）[1]把体系的教义学成果主要看作是法科学的价值，这一点变得更加重要。

“学说汇纂学”的不朽价值

289 共同法法学的时代已经结束了，德意志帝国民法典将它逐出其最后的避难所，这个世界没有任何一种力量能够让它恢复其已经消逝的荣耀。它两千多年的劳作所产生的一切宝贵遗产，必将由未来的社会学法学予以抢救，但后者将不再是一门（实用）法学。不过，任何一种法学的永无止境的使命，即：使法律服务于变动不居、不断更新的生活需求，将会继续保留：没有任何法典能够将它扼杀。为了这样一个使命，总会要有一门法学，哪怕它是一门不同性质的法学，具有不同的手段，拥有不同的目标。它必然不同于当今的法

[1] 翁格尔（Josef Unger, 1828—1913 年），奥地利 19 世纪最有影响的民法学家之一。著有《奥地利私法体系》等著作。——译者

学，这一点是不言而喻的，因为任何时代不仅有自己的艺术、自己的科学、宗教和哲学，而且也有自己的法学。罗马的法学家们创造出不同于其他任何世纪的法学，优士丁尼大概也不同于古典时期的法学家，中世纪和近代的罗马法学派创造不了优士丁尼的罗马法。

同样，未来的实用法学尽管与传统之间有机地联系在一起，但它必须为新的需要消化吸收这个传统。当然，社会学法学必将为这种法学提供科学的基础，但它只能扎根于共同法法学已经开垦和耕耘过的土地上。科学是从实践活动中发展出来的，这个曾经到处发生的过程将会一再重演：自然科学将所借用的东西连本带息地归还给了医学。未来的法学或许将会永久地抛弃抽象的概念建构和推释的可笑的假面伪装：但必须承认的是，后者自始以来只为了这样一个目的，即：让必然的社会进程从爱管闲事的人（Unberufener）的视野里消失。自由的法的发现并非如人们所认为的那样是一个摆脱制定法的法的发现，而是一个摆脱抽象和推释中徒劳而多余的束缚的法的发现。

在最近几年里，有许多关于“学说汇纂学”（Pandektologie）的刻薄之词，尽管这些刻薄之词并非由我说的，但我也不会完全对此加以否认，因为我知道，我对此事负有相当大一部分责任。在白热化的论战中，这样做是有道理的，或许也是必要的。因此，我觉得自己有义务指出“学说汇纂学”所取得的所有巨大成就。特别是，我还一直怀着忠实的心情纪念伯恩哈德·温德沙伊德。我在年轻的时候曾以极大的热诚研究他的著作，如果说我以及与我并肩前进的人业已超越了他的话，那么我们都首先感谢他对我们的教诲；时 290
间泯灭了其余的一切。过不了多久，曾经见证过生活中的共同法的

最后一批德国法学家即将永远闭上双眼，那些曾经讲授过生活中的共同法的声音也将沉寂。他们可能操心的是，对两千多年的工作中创造出来的宝贵财富尽可能取其精华、去其糟粕，传给下一代：凡是他们没有保存的，也许将永远地丧失了。但温德沙伊德的三卷本学说汇纂著作将会得到保存，以作为连接伟大的过去和未知的未来之间的纽带。因此，我们也要懂得感谢基普（Kipp）[1]，因为他顺应时代，以不遗余力的勤奋保存了（古代的）宝藏，无愧于这些宝藏的伟大创造者。

［1］ 基普（Theodor Kipp, 1862—1931 年），德国法学家，也是伯恩哈德·温德沙伊德三卷本《学说汇纂法教科书》第 9 版（1906 年）的编校者（Bernhard Windscheid, Lehrbuch des Pandektenrechts, Bd. I-III, 9. Aufl., bearb. v. Theodor Kipp,Literarische Anstalt Rütten & Loening, Frankfurtam Main 1906.），他在这一版中将温德沙伊德的相关学说被《德国民法典》（BGB）采纳的情况做了相应的比较说明。这也是埃利希在此处感谢基普的原因所在。——译者

第十五章　法学的工作[1]

法学在历史上的作用不依赖于时常被我们认为是其职能的一切东西，正如有关我们行为意义的概念通常也无法向我们提供有关这些行为的真正意义一样。法学从来都不是它今天被惯常认为所是的那种样子，即：对被流传下来作为法的东西的阐释，或者对人们应如何根据作为法流传下来的规则行事的指引。假如某一种法学文献（比如英国的教科书，一定程度上也包括我们的教科书）没有任何进一步的目标，那么它就不是法学；若没有法学家超越上述目标的智力劳动，就没有任何法律是能够应付自如的。一定要有一种创造性的法学。然而，为了能够从各个侧面评价法学的工作，我们必须首先分别考虑法学的工作中所包含的 3 个要素，即律师法学、法律行为的法学和法官法学。 291

［1］ 这一章的名称德文为："Das Werk der Jurisprudenz"；直译为"法学的工作"，杨树人先生译为"法理学的造作"；莫尔的英译本译作"The Function of Juristic Science"（法学的功能）（See Eugen Ehrlich, *Fundamental Principles of the Sociology of Law*, transl. by Walter L. Moll, Harvard University Press 1936, p.341.）《法社会学原理》日译本译作"法律学の仕事"（法律学的工作）（参见エールリッヒ：《法社会学の基础理论》，河上伦逸、M. フーブリヒト共译，みすず书房 2001 年 9 月第 4 刷发行，第 332 页）。本中译本译为"法学的工作"，指法学为完成法律实务方面的既定任务而进行的专门活动。——译者

律 师 法 学

我们从律师法学[1]谈起。在一定程度上，法律诉讼程序的形式是社会或者国家以社会的名义用来处理利益争议的武器。社会为此目的所采取的手段是有限的，因为它不可能以这种方式为所有有争议或者有异议的利益提供帮助，它必须选择那些最重要、最值得援助的利益。但没有哪个社会从一开始就能够一劳永逸地声明它将会保护哪些利益：因为在每一个发展中的、前进中的社会，新的利益不断具有重要性，而业已承认的利益却总是在遭受新的形式的攻击。社会能不能或会不会保护某种利益，要由法院来决定。律师的职责是说服法院，社会对其所代表的利益是准备予以保护的：这就是诉讼说理的技艺；此外，他还要向法院表明，存在着一种值得保护的利益：这是进行证明（举证）的技艺。如果律师将法院拉到了自己这一边，那么他就为此前受到否定的利益争取到了保护，或
292 者他为此前被抛弃的利益成功地进行了辩护；这无疑是法律的一个进步，这个进步是他通过个人的行为促成的。

法律诉讼最初只是为了阻止或减轻和调整私人复仇，后来也为遭受的不白之冤给予补偿，最后变成了实施非私人复仇之正义的一般性救济手段，这是律师的创造才智通过精巧的诉讼说理技术所产

[1] 律师法学（die anwaltschaftliche Jurisprudenz）是埃利希特有的概念。莫尔的英译本将此译为“律师的功能”（the function of the attorney）。See Eugen Ehrlich, *Fundamental Principles of the Sociology of Law*, transl. by Walter L. Moll, Harvard University Press 1936, p.341. ——译者

生的结果。德克拉罗耶（Declareuil）在他的著作《法兰克法中的司法证据》（*Les preuves judiciaires en droit franc*）[①]中，对最古老的诉讼的性质从根本上提供了最为深刻的考察，他指出，证据法也可以追溯至当事人的活动：它的产生不是因为法院为当事人规定了证明的模式，而是因为当事人持续不断地寻求新的救济手段，以赢得法官对案件的支持。追索权利、举证和强制执行的形式在任何时期都是由传统的法院组织、法院的权力手段的范围和种类以及法律诉讼程序的程式所决定的：但律师的职责在于让这些形式一次又一次地适应新的目的。因被剪断的葡萄藤，律师第一次以砍伐树木之诉（actio de arboribus succisis）提起诉讼时，如果他没有犯盖尤斯所说明的程式错误，那么他会使在葡萄藤上的利益得到同树木上的利益理应得到的保护相同的保护。不过，德国律师的业绩具有类似的性质，根据赫德曼的报告（Hedemanns Mitteilung），有一位律师提起诉讼以使（被告）停止对一个妇女的恶意诽谤，还有一位律师，他促成帝国法院做出那个著名的“壁画判决”（Freskenurteil）[②][1]。不言

① 约瑟夫·德克拉罗耶：《五至十二世纪法兰克法中的司法证据》，巴黎 1899 年法文版。

② 1912 年 6 月 8 日“石岛上的海妖”案之判决，载《帝国法院民事裁判集》（RGZ），第 79 卷，第 397 页。

[1] “壁画判决”（Freskenurteil）的案情大体是：一栋豪宅的主人，因为觉得其楼梯间所绘希腊神话“石岛上的海妖”壁画中裸体画像过于轻浮，而另雇画家将其认为“轻浮”的部分加以重绘。原画之作者得知后状告于法院，而由德国法院认定此举已侵害了作者“整全性保持权”（right of integrity）。所谓“整全性保持权”，就是著作人有保持其著作之内容、形式及名目完整性的权利。根据该项权利，既然作者系透过其作品的整体来诠释或传达其心中的想法或情感，因此，就一项作品而言，不论其标题、内容或形式，均为该作品不可欠缺的一部分。从而，作者有权制止他人增删修改其作品标题内容或形式，而使其作品实质内容因而变更之行为。——译者

而喻，这些情形还有：律师扩大了被告的辩护方式，或者在刑事诉讼中想出了攻防的新形式。

法律行为的法学

法律行为的法学主要涉及法律文书，当然它也在口头交易上具有其份量。法律文书，像一般的法律行为一样，并不是完全为诉讼的目的而存在的：它的主要功能是提供法律关系的秩序。法律文书制作人的任务是形成当事人打算建立的关系，寻找到由此实现当事人目的的法律救济手段，用正确的法律术语表述当事人的权利和义务。不过，这个本身来源于法律文书的秩序，又是创造性法学的一
293 个产物。通过法学家的活动，当事人心中模糊不明的东西就获得了
410 一种固定、明确和可理解的形式，没有法学家，这个形式就不可能存在：此时，每个当事人都知道他必须做什么和不得做什么。反正有一点很清楚，正是预防法学家（Kautelarjuristen）创造了康孟达和经济合作社，也创造了德国—奥地利农民的单一继承人权利。作为整体的法律关系是不是一个全新的东西，这一点并不重要：而在一种众所周知的契约程式中补上一个条款则可能是一个创造性行为。

但不言而喻，法律行为的法学不可能满足于纯粹地形成关系，它也必须保证其工作的产品免受攻击和违反。我们在这里不完全关心，甚至不主要关心诉讼程式（Gerichtsweg）。加图（Cato）[1]为我们

[1] 古罗马历史上有两位名为加图（Marcus Porcius Cato）的古罗马政治家，一位通称为“大加图”（公元前234—149年），另一位则称为“小加图”（公元前95—46年）。前者维护罗马传统，著有《史源》《农书》等，为拉丁散文文学的开创者；后者则是大加

流传下来的诉讼程式可能既指涉可诉的事务，也指涉不可诉（只有一个例外），但可以肯定的是，宣誓（iuramentum）、担保（satisdatio）和（动产）质押（pignus）要比诉讼和抗辩重要得多。法律行为的法学正是在非诉讼担保的发展（尽管不是在它的创立）上（从罗马的信托、德国的城市法章程到现代的股票限制转让行为）具有特别突出的贡献。司法越不完善，人们越是考虑以不通过法庭就能够解决（问题）的方式来规制行为；从东方的贸易之描述，我们可以知道，人们为了达到这一目的常常要走多么大的弯路。尽管如此，法律行为的法学最重要的职责依然是按照诉讼的途径达到目的的方式来对待法律关系；在这个过程中，起重要作用的其实不仅仅在于可以胜诉（Klagbarkeit），而且在于有一个不费周折的、低成本的和简便的诉讼程序。也就是说，既然法律行为的法学的目标在本质上与律师法学没有太大的区别：那么它们均应利用手头的手段尽可能妥善地保护相关的利益。因此，它像律师法学一样也朝着这个方向进行创造性工作：应通过它们根本上对未作保护或者保护很不充分的利益提供法律保护，或者提供至少有效的法律保护。而且这常常是现行法对法律关系有意否定的一种法律保护。具有回购权的出售形式的抵押，作为康孟达形式存在的禁止付息贷款，不可通过惩罚性计件契约或汇票来诉求的债务，这些都是法律行为的法学对于克服固步自封或者因循守旧之司法的诸多胜利。

图的曾孙，是支持元老院共和派，反对恺撒，因共和军战败而自杀。这里的加图不知是哪一位，故此上文以及此处所称的“加图程式”（die Catonischen Formeln）也典出不详。——译者

切近的目标：法官法学

294 因此，律师和预防法学家的工作是一项技术性的工作。首先，他们必须通过自己的切身观察来阐明委托给他们的利益，以便让这些利益日后可以被法院所理解，并（通过证明）可以促使法院予以承认。法院像所有其他的人类创造物一样，不能摆脱人性的不完善、有限的工具和有限的认识，这就使此类技术成为必要：假如法院是全知全能的，那么它们当然就是多余的，这正好像，假如我们的肉眼功率更强的话，我们可能就不用望远镜和放大镜了。故此，工具的每一次改进总是使相当数量的法律技术变得多余，比如，在罗马和英国，由法定诉讼过渡到程式诉讼，在欧洲大陆，由间接诉讼过渡到直接诉讼；采取自由的证据评估，代替严格的证据评估。

律师和预防法学家只有当他们成功地说服法官采纳他们的观点时，才能达到他们的目的。假如法官认为法律救济手段不适当，证据不可采、不充分，最主要的，假如法官认为亟需保护的利益不是值得保护的利益，那么他们的劳作就白费力气。因此，法官的判决既是对这个问题（即：社会究竟能否或愿否为当下诉求的利益提供保护，诉求的利益是否向法院进行了证明）之解答的裁决，也是一个有关利益是否值得保护问题的独立裁决。律师和预防法学家确实不能把自己的活动局限于仅仅为法院所承认的利益进行辩护，他们必须时刻准备着让新出现的利益得到承认；假如上述一点是正确的话，那么就可以由此得出结论，他们必须一次又一次地提出技术性问题和利益是否值得保护的问题，同时也反复地让法官面对新

的任务。

因此，法官的裁判规范是一个非常复杂组合的程序的结果。律师或预防法学家必须观察利益发生冲突的生活关系，将其转化为适合于法律保护的形式，并通过证人证言、专家证词以及书面文件（在古代，或许还通过神谕、神明裁判和抽签）向法官（就其本身的知识尚不充分而言）予以证明；接下来才进行法官的利益衡量，进行利益是否值得保护的评判，这导致一般化、统一化和规范发现。当然，利益衡量到底是完全独立进行，还是按照既有的规范进行，这一点 295
原则上意义不大。

法条的复杂组合

为了更好地认识整个复杂组合程序的本质，我们在这里分别考察了律师、预防法学家和法官的贡献：但律师、预防法学家和法官对裁判规范所贡献的一切最终必须在裁判规范自身中融为一体。事实上，由于缺乏律师和预防法学家，法官经常独自承担技术性任务；他解决这些问题也经常完全不同于律师和预防法学家对它们的解决。不过，正如所有这些因素都进入到裁判规范一样，它们也必然进入到包含裁判规范的法条之中，因为法条只不过是裁判规范的一种更成熟的形式。一如我们在裁判理由中所看到的法条那样，在法官法的法条中，所有这些因素（感觉、定型、证据以及通过一般化、统一化和规范发现的利益衡量）事实上甚至是同时并存的。但在法学文献或立法所呈现出来的法条中，这些因素一般相互交织在一起，常常难以区分开来。只有当我们追溯法条的来源时，法条的复杂组合通常才在历史上显露出来。我将在下面的讨论中尝试这样去做。

当那 4 个人“用三个木槌”向萨利克的法兰克人宣告他们的法律时，他们大概完全真诚地相信自己没有忽略任何实质的东西。今天，每一个正在准备考试的年轻法科学生都必定悲哀地发现，他们这 4 个人曾弄出了多大的错误，他自己仅仅为了通过考试必须要了解多少有关萨利克法兰克人法的知识，被《萨利克法典》采纳的内容比重是多么的少。

对于每一宗杀人案，《萨利克法典》都规定了一种根据被杀者的等级而分层次的赎罪金。这些都只是少量的、表面上容易理解的法条，但在其背后所存在的是法兰克社会的整个等级划分和其他的体制。谁可以要求赎罪金？除了犯罪人，谁还有责任支付赎罪金？怎样支付？假如赎罪金没有支付该怎么办？这些与赎罪金规定相关的问题是层出不穷的。为此，法官必须根据证据和个人的感觉找到进一步的裁判规范，并基于这些规范作出判决：原告是否有权请
296 求赎罪金，被告是否为此担负责任，赎罪金是否合法地被支付。但所有这些在《萨利克法典》都没有规定，之所以如此，显然是因为这些裁判规范还没有引起它的编纂者们的注意，它们不像有关赎罪金的规定本身，被萨利克的法兰克人之法学彻底研究过了。

有关盗贼向被盗者支付罚金的法条以相当固定不变的动产所有权为前提条件；因此，也必然存在一些关于所有权的取得、损失和丧失的规则，存在一种有关比如合法取得人与盗贼或抢劫犯相区别的观念。在诱拐妇女的情形中，诱拐者必须向被诱拐妇女的父亲或者其亲戚支付罚金，有关该罚金的规定显然是与一定的家庭形

制联系在一起的，在这种家庭形制中，妇女处在其男性亲属的权力支配之下，这些男性亲属也当然有权把她嫁出门。故此，所有这些业已发展为法条的有关赎罪金、盗窃和诱拐妇女的裁判规范，正被涉及氏族、所有权和家庭秩序而尚未以法条表述出来的裁判规范所补充。

裁判规范作为法条的前提

法学的工作就这样开始了。它最初仅仅关注一系列能够直接构成法官判决之基础的裁判规范。当然，这些规范与另外一些受生活关系内部秩序决定的裁判规范相关联：但这些都是法学所不知道的，它们存在于法学的视野之外，法官也仅仅是基于对生活关系的切身观察才不知不觉地了解到它们。但法学愈发展，伸展的范围愈宽广，进入的领域愈深入，就愈试图直接为司法适用不仅准备好最终的裁判规范，而且也要准备好这些裁判规范以之为前提条件的规范以及进一步设定为前提条件的规范。这样，法条就变得数量愈来愈多，亦愈来愈枝蔓交错。所有这一切得以形成，一部分是通过生活关系内部秩序的一般化和统一化，一部分是通过新的规范发现，后者基于主导社会之力量对比关系以及支配人类情感的正义思潮。正是通过这种方式，罗马法和英国法发展起来，共同法一次又一次地焕发青春，法律直到当代仍在向前发展。

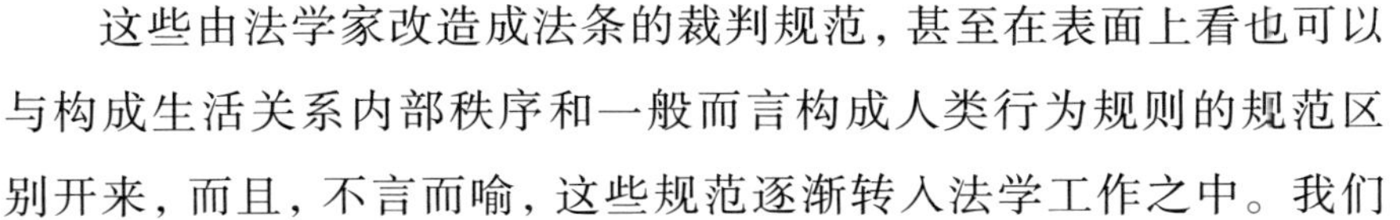

这些由法学家改造成法条的裁判规范，甚至在表面上看也可以 297
与构成生活关系内部秩序和一般而言构成人类行为规则的规范区别开来，而且，不言而喻，这些规范逐渐转入法学工作之中。我们

可以根据精致的辩证表述、根据公正和不公正的得体的划界来辨识它们；不过，人们大概从一开始就绝不可能在日常生活中按照这样一种优雅的法学精致之物来调整自己的行为。

通过把事实问题转换为法律问题来形成裁判规范

有人用当今的法学用语可能会说，法学的一切发展均在于将事实问题转化为法律问题。唯一的困难是，今天“事实问题”一定程度上有两种不同的含义。一方面，它是指通过习惯、章程、契约、继承和遗嘱而形成的生活关系内部秩序；另一方面，“事实问题”又是指对这种内部秩序的违反，由此将会招致法律官司或刑事诉讼。但第一种意义上的事实问题是第二种意义上的事实问题的组成部分。为了弄明白自由民的遗产应归哪一个克劳狄所有，法官必须知道克劳狄家族（gens Claudia）的继承顺位；为了判断被害人的舅父能否请求被杀赎罪金，法官必须了解被害人的家庭秩序；为了裁断契约是否被违反，法官必须查明契约的内容。

经过一般化、统一化和自由的规范发现之法律过程，事实问题就变成了法律问题。这个过程没有发生之前，不存在事实问题和法律问题的对立。远古时期的法学家只处理纯粹的事实问题，因为那时还不存在通过法条表述的裁判规范。他为裁决面临的案件所需要的法必须由习惯、证人和书面文件提供。这些都是纯粹的事实问题。有关事实问题之裁判所产生的原则，经过认可和一般化，才成为最初的法条。从那时起，每天都有新的法条添加进已有的法条之中。

这种情形在当代依然如此。尽管法条的任何一段随时会在法官判决中被引用，但实际上，绝大多数法官做出判决不是针对法律问题，而是针对事实问题。不过，在所有这些有关事实问题的判决中，均潜藏着一般的原则，实用法学将这些原则通常表露在裁判集的标题上 298
或者在成文法律汇编的评注之中。然后，法学文献和学说采纳它们，最后，它们被添加进现有法律之整体，并出现在法典之中。

例证：往来账法和劳动法

在最近的时期，往来账契约法的发展为法学所采用的这种过程提供一幅非常生动的图景。首先，经办商事业务的实务法学家注意到，这里的契约是一个根本没有任何一般的法条规定的特种契约。对于这种契约只有若干的法院判决，负责对它们作出裁判的法官必须部分地基于自己的切身观察、部分地基于商人的意见、证人证言和专家证言来探寻该契约的性质和内容。当时，所有这些都是一个事实问题。判决都是针对这些事实问题作出的，即仅仅针对提交裁决的往来账关系的形态作出的。但不久之后，法学家开始意识到，这是一种在商人圈子里非常流行的契约形式，理应像买卖和租赁那样受到重视。于是，他们开始将个别往来账契约中出现的内容一般化，由此而获得往来账契约的一般法。这个一般化工作主要是由法学文献完成的，特别是体现在格林胡特（Grünhut）[1]的文章①和由

［1］ 格林胡特（Carl Samuel Grünhut, 1844—1929年）奥地利法学家。——译者

① 卡尔·萨穆埃尔·格林胡特：《往来账交易法》，载《格林胡特杂志》第3期（1876年），第473—534页。

里塞尔（Riesser）翻译的莱维（Levy）[1]的著作①之中。然后，一些专题论著、教科书和手册接着进行这项工作，最后，这些成果被概括在新的商法典之中。事实上，把往来账契约理解为相互提供信用的契约或者理解为个人债务更新契约，是一种多余的，而并非恰当的推释，因为有关提供信用和债务更新的法条与它们原来的情形迥然有别。但整个过程是很典型的，即：对日常生活中法律关系的切身观察，基于这种切身观察的个别裁判，法学文献中的成果的一般化，多余的推释，最后还有法典化。

劳务契约法也恰好是以这种方式出现在我们眼前的。一个世
299 纪前，还没有关于它的任何踪迹存在。罗马法上的租赁不能完全套用在我们现有的关系上，对此，现代的法典语焉不详，《法国民法典》包括两个条款，其中一个条款自那时起即遭废弃。在德国，而不是在法国，只有少量对于某些种类的雇佣契约，特别是家庭雇佣契约（Dienstbotenvertrag）的法条。那么，法官对来自劳务契约的纠纷应如何裁判呢？按照当时契约的内容，即按照证人证言与书面证据、交易习惯（假如法官本人不了解该交易习惯，他或许可以听取见证人的意见），对所有这些，他可以尽力妥善地依照正义和公平来加以补充。基于这些因素，在法国出现了一种固定的完全精确地规制劳务契约的法律适用，在德国至少形成了一种一般的法意识，不过它确实产生了一系列的法条，现在已概括于《德国民法典》之中。

[1] 莱维（J.A. Levy, 1836—1920年），19世纪荷兰著名的民法学家。——译者

① J.A. 莱维：《往来账契约》，弗莱堡1884年版。

事实问题和法律问题之程序分离中的活动

凡因为诉讼制度而将“事实问题”和“法律问题”分开的地方，上述一点表现得非常明显。故此，正如人们通常所理解的那样，这种分离确实毫无意义，因为在诉讼程序中没有任何一个事实问题同时不是一个法律问题的。甚至纯粹的证明问题也是一个法律问题。证明问题不仅仅涉及事实是否被查清，而且它也总是涉及某个法律关系是否基于这些事实而产生，该法律关系是否被任何一方当事人的行为所违反。因此，属于事实问题领域的，不仅有某个契约、某个章程、某个遗嘱存在的证据，而且也有法律关系的整个内部秩序存在的证据，以及所有直接来自章程、契约和遗嘱之条款表述的权利和义务存在的证据；是否造成对他人权利的侵犯，这个违法事实至关重要。通过这种方式，法律问题彻底变成了一个一般化、统一化和规范发现的问题。我们可以忽视有关罗马人的法律程式诉讼（formula in ius concepta）产生于事实程式诉讼（formula in factum）的学说，即便该学说经过夫拉萨克（Wlassak[1]）① 业已获得支配地位，原因在于，尽管此事并不是不可能，但它的确太不可靠，而且，罗马的法学家们很可能不通过事实程式诉讼的中介也经常创制法律程式诉讼。不过，即使我们不考虑发展问题，这种分离则完全与

［1］ 莫里茨·夫拉萨克（Moriz Wlassak, 1854—1939 年）奥地利罗马法学家。——译者

① 莫里茨·夫拉萨克：《告示和诉讼程式》，耶拿 1882 年版；氏著：《程式诉讼中的争讼程序》，莱比锡 1889 年版。

我们在此处所讲的情形完全一致，因为法律关系的整个内部秩序，
300 比如基于庇主权（Patronat，即奴隶解放关系）、契约的义务以及对这种义务的违反，这属于事实；而一般化、统一化和规范发现，则属于法律。在我们更为熟悉的英国法律发展中，所有这些以完全立体的清晰性引起人们的关注。

英国人谈论陪审团的优点时，通常习惯于这样说：陪审团可以“不创制坏法律”来裁决一个案件。这意思是说：倘若法官对本应由陪审团裁决的问题作出裁决，那么该裁决会产生一种法官法上的新法条，而这个法条可能是一个坏的法条，但陪审团的判决却不会导致这种结果。这给我们提供了一个考察一切法学家法（不限于英国法）的深入视角。一般认为，陪审团裁决事实问题，法官裁决法律问题：但假如法官裁决本应由陪审团裁决的相同问题，那么就会从中形成一个法条。这充分地表明了事实问题和法律问题之间的区别到底是怎么一回事。任何法律的产生均通过（最初在个案中属于事实问题的）一般化或者通过这种一般化基础上的规范发现；之所以如此，只是因为这样一个（应包含对未来有拘束力之法条的）一般化必须由法官而不是由陪审团来进行，没有任何的法律是通过陪审团的裁决产生的。但依照英美人的观点，法官根据陪审团的裁决作出的判决总是在创制新法，除非它是将某个已然确立的法条纯粹地适用于当下的案件；因为除了纯粹适用法律的情形，法官总是通过由陪审团裁决所确认的事实之一般化来获取一个新的规范，或者根据这个一般化来找到一个新的规范。

例证：过错责任与商法

美国联邦最高法院著名大法官 O. W. 霍姆斯曾以敏锐的洞察力阐述了该学说在过错责任中的适用。陪审团就事实作出裁决，法院裁决的问题是，承担损害赔偿责任的过错是否来自这个被确认的事实。但第二个问题所涉及的是一个标准：被告的行为是否做到了符合在日常生活中对人所提出的注意义务的要求？谁应该对该标准 301
是否达到这个问题作出裁决？霍姆斯认为，这第二个问题是一个法律问题："法院正是从日常经验获得有待适用的规则，正如大家一致认为，侵权法的大部分内容亦来自（日常经验）……"[1]，"如此一来，法律逐渐从理应所是的日常生活来充实自己"。[2]也就是说，陪审团所确认的事实是否构成被告的过错，这个问题由法官裁决：整个损害赔偿法即产生自这些裁决。现在无疑有一些案情完全清晰的案件，它们完全落在界线的这一边或者那一边。在这种情形下，法官根据陪审团的事实裁决完全独立地对损害赔偿责任作出判决。法官为什么这样呢？因为在这些清晰无疑的案件中，对有待适用的标准已经有了一个固定的规则。相反，在另一些案件中，案情是疑难的：在此情形下，陪审团不仅就事实作出裁决，而且对是否存在过错作出裁断，因为此时法官还没有关于过错标准的法律规则。规则一旦形成，这里的过错问题也就归法官裁判。换言之：法律关系

[1] Oliver Wendell Holmes, Jr., *The Common Law*, Boston: Little,Brown. and Company, 1881, p.123.（此系据莫尔的英译本而作的注释，德文本引注不详）——译者

[2] Oliver Wendell Holmes, Jr., *The Common Law*, p. 121. ——译者

是否由被告的行为以有过错的方式破坏的，这是一个事实问题；根据某个已经确立的标准衡量，该行为是否承担损害赔偿责任，则是一个法律问题。霍姆斯认为，损害赔偿法上的困难仅仅在于，某些过错的情形很少发生，“不能使法官通过陪审团的长期经验利用来确定规则，案件因素太复杂，法院也乐意将整个事情全部交给陪审团决断”。[1]

事实上，在某种情形下，完全可以通过历史证明，一整套法律制度是如何仅仅基于作为事实问题的所涉法律关系的具体性质，从陪审团对个案的这种裁决发展而来的。英国的商法，即“law merchant”，就是这样产生的，英国人认为，该法是由法官曼斯菲尔德于18世纪中叶创制的。他将作为个别裁判基础的事实一般化而成为法条，由此他也成为英国商法的创立人。我从卡特（Carter）的著作《英国法律制度史》（*A History of English Legal Institutions*）①中引述布勒法官（Justice Buller）对1787年案件裁决所表达的一段话，其中对（商法的）这一发展给予了十分生动的描述，几乎像是亲眼所见一般：

> “在此之前（即：1750年左右），我们发现，在法庭上，所有商事案件的证据都是匆匆拼凑而成的；它们一般留待陪审团处理（即：规则被当作是一个有待通过证据证明的惯例问题，不区分法律和事实），它们不产生任何既定的原则。从那时起，

[1] Oliver Wendell Holmes, Jr., *The Common Law*, p. 129. ——译者

① A. T. 卡特：《英国法律制度史》，伦敦1910年英文第4版。

我们所有的人都知道，大量的研究一直是在找寻某些将被世人所知的确定的一般原则，它们不仅仅要裁决当下的特定案件，而且要用作对未来的指导。我们大多数人都曾听说过这些原 302
则被人表述、推理、补充和解释，一直到我们情不自禁地赞叹人类理解力的强度和广度。”[1]

团体内部秩序作为法学的素材

若没有法学家加工活动，若没有他们的一般化和统一化工作，就没有任何的一般法条能够从人类团体内部秩序中产生：也就是说，内部秩序本身就保存有这种法律规范，特别是，甚至保存有裁判规范。王侯家法提供了一个例证，这个例子延续至当代。多亏了冯·顿格恩①，他证明：王侯家法在素材上只是由单个王侯家族在属于其自治的问题上确立作为其内部秩序的规则构成的。这些确定的规则没有任何一个获得了法条的意义，它们不在已确立的家族之外具有拘束力。当然，几个世纪以来，从来不乏法学家创建一般王侯家法的企图，但这些法学家显然在对此事起决定作用的高级贵族的圈子内没有多少影响力，以至于无功而返。

在许多情形中，当法学家应从团体内部秩序中创造裁判规范时，生活的切身观察必然为他提供必要的素材。罗马的法学家怎么

[1] *Lickbarrow v. Mason*, per Buller J., 2 T.R. 63.（此注释引自据莫尔的英译本）——译者

① 奥托·冯·顿格恩：《论捐赠权能问题》，载《格林胡特杂志》第39期（1912）年，第227—248页。

知道，在带夫权的婚姻（Manusehe）中，妻子的整个财产转移给丈夫，而在自由的婚姻中，妻子仍保留自己的财产？他们了解这些，是因为他们熟悉罗马人家庭的组织结构。托尔（Thöl）[1]在写《商法》第2版①时如何得知，无限责任商业公司的每个合伙人有权“合法地使用商号”，“以便每个人通过这个权利约束其余的合伙人”？他知道这个，是因为他熟悉该商业组织。在原始的、非常简单而透明的关系中，对日常发生的事情所进行的不经意的智力劳作足以为一个具有现实感的法学家提供观察其周围喧嚷生活的必要视角；在我们这个时代各式各样、纷繁复杂、一定程度上有些杂乱无章的状况中，那种长期而深入的研究常常属于这样一种考察：但人们所关心的总是有关“实际是什么”的纯粹知识，而不是某种权威的规范规定（Normieren）。

作为法律关系的团体内部秩序

303 根据上面的叙述，就可以得知，法学必须将构成要件涵摄于既定的法学概念之下，这个通行的说法是一个致命的错误。人类关系的内部秩序，即源于传统家庭、法人或者合作社体制的秩序，源于隶农和封建主之间传统关系的秩序，以及源于契约、章程、遗嘱和交易习惯内容的秩序，法官判决从这种内部秩序推导出其绝大多数的裁判规范，法学将它们一般化，将它们涵摄于法学概念之下，或

[1] 海因里希·托尔（Heinrich Thöl, 1807—1884年），德国19世纪著名民法学家。——译者

① 海因里希·托尔：《商法》，2卷本，第2版，莱比锡1854/1865年版。

者借助于法学概念对它们进行推释，它们并不像日食或者水的化学组合一样属于事实的世界，其本身是法的一部分。被裁判的不是构成要件，而是法律关系。法学仅仅根据法律关系来创制法条。早在罗马的法学家们进行最初的一般化之前，家庭、法人、所有权、物权、买卖、用益租赁、使用租赁、租借都是法律关系；它们在中世纪也不是通过依据罗马法的裁判才成为法律关系的。继受罗马法之后，在罗马的预防法学尚未介入之时，它们甚至在内容上依然保留着其从前的样子：只是自那以后，它们才根据罗马法来裁决。同样，如果英国法应被引入到欧洲大陆的一个什么地方，那么家庭、法人、所有权、物权和契约也会依然保持着它们之前的那种样子；即使必须按照英国法的法条来加以裁判，它们也不会由此而变成英国的法律关系。法律关系是由社会创造的，而不是由法条创造的。

现在我们来考察自罗马法继受以来的法学工作。此处，我们首先必须把仅仅旨在尽可能忠实地阐释原始文献内容的那一部分工作放在一边。因为这些工作纯粹是传承历史上流传下来的内容，而没有继续发展法学的技艺和学说。相反，那些添附在继受物上的新东西总是基于对法律关系的生动直观而获得的内容，并且已经经历一般化。在这个方面，近代法学家与罗马法学家的做法没有区别。唯一不同的是：在这一点上，他们不像罗马人那样直接从一般化推导出裁判规范，或者独立自由地寻找裁判规范，而是把他们的劳动成果融入罗马人的概念世界之中，至少在表面上为此目的而企图利用罗马的裁判规范。但是，由于他们通常并非先入为主地来完成
这一项任务，而是遵循某种一开始就设计好的裁判规范，他们事后 304
将其概念建构和推释适应这种裁判规范，因此他们所做的事情实际

上是事后附加上得来的理由，在此基础上进行一种相当自由的法的发现。

作为事物的本性之团体内部秩序

在德意志共同法法学上，尤其是自19世纪初以来，这种直接从内部组织结构提取的规范，采用了“事物的本性”（Natur der Sache）一词。事物的本性可以从生活自身独立创造的国家团体、社会团体和经济团体的形式中推导出来。这就是罗马人的“自然之理”（naturalis ratio），它隐藏在很多罗马人的“唯有符合公平、唯有符合善良、唯有符合人道”（sed aequius est, sed melius est, sed humanior est eorum sententia）的观念之中，这也是自然法运动乃至其最后的余脉即“正确法理论”（Lehre vom richtigen Recht）[1]的推动力。德意志共同法法学通常把它自己或者立法者对生活本身创造的团体之切身观察所获取的东西总结为概念，然后从事物的本性中，“从概念中”推导出规范：后者只不过是事物的本性的另一个技术性表述而已。没有任何一位法学家能够抛弃基于事物的本性的考量，甚至在上个世纪实证主义思潮盛行的时期，也没有任何一个法学家这样去做，即便有人（比如温德沙伊德）曾在表面上拒绝

[1] “正确法理论”（Lehre vom richtigen Recht）是德国法学上的专有概念，有多种译法。日本和台湾地区把此概念译为“正法理论”。美国的胡斯克（Husik）把德国法学家施塔姆勒的一本同名著作译作“The Theory of Justice”（正义理论）。莫尔的英译本则把此概念译成“The Theory of the true or just Law”（真正法或正当法理论），See Eugen Ehrlich, *Fundamental Principles of the Sociology of Law*, transl. by Walter L. Moll, Harvard University Press 1936, p.357。——译者

过它们。它们曾得到以下法学家的明确认可：萨维尼、普赫塔、瓦希特尔（Wächter）[1]、翁格尔、戈尔德施密特（Goldschmidt）[2]、巴尔，这里仅列出一些最伟大的名字。阿迪克斯（Adickes）[3]曾把自己的第一本著作题词献给这些人。

“从事物的本性中”或“从概念中推导出”的规范是支配生活中的法律关系的行为规则；它们是生活的产物，而不是立法者或者其他什么受命制定规范的权力机构的产物；它们或许可以在科学上加以认识和确定，但不能被规制或规定。职是之故，这些规范无论怎样被制定，哪怕是被表述为制定法，它们的科学内容依然要经受检验。人们可能总是发问：制定法对于永佃（Erbleihe）或用益租赁契约所提出的定义，以及纯粹从概念推导出的规范，是否符合日常生活中对这些法律关系发生效力的东西。故此，我们有理由质疑这样的观点：定义属于制定法，还应加上由定义推导出的“源于事物的本性”的规范；因为，假如定义和这样的规范是正确的话，那么它们在制定法上就是多余的，即使没有制定法，它们也会存在；假如它们是错误的话，那么它们就成为经常被人们所称的“无拘束力
的法律内容”，且必定造成恶果，因为人们不会轻易忽视哪怕是无 305
拘束力的法律内容。当然，罗马人的名言“法律上的所有定义都是

[1] 瓦希特尔（Karl Georg v.Wächter, 1797—1880 年）德国 19 世纪著名法学家。著有《罗马—德意志刑法教科书》（2 卷本，1825—1826 年）和《符腾堡王国现行私法手册》（2 卷本，1839—1851 年）等。——译者

[2] 戈尔德施密特（James Goldschmidt, 1874—1940 年），德国刑事诉讼法学家。——译者

[3] 阿迪克斯（Franz Adickes,1846—1915 年），德国 19 世纪法学家，曾著有《论法源学说》（1872 年）。德国自由法运动的先驱者之一。——译者

冒险的”看起来很有些过了头，因为市民法并非意味着制定法，而是法学，不过这也说明了一点：在罗马，法学可以用具有拘束力的方式确定法学家法。但罗马人的这个名言仅仅包含这样的忠告：对法学家而言，从社会团体秩序推导出一个单个的规范，要比把构成活生生的团体之架构的所有规范概括为一个定义要容易得多。

制定法的构成要件

但不言而喻，所有这些所指的只是由现实生活本身创造的制度之法律定义。人们也常常把构成要件称作概念定义，根据制定法的规定，应对构成要件适用制定法上的裁判规范或任何其他的法律命令。当然，构成要件中所采纳的名称指向应当防止受到干扰的生活关系；生活关系的存在以及它的特性均不依赖于法条，因为身体伤害就像非婚生子女的父亲身份一样都不是立法者的创造物。但法条的内容本身却决定生活关系在何种前提条件下应当得到法律保护，以及何时应当产生规定的法律后果：比如，何种身体伤害应受刑罚处罚，具有非婚生子女之父亲身份的人何时承担抚养之责。因此，法条的创制者在规定构成要件的过程中即使不是完全自由的，但也比定义社会制度更自由。构成要件是制定法内容的一部分，既不能称为是多余的，也不能称为是错误的。对立法者意图或立法者目的而言，它的规定可能表述得过窄或者过宽，法学在对此进行判断时可能会忽略其字面意义，但这样做是在解释或补充制定法，而不是修改制定法。公民的宪法权利和义务以及所有权人的权利能力均独立于国家和所有权的法定定义；凡不属盗窃之构成要件范围

的，不得作为盗窃罪来惩罚，凡撤消行为法（废约法）不认为是可撤销的，任何法律行为不得以撤销转让行为之诉来撤消。国家和所有权是一个组织形式问题，而盗窃和撤销转让行为之诉是裁判规范上的构成要件问题：这个差异在此处明显地表现出来了。

规范发现作为实用技艺学，而非科学

因此，除了极少数的例外，法学均根据对法律生活事实的感知 306
及对这种感知结果的一般化来创制法条。它的做法与纯科学的方式之间有一种明显的相似性，纯科学通常同样以观察和观察结果的一般化作为出发点。故此，这种相似性就很容易解释这样一个事实：法学常常不被视为一门（实用）技艺学，而被视为纯粹的科学；对法学而言，简直需要一种"自然科学的方法"。尽管自然科学的方法与法学的方法看起来很接近，但一如伦普夫（Rumpf）[①]令人信服地证明，它们确实又有很大的差别。因为前者服务于知识，后者服务于规范的发现。法学家的观察和一般化活动不会毫无偏见地以科学精神来进行，而是一开始就受制于对规范起决定作用的力量对比关系、目的性考量和正义思潮；职是之故，法学上的观察和一般化从一开始就指向与在纯科学的活动中情形不同的对象，也获得不同的结果。根据纯科学的做法，罗马的法学家们的确从来不会将自耕农的家庭秩序当作罗马家庭的唯一秩序，英国的法官也从不会将骑士继承权加以一般化而适用于所有的阶层，《德国民法典》的

① 马克斯·伦普夫：《法律与法官》，柏林 1906 年版，第 100 页及以下。

编纂者不可能把财产管理共同体上升为一般的夫妻共有财产制度。只有当他们的意图根本不是指向纯科学上的“事情实际如此”（so ist es），而是指向实践上的“事情应当如此”（so soll es sein）时，所有这一切才是可以理解的。

例证：人格权保护

目前仍在发展中的人格权法学（Die Jurisprudenz der Persönlichkeitsrechte）为此提供了一个有益的例证。它的出发点是两个制定法的规定：一个是《奥地利民法典》承认任何人有“通过理性阐明的先天权利”；另一个是《瑞士民法典》有关在无理侵害人身关系中对“排除妨害”之诉的规定。当今欧洲大陆法学的尴尬局面突

430 307 出地表现在，它需要这样的拐棍来发展人格权：当时，罗马的法学家们似乎难以根据这种方式发现善意契约（bonae fidei contractus）。在法国，人格权在很大程度上也不是通过制定法的手段来保护的。由于司法（除了法国）的作用并不突出，所以，这种法学主要是著作者的法学。在此方面，瑞士的施佩克尔（Specker）[①]和奥地利的莫契卡[②]举足轻重。那么，观察这些著作者如何发展了详细的人格权，是非常有益的。在这个方面，制定法没有提供什么帮助，因为像上面提及的《奥地利民法典》和《瑞士民法典》那样完全没有内容的

① 卡尔·施佩克尔：《特别考量瑞士私法上的名誉权之人格权》，阿劳 1911 年版。

② 约瑟夫·莫契卡：《论人格权学说》，载《格林胡特杂志》第 39 期（1912 年），第 1—42 页。

法律条文，恰好将法的发展停留在它们存在的地方。施佩克尔和莫契卡所谈的人格权的内容完全独立于制定法；于是，只要德国人想下决心承认著作者的法学的创造力，那么这个人格权的内容无需多费吹灰之力便可以在《德国民法典》的范围内加以适用，尽管《德国民法典》除了姓名权之外没有提到人格权。

当然，施佩克尔和莫契卡把许多本属修订过的版权或发展了的占有权或相邻权的内容（禁止出版私人信件、私宅照片，防止噪音或不良气味）放进了人格权之中。假如把这些东西排除在外的话，那么剩下作为人格权的就是对个人利益的社会保护和司法保护，这些个人利益来源于个人在其社会团体（在家庭、在家族以及社交生活中）或者整个社会中的地位。用荣格[1]的话说，这一点上关键是“在大家相互的共同生活中需要一定程度的体谅这个事实”。体谅的程度总是由团体中的习惯为个人确定的地位所决定。因此，对人格权进行保护的规范也以习惯为基础。在一个团体中，假如一个人的地位被团体习惯降低到一文不值的地步，就像罗马家族中的奴隶或者家子的地位，那么他就没有生命权（Recht auf Leben）。即使在我们当代的文明国家里，妇女和儿童的人身不受伤害权和自由权到底达到了什么程度呢？但假如我们承认今天每个人一般地拥有生命权、人身不受伤害权和自由权，那么这仅仅表明一点：人人具有同等价值的思想在某种程度上已通行于社会的习惯之中。在同样 308
的意义上，当今每个人也都理应拥有名誉权，而从前它只授予给特权阶层的成员。现已被认可的其他的人格权，诸如自我肖像权、隐

① 厄利希·荣格：《自然法的难题》，莱比锡 1912 年版。

私权、爱惜自己的情感生活与享受生活的权利，由于我们这个时代不断提高的内心生活而扩大了保护，社会团体从前已经给予其成员从身体的保护拓展至其精神情感的保护：也就是说，它没有什么原则上的创新。姓名权、印章权、纹章权仅仅适用于它们所显示的地位之利益，这一点是不言自明的。顺便说一句，保护人格利益的社会规范迄今只在非常有限的程度上属于法的一部分，其主要属于伦理、习俗、礼仪和社交：它们正在通过一个极其渐进的过程转变为法律规范。

目前，对人格利益的司法保护主要是由刑法提供的，因此，仅仅防止最严重的侵犯。承认人格权的运动正在努力对这些利益进行更加有效的私法保护。如果它追求纯科学的目的，那么它必然限定于观察家族、家庭、交易和社交生活中的习惯，从中推断出：在那里到底什么东西是作为人格利益存在着的，以及它们在什么程度上受到社会规范的保护。但作为实用技艺学的法学对自己的主题采取了完全不同的态度。对它而言，重要的是创制清晰表述的法条，这些法条应当决定：应在什么前提下、借助什么法律救济手段、通过什么样的强制执行来保护在社会中由习惯产生的人格权。但在进行这样一种研究之前，必须观察下列问题并加以一般化，即：在社会中，什么东西针对这些利益存在，它们到底有什么样的重要性。但这个观察和一般化过程不仅会随着实践上的重要性的消失而中断，而且最终导致一个最不科学的程序，即利益衡量作为规范发现的基础。

规范作者的个人名望
作为法学之规范创制力的来源

如果法学能够基于现有的科学知识储备，而不是达到其自身的目的来进行观察和一般化，就像今天在医学和技术性技艺学（technische Kunstlehre）中所做的那样，那么这个主意的确对它要 309
好得多。但由于我们暂时还没有一门法社会学可以用这种方式来为法学做前期准备工作，法学家必须依靠自己的经验来认识他所需要的生活关系，以便能够由此创制裁判规范。除此以外，制定法和社会科学的各个分支也将用作知识的来源。但无论他从其他地方获得的知识有多少，面对无以穷尽、无以尽览之多样性的喧嚷的生活世界，这对他可能还是不够的，除非他每时每刻都必须基于丰富的自我亲眼所见和自我亲身经历对它进行补充。自然，不能由此得出结论，一个年轻人在他的考试中证明他能够掌握最重要的制定法和某些教科书的内容，就适合做法官了。法官所能作出的最好的裁决必定来自他的内在品质；制定法条文和教科书就像是一幅不完美的草图，只有在丰富的生活中亲身经历和亲眼所见的东西才能够给这个草图着以形态和色彩。

当然，法学家法的法律拘束力对我们来说有点捉摸不透。法律规范总是一种命令，我们要问，为什么法学家的阐述能够包含命令？这个问题只能在这里略微提及，不能加以解决。首先，必须指出一点：事实并非孤立地存在着的。伦理学家表述伦理规范；同样，礼仪规范、荣誉规范、礼节规范、时尚规范和游戏规范都必定有其

制作者。一旦人们遇到疑问，他会立即查阅书本：比如，礼仪讲义、“荣誉法典”、礼节教程、时尚杂志、游戏规则大全。里面所讲的内容，都可能被视为规范，具有拘束力：这有时没有什么理由，只不过是并非总有根据的假定，即写这书的人似乎不知怎么地有资格确定这些规则。

一般而言，法学家法的效力具有同样的心理学基础。当然，法学家首先必须对既有的规范进行讲述：但假如被讲述的内容不应成为规范，那么人们该如何被教导说，什么东西可被视为规范呢？人们除了向讲授规范的人求教什么样的规范有效，还应向谁求教呢？规范学说（Normenlehre）和学说规范（Lehrnormen）之间的分界线显然如此细微，以至于这种分界线必定实际上在生活中被人忽略；这样，法学的巨大二律背反就产生了：它不断地将学说转化为规范，但又从共同合作者和参与者的眼皮底下掩盖了这个转化过程本身。

但是，就法律规范而言，仅有随便什么人来讲授，还是不够的，这一点与在礼仪规范、礼节规范、时尚规范或游戏规范中经常存在
310 的情形不同。法律规范必须得到实行，必须在斗争中获胜。社会自动接纳适者而排斥不适者，这是经常无意识地在社会中发生的事情。几乎没有人比波伊提乌的权威著作对此有更好的表述了。在他看来，法学家法（市民法）是民事法官之可靠判决的证明（probatae civium iudiciis creditaeque sentenciae）[①]。有时，规范的这种为生存而斗争，就像罗马人的当庭辩论和共同法著作者的引证一样，也具

① 欧根·埃利希：《论法源理论》第一卷：市民法、公法、私法，柏林 1902 年版（殁后，阿伦 1970 年版）。

有一种有序的程序。在这个斗争中，规范作者的个人名望通常具有决定性的意义。大多数规范基于其表述或拥护之人的重要性而获得它们的生命力。然而，只有极少数情况下，著名人物之精神的伟大，像罗马共和国时期的资深法学家，中世纪德国和法国的法书编著者，或许还有伊斯兰的法学家们那样，具有决定性的意义：几乎在任何地方，它都必须附加一种高级的外在（官方）地位。帝制时期的罗马法学家凭借法律解答成为法的创制者（iuris conditores）；斯堪的纳维亚的法律宣谕者甚至是负责公共事务的官员；自注释法学派时期以来，大学教职在共同法法学家中至关重要。到了19世纪，在德国法的创制中有过重要影响的法学家，除了少数的例外（巴尔、利伯、埃纳特，或许还有冯·萨尔皮乌斯），都是大学教师。在英国和美国，高级的法官地位是必要的：但即使在这些国家，法官也不凭借其职位而成为“可替代的”（fungible）人物。尽管法官法本身是有拘束力的，但谁来阐释在法庭上引证的法条绝非是无关紧要的事情。尽管法官判决被律师大量地引用，但只有凤毛麟角的几例判决具有恒久的价值。那些续造法律的伟大法学家总是属于人类最伟大的人物之列：在若干世纪之后，他们的名字还在被人们提及，他们的著作还在被人们阅读。

第十六章　国法

国法依赖于国家官员的执行

311 与来自社会的法律规范不同，国家创制的法律规范很少通过纯粹的社会强制来实施。为此，国家需要它自己独特的权力手段，即国家机关。也就是说，这里的关键首先在于：国家是否根本上拥有合适机关来执行其规范。因此，不论什么地方，如人们通常所认为的那样，是否存在国法，不仅是一个国家体制（宪法）问题，而且也是一个国家管理（行政）问题。只有了解负责把国家的制定法投入运行的机构，才会理解制定法所指的含义是什么。一切都取决于这些机构人员的教养、诚实、技巧，取决于他们的勤勉。职是之故，在不同的社会中，同样的法条会有很不相同的含义。19 世纪，英国、法国、比利时的宪法和诉讼法的大部分内容移植到外国的土地上之后，人们开始相信，它们的效果与其在本国的效果总是截然不同的。移植最成功的还是在商法领域，因为在整个欧洲，商业得到本质上相同的规制，在这个领域，国家机关恰好起不了很大的作用。

我在这里举一个例子。大约 20 年前，奥地利的法学家们受邀作为嘉宾前往布鲁塞尔参加司法宫落成典礼，他们在那里惊讶地听说，约瑟夫二世皇帝（Kaiser Josef II.）已经在比利时引进口头诉讼程序。造成这个奇事的制定法是《一般法院规则》（*die Allgemeine Gerichtsordnung*），这个备受诟病的约瑟芬娜（Josephina），甚至在奥地利生效长达一个多世纪，却没有任何一个人相信它有能力创设一个口头程序。当然，《一般法院规则》规定，“在乡村地区”（即省会城市以外的所有地区），应以口头方式进行诉讼。在奥地利，“口头的”诉讼程序通常是这样的：当事人没有准备正式的答辩状，而只是写一个口头陈述记录，提交给法官。当然，偶尔也会出现这种情况：当事人实际上在开庭日（Tagfahrt[1]）将他们的陈述提交作为记录，但官司无论如何仅仅依据该记录进行，通常由一名未参与案件初审的法官来作出裁决。与此相反，当时奥属的荷兰地区却很认真地对待口头诉讼程序。它实际上通过庭审进行，有关庭审最终 312
作出一个记录，曾经在开庭日主持庭审的法官虽然也借助于该记录，但主要是根据口头审理的印象来作出裁决。故此，同样的制定法在奥地利所形成的是通过记录的、间接的诉讼程序，在荷兰形成的是口头的、直接的诉讼程序；这个区别不是体现在制定法上，而是体现民族上，尤其是体现在它们的法官和律师身上。

但哪怕最好的国家机关既不是万能的，也不是无所不在的。如果制定法只有在国家机关强迫人民遵守的情况下才得到遵守，那么其所达到的不过是官僚碾磨机发出的嘈杂的咯咯声响。治理河流

[1] 德文“Tagfahrt”是矿工用语，指“出矿”“出坑”。莫尔的英译本译作“the day in court”（开庭日），似乎也有点道理，故从其译（See Eugen Ehrlich, *Fundamental Principles of the Sociology of Law*, transl. by Walter L. Moll, Harvard University Press 1936, p.367.）。——译者

的艺术不在于为河流开挖一个至河口的新的河床，而在于机巧地引导水流，让它按照工程人员的意图自动地为自己开辟一个河床；同样，只有当至少大多数民众出于自愿遵守制定法时，制定法才会实现它们的目的。

作为裁判规范或干预规范的国法

一个国家有两条通过它的法律而发挥作用的途径。一条是经由裁判规范。国家为其法院和其他国家机关作出规定，它们应如何裁决由当事人提请它们裁决的事项。当然，大多数的裁判规范取自法学家法：只有当它们独立于法学家法而产生并且不得不用来促进国家的目的时，它们才是国法。另一种国法是干预规范（Eingriffsnormen）：它们指令国家机关进行干预，而不管它们本身是否被诉求。尽管国家的裁判规范和国家的干预规范并非总是以制定法为基础的，但这种情形仍是我们这里主要关注的。一个法条是否导致一种直接的干预，或者它作为纯粹的裁判规范发生作用，这不只取决于立法者的意图或者制定法的条文规定；而是由实际的惯例所决定的。在民事事项上，裁判规范是为主的；构成例外的情形有婚姻、监护、法人、登记（土地登记、商事登记和夫妻共有财产权登记）事项以及国家对死者遗产的检验程序（这种程序是事先规定的）；在这些事项上，至少部分地确实以直接的干预为主。最初在国家本身还没有介入的时候，刑法完全是裁判规范，官司必须由受到侵犯的一方提交给法院。直到今天，即使在应由国家机关提起
313 控诉的情况下，刑法部分地仍是纯粹的裁判规范，因为按照惯例，

国家机关仍要等待当事人的告发或者其他的启动方式。相反，在国事犯罪、谋杀、纵火以及其他被认为危及共同体或者危及国家的犯罪的情形中，国家会出动其官员，将犯罪人控诉至法院。这样一种干预和裁决的关系在行政法中也可以看到。

国家的裁判规范实效微弱

国家的裁判规范的作用一般被过分高估。一切取决于当事人的活动，国家的裁判规范的作用通常是完全失灵的。制定法经常在很广泛的范围内并不为人所知，有时它实际上不曾被人使用，而且，制定法所保护的利益当事人经常缺乏物质手段来行使他们的请求权，甚或由于实际的力量对比关系的存在而缺乏对行使请求权的必要自信或对国家机关的信任。由于这个原因，劳动者保护立法，只要它仅仅包括裁判规范，通常仍然是无实效的。我在数年前曾发起过一个民情调查，内容涉及迄今已生效一百多年的《奥地利民法典》在多大程度上实际渗透于日常生活之中。这项调查得出了很值得注意的结果。在担保法——一个看来实际上很重要的法律领域中，只有关于牲畜缺陷的规定是实际有效的，或许因为它们恰好是由日常生活进入制定法之中的。在不动产中，担保通常通过契约的方式加以排除；在动产中通行的规则，与民法典的规则没有任何干系。但即使抛开这一点，人们也根本不会相信，无实效的法究竟在多大程度上会超过有实效的法。《奥地利民法典》的条款在日常生活旁无声无息地溜过，它们对日常生活没有什么影响的条款数量占总数的三分之一，或许并非是过高的估计。其中，有个别的条

款看起来包含范围非常宽泛，这些条款可以在任何时候适用，但在最高法院的整个《格拉泽尔[1]—翁格尔判例集》(*Glaser-Ungersche Sammlung von Entscheidungen*，其收录有超过2万个判例)中却一次也没有引用过。不言而喻，某个法条有时也曾被适用，但上述情况并不会因此而改变。这还远不能证明，法条实际上渗透进了人们的日常生活，并主宰着日常生活。

国家的裁判规范无实效性之例证

314 或许我可以通过我曾在别处引用过的一个事例来说明这一点。众所周知，《奥地利民法典》的家庭法奉行严格的个人主义，或许是当今在欧洲生效的所有家庭法中最强调极端个人主义的。一般而言，妻子同丈夫、子女同父母独立相处，几乎就好像他们是彼此完全陌生的。子女可以拥有自己的财产，支配自己的财产，就像父母支配他们自己的财产一样地自由；子女的任何所得都是为了他们自身的利益，而不是为了父母的利益。子女有完全的自决权，也能够充分自由地为其自身利用他的劳动力。只有当子女尚未成年时，受父权支配；但父亲作为该权力的拥有者不外乎是一个监护人：他的职责完全在于确保子女不会因为缺乏经验、轻率鲁莽或懦弱而造成伤害。只有在这个意义上，父亲才可以决定子女的财产、劳动力和命运；即使在这一点上，父亲也将受到最高监护法庭

[1] 格拉泽尔(Julius Glaser, 1831—1885年)，奥地利19世纪刑法学家。——译者

（Obervormundschaftsgericht）的监督，该法庭也会就子女对父亲提出的控诉作出判决。

但在布科维纳（Bukowina）[1]地区，尽管它属于奥地利，且《奥地利民法典》在此地区完全像奥地利的其他地区一样有效，而对待父权却是极其认真的。罗马尼亚的农民或许是一直生存到我们当代的唯一真正的罗马人，他们依然行使古罗马法行家们感到特别亲切的**父权**。在那里，子女仍然实际上隶属于父亲，尽管不是终生的，但持续到 24 岁成年之时；尽管这种关系不像从前在罗马时那样绝对，但毕竟也涉及子女的人身、财产和劳动力，不仅他们在父亲家里生活时如此，而且他们在别人那里生活时也是如此。假如一个这样的家子在外做工，那么父亲甚或母亲每个月会准时出现在雇主那里，心安理得地把工钱领回家。同样，父母也可以自由地支配子女的财产以及这种财产的孳息。若有人问，为什么子女能够乖乖地顺从，那么得到的答复是：反抗似乎是闻所未闻的事情。

自从我在哈尔登（Harden）[2]创办的《未来》周刊（*Die Zukunft*）发表的一篇文章①中指出这一现象之后，总是不断有人对我进行回应说，凡与《奥地利民法典》相冲突的都是习俗，而非法律。这些回应总是基于下面这个陈旧的看法：这里的关键是术语问题，即我们 315

［1］ 布科维纳（Bukowina）乃东欧的一个地区。1775 年由控制摩尔多瓦的土耳其人割与奥地利，始称“布科维纳”。主要城市为切尔诺夫策（即埃利希时任教授的城市）。1947 年以后，这一地区被罗马尼亚和苏联瓜分。——译者

［2］ 哈尔登（Maximillian Felix Ernst Harden, 1861—1927 年），德国著名政治记者，政治评论性刊物《未来》周刊的创办人。——译者

① 欧根·埃利希：《社会学和法学》，载《未来》总第 54 期（1906 年），第 231—240 页（修订本重印于氏著：《制定法与活法》，柏林 1986 年版，第 48—87 页）。

将法律恰好称作什么。然而，我在此处所讨论的是不同的问题：或者说，一个事实问题，即《奥地利民法典》没有能力将与它发生冲突的习惯从日常生活中根除掉，不管它们可能是法律或者是习俗。当然，自从我十年前第一次描述这种习俗，我就注意到：自那时起，它已经开始相当明显地受到削弱；但这大概更多地在于古老的家庭秩序因现代的交往关系和现代的思维方式而瓦解（此种现象在我国的其他方面也清楚地表现出来），不在于民法典的影响，因为民法典迄今经过一百多年之后才真正发生实效。如果法学家更多地习惯于直接地观察生活，他们将会大量地发现这一类的例子。波季西奇（Bogišič）[1]在有关南斯拉夫习惯法所进行的一项著名民情调查中①，得出结论：在所有南斯拉夫之《奥地利民法典》生效区域内，人所共知的南斯拉夫家庭共同体即“查德卢加”依然存在，它完全不为民法典所熟知，而且看起来也与民法典的原则绝对不相容。顺便说一句，在波季西奇总结其调查结果的这本书的几乎每一页，都可以发现有针对各种各样的主题，尤其是继承法和家庭法主题的评论：人们知道制定法所作出的规定与他们所通行的习惯大不相同，但他们依然不遵守制定法。第聂斯查恩斯基（Dniestranski）在他的著作《习惯法与社会团体》②中向我们讲述了一种在鲁提尼人的波伊

［1］ 波季西奇（Valtazar Bogišič, 1834—1908 年），19 世纪南斯拉夫著名法学家和史学家。——译者

① 瓦尔塔查 · 波季西奇：《南斯拉夫现今法条汇编》（*Zbornik sadašnih pravnih običaja ujužnih Slovana Knjiga prva*），萨格勒布（阿格拉姆）1874 年版。

② 斯坦尼斯劳斯 · 第聂斯查恩斯基：《习惯法与社会团体》，切尔诺夫策 1905 年版。

金部落(ruthenische Volksstamme der Bojken)很流行的[1]原始商事合伙，它既不符合奥地利商法的规定，也不符合民法的规定。我本人也经常发现这类现象，希望什么时候以详细的论文对它们进行阐释。所有这些均证明：国法的实效在很大程度上受到其他社会力量的干扰。

国家干预行不通

国家的直接干预，在很大程度上要比裁判规范更有实效。这一点在劳动者保护法的历史中表现得很明显。这些劳动者保护法最初纯粹作为法院和行政机关用于裁决工资契约和身体伤害所产生 316
的争议之规范而颁布的。法国有关 12 小时工作制的立法和德国的《责任义务法》(*Haftpflichtgesetz*)[2]情形亦同。这些制定法是完全没有实效的。直到工商监督局作为国家实施劳动者保护法的机构通过直接的干预才为它们注入了活力。

不过，不言而喻，制定法直接命令国家机关以某种特定的方式来行为，并不总是足以实际引起这种行为。法国 1806 年有关星期日休息的法律就从没有实行过。德·卢兹耶(de Rousiers)曾就这一点说道："很少有警官或者乡村警察敢于对违法者作出违警记录"(Il ne se trouvait presque jamais un commissaire de police

[1] 鲁提尼人是居住在波兰加利曾东部、匈牙利东北部和俄罗斯、罗马尼亚的布科维纳的一部分乌克兰人的名称。——译者

[2] 根据德国的《责任义务法》的规定，承担责任义务意味着：造成一种特殊的危险情况者，对由这一危险情况产生的所有损失负有责任。——译者

ou un garde champêtre qui osât dresser un procès-verbal contre les coupables.)。[①]

故此，甚至国法也经常遭到落空。国家的监督和实施措施常常不等于将国家的规则转化为行为规则，或者说，这些措施由于国家机关的不情愿、软弱和无能而遭致挫败，经由官方途径提起的刑事诉讼在许多情况下要等待当事人的告发。国家的法人和社团法由于自由结社而被规避，比如在法国，一定程度上，也在奥地利，情形就是如此；合伙和协议由于（当事人）不去登记而脱离国家的监控；国家禁止的契约会得到签订并由当事人自愿履行；无效的遗嘱不按照有拘束性的死者遗产检验程序，而采取自由的遗产分配方式进行。在这些场合，其他一些社会团体反而证明比在国家中创设一个作为执行其意志的工具的大型社会团体更具有实效。然而，在应由国家机关直接干预来实施的制定法上，一旦国家的监督和实施措施失灵，制定法就会弱化为一种裁判规范，只有当整个机制被当事人推动运行时，这种裁判规范才可能偶尔显示生命的征兆。

对国法的抗拒

国法的实效与国家为此投入的力量成正比，而与国家必须克服的阻力成反比。事实上，相当大一部分社会活动都集中在立法、司
317 法和行政上；但这一现象并未消除这些之外在社会中发挥作用的力

① 保罗·德·卢兹耶：《法国及国外的工业制造者工会》，第 2 版，巴黎 1912 年法文版。

量：教堂、经济生活、艺术、科学、公共舆论、家庭团体和个人团体保持着它们与国家之间完全的独立性或者绝大部分的独立性。它们一样是纯粹的社会力量发展的聚焦点，国家的立法、司法和行政必须时刻与之角力。人们通常认为，现代国家为了打压一切阻碍它的力量，必须纯粹动用其可支配的权力手段，这是一种错觉。的确，没有人再能够像对待从前的封建国家那样，对现代国家进行一种在法律上有正当理由的抗拒；在封建国家，大的封建领主只受协议的约束。然而，国家具有绝对支配的力量，即军队、警察，以及由这些力量所支持的力量，即国家机关，只有当它们需要镇压武力暴动并且获得一蹴而就的成功时，按其本质说才是武装起来对付社会的。随着时间的推移，这些力量最终会感到厌倦、精疲力竭，而且它们本身也会遭受太多的社会影响，以至于不能处处追随国家的力量。历史表明，国家的军事组织和半军事组织尽管有其巨大的冲击力，它们在特定的时刻可以克服一切阻力，但依然不足以持续地战胜在社会团体中起作用的不断加强的自然力：这种自然力或许一开始以微弱的力量起作用，但却是倔强的、坚定的和不知疲倦的。随着充分地发展，它们迟早会通过其创造的宗教、经济、政治和伦理思潮而产生影响力，甚至可能控制国家的立法和行政官僚机器。法国人曾以独特的语言表达过国家不可能将它的法律持久地建立强权之上的思想：人们可以靠刺刀做一切事情，但不能当凳子坐在上面（On peut tout faire avec les baïonettes, excepté s'y asseoir.）。[①] 故此，即

① 这原来是西班牙的谚语（见鲁茨·马肯森：《箴言、套语与谚语》，斯图加特1981年第2版，第45页）。据说，夏尔勒·德·塔列朗（Charles de Talleyrand, 1757—1838年）在涉及法国大革命时讲过这句话。

使国法也必须持续不断地考虑社会力量。

国家权力的界限

首先，国家不能破坏它自身存在的经济前提。国家在一切方面依赖于在社会中充足地创造经济财富，以使它本身得到供养。当318 然，它可以掠夺国民经济，这样做甚至在今天达到了可怕的程度，因为几十年和几个世纪过后才会到来的（经济）崩溃不用当时的掌权者感到担忧。但它不能毁灭国民经济体系，因为它必须靠其盈余来生存。

施塔姆勒（Stammler）[①] 认为：一个形式完善的专制可以称为是仅由事先制订的唯一条款构成的法律秩序：法律服从者之间的法律关系仅仅根据统治者在个别情形下的具体决定来加以判断并予以执行。如果统治者因为其他人难以实现他的愿望而有一帮外国的雇佣军随叫随到，那么，这样一种法律秩序本身并非是不可思议的。但它能维持多久？如果因为某个“统治者的具体决定”能够随时剥夺一个人的占有并判给他人而没有人能够确保其财产占有，如果因为一个类似的决定能够随时撤销契约而没有人可以信赖契约，那么农业、商业和工业过不了几年就会陷入瓦解的状态，这样，“统治者”很快就没有人可以统治了。因此，历史告诉我们的许多专制君主都小心翼翼地提防不给后世留下非正确法教训（die Lehre vom

① 鲁道夫·施塔姆勒：《正确法理论》，柏林 1902 年版；同一作者：《法学理论》，哈勒 1911 年版。

unrichtigen Recht）的范例：他们也许在具体情形中毫无顾忌，尽可能去掠夺、抢劫和敲诈勒索，有时甚至允许他们的奴才这样去做，但一般而言，他们也让民众经营自己的事务；而且，假如他们对扭曲正义没有特别的兴趣的话，那么他们也会让法律争议按照制定法和习惯来加以裁决。应当正确理解的自身利益教会他们立刻懂得法律秩序的价值。

这就是为什么古典学派的经济学家而非现代的法学家常常断言：国家的权力受国民经济法则的限制。国家能够摧毁很多东西，能够从一个人那里夺走很多东西给另一个人，然而，它不可能在国民的经济力所允许的范围之外让某个唯一的草茎不断生长。这是一种对巨大的生存意义的认识，因为正如当今的国家很少能够做到这一点，革命也很少能够做到这一点，即便它掌握了国家的政权：它也能够从一个人那里夺走财物给另一个人，它甚至能够摧毁很多东西，但它不能在国民的经济力所允许的范围之外使某个唯一的种 319
子不断生根发芽。无论国家还是其对手对国民经济的未来所能做的，最好是呵护其当下的国民经济体系。

我们必须习惯于这种思考：某些事情仅仅通过制定法是根本不可能做到的。我们也必须习惯于下面的思考：对某个制定法的结果而言，其创制者的意图完全是无关紧要的。制定法一旦生效，它就会走自己的路：法条是否有效，是否像人所期望的那样有效，这完全取决于它是不是一个旨在达到这种结果的合适手段。最后，我们还必须习惯于这样一种思考：对某个法条的结果而言，法学家们对它所做的解释不是决定性的；对此，其他的情况或许要重要得多：比如，民族的特性、主流的伦理观、旨在执行制定法的权力手段、

争点决定程序的类型。制定法发生效力，不是凭借它的纯粹存在，而是凭借它的力量。

国法主要在于禁止和破坏

只要国家的命令纯粹是否定的：即：当命令不是强迫人去作为，而是强迫人去不作为时，当它们旨在禁止、攻击、破坏和消灭时，那么它们是最有实效的。在时间的进程中，国家以这种方式同不管怎样与之发生矛盾的宗教派别、政治思潮、社团以及其他共同体进行了数不清的斗争。这就是几乎整个国家刑法的内容，特别是实际上一定程度具有社会影响力的唯一内容。属于这个法律领域的主要有国家的警察立法，即：公共安全、公共卫生和工商业管理治安的立法。在经济生活中，国家最愿意通过禁令（关税立法）来干预。国家的禁区特权和垄断权就是纯粹的禁令：国家阻止经济力量的自由活动，同时，这样做或许甚至摧毁了无数的经济价值，但可能也不惜代价地成就或培育了某种特定的经济企业。著作权具有同样的意义。国家对除著作权人以外的所有人发布禁令，禁止他们在某个特定的方面从事活动：就其来源于国家而言，这就是该法的全部内容。这个权利的目的有别于禁区特权和垄断权，它们旨在激励或奖励发明天赋。只要家庭法和财产法不是社会的，而是国家的，那么其内容无论如何几乎完全是否定性的：比如，被禁止、解散、宣
320 告无效或可撤消的婚姻、社团、契约、遗嘱，被没收的财产，被排除在外的继承人等。

国法在命令上大多无效

国家若想迫使人们从事某种积极的行为，则须更加谨慎行事。引导和指挥广大民众无论如何是一件非常困难的事情，它以某种强大而罕见的天赋为前提：最为困难的是，人们应按照普遍抽象的规则来行为。假如人们认为某个工作是必要的、有利可图的，那么他们就会主动联合起来完成之，而且，经济和社会压力也经常促使他们这样去做：不过，此处存在的是直接作为社会之法的制度，国家机关对它们通常不是促进，而只会是干扰、阻碍和困扰。因此，通过国家机关对压倒多数抵制的人强加一种异己的意志，几乎是不可能的；从前，国家力图通过宪兵或警察强迫罢工的工人复工的许多尝试，可以证明这一点：它们大概无一例外均告失败。《尤利安和巴比·波培法》（*Lex Julia et Papia Poppaea*）[1]确保罗马的国库得到某些富足的遗产：但一个独子是否因为它而存在，则可能大有疑问。奥地利对独身者和无子女者征税为国库争取到财富，却至少没有带来人口增长的兴旺。在少数情况下，国家成功地强迫人们积极履行义务（这主要在军队管理和税收管理方面），在此基础上形成了一种经过完全专门的训练并日臻熟练的技术，它建立在数千年或至少几

[1] 这是罗马法上对两项关于婚姻问题的法律的统称：一部是《关于婚嫁的尤利法》（*Lex Julia de maritandis ordinibus*），另一部是《关于婚姻的巴比·波培法》（*Lex Papia Poppaea nuptialis*）。前者颁布于公元前 18 年，对已婚者和多子女者规定了一些优惠措施，对独身者和无子女者规定了一些限制性措施。后者颁布于公元 9 年，其鼓励罗马市民结婚并且多生子女，对独身限制其权能的某些措施。——译者

百年的经验之上。顺便说一句，面对由特殊情况造成的军纪失灵或者深思熟虑的逃税行为，国家不得不承认是无能为力的。此外，在监狱和寄宿学校有时也会遇到类似的结果，因为有关人员非常无助、易受暗示。国法产生积极效果的其他情形，大概毫无例外都是当局与民众之间的直接交往，在这种场合，民众至少在一定程度上认识到，服从国法是为了他们自身的利益。诉讼法在很大程度上就是基于这一点。近年来，国家做出的属于这个领域的最成功的尝试或许是社会保险。国家的不幸在于，它所设立的一切机构都想变成官府机构，哪怕教育机构、艺术机构、科学机构、公共福利机构，哪怕学校、博物馆、展览馆、铁路、烟草专卖和医院，都是如此：这样，它们不
321 仅失去了适应生活不断变换之需要的柔韧性，而且也失去了民众之中的追随者，而他们本来能够使这些机构成为社会进步的工具。

国家作为国民、国家和平以及财产权的创造者

那么，国法怎样成功地给社会留下印记，它在社会发展的过程中带来什么样的社会形态呢？当国家为其自身或其官员规定地位和职能时，那么这当然不是真正意义上的国法，而是一种国家之法（ein Recht des Staates）[1]。国家由此为其自身和其官员创建了它的

［1］ 埃利希在这里用“国家之法”（ein Recht des Staates），主要是指国家为其自身或其官员规定的法，以区别于适用于更广范围（也包括其他社会主体）的国法（staatliches Recht），与“社会之法”（gesellschaftliches Recht）相对称（就此，参见本书第 17 章）。——译者

内部秩序，就像任何其他社会团体(教会、公社、家庭或会社)必须为自己创建秩序一样。当国家开办私营性质的经济企业、铁路、银行或者矿山时，它也只会这样做。国家之法在这里原则上同建立在任何一个其他私营经济企业之内部秩序上的法一样。

但国家至少部分地通过其法律实际上创造了国民(Staatsvolk)。当然，国民完全不同于民族意义上的人民(Volk im nationalen Sinne)，后者完全是社会的产物。最近通过国家行动实现民族化(nationalisieren)的尝试，即不仅试图将一国之内联合的多个民族统一为国民，而且试图将它们改造成民族意义上的一个民族，这大都遭到了失败。迄今为止，能够成功地进行民族化的并不是国家，而是社会。尽管如此，国民仍是一个非常重要的实体。宪法的统一，军队的统一，国家(官方)语言的统一，行政事务建立的统一(尽管有时它只是外在的和部分的)，尤其是通过关税、税收、收费以及交通线规制而产生的经济部门的统一，立法的统一以及与此相关而存在的法学的统一和司法的统一，最后，还有大量人口不断涌向的和大量的动议从中扩散的首都，所有这些都使国民形成一个性质独特的统一体。它们无疑还对社会之法的形成具有巨大的影响。如果人们像晚近的时期反复所做的那样，试图将国民排除于法的考察之外，那么可以说，这是对这些事实的重要性的完全误解。

其次，国家创造了国家的和平。它设立用于维护自己的国家机关，即行政当局、警察局，它掌控着刑事法庭，它通过国法为刑事 322
法庭提供其活动的基础。我们这里所考察的国法规范属于警察法、诉讼法和刑法。它们一律是二阶秩序：它们既未建立社会制度，也未建立国家制度，它们仅仅为已经存在的制度包裹上国家的保护。

在国民经济领域，国家通过创设独立于经济产品生产和产品交换秩序的经济法，凭借国法对此予以决定性的干预。在每个阶段，国家主要作为一个军事团体，一开始就与国民经济存在着某种对立：它在国民经济中并不具有积极的作用——或许我们可以忽略其作为土地所有者和工业企业主之相当微不足道的贡献，它设法从其他经济之收入中得到其所需的经济产品。国家财政法的整个内容在于：国家据此规定，它依靠其权力手段能够为自己争取多少国民经济的收入。即使国家在某种私营经济契约中有义务作出某种履行行为，它也必定为此而榨取其他的经济收入，因为它除了被看作是大地产所有者和工业企业主之外，没有自己的经济收入。不言而喻，我们并不否认，国家所提供给人民的东西具有(或至少可能具有)最大的经济意义；但这不是经济行为的结果。因此，国家也只能够以下面这种方式来证明经济法的正当性：它依靠其权力手段以有别于通过纯粹的经济活动之作用的形式来分配业已存在的经济价值，或者将某种已经生产出来(或应当生产出来)的价值从某个经济中取走而转移给另一种经济。国家的所有权、旁系亲属继承之国法、国家的终身定期金和国家的私营垄断权、国家禁令在共有法、物权法、契约法以及继承法中的作用，都是基于这样一种通过国家的经济价值的分配或转移。

占有与所有

占有秩序是经济的起源，而非国家的起源，故此，它是社会的产物，而非国家的产物。相反，所有权秩序主要源于法学：它包含着裁判规范，规定谁应在有关占有的官司中获胜，国家的法院应对谁提供保护。只要这种保护直接根据占有秩序进行，只要国家不过 323
是实施由社会产生的占有秩序，那么据此行为的法条就不是国法，而是社会之法、法学家法。相反，国家通过刑法、警察、诉讼法为占有秩序提供的更大的安全保障则是国家的产物。因此，社会、法学和国家在占有法和所有权法上共同起作用：占有是社会的体制，所有是法学家法的裁判规范的总和，根据这种裁判规范，占有通过法院来加以维护，若受妨碍时则予以恢复，若丢失时则重新获得；这种更大的安全就是国法。

在罗马法及由此派生的子法中，这个关系由于所有权保护上的占有保护和狭义的占有保护之二分法而变得模糊不明。这种二分法的观念在于：只对一种具有特殊资格的占有（即所有）提供终极性保护；但除此之外，对任何其他的占有，哪怕是盗窃者和抢劫者的完全非经济的占有也给予暂时的、主要是治安性质的保护。此外，对于在经济上具有合理性根据的各种形式的占有，特别是使用租赁承租人和用益租赁承租人的占有，则不给予任何保护，因为这两种占有都被限定于契约之诉。按照当今欧洲大陆所遵循的罗马法术语，所有权并非像在英国法和斯堪的纳维亚法中那样是任何法律通过一般方式保护的占有，而仅仅是通过特殊的法律救济手段（财产所有权之诉、所有权抗辩）加以保护的占有。但除此之外，几乎任何其他的占有都享有一定程度的法律保护，善意占有甚至具有（善意占有之诉的）法律救济手段，它模仿财产所有权之诉的救济手段。因此，经济体制的私法保护在形式上多种多样，这就使人们理解它们的社会联系变得困难。

我们尚不得而知有关罗马人的二分法和三分法之历史因由。不过，耶林①曾以令人钦佩的敏锐性证明，在罗马人那里，占有只是所有权的一个外围工事，保护占有只是为了更好地保护所有权。假
324 如我们把占有理解为经济体制，将所有权理解为该经济体制据以得到维持和恢复的裁判规范，那么占有保护只是有利于所有权保护目的之学说，显然只意味着：占有保护和所有权保护均服务于经济体制，它们两者的区别仅在于法律救济手段之具体前提和后果不同而已。耶林可能也已经找到使用租赁承租人和用益租赁承租人之占有为何得不到保护的原因：即：事实上，在罗马人那里，这类占有人是非自由民。盗窃者和抢劫者之非经济性占有（哪怕是针对被盗窃者和被抢劫者的）所享有的保护，大概从来就不过是书本知识。相反，至少在后期发达的罗马法中，一切通过经济方式获取（哪怕它是通过轻微地妨碍经济秩序的方式获取）的占有均得到了终极性占有保护，即所有权保护（裁判官所有权[1]），在短期取得时效期满后，它甚至能够对抗原财产所有权受到妨碍之人。

与此不同，其他的法律制度，主要是中世纪德国的法律制度，当今英国和斯堪的纳维亚的法律制度根本不区分占有保护和所有权保护；每个经济性的占有人利用同样的法律救济手段；根据当今的德国法和法国法，这种情形也适用于动产。这或许最好地证明，罗马的二分法仅仅以法律救济手段的二分法为基础，而非基于受

---

① 鲁道夫·耶林：《占有学说论集》，耶拿 1868 年版。

[1] 裁判官所有权（bonitarisches Eigentum），也称“衡平法所有权”，指在罗马法上，财产转让方式不规范或是转让人非真正财产所有人时，由裁判官所确认的所有权。——译者

保护之合法财产的差异。不过，人们经常提出这个问题，即：像在当今奥地利的诉讼这样很简便的诉讼中，二分法是否看起来还有道理。

除了这种仅仅在经济体制之国家保护内存在的社会所有权，还有一种纯粹的国家所有权，它仅仅凭借国家意志、不依赖于经济体制而产生和存在。国家可以将对占有人所提供的保护同样地提供给没有任何占有之人和从未在经济上获取过占有之人，其手段是：它不依赖任何一种经济前提条件而委托其官僚机构，首先使以这种方式受益之人得到占有，然后使之维护占有并对抗对这种占有的侵犯；接下来，不言而喻，国家也指派法院在法律诉讼中作出有利于被其变成所有权人一方当事人的判决。最重要的例子是大地产占有和土地解负。

农民的土地所有权是纯经济性的，不依赖于国家、在国家之外产生的，在很大程度上，甚至是先于国家的；相反，大地产占有的起源可以归于国家，囤积购买农民土地的极少数情形除外，这种情形在远古时期几乎没有出现过。大地产占有与农民的经济性所有权相比，是统治阶级的一种政治性的、借助国家权力手段形成的所
有权。因此，它最终只是政治统治者地位的法律表达。当罗马人 325
（populus Romanus）[1]声称拥有行省土地的所有权时，当英国的国王宣称自己为整个英国土地的所有者时，其意思是说：他们凭借征服者的权利企图任意地支配这些土地。无领主则无土地（nulle terre

［1］“Populus Romanus”，即罗马人。公元前367年以后，可以广义泛指居住在罗马的所有居民。而在公元前367年（特别是公元前510年）以前，它狭义仅指罗马特权公民帕特里丘斯，即贵族。——译者

sans seigneur[1]),这个原则仅仅反映如下事实:国家的掌权者,即国王和贵族此时已经成功地制服了农民土地占有者的反抗。同样,当国王将无主的土地或者有人定居的土地分封给他的大公(贵族)时,这经常也不过是国家权力的行使结果而已。当中世纪的伯爵、王侯把森林、河流和矿山的权利据为己有时,当他们强迫其属民接受其土地所有权作为封地(采邑)时,也是如此。若没有占国家统治地位的阶级所享有的国家权力的帮助,也许圈地运动(Bauernlegen[2])从来就不会在很大范围内取得成功。有时候,若想把某人当作土地所有权人,那么通过国家权力之纯粹形式的宣告就足以使他成为所有权人。这种情形中最著名的一个例子就是苏格兰高地之大地产占有的产生。当英格兰人在卡洛登战役(Schlacht bei Culloden)[3]之后强行破坏盖尔人(Gäle)[4]的氏族体制时,他们做到这一点,通过简单地宣称氏族酋长为整个氏族领地之所有人,而在此之前,这些领土一直是氏族共有的。在孟加拉,大地产占有始于英国人的一个错误,他们在18世纪把(孟加拉的)土地税误认为一种地租,从而把有义务纳土地税的农民看作是印度大君(Maharadschah)的佃户。

从其性质上说,毫无疑问,大地产占有通过国家的影响而产生。通过创设大地产占有,国家仅仅担当了作为强大的军事贵族联盟的

[1] "nulle terre sans seigneur"也译"凡土地皆有领主",这是采邑法上的一句格言。——译者

[2] "Bauernlegen"特指16—17世纪英国和德国东部大封建主对农民土地的侵占活动。——译者

[3] 卡洛登战役(Schlacht bei Culloden),又称"德洛莫锡战役",发生于1746年4月6日。卡洛登是苏格兰因弗内斯郡的一块高沼泽地。这次战争进行了40分钟,苏格兰军因众寡悬殊而遭惨败。——译者

[4] 盖尔人是居住在苏格兰和爱尔兰的少数民族。——译者

角色。单个贵族被国家保障或分封大宗的土地，在他们联合成为国家的伙伴中得到一种对其攫取志向（Aneigungsbestrebungen）的支持，在他看来，这种支持有时可能是非常有用的。但攫取本身是他个人的行为。若没有自己的权力手段，仅仅依靠手里所持的国家封地文书，没有人能够尝试进行占有，并维护占有。当某人在其他场合为其所意图实现的目标确保获得与其结成亲近团体的那些人之帮助时，其情形也是一样的。

国家的大地产占有本身没有任何经济的内容。国家不能够凭借其权力宣告而给经济注入生命。那么，国家的土地分封到底有何意义呢？的确，国家帮助得到对受封土地占有之承诺，仅仅相当于国家对他人侵犯受封土地占有之防卫和国家对土地收取地租的支持。对通常还衰弱年轻的国家而言，这可能不算什么，但对于强大 326
的贵族而言，这却足以使他此时通过自身的力量将先前的土地所有人转变成佃户或者隶农，以便获取其经济的一部分收成，或者从技术性的国民经济的角度确保获取地租。封与未开垦的土地，仅仅相当于对受封者能够通过自身的经济劳作或其他的经济活动（比如通过定居）所获取的收益的一种许可。

土地解负恰好是土地分封的对立面：它废除了通过贵族和国家自身的权力手段创设的地租权。在古代，曾实行过大量的土地解负，比如，大约 4 世纪，在罗马人中，在城里，至少在罗马的近郊，就有过土地解负，尽管未得到明确证实。1660 年（查理二世在位第 12 年），在英国曾发生过一次不彻底的土地解负；在法国，经过许多次早期的尝试之后，最终于 1789 年发生土地解负；在欧洲其他地区，19 世纪的进程中也出现过不少这种土地解负。

当国家着手解放农民和土地解负时，其状况与在土地分封中的情形大不相同。在我们更熟悉的近代土地解负中，与国家发生直接关系的强大的城市市民阶层是其推动力；国家不再仅仅是拥有地产的贵族之组织。城市市民对解放农民有非常强烈的兴趣，因为这样将会把农民拖入一般的商业交往，拖入金融和信用的经济体系之中，而且通过这种方式，贵族在国家中的优势地位也会受到牵制。此时，国王不依赖于贵族，因为他已经创设了一支常备军，故此不再局限于贵族的军事服役：他开始凭借仅仅依附于他的官员来管理国家本身。国王从自己的政权利益出发，希望从经济上振兴国家；由城市市民阶层创造的新的国民经济学说为此指出了道路：通过将经济力量从封建的桎梏中解放出来以振兴商业和工业。新发展起来的农业科学告诉人们，农业的进步与封建的土地体制是不相容的。贵族本身也逐渐失去对农民之隶属状态的兴趣，因为他开始相信不自由的劳动回报收效甚微，而乐意在业已改变的经济关系中将土地负担改为金钱支付。这样，国家对农民的解放看起来只不过是一般的经济状况所要求的事情。因此，无论是国家创设的大地产占
327 有人的所有权，还是土地解负本身最终都是由社会力作用的结果。除了土地解负外，小地产占有只有很少几例通过国家的活动产生：比如，在法国大革命期间国家变卖充公的财产，以及在有些地方由国家推行的移民定居。

旁系亲属继承之国法

旁系亲属继承权很可能是通过裁判规范创设的，国家很早将这

些裁判规范接受为国家之法并加以发展。由于法律史研究一直忽略继承法与国家军事体制之间的联系，人们很少基于这个因由来对整个发展过程加以了解。在原始时代，单独生活、不属于任何氏族或家族的死者之遗产成为无主物，因此谁夺取它就归谁；在这种情形下，只单独生活的人是少见的，而且由于经济体制的简单性，与无主性相关联的经济价值的破坏并不意味着巨大的损失，那么这件事本身其实无关紧要。然而，一旦情况发生改变，那么对于无嗣继承的死者财产则必须由国家予以考虑。在古代国家，公民同时也是武士，在公民出现无嗣继承死亡之后，他的旁系亲属被要求来继承遗产，以使武士的数量不会减少。在封建国家，由于人的死亡而空置的封地必须交给某人，因为不这样的话，领主的徭役就没有人承担了。如果除此之外在封建国家还有一种男性亲属优先的旁系亲属继承权的话，那么，首先，这是一个来自自由民承担普遍的兵役义务之时代的残余，其次，它必定想重新对抗国王的意志。对于封地该给哪些旁系亲属，其固定原则经过十分缓慢的过程才得以确立。至少在德国、法国、英国和意大利，这个发展过程的大致轮廓已为人所知。

相应地，在斯拉夫人 14 世纪的进程中，曾到处出现过旁系亲属继承权，就像罗马人和日耳曼人或许在史前时期所出现的旁系亲属继承权一样：只是它主要是以牺牲王侯和贵族地主业已形成的遗产归公权发展而来的。从《杜尚沙皇律书》可以非常清楚地看出这种转变。该律书第 41 条规定："若一个贵族地产占有人没有子女或虽曾有子女但已死亡，则其遗留的财产应被视为无人继承的财产，除非有人被发现系其亲属，直至其兄弟的第三个子女；该子女应继

承其遗产。”我们在这里应仅仅指出，这个规定在其文字表述上显
328 示出是一个创新。对此，该律书第 48 条规定：“若一个贵族地产占有人死亡，则其最好的马匹及其甲胄应归于沙皇，其缀有珍珠的节日盛装和金色腰带应归于其子，沙皇不得从他那里拿走；若其无子，物品应由其女拥有，她可以对此予以处置。”

国家的终身定期金、私营垄断权及自由活动的限制

国家支付其债权人的款项、国家官员的薪金以及官员和其家属的养老金均为国家的终身定期金（Rente）。在较早的世纪，对其他受国家优待者所作的支付也起着重要的作用。从国家国库中支付
460 的款项是对私人的一部分国民经济收益的拨款，而这部分收益是国家业已主张归自己所有的。在自然经济阶段，国家通常指派被授权人直接在负有义务之人那里收取终身定期金。

从前，国家的私营垄断权主要是禁止权，如今它们主要是版权；某些受国家优待的职业之收入一定程度上也属于此种权利。国家完全一般地禁止某个行业开业，受优待者不在禁止之列。通过这种方式，受优待者最初仅仅被允许从事本身不需要国家参与的经济活动；但由于国家的禁止，就使他有可能以高出其经济价值所应有的价格出售自己的经济产品或者服务。这种盈余就是受优待者从其他经济中所获得的垄断利润。因此，国家垄断既是国家的产物，也是社会的产物。经营行为、创造发明本身不依赖于国家而存在。只有二阶秩序规范，即刑法、警察法和诉讼法等，才来自国家，通过

这些规范，国家借助其法院和其他国家机关来排除竞争。

最后，国家通过其法院和其他国家机关对自由活动进行限制。它禁止某些共同体形成，或者解散这些共同体，特别是也包括某些家庭关系（无效婚姻，可受惩罚的婚姻）；它剥夺和限制所有权；它禁止、惩罚和废除契约；它通过法院和其他国家机关拒绝承认当事人的遗嘱处分，必要时甚至通过自己的行为亲自废除之；至少在过去，它不仅通过拒绝法律保护来维护既存的隶农制，而且还通过其提供或者拒绝法律保护的程度来影响隶农制的内容，最终它还凭借自己制定的措施将这种隶农制彻底废除。恰好在这一点上，国家主 329
要动用裁判规范，并且在本质上与法学的做法是一样的。

国家在各个法律形成中的份量有限

对于国法迄今为止的历史发展进程中的法律形成之影响，如果我们做一个总结，那么我们可以说：国家在国家法（Staatsrecht）和官府法（Behördenrecht）中为其自身和国家机关创设了自己的法。国家将位于其领域之内的各种各样的人类群体熔合为统一的国民，通过这种方式，在许多方面开辟了一个统一的法律发展道路。它通过其法院和其他国家机关，借助其二阶秩序规范，即刑法、警察法、诉讼法，为国家制度和社会制度提供一种更大的安全保障。它确立了国家的所有权，使旁系亲属继承权成为可能。它建立了终身定期金和垄断权。它通过其禁令和限制，有力地影响了社会制度、共同体事务、支配关系、所有权、占有、契约和遗产继承顺序。

随后，社会继续在国家创造的基础上发展。共同体、支配关系与占有关系、契约、社团章程、遗嘱宣告，至少部分地按照国家机关的指令，按照它们在法院和其他国家机关所能找到的保护种类和程度，或者做出特殊的安排，进行有序的规制，以避免后者对它们所设置的障碍和陷阱。这样，归根结底，法律状态是国家和社会相互合作、相互作用与反作用的结果。通过这种方式，国法也能够导致法学家法。

一旦国法实际地渗透于日常生活，对日常生活产生型塑的影响，那么，法学家就不再拘泥于制定法的条文规定，而更关注在其影响下所形成的生活方式；他们在这个过程中所得到的一般化以及他们所发现的规范，当然就是法学家法。这在罗马就是《法尔奇第亚法》（*Lex Falcidia*）和《维勒雅元老院决议》（*Sc. Vellejanum*[1]）发生的情形，而且之后一次又一次地出现过。英国的商业交易一直受英国的《反欺诈法》（*The Statute of Frauds*）管制，以至于尽管它长期以来已经过时，但英国人仍不愿改变它，而是部分地几乎一字不差地搬进 1893 年的《货物买卖法》（*The Sale of Goods Act*）当中。由于德国的遗嘱制度来源于罗马的遗嘱制度，故此，《法尔奇第亚法》连
330 同遗嘱制度一起被德国法继受，而且在同样的程度上像遗嘱制度一样成为德国的一种活法（Lebendes Recht）。禁止高利贷的教会法具有相同的意义，这一点已经众所周知，而且倍受称道。禁止高利贷的教会法具有国法的全部特征。因为发布该法的教会是带有国家性质的实体，故此，它在这种场合，像国家在其他情形中一样，是

[1] “*Sc. Vellejanum*” 是拉丁文 “*senatusconsultum Vellejanum*” 的简写，系罗马于公元 56 年发布的一项元老院决议。——译者

一个旨在形成法律的社会机关。通过它自己的法院以及对国家的法院的影响，教会也具有像国家一样的手段来实施自己的法律。

因此，我们不得不说国家在法律形成中的份量毕竟相当有限。然而，我们全都受国家万能观念的迷惑，这种观念无疑在我们这里引起一系列社会思潮，尽管它们受历史条件的限制，同时，或许在某个难以预先确定的未来注定要消亡，但在当代却依然主宰着整个文明的人类思想。其中主要是下面这些思想：国家的立法构成现代社会最高的权力，对它的违抗无论如何会受到谴责；在国家领域内，不可能存在与制定法相冲突的任何法律；在执行公务中无视制定法的法官，承担严重违反职责的罪责。社会学法学像任何科学一样，必须纯粹地记录事实，而不是评价事实，因此，它不可能如人们所认为的那样，在当今人类所处的发展阶段引出诱导法官违背其法官誓言的学说。即使它不得不说，法官在执行公务中经常无意识地（不过偶尔也有意地）将其他权力作为纯粹的法律权力加以支配，但在这样做的时候，社会学法学又只是在尽其本分地记录事实，而非对它们进行评价。

但是，基本的社会制度，各种各样的法律团体，尤其是婚姻、家庭、氏族、公社、行会，支配与占有关系，继承和法律行为，已经全部或者绝大部分不依赖国家而形成。自古以来，法律发展的重心不在于国家活动，而在于社会本身，这个重心在当代也必须到社会里去追寻。这样说不仅适用于法律制度，而且适用于裁判规范。大量的裁判规范总是要么仅仅通过科学和司法从社会制度中提取的，要么是从它们那里自由发现的；甚至国家的立法通常也只能依靠社会制度、模仿科学的方法和司法的方法来寻找。

第十七章　法在国家与社会中的变迁

331 现在我们可以开始来讨论一些很受欢迎的法的形而上学问题：当今，法是否只是通过制定法来发展，还是也通过“习惯法”来发展；在当代，是否还存在“习惯法”；制定法能否取消“习惯法”。假如我们把法的产生和发展按照它们应然所是的方式来加以理解，即理解为社会制度的产生和发展，那么所有这些问题自动就成为多余。当然，毋庸置疑，国家在这个领域和其他领域，均可以通过直接的干预、通过其国家机关的裁决来引起和阻碍某些事情的发生。然而，同样不可否认的是，国家既不能够推动整个社会的发展进程，也不能够使之停滞不前；不管国家如何处理它，至少在一个不断进步的社会里，随时都有新的制度产生，既有的制度也在发展。

立法之外的法律变化

纵观法律史，我们发现，即使在国家已然掌控立法的时期，法律也总是在发生巨大的变化，而这些变化并不是由立法引起的。在中世纪的进程中，奴隶制从整个欧洲消失；从 14 世纪起[1]，英国的

[1] 莫尔的英译本在这里标注的时间是“从 16 世纪初开始”（from the beginning

农民变得愈来愈自由，而德国的农民受到的桎梏却日益牢固；自 18 世纪起，大工业催生了无数新的契约形式、物权、相邻权和继承方式，甚至渗透到家庭法之中。在我们当代发展得非常优美的独立住宅城市中，则产生了独立住宅建筑的地役权。电力工业创造了新型的物权，其中包括输电权，也创造了新型的强制性契约，其中包括供电契约。这些无疑都是法律的变化，在某种程度上，这些变化甚至是历史本身很大声地叙说，但却无人能够听得见。然而，回忆起我们年轻时代的某些图景，或许足以能够回答“当今是否还会产生新习惯法”这个备受争议的问题。今天的家庭已不是我们年轻时 332
代所经历的家庭；今天的婚姻也不是我们作为小伙子时所热衷的婚姻；商业的交往都发生了改变；与从前完全不同的买卖契约、使用租赁契约、用益租赁契约、劳务契约和工资契约此时都正在签订之中；当今，主仆关系、企业主与工人的关系、生产者与顾客的关系都与以往大不相同；股份公司、运输企业、合作社、银行、证券交易所和期货交易自不必再说了；几十年前，托拉斯、卡特尔、产业工会、集体罢工和劳资协议又在哪里呢？确实，没有任何一个时代像我们今天这样生活节奏如此快速，父子间在思想、情感以及作为和不作为上的距离也从来没有像今天这样如此惊人地疏远。这些的确都是新的生活方式，一定程度上是整个从根本上改变了的社会生活和经济生活方式，即一种新的法律。

---

of the sixteenth century）（See Eugen Ehrlich, *Fundamental Principles of the Sociology of Law*, transl. by Walter L. Moll, Harvard University Press 1936, p.391.），与埃利希原著不同，原文是：“seit dem XIV. Jahrhundert”。——译者

通过人类需求变化的法律变化

显然，国家根本没有参与所有这些变化。法律因为人与物的变化而变化。重温一下斯宾塞（Spencer）曾用过的一幅图景：人们可以将炮弹堆积而成一个金字塔或者四面体，但不可能将炮弹笔直地堆立起来，它们一个在另一个上面，形成一堵墙；人们以烧制精良、质地坚硬而边角齐整的砖块，即使不用砂浆也可以建造一面笔直的墙，但不可能将这些砖块码成像炮弹那样垒成的金字塔。在这个意义上，一个组合体的特性总是取决于其组成个体的特性，一个人的联合体的特性总是取决于其成员的特性。没有任何两个婚姻和两个家庭受相同的秩序支配，道理很简单，因为在整个世界上，没有任何两对完全相同的配偶，也从来没有两对完全相似的父母和子女。罗马人的家庭法或法兰克时期的德意志家庭法是罗马人和法兰克人家庭的一般秩序，这种秩序不是由罗马人和法兰克人的法律创制的，而是直接来自于在这种家庭中生活的人之特性和需要。如果一个法学家的眼睛擦得雪亮，像法律史家观察过去几百年和几千年的历史那样去观察他自己的时代，他就不可能忽视，即使我们现代的家庭法也首先是一种产生于生活在家庭中的人之需要的秩序，
333 而不是由法典的规定形成的秩序；它随着人的这种需要的变化而变化和发展。上面有关家庭的说法，不言而喻也适用于其他任何联合体，适用于国家和公社，适用于车间和工厂里的劳动协作小组，适用于国民经济和世界经济：整体的形态到处都依赖于形成整体之构成部分的性质。不过，既然人随着时间的变化而变化，那么其法律

也随着时间的变化而变化。法学家们(甚至来自历史学派的法学家们)的巨大错误在于,他们总是在探讨法条的发展。他们真应该习惯于去观察法律关系和法律制度的发展,这样他们就会注意到,法条是如何随着这些法律关系和法律制度的发展而发展的,哪怕它在形式上连一个逗号都没有改变。所有的法的历史发展都是基于这样一个事实:人及其相互关系在任何特定的时代都具有如此鲜明的特性,以至于他们只可能是他们那个时代当时呈现的样子,因此也在时间之流中经受一种永恒的变迁。在我们生命的短暂瞬间,这种变迁通常还没有大到能够足以引起人们强烈的关注,尽管总有一些老人,他们想说,他们年轻时经历的一切已经完全变了。但在历史发展的进程中,细微的变化累积成为比较大的聚合体。中世纪和近代法律秩序之间出现的鸿沟虽然在我们看来似乎很大,但确实是经由微小的社会变化之积累而成的,这些变化的影响大概是不为同时代的任何人预感到的。

通过人类团体中力量对比关系变化的法律变化

经受一种永恒的变迁之影响的,主要是团体自身的力量对比关系,同一团体之个人的力量对比关系以及构成更高秩序的团体之各团体间的力量对比关系。力量对比关系中的每一次变化都必然引起团体内部流行的社会规范的变迁。因为团体为了追求共同的目标而将其成员团结起来,由团体创制的规范最初不过是如下观念的表达:共同体认为为了整体的利益,能够根据在其中占主导地位的，或许不那么有正当根据的观点和情绪来要求所属的个人和群体。然而，团体中的个人根据他自己的目标，过他自己的生活，在任何一个比较发达的社会，他甚至能够参加多个团体，这些团体对
334 他提出各不相同或许相互冲突的要求。但共同体的规范不仅是共同体能够对个人要求的总和，而且也是其能够要求的界限；它们构成了整体对个体、个体对整体的要求之间的平衡；随着团体的内部力量改变了它的比率或者它的作用范围，这种平衡必然不断地发生变化。

法条由于法律制度的变迁而丧失功能

我在自己的《论权利能力》[①]那本著作中指出，封闭的自给自足的家庭经济在最近的几个世纪的进程中正慢慢地消失，这一纯粹的事实必然把整个家庭法置于崭新的基础之上。只要自给自足的家庭经济基本上能够生产家庭成员所需要的一切，那么家庭成员就会待在家里；每个人都有与其能力和地位相对应的活动空间，并获得其所需要维持生活的大多数东西。自给自足的家庭经济的解体迫使家庭成员离开家庭，他们必须满世界地去寻找生计，运用他们的劳动报酬，出门到市场上去购买其维持生计所需要的产品。因为产品此时不再是在家庭中生产的，而是在工厂、在车间、在别的农业经济中生产出来的。这种相对于家庭的经济上的独立性，也使家

① 欧根·埃利希：《论权利能力》，载弗朗茨·柯布勒主编：《法》，柏林 1909 年版（阿伦 1973 年重印本）。

庭成员具有摆脱家长控制的法律上的独立性；每个个人在家庭之外必须进行的经济拼搏，也赋予他在经济上和精神上的自立，这使他能够保持相对于家庭的法律上的独立性。这一点没有任何地方比在妻子的权利上表现得更加明显了，在封闭的自给自足的家庭经济中，妻子具有一定的活动空间，与丈夫的活动空间相当；但由于现代的劳动分工、金融经济和信用经济，除了一些微不足道的残余外，妻子已经丧失了原来的活动空间。因此，在当代，她开始在家庭之外寻求自己的活动空间，《德国民法典》过去长期保留至今对妻子的权利能力的限制无疑将遭遇这个简单的事实而被打破。这本来也是《法国民法典》类似的条款规定的命运；当然，由于《法国民法典》产生的时候，封闭的自给自足的家庭经济依然具有相当大的生命力，就这一点而言，它当时还是有道理的。众所周知，通过《法国民法典》，已婚的法国妇女，尽管从名义上看不像在德国，但 335
实质上同我们这里一样，在法定婚姻财产制度之下服从于夫权，而且几乎完全被宣告为禁治产：即便如此，还几乎没有什么地方的妇女比在法国更趋向自由和独立。比内（Binet）在他的著作《家庭中的妇女》（*La femme dans le ménage*）[1]中曾就此说道："很久以来，我们这个国度的风俗已经向我们展示了在国内事务部所进行的针对已婚妇女（义务）的各种行动中，她们完全自由地逃避并缺席了；但竟然没有任何人会想到要求她们出示其丈夫同意的证据。这还仅仅是在我们国家法律与事实之间关系的最不明显的例证。"（Les mœurs de notre pays nous offrent depuis longtemps le spectacle

① 皮埃尔·比内：《家庭中的妇女》，巴黎 1904 年法文版。

de l’épouse vaquant en toute liberté aux diverses operations du ministère domestique, sans qu’il vienne à l’esprit de personne de lui demander de justification du consentement marital. Et ce n’est pas là un des moins remarquables exemples mœurs, entre le droit et le fait.）对此，比内还引用了蒂西耶（Tissier）在立法研究会（第一年度）（Société d’études législatives, Ière année）报告中的话：“对于那些在涉及法国家庭中已婚妇女地位以及她们在家庭事务中金钱利益方面的权利和权力方面研究的人而言，如果他们仅仅了解我们的法律文本，就可能产生误解。我们因此可以确信：这些文本不再与我们的思考方式和生活方式事实上相一致。”（Celui qui, sur le rôle de la femme mariée dans la famille en France, sur ses droits et ses pouvoirs concernant les intérêts pécuniaires du ménage, ne connaît que les texts de notre loi en a une idée certainement bien fausse, et on peut affirmer que ces texts ne sont plus en harmonie avec notre manière de penser, ni avec notre manière de vivre.）当时，毫无疑问，《法国民法典》的家庭法在一定程度上由于新的“习惯法”而失去了效力。

这里我只想根据财产法，列举预购与单一规格货物的批量买卖（Lieferungs-und Gattungskauf）。这种买卖并不为罗马人所知。甚至在德国中世纪，至少在民事交易中尚未发现有这种买卖。它何时第一次出现在商事交易中，还不好轻易作出断言；不过，考虑到中世纪商业的特性，至少在德国，还不能假定这种买卖发生在罗马法继受之前：因为当时，货物在成交之前通常要由买主或者其代理人定期检查。随着近代的呼啸而至，它的重要性逐渐显露出来，乌

尔里希·查修斯曾在他的一篇最有名的论著[①]中对这种买卖作过专门的探讨。自此以降，它愈来愈成为主宰批发的商业往来的交易形式。不言而喻，寻求任何一种制定法上的规定将这种买卖纳入法律制度之中，并且为它确定其在当今各种各样的、一定程度上极其复杂的形式，这样做将是徒劳的。这项契约给我们的整个法律生活留下了深刻的烙印，却没有借助任何一个法条，完全得益于大工业的兴起、常规的邮政联络、经过改善的公共道路系统以及便捷的货物运输，最后，其特别精致发达的形态也得益于铁路、航运和电讯的发展。难道这不是新的“习惯法”吗？

法律变迁在法律文书上的反映

故此，一切法律发展都以社会发展为基础，而所有的社会发展则在于人及其关系随着时间的推移而发生改变。变化了的人将在变化了的法律关系中生活；而且，既然法律关系在很大程度上是通过法律行为来建立的，那么在时间的进程中，一些新的法律行为将出现，一些旧的法律行为将消失。特别是，一些新的团体得以成立，一些新型的契约得以签订，一些新型的遗嘱宣告得以确立。所有这些都必然极其鲜明地显露在法律文书的内容上。法律史家深知，一个时代的活法必定被法律文书所采纳，此前，这个长期以来的真理只是很少被法学家所意识到。究其原因，法学家看不到法， 336

① 乌尔里希（乌达尔里库斯）·查修斯：《民法问题之我见》，巴塞尔 1526 年版（对此，参见罗德里希·冯·施廷琴：《乌尔里希·查修斯》，巴塞尔 1857 年版，第 121 页及以下）。

而只是处处盯着法条。在契约、遗嘱和团体章程的内容统统发生变化时，法条规定团体章程、契约和遗嘱宣告在某些条件下具有法律拘束力，却依然没有变化；这样，法学家就认为法律上没有什么改变。在此情形下，只有那些从契约自由、遗嘱自由或团体章程自由等原则中不能够足以得到解释的东西才似乎是一种法的变化。然而，契约自由、遗嘱自由、团体章程自由只是空白支票或者条条框框，尽管法的发展在其框架内进行，但却不通过它们来完成。当罗马的祭司(pontifices)第一次将遗嘱以要式买卖的形式加以表达时，他们或许甚至认为，他们在运用契约自由的原则，而不是对有效法本身进行改变；但他们确实将一项后果影响重大的革新引入到法律之中，法律史对此很熟悉。他们恰恰在旧的框框中安放了一幅全新的图画。的确，契约、团体章程或遗嘱中的零星个别的协议或处分行为并不是新的法律，因为法律只处理那些普遍被推广的事项和普遍被习惯行使的事项；然而，法律行为恰恰从来不是单独的、孤零零的存在，而同其绝大多数内容一起构成现行社会秩序的一部分。引起一定的法律行为，比如创立法人、契约和遗嘱，这种需要是一般的社会需要，满足这种需要的手段像这种需要本身一样也是一般的。故此，不仅从内容看，而且甚至从文字表述看，团体章程、契约和遗嘱宣告在一定的时期和一定的地区会不断重复出现。没有人比罗马人更清楚，当事人宣告的传统内容是现行法的一部分：看
337 一眼《学说汇纂》就会明白，它的几乎整个契约法，连同夫妻财产法、担保法以及遗嘱法在内，均建立在当事人习惯于达成协议并作出宣告的事项上。

然而，在当代，情况也没有什么变化。任何人哪怕只在一定程

度上了解农业上的用益租赁契约之重要性，只要看一下《奥地利民法典》或《德国民法典》所包含的为数不多的相关规定，或许就足以使他相信，这些规定不可能合乎奥地利或者德国的农业的需要。这是非常肤浅的现代化的罗马大地产（Latifundien[1]）之用益租赁法。在《德国民法典》生效后不久，舒马赫（Schumacher）就重复了一遍布洛梅耶尔（Blomeyer[2]）① 在《德国民法典》之前很久所讲过的一句话：用益租赁契约应尽量这样来起草，即可以完全不需要立法来调整出租人和承租人之间的法律关系。双方当事人为了躲避制定法而必然迅速逃到公证人那里寻求帮助，制定这种法律是否还有什么样的意义和目的，这个问题可以存而不论：但我要说的是，德国的农业采取的路线反正已经表明与立法无关。关于用益租赁契约应如何签订这个问题，人们已经反复讨论过，也有了一些为数不多却极令人感兴趣、极有价值的文献，它们自然完全不为法学家们所知*。这些文献表明，农业上的用益租赁契约是一种在一个世纪的发展过程中得到人们悉心而精巧地雕琢而成的法律制度，它很有弹性，使其能够符合农业产品生产的现实状况，符合当事人之经济和社会

[1] “Latifundien”，拉丁文也写作“latifundia”，是指古罗马帝国用奴隶经营的大地产。——译者

[2] 阿道夫·布洛梅耶尔（Adolph Blomeyer, 1830—1889 年），德国 19 世纪法学家和农业学家。——译者

① 阿道夫·布洛梅耶尔：《用益租赁法和用益租赁契约》，柏林 1873 年版（德文第四版没有标识出版地，经查补正——译者）。

* 舒马赫：《农业用益租赁法》，柏林 1901 年版。还可以参见普雷泽尔：《有关奥地利大地产的用益租赁、用益租赁法和用益租赁契约》，布拉格 1880 年版（德文版没有标识出版地，经查补正。——译者）；巴托基、布雷道：《签订用益租赁契约的实用建议》，柏林 1909 年版（德文版没有标识出版地，经查补正。——译者）。此外，还特别要参见布洛梅耶尔、德莱索等人的作品。——作者原注

的处境；在德国大部分地区所推广的模式比较多，其中一个特别是在普鲁士王国领域内具有很大的名声，当然，该名声也颇受非议。

同样，农业法提供了另一个例证。应德国农业协会的委托，奥托·格拉赫教授（Professor Dr. Otto Gerlach）在弗朗茨·门德尔松博士（Dr. Franz Mendelssohn）和政府建筑工程师阿尔弗雷德·布卢梅（Franz Blume）的协助下，负责有关德国北部工人定居点的调查，并在德国农业协会的系列报告中公布了他们的调查结果①。从
338 中，法学家首先可以了解到，在农业中有一个农业工人问题，或许不仅德国，而且也包括整个欧洲未来的经济和社会结构均取决于这个问题解决的样态；法学家还将得知，一个多世纪以来，在德国的不同地区，人们试图在逐渐提高的程度上，愈来愈有计划和完全有意地，主要通过把工人定居到农村这个办法来解决这个问题；这些尝试带来了各种各样新的契约形式，即：一部分是纯粹的用益租赁契约，一部分是与劳务契约联系在一起的用益租赁契约，还有一部分是有待特别加以规定的买卖契约。也许，所有这些制度在本质上都还过于另类，每一个特殊类型都还太个别化；但如果说它们还不是成熟的法，那么它们恰好是生成中的法（werdendes Recht[1]）。假如被提出并尝试过的许多制度之一应符合所有要求，并且应该在整个德国或至少在德国的大部分地区得到推广，那么我们难道能够怀疑：即使没有立法的干预（事先可以预料这种干预是完全多余的），该制度不仅意味着一种经济生活的充实，而且也意味着一种法的充实？

① 奥托·格拉赫：《德国北部农业工人的定居》，柏林 1909 年版。

[1] “werdendes Recht” 直译为“成长中的法”或者“形成中的法”。——译者

社会之法的变易性和国法的不变性

法始终处于变动不居的状态，因为法律旨在调整人们之间的关系，而人类不断地向法提出新的任务。家庭和婚姻关系一点儿也不像印刷出来的法律史所设想的那样，似乎以一个世纪的速度发生变化，而是每天、每时都在变；历史所记述的巨大变化是通过这种变化的大量累积而成的。迄今为止，所有权概念也在不停地发展着，而且继续在我们眼前自行发展。无论大地产占有人将土地分封给属臣还是将土地雇给管家和一帮仆从管理，无论他使用隶农（Grundholden）还是将其地产租佃给资本雄厚的佃户，无论他经营三区轮作制还是建立糖厂，其所有权无疑不只在经济和社会上，而且也在法律上存在着不同。这每一种经营方式都有它自己的法，一旦农业从一种经营方式过渡到另一种经营方式，那么农业法也必然随之发生变化。然而，瀑布是否带动一个不起眼的水磨磨坊，或是将数百马力的电力提供给一个电厂，这个问题对所有权并非是没有影响的。契约自由的形式原则不可能阻止下面的事实发生：在此之前已经习惯的契约正在以符合新要求的新内容订立时，契约法就是一个变化了的契约法。那么，继承法又怎样呢？一个人遗留下一大片地产，还是遗留下一个工厂、一个商业店铺或价值数百万的股票 339
或其他有价证券，这都不是无关紧要的事情。我们这个时代巨大的经济进步，虽然还没有完全完成，但它不仅对于遗嘱的内容和法定继承顺位下的遗产分割，而且对于死因财产转移的整个过程必然产生最大可能的影响。法国法中动产之夫妻财产制度，英国法中动产

继承顺位和不动产继承顺位的区分，彻底丧失了其古老的风貌，因为最近一个世纪以来，动产的重要性、特别是有价证券占有的重要性不可估量地得到了提升。这也证明，法律上的巨大变革不是发生在法条上，而是发生在社会关系之中。即使没有立法者的明确许可，习惯法现在也能够产生，对这一点还会有人怀疑吗？

很明显，与社会之法永不停息的发展适成对照，僵化不变的国法经常停滞落后。赫伯特·斯宾塞曾经将歌德的著名诗句翻译成他自己的话说：法律，无论其形式如何，始终是一种亡灵凌驾于活人之上的统治方式。也许，首先正是这一点，使任何一个有点敏感的人把每一次与国家及其官员的冲突都看作是一次特别痛苦的体验，国家机关干预的关系感觉越痛苦，与人们情感生活的联系就越密切。这种不愉快的局面之所以最终被人们忍受，只是因为冲突还不是太经常地发生，而且通常加上一些小心即可避免。绝大多数人幸运的是，他们只是从规避的角度出发来了解国家、法院、国家机关及国法的。毕竟还有另外一些人，他们对此所关心的是，上述这些不应成为完全多余的东西；所以，我们必须讨论该冲突在现实生活中如何解决的问题。

只要社会之法适应传统的框架，尤其是适应契约、结社和遗嘱"自由"的框架，无论是直接地，还是借助预防法学，那么它也就创制其试图据以作出裁决的裁判规范。在法庭和国家机关面前，契约、团体章程、遗嘱的效力主要取决于它们的字面意义。而社会之法一定程度上超出了其字面意义，因为随着时间的推移，司法业已学会了根据善意、根据诚信、根据交易习惯、根据商业惯例来对它们进行解释：所有这些因素并非如人们通常所想像的那样，意味着

当事人未表达的、推定的意思，而意味着意思表示所属的社会与经 340
济的联系。故此，善意、诚信、交易习惯、商业惯例不仅成为活的社会之法的源泉，而且也成为裁判规范的一个新的源泉，最后，甚至成为法条的一个新的源泉。

法条在新的法律现象上的投射

当变迁在已确立的国法形式之外进行时，情况就不同了。在这种情况下，国法并不由此直接受变化的影响，它的干预规范和裁判规范会保持不变。法学的永恒的重大任务就是要解决生活变动的要求和既定法律的字面意义之间的矛盾。为此，它总是在其作为预防法学、律师法学和法官法学等最重要的分支中发展其自己独特的技术。它绝非在任何地方都是相同的。法学在罗马人那里是一回事，在当代的欧陆法以及英美法领域则是另一回事；认为一劳永逸地创造了法学的手段，则可能是一个错误。在欧陆，法学依然部分地使用着某些很有弹性的传统法的概念，部分地对整个制定法内容在进行着任性、乖张的推释；主要是这些方法的可辩驳性和虚伪性，它们总是根据制定法的相互冲突的词句来骗取一定的、事先即可得到预定的、明确的、期望的结果，这种结果引发了自由法运动。每当国法适用于其创制者未曾直接想像到的案件之时，它就必须经受某种重新评价。此处对这整个主题进行更进一步的讨论是多余的，因为这个主题不久前在乌尔策尔的著作《法学思维》[1]

① 卡尔·格奥尔格·乌尔策尔：《法学思维》，维也纳 1904 年版。

中已经有了精彩的论述，也许，这本书是迄今为止出版的有关当代欧陆法学方法的最好著作。乌尔策尔把这个(评价的)过程称为“投射”(Projektion)，即把法条中已经表述的法学概念不加改变地应用于根本没有被人想像到的或至少可以证明没有被人想像到的现象之上。在国家法上，耶利内克把这种现象称为“宪法的变更”(Verfassungswandlungen)。①

法学的投射在本质上不过是社会生活中的内部变化对裁判规
341 范的直接影响。若没有这样一种必须由法学家每天、每时所进行的投射，那么受国法支配的司法，尤其是受当代国法之专断支配的司法其实是完全不可想像的。只有它才能够使传统的宪法以及当代社会中的暴风骤雨般运动的(立法却一点也不能跟上其步伐的)国家私法和行政法得以维护，尽管这种维护在很大程度上只是表面上的。大工业、铁路、电报和电话给司法和行政提出了无数新的任务；由于还根本不能胜任非同寻常的工作，进行自由的法的发现，它们就设法把传统的国法规范尽其可能投射到新的关系之上。类似的事情如今就发生在我们眼前。大约 25 年前，大工业受到一种新的能源即电力的支配。这立刻意味着(出现)一种新的社会之法，不过新的国法也必将存在。法国的判例评注汇编者(Arrêtisten)曾经对《达洛兹—西雷大判例集》(*die großen Spruchsammlungen von Dalloz*[1] *und Sirey*[2])中出版的判决撰写评注，他们关注那些常常在本质上将法“投射”到不断更新的生活事实之上的司法判决的发展。

① 格奥尔格·耶利内克：《宪法的变化与宪法的变更》，1906 年版。

[1] 达洛兹(Armand Dalloz, 1797—1867 年)，法国 19 世纪法学家。——译者

[2] 西雷(Jean Baptiste Sirey, 1762—1845 年)，法国法学家。——译者

投射位于法的适用与法的发现之间的中点。它时而具有这一边的特性，时而又具有另一边的特性。除了法官的活动完全不同于法的适用的情形之外，即使法官活动实际上就是法的适用，它确实也总是法官的一种创造性行为。但是，创造性的行为需要一个创造性的大脑。司法若不堪此任，就会变成法律生活的沉重负担。当奥地利上诉法院在没有说明任何法律上的理由（顺便说一句，甚至在其最好的判决中也通常如此），判决一个被告犯有拐骗罪（他为逃避其丈夫的暴行的妇女购买了一张火车票），那么这对于一个有思想的法学家而言就像脸上被猛击了一掌。在这种情况下，裁判所缺乏的不过是时间和空间上的投射。在一个奴隶主国家，这样一种投射似乎是完全合适的：因为每个人都会明白，帮助一个奴隶脱逃是不允许的。事实上，在美利坚合众国的南方各州，只要黑人奴隶制还一直存在，也就是说，直到废奴战争爆发之前，这样一种行为可能完全是有理由受到惩罚的。当然，尽管罗马民族是一个奴隶制的民族，但却（对此）比美国南方各州和我们的上诉法院考虑得更温和一些。假如一个人受慈悲心引导（misericordia ductus）放走某个受拘禁的奴隶，他不能以刑罚之诉、即诈欺之诉（actio doli）被追究责
任（在这种诉讼中，被判刑是不体面的），而只能以事实之诉（actio 342
in factum）被追究损害赔偿责任。

社会之法通过刑法和民事诉讼法的国家化而向国法过渡

社会力量的支配使国法和社会之法的界限也持续不断地发生

变动。原先仅由社会之法规范所保护的利益，一旦其重要性被人们更充分地意识到，就会获得国法的保护。这种变化可能通过司法来进行：后来，完全被看作国家机关的法官将社会之法规范作为国法规范投射到一些最初根本没有涉及的法律关系之上。此类现象的一个富有启发性的例子就是赌博的抗辩权：它最初建立在社会的裁判规范的基础上，在上个世纪的最后25年，这种抗辩权于德国和奥地利部分地通过立法、部分地通过司法（自从法院利用此种抗辩权阻止未经授权者从事股票投机行为之后）而被打上国家的印记。我在自己论述《德国民法典上的强行法与非强行法》[①]（*Das zwingende und nichtzwingende Recht im Bürgerlichen Gesetzbuch für das Deutsche Reich*）的著作中力图指出，一旦人们普遍地意识到法典规定所涉及的公共利益，那么《德国民法典》上的许多原本作为由社会所考虑的条款必然会成为国家法规范。

那么，这也就说明了为什么某些法律经常没有任何外在的变化，纯粹是由于伦理或社会的变更而从社会之法演化为国法的。在罗马，家庭权最初是类似所有权之私权（eigentumsähnliches Privatrecht）的产物，早在帝制时代就部分地丧失了这种特性，监护权则更是如此：在现代法中，父权甚至逐渐变成了一种公共官员职责。大部分的契约法，特别是劳动契约法的国家化正在我们眼前发生着。最古老的罗马刑法仅仅因为它正好涉及弑亲罪（parricidium）和叛国罪（perduellio）才是国法，尽管私法的诉讼可能产生与公法

① 欧根·埃利希：《德国民法典上的强行法与非强行法》，耶拿1899年版（殁后，阿伦1970年版）。

的诉讼常常一样严厉的惩罚。然而，这种私刑法（Privatstrafrecht）在很大程度上于共和国时期被公法上的刑法所取代，在帝制时期更进一步被取代；《法国刑法典》（Code Pénal，第374条第2款，也 343
参见第375条）中承认（即使只是间接地承认）丈夫有权杀死不忠之妻及其奸夫，这或许是私法上的刑法（privatrechtliches Strafrecht）在现代刑法典上尚能最后可见的痕迹。在司法判决中，尤其是在刑事陪审团审判中，这一点可能会更加有效地得到确认。就在不久前，一位法国的检察官面对陪审团解释说，一个妻子杀死其丈夫的情妇必须被判有罪，因为她没有选择真正的牺牲对象，即她的丈夫。

民事诉讼的国家化之所以令人感兴趣，因为毫无疑问在这里其推动力不是法条而是人们对国家司法职能之思路上的转变，这个过程延续了一千多年。最初，法律诉讼是一种"有组织的自力救济"，而且只要它受（当事人）协商原则所左右，那么它在本质上依然是自力救济。国家随后不久就掌控了刑事诉讼。罗马人的争点决定程序在程式诉讼中仅包含有零星的国法要素，在司法管辖权（Kognitionen）上更是如此；这些后来在共同法的诉讼程序中又消失了，一个证明是：在某些方面，上个世纪的人类社会还落后于罗马的社会。自从18世纪以来，至少在法学上，"诉讼属于国法"这个思想愈来愈强烈地表现出来。《普鲁士一般法院规则》（*die preußische Allgemeine Gerichtsordnung*）就属于这个时期，它第一次背离（当事人）协商原则，第一次通过巨大的努力，试图将司法和刑事诉讼，乃至民事诉讼加以国家化，尽管其凭借的手段行不通。奥地利的变革，试图第一次在实际的国家法律诉讼程序的大多数方面既形成国家的司法，也使其最终服从国家的目的。背离（当事人）

协商原则（该原则绝非是通过任何权宜之计的考量来获得支持的）所遇到的阻力，表明这是人类远古的法律思想在现代生活的漩涡当中发出的回响，尤其是带有其历史的色彩。

通过社会规范之意义变迁的法律变迁

这种内在变迁是如何在法律制度和裁判规范中发生的，对此，我们在这里只能完全一般地加以探讨。毫无疑问，很多事情都是在潜意识（Schwelle des Bewußtseins）里发生的。社会规范很大一部分并非一劳永逸地用文字表述出来的，而是不断地从常规的、普遍
344 认可的实际行为之观察中重新提取的。这一点对于伦理规范、习俗规范、礼节规范和社交规范也完全适用：对于这些规范而言，不存在别的什么证成理由，因为它们业已在普遍的认可下被人们践行。但即使在法律规范的情况下，经常也没有什么两样。大量的法律规则是以“先例”（Praezedentien）为基础的。耶利内克学派，特别是哈特舍克（Hatschek[1]）① 以非常透彻的方式阐释了惯行规则（Konventionalregel）在公法上的意义：在我看来，无疑，它通常是一个法律规则，但只不过是一种从得到普遍认可的行为中提取的法律规则。这些仅仅以实际行为之普遍观念为基础的规范，不仅在每一个新的实际行为过程中被认可，而且也经历过内容的表面补充和

[1] 尤利乌斯·哈特舍克（Julius Hatschek, 1872—1926 年），德国公法学家和国际法学家。——译者

① 尤利乌斯·哈特舍克：《成例规则抑或有关自然科学的概念建构在公法上的界限》，载《公法年鉴》第 3 期（1909 年），第 1—67 页。

变化。人们一开始并未关注所涉及的对原有规范之无足轻重的偏离，当事人各方相信，旧的规则依然不断地在起支配作用；但随着时间的推移，偏离积累到一定程度，原有的法律制度逐渐变成了一种完全不同类型的制度。以这种方式，通过规范中的细微变化，由奴隶制变成隶农制，由隶农制变成奴隶制，由自利式监护变成救济式监护，由农民的租佃采邑权（bäuerliches Bittlehen）变成所有权，由托付行为变成担保权和遗嘱，由双方的要物契约变成诺成契约，由先行支付变成表见支付（定金），这些情形不止一次地发生过了。

不过，甚至词语本身也会受时间的影响。经常发生的情况是：用文字表述的规范不仅重新得以解释，而且还采纳了新的词义。它甚至可能是不知不觉地发生的，因为人类的语言会不知不觉地跟随着他们的新的思想境界。故此，吉拉德（Girard）[①] 在回应朗贝尔时很有道理地阐述到，根据其字面意义看，流传下来的《十二表法》的条文一部分不可能在“十人团”（Dezemvirn）时期就已经存在，但由此还不可得出结论说，《十二表法》根本就没有存在过：它们在若干世纪的历程中可能不仅获得了某种新的意思，而且也采纳了与新的意思相适应的词义。而且，他还提醒人们，有很多《卢瓦泽尔法律格言》（*Brocards von Loisel*），其意思现在完全有别于古代法学家的时期；朗贝尔本人曾经写过：“担保人是没有清偿能力的”（La caution n’est pas solvable.），尽管它最初意思是说：“担保人并非是有产者”（La caution n’est pas bourgeoise.）。

① 保罗·弗雷德里克·吉拉德：《罗马法论文集 I：法律渊源史》，巴黎 1912 年法文版。

通过法学发明的法律变迁

345 但是，个人的自觉行为也参与到法的发展之中，尽管它通常迅即被人遗忘。塔尔德（Tarde）[①] 的学说，即任何人类的进步都建立在个人的发明以及广大群众对这种发明的模仿之上，这属于不证自明的道理，该道理一旦被阐明，就构成一种重要的科学知识。如果有人问为什么罗马人不知道法律行为中的代理，那么答案肯定是：就像火车一样，在此之前，它必须被发明出来。因此，历史学派把民族看作是法的创造者，在这一点上肯定说得不对。总是先有一个人做一件事，其他人跟着做。只不过，即使在发明方面也不得高估个人，因为发明首先取决于社会的前提条件。陶器、弓箭、划子和帆船无疑是几千年前在世界各地完全独立地发明出来。在同样久远的年代，人类就渴望能像鸟儿一样能够在空中翱翔，但直到我们这个世纪，这一渴望才变为现实，而且也是在多个地方突然出现的。发明不是单个人的行为，而是通过单个人的社会行为；一旦社会为此提供了条件，个人就会完成这一行为。我们将发明归因于他的那个个人，并不是天意派送来的；毋宁说，一旦条件具备，发明的思想就会从每一个对此有充分准备的天才大脑中涌现出来。这些条件包括：对自然法则的一定程度的认识，对技术的一定程度的掌握，一定高度的经济发展（它能够让发明者得到必要的辅助手段和工

① 加布里耶·塔尔德：《模仿法则》，巴黎 1890 年法文版，1907 年第 5 版；德文译本：《社会法则》，1908 年版。

具)。同样,发明的推广也具有其前提条件:15 世纪不可能修建铁路,因为当时还没有修建铁路的资本,不过或许还因为它会被看作是魔鬼的杰作。一旦缺乏发明的社会前提条件,即经济的发展和普遍的理解,那么发明就会落空,比如丹尼斯·帕潘(Dénis Papin)[1]发明的蒸汽机。发明落空的悲剧在于:发明的社会条件和社会对发明的理解[2]经常发生分歧。对于完全简单的发明而言,比如陶器、弓箭、划子和帆船,所有的前提条件在几千年前即已存在,而对飞行器来说,这些条件在本世纪才能提供。

大量的法学发明大概也属于这样一类事物,其前提条件很早就 346
存在,且在多个地方存在;故此,它们像陶器、划子和帆船一样遍布于整个世界。但也存在个别的法律行为、裁判规范和诉讼形式,它们要求有很高程度的独立、自觉的劳动,这些劳动只有通过特别训练的天才大脑才能完成。它们是热衷学问的法学家以及法官、律师和预防法学的实务家们的创造。布莱克顿说,新侵占之诉(Assisa novae disseisianae),即亨利二世的开创性行为,乃许多人殚精竭虑的发明和创造(multis vigiliis excogitata et inventa)[3];由此看来,当不同国家的人民习惯于把他们的法归功于某个著名的立法者时,绝非是完全错误的;因此,他们只是将许多曾参与创造而长期以来已被遗忘的劳作者用某种象征加以表示而已。继受某个外国法之

[1] 丹尼斯·帕潘(Dénis Papin, 1647—1712 年),法国出生的物理学家。——译者

[2] 本书德文第四版漏排了"通过社会对发明的理解"一句。见该版第 345 页。——译者

[3] 见:Bracton, fo. 164b。——译者

所以可能，也是建立在这个基础之上的：通过继受，其实只是将在其他地方已经发明出来的裁判规范、典型契约、标准章程和（诉讼）程序规定，借助司法判决、预防法学、科学文献，偶尔也借助立法传布到外国。

通过立法干预的法律变迁及对其界限不断增长的见解[1]

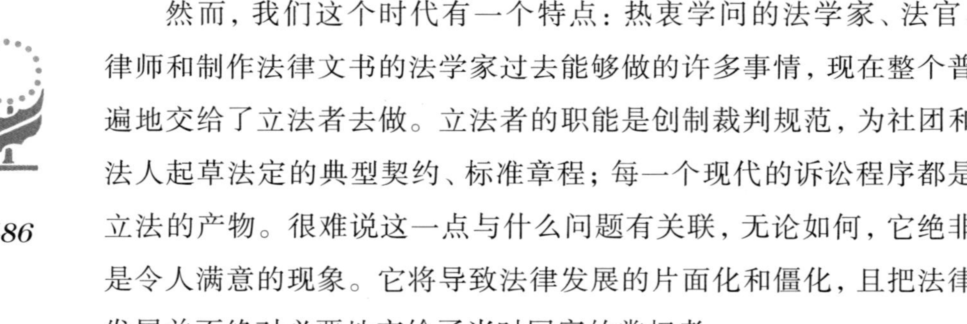

然而，我们这个时代有一个特点：热衷学问的法学家、法官、律师和制作法律文书的法学家过去能够做的许多事情，现在整个普遍地交给了立法者去做。立法者的职能是创制裁判规范，为社团和法人起草法定的典型契约、标准章程；每一个现代的诉讼程序都是立法的产物。很难说这一点与什么问题有关联，无论如何，它绝非是令人满意的现象。它将导致法律发展的片面化和僵化，且把法律发展并不绝对必要地交给了当时国家的掌权者。

然而，看起来，我们恰好此刻正面临着一种变化，与大约十年前相比，如今人们对国家立法的期待要少得多，而敦促其自我克制、自我反省要迫切得多。这必须归功于人们对下面这个问题不断增长的见解，即：凭借国家所掌握的手段到底能够实现什么和促进什么？但国家的权力领域，也包括通过它创制的法的权力领域，如今

[1] 本书德文第四版与德文第一版不同，在第一版中，标题以下的这一段并非另起，而与上面的内容同为一个段落，因第四版编者在编校处理时做了较大改动，特此说明。——译者

到底达到什么程度，这是另一个问题。当今的国家观念是一个需要带着某种宗教的敬畏来打量的全能国家观念，对这样一种全能国家 347
的抵抗是不可能的，也是不允许的。这很容易证明，全能国家也是完全受历史制约的，主要由国家当下拥有的军事力量决定。当一个国家有可能在它自己的领土内与另一种军事强权对峙，就像在封建时代一样，它就不被看作是全能的。但即使在今天，国家的不可抗拒性显然也仅限于通过军事力量来执行的事情。国家作为纯粹社会的组织，只是众多的社会组织的一种，除了军事力量之外，它只可以支配一些社会力量，这些社会力量并非总是绝对优越于其他社会团体的力量。

国民经济学家的古典学派，以重农主义者（Physiokraten）[1]的学说为基础，对国家权力的界限问题和国家活动的后果（特别是立法的后果），进行了一次彻底的、详尽的考查。该学派得出的结论是：国民经济法则在很大程度上甚至包含着非经济性质的社会过程，它们对国家的活动设定了界限，国家不得逾越这些界限，在一定程度上也不可能逾越这些界限；国家若不想得到与它的意图相悖的结果，就不得逾越之，若不想一拳打空，它就不能逾越之。古典学派还成功地证明，能够发布某个措施的人并不因此能长期掌控住其结果。他们凭借这些研究，为现代社会科学奠定了坚实的基础。因为一旦社会事件的发生不是归因于行为人的意志，而是归因于独立于行为人在社会中起作用的力量，那么这个现代社会科学就开始出

[1] 重农主义是18世纪法国古典政治经济学的理论，重农主义者（Physiokraten）指的是这个学派的理论家。——译者

现，恰如自然科学开始出现一样，因为人们认识到，自然事件的发生不能解释为是神的意志造成的，而是自然中存在的力量造成的。如果人们继续沿着这个线索走下去的话，上述研究本来的确还可以形成一种建立在科学基础上的立法技术；但如今，这些研究成果已经长期被人遗忘了。结果，目前，立法表现出极端天真的半瓶子醋式的特点，这一点是相当清楚的：要消除某种恶，在法律上禁止它就够了。

第十八章　法学家法的法典化

法典的成分：法科学、法学家法和国法

《民法大全》包括教科书（《法学阶梯》）、法学著作的摘要（《学 348
说汇纂》）以及君主谕令（《法典》）：也就是说，它首先包含法学文献（无论这些文献采取教科书的形式，还是采取有关现有法之著作摘录的形式），以及法律汇编。但罗马的法学家的著作摘要中只有很小一部分旨在阐述和说明裁判官告示、法律以及君主谕令中所包含的法律，其绝大部分却是在独立地确立法规范。也就是说，它们的内容是法学家法，这些法学家法一部分通过著述的形式表达，一部分以法律解答和司法判决的形式表达。较为古老的皇帝谕令通常是案件的裁决，因此同样也是法学家法；某些谕令，即君主训示（mandata），是向皇帝官员发布的命令，也就是行政法令；相反，晚近一些的谕令则是狭义的制定法，即国法，它们规定当时什么东西应属于法。此外，还有法律、元老院决议和君主谕令，即制定法，它们包含国法：这些制定法在《民法大全》的所有部分均有引述。裁判官告示同样构成很大的一部分，它们有些是法学家法，有些是国法，后者通常包括治安法令。故此，优士丁尼的作品由法学文献（教

科书和著述)、法学家法(采取著述、法律解答、裁判官裁决和皇帝裁决的形式)以及国法(法律、元老院决议、告示和谕令)构成。

根据通行的观点,所有这一切均通过优士丁尼的意志而融为一体,变成了制定法(法典)。但随着历史的发展,《民法大全》各个不同的部分具有各自不同的命运。一开始并不包含法条,而仅包含法科学的部分,即有关法的本质、渊源、分类、体系、定义、法的内容的阐述,依然保留着其原初所是的性质,即:依然还是法科学。只要它还证明是科学学说,它即使在罗马法从未渗入的地方也会得到承认,甚至在英国人、美洲人和斯堪的纳维亚人那里,它对一般法理论也起着支配作用。顺便说一句,这种法学家法已经成为欧洲
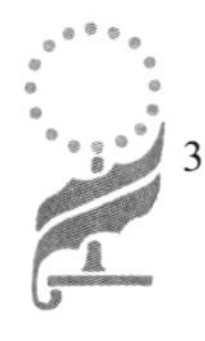
349 大陆大多数文明国家之共同法的基础,直到当代依然如此。与此不同,那些原属国法的部分绝大多数逐渐被淘汰。这种情况不仅适用于那些纯属治安法令的告示部分,而且也适用于皇帝谕令,后者(比如某些优士丁尼的《新律》)不仅仅修改和取代了法学家法。

优士丁尼把不同来源的法条整合成一部法典,这一纯粹的事实不可能因此就把它们融合为一个统一的整体,它们甚至在制定法(法典)内部依然被打上了各自原初的印记。显然,这对它们各自的历史具有极大的影响。顺便说一句,一项更为详细的考察表明,它们无论在结构上还是在其作用的方式上相互之间差别很大。

若想对一部现代法典,特别是共同法生效地区的私法典(《普鲁士邦法》《法国民法典》《奥地利民法典》,最后还有《德意志帝国民法典》)正确地进行评价,就必须让它经受一种检验,就像《民法大全》因为其外在的形式所经历的那种检验一样。我们必须将它分成三个组成部分:法科学、法学家法和国法。不言而喻,这个时

候应当考虑到，法学家法之所以仍然还是法学家法，没有由此而变成国法，乃因为它在接受为制定法（法典）的过程中已被修改，变得和缓，适应现实的状况，甚或由于立法者此时不是作为立法者而是作为法学家在工作，它又被重新发现。在《德国民法典》上有关旅店店主责任的严格规定和它对无权利能力的社团进行规制之间，在《法国民法典》有关“所有权得通过契约转移”（与共同法相对）的规范和有关民事婚礼或民事死亡（la mort civile）的规定之间，存在着很明显的区分。本来，德国的法科学至少在一定程度上对法典的内容提前做好了这种二分的准备。“无拘束力的法律内容”（unverbindlicher Gesetzesinhalt）学说特别适用于制定法中的纯粹科学的成分，它事实上也成功地使这些成分几乎彻底从《德国民法典》中消失。该学说不适用于法学家法和国法，尽管萨维尼已经完全敏锐地阐明了两者的区分。他在《使命》（*Berúf*）[1]一书中特别强调指出了“法的双重要素”，他称为政治的要素和技术的要素：作为第一个要素的例子，他所引的是《尤利安和巴比·波培法》，第二个要素的例子是“整个法库”（der gesamte Rechtsvorrat），即“原本存在的法”（das ohnehin bestehende Recht）。萨维尼思想的进一步发 350
展表明，这种区分完全是与国法、法学家法的区分相一致的。

在现代法典中，国法与法学家法的区分不仅是一项具有重大科学意义的工作，而且也是一项具有重大实践意义的工作。这种区分如今不再困难，因为我们已经相当准确地熟悉各个法典从中提取其

［1］ 这本书的全称是《论立法与法学的当代使命》（Savigny, *Vom Beruf unserer Zeit für Gesetzgebung und Rechtswissenschaf*, Heidelberg, 1814）。——译者

素材的来源：它们就是（具有当时在这些法典起源国有效之内容的）共同法、（这些法典起源的时代及国家的）本土法和自然法。

现代法典的来源：共同法、本土法和自然法

世界各地法典的主要成分是共同法。在中世纪和近代被欧洲大陆所接受的共同法，绝大部分留存下来的只是法院的裁判规范。但我们也不得将共同法的意义仅限于此。新近的研究表明，法律文书，特别是公证文书，在所有的地方都很快适应了共同法；不言而喻，在这件事情上，意大利的法律文书格式成为基础。通过这种方式，大量的共同法事实上渗透于日常生活当中，变成了它们生效区域内的活法。欧洲大陆的各个国家的遗嘱制度归因于共同法，这也再度证明，正是法律文书起草人以罗马的法律文书格式将它传授了下来。当然，即使没有这些法律文书起草人，遗嘱也会流传下来的，尽管可能采取别的形式。但罗马的契约制度的确不能这样说。只有当罗马的契约制度在其共同法的发展中构成法律文书的基础时，带有罗马契约制度之基本特征的共同法契约制度才对现代法意识获得某种支配地位，以至于我们今天完全普遍地倾向于把共同法所理解的罗马契约看作是一种不证自明的制度。然而，纵观中世纪德国的法律原始文献，特别是罗马法继受之前时期的法律文书，就可以证明，若没有继受阶段，契约制度至少在德国和法国必定会以完全不同的方式发展，大概会接近英国的发展模式。最终，随着继受的进行，固定而清晰的法学术语和共同法法学的整个法律技术总是
351 渗透于共同法的生效区域。所有这些对法典均产生了深远的影响。

法典的第二个成分是从本土习惯法之法典编纂中提取的法条。德国16世纪的各种邦法(Landrechte)和城市改革法(Reformationen)[1],法国15世纪末以降官方的习惯(Coutûmes)记述,对后世的立法具有特别重要的意义。人们以为,在此之前仍在使用的德国和法国的本土法纯粹采取了书面的形式,这并不准确。当然,城市改革法至少一部分是由通晓本土法的法学家起草的;邦法和习惯一般是建立在本土法的专家为编纂者所提供的信息之基础上的;特别是,法国习惯之官方记述的程序是极其谨慎的。但这些信息极少一部分内容是对信息提供者本来所知道的成熟法条进行复述。在很大程度上,它们是信息提供者本人在提供信息的那一刻根据自己的印象表述的:也就是说,它们是本土法律关系之切身观察的一般化,这种一般化是信息提供者在信息提供的时刻才完成的。顺便说一句,我们也知道,法律记述的编纂者经常有意修改、缓和和补充本土法,特别是,他们试图使本土法适应罗马法。除此之外,许多法律直接取自罗马法和其他的法律记述。《萨克森法令集》(*Constitutiones Saxonicae*)恰好追求这样的目的,即不是将本土法加以法典化,而是把它与共同法协调一致。故此,人们确实不能直截了当地断言,在15世纪、16世纪和17世纪的法律记述中,当时德意志源头的有效法已经被法典化了。如果把法不是理解为

[1] 城市改革法(Reformationen)是中世纪后期德国各自治城市在有计划地更新城市法时所采取的法律名称。据德国当代著名法律史学家维亚克尔(Franz Wieacker)考证,“Reformationen”应该是德国城市立法由意大利成文法中学习来的名词. 它最早于1479年被纽伦堡市使用,或许参照了意大利威尼斯市的模式。见弗朗茨·维亚克尔:《近代私法史》(上),陈爱娥、黄建辉译,上海三联书店2006年版,第175页。——译者

法律关系，而是理解为以文字表述的法条，那么我们会更加正确地说，这些作品所包含的几乎所有的法均通过法律记述才得以产生。不过，经由这种产生方式，它从形式和内容上看显然均成为一种法学家法。城市改革法、邦法和习惯一部分是一般化的，一部分是法学的规范发现的，它们无论在罗马人的法学著作还是中世纪德意志人的法学著作中均可以找到。

据以编纂近代法典的第三种素材是自然法。人们习惯于把自
352 然法看作是德意志法意识对入侵的罗马法的一种防御。这一观点的确包含着片段的真理，但它还绝不是全部真理。因为自然法学者，至少从普芬道夫（Pufendorf）[1]开始，主要是国民经济学家和经济政策学家，而不是法学家，他们或许最初无意，不过后来也有意地代表城市市民阶级的主张和要求。自然法运动的最终表现绝不是德国和法国的法学理论家，而是法国的重农主义者，他们的要求和学说早在德国的普芬道夫和沃尔夫（Wolff）[2]那里预先产生回

［1］ 普芬道夫（Samuel Pufendorf, 1632—1694年），德国17世纪的哲学家和法学家，1660年撰写开山之作《一般法学原理两卷本》（*Elementorum Iurisprudentiae Universalis Libri Duo*,1660），在内容方面主要遵循格老秀斯的自然法理论，其中展开21个定义、2项公理和5个观察结论，发展了“一种几何学方式的自然法”（Ein natürliches Recht more geometrico）。1672年，出版其平生最重要的著作《自然法与国际法八卷本》（*De iure naturae et gentium libri octo*,1672），抛弃“法的神学教条和人文历史基础”，坚持“独立于教会信条的社会伦理学”以及在“人类理性法则和事物的本质”之中追寻“法律体系的真正渊源”，通过理性化与数学化，创造了“一套从自然法立场出发的、涵盖整个法学领域的新体系”或“一般自然法体系”（ein allgemeines Naturrechtssystem），由此取代了格老秀斯学说的支配地位，成为理性法时代具有原创力的思想家之一及德国17世纪“最有影响力的理性法思想家”。——译者

［2］ 沃尔夫（Christian Wolff,1679—1754年），德国18世纪的哲学家和法学家，在1740—1748年间所著的8卷本《自然法：依据科学方法的探究》（*Ius Naturae Methodo Scientifica Pertractatum*）中则坚持一种“绝对的、理性主义建构的自然法”（ein

响。城市市民阶级是经济阶级（die wirtschaftliche Klasse），这个阶级在17世纪、18世纪从事商业和贸易，并且正好开始转向工业。它曾提出过政治主张，尽管这种主张在德国最初非常低调。它企图建立一个强大的国家，分享国家的权力，削弱封建贵族的统治。这些主张说明了老一辈的自然法学者，特别是德国的自然法学者的极权主义特征；但对极权主义政府形式的呼唤经常仅仅是已经发芽，且不断壮大的运动的外衣。在这个时期，唯独君主才能够建立一个强大的国家，唯独他能够制服贵族的权力，唯独通过极权体制，城市市民才能够与国家发生某种直接的关系，对他们而言，当时君主就是国家的化身。极权主义的福利国家，尤其是德国自然法学者的极权主义的福利国家正好是扶植商业、贸易和工业的国家，它使人口得到增长，从而为商业、贸易和工业提供客源和劳动力，用强大的手腕遏制其国内的对手，提供法律安全，防御外敌。众所周知，后来的自然法学者放弃了这些思想，转而要求英国意义上的宪政主义，最后甚至要求人民主权。所有的一切就是这样一回事，至少就此而言，自然法学者确实不是把罗马法，而是把封建主义当作必须

absolutes rationalistisch konstruiertes Naturrecht），即：倾向于（欧几里得的）数学方法，力图将数理逻辑（die mathematische Logik）或“几何学方式”转化成为一种“封闭的、公理演绎的自然法体系”（ein geschlossenes axiomatisch-deduktives Naturrechtssystem），强调所有的自然法规则（法条）都应该按照“无漏洞的演绎方式”、从“较高的公理”到“最小的细节”推导出来。沃尔夫的自然法（理性法）体系和概念—建构主义思想不仅影响了1789年法国《人权宣言》的条款制订，而且为后世提供了众多的自然法法典（Naturrechtsgesetzbuch）的纲要；19世纪德国民法（学说汇纂体系）的构建和英国分析法学创始人约翰·奥斯丁（John Austin,1790—1859年）“一般法理学”理论的形成均得益于沃尔夫的学说。故此，沃尔夫本人被看作是“概念法学”或“建构法学”的真正之父（Der eigentliche Vater jener “Begriffs-” order “Konstruktionsjurisprudenz” ）。——译者

与之斗争的对手，在此过程中，他们不是在拥护德国法，而是在争取一种不同于现行秩序的国家秩序和法律秩序。

自然法作为市民阶级之经济要求的表达

然而，对于立法问题而言，市民阶级的经济要求比政治要求更为重要。正是这些要求主要致力于通过法典来重塑私法。自然法学者的要求朝着这个方向努力，首先把矛头指向封建主义，因为它在农村、一定程度上也在城市通过禁止权和贸易的限制阻止商业和
353 贸易，使农民脱离市民阶级的利益范围，为了土地所有者的利益而禁锢农民的劳动力，使之不可能用于工业生产。然而，其次，他们也决心建立一种以契约自由和贸易自由为基础的法律秩序，拆除自由活动的樊篱，废除阶级和地区之间的法律不平等。

也就是说，城市市民阶级的努力向作为其代言人的自然法学者提出一项立法政策，该政策确实与当时的法律秩序相矛盾，因为后者限制了个人的活动自由。个人主义于是成为自然法学者的理想：个人不受阶级差别的阻碍（法律平等），可以随意地支配自己的财产，只受其自愿签订的契约的拘束。这个理想蕴含着新的，同时也恰好沉重的拘束，只是他们当时还没有看到这一点，也不可能看到这一点。但在他们看来，正是这个理想在罗马法上已经得到了实现。就罗马法承认压迫性的阶级差别，束缚和制约个人——无论在公法上，还是在刑法和家庭法上——而言，它通常是不被接受的。罗马法剩余下来的，并且在共同法上加以发展的，只有抽象的所有权，免于负担、可以分割的土地，自由契约以及实质上平等的继承

权。不过，这些也都是自然法之立法政策的原则，这些原则一开始就披上了个人主义法哲学的外衣。在自由的所有权和自由的契约之框架内，市民阶级能够创设其未来发展所需要的大多数法律制度。因此，一旦自然法学者极其详细地发展他们的法律，那么他们就会像沃尔夫创制他的票据法那样，从城市市民阶级现有的法律制度中推断出他们的法律，或者按照市民阶级本来期望的那样对法律予以表述：就像法律文书制作人基于其委托人的愿望来订立契约条件那样，他们也把市民阶级的愿望转化为法条。

自然法的实质内容

然而，自然法比这一点还更进一步，因为它事实上致力于建立一个自身独特的法体系，尤其是基于个人主义的正义观念创建自己的私法。个人主义所有权自由与契约自由原则（一如它们在抽象的
所有权概念和共同法的契约体系中所表达的那样，以及在17世纪、 354
18世纪国民经济学上还很简单的货物运输之使用所表达的那样），此外还有，市民阶级家庭生活中流行的伦理，所有权人（打算死后最终实现的）遗嘱上的处分权思想、（把财产赠给直系亲属中的任何一个人，且在同等的近亲属中同等对待的）家庭继承权思想，所有这些实际上都足以在大的轮廓上起草一个私法体系，有时甚至带有数学上的精确性。自然法试图这样做，显然相当于规范的发现，也就是法学。诚然，这是一门主要以活法作为出发点的法学，它面对现行法却相当的自由，但又绝不是与现行法完全独立的，因为它的确以现存的社会秩序和经济秩序为前提，这种秩序在很大程度上

又是在现行法的影响下型塑的。

也就是说，罗马法比任何其他的法律，特别是古代德意志法，能够在所有的方面更好地与自然法学者的学说相协调。因此，他们绝对不会反对罗马法，仅有很少的例外，比如托马修斯（Thomasius）[1]；相反，他们一般而言都是罗马法的拥护者，他们特别不厌其烦地强调：罗马法实质上是自然法，或者它们本身只在细枝末节上与自然法有别。然而，我们必须承认：不管怎样，罗马法在内容上并不完全满足 17 世纪、18 世纪的社会需要，而一些变化确实还是可喜的。但是，使自然法学说间或与罗马法发生冲突的，与其说是德意志法的原则，不如说是新时代的要求。人们主要不是反感罗马法的内容，而是反感它的形式。自然法学者所指责，并且意图加以改变的，是这部笨重冗长的用外语表达的法典[2]，它漫无头绪地汇编在一起，承受大量显然长期业已过时的素材之负担，受浩如烟海的法学文献、无穷无尽的争议问题之拖累，没有任何一个法学家能搞得清楚它是什么，更不用说普通的老百姓了。奥特曼（Hotomanus）[3]作

[1] 托马修斯（Christian Thomasius, 1655—1728 年），德国 17 世纪、18 世纪的法学家，被誉为“德国启蒙运动之父”。著有《自然法与万民法基础》（1705 年）等。——译者

[2] 根据上下文，埃利希这里所指的“这部笨重冗长的用外语表达的法典”，应指优士丁尼编纂的《民法大全》。——译者

[3] 奥特曼（Franziscus Hotomanus, 1524—1590 年），法国 16 世纪著名法学家。曾在布尔日大学接替居亚斯（Cujas）的教职。他受当时希腊文和拜占庭文献的吸引，于 1567 年曾写过一篇专论，题为《驳特里波尼安》（*Antitribonianus/Anti-Tribonian*），攻击矛头直指特里波尼安以及《民法大全》的其他编纂委员会成员，指出：《民法大全》是在罗马帝国崩溃之后由一帮不懂罗马精神的人编写而成的，这些编写者改变了很多东西，而没有改变的东西也被他们拆散并重新编排，他们没有保留下来的东西则遭到毁坏；《优士丁尼法典》和《学说汇纂》对法学家没有任何用处，因为它们与现代社会没有什么

为法典编纂思想的真正始作俑者很早就要求编纂一部简明的法典，该法典能够完全考虑司法的需要，用普罗大众能够懂得的语言来起草，彻底清除争议问题，对一切可能出现的案件作出清晰而公正的裁决。

自然法的技术思想

无论如何，自然法学者还是成功地将法学的技术向前推进了很 355
重要的一步。诚然，将自然法原则等同于个人主义财产法和契约法原则，不可能推导出任何可以利用的实际法条；但从原则推导出法律这种倾向使自然法学者确实更容易辨别出什么是根本问题，至少在现行法中是这样。自然法学者从一开始就很清楚而共同法法学直到那时还常常忽略的问题是：相当大一部分罗马法原始文献仅仅包含更一般地表述的法律规范之个别应用，假如一部法典仅仅吸收其一般的法条而不是其个别应用，就可以做到更加简明、更加容易理解、更加一目了然。因此，他们把寻找这些一般的法条视为自己最重要的任务，他们由此相信，罗马人恰好从自然法中推导出这些法条；他们的理论立足点允许他们将罗马法原始文献中同其原则不相适合的一切裁决作为对自然法的背离而简单地搁置一边，排除于自然法的体系之外。当然，他们的处理方式是建立在对在一个法体系中必然交错的思潮相当缺乏了解的基础之上的，也建立在对其中

干系，它们对历史学家也没有任何用处，因为它们并非罗马历史上真正实践过的法律；故此，法国法的编纂不能够以优士丁尼的法学文献为依据，而应以法国的本土习惯为基础。——译者

实证的、历史的实在相当缺乏了解的基础之上的，但他们最终也将下面这个正确的、善的和新的思想作为内核，即：法律中存在着一般原则，个别裁决以此为基础，例外性特征不应简单地被接受，而应对其基础进行审查。由此，他们甚至找到一个可靠的标准，根据这一标准，他们从实在法中消除那些任意的例外或者不适当的，仅通过历史方可说明的残余等因素。

有关自然法内容的总结

故此，自然法学说首先包含对罗马法形式的批判，其次，包含着对当时生效的罗马法内容所做的批判，一般而言，后者在实质上大多涉及次要之点。对于微型的小法典后来的形式，自然法学说具有举足轻重的作用，这种微型的小法典分成简要的章节，一切只原则性地作出规定。自然法学说并没有包含太多实证的素材；这种实证的素材部分地来源于德国人的法意识，部分地来源于商业、贸易、新兴的大工业的制度，即来源于所有这些领域的城市市民阶级的制度。

356 最后，自然法学者传授了一种十足的个人主义的法学家法。由于他们不是从事实务的法律家，所以他们当然在这个方面没有深入探讨细节问题。他们所要求的东西，仅仅在他们脑海里浮现出一般的图景。他们没有能力提出一套取代共同法的实际可行的法学家法：这种法学家法不是来自立法政策的辩论，而仅来自于对在裁决具体的实际个案中的司法适用。即使沃尔夫本人远比其他自然法学者更关注具体的问题，他也没有创制任何真正的法条，而仅提出福利国家意义上的经济政策、立法政策和社会政策要求，这些要求连同其简单地从现行法中借用的东西以及对罗马法的评论就构成了其鸿篇巨制的主要内容。

伟大的欧洲法典的建筑石材

这样，在18世纪末、19世纪初，各个法典形成的建筑石材是：首先，共同法法学；其次，邦法、城市改革法和习惯中所包含的本土法法条；最后，自然法学者们的要求。前两者主要是法学家法。自然法也是法学家法，此外，也是对现行封建法和法学家法的立法政策批判，故此，就这一点而言，它根本不包含任何其自身的法律素材，但它对法典的外在形式具有决定性的影响。

在所讨论的三部法典中，这些组成元素以不同的比例混合在一 501
起了。《普鲁士邦法》包含的罗马法最多，不言而喻，这里只考虑其中的私法部分；《法国民法典》从本土法（习惯）获得的条款最多，《奥地利民法典》主要受自然法的影响。与此相反，在它们之中几乎找不到真正的国法。故此，这些法典在实质上包含着以制定法形式存在的法学家法，它们是法学家法的法典化。由此可以看出，法学家法对于法律发展具有何等的重要性。这些法典的编纂者意识到，特别是萨维尼很清楚地知道，他们的使命不是重新创制法律，而仅仅使现有法获得一种合适的形式，消除陈旧过时的内容，使此处和彼处曾经有效的部分适应新的需要；换言之，按照萨维尼的话说："现有法应被记述下来，并根据政治原因进行必要的修改和完善。"

虽然《德国民法典》是约一个世纪之后才编纂的，但它与18世 357

纪的那些法典有着相同的印记。它所依据的法学确实比其他法典年轻了一个世纪，但终归只是年轻了约一个世纪的共同法法学。除此之外，主要由于基尔克的影响，它也吸纳了很多德意志私法，在形态上同样是作为法学家法出现的，正如上个世纪的日耳曼学派在德国私法的教科书和手册中对它所进行的塑造那样。因为这个原因，更重要的是要强调它与自然法之间的联系。在形式和内容上，它比从前任何一部法典更彻底地实现了自然法学者的要求；而这一事实常常被人忽视的原因在于，自然法学者所要求的东西在此期间已经变成不证自明的常识。因此，当真理变得司空见惯时，精神领域最伟大的成就也就随之而来了。

法典的使命：法学家法的法典化

《民法大全》流传下来的罗马法学家法的特征是：它完全是法官的法学家法。罗马的预防法学似乎对优士丁尼的原始文献根本没有任何影响。当然，它们[1]关注法律文书的的内容，但并不重视如何制作它们的问题，而重视由此产生的争议如何加以裁决的问题。相反，共同法法学在很大程度上是法律文书的法学（Urkundenjurisprudenz）。它在评注法学派的作品中起着特别重要的作用：他们不断地追问法律文书应如何制作，以避免出现这样或那样不期而至的法律后果。可是，在 17 世纪、18 世纪的德国和法国的法学家的著作中，这种观点又明显地退居次要位置，他们和自

[1] 指优士丁尼的原始文献。——译者

然法学者一样，主要关注法官法。无论如何，在《法国民法典》和《奥地利通用民法典》中，典型契约的思想还隐约可见：在《法国民法典》中，它主要见诸有关夫妻共有财产的规定，在《奥地利民法典》中，则见于有关借贷和用益租赁契约的主要章节。此种法律后果应该由当事人自己承担，即：一旦当事人起草了一份内容详尽的法律文书，他们自己就规定了这些法律后果。由于该法几乎完全是补充性的，它并不苛求当事人采取一种特定的契约内容，但假如发生不同于法定后果的其他后果，那么它确实强迫当事人在签订契约时至少应记住受制定法规制的契约内容。尽管如此，甚至在这里，对任 358
何一个可能的法律争议的考量看起来还是最有份量的。

19 世纪以前，至少部分地意图表述法律文书内容的制定法才得以产生，它们依照法国和英国的模式。其目标通常在于将某些此前在国内尚不为人知的制度移植过来，也许按照现行法律秩序，这些制度是被禁止的，或者是否允许尚有疑问；这通常按照外国的模式、以允许当事人通过章程或协议来商定建立此种制度的方式来进行。它通常与意思表示内容的更进一步的确定联系在一起，一般要通过任意法，不过许多也要通过强行法。它们的目的显然是要提前拟定好当事人针对交易而想确定的法律文书的内容，以此预防欺诈（Reglementierung，监管措施）。社团、股份公司、（“舒尔策—德利奇”）合作社[1]、有限责任公司和在继承土地上之营造权的法定秩序，

[1]（舒尔策—德利奇）合作社是信用合作社的原型，起源于19世纪的德国。1846年时，德国作物歉收和饥荒，赫尔曼·舒尔策—德利奇（Hermann Schulze-Delitzsch，1808—1883年）组织了一个合作经营的磨坊和面包店，以特别优惠的价格向成员卖面包。1850年他进一步将此观念运用于信贷领域，建立了城镇信用合作社。该信用社被称为“人民银行”（在德国又叫“大众银行”［Volksbank］）。——译者

均属于这种制度。它们经常与国家监管联系在一起，国家审查契约是否符合制定法，作为比如在明文规定的登记或批准过程中的国家干预。然而，所有这些都不能掩盖这样一个事实：我们这里所谈的实质上是预防法学，也就是说，一种由立法者所发现的法学家法。在古代和中世纪，甚至直到近代，正是预防法学创造了经济生活所需要的新的制度和典型的形式。当有必要为第三人的保护作出规定时，法院就为此提供裁判规范，它们基于自身的素材创造了法学和司法判决。即使在今天，我们的法律生活在很大程度上依然建立在过去这些成就的基础之上。不管怎样，这些制定法与国法的关系比私法立法领域的任何其他部分都更加密切。以这种形式，预防法学就渗透进了《德国民法典》(社团法、夫妻财产法、公司法)，甚至在更大程度上渗透进了《德国商法典》。

总之，法典的使命是对此前的法学家法的发展进行总结，在此过程中，作必要的变革，而总是与传统联系在一起的法学是无力进行这种变革的。对于法典的第二项使命而言，立法干预事实上是不可或缺的；相反，法典远非是补救法学家法之最大弊端(即：其范围之广、漫无头绪和无休止的争议问题)的唯一手段。过去曾不止一次地通过其他措施来处理过这件事。比如，罗马皇帝瓦伦提尼
359 安三世(Valentinian III.)[1]采取引证法那样的技术手段，部分地做到

[1] 瓦伦提尼安三世(Valentinian III., 419—455年)，东罗马帝国皇帝，425—455年在位。公元426年，西罗马的瓦伦提尼安三世与东罗马的狄奥多西二世(Theodosius II，全名Flavius Theodosius Junior Augustus, 401—450年)共同颁布《致罗马元老院》之谕令(*Oratio ad senatum urbis Romae*)，即后世所称的《引证法》(*Lex citationum*，一译《援引法》或《学说引用法》)，规定：盖尤斯以及"塞维鲁王朝"时期的帕比尼安、乌尔比安、保罗、莫德斯汀这五位法学家对法律问题的解答和著作，具有

了这一点。过去，英国人需要处理其判例汇编中所包含的2000多卷的法学家法，目前，他们正想办法解决了这个问题，因为他们认为，当一个出庭律师在法庭辩论中援引100—150年前的判决是很不合适的。这些确实是弥补法学家法之最大弊端的有效手段，但显然是不可避免的。私人的作品经常承担此项任务。这就是《格拉提安教令集》（Decretum Gratiani）[1]和《阿库修斯评注》（Glosse des Accursius）[2]的意义所在。在每个时代，共同法都有一部被视为是对所有法学进行总结的作品：在其最后有效的时期，有温德沙伊德的作品，其后有德尔恩堡（Dernburg）[3]的作品。因此，法典只是众多赋予法学家法某种适合于司法之形式的可能手段之一。

法律效力，但引用的文句必须以原著为本；五位法学家对同一问题意见不一致时，采其多数主张（依多数说裁决）；意见均衡（均衡，众说不一）时，则以帕比尼安的著作为准；若帕比尼安的著作没有涉及争论的问题，可选择五位法学家中较为公正的意见；若从正反意见的衡量中得不出任何较具有份量的意见时，法官可以根据自己的观点自由裁量。——译者

［1］《格拉提安教令集》是12世纪教会法学家格拉提安(Gratian)约在1140年编纂的。1150年，意大利波伦亚大学出版社予以出版，1234年，教皇格利高里九世对此加以补充，批准分5卷公布施行。1580年罗马教会的特伦特（Trent）会议通过议案，确定此教令集为教会的正式法规。——译者

［2］《阿库修斯评注》是13世纪意大利法学家阿库修斯（Accursius, 1181/85—1259/63年）对整个《民法大全》所做的一部卷帙浩繁的注释讲解录，称作《注释全书》（Magna glossa，一译《大注释》），也被称为《标准注释》（Glossa ordinaria），这个篇幅恢弘的讲解录包括96940条注释，内容涵括《民法大全》的各个领域，涉及那个时代法学的所有基本主题。由于阿库修斯注释的影响，后世曾流行这样的法谚："凡不被注释承认的，法庭也不承认"（Quicquid non agnoscit glossa, id non agnoscit curia）。——译者

［3］德尔恩堡（Heinrich Dernburg, 1829—1907年），德国民法学家。著有《普鲁士私法教程》（三卷本，1871—1880年）等。——译者

法学家法的法典化之效果

法学家法在法典上的法律化最初只具有这样的效果：从前在法学家法上所存在的东西此时以制定法的形式重新出现。但这种形式的变化并未对法的状态发生任何影响。因为在此之前，法学依然从社会汲取其内容，它根据社会事实、在社会思潮的影响下来构建法条。从此以后，这必将发生改变。在由法典所引发的各式各样的思路中，或许有一个是最重要的、流传最广的，即：法学只许根据法典来继续作业。早期与社会素材相联系的法学转化为法典之中的东西，必须通过与法典相联系的法学来加以发展，但它却被禁止自主地塑造新的素材。即使在今天，一如既往，立法的意图和效果也并非是同步的。

一定的生活关系在法典中被采纳对在法律上承认其他生活关系之影响

既然这些法典主要是法学家法，那么它们像所有的法学家法一样首先包含一种社会形态内容（gesellschaftliche Morphologie）：这些法典描述法律性质的社会关系，被立法者所认识，而且立法者认为有必要在制定法上对它们加以规定，或者至少提到它们。不言而喻，法典的这种形态内容不可能变成国法。因为国法不是一种（社
360 会）形态。国家只型塑它自己，型塑其自身的制度，型塑其军队和官僚机构，它型塑不了社会，它对社会只能命令或禁止。但是，这

可能产生下面的问题：按照立法者的意图，制定法中描述的形态是否是详尽无遗的？换言之，它只与某种国家的命令相联系，除了确立制定法所允许和规制的社会制度外，不创设其他的社会制度？故而，社会团体、家庭关系、企业形式、契约、遗嘱宣告等未在制定法上描述过的其他种类的形态是否还有可能？

国家禁止某些制度，当然可以采取将命令转化为法典的方式来进行。故而，此种禁令就是国法。它与任何其他的国家禁止性法律具有相同的意义。《法国民法典》对法人只字不提，它无疑想以此遏制，也许甚至想阻止法人的发展，实际上它也对法国的法人制度造成了非常不利的影响。同样，《德国民法典》也想使在制定法上未加规定的其他物权的设定成为不可能；在新契约签订时经常会出现这样的问题：依照制定法，它们是否应被承认？《奥地利民法典》因为不予提及而废除了建筑物的楼层所有权（Stockwerkeigentum）。在此方面，问题的关键是：国家是否有资格实施禁令。如果禁令仅仅通过私法来强制，新制度的禁令因而仅仅抽走了通过起诉和抗辩的保护，这当然是非常值得怀疑的。我们看到，被禁止的契约、被禁止的社团、被禁止的遗赠（比如“死手财产”[1]的赠与）即使违反了法典也能够得以维护并茁壮成长。

［1］“死手财产”（die tote Hand）是欧洲中世纪流行的一种赠与财产。当一个教徒在其死亡时把一部分财产或相当的财产留给教会，这就叫死手财产。然而，随着“死手”（tote Hand）所有的土地的扩大，逐渐限制了土地的供给，因而遭到对土地买卖感兴趣的人（特别是世俗贵族）的反抗。俗人贵族认为这会威胁到他们为后代子孙购入土地的机会。中世纪时，贵族作为（教会的）封臣或教会领地的管理人（Vogt）不断地试图确保自己对教会领地的处分权；近代各国的“死手财产取得禁止法”（Amortisationsgesetze）也着眼于限制教会土地所有的扩大，但事实上这种赠与财产并未因此而受到完全禁止。——译者

诚然，传统学派的法学家经常倾向于把任何在法典上未曾提及的法律关系均视为是受到禁止的。按照普法夫（Pfaff[1]）和霍夫曼（Hofmann[2]）① 的话说，即使无过错的“遗产代位继承的信托”（das unschuldige fideicommissum eius quod supererit）也似乎被许多人视为是禁止的，尽管它在《奥地利通用民法典》上未被提及，仅仅是因为人们“认为此种情形没有必要作出法律上的规定”。但社会现象的法律形态，绝非含有这样一种国家禁止性法律的意思。罗马的法学家们的四种契约并未排除其他种类的约定，罗马的遗嘱法也
361 没有使不属于遗嘱的死因赠与成为不可能；同样，将个别法律关系纳入法典并加以描述，并不具有把一切未包括进去的东西排除在法律之外的效果。

只要法典上未作规定的法律关系尚没有与国家机关发生联系，那么实务法学家就没有任何理由为此操心：从他的观点出发，这些关系存在于法律领域之外。托拉斯、卡特尔和集体劳动契约的现代发展，在很大程度上证明了法的形成可以不经过制定法来进行。然而，如果通过某种法律文书为这些新的法律关系建立一个制定法承认的基础，当发生某个法律诉讼，或者由于其他原因，比如由于国家的监控，国家机关的干预变得不可避免时，情况就会发生变化。此时，法学家将面临这样的问题：他能否在法典中找到与法律关系

[1] 普法夫（Leopold Pfaff, 1837—1914 年），奥地利民法学家。——译者

[2] 霍夫曼（Franz Hofmann, 1845—1897 年），奥地利 19 世纪民法学家。——译者

① 莱奥波德·普法夫、弗朗茨·霍夫曼：《〈奥地利通用民法典〉评释》，维也纳 1877—1887 年版。

相适应的形式和裁判规范，或者，诚如德国共同法法学一贯强调的，他能否通过法学来推释法律关系。这是一个法律技术问题，按照法律技术发展阶段的不同必定作出不同的回答；在罗马诉讼制度支配下，它的回答是一个样，在共同法法学中或者在英美法学中，它的回答是另一个样。在一个自由的发现过程中，它将再度呈现出一个与现状完全不同的面貌。

在任何一种法学中，都有大量的情形似乎无法进行法学推释。最近一个最著名的例子是糖厂的股东供应甜菜的义务。这种（对该义务进行法学推释）不可能的后果是，该法律关系由于缺乏法院和其他国家机关的保护，必须完全由社会力量来维持，否则就会消亡。这的确是一个可悲的结果，尤其是在对该法律关系存在巨大的社会和经济需求的情形中，以及既不违反国家的禁止性法律，也不与公共利益对立的地方。必须强调指出，错误永远不在于法律关系本身，而在于法学，它的技术手段尚不足以胜任其永无止境的使命，即：使法律能够服务于生活的需要。

对法体系完美性之持续不断的突破[1]

法典不可避免地增加了新的法律生活现象给法学带来的困难。因为伴随法典的产生，几乎自动地产生这样的思想：从此以后，立法者的权力命令终结了法学的活动，不仅是针对过去的，而且也是 362

[1] 本书德文第四版与德文第一版不同，在第一版中，标题以下的这一段并非另起，而与上面的内容同为一个段落，特此说明。——译者

针对未来的；法学家不得不只在法典里寻求他所面临的每个问题的答案。鉴于法典所面对的是作为法体系之完美性体现的整个法学家阶层，它对其漏洞的填补作出规定就是无关紧要的事情了。从此，不管是法官的法学，还是著作者们的法学，它们的任务都不外乎是根据法典对生活现象作出判断而已，它必须在任何情况下都将制定法作为一切出发点。如果法典能够阻止社会发展不越雷池一步的话，那么，它也能够做到使法学停滞不前，因为它能够通过这种方式剥夺法学为此发现新法律形式的任何新的主题。但事实证明，法典既不产生，也不努力产生这种效果。为了新的社会需要，总是要出现新的法学家法。喜欢诉诸“通过立法的救济”，既误解了法学的使命，也误解了立法的使命。糖厂的股东供应甜菜的义务之类的推释困难每时每刻都会出现，它们构成了实务法学家的日常供给。试图解决所有这些困难的立法者必定忙不失迭，在这种情况下，谁还能在这些制定法之迷宫中找到出路呢！最后，在立法者的重新干预，甚或将其摧毁之前，任何私法典的目的绝不在于束缚民族的社会力量和经济力量。

人类社会，特别是人类的经济，迫切渴望新的生活形式有新的法律形式。事实上，三部较老一些的法典，即《普鲁士邦法》《奥地利民法典》和《法国民法典》都没能够阻止社会和经济的发展对它们的超越。新的、迄今尚不为人知的结社，新的契约类型，新的企业形式，新型的死因意思表示（Willenserklärung auf Todesfall）开始流行起来，法学已经在法典的框架之内和之外为它们寻找到相适应的裁判规范和救济手段。一如现在可以看到的那样，即使在《德国民法典》的主宰下，情况也没有什么两样。

“法体系的完美性”从来不过是一种纯粹理论上的书本知识。法学对于强大而公平的社会需求或经济需求，或许从来就不可能进行长期的抗拒。人们也一直认为，法学的最重要的使命在于为新的构成体寻找到适合于制定法框架的形式（预防法学），并且在不 363
直接违反制定法的情况下确立适应社会需求或经济需求的裁判规范。所有曾经考察过法学的人都必须承认，法学家每日每时面临的任务不仅是可以解决的，而且也事实上每时每刻都被解决了。仅举一个非常重要而著名的例子，是关于人寿保险的。《法国民法典》和《奥地利民法典》均以沉默方式忽略了这个问题的规定，这种沉默不是出于偶然，而是有意通过这种方式对它加以禁止。对于《法国民法典》，该法典起草人之一的波塔利斯（Portalis）[1]的一句话以及同时代的梅尔兰（Merlin）[2]在其《判例汇编》（*Répertoire*）①中的评释就证明了这一点；对于《奥地利民法典》，冯·赫兹菲尔德（v. Herzfeld）②引用原始材料的话可以证明。人们认为，拿人的寿命来进行投机是不道德的，人们还担心这会刺激出现犯罪。那么在此种情形下，无论什么地方，似乎不得不鉴于法典的沉默而否定契约的效力。如果在这种情况下，法学不再将其永无止境的使命放在心

[1] 波塔利斯（Jean Étienne Marie Portalis, 1746—1807 年），法国法学家。《法国民法典》的主要起草人之一。——译者

[2] 梅尔兰（Philipp Anton Merlin, 1754—1838 年）拿破仑时期的杰出法学家。曾出任拿破仑执政时期的检察长，对确定《法国民法典》的解释起到了重要作用。——译者

① 菲利普·安东·梅尔兰：《通用分类判例汇编》，第 5 版，巴黎 1827—1828 年法文版。

② 埃伦茨威格主编：《保险年鉴》，第 95 页。

上，那么这个世界将会成为什么样子呢？

新的关系迫切需要的新的法律，是受法典主宰的法学家们，像历代法学家一样，从法律关系的具体形态本身，即主要从意思表示、法律文书和交易习惯本身来提取，通过他们的一般化和规范发现的活动来丰富这种新的法律，然后根据法典的内容来对它进行测评。运用这种方式，恰好在上个世纪，保险法基于保险契约的内容而产生。法典通过其规定的特别灵活性减轻了法学（无论法官的法学，还是法律文书的法学）的工作——这种方式也许一定程度上是无意识的，但确实非常有效。结社自由、契约自由和遗嘱自由构成了一个非常宏大的框架，能够把生活所要求的大部分东西容纳进去。此外，法典总是包含一系列概念，它们至少可能使司法判决创设适合于新的制度的法律规范。这些概念包括：默示意思表示、交易习惯、善意原则（bonne foi）、诚信原则；此外，还有一些自注释法学派时代以来的实用法学开始使用的陈旧而屡试不爽的家庭常备药，即概念建构和概念推释。故此，事实上，奥地利的司法判决、法国的司法判决，在有限的程度上也包括通用邦法生效区域内的普鲁士的司
364 法判决，均成功地为法典法充实了新的内容，一如共同法法学懂得适应当时的生活需要而不断重新地发展《民法大全》中的法律一样。在当代，两个较老一些而依然有效的法典，即《法国民法典》和《奥地利民法典》，被涂上了一层很厚的新法学家法的外壳，以至于其原初的内容几乎无法辨别出来。这就可以理解，在这两个国家，重构民法的呼声早已响起，它再次担负起100年前已经解决了的任务，即：将在此期间已经创造出来的新的东西接收下来，进行总结，在这个过程中，考虑许多尚未被此前的法律所充实的新的要求。新的

法律必将产生一个新的社会形态，必将促成一种新的规范构造，不言而喻，这种新的规范构造绝非是终局性的，诚如一个立法者也不能做到对社会发展有最后决定权一样。

尽管在法典中被吸收：依然是法学家法

我们决不应忽视这样一个事实：即使在法典中，法学家法也总是与国法有别的。依其最内在的本质看，即使采取法典形式，它也不可能是国法那样的一种对臣属者的命令，而像在其他任何地方一样，是一种指示和引导：谁也没有针对有关试销的规则和针对比如《德国民法典》有关出租实物牟取高利（Sachwucher）的规定赋予法官相同的权力。法学家法并未强加于这些关系之上，它在过去是从这些关系的内容中提取的，未来也应紧紧依靠这些内容。《德国民 513
法典》有关（源于法学家法的）违反善良风俗之法律行为的规定具有什么样的范围和灵活性，这可以与归属于同一条款的禁止高利贷行为的国法进行比较。人们完全可以，而且也必然从法典中推断出后者的前提条件和后果；然而，什么是违反善良风俗之法律行为，它有什么样的后果，对于这些问题，则必须基于从前存在的全部文献、司法判决以及整个后来出现的文献及判决给予相应的答复。

罗马法有关严重过失（Culpa lata）责任和轻微过失（Culpa levis）责任的条款是典型的法学家法的一般化。根据这些条款，罗马人绝不是打算事先为法学家规定在每个法律关系中应采取什么样的过失标准。同时，罗马的法学家们只是对事实上司法实践过的 365
东西进行了描述。它不是针对未来的“应然”，而纯粹是针对当下

的“实然”。罗马法官事实上据以判断过失的原则提炼成为罗马的法学家有关“在交易生活中要求注意”的学说。

罗马法上的一般化在现代法典中被吸收，并且在形式上转化为法条，未来将对法官有拘束力。尽管如此，法官事实上并未这样做，这一点是毫无疑问的。《奥地利民法典》确实在所有的契约中即使为轻微过失也规定了责任，只是损害赔偿的标准取决于过失的程度。那么，现在让我们比较一下这两种情形：第一种情形是：某人要动身去旅行，将其贵重物品寄放于朋友处，朋友出于帮忙而接收下来；第二种情形是：这个人通过支付报酬将这些贵重物品交给一个专业的保管人保管。在专业的保管人那里被认为是有过失的，当然不能认为其朋友有同样的过失，因为后者仅仅出于帮忙。奥地利的司法显然做了与罗马人曾经做过的相同区分：他们把在朋友那里的责任看作是一种轻微的过失责任，而把在专业的保管人那里的责任看作是一种严重的过失责任。民法典规定的唯一效果是：法官没有区分严重过失和轻微过失，而只是简单地否定存在某种过失，在他们看来，在这个地方让当事人承担某种责任很不适当。也就是说，《奥地利民法典》试图将一种本质上具有应变能力的法学家法学说转化为一种僵化、不变的规范，这种尝试遭致失败。无论在哪个地方，法典承认了轻微过失和严重过失的等级，其结果都大致如此。

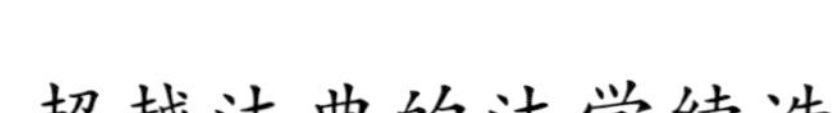

超越法典的法学续造

因此，法典既没有使法的发展进程完全停顿，也没有将它完全引向立法之路：无论活的社会之法的发展，还是法律文书的制作和司法判决的发展都还在继续前行。诚然，法典的编纂者们相信，他们能够将任何法学排除在外：不仅优士丁尼这样，皇帝约瑟夫二世（Josef II.）、弗里德里希二世（Friedrich II.）和拿破仑一世（Napoleon I.）也是如此；据说，拿破仑一世在看到（法典的）最初的评注时，大声叫嚷："我的法典被损坏了。"（Mon code est perdu.）但是，他们这样做的原因仅仅在于：他们像所有的实干家（alle Männer der Tat） 366
一样，只是活在当下，却一心要取消一个不受其意志支配的未来。

在紧接着法典出现后的一段时间里，确实一定程度上真的不需要法学。既然法典已经把此前在法学家法上存在的东西全部吸收了进去，那么其中存在的比较重要的问题至少暂时都得到了解决：如果法学想参与该项工作，则可能遭到法典编纂者的拒绝，把这作为既没有资格又显得多余的瞎帮忙。但是很快，时间就带来了新的问题，这些问题在法典中没有提供答案或至少没有提供令人满意的答案。此时此刻，法学再次面对其永无止境的使命，即：使法律能够服务于生活的需要；它运用自古以来其所运用的相同的方式来实现这个使命。一旦生活超越了法典，那么法学就会再次焕发新的活力。法典愈陈旧，经由法学进行的修改和扩充就愈明显可见。1683年的《丹麦法典》（*Danske Lov*）[1]几乎没有任何一个条文在其原初意

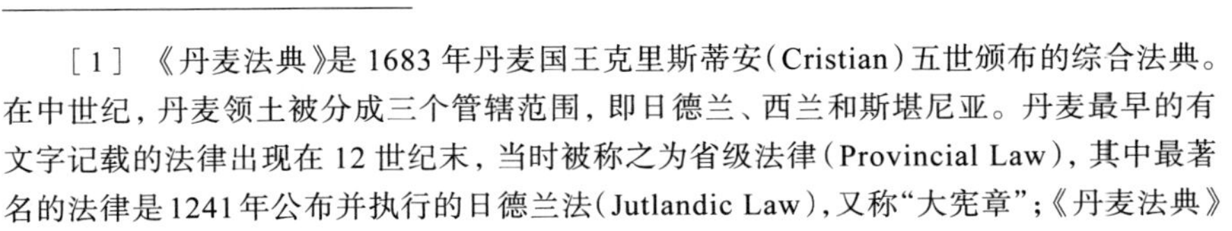
[1] 《丹麦法典》是1683年丹麦国王克里斯蒂安（Cristian）五世颁布的综合法典。在中世纪，丹麦领土被分成三个管辖范围，即日德兰、西兰和斯堪尼亚。丹麦最早的有文字记载的法律出现在12世纪末，当时被称之为省级法律（Provincial Law），其中最著名的法律是1241年公布并执行的日德兰法（Jutlandic Law），又称"大宪章"；《丹麦法典》的颁布使丹麦第一次建立了一个统一的法律体系。——译者

义上于今依然有效。时间对19世纪初的法国法典产生了巨大的影响。只懂得《法国民法典》的人，对在法国的法院有效的民法就只有很不完全的了解。人们必须在《达洛兹—西雷大判例集》中，而不是在法典中去寻找实际有效的法国法。虽然《德国民法典》还很年轻，但正如赫德曼、荣格和其他自由法运动的拥护者乐于强调的那样，德国的司法判决已经无数次地超越了它的规定。

这就是我们对三部较老一些的法典所知道的情况。在这个方面，《法国民法典》出现了一个特别富有启发意义的现象。《法国民法典》颁布之后，法国的法学暂时处于沉寂阶段，而在德国却紧随着出版了扎哈利埃(Zachariae)[1]的著名的《法国民法手册》①，它可以说是《法国民法典》之法的一种完全明显的法学续造，本身甚至受到法国学者的认可。为什么这件事发生在德国，而不是在法国呢？因为《法国民法典》对法国人而言不过是其此前法学的一种总结，对此，他们至少在这个时刻不必添加什么东西。相反，对德国人来讲，事情一开始就是完全不一样的。表达在《法国民法典》之
367 中的，不是德国人自己的法学，而是一种从不同的社会形态出发，并且获得另外一种规范构造的法学。那么，扎哈利埃所做的工作近似于其他法学家对于某个过时的法典所做的事情：他把德国人自己的、在一定程度上与法国社会很不同的社会之判例加工进了《法国

[1] 扎哈利埃(Karl Salomo Zachariae, 1769—1843年)，德国法学家。其著作《法国民法手册》(1868年)是德国人最早系统论述法国民法的著作，较有影响。——译者

① 卡尔·萨洛默·扎哈利埃：《法国民法手册》，第8版，克罗默修订，第4卷，弗莱堡1894—1895年版。

民法典》的法学。这样，他的手册成了后来法国法学的范本，后者过后也把它自己的，但从那以后有所发展的社会作出的判例加工进了《法国民法典》。法国人把扎哈利埃的著作视为经典，也把奥布里（Aubry）和劳（Rau）[1] 对这本书的法学续造同样视为一种经典。

① 查尔斯·奥布里、C. 劳：《法国民法扎哈利埃方法论教程》，第4版，巴黎1869—1883年法文版。

第十九章　习惯法理论

368 蒙森[①]曾经强调指出，在罗马人那里，“通常，而且特别是在法学书籍的语言用法上”，也就是说，从技术意义上看，公法（ius publicum）一语并非指人民的法律，而是由公社创制的法律（das von der Gemeinde ausgehende Recht）。在这个意义上，公法本质上等同于在较古老的法律语言中习惯上被称作公共法律（lex publicum）的东西。依此，公法似乎不是国家法，而是由国家制定的法。蒙森的这句话得到原始文献的证实。我在自己的著作《论法源理论》[②]中证明，在原始文献上，公法很少在国家法意义上使用，从来不像此前人们习惯上所认为的那样在强行法意义上使用，而通常是在由国家创制之法的意义上使用。在西塞罗和共和时期的法学家那里，公法特指法律、平民会决议（plebiscita）；在帝制时代的法学家的著作中，它还包括元老院决议、裁判官告示和皇帝谕令。无论在什么地方，一个特定的规则若被法学家称作公法的规则，那么它可以证明是建立在某个法律、某个平民会决议、某个元老院决议、某个告示或谕令所包含的规定之上的。

---

① 特奥多尔·蒙森：《罗马国家法概论》，1893 年版。

② 欧根·埃利希：《论法源理论》第一卷，柏林 1902 年版。

市民法作为罗马法学家法的表征

私法（ius privatum）是与这种意义上的公法相对而存在的：它是建立在另一种非国家来源之基础上的法，即罗马的习惯法，特别是罗马的法学家法。乌尔比安对此所作的阐释必须逐字逐句来看：它“分为三部分：实际上是自然法、万民法或市民法的总和”（tripertitum est: collectum etenim est ex naturalibus praeceptis aut gentium aut civilibus）。① 这三种规则，无论是自然法规则（praecepta naturalia），还是万民法和市民法，均属于非国家之法。

私法是一个较晚才出现的纯粹学理的概念，主要原因是：不管怎样，从逻辑上看有必要将不属于公法的所有种类的法条概括为一 369 个整体。原初的法律语言并未使用私法，而使用市民法一语。市民法的最初涵义就是指在罗马的法庭诉讼中可以适用的法学家法；从《赫伦尼乌斯修辞学》（*auctor ad Herennium*[1]）直到古典法学家时期，总是可以找到市民法这个术语，在这些地方，它被绝对地使用，不存在一种比如与万民法的对称。在西塞罗的著作中，与市民法相对称者依然是法律：在他那里，依据法律和市民法（legibus et iure

① 《学说汇纂》第 1 卷第 1 章第 1 节第 2 段（D 1, 1, 1, 2）。

［1］ *auctor ad Herennium*，直译为“作者献给赫伦尼乌斯”，也被写作“*Rhetorica ad Herennium*”，系一本无名氏所著的修辞学著作（成书于约公元前 125 年—前 83 年）。其也假托为西塞罗的作品，称为“第二修辞学”（rhetorica secunda）或‘新修辞学”（nova），相应地，西塞罗的《论开题》（*De inventione*），就被称为“第一修辞学”（Rhetorica prima）。——译者

civili）是一个常用的说法。西塞罗把主宰着法庭诉讼的法律，主要是遗嘱的法律（leges testamentariae），称为来自市民法的法律（leges de iure civili）。裁判官告示在他那里仍然居于从属地位，其他较晚的一些法源，即元老院决议和谕令，在他那个时代还不存在。

与此相应，在共和国时期最初，罗马人仅仅区分两种法律渊源，即：市民法，或如彭波尼所称，固有的市民法（proprium ius civile）和法律。前者就是法学家法，它可以追溯至法学家对《十二表法》的解释，同样，伊斯兰教法学也通过这种方式从《古兰经》大约几百个段落的经文中推导出它的整个庞大的规范体系，顺便说一句，《古兰经》中其实只有极少一部分段落包含单个的法条。不言而喻，诚如彭波尼的阐述所证明的，从前没有人认真地讨论过《十二表法》中市民法这种语源。后来，在法律和市民法外，又出现了裁判官告示；我们尚不能证明，它在理论上早于共和国时期就已被视为法律渊源，但裁判官告示实际上是一种法源，正如西塞罗的著作中所显示的那样。大量的私法无疑来自市民法；告示和法律仅涉及特别的领域，每当出现迫切需要一种新的规制时，它们两者才会用得上。帝制时期的两种新的法源，即元老院决议和皇帝的谕令，直到拜占庭帝国建立[1]之后才毫无争议地得到承认。

［1］ 君士坦丁一世（Constantinus I）在位时（306—337年），为加强中央集权，在全国设立4大行政区，军政分治，承认基督教，为创建一个不为多神教崇拜所笼罩的“新罗马”，于330年将都城迁至东部（位于金角湾与马尔马拉海之间的地岬上的）古希腊城市拜占庭（Byzantium /Byzantine，希腊文：Βυζάντιον，它于公元前660年左右开始建城，后改为“君士坦丁堡”［Constantian polis nova］，即现在土耳其的伊斯坦布尔）。395年，狄奥多西一世（Thoedosius I）卒于米兰，罗马帝国迫于当时的形势（日耳曼人各部族因躲避匈奴人的入侵，纷纷要求进入罗马境内定居并建立自治区）由狄奥多西一世的两个儿子东西分治，从此分裂为东西两部分（西罗马帝国定都罗

自从我首次提出罗马法法源的这个观点以来，它已经被不持偏见的学者相当普遍地承认是正确的。对此，我还只想补充的是，从那以后，我又收集了一些资料，这些资料完全证实了我的观点。批评者所表达的疑问涉及市民法和荣誉法（裁判官法）之间的对称。我在自己的著作中断定，在罗马人那里，市民法作为法学家法直到帝制时代晚期仍与裁判官法适成对称，这正好同它与制定法（ius legitimum）、元老院决议和皇帝谕令的对称一样。对此，也存在无数的证据给予支持。当然，我的这个观点与《学说汇纂》[①] 中著名的帕比尼安定义段落之间存在冲突，后者把整个的法分为市民法和荣誉法（裁判官法）；算作市民法的，除了法学家的权威学说外，还有 370

马城，管辖西欧、北非，属于拉丁文明区；东罗马帝国定都君士坦丁堡，管辖东欧、西亚，属于希腊文明区）。公元 476 年（468 年匈奴人首领邓直昔克进攻巴尔干兵败后 8 年），日耳曼人各部族（西哥特人、汪达尔人、苏维汇人、法兰克人、盎格鲁—撒克逊人等）征服西罗马，罗慕路斯·奥古斯都皇帝（Romulus Augustulus）被日耳曼雇佣军首领奥多亚克（Flavius Odoacer, 433—493 年）废黜，西罗马帝国灭亡。东罗马帝国则延续至 1453 年，被土耳其人覆灭。应当说，从 330 年到 1453 年这 11 个世纪的时间里，“拜占庭帝国”从来没有成为过这个国家的正式或非正式名称，其臣民也从来不曾将自己称为“拜占庭人”，或将首都新罗马称为“拜占庭”。拜占庭帝国的正式名称是“Ῥωμανία”（Rōmanía，“罗马”），或者“Βασιλεία τῶν Ῥωμαίων”（Basileía Rōmaíōn，“罗马帝国”）。这是拉丁语“Imperium Romanorum”（罗马帝国）的希腊语翻译，也是拜占庭帝国的自称。为了与同样自称为罗马帝国的神圣罗马帝国区分开，在 1453 年帝国灭亡前，西欧人将其称为“东罗马帝国”（Imperium Romanum Orientale）。一直到 17 世纪，“东罗马帝国”都是西方历史学家对这个帝国的正式称呼。1557 年，德意志历史学家赫罗尼姆斯·沃尔夫在其整理编纂的《历代拜占庭历史学家手稿》中，为了区分罗马时代以前的古典希腊文献与中世纪东罗马帝国的希腊文献，引入了“拜占庭帝国”这种称呼。17 世纪之后，经过孟德斯鸠等人的使用，这个称呼逐渐被西欧历史学家广泛应用，以区分古代罗马帝国东半部与中世纪的、希腊化的东罗马帝国。——译者

① 《学说汇纂》第 1 卷第 1 章第 7 节和第 1 节（D1, 1, 7pr. Und §1）。

法律、平民会决议、元老院决议以及皇帝谕令。[1]我们并不知道这段话在其最初语境中所指何意；但它所陈述的学说却没有在其他任何地方流传下来。并没有其他段落像这一段所说的意义上把法分为市民法和荣誉法（裁判官法）：每当我们在原始文献的其他地方发现某种近似的划分时，那么这种划分完全指的是诉讼和继承法。有属于市民法的诉讼，有属于荣誉法（裁判官法）的诉讼，有属于市民法的继承法，有属于荣誉法（裁判官法）的继承法；除此之外，没有别的地方提到市民法和荣誉法（裁判官法）。但是，我们甚至没有听说过在塞维鲁时代（die severische Zeit）[2]之前有将诉讼法和继承法分成市民法的诉讼法和继承法以及荣誉法（裁判官法）的诉讼法和继承法这样的划分。特别是，在盖尤斯的著作[3]中找不到这种划分的任何蛛丝马迹。因此，我确信，帕比尼安的这段话在其最初的语境里仅仅与继承法有关；市民法的诉讼和荣誉法（裁判官法）的诉讼、市民法的继承法和荣誉法（裁判官法）的继承法之二分的学

[1] 帕比尼安定义这一段的原话是这样的："市民法是后来产生于法律、平民会决议、元老院决议、皇帝谕令以及法学家的权威学说的法。"（见：D.1, 1, 7pr.）——译者

[2] 塞维鲁时代（die severische Zeit），确切地说，是指"塞维鲁王朝"时期，从"塞普蒂米乌斯·塞维鲁"（Septimius Severus, 146—211 年）到"亚历山大·塞维鲁"（Alexander Severus, 208—235/222—235 年在位），即 193—235 年，其中历经 9 位罗马皇帝，他们在位总共 42 年。罗马五大法学家中的四位——帕比尼安、乌尔比安、保罗、莫德斯汀生活在这个时期。——译者

[3] 这里所说的盖尤斯的著作主要是指《盖尤斯法学阶梯》。据认为，盖尤斯与彭波尼属于同时代（公元 2 世纪）的人，他们的活动主要在安东尼·庇乌斯（Antoninus Pius, 公元 86—161 年）和马可·奥勒留（Marcus Aurelius, 公元 121—180 年）二帝执政时代，盖尤斯还可能是彭波尼的老师。《盖尤斯法学阶梯》是一本作者没有完成的著作，整理和出版乃由盖尤斯的一些学生完成，第一版大概在安东尼·庇乌斯皇帝死后（162 年）出版的，第 2 版则可能在 3 世纪才出版。——译者

说是由塞维鲁时代的法学家创立的，顺便说一句，这种二分完全基于实践上的考量，而不是基于法源理论上的考量。然而，即使能够证明，尤其像吉拉德所认为的那样，帕比尼安和塞维鲁时代的法学家的学说是在更早的时代出现的，我的著作的基本思想也丝毫不会受到撼动。

这个基本思想是：从其内核和其原初的成分看，法院所适用的罗马法就是市民法，即法学家法，这种状况一直保持到帝制时代的末期。后来，法律、告示、元老院决议和谕令才增加到这个基本架构当中。不言而喻，根据这一点绝不是说，市民法这个术语，除了法学家法之外从来就没有别的含义。在人类的语言中，没有任何一个术语历经若干世纪而始终保持相同的含义不变。即使是罗马法学家语言上的技术性术语，也总是有歧义的，而且在历史的进程中改变了它们的含义，只要看一下《罗马法学词汇表》（*Vocabularium iurisprudentiae romanae*）就明白这种情况到底到了什么样的程度。特别是，每个语言研究者都知道，术语都是通过其正在使用的对称（反义）词来获取某种特定含义的。假如市民法与万民法或军法（ius militare）或刑法（ius criminale）适成相反，那么它就不再是指法学家法，而恰好是指万民法、军法或刑法的对称词。我在自己的著作中对此已做过阐释。正因如此，我并没有像米泰斯（Mitteis）[1]所认为的那样，被盖尤斯的《法学阶梯》第1卷第1章第1节（Gaius Inst. I, 1, 1）驳倒了；顺便说一句，我从未忽视这一部分，而是悉心地加以

［1］ 路德维希·米泰斯（Ludwig Mitteis, 1859—1921年），奥地利法学家、罗马法史学家、法律纸莎草纸文献学奠基人。——译者

371 讨论的。只有在市民法被绝对地使用而没有对称词的地方，就我所看到的，从西塞罗到波伊提乌的研究专家那里，它总是指法学、指法学家法；而且，我不认为我忽略了任何一个段落。保罗（Paulus）[1]还讲过："并且，这看起来是通过沃科尼亚理性市民法（而产生的）结果"（Idque iure civili Voconiana ratione videtur effectum）①，在这里，"iure civili"只能是指"通过法学家法"（durch Juristenrecht）。

在罗马，除市民法外，没有其他的"习惯法"

只有这种认识才会使我们理解罗马法的发展。由于我们不是在讨论罗马法的特点，这一点就更加重要。同样的现象也表现在另一个法律制度的形成过程之中，后者没有经过继受阶段，没有受到明显的外国法影响，却达到了非常高的发展阶段。在英国法中，存在着普通法和制定法（statute law）的对称，这种对称与罗马法上的市民法（ius civile）和制定法（ius legitimum）之间的对称完全对应。普通法完全是法学家法，即由法官确立的"王国的习惯"（custom of the realm）。（英国的）制定法只是由国家所创制的制定法。在这里，后来又有御前官法（Amtsrecht），即衡平法，作为第三个组成部分加入进来。因此，我们可以公正地说，这里所讨论的不是罗马法形成的偶然性，而是一切法律形成的规律，它不依赖于国家权力，

[1] 保罗（Julius Paulus，约 200 年），古罗马五大法学家之一。——译者

① 保罗：《判例集》，第 4 卷，第 8 章，第 20 节（Sent. IV, 8, 20.）。（经查，所引的保罗这一句话完整表达是："超出血统之外的妇女不被承认有法定继承权，并且，这看起来是通过沃科尼亚理性市民法[而产生的]结果。"——译者）

不是从某个中心点出发，不受外界影响而自行发生。

此外，罗马的法学家们当然也谈到习俗（mores）和习惯（consuetudo）。但这些本身并不是法院要考虑的习惯法。罗马社会产生的所有规范，只有当它们经历了法学家法的过滤，变成市民法时，才会成为一种对法院有拘束力的习惯法。这一点在夫妻之间赠与的禁止规则上表现得最为明显，该规则自社会本身产生，原始文献不下十处始终把它称为市民法。若没有法学的介入，习俗和习惯不可能直接成为法院适用的法，我们可以从佩尼策（Pernice[1]）①和布里埃（Brie[2]）②的阐释中得出这个结论，他们两人的看法之所以对我如此具有说服力，恰恰是因为他们是从一个与我的观点截然相反的观点出发的。

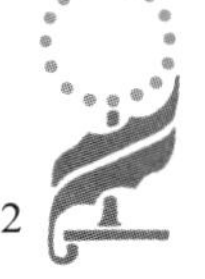

在罗马，直到古典时期结束也从来没有听说过在市民法、即法 372
学家法之外，还有另一种习惯法。在《学说汇纂》的标题“法律、元老院决议和古老习惯”（De legibus senatusque consultis et longa consuetudine）和《法典》标题“有关古老习惯的事项”（Quae sit longa consuetudo）之段落（这些段落来源于古典时期）中，从一开始就只有一处涉及罗马的习惯法，即《残篇》第1卷，第3章，第36节（fr. 1, 3, 36）。这一节所讲的是习惯法上对夫妻之间赠与的禁止。

---

［1］ 佩尼策（Alfred Pernice, 1841—1901年），德国19世纪法学家、罗马法学家。——译者

① 阿尔弗雷德·佩尼茨：《论罗马的习惯法》，载《萨维尼基金会法律史杂志》（罗马分部），总第20期（1899年），第127—171页。

［2］ 布里埃（Siegfried Brie, 1838—1931年），德国法学家，曾任德国的海德堡、波兰的罗斯托克和布雷斯劳大学国家法和教会法教授。——译者

② 希格弗里德·布里埃：《习惯法理论》，布雷斯劳1899年版。

但甚至这一处所包含的也不过是对该规定的一种学理上的赞扬。上面提到的《学说汇纂》或《法典》之标题下的整个其他内容，只要它是来自古典时期的，原本与习惯法问题毫无关联。著名的尤利安（Julian）一段（fr. 2 d. T.），在最初的语境中所涉及的是《巴比·波培法》（*Lex Papia Poppaea*），很可能就是该法中所包含的有关繁重的公职和公共徭役之规定。在此背景中所提及的不是习惯法，而显然只是在自治市中流行的习惯。乌尔比安的两段（fr.33 和 34d. T.）和亚历山大皇帝的谕令（C. 1.8, 52）一样，都不是把罗马的习惯法，而是将行省的风俗作为话题，由此可以推断出，它们均来源于乌尔比安的《论行省总督的职责》（*De officio proconsulis*）一书。摘自保罗的《论问题》（*Quästionen*）和卡里斯特拉图斯（Callistratus）[1]的《论问题》的段落（fr.36, 27 d. T.）所涉及的完全是制定法的传统解释。保罗的那一段（fr.37 d. T.）摘自《论自治市法律》（*Ad legem municipalem*）的讨论。它仅仅有关自治市的习惯，它的原话早已证明了这一点：在城邦中以前对同类案件适用什么样的法（quo iure civitas retro in eiusmodi casibus usa fuisset）[2]。总而言之：当古典时期的罗马法学家提到市民法时，他们所指的是罗马的习惯法，但当他们完全一般地提到习俗或习惯时，则不是指罗马的习惯法。

［1］ 卡里斯特拉图斯（Callistratus, 约 3 世纪），晚期的古罗马法学家。主要研究古罗马时期希腊各省的法律。——译者

［2］ 经查，这一段话是卡里斯特拉图斯在《论问题》第 1 编中所讲的。完整的表述是：“如果对法律解释发生疑问，人们首先应当调查在城邦中以前对同类案件适用什么样的法。实际上，习惯也是法律最早的解释者。”（见：D. 1, 3, 37）从这一段完整的引文看，埃利希的观点是很容易理解的。——译者

前面的一段文字逐字逐句地摘自我题为《习惯法的事实》① 的大学校长就职演讲[1]的开场白。当我将它付印时，我并不知晓普赫塔已经在其有关《习惯法》的著作中②准确地说出了同样的观点，或许说得更好，但无论如何说得更完整。我尽管曾经多次通读过此书，但还总是跳过其有关罗马习惯法的阐述，因为众所周知，自他那时起，我们已经取得了很辉煌的突破了。于是，我决定再一次阅读之，现在我不再完全肯定我们实际上已经远远超越了普赫塔。我相信，我们还是能够不时地从他那里学到一些东西的。普赫塔的观点曾受到萨维尼的赞同。

“Consuetudo”在优士丁尼那里作为地方习惯的表征

后古典时期法学家赫尔莫杰尼安（Hermogenianus）[2]和晚期 373
的皇帝谕令才把“Consuetudo”（习惯）当作法的渊源。当时的情况完全不同于古典的法学家时期。从《安东尼谕令》（*Constitutio Antonina*）起，罗马法开始对各种不同特性、文明和血统的民族发生

① 欧根·埃利希：《习惯法的事实》，莱比锡 / 维也纳 1907 年版（重印于氏著：《法律与活法》，柏林 1986 年版，第 104—132 页）。

[1] 欧根·埃利希曾于 1906—1907 年担任其母校切尔诺夫策大学校长（参见本书附录“欧根·埃利希生平与著作概览”）。——译者

② 格奥尔格·弗里德里希·普赫塔：《习惯法》，2 卷本，埃尔朗根 1828—1837 年版（重印本，达姆施塔德 1965 年版）。

[2] 赫尔莫杰尼安（Aurelius Hermogenianus）“戴克里先—君士坦丁”时代的古罗马法学家，戴克里先皇帝的法律顾问（申诉答复起草人），《赫尔莫杰尼安法典》（Codex Hermogenianus）的编订者。——译者

效力，这些民族的成员尽管已经归化为罗马公民，但他们甚至在表面上也从来没有接受罗马法和罗马习惯。他们一如既往地按照他们从前的法律和习惯生活。简单地无视这个事实是不可取的。虽然皇帝们强烈地倾向于直截了当地废除这些习惯，但到了一定的程度，他们还是不得不考虑它们。故此，后古典时期的《学说汇纂》摘自赫尔莫杰尼安的一段曾明确地解释说，“凡为持久的习惯确证的规则”（quae longa consuetudine comprobata sunt）具有拘束力。《法典》中有三处涉及此问题的皇帝谕令。优士丁尼意识到他不能够简单地以保持沉默的方式忽视（地方的）特别法的效力，为此，他对我上面提到的古典时期法学家的表述（这些表述脱离了原来的背景，在意思上大多已经遭到曲解）进行了整理，并且添加了他在这个方面从后古典时期的文献中找到的东西。因此，优士丁尼的各个法律书籍[1]中的“Consuetudo”主要是指行省的特别法，它对从前的外省人，即：此时的罗马公民，大多具有习惯法上的效力。

“习惯法”在共同法法学家那里作为地方法的表征

前注释法学派、后注释法学派、教会法学家以及共同法的实务家有一项与后古典时期的罗马法学家和立法者类似的任务需要解决。他们也要将罗马法应用于各种不同特性、血统和文明的民族，这些民族对罗马的习惯和罗马法大多是完全陌生的，它们拥有本民

[1] 这主要是指优士丁尼的《民法大全》。——译者

族的法和本民族的习惯。优士丁尼的原始文献的文本正好是针对这种情形的，故而能够直接地加以适用。但这里唯独涉及这样一个问题，即：到底在多大程度上必须让作为习惯法的特别法发生效力，它应如何与共同法之间划清界限。有一点很清楚，为此，一种从共同法中提取的标准是非常受欢迎的，但同样清楚的是，精通共同法的法学家在这个方面更加情愿采取某些墨守成规的东西。无论如何，在那些从罗马法学派的法学开始到历史学派发挥影响之前的时期都以罗马的原始文献为根据的人看来，这些原始文献的文本不过 374
是一种法源理论：对他们而言，这些文本是有关（地方）特别法和地方习惯之效力的法律规定。历史法学派改变了这种状况，因为它创造了一个结构如此宏大的学说，即使在今天仍未被超越，必定激起我们无条件的称赞。

萨维尼和普赫塔所讲的“习惯法”

在这方面，我们只提萨维尼和普赫塔。这两位历史法律观、特别是在习惯法领域的历史法律观的开创者，他们的基本理论与他们的继承者的学说之间裂开了一条鸿沟，而且跨越这条鸿沟似乎是徒劳之举。不过，萨维尼和普赫塔可以或许作为一个整体来看待。即使他们中的某一个人偶尔在细节上偏离了另一个人的观点，那么这看起来也不是说，作者想借此表达某种意见分歧；这相当于同一个作者在其晚期的作品中作出了与其早期的作品不同的表述。当然，他们俩人的观点无疑都经历过变动：萨维尼在《论立法与法学的当代使命》的观点不同于他在《当代罗马法体系》中的观点；普赫塔在《习惯法》和《法学阶梯》(*Institutionen*)[1]中的观点也不相同；即使在他们两人所写的新书预告和评论中，我们也会偶尔感觉到某种观点的改变。但这里的关键可能不在于学说的发展；顺便说一句，兰兹贝格(Landsberg[2])① 已经对这个问题进行了非常好的描述。至于普赫塔，我们必须把他有关习惯法的著作第 2 卷和他对格奥尔格·贝塞勒的《民众法与法学家法》之评论看作是最终的观点；就萨维尼而言，则应将他的《当代罗马法体系》作为最终的观点。不言而喻，我们也不能忽略萨维尼和普赫塔的其他作品，尤其是那些补充和说明上面提及的著作之评论性作品。

在评价他们的学说时，我们必须记住，正是萨维尼和普赫塔第一次将进化(发展)的理念添加到了法源的理论之中，并且清楚地认识到法的进化(发展)和民族的整个历史之间的联系。"这种法与民族的本质和特性之间的有机联系，亦在时间的流程中经受考验，而且在这里，法也堪与语言进行比较。如同语言一样，对于法来说，并没有一个绝对停顿的时刻；它像民族的任何其他活动方向
375 一样，亦经受同样的运动和发展，而且这种发展，如同任何较早的

[1] 普赫塔一生著有《法学百科与方法论讲义纲要》(*Grundriß zu Vorlesung über juristischeEncyklopädie und Methodologie*, 1822 年)、《习惯法》(2 卷本)(*Das Gewohnheitsrecht*, 1828—1837 年)、《学说汇纂教科书》(*Lehrbuch der Pandekten*, 1838 年)、《法学阶梯教程》(3 卷本)(*Cursus der Institutionen*, 1841—1847 年)、《民法论文集》(*Georg Friedrich Puchta's Kleine civilistische Schriften*, 1851 年)等著作，被誉为"历史学派第二首脑"(zweites Haupt der Historischen Schule)。——译者

[2] 恩斯特·兰兹贝格(Ernst Landsberg, 1860—1927 年)，德国法学家。——译者

① 恩斯特·兰兹贝格，载施廷琴、兰兹贝格：《德国法学史》第 2 部，慕尼黑 1910 年版，第 186 页及以下，第 438 页及以下。

现象一样，受制于同一内在的必然性规律。也就是说，法随着民族的成长而成长，随着民族的发展而发展，最后，一旦民族丧失其特性，法也随之消亡。”[①] 这种观点产生了一个全新的法源概念：其目的不再是有助于专断而随意地决定什么是法律，它们是一种在民族意识中随内在必然性而进行的“生成过程”（Werden）和“发生过程”（Geschehen）的表现。

此时，我们才似乎揭开这整个学说的深层根基。萨维尼和普赫塔的重点在于强调，法的发展本身直接在法意识之内进行；在他们那里，习惯只是破土而出的嫩芽。普赫塔在回应贝塞勒时评论说：“习惯并不创制法，它只是让人们认识法。”但这绝不是习惯法的一种特性，它对任何其他的法源也必定是适用的；如果真的要创制法律，那一定是民族的一般法律确信的表达。故此，制定法必须要像习惯一样看待。“共同的力量是民族的精神，立法也从中获得其所宣告的内容。”众所周知，这在很大程度上与萨维尼自从其事业开始以来的学说是相一致的。早在《论立法与法学的当代使命》中，他把“记述全部的现有法”称作是一部法典的唯一使命。在《当代罗马法体系》中，他讲过同样的话，不像通常所认为的那样，纯粹针对法典，而且针对所有的制定法：“业已存在的民众法是制定法的内容，或者说，表达了同样的内容，制定法是民众法的机关。”制定法的目的仅仅在于使民众法更加明确，或者在不断演进的法的发展中“更迅捷地结束不确定法的间隔时间”。普赫塔也同样认为，

① 弗里德里希·卡尔·冯·萨维尼：《论立法与法学的当代使命》，海德堡 1814 年版，第 11 页。

立法活动更多地是一种形式上的活动，因为立法者并没有任何独特的法意识，而是直接从民族精神和法学家那里获得其素材的。立法者经常也只是对法律具有一种纯粹形式的影响，因为他仅仅表述现有法，也就是说，只是给现有法加上制定法的形式。

第三种法源是法科学。萨维尼早在《论立法与法学的当代使命》中就指明法科学是一种法源，普赫塔在《习惯法》第一卷中用了简短的篇幅来谈这个问题，但在第二卷对此作了实质性改变。萨维尼在《当代罗马法体系》中表面上看起来是顺着普赫塔话讲的，
376 但这一点并非完全毫无疑问，因为俩人的学说都不是十分清楚。按照普赫塔的观点，当且仅当法科学不是一门纯粹的科学，而是一门民族的（nationelle）科学时，它才生产法律。“除了”本身建立在通过科学推导出来的法条基础上的“惯例”（Praxis）之外，还有一种惯例，“其表达法律智者的民族法意识，因而包含着习惯法”。这些话如何理解，或许最好根据普赫塔在评论贝塞勒著作[①]时的阐释才可以看得出来。“当谈到有关汇票法的共同确信时，我们并不指望在农民之中找到这种确信；同样，我们也不会为了划分地界和牧场地役权的法而去请教银行家。但在我们认为对现行的法条一般地抱有某种实际确信的人当中，我们把那些因其事务使他比其他人更经常地与根本法律问题或某些特定问题打交道的人放在突出的位置上。比如，我们不应想当然地认为，所有具有同等智力签发汇票的人具有同等的意识强度和同等的意识范围。在讨论共同的

① 格奥尔格·弗里德里希·普赫塔：《对格奥尔格·贝塞勒著〈民众法与法学家法〉的评论》，柏林 1844 年版。

民族确信时，我们会把那些最经常从事这件事情，而且极尽多样化地从事这件事情的人挑选出来，作为整个阶层的自然代表。我们设想一下法庭由那些不把这个职位当作其职业的人组成，这些人经常以这种身份从事此类活动，比如商人，他们担任商事法院的陪审官，他们有关此类法律问题的意见在其他条件相同的情况下（ceteris paribus）在我们中间具有某种优先的效力，即使我们的出发点不过是要查明民族的确信。此时，我们设想把这些刚才提到的裁判者和法官转换成不把其他职业与该职位联系在一起的人，而且我们进一步设想，这些人已经接受过法学训练，作为其担任这一职业的准备，那么他们是否因此丧失了代表民族确信的能力呢？”

法学家作为民族的代表

因此，在这个意义上，习惯法、制定法和法学家法都是来自同一枝条（即民族确信）上的嫩芽。普赫塔对此还谈到，习俗同样是习惯法的原始胚体，就像体系是法学家法的特殊机关，词语是制定法的特殊机关一样。这三种法之间的相互关系最为生动地表现在萨维尼于 1819 年的一则学术笔记之中，我特别有幸看到过这个笔记。由于它不仅本身极为令人感兴趣，而且似乎也证明萨维尼是普赫塔 377
所表述的习惯法学说的真正原创者，所以我将在这里逐字逐句地引述这段文字：“故此，法可以首先按照科学的方式，通过受到科学养成的法学家，其次通过立法来加以表述。那么，以这种方式来确定民族之本质的、无形的、精神的法，必定是立法的唯一目的。遗憾的是，许多立法并没有贯彻这种精神，因而其本性的法总是反复地遭受伤害。让我们采取唯一正确的观点，它本身经过了历史的考验，那么我们问一句，这种依其内在本性以无形的方式存在的、基于民族的内心的法，如何能够外在地显露出来呢？我们的回答是：法可以按照科学的方式（比如，通过书籍，通过授课，等等）来表述，不过它也可以通过立法来进行。依我们的观点，在后一种情况下，成文的来源并非生成的理由，而仅仅是法的标志和特征，由此我们可以逆推出现有法。那么，所有的制定法都只有这样一个目的，即：让我们识别当前的法律，并且维护它。这一点也由经验所证实，因为大多数现有的制定法绝对都是长期以来在民族中存在的习惯之表达。”

作为民族发展结果的法

这样，萨维尼和普赫塔事实上试图将整个法的形成而不仅仅是习惯法的形成的重心根本放在法意识上，即：放在“整个民族确信的自然和谐一致”上，而且把它们在习惯上的外在显现看作是法的形成的非本质因素。然而，人们普遍没有意识到，他们两位的这种“唯灵论的”观点是建立在很深刻的法律观基础之上的。这一点或许在下面普赫塔对贝塞勒的著作所作的评论[①]的一段话中最清楚地表现出来：“人们后来以历史学派的名字命名的德国法学时代碰到了一种法的理论，在这种理论中，国家摆脱了其自然的基础，即：民

① 格奥尔格·弗里德里希·普赫塔：《对格奥尔格·贝塞勒著〈民众法与法学家法〉的评论》，柏林 1844 年版。

族，而转化成为一种纯粹恣意的机械构成体。法被仅仅归结为立法权的产物，此外其他还作为创造法律之力而被坚持要求的东西，都被人们看作是与立法有某种联系，必定被理解为立法的直接产物，因此也必定维护制定法的独裁，尽管必要时须借助成文法和不成文 378 法的划分；为了不看见那些到处存在的、虽未曾颁布却依然有效的法条，人们必定强行闭上眼睛。历史学派走上了另一条道路。它重新回归民族（Nationellen）概念，并在这个概念中认识法和国家的自然基础。”

鉴于他们的学说始终以进化论思想（Entwicklungsgedanken）[1]作为基础，我们可能难以高估（萨维尼和普赫塔的）这些论述的重要性。进化论思想不是随便哪一种科学真理，它是整个现代思维的基础，简直就是一种世界观。自然科学领域只有少数出类拔萃的天才隐约地想到这个进化论思想，在那个年代，萨维尼和普赫塔业已成功地将它引入到法科学，也就是说，引入到社会科学。他们成功了，因为他们为法源理论赋予了一个全新的内容。他们的前辈对该理论没有很大的兴趣。这些法学家并不怀疑，什么应视为法律，该问题完全由立法者来决定；对此，他们论述了一些有关罗马立法者应在什么条件下承认习惯法的规则。而在这一点上，萨维尼和普赫塔则宣称了他们有关法的起源的思想。其观点第一次表述为：民族是一个有机的整体，它本身处在持续不断的发展之中；所有的法律发展都只是整个民族的这种发展的一个结果。

[1] 莫尔的英译本将“Entwicklungsgedanken”译为进化论（the doctrine of evolution），故从其译（See Eugen Ehrlich, *Fundamental Principles of the Sociology of Law*, transl. by Walter L. Moll, Harvard University Press 1936, p.447）。——译者

故此，历史学派不再像其所有前辈那样关注为法官制定有关适用习惯法的规则，而是关注发现社会中创造法律的力量。法律史学家们主要不是讲授法应如何适用，而是讲授它是如何产生的：他们不是意图给予实践的指导，而是提出一种揭示习惯法本质的法源理论，并对它进行解释和证成。他们在民族概念中找到了此种解释和证明的理由；普赫塔[①]曾明确地这样谈道："如果习惯法与民族的自然概念存在着这种密切而必然的联系，如果习惯法是民族在与法发生联系时活动的结果，那么，习惯法是否有效以及它基于什么理由有效这个问题事实上根本不可能产生，因为唯一可能给出的答案是：习惯法存在和有效的理由，与民族确信存在的理由相同，最后，归根结底，与民族存在的理由相同。"

379 也就是说，既然习惯法完全根基于"民族"概念，那么它的产生，除了共同的民族确信之外没有任何其他的先决条件。甚至连习俗都不可能被看作是这样一种先决条件，因为习俗只能被视为某种业已存在之物的表现，而恰好不是其产生的先决条件。不过，当然，习惯法通过法官的适用还是有一些先决条件的。"但假如我们在另一种意义上理解先决条件，比如理解为通过法官适用的先决条件，理解为法官采纳习惯法的先决条件，那么我们在这里所谈论的恰好不再是习惯法本身的先决条件了……故此，在这里，有待回答的问题是：当法官面临引用某个习惯法，或者当他由于其他的原因而被要求去查询这种法源时，他必须考虑什么呢？他能够在什么条件下

① 格奥尔格·弗里德里希·普赫塔：《对格奥尔格·贝塞勒著〈民众法与法学家法〉的评论》，柏林 1844 年版。

把一个习惯法当作是实际存在的法呢？”[1] 在另一处，普赫塔又写道：“依据有关习惯法本质所进行的一项研究结果，习惯法之先决条件的学说仅仅具有这样的意义，即：应当确定，一个为法官所适用的法条的习惯在什么前提下是那种法的识别手段；在这个情况下，人们决不必考虑习惯法产生的先决条件。”

这样，普赫塔就把追问习惯法产生的问题和习惯法在法庭上的可适用问题截然区分开来，不言而喻，后一个问题主要取决于习惯法的可承认性（Erkennbarkeit）。不过同样也可以得出结论，或许有一种习惯法，其尽管在民族的确信中作为法存在，但由于缺乏在法庭上的可适用性之“先决条件”而不被适用。萨维尼和普赫塔至少就国家禁止习惯法的情形对该学说作出这样的推论，而通过国家只能阻止习惯法被法庭承认，但不能阻止习惯法的产生。

习惯法主要是行为规则

然而，尽管如此，习惯法和其他法源，即制定法和法学家法之间的原则区分并未得到充分地强调。一如萨维尼和普赫塔所认为的那样，在习惯法中，产生于民族法意识中的东西直接转化为习俗，民族不仅意识到他们的法，而且还以他们的法来生活，他们依此而行为，依此而行事，而且正是这种依法而行不仅是习惯法的表现形式，而且也是它的一种识别手段。也就是说，习惯法既是行为规则，380

① 格奥尔格·弗里德里希·普赫塔：《对格奥尔格·贝塞勒著〈民众法与法学家法〉的评论》，柏林 1844 年版。

也是裁判规范；更确切地说，它始终首先是行为规则，通过行为规则才变成裁判规范。但这种说法不适用于其他法源，尤其是不适用于制定法。即使制定法也应产生于民族的法意识，萨维尼和普赫塔均把这一点看作是或许极其值得去追求的理想，但在此方面，他们也确实承认，这并非总是切合实际的。故此，萨维尼在上面刚刚引述的学术笔记中强调：许多立法并没有贯彻这种精神，因而其本性的法总是反复地遭受伤害；早在《论立法与法学的当代使命》中，他谈到“新的”制定法“很轻易成为一种徒劳的法的腐败”；最后，普赫塔也必须承认，制定法的内容“在颁布之时就已经作为现有法存在，或者是习惯法或者是惯例，只要一个民族的观点或者法学家的观点是可以得到认可的，即便它们还没有发展成为一个牢固的确信，没有发展成为一种法律，甚或不借助立法者的帮助，它们永远不会发展。因此，立法至少有可能是真正的法源”。

法学家法从来不过就是裁判规范

在法学家法那里，这种情形甚至更加清晰。无论如何，萨维尼坚持认为，在高级的法律发展阶段中，创造法律的活动应由法学家阶层作为“全体的代表”来进行；普赫塔相信，经由自然的方式，法学家们“成为共同的民族之法律观点得以表达的机关，成为法学家阶层的共同确信根本上替代民族成员之确信的机关”。但在习惯法的情况下，“民族成员的共同确信”外在地表现在这一点上，即：这些人作为民族的成员按照他们的法律确信来行为；按照普赫塔的观点，就法学家法而言，民族成员的共同确信只能从下面一点推断出来，即："它部分地在法学家们的确信、部分地在法院的适用中来实际地确认有效"。这的确是一个很大的区别。法学家们总是希望拥有某种法律确信，但作为法学家，他们至少不会按照它生活，他们作为法学家只是适用之。因此，每一种法学家法显然仅仅表现为裁判规范，而不是表现为行为规则。职是之故，当普赫塔认为，在其他情况下，法意识通常也只在民族的个体成员之中产生，这种看法是很不适当的：因为银行家事实上遵守汇票法，农民遵循划分地界和牧场地役权的法，而法学家则仅仅依据这些法来作出裁决。

故此，当萨维尼和普赫塔谈到习惯法时，他们的心头浮现的作 381
为有效的力量是一件东西，当他们讨论制定法和法学家法时，他们的心头浮现的作为有效的力量又是另一件东西。习惯法作为行为规则直接产生于整个民族的法意识，或者只在个别阶层的法意识中产生；整个民族或者个别阶层据此而行为，于是，习惯法成为习俗；在习俗中，习惯法可被法学家、特别是法官所识别，从此，法学家、特别是法官从中提取裁判规范。甚至制定法也经常是以这种方式产生的，这就是历史学派的创立者们无条件认可的唯一的立法方式，即法律记述（Rechtsaufzeichnung）。但他们也没有无视下面这种认识：制定法也可以通过其他方式完成。普赫塔也是第一次在评论贝塞勒的著作[①]时寥寥数语谈到这一点："制定法之所以有效，是因为它由立法者颁布；人们期待它与现实的民族意志相一致，但它的有效性并不取决于对这种前提条件的某种审查，故此，立法是一

① 格奥尔格·弗里德里希·普赫塔：《对格奥尔格·贝塞勒著〈民众法与法学家法〉的评论》，柏林 1844 年版。

种形式上独立的法源。”

依据上面的说法，这只能有一种含义，也就是说：当且仅当制定法是从在民族中通行的行为规则中提取时，它的内容才与民族意识相一致；否则，它就与民族意识相隔膜，也不会实现普赫塔的期待：这种制定法尽管对法院有拘束力，但显然纯粹是作为裁判规范。不过，令人奇怪的是，萨维尼和普赫塔都没有注意到，同样的论点必定适用于法学家法，甚至在比制定法更高的程度上适用于法学家法。因为法学家法从来不是从民族的行为规则中提取的；如果是的话，那也不会是法学家法，而是习惯法；它同样不是从法学家们的行为规则中提取的，因为这些人本身其实不参与日常生活中的交易。因此，正如普赫塔完全正确地看到的那样，它从一开始就仅仅是“法学家的确信”，因而作为行为规则是完全无实效的，或者说，它出现在“法院的适用之中”，故此，是纯粹的裁判规范。

法学家代表整个民族之学说

因此，历史学派的创立者们的法源理论对于法律中的行为规则和裁判规范，只有基于他们自身才强烈地感受得到（但并非能够清楚地理解）的区分，才能得以解释。他们有关法律发展开端的习惯
382 法和后期的法学家法之区分的著名学说，也是以此为基础的。当他们认为，在较早的时期，法直接产生于民族意识，那么他们的意思是，整个的法甚至完全由整个民族的行为规则构成，故此，整个民族的行为规则也就充当了裁决法律争议的唯一基础。当他们断言，民族后来创造法律的活动绝大部分应归属为法学家阶层时，他们只

不过是想说，法后来“绝大部分”不再以民族的行为规则存在，而作为法学家的裁判规范出现。顺便说一句，我们在萨维尼那里可以看到这个思想，因为他曾说，促使法学家工作的原因可能是“通过教学或者著述来告知已经获得的结果，或者是裁决法律争议的需要”；我们在普赫塔的著作中也同样看到这一点，他阐述道：“因此，伴随以民族成员的共同确信为基础的习惯法而出现的，还有另一种法，它是以作为民族代表的法律行家即法学家的习惯为根据的。”诚如在萨维尼那里所讲的，这里的“法学家的习惯”只可能指应如何裁决法律争议的学说，或者指法律争议之裁决本身。

习惯法学说的经验基础

然而，为了一定程度上公正评价萨维尼和普赫塔的学说，我们必须首先解决下面这个问题：当他们提出他们的学说时，到底有哪些习惯法的具体情形浮现在他们的心头呢？只要看一看他们的著作就足以使人相信，这并不是一个单纯的抽象的哲学问题，也不是一个纯粹从预先想好的意见或者任意建构的理论所进行的推导，而是一个谨慎的、基于自己切身观察所进行的归纳。尽管如此，要回答这个问题并非易事。毫无疑问，纵然法科学的经典作家们总是关注习惯法的具体情形，但他们所讲的东西是如此抽象，其表达是如此概括，以至于无法从中推断出什么结论。他们努力这样来表述自己的学说，即：它总是能够适用于任何习惯法，所以这种学说缺乏区分，缺乏对细节的深入探讨，缺乏对特定情形的调查研究。无论如何，他们不能完全回避这样的任务，即：至少应当暗示其学说的事实前提，并且通过一些事例来对此加以说明。故此，对此种学说的事实基础加以检验，有时确实是可能的。

从萨维尼和普赫塔所举出的事例，我们至少可以得知，他们通
383 常并未把习惯法想像成纯粹的裁判规范，而是当作行为规则。普赫塔①曾经提到下面这些学说，作为法科学创造的现代习惯法：一个精神病患者的祖父应享有被监护人范围内的代位继承权；罗马人的遗嘱签字（signatio）被罗马人所不知晓的见证印鉴所取代；最后，他提到“期限代人催告”（dies interpellat pro homine）[1]这个法条。此外，他还援引银行家的汇票法、农民的划分地界和牧场地役权的法作为例子。在更多的地方，他给出了自己发现的习惯法的例子：“假如某人在自己的签名下加上自己的印章，那么在房屋租约中，一定的解约通知的期限就是一个自然之事。”“比如，这里所涉及的问题在于：在城市中，是否存在这一种习惯法，依此规定，一个曾经重新装修过的房屋的承租人须以房屋被承租人接手时的状态为条件，而非以其正常使用后的状态为条件归还之；或者，按照该习惯法，出租人由于自己的需要、不经承租人同意而单方面废除租约的权力，是通过承认一定的理由（例如儿子结婚）来加以确定的，而且也许已经超出了共同法的意图。”

但是，总的来说，下面一点不可能存在疑问，他们不是通过观察一些无论如何很不重要的事件，而是通过历史的考察才获得其法

① 格奥尔格·弗里德里希·普赫塔：《对格奥尔格·贝塞勒著〈民众法与法学家法〉的评论》，柏林1844年版。

[1] 有资料显示，“期限代人催告”（dies interpellat pro homine）作为一项原则在罗马时代已经形成。然而，有些学者对此持不同见解，认为罗马法在这一问题上并未制定出一般原则。普赫塔似乎持后一种看法。——译者

源理论的。在他们看来，原初的法主要是他们所想像的罗马帝制时期以及共和国早期的法。普赫塔在他的《法学阶梯》中，对此作了非常生动的描述，在其论述《习惯法》的著作中也作了同样的描述，两者基本上是相互一致的。此外，可以证明，他们也曾想到过中世纪的德意志法。无论在罗马人那里，还是在古德意志人那里，法在本质上还是由流行的行为规则构成；民众部分地参与司法，因此，他们的法意识对于法律争议的裁决也至关重要。法学家此时还没有自己独特的法意识，他们从其同胞（Mitbürger）的法意识中提取法律规则。普赫塔明确地提到艾克·冯·雷普高。相反，到了后期，历史学派的创立者们从罗马帝制时期的法律状况出发，因为在这个时期，罗马的法学家直接创制罗马法，他们独特的法意识构成了这种创制活动的基础。这就是他们的法学家法学说的经验基础。但是，以这种方式产生的法不再是行为规则，在本质上是纯粹的裁判规范。

不过，最重要的是，他们必须接受“最重大、最引人注目的一般习惯法行动”，即：罗马法在中世纪的继受。他们的整个理论主要是用来证成这个问题的。应当怎样将他们的学说（即：法产生于民族的法意识）与这个事实（即：在德国中世纪，一种与民族的法意识完全格格不入的法发生效力）协调起来呢？在他们看来，恰好下面这种看法用作了对该问题的回答：在高级的发展阶段，民族不再参与法的创造，在这个方面，他们被法学家们“代表”[1]。罗马法在 384

[1] 为了理解这个问题，还必须回到萨维尼有关法律的“双重生命”学说。萨维尼在其所著的《论立法与法学的当代使命》第2部分中指出，法律具有双重生命（ein doppeltes Leben），一是作为整个民族生命的一部分，可以称之为“政治要素”（das

中世纪的继受尽管只是通过法学家们来进行的，但这些人在此过程中被当作整个民族的代表。

萨维尼和普赫塔学说的缺陷

我们在本质上就是尽可能按照作者的原话来复述他们的法源理论。我完全不加区分地引用萨维尼、普赫塔的表述，因为毫无疑问，他们俩人的理论尽管在细节上有一些微小的差别，但作为一个

politische Element)，一是作为“掌握在法学家之手的独特科学”，即：具有“独特的科学生命”，可以称之为“技术要素”。所有后继的现象均可以从法律的这双重生命原理(doppeltes Lebenprincip)中得以解释(Siehe Friedrich Carl von Savigny, *Vom Beruf unserer Zeit für Gesetzgebung und Rechtswissenschaft*, Mohr und Zimmer, Heidelberg 1814, S. 12.)。按照他的说法，法律像“语言、习俗和政制一样”是“有机地”成长起来的。也就是说，法律并不是通过国家意志(或立法者意志)，而是通过“内在的、默默起作用的力量”(innere, stillwirkende Kräfte)产生的，这种力量来自民族自身(“民族信念”[Volksglaube /Volksüberzeugung]、“民族的共同意识”[das gemeinsame Bewußtsein des Volkes])，故此，法律与民族的本质和性格之间存在着一种有机的联系(organischer Zusammenhang)，它的发展如同民族的任何其他取向一样遵循相同的内在必然规律：“也就是说，法随着民族的成长而成长，随着民族的发展而发展，最后，一旦民族丧失其特性，法也随之消亡。”在此意义上，所有的法律首先作为整个民族生命的一部分而存在，其所产生的是习惯法，而不是制定法，即：习惯法优先于制定法。相应地，法律与一般的民族生命之间的这种联系可以称作“政治要素”(das politische Element)。然而，在“上升的文化”时代(die Zeiten steigender Cultur)，法律在语言中发展起来，并采取了一种科学的方向，此时，从前生存于民族意识之中、作为整个民族生命一部分的法律就有了独特的生命，成了掌握在法学家这个特殊的阶层手中的独特科学；由此，法学家成了整个民族的“机关”或“代表”。萨维尼在1840年出版的《当代罗马法体系》第1卷第2章第14节中再次指出，法具有双重生命：它依其基本特征继续生存于民族的共同意识当中，而更为精确的发展和具体应用则是法学家阶层(Juristenstand)的特殊使命(Friedrich Carl von Savigny, *System des heutigen Römischen Rechts*, Erster Band, Veit und Comp., Berlin 1840, S. 45. 汉译本见：〔德〕萨维尼：《当代罗马法体系》[I]，朱虎译，中国法制出版社2010年版，第41页)。——译者

整体的学说是他们共同劳动的成果。这个共同的学说是最高等级的成就，它只被他们同时代极少数人所理解，而且至今尚未在我们这个时代被超越。在这一点上，他们所做的一切都是完全独立的，即便我们也可以证明，他们在一些方面可能受到了谢林哲学或者柏克思想[①]的某些影响。

在本书中，我们曾经一再地指出他们的最严重的缺陷。该缺陷就在于：在他们看来，整个法律显然仅由法条组成。但法条在任何法的发展阶段都不直接成熟地产生于民族意识，它们总是法学家们的作品。在“民族”中所产生的是各种具体的法律关系：法人和其他社团、家庭关系、所有权和其他的财产权、契约、继承权等。这可能就是萨维尼所说的“民族之本质的、无形的、精神的法”。只是在这些关系的基础上，法条才通过法学和立法而产生。故此，为了澄清问题，任何一种法源理论都必须谨慎地将法律制度的产生问题和法条如何形成的问题区分开来。

这第一个缺陷自然又产生第二个缺陷，即：历史学派的法学家们在初期的法律发展和后期的法律发展之间作了原则的区分。在 385
他们看来，在较为低级的阶段，法直接在民族意识中理所当然地发展，因为他们认为，整个民族都被召集参与司法，在此过程中它所适用的法条直接来自整个民族的法意识。但这是一个虚假学说所依据的虚假历史。即使在“整个民族”于集会上进行审判的情形中，归根结底，有权参加集会的，经常只是民族的一部分人；而且，法条也总是由个别的人，即由“一个民族在所有的法科学产生之前就拥

---

① 埃德蒙·柏克：《法国革命论》，F. G. 塞尔比编，伦敦 1910 年英文版。

有的法律智者”（普赫塔语）来表述和提出的。在民族之中活着的，不是这些法条，而是法律制度以及这些法律制度以之为基础的法人的法规范和其他社团法规范、所有权法规范、契约法规范，法条是从这些规范中推导出来的。另一方面，到了一个更高级阶段，有法学家登场，法律制度以及所属的规范继续在民族之中自行发展，用普赫塔的例子说，汇票在银行家当中自行产生，划分地界和牧场地役权在农民当中自行产生：只有法条由法学家在授课、著述和制定法中加以表述。也就是说，如果萨维尼和普赫塔此前区分过法律制度和法条，那么他们本来会立刻意识到，无论在较高级阶段还是在较低级阶段，它们两者均以相同的方式产生和发展的。

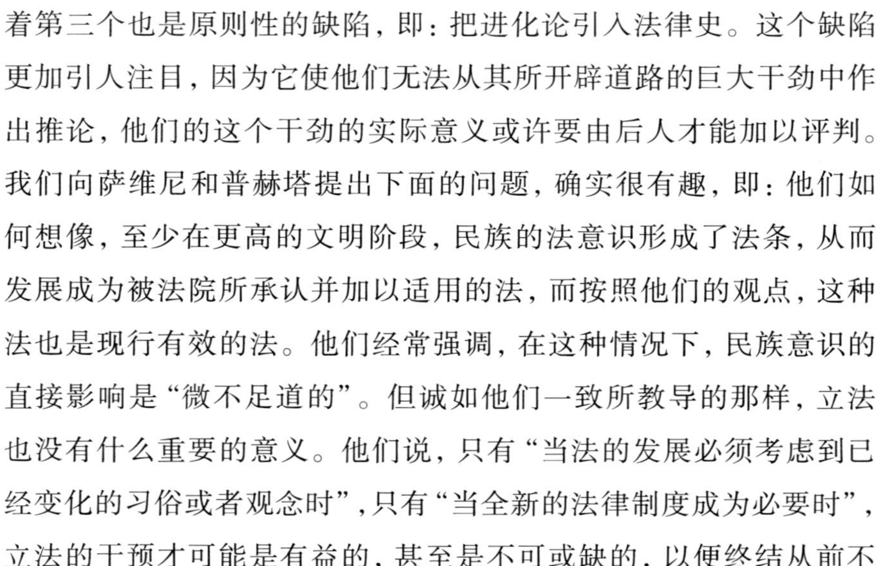

与第二个缺陷直接相关联的，历史学派的法学家们的学说存在着第三个也是原则性的缺陷，即：把进化论引入法律史。这个缺陷更加引人注目，因为它使他们无法从其所开辟道路的巨大干劲中作出推论，他们的这个干劲的实际意义或许要由后人才能加以评判。我们向萨维尼和普赫塔提出下面的问题，确实很有趣，即：他们如何想像，至少在更高的文明阶段，民族的法意识形成了法条，从而发展成为被法院所承认并加以适用的法，而按照他们的观点，这种法也是现行有效的法。他们经常强调，在这种情况下，民族意识的直接影响是“微不足道的”。但诚如他们一致所教导的那样，立法也没有什么重要的意义。他们说，只有“当法的发展必须考虑到已经变化的习俗或者观念时”，只有“当全新的法律制度成为必要时”，立法的干预才可能是有益的，甚至是不可或缺的，以便终结从前不确定之法的间隔期，并且使新法对其他相关联的法条产生平衡的反作用。最后，当像罗马的君士坦丁统治下的“发展阶段和状况”出

现时，即：在这种状况下，通过共同的民族意识来创造法律不再有 386 利（萨维尼语）时，或许立法才必须加以干预。不过，通过立法以有利可图的方式所能够产生的结果，也就是这些。

萨维尼和普赫塔所说的科学之法律创造力

故此，立法就像民族的整个活动一样是微不足道的。所剩下来的只有法学家法了。但是，法学家如何使法与他们自己的法意识的进步保持一致呢？这里要紧的是听听萨维尼和普赫塔本人怎么说。普赫塔在论述习惯法的著作第一卷中讲到：科学法不是习惯法；科学活动不是民族（大众）的活动，科学确信不是人作为其民族的一个成员的确信，而是其作为单个的人所具有的确信；也就是说，在这一点上，民族精神并非直接是创造性力量。但是，法科学却具有一种民族的对象，当且仅当它把自己当作民族的学问，即按照其真实性质来对待时，它才会是一门真正的科学。因此，如果法学家们想对法律施加任何影响，他们就必须作为民族的代表来行事。换言之，尽管这种法律并非像习惯法那样是直接由民族创造的，而是由这些民族的代表间接地创造的，但民族仍然是它的最初源头。当且仅当一种法学观点通过科学予以证成，也就是说，当它是真实的时候，它才是法。为了成为这种法，它必须基于事物的内在性质，必须符合民族精神。它符合民族精神，通常可以从下面一点推断出来：它部分地在法学家的确信之中，部分地在法院的适用之中确认自己实际有效。这就是法学家和既判力（res iudicatae）之权威性的意义，故此，它们并非是某种现有法的法源，而仅仅是它的认识来

源(当然,不是绝对可靠的认识来源)。

相反,普赫塔在论述习惯法的著作的第二卷中,又解释说:法学家法在一定情况下也可能是习惯法。随着法的继续发展,法的素材累积达到一定的程度,法科学变得更为精致,以至于法学家全面了解和科学掌握了法律。通过这种方式,法学家们的确信取代了整个民族成员的确信。“然而,在这个方面,考虑到法学家由于其科学活动而不具备这种自然代表资格也许是一件好事,科学活动本
387 身不属于民族(大众)的,而是法学家有资格与一个民族在一切法科学之前所具有的法律智者共享的卓越法律知识。”故此,只要这里不是讨论有待科学证成的法条(它只是由于其自身的真实性才有效),那么,除了建立在民族成员共同确信之基础上的习惯法,还有另一种以作为民族代表的法律行家即法学家之习惯为基础的习惯法;除了“本身建立在通过科学推导出来的法条基础上的”惯例之外,还有一种惯例,“其表达了法律行家的民族法意识,因而包含了习惯法”。

萨维尼在《当代罗马法体系》中对普赫塔所说作了更详细的阐释,他谈到法源的一般性质:由于“民族的法律创造活动绝大部分退回给了法学家阶层,并由这个阶层作为整体的代表继续进行”,人们必须将法学家阶层的实质的活动与某种形式的、纯科学的活动区别开来。后来,在论述罗马法的原始文献一节中,他将法学家的理论工作和实践工作做了对比。在他看来,纯粹的科学研究是理论性的:勘定和解释原始文献的文本、将研究成果整理而形成一个法体系、完善法体系的内部结构。这种工作不产生任何新法,而仅仅使现有法得到纯粹的认识。任何关注原始文献的内容与“它们应当

介入的活的法律状况，即现代条件和要求之关系”的研究，就是实践工作。此外，这种工作的动因可能是“通过教学或者著述来告知已经获得的结果，或者是裁决法律争议的需要”。在这种两种情形下，研究本身都是习惯法的机关，同时也是科学法的一部分。

在罗马实用学派的法科学中，萨维尼想区分为两个完全不同的组成部分。“一部分是健全性的，建立在新的需要的基础之上，这些新的需要是由于实际条件的变化，其中主要是司法制度的巨大变化，部分也是由于基督教带来的生活伦理观的巨大转变而自然产生出来的：根据刚才所述的观点，我们必须把这一部分归结为一种按照科学的方式加以认可的习惯法之力量和现实。在这个方面，早期的法学教师曾经错误地尝试从罗马法中推导出这些法条，这无关紧要。法学家们这样做完全出于真诚，在这种情况下，我们必须把对真正的罗马法的探索看作是我们的任务的重要部分；我们不是要维护它，

而是要确定创新的真正范围。——与此相反，另一个部分则完全源 388
于上述误导性的混淆，即有缺陷的科学方法；我们必须把这个部分作为错误加以揭露并予以消除，不允许让某种长期不受干扰的占有状态来保护它；更何况，可以证明，它在很大程度上存在着一个内在的矛盾，也就是说，存在着一个逻辑上的基本错误。”[①] 他把近代惯例中的“最简易程序”（Summarissimum）用作这样一个例证。

作为总结，萨维尼还评述到：“这一被我称作实践法的健全性部分，与上面被我归结为理论工作的那个部分所具有的重要性完全不同。它不仅作为一个值得尊重的权威产生影响，而且事实上也把

① 弗里德里希·卡尔·冯·萨维尼：《当代罗马法体系》，第一卷，柏林 1840 年版，第 93 页。

新生成的法包括在内。尽管如此，我们还是不能承认它是完美无缺、一成不变的存在。既然这样一种实践法的法条作为真正的习惯法已经获得了独立的存在，那么，通过一种纯粹理论检验的方式，通过证明这样一种实践法的法条背离了符合原始文献的法，的确不可能丧失它的有效性。然而，毋庸置疑，它以什么样的方式得到这种有效性，它也可能以同样的方式再度失去其有效性。”[①]

此外，我们还应加上普赫塔对贝塞勒的著作所作的评论[②]中的以下意见：“我们可以发现，即便那种（在解释现有法上）权力得到了极大的发展，法官仍然需要一种额外的权力，没有这种权力，在许多情况下就不会有裁判规范。在这种情况下，法官从现有法的原则中得出有待适用的法条；由于法的合理性，那种根据内在必然性从现有法中推导出来的东西也必然作为法律而生效。”

所有这些都几乎不能称得上是一种科学的阐释，而是一种尴尬的张口结舌。这里的问题是，依照科学方式工作的法学家们是否有资格将新的原则引进法律之中。假如他们有资格的话，那么就应该将这一点清清楚楚、明明白白地说出来，必须告知他们能够怎样做和应该怎样做的方法。通过纯粹发展现有法的原则，还不可能实现这一点，因为这些原则已经包含在现有法当中。普赫塔在回应贝塞勒时很有道理地强调，连这种科学的活动也是一种生产性的活动；
389 但它的生产性（Produktivität）仅仅在于它揭示了现有法的内容，而

① 弗里德里希·卡尔·冯·萨维尼：《当代罗马法体系》，第一卷，柏林 1840 年版，第 95 页。

② 格奥尔格·弗里德里希·普赫塔：《对格奥尔格·贝塞勒著〈民众法与法学家法〉的评论》，柏林 1844 年版。

不在于它创制了新法。如果说萨维尼把从罗马法中推导出这些法条暗指为较早时期法学教师的“错误的尝试”，那么人们愈是更好地懂得理解罗马法，其实愈是更好地懂得理解现有法，这种蹊子或许愈是毫无指望的。无论如何，谨慎地发展原初的法律创制之法学方法，将是这些法学创造力之伟大捍卫者们的最重要的使命。但是，就此方面，在他们的著作中找不到任何线索：他们不得不就法科学所谈论的一切，仅仅涉及如何从传统的法律中获取裁判规范之手段，而根本没有涉及如何去发现或者发明新法。他们事实上最成功地论述的法学方法，即历史的方法和体系的方法，与他们所讲授的东西之间存在着极其明显的矛盾。一个法学，主要致力于确定法条在它们产生的时候所具有的意义，在当代迫切需要新法的情况下，显然不具备创制新法的资格。

贝塞勒的民众法和法学家法学说

贝塞勒在他的著作《民众法与法学家法》(1843 年)中在两个方面抨击萨维尼和普赫塔的学说。首先，他否认民族(民众)在高级发展阶段会终止直接参与。他从所有的法律部门中列举了大量的例证——他用了整整一节分别论述合作社法和职业阶层从业法(Standesrecht)[1]，以证明：甚至在他那个时代，民众法依然生存于广

[1] 职业阶层从业法(Standesrecht, 直译为“等级法”)是指欧洲中世纪在商人中通行的法律制度，它与当时的商人行会及其诉讼管辖权和政治地位紧密相关，是一种特定职业阶层(等级阶层)的法律制度。现今所谓“商法”主要是在这种职业阶层从业法的基础上发展起来的。——译者

大人民群众当中。当然，法学家们对此知之甚少，法院也不大重视它：但历史法学派却告诉人们，事实上的习惯不属于习惯法的概念，它仅仅是一个外部表征；习惯法在本质上仅仅在于它是从民族意识中直接产生的。故此，问题的关键不在于这个直接建立在民族意识上的法是否会被法学家们所承认，是否被法院所适用。

其次，贝塞勒也反对法学家在法的形成中直截了当地被视为民族代表的说法。他认为，法能够产生，至于“法是否保留以及在多大程度上保留了它作为民众法的特性，则至少是一个偶然的问题”。主要是，当国家颁布了坏的法律，而且，“外部影响因对法律状态
390 的持续性作用而具有强大的力量，最终形成了真正的法规范，每个人均认为其有拘束力，并加以遵守”，就是这样的情况。在这种情况下，法的有效性的最终根据是习惯，“也就是说，它[1]不再像在民众法的情形中那样是法的一个纯粹表征，而是实际参与生产法律的过程，并且常常与民族精神、事物的理性相对立”。故此，习惯法与民族意识本身是格格不入的：它面对直接从民族意识中产生的民众法，有时持敌对的态度，有时持漠不关心的态度。据此，说法学家法必然是民众法的一种延续，这是不对的，它也可能是纯粹的习惯法。

下面一点大概是清楚的：贝塞勒在这里打算终结萨维尼和普赫塔最为独特的想法。当他们（萨维尼和普赫塔）两个人反对在他们那个时代承认由民族整体来进行法的续造，而执意要把法学家看作是民族的代表时，他们关心的问题仅仅是：应当证明罗马法的继受

[1] 习惯。——译者

具有正当性，这种继受由法学家进行，却与民族意识存在着隔阂。贝塞勒作为日耳曼学派的法学家不必为罗马法继受辩护，他正好利用了这种论证负担的免除。但是，在内心深处，萨维尼和普赫塔同贝塞勒很接近，或许比他们自己想象的要接近得多。

贝塞勒在他的著作中用了整个一节讨论民众法必须如何被确定、如何被认可的问题。他认为，民众法生存于民族的意识当中，民族在整体上或者在较为狭窄的范围内对此有一种直接的直觉，“这种直觉可以抓住普通生活的环境和关系中所包含的普通生活要素，并且同时知道和运用对他们进行支配的规范。这同样适用于每一个个人，在这些个人的意识中，由于其地位和生活—行为的经验，共同的法律知识得到反映……但是，假如有人置身于民族生活和民族直觉之外，却乐于获取其中所包含的法律知识，那么他就必须完全按照自然科学研究者的样子从事活动，即：凭借观察的方式获知事物的本来面目”。在这种情况下，知识的来源是：向参与者进行的调查，商业鉴定书（也可以适用在其他关系上的一种制度），文献辅助工具，从前民众法经常表现在其中的自治关系等；在制定法中，我们有时也可以发现民族中流行的法理念之清楚而纯粹的表达。

假如人们此时考察一下这种论述的前提条件（这种条件通常并未表达出来），那么就会发现，这里所理解的“法”，至少一定程度上不再像萨维尼和普赫塔所理解的那样是指法条，而是指法律制 391
度。显然，贝塞勒和历史学派的创立者们一样都是从法律意识出发的，上面一点被掩盖了。但是，历史学派的创立者们至少在当时抓住了法学家们的法意识，它们掌控着法律教学和司法，而贝塞勒则抓住了法律制度不断发展到今天的民众法意识，就像许多世纪以前

一样。萨维尼和普赫塔本身把重心放在法意识上，而把习惯只是当作“外部表征”。贝塞勒从这一点得出他的推论，并且为了他的民众法想彻底抛开实际的法律适用中的习惯的先决条件。当普赫塔从自己的观点出发完全不合逻辑地针对他而批驳这种法（由于缺乏习惯的外部表征）的不确定性时，贝塞勒对此的回应是：他已经解释了生活关系的直接直觉对于认识民众法的特别重要性，这在于“对规范习惯之完全特定的暗示”，该规范在支配生活关系时正好在此种关系中显露出来。这里有两种对立的观点相互冲突：一方面，一种观点认为，至关重要的是在法院上适用的法；另一方面，也存在着另一种认识：即使没有法院的干预，法仍支配着生活关系。尽管萨维尼和普赫塔根本不把习惯看作是习惯法产生的先决条件，但当他们抨击后一种看法时，却再度暴露出其缺乏前后的逻辑一致性，这构成了他们针对贝塞勒的整个争论的特点。然而，贝塞勒比萨维尼和普赫塔走得更远，因为他不再满足于提出有关民众法和法学家法的原理，而是追求如何直接——“按照自然科学研究者的样子”，“凭借观察的方式”——能够获取民众法知识的方法。事实上，这位伟大的日耳曼学派的法学家提出的宏大动议此前可能完全不被人所重视，它再一次证明，在法科学上，起决定作用的与其说是精神，不如说是力量对比关系。

民众法探究

贝塞勒的想法在远离其原产地的地方被萨维尼的一个学生、克罗地亚学者波季西奇（Bogišič）和另一位萨维尼著作的研究专家、西班牙学者科斯塔（Costa）[1]加以实现。他们俩人力图创建民众法之学，不是通过确证法条，而是通过研究法律关系和法律制度。波季西奇为了他的计划拟定了一份范围广泛的涵盖 800 多个问题的问卷调查，并且将他从所有南斯拉夫人聚居地区得到的回答作为其著作《南斯拉夫现今法条汇编》（*Zbornik sadašnih pravnih običaja* 392
ujužnih Slovana Knjiga prva）① 的基础，而科斯塔则通过对其所描述的法律关系和法律制度进行直接的个人观察，也为其两卷本的著作《西班牙民族的习惯法与经济法》（*Derecho consuetudinario y economia popular de España*）② 奠定了基础。顺便说一句，这本书第二卷也收录了别人的作品。波布切夫（Bobčev）论述保加利亚习惯法的著作《保加利亚习惯法汇编》（*Sbornik na blgarski juriditski obitschai*）③ 是按照波季西奇的方法撰写的。

有关这些作品，我希望能够在其他地方加以报告。多年前我曾在《施莫勒年鉴》（*Schmollers Jahrbuch*）上发表的一篇文章 ④ 着力向人推介波季西奇的著作，它用克罗地亚语出版，在西方不是很有名。故此，针对维也纳有人对我提出的指责，说我有意隐瞒他，我

---

[1] 科斯塔（Joaquín Costa y Martinez, 1846—1911 年），西班牙法学家。——译者

① 瓦尔塔查・波季西奇：《南斯拉夫现今法条汇编》，萨格勒布（阿格拉姆）1874 年版。

② 胡安奎因・科斯塔・马丁内斯：《西班牙民族的习惯法与经济法》，巴塞罗那 1902 年版。

③ 斯特凡・S. 波布切夫：《保加利亚习惯法汇编》，索菲亚 1896—1900 年版。

④ 欧根・埃利希：《活法的探究》，载《德意志帝国立法、行政和国民经济施莫勒年鉴》总第 35 卷、第 1 期（1911 年版），第 129—147 页（重印于氏著：《法律与生活》，柏林 1967 年版，第 11—27 页）。

在各方面是做好了应对准备的。但是，我也同样不能承认，我应该把我的社会学著作中的基本思想归功于他。既然由于语言的缘故，波季西奇的作品不为大多数的西欧公众接触到，那么任何人都无法凭借亲眼所见来说服自己，我被指控剽窃有多么轻率。波季西奇确实是具体问题研究的天才，他的问卷调查是理解落后社会之法律观念及建立在这种观念基础上的秩序之杰作。但是，在他那里寻找一般的思想将是徒劳的。他的《南斯拉夫现今法条汇编》著作有一段在我上面提到的那篇文章中已经译成德文发表了，这就是我在他的著作中有关原理性讨论所发现的几乎全部内容。他提供了无比珍贵的资料，却没有对于我本可以利用的这些资料加以整理。此外，他的视野是相当狭窄的：他完全局限于原始社会所特有的法律制度，他对于更高级的文明、更富裕生活以及现代商业中存在的关系根本不感兴趣。据此，人们可以作出评判，我超越波季西奇到底有多远。

然而，我不得不提及第聂斯查恩斯基的那本小册子《习惯法与
393 社会团体》(1905年)[①]，其中可以找到某些思想的萌芽，一定程度上与我在本书所提出的思想有几分接近。我在写这本书的时候才知道他那本书。然而，这里不可能谈得上有某种剽窃，因为我早在1903年发表的一篇报告《自由的法的发现和自由法学》[②]中已经简要地表述过这些思想；诚然，第聂斯查恩斯基的那本著作显然也完

① 斯坦尼斯劳斯·第聂斯查恩斯基:《习惯法与社会团体》，切尔诺夫策1905年版。

② 欧根·埃利希:《自由的法的发现和自由法学》，莱比锡1903年版(重印于氏著:《法律与生活》，柏林1967年版，第170—202页)。

全不依赖于我的这篇报告。

顺便说一句，波季西奇的非凡功绩还在于曾经编纂了一部独一无二的法典，这部法典完全符合萨维尼针对立法所提出的要求。它就是黑山（门的内哥罗）之财产法典。该法典建立在对南斯拉夫法律习俗所进行的一种非常谨慎、非常有条理的探究之上，这种探究不纯粹是针对数量非常有限的法条，而主要是针对具体的法律关系和法律制度。这些作品的目的并非指向对立法者来讲完全多余的历史理解，而是指向对现存之物，还有既存之物的理解，这些都使波季西奇能够提供一部公认的杰作。

共同法学说和萨维尼、普赫塔学说的贫乏性

所有迄今为止的习惯法学说的贫乏性在于它们的目标不清楚。最古老的法学在这一点上仅仅力求为法官提供指导，即：在什么情况下法官面对共同法时必须重视当地或特别的风俗习惯，而历史学派在这个标题下最初试图创立法的起源学说。然而，它并没有对此弄明白，法律制度的产生和法条的产生是风马牛不相及的两码事：前者发生在社会本身，即：按照他们的术语说，在“民族意识”中进行的，它们外在地显露在行为规则之中，即：按照他们的术语说，显露在习惯之中；而法条则是由法学家表述的。他们没有把这两种现象分开处理，而是一个接一个地讨论；他们在根本没有意识到这两种事物差异的情形下，就提出了一种在本质上只适合于法学家法的学说，然后又把这个学说用在了社会中的法律发展。但当贝塞勒

指出，“民众法”即使在当代仍然存在，有些法律制度直接产生自社会时，他们将不知所措地面对这个从他们自己的原理中推导出来
394 的结论。一般而言，对法学家法来讲，萨维尼和普赫塔的学说还可以被承认是对的，这个学说不断地摇摆不定和它们的不确定性仅仅在于：萨维尼和普赫塔从来没有搞明白这个限度。

然而，在这个方面，还有另一个模棱两可的问题。法学家法也有双重的任务。首先，为了在社会中产生的法律制度，它必须通过将社会的行为规则一般化和统一化来表述必需的裁判规范，其次，它还必须按照在社会中流行的正义思潮自主地去寻找裁判规范。对于这双重任务，历史学派的创立者们也未曾作出区分；然而，这个错误之所以不大能够被人察觉，因为在一定程度上，同样的规则事实上适用于这两种法学家法。无论如何，在这个方面，我们必须强调，他们的论述主要适合于第二种法学家法，尽管正如他们特别是有关类推和事物的本性学说所表明的那样，他们有时也关注第一种法学家法。

无论如何，萨维尼和普赫塔本身都不能不意识到，他们不仅必须提出一种法源理论，提出法的产生和发展的科学，而且还必须对法官应如何检验习惯法的拘束力给予指导。出于这个原因，他们从中古共同法法学那里继受了习惯法之先决条件的学说，然而，在他们手里，该学说变成了获取存在于民族或者法学家们法意识中的习惯法之知识手段。从这个视角出发，他们讨论了方法、相似性、长久持续的行为重复性、法官判决中的认可、确信（opinio necessitatis）、合理性、公开性以及错误的效果。显而易见，这些贫乏的“先决条件”（Kautelen）对于检验在社会之中产生的法律制度

的法律效力和法学家法的拘束力都不是必要条件；然而，这些先决条件或许可以用作它们已经被发现的目的，用作中古共同法法学所利用它们的目的，即：查明地方法习惯和特别法习惯在面对共同法时的拘束力。这一点特别是被萨维尼所认识到的，因为他曾讲到，“习惯作为法律规则产生的根据必定总是能够转化成特定的、个别的、可证实的行为”，这一有限的观点至多能够适用于只有这种思维才会去考虑的特别习惯。“这个观点根本不适用于现代习惯法上 395
的重大而疑难的情形，其中，习惯法与科学法是相互交织在一起的。人们通常认为属于习惯法产生的条件，完全涉及这些行为的本质，即：相同的行为总是能够从这些行为中产生。故此，它们对特别的习惯法也仅有单方面的可适用性，而且即使在这个过程中，单个的行为也不能够归根结底被看作是某个既有的共同法律确信的产生根据，而毋宁看作是它的现象或者表征。但是，一经修改，这些条件当然可以归结为真，所以它们必须单个地予以检验并得到确证。”然后，他按照共同法理论将这些条件流传下来的方式来讨论这些条件。此处所讲的只是被英国法所证实的特别的习惯。英国普通法本质上是法学家法，它完全遵循萨维尼和普赫塔为他们的习惯法所提出的规则，这种习惯法同样也应主要是法学家法。当然，除此之外，（在英国人那里）也可以发现有这种性质的规则：“一个习惯为了能够成为法律规则并有拘束力，必须曾经被长期使用，以至于人们的记忆不会背道而驰；它必须是合理的，必须是连续的，必须是不中断地、和平地被人所享有；它必须是合理的；必须是确定的；必须是强制的；习惯必须彼此一致；至于特别的习惯的承认，自然，没有任何习惯能够压倒议会法案的明确规定。”共同法的法学家读

到这些话时，必定倍感亲切。但是，所有这些所讲的，大概不是有关习惯法，而是有关地方的习惯和特别的习惯（local and special customs）。

较之于萨维尼和普赫塔的学说，现代的共同法法学和德国法学却意味着倒退了一步。它们几乎完全立于国法的基地上，因此，既不可能创立一个国家以外的社会之法的发展理论，也不可能创立法学家法理论。对它们来说，那个曾经吸引罗马帝制时代的法学和共同法时期的法学的问题再一次出现在面前：面对国家的共同法，其他一些法是否能够有效以及如何能够有效。实际上，这个问题可以转化为特别的习惯和地方的习惯之效力问题。故此，这些法学家将萨维尼和普赫塔的学说推到一边，又重新拾起习惯法之先决条件的旧学说。既然法原则上是一种国家权力的结果，那么它就要求以各种不同的形式——无论是明示的，还是"默示的"——得到国家权力的许可、批准或者承认，这样，优士丁尼法学和古老的共同法法学的思想就得以复活了。

396 但是，如果追随萨维尼和普赫塔，把习惯法建立在其拘束力的普遍的法律确信之上，那么对于国法理论，仅仅意味着要附加一个特殊的先决条件。这一学说的涵义仅仅是：任何一种法均出自国家，国家在特定的先决条件下（其中就包括普遍的法律确信存在这个条件）也允许国家以外的法存在。齐特尔曼[①]已经令人信服地证明了所有这些学说都站不住脚。他本人直接从习惯法的有效性推导出习惯法的有效性：它之所以有效，恰恰是因为它有效。不过，在这种同义反复中，至少隐含着对习惯法的非国

① 恩斯特·齐特尔曼：《法的漏洞》，莱比锡 1903 年版。

家性之更为深刻的认识；一旦法本身获得了社会的有效性，它即使不依赖国家权力也能够存在。齐特尔曼没有更详细地阐述他的这个思想。相反，法国学者惹尼（Gény）[1]面对在法国也占主流的国法为唯一法源的观点，直接在萨维尼和普赫塔的学说的基础上继续建构，不过也拓展了耶林的思路，使自由法学（libre récherche scientifique）和历史学派创立者们的法学家法恢复了名誉。①

“习惯法”对于法社会学的价值

不言而喻，社会学法学不能像传统的习惯法概念那样，使用一个像传统法学中的习惯法概念那样混杂、拼凑在一起的概念。它一定将其分解为个别的成分，而在相应的位置分别加以讨论：法律制度独立于国家而在社会之中的产生问题，法条经由法学家作为著作者、作为教师、作为法官之活动的产生问题，以及法院和其他国家机关到了什么程度才受国家以外的法拘束的问题。上述问题涉及完全不同的知识领域，把它们搅和在一起只能引起混乱。

但是，习惯法概念限定于一个有限的领域，这也是社会学法学所不可或缺的。如果法学家法的形成不像英国那样有固定的规则，它在产生之后的一段时期内必然是不稳定、不确定的；法学家法的规则总是经过较长时期以后才会普遍地得到承认，以至于法官认为自己不再有权背离之，即使它与法官本人的确信之间有矛盾。从 397

[1]　弗朗索瓦·惹尼（François Gény, 1861—1959 年），法国现代著名法学家。“自由法学”的创立者之一。——译者

①　弗朗索瓦·惹尼：《实在私法上的解释方法和渊源》，巴黎 1899 年法文版。

那以后，它就不再仅仅是法学家法了，它将完全符合当今占主导地位的被称作习惯法的理论。如果制定法在不可能存在任何法律错误的情况下，司法却对它进行持续不断的违反，这就值得进行一项特别的考察。出现这样的司法，大概不存在什么疑问。它在法国是屡见不鲜的，即使在被其他地方称为最为刻板的本本主义法学（Buchstabenjurisprudenz）天堂的奥地利也很活跃。人们经常否认，习惯法是从这种司法中产生的：不过，这只能意味着，法院在这种情况下总是听命于回归制定法；不能指责法官破坏了法律的目的，实际上，法官在这个过程中只遵循他自己的确信，即使他反对从前的习惯而根据制定法作出裁判。无论如何，对这种现象必须要更加仔细地进行考察：与习惯法纯粹来自法学家法的情形相比，它则显示出大量的特殊性。

第二十章　法社会学的方法[1]

一、法律史与法学

科学和艺术之间不存在对立。任何一种真正的科学作品就 398
是一件艺术作品；不是艺术家的人，将是一个贫乏的科学人(ein armer Mann der Wissenschaf)。科学作品的创造需要艺术作品的创作一样的才能；两者都需要精神感受力、想像力和造型力。因此，任何一个独立的研究者都必须像任何一个原创性艺术家创造自己的技巧一样来创造自己研究的方法。使用别人的方法的人，就像使用别人的技巧的人一样，可能是一个伟大的徒弟，但也仅仅是一个徒弟而已，他将继续做他师傅的工作，却不会从头开始。故此，人们也许可以传授他自己的或者别人的方法或技巧，但是不能传授科学的方法或艺术的技巧。因为独立思考和工作的人才总是会追寻与其个性相适宜的新的方法和技巧。

[1] 本书德文第一版将“法社会学的方法”分为两章，即第20章和21章. 德文第四版把第21章取消，内容合并到第20章，从编辑角度看实属必要，故从之，特此说明。——译者

法社会学作为观察的科学

但是，无论可能是什么方法和什么技巧，它的出发点终归是外部世界呈现给人类心灵的东西：因为这种心灵只能加工处理其从外部世界所感知到的印象。每一演绎之前都必然要有归纳，每个理想化事物之前都必然有被理想化事物之外部印象的接受。只是归纳和接受非常频繁地以闪电般的速度无意识地进行着，没有任何指向的意图，此时，随后的演绎或者理想化加工才进入人的意识。由此，才产生归纳的科学或者理想主义的艺术之表象。

社会科学过去曾经利用过这种无意识的归纳，而且至今大多还在利用它进行工作。但当孟德斯鸠显然纯粹通过演绎的方法从其政府形式的划分推导出他的国家理论的主要部分时，当他将专制政体建立在恐惧之上，将君主政体建立在荣誉之上，将共和政体建立在品德之上时，任何人都很容易看出来，这些都是先于演绎的归纳，
399 当然也是极其肤浅、极其不讲章法的：他的专制政体理论以有关希腊城邦暴君或者罗马皇帝的记述为基础，君主政体的理论以封建国家的观察为基础，共和政体的理论则以小的古代自由城邦和瑞士诸邦的考察为基础。任何读通李嘉图（Ricardo）或马克思之阐述的人必定会感受到多么丰富的无意识的经验被浓缩在他们简直可以作为演绎之典型的价值理论当中。奥地利学派主要代表人之一的柏姆—巴维克（Böhm-Bawerk）[1]据称纯粹依赖演绎，他在自己有关

[1] 柏姆—巴维克（Eugen von Böhm-Bawerk, 1851—1914 年），奥地利经济学家

利息的著作之开场白中说，他这本书所依据的事实是通过直截了当的、无一定之规的观察直接从向我们每个人呈现的共同的日常生活中提取的。

社会学，包括法社会学，也必须是一门观察的科学。一个半世纪之前，写下“法的精神”（Esprit des Lois）三个单词作为其书名的孟德斯鸠确实已经用心来探寻法社会学了。当时，他忙碌20年，在长途旅行中，作为孜孜不倦的读者，收集事实。他的书不是一个学者的著作，而是生活阔绰的大贵族茶余饭后写成的、没有头绪、不连贯的作品，整个著作不仅对他本人，而且对其时代而言，规模过于宏大；尽管如此，它仍是获得激励和教益的永不枯竭的源泉，它确实值得人们去下工夫，以便将来运用现代科学的辅助手段研究无数由它所触及和处理过的，但几乎未曾解决的问题。

我们这里所讨论的不是文献史，也不是方法论，而仅仅是法社会学的方法。我们当代必须解决的最重要的问题是：社会学家应关注什么样的现象，他应用什么样的方式收集事实以认识和解释这种现象？法律领域中的社会事实对于法的科学认识是至关重要的，首先是法的事实本身，即：在人类团体中决定每个人之地位和职责的习惯，支配—占有关系、契约、社团章程、遗嘱处分和其他处分、遗产继承顺位。其次就是纯粹作为事实的法条，也就是说，只考察法条的起源和效果，而不涉及其实际的应用和解释；最后，还有导致法的形成的所有社会之力。故此，社会学家必须把目光投向这些现象，他必须收集产生这些现象的事实并加以解释。

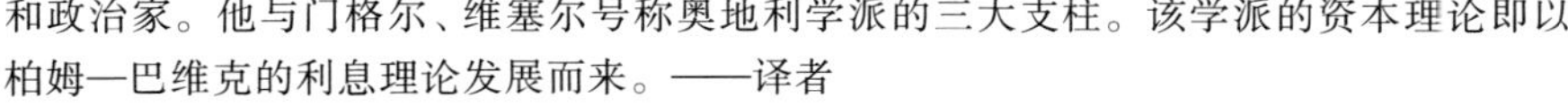

和政治家。他与门格尔、维塞尔号称奥地利学派的三大支柱。该学派的资本理论即以柏姆—巴维克的利息理论发展而来。——译者

社会学的历史学资料和民族学资料

400 此前的法科学只详细地讨论了所有这些法律生活现象中的唯一的一个现象，即法条；对其他现象，它至多一笔带过。它为认识和解释法条所援引的事实几乎毫无例外地属于历史学和民族学的资料。我们拥有的实际的、理论性的法科学，不是历史学的，就是民族学的。然而，就其基本思想看，连民族学的法科学也是历史学的，因为它的出发点在于：所有民族的法都经历了近乎相同的发展阶段；故此，民族学的法科学所关注的处在较低阶段之民族的法至少在基本特征上与所有其他民族法的过去相一致。

无疑，法律史首先负有责任为法社会学提供资料。但是，此处所指的法律史主要不是法条史，不是法学文献史和法教义史，而是法律制度史。没有任何一个严肃的法律史家会相信，他能够从流传下来的法条中得出远古时期的整个法律，比如，不能从《十二表法》(哪怕该法被保存完好)得出罗马在其体制形成时期的所有法律状况，不能从《萨利克法典》得出萨利克时期的法兰克人的整个法律，也不能从《萨克森之镜》得出萨克森邦国的所有法律。他热衷于根据法律文书获得法律制度的知识和直接观察。然而，即使法律文书也不能帮助我们得到一幅过去之法的完整图景。它仅仅谈到形成文书的契约、法律关系和判决，而对口头达成的交易和既未形成文书又未导致诉讼的法律关系却缄口不提。我们不能够从法律文书中获取很多有关家庭生活、土地体制、日常生活事情的法律形态，而这些内容对人们认识过去主宰着整个生活的精神和秩序是

非常重要的。对法律史家来说，能够阐释某个古代花瓶图画的意义，通常似乎更加重要。的确，在最近的时期，解读流传材料字里行间之微言大义的能力，从任何一字破解其所预设的一切内涵的能力，几乎极大地得到了增长，但它仍无法弥补缺失了的传统。对于后世而言，只有通过直接观察才能获得的信息大概永远不可恢复地丧失了。

尽管这些困难可能很大，但正如历史学派的创立者们所指出的
那样，法律史最主要的任务还必然在于表明法条和法律制度是从整 401
体的民族生活、从整个社会体制和经济体制中成长而来的。对法社会学而言，法律史之所以有价值，乃因为它成功地做到了这一点；对法社会学来说，使法律制度与其先决条件相分离的各种法条本身并没有什么价值。如果说在法律生活现象中存在着社会学必须去揭示和呈现的一种规律性的话，那么这种规律性仅仅在于法律生活受社会体制和经济体制的制约；如果说有一种符合规律的法律发展，那么它只能在整个社会发展和经济发展的背景里去认识、去描述。故此，法社会学不会是从法律的故纸堆（Rechtsaltertümer）而是从社会史和经济史中获取它的资料。

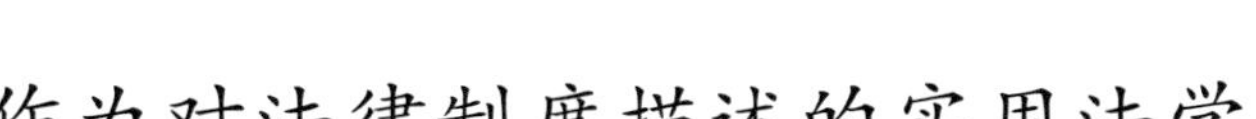

作为对法律制度描述的实用法学

实用法学的成果对法社会学也同等重要。任何一门技术之学都是真正科学的开始，这种说法也适用于法学。为了掌控自然，一个人得努力去探究自然规律，为了像法学家那样去把握人生，一个人也必须熟悉生活。当然，实用法学家主要关注裁判规范。但是，

既然裁判规范直接产生于社会形态或者必然与社会形态相关联，那么它们就不可能不以在这种形态产生、与这种形态相关联的方式进入他的意识之中，不可能不以这种方式由他加以呈现。人们不可能讲授家庭法却不描述家庭，不可能解释物权法却不说明在生活中可以见到什么样的物权，不可能阐释契约法却不告知签订了的契约之内容。法学连同它所描述的规范，必定呈现出一幅规范应为之生效的社会图景，这幅图景将由毕生奉献于对社会进行法学考察的人们以及对事物的现实应当拥有敏觉的人们来加以绘制，古罗马的法学家、巴尔多鲁以及许多最近时期的法学家都拥有这种敏觉，这正是我们所钦佩的。在这个意义上，一位著名的古罗马学者把法学称为“关于神事和人事的知识”（divinarum atque humanarum rerum notitia）[1]。法律教学的功能在于它替代了尚不谙生活的热衷法律的年轻人（cupida legum iuventus[2]）在成为法学家时必须亲自进行的一切观察，同时也为他们提供观察的结果，这些观察虽然不一定由他亲自去做，但却能够扩大其视野，提高其感受力。

402 对具有法律性质的人类关系进行亲身的观察，这种观察结果的一般化，以及其中所属的裁判规范，这些都是法学中的科学素材。法学到了这个程度，实际上是一门社会生活之法律塑造的形态学。它向我们展现国家的所有活动部门，展现家庭形式、所有权和物权、契约和商品经济流通的其他形式，展现商业组织、工业组织、

[1] 这是古罗马五大法学家之一的乌尔比安的名言。参见《学说汇纂》第1卷、第1章、第10节、第2段（Digest, 1.1.10.2）。——译者

[2] 拉丁语“*cupida legum iuventus*”，英文译为“keen young law students”，或者“young eager for the law”。——译者

贸易组织、农业组织和矿山组织，展现财产占有人死后之财产的命运。法学的体系论将相关的素材组合在一起，将无关的素材分离出去，通过这种方式对整个素材进行分门别类的整理。甚至饱受诟病的总论部分也包含着科学成分：因为它把错综复杂的法律制度分解为其组成部分，通过这种方式，揭示出其内部的结构，创造出一套精确的，但同时又是灵活的科学术语。局限于实用兴趣的法学家们从一个完全不同于纯科学研究者进行活动的角度来从事社会的形态学和体系论。但是，这样一种形态学和体系论省却了大量艰难的工作，因为它只需要纯粹出于自己的目的将别人观察的结果加以整理而已。

不依赖于法条的法律制度之探究

当然，实用法学首先只是关注属于某个特定的实在法的法条。职是之故，当它从法条转向讨论法条以之为基础的生活关系时，它仅仅对受某个特定的实在法支配的社会给予形态学描述。但是，法的阐释必须以之作为出发点的人类关系却不依赖于法条。国家及其机关、人、所有权、物权、契约、继承，在近似的同一文明、同一经济发展阶段的所有地方和民族中以一种定式（Ausgestaltung）表现出来，这种定式除呈现某些差异外，也显露出一系列共同的特征。在不考虑某种实在法的情况下阐述所有这些法律关系，是完全可行的，在国民经济学上，对待经济性的法律关系长期以来就是这样做的。职是之故，发展出一门一般的法科学是完全可能的，它就像国民经济学一样，不是把某个受特定的实在法支配的社会，而是把人

类社会本身当作自己的出发点。社会学法学的首要任务是总结法
403 律关系的共同点，而不考虑为其所生效的实在法，根据它们的原因和后果探究它们的不同点。在公法领域，即国家法、行政法、刑法和诉讼法领域，这个方面的工作都已经进行过了：只是在私法领域，几乎没有或根本没有采取任何行动。

共同法法学作为一般法科学的基础

尽管如此，正是在私法领域，共同法法学已经以宏大的方式为社会学法学提前铺平了道路。共同法法学本身就是两千多年来从未中断的国际间法学智力工作的遗产。它的基础是《民法大全》，后者尽管有这样或那样的缺点，但仍不失为一项了不起的作品。罗

570 马法学的历史背景在《民法大全》中得到巨大的体现。它的根可以远远回溯至史前时期的祭司法学（die Pontifikale Jurisprudenz）[1]。从那时起，无数世代的法学家对它进行了创造，学生跟随老师，他们本身作为续造者、作为教师，每一代均继受所有前人的成就，在

[1] 据记载，在《十二表法》之前，法律资料及有关的仪式规则一直由祭司团（Collegium Pontificum）掌管。《十二表法》颁布之后，无论是法的解释的知识还是诉讼依然属于祭司团的职权，祭司中每年有一人主持处理私人事务。这个习惯的沿用约有一个世纪。这段时间罗马法尚处在秘密时期，“市民法深藏于祭司团的神龛之中”。直到公元前 4 世纪初，弗拉维乌斯在担任执政官阿皮乌斯·克劳迪乌斯·凯库斯（Appius Claudius Caecus）之秘书期间，利用职务上的便利熟悉有关诉讼的材料和知识，并于公元前 304 年将阿皮乌斯·克劳迪乌斯·凯库斯掌管的关于诉讼材料的书拿走，将之公布于众，此书后称《弗拉维乌斯市民法》（*ius civile Flavianum*）。《弗拉维乌斯市民法》“使罗马人第一次了解到法律诉讼或保持法律程序的文字程式，以及法庭开庭日期或可以进行诉讼的具体时日”。该书的问世开始打破祭司团垄断法律知识的局面，使非属祭司团的世俗法学家同样能够探寻和阐释法律文本的意义。——译者

此基础上继续构建。故此，一个从未中断的口耳相传的链条将君士坦丁堡和贝鲁特（Beyrut）两地的教授联系在一起[1]，将优士丁尼法典的编纂者与罗马原始时代的任何一位法律智者联系在一起。于今，人们愈来愈清楚地认识到，这种罗马法学与古代在这个领域所作出的一切成就处于永恒的联系之中，它总是乐于学习其他民族的制度，它在其发展到公元3世纪的鼎盛时期[2]，甚至善于将这些制度有机地与整体相连接：只是在行将衰落的帝制时代从其他地方外加

[1] 从古典时代晚期（莫德斯汀时期）到优士丁尼时期，东西罗马帝国曾先后在罗马、贝鲁特、亚历山大（Alexandria）、雅典、迦太基（Carthage）、安提俄克（Antioch，古叙利亚首都，现土耳其南部城市）以及君士坦丁堡等地设有法律学校。公元529—534年优士丁尼的《民法大全》主要是君士坦丁堡和贝鲁特法律学校的法学教师参与编写而成的：比如，优士丁尼帝在529年4月颁布《优士丁尼法典》之后，为了解决历代法学家意见的混乱与分歧，经帝国司法大臣特里波尼安提出，于公元530年12月15日成立了一个16人的编纂委员会，由特里波尼安担任主任委员，君士坦丁堡法律学校的狄奥菲卢斯、克拉提诺斯和贝鲁特法律学校的多罗西斯、阿那托留斯等4名法学教师以及11名君士坦丁堡从事实务的律师为合作人，分4个小组，即“萨宾组”“告示组”“帕比尼安组”和“附录组”，根据529年开始颁布的《五十决定》（*Quinquaginta decisiones*，一译《五十项裁定》）对共和国末年到君士坦丁大帝时的法学家著作进行广泛编选，据说先后参考了两千多册书（实际上是1625册）和300万行的资料，用3年时间完成了《学说汇纂》的编订工作。公元533年12月16日，优士丁尼发布双语（希腊语和拉丁语）谕令，将《学说汇纂》向元老院和“全体民众”（ad omnes populos）公布。—译者

[2] 罗马法学在3世纪的鼎盛时期（古典时期晚期）过后突然衰落：在“塞维鲁王朝”时期（193—235年），随着223年时任“塞维鲁王朝”最后一位皇帝亚历山大·塞维鲁（Alexander Severus，208—235/222—235年在位）的禁卫军首领乌尔比安被反叛的士兵杀害（而帕比尼安早于此十几年前，因卡拉卡拉帝[Caracalla，198—217年在位]无故杀害自己的弟弟盖塔[Septimius Geta，与卡拉卡拉帝为共治皇帝，209—211年在位]拒绝起草有关盖塔罪状的诏书，被卡拉卡拉命令处死），罗马帝国由于国内外形势剧烈动荡而处于崩溃的边缘，至亚历山大·塞维鲁帝本人于235年（26岁）被叛军首领马克西米努斯杀害，古典法学的创造力逐渐枯竭，所有国家机关均屈从于统治者的全能意志，而自由的、只对法学家自己良心负责的司法和法学不再被承认，由此，古典时代终结。——译者

进来的东西才在一定程度上不能再被同化。所以，在《民法大全》中，一千多年的古代法律发展的成果，汇聚在一起，作为一个焦点流传给中世纪。随之而出现的是前注释法学派和后注释法学派的作品，紧随他们的是16世纪、17世纪的伟大的法国法学家、博学而敏锐的荷兰法学家以及乌尔里希·查修斯以降的整个德意志法学。这样，欧洲几乎所有的文明民族均参与了它的创造，并形成了一个在法律史上独一无二的构成体，在其他的精神生活领域难以见到与之类似的构成体。直到19世纪，由于民族的法典化运动导致民族法学的出现，这种国际合作参与法学创造的活动才暂告中止。
404 但是，在德国，历史法学派继续发挥着他们的才智，因此在这个时候，共同法的国际法学依然经历着一个新的、晚近的鼎盛期。

然而，如果说巴尔多鲁和巴尔杜斯所讲的完全不同于前注释法学派，劳特巴赫和施特里克所论述的完全不同于乌尔里希·查修斯，温德沙伊德和德尔恩堡所讲授的完全不同于范格罗，那么造成这些差异的原因就在于不同的时代提出了不同的要求。这种差异是如此深刻，以至于人们几乎可以说，大家所关注的是完全不同的对象。但是，假如人们看一看把前后相继的学派连接起来的纽带，那么就会惊叹：它们所进行的过渡处处是那么的循序渐进、那么的有条不紊，每一代的法学家的教学方式都是直接地立足于前一代人的基础之上的。不是理论给法学家注入了方向和方法，而是需求创造了方向、方法以及所属的理论。这一必然性总是不断顺应时代的变迁，为共同法法学提供了极其丰富的法学思想；同样，共同法法学在大部分文明世界的传播，在这些地方必须服务于极尽多样化的需要，也给它带来令人叹服的适应性和表现力。

因此，从根本上讲，西欧、中欧的罗马法学派的法学从来就不纯粹是某个特定的国内法的法学，也谈不上是罗马法的法学，而在某种程度上已经是一门法科学，即一般的法科学。它为法社会学（这种法社会学从不局限于某个特定之法或特定的民族，也从不受限于法律实务之需要）创造了最重要的前提条件：首先，它创造了一套固定的法律术语，此外，还创造了一套为每个法学家——不管他应当是哪一类法学家——所理解的法学语言：因为一切文明民族的法学家都是根据来自共同法法学派的法学家所编写的教科书来学习罗马法的。在德国，日耳曼学派的法学家，尤其是贝塞勒学派的法学家，在法学的续造上也占有重要的份量；但同时，他们也使德意志法构成了罗马法学派的法学内容的一部分，他们使用自己的体系论、自己的技术和自己的术语，并且通过事实证明：它们不仅可以为罗马法学派的法学所利用，而且可以为任何一种法科学所利用。即使有人把德国的共同法专论和学说汇纂通论从一切不知怎地貌似对原始文献的原文解释的东西中剔除出去，它们依然还会剩余下一种科学的成就，这种成就可以构成任何一种法体系，而不仅仅是共同法之研究和教学的基础。

故此，或许在将来，法社会学必须在共同法法学的基础上继续 405
工作。它绝不会与“一般法论”（allgemeine Rechtslehre）[1]或者所谓的法学百科（Rechtsenzyklopädie）[2]混为一谈。它应阐释的不是民

[1] 19世纪，随着实证主义思潮的发展，奥地利法学家阿道夫·默克尔（Adolf Merkel,1836—1896年）提出所谓“一般法学说”（Allgemeine Rechtslehre），以代替具有自然法传统的法哲学。——译者

[2] “法学百科”（Juristischen Encyklopädie 或 Encyklopädie der Jurisprudenz,

族法学的形式主义抽象概念，而是它的活的内容。不言而喻，它不包含纯粹的解释，但是它必须阐述实用法学以之作为出发点的制定法基础以及制度在司法和生活中所采取的形态。

例证：对价学说在共同法上的阐释

请允许我用一个例子来证实共同法法学构成一般法科学之基础的适切性。在英国法上，非要式契约只有当某个对价

也译为“法学百科全书”）系18世纪后半叶、19世纪初德国法学家们常用的一个词汇或著作名称（即所谓“百科类文献”［Encyklopädie-Literatur］），这个名称一直沿用至19世纪末（比如阿道夫·默克尔［Adolf Merkel,1836—1896年］于1885年出版《法学百科》，至1922年出了7版），20世纪初，德国法学家开始使用“法学导论”（Einführung in die Rechtswissenschaft）一词，取而代之（比较有名的著作有1902年约瑟夫·柯勒的《法学导论》，1910年古斯塔夫·拉德布鲁赫的《法学导论》等）。按照当时图宾根大学教授威廉·戈特利布·塔芬格尔（Wilhelm Gottlieb Tafinger）的解释，所谓“法学百科”，既不是单指法律史，也不单指法哲学，而指法学的一般法学说（die allgemeine Rechtslehre der Rechtswissenschaft），即对德国有效法规定之内容和相互关系的总体阐释（概述）。在其他法学家（比如古斯塔夫·胡果）所写的有关法学百科的教科书中，法学的一般法学说或“（根本）法的一般学说”（die allgemeine Lehrenvon dem Rechte überhaupt，比如“法的概念”“法律关系”“法律渊源”“法律知识”“法的成分”［法的划分、公法的划分与私法的划分、人法、物法、国家法、教会法、刑法、财政法、警察法］，等等）乃其中首先讨论的一部分重要内容，此外，“法学百科”可能还会涉及更具体的内容，即：法学百科的各个学说（die einzelnen Lehren der Encyklopädie），比如“私权学说”（“罗马法史”“德国法史”“当代法”有关私权规定的考察）、“公法”“民事程序”“刑法”“财政法”等。值得提出的是：日本明治十四年（1881年），日本著名法学家穗积陈重留德归国，在东京大学法学部任讲师时，欲开设与德国大学的课程“Juristischen Encyklopädie/ Encyklopädie der Rechtswissenschaft”相当的课程，向当时的大学总长加藤弘之提出申请，加藤弘之建议命名为“法学通论”（参见〔日〕穗积陈重：《续法窗夜话》，曾玉婷、魏磊杰译，法律出版社2017年9月版，第125页）。这门课后来由日本教授（比如冈田朝太郎）引进我国，成为清末以及民国时期为大学法律系低年级法科学生开设“教授法律学之大概”的课程名称，沿用至今。——译者

(consideration)存在时才具有拘束力，这一学说大概属于英国法的特征之一，欧洲大陆的法学家对此却无法理解。直到最近，一本德国人的法律史著作才把罗马的无名契约(Innominatkontrakte)同英国的合适对价的契约相提并论。不言而喻，这是完全不对的。一般而言，对价和罗马法意义上的物完全扯不到一起，英国法上的非要式契约也不是要物契约，而是诺成契约。但是，按照英国法，只有当每一方当事人通过其所遭受的任何一种不利来换得另一方的承诺时，一个非要式契约才产生某种法定义务。假如欠了100英镑的债务人在债务到期之前一天或者在双方约定地点以外的某个地点支付了10个先令，那么，债权人可以非正式地免除他的其余债务，因为债务到期之前或者另一个地点的偿付对他来说可能是一种不利；但假如他在约定的地点和约定的时间偿付了99英镑，那么就要求通过(债权人)一种正式的、书面的，并且盖印的宣告来免除(其余债务)，因为在此种情形下没有了对价。但使用借贷(commodatum)、寄存(depositum)，也包括在委托(mandatum，在此场合，受托人为了完成某项委托，比如将某物送至他处，而从委托人处接受该物)在内，情形则有所不同。所有这些都是无偿寄托(gratuitous bailment)的类型，显然缺乏对价。或许根据损害赔偿之诉(assumpsit，简约之诉)，接受人对返还原物负有责任。但是，在未完全履行约定而有过错时，或者对于未能尽到契约约定的注意义务，他对此是否也负有责任呢？在这种情况下，英国人就假设，对价存在于物之交付人所遭受的不利之上，因为他应接受人的请求将 406
物移交给后者而放弃了对物的直接支配。但这仅仅是说，物代替了对价。故此，依照英国法，使用借贷、寄存以及与物的移交相关的

委托均为要物契约：在这些契约中，义务通过物的交付和接受才告成立。波洛克[①]事实上也承认，在并非接受人向交付人，而是交付人向接受人提出请求的情形中，即：在寄存和委托的情形中，将请求拟制为契约的一个要素，以便能够找到对价。故此，这种精致、复杂的学说难以完全彻底地用共同法法学的语言和概念予以表述。

法科学没有民族的限制

法的科学研究不受民族的限制，在此情形下，法学领域复兴的国际合作活动将会产生丰硕的成果，这一希望或许是有根据的。没有任何一门科学是在民族的封闭状态中成长起来的，它不仅仅需要一切前人的准备性工作，而且也需要所有活着的同代人之间的合作。一个民族，哪怕最伟大、最有天赋，还是太渺小了，不足以完全单独地依靠自身的力量创造科学，更不用说创造法科学了。法国人、英国人和意大利人确实曾经成千上万次证明他们特别是在法科学方面具有完全杰出的天赋，而且他们至今依然通过其法科学（自从他们开始与民族的偏狭决裂以来）在最近取得的蓬勃发展来证明这种天赋，但当他们完全把自己的活动局限于自己本民族的法的扩充，原则上排斥外来的所有建议时，他们就迷失在糟糕的决疑术（Kasuistik）和注释学（Exegetik）之中了。法典法国家的法学史不就是极尽强烈地在宣讲这套学说吗？几乎没有任何其他地方会像这里一样，（法学的）上升与下降同外来的建议边界开放与关闭的

① 弗里德里克·波洛克爵士：《契约原理》，伦敦 1911 年英文第 8 版。

联系如此鲜明地映入眼帘。

共同法作为特别法法学的基础

诚然，法典使共同法的国际法学活动遭到排挤，而使民族实用 407
法学和民族法科学兴起。但无论哪一部法典都是一个短暂的发展阶段，它很大程度上正好在当下也已被超越。尽管立法上存在不同之处，但文明民族的制度还是很亲密联系在一起的，以至于允许有一种对它们所有均通行的实践的、科学的形态和规范的创制。为此，共同法法学再一次构成了极好的基础。对奥地利法典和普鲁士邦法中的法律而言，在瓦希特尔论述符腾堡私法的著作[①]之后，一个与共同法法学相连接的时代开始了。瓦希特尔第一次甚至是在无意之间指出：地方的特别法并不排斥一般的法学，因为法学首先不是关注法条，而是关注生活的塑造，也许人们可以根据法条来衡量这种生活的塑造，但不可以通过法典的解释来得到它。翁格尔[②]和科赫（Koch[1]）[③]已经成功地将这个原则应用于他们各自的法典

① 卡尔·格奥尔格·瓦希特尔：《符腾堡王国现行私法手册》，2 卷本，1839—1851 年版（这部著作被称为19世纪论述州立私法最为优秀的著作，瓦希特尔因而成就其不仅在刑法学研究方面，而且在民法学研究方面的名望——译者）。

② 约瑟夫·翁格尔：《奥地利一般私法体系》，莱比锡，第 1—2 卷，1892 年第 5 版；第 6 卷，1894 年第 4 版。

[1] 科赫（Christian Friedrich Koch, 1798—1872 年），19 世纪德国普鲁士法学家。其专著《共同法和普鲁士法中的债法》（3 卷本，1836—1843 年版）是 19 世纪有关普鲁士私法的最重要的作品之一。——译者

③ 克里斯蒂安·弗里德里希·科赫：《普鲁士共同私法教程》，2 卷本，1857—1858 年第 3 版。

法，而对于法国民法典，扎哈利埃（Zachariae）的著作①很早之前就为它的适用做了准备。德国民法典的法学也彻底沿着这个轨道运行。如果说这些法典均建立在罗马法的基础之上，据此而试图论证上述做法的正当性，那就大错特错了。不是罗马法，而是“学说汇纂之现代应用”（usus modernus）构成了《普鲁士邦法》《法国民法典》以及《奥地利民法典》的基础；《德国民法典》也主要是以 19 世纪的学说汇纂学（潘德克顿）为基础的。但真正的原因在于：对于法典法的阐释而言，很大一部分共同法的形态和规范的创制是直接可以利用的，它们本来就不是某个特定法的形态和规范的创制，而是整个欧洲文明民族社会的形态和规范的创制。

408 当图恩伯爵（Graf Thun）[1]着手改进奥地利僵化、过时的法学课程时，他曾采取这样的方式来进行：他规定学制的一半时间即法科四年制的头两年讲授罗马法、德意志法和教会法。结果，奥地利法学迅速获得出乎意料的进展。他尽管没有让讲授“奥地利法的历史”这门课，但也许使德国的科学开启了进入奥地利的关隘之门。德国法学思维在最近三个世纪的进程中所提供的成果在罗马法历史学和德意志法律史学、共同法法学和德国私法学上获得了其学术形式和文献表达；这种德国科学由于 19 世纪初奥地利私法的法典化曾被驱逐出奥地利，但随着它的教学改革又重新胜利地进入奥地

① 卡尔·萨洛默·扎哈利埃：《法国民法手册》，第 8 版，克罗默修订，第 4 卷，弗莱堡 1894—1895 年版。

[1] 此处的图恩伯爵应当是 19 世纪曾做过奥地利教育大臣的图恩（Leo Graf Thun-Hohenstein, 1811—1888 年），他在当时奥地利的教育改革中具有重要的影响，其名言是：“只有让最杰出的伟人都成为维也纳人，才能使维也纳成为世界第一流的城市。”——译者

利。有关法律史专业课程以及学说汇纂学（潘德克顿）和德国私法的课程弥补了有关法科学课程的不足，原因很简单：它们涵盖了德国存在的有关法科学方面的所有内容。要想给法科学生提供比此前曾在奥地利各大学时兴的糟糕的法条学（Legistik）和注释学更好一些的东西，要想给予他们真正的法科教育，最好有法律史、学说汇纂学（潘德克顿）和德国私法等课程。

作为一般法科学的奥斯丁学派的法理学及其缺陷

早在上个世纪，奥斯丁（Austin）就构想了一般法科学的思想——附带说一下，甚至整个现代规范理论均可以追寻到他那里，但他在自己的两部著作（《法理学的范围》和《法理学讲演录》）中也只是很小一部分阐述这个思想①。他的后继者，主要是托马斯·厄斯金·霍兰德（Thomas Erskine Holland）[1]、美洲学者阿莫斯（Amos）[2]、澳洲学者萨尔蒙德（Salmond）[3]事实上试图对独立于任何一个特定法的法科学给予整体的阐释：霍兰德在《法理学原理》

① 约翰·奥斯丁：《法理学讲演录》，罗伯特·坎贝尔编，伦敦1911年英文第5版；同一作者：《法理学的范围》，伦敦1861—1863年英文第2版。

[1] 托马斯·厄斯金·霍兰德（Thomas Erskine Holland, 1835—1926年），英国现代著名法理学家。——译者

[2] 阿莫斯（Sheldon Amos, 1835—1886年），英国19世纪著名法学家。埃利希在书中称阿莫斯为美洲学者，尚待考证。——译者

[3] 萨尔蒙德（John William Salmond, 1862—1924年），新西兰现代著名法理学家。——译者

中，萨尔蒙德在《法理学，抑或法科学》中即是如此。[①]重要的是，奥斯丁和阿莫斯均认为，罗马法学派的法学为法科学提供了一个比
409 英国法学要好得多的出发点，因为他们俩人均从前者出发来建构法科学。约翰·斯图亚特·密尔（John Stuart Mill）在一篇论及奥斯丁的文章中对他的这一追求的基本思想作了比奥斯丁本人做得更好的概括。我把他的阐述摘录如下：

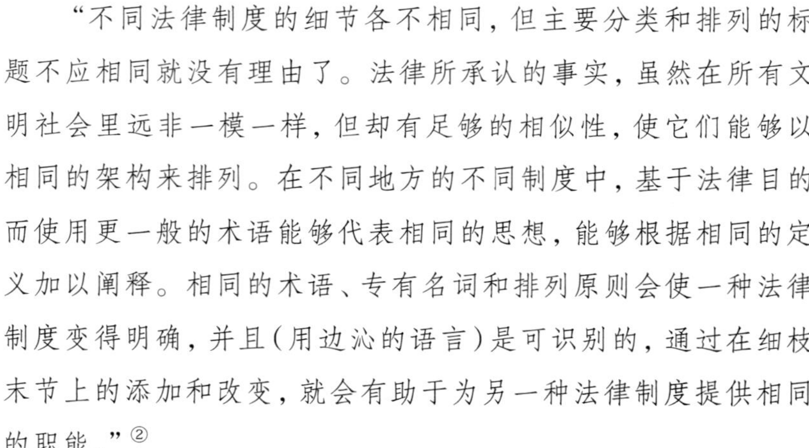

> “不同法律制度的细节各不相同，但主要分类和排列的标题不应相同就没有理由了。法律所承认的事实，虽然在所有文明社会里远非一模一样，但却有足够的相似性，使它们能够以相同的架构来排列。在不同地方的不同制度中，基于法律目的而使用更一般的术语能够代表相同的思想，能够根据相同的定义加以阐释。相同的术语、专有名词和排列原则会使一种法律制度变得明确，并且（用边沁的语言）是可识别的，通过在细枝末节上的添加和改变，就会有助于为另一种法律制度提供相同的职能。”[②]

当然，这不是社会学法学的全部。奥斯丁和他的追随者都是形式主义者：在他们所有的著作中，他们不关注充满活力的创造物，

---

① 托马斯·厄斯金·霍兰德：《法理学原理》，牛津1906年英文第10版；谢尔顿·阿莫斯：《法科学》，伦敦1874年英文版；约翰·威廉·萨尔蒙德：《法理学，抑或法科学》，伦敦1902年英文版。

② 约翰·斯图亚特·密尔：《奥斯丁论法理学》，载氏著：《议论与讨论文集》第3卷，英文版，第206—274页；目前，载氏著：《平等、法律与教育论文集》，约翰·M.罗布森编，多伦多1984年英文版，第167页。

而关注逻辑的抽象。他们的目的只是想呈现德国学说汇纂派（潘德克顿学派）意义上的一种总论部分。而且，他们只关心法律关系的形式，而对法律关系的内容、对法律发展的推动力、对法律发展的规律性以及对原因和后果则均不感兴趣。但它至少也包含了实用法学能够提供给社会学法学的一部分素材。

二、活法的探究

主流的法科学在所有的法律现象中如此优先地选择法条作为研究对象，原因在于下面这个默认的前提：我们面前的法条就是全部的法律。人们进而假定，既然当下的所有法条完全包含在任何人都能够容易接触到的制定法之中，那么认识当前法的任务就只在于整理来自制定法的资料，通过自己的解释弄清楚它们的内容，并将这种解释运用于法学文献和司法判决当中。偶尔，有人会遇到另一种观点，即法条也可能在制定法之外产生：在德国，人们通常试图 410
在法学著作中去提取它们，而在法国，则通常于司法判决中去提取它们。反之，依照通说，“习惯法”在当代并不太重要，以至于人们放弃运用科学来弄清楚它的内容，甚或根本不去寻找探究它的方法。只有商法学者还依然关注惯例（usance），即商业习惯。故此，这就解释了为什么法学研究者目前竭尽全力去探究过去的法条，而这些法条不像包含在现代制定法中的法条那样容易被我们接触到。人们相信，投入精力去研究过去的法律，这一劳动的科学成果不仅在于使我们由此懂得去了解法的发展（当然其中所指的仅仅是法条的发展），而且也在于使我们对于当前的法律有历史的理解，因为

当前的法律，即（根据默认之前提的说法）当前的法条，植根于过去的法律之中。这大概就是迄今为止的法的研究方法所依据的思路。

没有包含在法条中的法之探究

但是，法条并非包括全部的法，这一事实与其说适用于过去的法律，不如说在更大程度地适用于当今现行的法律。因为《十二表法》《萨利克法典》以及《萨克森之镜》的编纂者们事实上基于个人的直接观察来认识他们那个时代的法律，他们努力收集其必须与之打交道的法律，并在法条中加以表述。但是，这种情形并不（哪怕是近似的程度上）适用于当今法学家关注的法学材料的最重要部分，即法典。因为与从前法学家在任何情况下至少隐隐约约想到的东西不同，现代法典的编纂者经常根本不打算复述他们自己的时代和社会的法律。首先，他们从优士丁尼的法律汇编中提取他们的法律素材，不言而喻，优士丁尼的法律汇编能够提供他们的是有关所有其他时代法律的信息，而不是有关他们自身时代的法律，即18世纪或19世纪的法律信息；其次，他们从古代的法律记述中提取他们的法律素材，这些法律记述即使是顺应它们那个时代的，但也不符合立法者时代的要求；第三，他们从法学文献中提取他们的法律素材，这些文献主要充塞着一些古老法律和古老法典的解释，无论如何，这些解释也不属于法典的时代。也许，这一点最为清楚地表
411 现在《德国民法典》之中，这部法典的来源几乎完全是学说汇纂（潘德克顿）教科书、中古的德国制定法、法律记述和外国的法典编纂。故此，我们（奥地利）的法典通常比他们的法典适应于更早得多的时

代，而且，世界上所有的法律技术都无法从这种法典身上提取当前实际的法(das wirkliche Recht)，原因很简单，它并未包含这种实际的法。然而，较之以往，我们的法典适用的领土是如此辽阔，与之打交道的法律关系是如此丰富、如此多样化、如此充满变化，以至于想在一部法典中作穷尽的表述，单单这个想法本身就是一件骇人听闻的事情。试图把一个时代或一个民族的全部法律都框进某个法典的法律条文之中，其实就像是把一条河流堵截在一个池塘里一样愚蠢[1]：凡被放进池塘里的水就不再是流动的活水，而是一潭死水，何况大量的活水根本不可能放进一个池塘里。此外，假如认为任何一部制定法在其制定的那一刻就必然被活法所超越，而且随着每日每时的发展而愈来愈过时，那么，我们无论如何必须看到，大量广阔的、尚未完全开垦的处女地有待现代的法学研究者去开发。

所有这些都没有什么不同。法条并不是意图去呈现一幅法律状态的完整图景。法学家编纂法条，以现有的实际需要为出发点，并考虑到他出于实际原因而感兴趣的东西。他不会费力把他不感兴趣的事项表述成法条；对这些事项不感兴趣，或者仅仅是因为它们不属于其所活动的法院管辖的范围，或者是因为他们的当事人与这些事项无关。由于商法处于罗马法学家之平常活动范围之外，我们在罗马法的原始文献中仅仅发现极其少量的商法；出于同样的原因，罗马法学家，不久前，甚至连现代法学家都几乎不谈劳动法。即使像艾克·冯·雷普高这样的人都没有论及城市法和庄园法，因

[1] 埃利希在这个地方使用的词为“vernünftig”（合理的），显系笔误或排版错误，根据上下文看，应是“unvernünftig”（不合理的，愚蠢的），特此说明。——译者

为它们不在他作为陪审官的活动范围之内。

通过过去理解当下之困难

另一方面，通过历史或史前史（民族学）来达到对当下的理解，原则上也是难以企及的。用马赫（Mach[1]）① 的一句话说：解释，就是用一种我们习惯了的说不清之物代替另一种我们尚不习惯的说
412 不清之物。但无论如何，当下，我们尚不习惯的说不清之物比过去要少了。古生物学家只有懂得了活体动物器官的性质和功能，才会理解化石动物器官的性质与功能；但动物学家不会从古生物学家那里了解他所必须研究的动物之生理学，仅仅为了获得当今动物世界的发展图景，他才会利用古生物学。我们通过当下获得对过去的理解，而不是相反。因此法律史和民族学法学（die ethnologische Rechtswissenschaft）总是仅对于法律发展的学说有用，而对于认识现行法则没有什么用处。

当下的未知之法

由于整个当代法学的这种方法论趋向，事实上，我们当今的法律状态，大部分并不为我们所知。我们经常不仅对离我们遥远的事情一无所知，而且对每天在我们眼前所发生的事情也一无所知。

[1] 马赫（Ernst Mach, 1838—1916 年），19 世纪末 20 世纪初奥地利物理学家、心理学家和哲学家。——译者

① 恩斯特·马赫：《认识与谬误》，莱比锡 1906 年第 2 版。

某个侥幸的事故、某一桩奇特的诉讼或者日报上的某篇文章几乎每天都会给我们带来法律上的惊奇：它们一会儿涉及施瓦岑贝格（Schwarzenberg）的佃农，一会儿是维也纳市中心或者布里吉特瑙（Brigittenau）发生的有关继承土地上之营造权的扑朔迷离的问题，一会儿又是布科维纳的贝尔霍梅特（Berhomet）之奇特的永佃权关系。然而，留意观察生活进程的人知道这些都不是孤立的事件。我们在黑暗中到处摸索。但我们不能为法律史家所利用的借口（即：反正过去的点点滴滴已经无可挽回地逝去了）来进行辩解。我们只需要睁开双眼、竖起双耳，便能获知对我们时代的法具有重要意义的一切东西。

《奥地利民法典》中涉及婚姻契约的主要部分，有4个单薄的条款，根据旁注的标题，它们的内容有关家庭共有财产制。总是有机会接触奥地利的德意志农民的人都知道，他们几乎完全生活在夫妻共有财产制之下。但是，这种在奥地利的德意志农民中盛行的自由选择的夫妻共有财产制与《奥地利民法典》所规定的家庭共有财产制没有什么干系，故此，《奥地利民法典》的相关规定从来没有被适用过，因为它们经常被以各种形式缔结的婚姻契约排除在外。那么，如果一门法科学没有意识到《奥地利民法典》所讲的家庭共有财产制只存在于纸面上，它到底有什么价值呢？把解释上面所说 413
的4个条款中所表述的“立法者的意图”看作自己的整个使命，却对根据随手可得的法律文书即可获知的家庭共有财产制（奥地利几乎全部的德意志农民依据这种共有财产制而生活*）漠不关心，这样

* 这一部分的阐述逐字逐句地引自我发表在《德意志帝国立法、行政和国民经济施莫勒年鉴》第35卷上的文章。自从这篇文章发表以后，莱希（Reich）在《夫贺〈奥

的法科学的价值何在呢？

再有就是农业上的用益租赁契约。关于这方面的内容，现代法典中，尤其是奥地利法典和德国法典中所包含的数量很少的一些规定绝大部分取自罗马法，它们起源于罗马帝制时期的意大利被剥削的土地，伴随着完全扩大的大地产制度和一个受压迫的佃农阶级。这些规定在今天是完全不够的。看一下生活本身就知道，这些规定几乎从未被适用过：它们几乎完全是失效的，而被那些通常由出租人和承租人适应当今农业的发展阶段，即现代的社会和经济关系所签订的用益租赁契约条款所取代。这些条款因地域、被出租财产的性质以及当事人的地位的不同而有所不同，尽管有这样的局限，它们仍具有典型的、反复重现的内容。故此，下面一点大概是清楚的：民法典中有关用益租赁法的阐述无论怎样详备，也不可能描绘出德国和奥地利实际运行的用益租赁法的图景；要做到这一点，就必须阐明用益租赁契约的典型内容，为此目的，必须搜寻公证机构和律师事务所的档案，而且还必须就地进行调查。

从法学文献能否获知有关德国或者奥地利的农业制度的信息呢？此前，土地的耕种方式从来没有在法学上阐述过；而且，那也只是必须要完成的任务的一小部分。所有农业土地的开发利用还带来完全不同的关系，这些关系对于法学家而言至关重要。首先，农场主与大庄园主之间的相邻关系；它们部分地由习惯规制，部分地由契约规制，部分地由制定法规制：但是，整个法学文献至多提

地利民法典〉颁行一百周年纪念文集》上发表了一篇出色的文章，论述施泰尔马克（Steiermark）、克恩滕（Kärnten）和克莱恩（Krain）等地的德意志人之夫妻共有财产权的公证问题。——作者原注

了一下制定法。其次，农业，至少就其超越最低限度的规模而言，是以一定的劳动组织为前提条件的，这种劳动组织在大地产占有中逐渐演变为一种在技术上相互啮合、组成异常复杂的机制。在这里，对每个参与人而言，其代理权、监督权、特权和义务的范围部 414
分地通过习惯、部分地通过契约或制定法（雇工条例）来予以分配，不了解这些，人们既不能从国民经济上或技术上，也不能从法学上理解和把握这个复杂的相互啮合的组织体系。所有这些法律关系尽管在细节上有很多差异，但仍以其典型的形式在整个地区，甚至整个国家反复发生，因此，对它们进行探究和阐释根本不困难。

还有就是家庭法。这里首先吸引研究者注意的是实际的家庭秩序和法典规定的家庭秩序之间的不一致。在欧洲可能几乎没有任何一个国家，其丈夫与妻子之间、父母与孩子之间、家庭与外界之间的关系，如他们在生活中实际形成的那样，与制定法的规范相一致，或者在这个国家，家庭成员在相当适应的家庭生活中试图相互针对对方实施制定法字面上赋予他们的权利。因此，很明显，制定法在这里远没有说明生活中实际发生情形的图景。但是，法科学和理论局限于说明制定法所规定的内容，则更为糟糕；故此，它必须探究家庭关系的实际形态，尽管这些实际形态在每个社会阶层和每个地方各有不同，但在本质上是类似的和典型的。然而，制定法是否已经丧失了对生活的支配，或许从来就没有掌控过生活，生活是否已经超越了制定法，或者它与制定法从来就没有一致过，这些问题可以存而不论。在这一点上，假如法科学仅仅阐释制定法作了什么样的规定，而不能告诉我们实际发生的情形怎样，那么它履行作为法的学说的使命便是非常糟糕的。

较之上述所有的主题，德国农民的继承法（见泽林）[1]和奥地利各邦国的德意志农民的继承法已经更好地得到详细考察，也更好地得到法学上的评价。相反，对于其他阶层，同样，对于奥地利君主国之内的非德意志民族和邦国，这项工作还有待完成。法学文献满足于阐述民法典规定的几乎不受限制的遗嘱（处分）自由；难道它们就不该追问一下，这项规定在不同的邦国、不同的阶层中到底有什么用途？

作为唯一得到妥善探究的法律领域：商法

415 商法是法学上偶然的，也完全以实际的惯例作为出发点的唯一的法律领域。它甚至作为商业习惯和“惯例”（Usance）的形式正式进入法学。至今，法学家对大地产组织、工厂组织，甚至银行组织还是一窍不通，但是，他至少从商法典中了解商行（公司）组织的基本轮廓：他知道经理人和全权代理人的地位，商事代理权人和商事雇员、代理商及推销商的地位，他知道商号 (Handelsfirma)、账簿和商业信函的重要性；所有这些不仅从经济学的角度，而且也从法学的角度得到评价。现代商法中的契约法并不是从《民法大全》中继受过来的，也不是它的创造者苦心沉思的产物：商事法律和商事法典就买卖、委托代理、货物运输、保险、运费和银行交易所规定的内容，通常实际上在任何一个地方都被人们所实行过，尽管可能并非总是在它们所规定的范围之内。同样，许多商业制度，尤其是证

---

① 马克斯·泽林编：《普鲁士王国农村土地占有的继承》，柏林 1897 年版；氏著：《石勒苏益格—荷尔斯泰因的继承法和农业体制》，柏林 1908 年版。

券交易所制度已经被法学家们适度地耕耘过了。几乎总是有许多艰苦的工作要做，不是因为我们在这个领域比在其他领域更缺乏对事物之现实的感觉和了解，而是由于（被观察的）主题本身及其迅猛发展的难题造成的。正在我们眼前以托拉斯和卡特尔的形式出现的商品生产之大型组织，所有现代交通的成就、大量的新的发明每时每刻都在产生新的形态，它们也为法学家们开启了新的工作领域。

活法及其认识来源，
尤其是法院判决和商业文书

那么，这就是“活法”，与纯粹在法院和其他国家机关中所实施的法律不同。活法不是在法条中确定的法，而是支配生活本身的法。这种法的认识来源首先是现代的法律文书，其次是对生活、商业、习惯和惯例以及所有联合体的切身观察，这些事项既可能是法律所认可的，也可能是法律所忽视和疏忽的，甚至是法律所反对的。

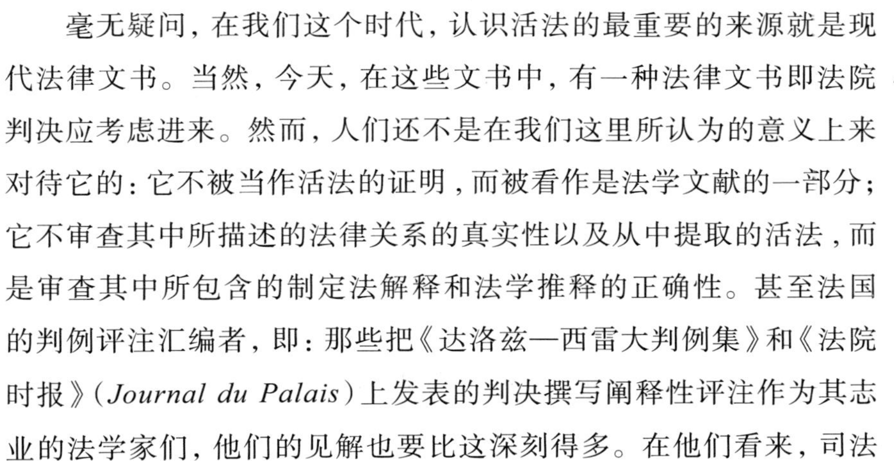

毫无疑问，在我们这个时代，认识活法的最重要的来源就是现代法律文书。当然，今天，在这些文书中，有一种法律文书即法院 416
判决应考虑进来。然而，人们还不是在我们这里所认为的意义上来对待它的：它不被当作活法的证明，而被看作是法学文献的一部分；它不审查其中所描述的法律关系的真实性以及从中提取的活法，而是审查其中所包含的制定法解释和法学推释的正确性。甚至法国的判例评注汇编者，即：那些把《达洛兹—西雷大判例集》和《法院时报》（*Journal du Palais*）上发表的判决撰写阐释性评注作为其志业的法学家们，他们的见解也要比这深刻得多。在他们看来，司法

判决是法的一种表达，这种法不是立法者本身所想像出来的，而是法国的法典生效一百年里在法国的法官意识之中发展出来的。用梅伊尼尔（他曾在法国民法典百年纪念的论文中对这个方面绘声绘色地加以描绘）[①]的话讲，他们从中发现了“法变迁这一观念（正是由于出现了司法判例影响制定法这种情形）；此一普遍默认的观念使得司法判例不再仅仅受制于制定法，而且，它正在以替代物之身份，成为制定法的竞争对手”（la notion du changement du droit, grâce aux inflexions que la jurisprudence fait subir à la loi ; celle du consentement général tacite qui fait de la jurisprudence non seulement la servante mais l'émule et comme le suppléante de la loi.）。

大约25年前，当我开始撰写有关默示的意思表示的著作时[②]，我也受这种观点支配。我曾打算在通盘研究600多卷的德国、奥地利和法国法院的判例汇编之后，展现来自默示的意思表示的司法判决所形成的图景。但不久，吸引我的不再是司法判决，而是构成判决基础的实际发生的事情。因此，我的著作至少很大一部分包含对导致司法判决的构成要件（按照它们在实际生活中发生的情形）的描述，以及对法律生活中的默示的意思表示之意义的描述。在这本书中，我虽然是无意识地，但实际上已经在遵循法科学的社会学方法，随后我试图为之建立一个理论基础。

但是，过后我发现，这个方法还不完全能够达到目的。司法判决也给不出法律生活的任何完整的图景。只有一小部分的现实生活片段呈现在法庭和其他国家机关面前，许多现实生活无论在原则

① Ed. 梅伊尼尔：《判例汇编与判例评注汇编者》，载《法国民法典百年纪念文集》第1卷，巴黎1904年法文版，第173—204页。

② 欧根·埃利希：《默示的意思表示》，柏林1893年版（殁后，阿伦1970年版）。

上还是在事实上均被排除在诉讼程序之外。此外，处在争讼状态的法律关系显示出一种迥异的、被扭曲的特征，它们通常完全异化于 417
处在安宁状态中的关系。谁会愿意按照家庭或社团中的讼争来评判我们的家庭生活或社团生活呢？因此，社会学方法绝对要求通过生活的切身观察来补充司法判决所获得的结果。

正是出于这种目的，现代商业文书提供了一种与过去千百年的方法一样富有成效的基础。看一看现代的法律生活就会明白，它主要不是受制定法支配，而是受商业文书支配的。任意法被商业文书的内容所排挤。人们必须在婚姻契约、买卖契约、用益租赁契约、建筑贷款契约、地产抵押贷款契约中，在遗嘱、遗产继承契约、社团章程和商业公司章程中，而不是在法典的条款中去寻找活法。所有这些契约，除了具有仅适用于个别的、纯粹特定的交易行为之内容外，还有其典型的、反复重现的内容。商业文书的这种典型的内容基本上是它本身最重要的东西：如果从事著述的法学家曾经得到妥善的忠告的话，他们本来会首先关注这一点，就像罗马人那样，在他们的告示评注和《市民法汇编》(*Libri iuris civilis*)[1]中长篇大论反复重现的双倍返还之要式口约(duplae stipulatio)和就特定物指定继承人(institutio ex re certa)等问题。果若如此，我们很可能更多地拥有一些专著，论述酿酒厂的啤酒销售商、糖厂的甜菜加工

[1]《市民法汇编》是盖尤斯·卡西乌斯·朗吉努斯 (Gaius Cassius Longinus) 的作品。盖尤斯·卡西乌斯·朗吉努斯是罗马公元 1 世纪最著名的法学家之一，系卡西乌斯学派的创始人和领袖(Cassianae scholae princeps et parens)。他在公元 30 年补缺执政官，大约 10 年之后出任亚细亚行省总督，公元 45—49 年继维比乌斯·玛尔苏斯之后任叙利亚的行政长官衔副帅(tumtus pro praetore)。公元 65 年，他被尼禄放逐到撒丁尼亚，维斯帕西亚努斯把他召回之后不久他就去世了。他的主要著作就是这本《市民法汇编》。——译者

的契约或者医师诊疗的服务，而不是论述法人的概念或者私人物品抵押权的推释。当然，对于法学家来说，为了法科学和实用法学而利用现代法律文书是一项全新的任务。但是，法律文书的研究交给了历史学家，特别是法律史家，他们可能一开始就为理论法学家和实践法学家提供了某些有价值的东西。历史文献学已经发展出属于科学工作中最棘手、最艰巨的一种技术，终生的劳作都难以掌握它所有的精髓。但是，现代法律文书在一定程度上具有完全不同于历史法律文献的任务，这些任务绝不是更为无足轻重的。

法律文书的社会学内容

最重要的是，我们必须努力将法律文书当作活法的一部分，并且就像罗马人在他们的契约法和遗嘱法中所做的那样，从文书的内容中获取活法。《学说汇纂》的标题，即：关于买卖契约（de contrahenda emptione）、关于买卖之诉（de actionibus emti venditi）、关于追索与双倍返还之要式口约（de evictionibus et duplae stiputione）、合伙之诉（pro socio）、关于奴隶的要式口约（de stipulatione servorum），
418 以及涉及遗嘱法和遗产法的标题，依然能够为我们到处用作范式。当今的法科学和实用法学最重要的事情最终不是关注罗马的契约和法律文书，而是关注当今的契约和法律文书。也就是说，现代法科学的首要任务是要检验法律文书中那些普遍重要的、典型的、反复重现的内容，从法学上来讨论这种文书，从社会政策、经济政策和立法政策等全方位地来对它作出评价。

通过这种方式，我们最终可以在法律文书领域获得我们周遭正在发生的事情的图景。尽管这些法律文书在一定程度上大体上是一样的，但它们在细节上却由于地域、阶层、等级、种族和信仰的不同而又有很大的差别。在这一点上，或许我们必须借助文献研究的手段来完成法律统计学的任务。若没有新的方法，完成这个任务大概是不可能的，而且发展出这样的方法的确也不是一件容易的事。但是，尤其是，如果法学家成功地揭示了这些差别的历史前提、经济前提或者社会前提，那么在这种情形下，多么辉煌的成果正在向法学家招手啊。

假如有人认为可以从法律文书中完全径直地挑出活法来，那么法律文书的价值就被大大高估了。根本没有确凿的证据表明法律文书的整个内容都是活法的载体和明证。活法不是法院在裁断某个官司时认可其具有拘束力的法律文书的内容部分，而仅仅是当事人在生活中实际遵守的那部分内容。被制作成法律文书的交易之效力不可能直截了当地从它们可强制执行的法律后果中得知。任何人能够从某个社团或股份公司的章程中推断说，名义上的全权股东大会通常不过是完全毫无意义的随声附和者的聚会吗？但是，法律文书在法律上有效的内容既没有对当事人无意要的后果，也没有对当事人有意要的后果给予任何可靠的说明。法律文书中的许多内容纯粹是传统的东西：这部分是法律文书起草人从其范本中抄录下来的，它们根本没有进入当事人的意识之中。因此，当事人对其中规定的事项既没有要求，也没有批准，一旦这些法律文书由于某个争讼而交到律师手中，他接着又要将该文书呈交法庭，那么当事人得知这些内容，将会非常惊讶。当事人也允许将其他的条款纳入法律文书之中，纯粹为了作最坏的打算：不言而喻，只要交易顺利

进行，这些条款就不会被提及。其他当事人也都很明白这一点：他平静地接受这种契约的极其严苛的条款，而对所有打算认真对待的
419 条款坚持要讨价还价。如果有人曾经读过由普鲁士王室领地的管理人或者布科维纳的希腊东方宗教基金会管理人所起草的用益租赁契约，就会感到奇怪，承租人怎么会在这种严格的条款之铁丝网中却能坦然自若。尽管如此，承租人在此过程中所处的状态很好：只要与出租人和睦相处，所有这些违约惩罚、约定期限的条款、解约的短期通知、丧失保证金以及损害赔偿从来就用不上。处在现实生活中的人毕竟还是希望和平地与人们打交道的；即便打官司必定会赢，他也根本不想这么去做。

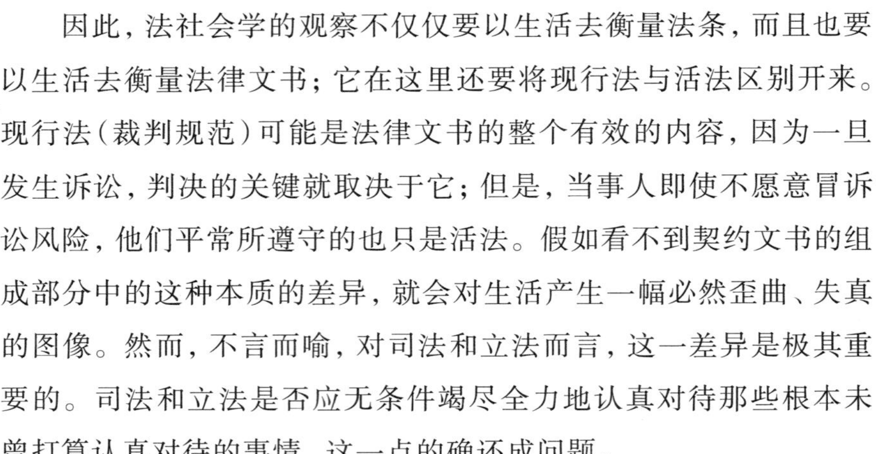

因此，法社会学的观察不仅仅要以生活去衡量法条，而且也要以生活去衡量法律文书；它在这里还要将现行法与活法区别开来。现行法（裁判规范）可能是法律文书的整个有效的内容，因为一旦发生诉讼，判决的关键就取决于它；但是，当事人即使不愿意冒诉讼风险，他们平常所遵守的也只是活法。假如看不到契约文书的组成部分中的这种本质的差异，就会对生活产生一幅必然歪曲、失真的图像。然而，不言而喻，对司法和立法而言，这一差异是极其重要的。司法和立法是否应无条件竭尽全力地认真对待那些根本未曾打算认真对待的事情，这一点的确还成问题。

活法的探究：旧法的残存和新法的萌芽

当然，法律文书所表明的只是其中所体现的那一部分活法。那么，我们又应当如何去搜集那些没有体现在法律文书之中却大量存

在、十分重要的活法呢？此处，除了睁开双眼，通过仔细观察生活去获知，询访民众并记录下他们的陈述之外，可能没有其他方法。当然，要求一位法学家试图从自身的感知，而非从法典的条款和档案卷宗中去获知，这是对他的一种苛求；但这样做恰好是不可避免的，美妙的猎物还得用这种方式去捕获。

从许多值得以这种方法研究的东西中，我只挑出少许的几个。首先就是依然存在着的旧法。那种属于民众法而不仅仅是法学家法的旧法依然生存于现代制定法的单薄的表层之下，它支配着民众的行为和法意识。在这里，法律史家不仅能发现许多来源无记载的东西，而且也可以切身观察到一些通常被认为是属于久远年代的资 420
料。在这个过程中，法律文书可能被忽略；因为众所周知，它常常是传统的东西与近代法要求之间的些微妥协：比如，在农民的继承法上，在夫妻共有财产法上就是如此。但是，相对于此前所做的工作，有必要在更大程度上将注意力集中于收集一切虽未体现在法律文书之中，却依然在民众中生存着的那部分旧法，尤其是，它很难能够再长久地抵抗现代商业的冲击。波季西奇①曾经成功地揭示出，即使在《奥地利民法典》生效区域内，还存在着远古的“查德卢加”，即一种最原始的人类组织；第聂斯查恩斯基②在奥地利的另一个偏僻的地区，即东加利西亚（Ostgalizien）[1]，发现了一种包括

① 瓦尔塔查·波季西奇：《南斯拉夫现今法条汇编》，萨格勒布（阿格拉姆）1874年版。

② 斯坦尼斯劳斯·第聂斯查恩斯基：《习惯法与社会团体》，切尔诺夫策1905年版。

[1] 东加利西亚（Ostgalizien），是东欧的一个地区，原属波兰，1772年曾被奥地利兼并，第二次世界大战初期，苏联将东加利西亚并入乌克兰共和国。——译者

整个鲁提尼人的波伊金部落在内的原始商事合伙，它采取一种奇特的、当然也不为奥地利制定法所熟悉的形式。我本人也能够证明：只是大约 50 年前，东加利西亚和布科维纳的鲁提尼人中还零星地存在着农民的家庭共同体；今天，它们大概已经完全消失了。莫契卡（Mauczka）最近证实①，在奥地利的德意志人当中尚存有这种制度的残余。根据我的建议，一位维也纳的著作者科布勒博士（Dr. Kobler）[1]也为了我的活法研讨班记录了一些观察的结果。

对于法学家而言，具有生命力的新法之萌芽或许比旧法之垂死的残余更为重要。此处我们面临一个奇特的事实。认为法律处在一种永恒的发展过程之中，这一认识普遍被看作是历史学派的不朽功绩，无论如何，人们可能相信，这种说法不仅适用于过去久远的年代，而且也适用于上世纪。然而，法科学和理论非常奇怪地利用了这种书本知识。只要关注一下古罗马人或 14 世纪、15 世纪之前的德意志人，那么法学家们就自然会意识到法律制度（如家庭、人身依附关系、土地所有权、契约）的发展。在那个时代未曾起过重要作用的制定法，很少被提及。然而，到了稍后的时期，这种法律史几乎完全中断了；上个世纪，法律史科学和理论完全变成了一种

421 立法史。人们似乎认为，在这个时期，法律制度的发展只能通过法典条款的修改来完成。这意味着什么呢？难道制定法之外的法律制度的发展到 19 世纪就完全停滞了吗？但是，今天，正像在古代和中

① 约瑟夫·莫契卡：《民族意识中的古代法》，维也纳 1907 年版（埃利希在本书第一版文内注释里，还指出，应参见莫契卡的另一篇文章，载《法院报》，第 10 期和第 11 期，第 1007 页。——译者）。

[1] 科布勒（Franz Kobler, 1882—1965 年），奥地利现代法学家、法律史学家。——译者

世纪一样，法律史与其说是基于成文法条的兴衰，不如说是基于下面一点：新的法律制度产生，既有的法律制度逐渐吸纳了新的内容。没有任何一个法律史家会承认德国14世纪的基本法律关系与15世纪的基本法律关系呈现出相同的面貌，也不会承认某些很广泛的变化完全是很少而又不那么全面的立法导致的结果：对19世纪这个人类此前或许还从未经历过的社会、经济、政治高度动荡的时代，难道不是这样的吗？问题的关键在于人们如何理解发展。家庭法自身经历了发展，这意味今天的婚姻法和在中世纪一样，而夫妻关系、父母与子女的关系现在却有了不同的印记；土地所有权，即使抛开通过制定法和行政行为来进行土地解负不谈，也经历了一个发展过程，即是说，由于与土地相关的另一类物权和债权已经形成，而且农民和大地产占有人的经济体制也已发生了变化，那么就存在着一种不同的土地体制；契约法也有所发展：这种发展建立在新的契约类型产生和传统契约类型具有不同的内容这一基础上；继承法同样得到发展：这主要是说，现今的遗产分割、遗嘱和其他死因遗赠的内容完全不同于一个世纪以前了。相比所有这些变革，立法在此期间所引起的变化几乎是不足挂齿的。

当今社会的具体秩序之探究

那么，法社会学必须从活法的探究开始。它只应将注意力主要指向具体之物，而非一般之物。能够被人们观察的东西毕竟只是具体之物。解剖学家放置在显微镜下的不是抽象的人体组织，而是一个特定人类的特定组织；同样，生理学家研究的不是抽象的哺

乳动物肝脏的功能，而是研究特定哺乳动物之特定肝脏的功能：只
422 有当他完成了具体的观察，他才会询问这种观察是否普遍有效，进而又通过一系列具体的观察来力图确证这一点，为此，他必须寻找独特的方法。法学研究者也同样如此。首先，他必须关注具体的习惯、支配—法律关系、契约、章程、遗嘱处分，进而研究它们的一般有效性。故此，说活法的探究仅仅关注“习惯法”或者“商事惯例”，这不是事实。如果人们在使用这些语词的过程中无论如何思考一下——情形并非总是如此，那么就会意识到这些语词所指的不是具体之物，而是一般之物。但是，只有具体的习惯、支配—法律关系、契约、章程、遗嘱处分，才会产生据以调整人们关系的行为规则。只有在这些规则的基础上才会产生法院的裁判规范和迄今为止唯独吸引法学家注意的制定法条款。绝大多数司法判决都是基于法院确认的具体的习惯、占有关系、契约、章程、遗嘱处分等。如果我们要想理解一般化、统一化以及法官和立法者的规范发现的其他方法，就必须首先了解它们得以实现的基础。我们愈了解罗马的金融往来，就愈清楚承保（receptum）和通过文书订立契约（litteris contrahere）：这难道不同样适用于我们现今的法律吗？当萨维尼认为，法律（在他看来，法律最重要的是法条）只应从历史的联系中来加以说明，就此而言，他是正确的；但是，这种历史的联系不在于久远的过去，而在于法条由此诞生的当下。

但是，活法的科学意义并不限于它对法院的裁判规范或者制定法的内容具有决定性这一点上。活法具有它自己的认识价值，这就在于它构成人类社会法律秩序的基础。为了了解这种认识价值，我们必须知道习惯、支配—法律关系、契约、章程、遗嘱处分，而完全

不依赖于它们是否已经在某个司法判决或者制定法中得到表述或
者它们是否会被纳入其中。新的《德国商法典》所包含的有关股票
交易所、银行、出版社、内河航运的法律规定及其他补充条款在它
们被制定的时候就充满着漏洞，而且大部分条款在今天早已过时。
在此期间，现代商业，尤其是出口贸易，再度创造出无数新的形式，
这些新的形式应该像在制定法上所列举的形式一样成为法科学研
究的对象。在这个方面，许多真正有价值的东西可以在蓬勃发展的 423
商业科学的文献中找到。法科学通过采矿法、海事法和内河航运法
可以得到采矿权和航运方面的一部分秩序，当然，大部分秩序很久
以前就被淘汰了。工厂、银行、铁路、大土地占有、工会、企业主协
会及成千上万其他的生活形式都同样有一种自身的秩序，这种秩序
有其法律的一面，也有其商业组织的一面，它在细节方面唯独受商
法典调整。此外，也还有这些联合体向外进行活动的无数形式，主
要是契约。比如，在工厂方面，法学研究者必须追踪从接受订单到
向顾客交付成品过程中无数的高度错综复杂的过程：代理商和推销
商的地位，每个制造性企业均须建立的三个部门（销售部、技术部
和生产部），订单的到达，图纸的制作和保存，企业自有成本和销售
价格的计算，产品制造出来之后进行的核算，根据图纸执行订单，
生产部、工段长、车间主管和工人的职责，仓库管理的监控，计件
工资和计时工资的计算，工人个人之间工资的分配，材料交付的单
据以及机器零件明细表[1]的重要性，守门人的查验。对于企业运营

[1] 莫尔的英译本在这里将“机器零件明细表”或“零件表”（Stückliste）译成了“价格表”（the price list）（See Eugen Ehrlich, *Fundamental Principles of the Sociology of Law*, transl. by Walter L. Moll, Harvard University Press 1936, p.503）。——译者

秩序的法律面而言，同等重要的还有账簿的照管、清仓物品的登记、仓库的查验、图纸和模型的保管、工人和学徒的招收、工作规程和工人委员会等。

诚然，国民经济学家们已经多次从事过我们这里所要求的类似研究。但是，这并没有使法学家的工作变得多余。法学家和国民经济学家都必须处处与相同的社会现象打交道。财产、金钱、汇票、股份公司、信托、继承法——很难找到一个仅属于国民经济学，而法科学却不关心的对象。然而，法学家和国民经济学家研究同一种社会现象之完全不同的方面：一个关注社会现象的经济学意义和范围；另一个则关注其法律规定和法律后果。虽然法学家可以从国民经济学家那里获知良多，国民经济学家也能够从法学家获知很多，但是这些相同的研究对象给他们各自的科学所提出的问题是完全不同的；正因如此，对双方均属必要的工作没有任何一部分可以转嫁给其中的任何一方。

历 史 法 学

424 不言而喻，活法的研究既没有使历史学的方法，也没有使民族学的方法变得多余：因为我们只有通过观察历史的和史前（民族学）的事实才能够了解社会发展的规律。但是，历史学的方法和民族学的方法对于理解当今的法律状态也是不可或缺的。我们尽管从来不会仅仅通过当下来理解过去，但是对当下最内在的本质之洞观途径依然在于通过对过去的洞观：当下的每个片段都包含着它完整的过去，这一点可以通过能够观察这种深度的慧眼清楚地分辨出来。这个历史的真相并没有被历史学派的伟大创立者所掩盖，职是之故，他们的目标绝不是像现今我们普遍以为的那样，想创建一门本质上是法律史学的法科学，而是创建一门历史法学（eine geschichtliche Rechtswissenschaft）。的确，他们本身甚至不是在从事法律史研究，而纯粹是在研究古代的法律文物，通过辩证的思辨或者通过谢林哲学（这好不了多少）来代替历史法学：他们作为时代的产儿也必然跳不出他们自身的局限。但是，他们在入口的门扉上用大写的字母书写下自己的目标：只是没有人能够读懂题刻的文字。这一点是很独特的，就像后来《历史法学杂志》（*Zeitschrift für geschichtliche Rechtswissenschaft*）变成了《法律史杂志》（*Zeitschrift für Rechtsgeschicht*）[1]一样。

[1]《历史法学杂志》是萨维尼和艾希霍恩（Karl Friedrich Eichhorn, 1781—1854年）于1815年创办的，是德国历史法学派形成的一个标志，被称为历史法学派的“机关刊物”和理论阵地，其初期所载文章均不同程度宣示该学派的宗旨和研究特色。1861年在萨维尼去世之后，历史法学派中两个支派——日耳曼派和罗马派摒弃前嫌，共同创办《法律史杂志》，力图将《历史法学杂志》和1839年由日耳曼支派的法学家们创办的《德意志法和德意志法学杂志》结合在一起。1880年成立萨维尼基金会（Die Savigny-Stiftung），负责该刊物的编辑出版，刊物更名为《萨维尼基金会法律史杂志》（*Zeitschrift der Savigny-Stiftung für Rechtsgeschichite*，简称“ZRG”），分为“罗马分部”（die Romanistische Abteilung，简称“RA”）和“日耳曼分部”（die Germanistische Abteilung，简称“GA”），到1911年，又分出“教会分部”（die Kanonitische Abteilung，简称“KA”），实际上形成一个刊物有三份独立年刊的形式。无论如何，自从1861年后，该刊已经没有了萨维尼当年所宣示的历史学派纲领的机关刊物的性质，而变成了一份真正的研究法律史的专业杂志，它旨在促进“对不同国族法律领域”的科学研究。埃利希在这里想表明的大概就是：随着刊物名称的改变，后来的人们也就不明白“历史法学”和“法律史”到底有什么不同了。——译者

事实的法律状态之探究必然不全面

为了了解实际的法律状态，我们必须既要研究社会本身在此过程中的作用，也要研究国法以及国家对于社会之法的实际影响。我们必须知道：在一个国家，到底存在哪些种类的婚姻和家庭，缔结哪些种类的契约，它们一般具有哪些内容，确立了哪些种类的遗嘱宣告，所有这些依照在法院和其他国家机关生效的法律该怎样裁判，它们实际上又怎样被判决，以及在什么程度上这些判决和其他裁判实际上有效。这类研究无论如何将会得出结论：尽管两个不同国家（比如法国和罗马尼亚）的立法可能是相同的，但是所存在的法律却是极为不同的；波希米亚（Böhmen）、达尔马提亚（Dalmatien）[1]

425 和加利西亚（Galizien）的法律也绝不是相同的，尽管这些地区的法院和其他机关适用相同的法典；由于实际的法律状态的差异，即使有民法典，在德国的不同地区也不存在法的统一，哪怕完全撇开地方特别法对立法的偏离不谈，也是如此。

当然，我们在这个方面的一切知识一直充满空白、存有缺陷，而且毫无疑问，从头到尾研究法典，附带少量例证性材料和注解，要比通过费时、费力的工作查明实际的法律状态要轻松愉快得多。但是，科学的使命最终不是寻求轻松愉快的工作，而是寻求重大而富有成效的工作。我们的一切知识都是不全面的，法科学也不会例外，它变得愈加科学，就愈加概莫能外。

[1] 达尔马提亚（Dalmatien）系克罗地亚的一个地区，范围包括中部沿海地带和岸外一系列亚得里亚海岛屿。——译者

法社会学的其他方法

假若这些论述被理解为应以这里所提到的方法最终穷尽法社会学的方法论，那么它们将完全没有意义了。新的科学目标总是需要新的科学方法。因此，为了证明可能性是无限的，我想指出几点。政治地理学是由拉采尔（Ratzel[1]）① 创立的，目前在法国被布吕纳（Brunhes[2]）② 所理解，它实际上是采用地理学研究方法的社会学。早在上世纪 50 年代，法国学者勒普莱（Le Play[3]）③ 在其社会科学（science sociale）中处处从当地社会生活的条件出发，由他所创建的学派在当代继续热衷于他所开始的工作。布吕纳④ 在其论述西班牙、埃及和阿尔及利亚的水利（irrigation，灌溉）问题的著作（对法学家而言，这本书至少同任何一本法律史或民族学著作一样有趣）

［1］ 拉采尔（Friedrich Ratzel, 1844—1904 年），德国地理学家和人种史学者。著有《人类史》（3 卷，1885—1888 年）、《政治地理学》（1897 年）等。在《生存空间论》（1901 年）中首次提出“生存空间”的概念，被认为是地缘政治学的出发点，也被后来德国纳粹政权所利用。——译者

① 弗里德里希·拉采尔：《政治地理学》，1897 年版。

［2］ 布吕纳（Jean Brunhes, 1869—1930 年），法国杰出学者和地理学的创建者。著有《水利灌溉：伊比利亚半岛和北非的地理条件、方式和组织》《人文地理学》《法国人文地理学》等著作。——译者

② 让·布吕纳：《人文地理学》，巴黎 1904 年法文版。

［3］ 勒普莱（Pierre Guillaume Frédéric Le Play, 1806—1882 年），法国采矿工程师、社会学家。他认为，家庭的类型与整个社会的状况有关系；家庭是控制社会的主要杠杆。——译者

③ 皮埃尔·吉约姆·弗里德里克·勒普莱：《人类本质的结构》，图尔 1881 年法文版；氏著：《社会科学方法》，图尔 1879 年法文版。

④ 让·布吕纳：《水利灌溉》，弗莱堡 1902 年法文版。

中指出，大量的法律形式总是与灌溉工程的种类、性质和藏量有关。为什么生活在北非沙漠绿洲中的阿拉伯人只知道（绿洲中的）树木所有权而不了解沙漠中的沙地所有权，其原因不能根据民族学和法律史，而只应根据沙漠中的经济的特殊性来给出详细的解答。

426 几十年前，维也纳的奥弗纳（Ofner[1]）① 就曾指出依靠法律实验进行法感（Rechtsgefühl）研究的直接可能性。大约一年前，科布勒（Kobler）② 在维也纳《法律公报》（*Juristische Blätter*）上完全独立地详细阐述了这个想法，并且在他亲自创办的自由法学学会（Freie juristische Vereinigung）中事实上进行了这项实验。真实的或者虚构的法律案例，甚至整个法庭审理程序都呈现给接受实验的人，他们不得是法学家，而只应根据其法感来对此发表意见。难道没有人在此处想到费希纳—冯特学派（Fechner-Wundtsche Schule）的心理测验？上述实验或许会遭到同心理测验曾经遭遇的一样的质疑。投身于这种实验的人没有通常的心情，而且他也知道他的判断不能左右案件；虚构的案子激不起任何热情，不会让人的情感激动，只会让人理智地表态。这些都是任何一个正确的方法必须想得到的，并加以排除的错误来源，——尽管如此，只要人们没有忘记这些错误来源的话，那么这种尝试将会产生颇有价值的结果。

方法，如同科学本身一样，是没有止境的。

---

[1] 奥弗纳（Julius Ofner, 1845—1924 年）奥地利法学家和政治学家。——译者

① 尤利乌斯·奥弗纳：《论法律上的归纳方法》，维也纳 1881 年版。

② 弗朗茨·科布勒：《通过观察和实验的法意识探究》，载《法律公报》（维也纳）1912 年，第 301—303 页、315—317 页（重印于 R. 雅克布、M. 雷宾德尔主编：《法律心理学论文集》，柏林 1987 年版，第 37—50 页）。

人名索引[1]

[1] 本索引所标页码为本书德文第4版页码，本中译本以边码显示。——译者

[1] 本书德文第 4 版将布里埃的名字写成“Brie”，“Gerhard”（见本书德文第 4 版人名索引，第 426 页），经查是错误的，更正为“Brie”，“Siegfried”，特此说明。——译者

内容索引[1]

[1] 本索引所标页码为本书德文第4版页码，本中译本以边码显示。——译者

附录一

《法社会学原理》英译本序说[1]

瓦尔特·L.莫尔 著　李丹 译　舒国滢 校

本书是欧根·埃利希的《法社会学原理》的英译本；这是法理学中被称之为社会学学派的那一流派最重要的著作之一。在19世纪的进程中，欧洲出现了一系列的法理学学派，每一学派的产生都源于对其前辈教义的反动，并暂时取代了它们的前辈。每一学派都特别强调某一特殊的学说或方法的基本点。也许正由于对这一特殊观点的过分强调，由此不可避免地从这一过分强调中产生了反作用。这样，一个新的学派会随着一种新的学说或新的方法而产生，反过来它又过分强调这一新的学说或新的方法，从而为另一个法学思想学派的出场搭建了舞台。每一学派都让位于它们的后继者。但是新的学派绝没有破坏其前辈所做的工作。每一学派都对法的科学研究作出了或多或少具有恒久价值的贡献，因而逐渐形成了容量巨大的永久的法学资料、普遍承认的原则和观点。应当记住，一

---

[1] 本文为英译本译者瓦尔特·L.莫尔之译序，原载：Eugen Ehrlich, *Fundamental Principles of the Sociology of Law*, transl. by Walter L. Moll, Harvard University Press, 1936。标题为中译本译者所加。——译者

个法理学的学派与它所主要使用的方法不尽相同。例如，无论是萨维尼和普赫塔的历史法学派，还是亨利·梅因爵士的历史法学派，都不同于历史学的方法。萨维尼的学派已经逝去，但是历史学方法依然保存。所有消逝的只是对某些自设的限制和原则的片面强调。现代著作者利用了这些不同的法学思想学派所建立的恒久真理和原则，另一方面，的确每个作者都受到某一特殊学派的影响，其思想被这一学派的教义所主导，由此选择自己独特的研究方法和独特的出发点；同样，确实，法学著者们在其思考的形式和思考方式上比前人是大为接近了，而且很多人从下面这一原则中找到了共同立场，即：法律理论表述的基本之事不是带有其个人意志、意图和目标的个人本身，而是社会整体；不是各种各样的法条本身，而是社会秩序，即：现代社会通过法律的公正的秩序调整；不是古老而抽象的个人主义者的法律正义，而是全新的"社会正义"。法理学的这一新趋势在近世欧洲大陆的主要代表之一就是欧根·埃利希。

埃利希于1862年出生于布科维纳[①]的切尔诺夫策。在维也纳获得博士学位之后，他依照日耳曼语大学的惯例，成为维也纳大学的法学讲师(*Privatdozent*，日耳曼语国家中报酬直接来自学生学费的无薪大学教师)。1897年，他应聘到切尔诺夫策大学任罗马法教授。他在这所大学工作了一生。这是极其繁忙、有益而又硕果累累的一生，有他出版的长长一系列书籍和论文为证，附书单如下[②]。一

① 布科维纳公国当时是奥匈帝国的一部分。1919年瓜分战利品时移交给罗马尼亚。

② (1)《默示的意思表示》[*Die stillschweigende Willenserklärung*(1893)]。

(2)《德国民法典上的强行法与非强行法》[*Das zwingende und nichtzwingende Recht im bürgerlichen Gestzbuch*. In Otto Fischer's Abhandlungen zum Privatrecht und

战结束后不久他就去世了。

Civilpozess(1899)]。

(3)《论法源理论》[*Beiträge zur Theorie der Rechtsquellen*(1902)]。

(4)《自由的法的发现和自由法学》[*Freie Rechtsfindung und freie Rechtswissenschaft*(1903)](节译见《现代法哲学丛书》第九卷)。

(5)"铜衡式遗嘱的起源"[Die Anfänge des testamentum per aes et libram. Reprint from the Zeitschrift für vergleichende Rechtswisenschaft(1903)]。

(6)《国际私法的当前趋势》[*Les tendencies actuelles du droit international privé.* Traduit par Robert Caillemer(Deutsche Rundschau, 1906)]。

(7)"社会学和法学"[Soziologie und Jurisprudenz(1906)]。

(8)"安东·门格尔"[Anton Menger, Reprint from Süddeutsche Monatshefte(September 1906)]。

(9)《习惯法的事实》[*Die Tatsachen des Gewohnheitsrechts*, Inaugurationsrede(就职演讲, 1907)]。

(10)"论法人问题"[Zur Frage der juristischen Person(1907)]。

(11)"论权利能力"[Die Rechtsfähigkeit, in Kobler's Das Recht(1909)]。

(12)"对下述问题的鉴定意见:通过(大学学习结束之前或之后的)培训,高度促进法学家对心理学、经济学以及社会学问题的了解,能带来什么?"[Gutachten über die Frage: Was kann geschehen, um bei der Ausbildung(vor oder nach Abschluss des Universitätsstudiums)das Verständnis des Juristen für psychologische, wirtschaftliche und soziologische Fragen in erhöhtem Masse zu fördern? In Verhandlungen des 31 ten Deutschen Juristentags(Zweiter Band)(1912)]。

(13)"活法的探究"[Die Erforschung des lebenden Rechts, in Schmoller's Jahrbuch für Gesetzgebung XXXV, 129(1911)]。

(14)《布科维纳人的"活法"》[*Das lebende Recht der Völker der Bukowina*. Fragebogen für das Seminar für lebendes Recht mit Einleitung(1913)]。

(15)《法社会学原理》[*Grundlegung der Soziologie des Rechts*(1913)]。

(16)"孟德斯鸠与社会学法学"[Montesquieu and Sociological Jurisprudence. 29 H.L.R. 582(1916)]。

(17)《法律逻辑》[*Die juristische Logik*. Reprinted from volume 115, numbers 2 and 3 of the Archiv für die Civilistische Praxis(1918)]。

(18)"法社会学"[The Sociology of Law. 36 H.L.R. 128(1922). Translated by Nathan Isaacs]。

(19)《奥地利中央机构如何维系持久和平的国家难题》[*National Problems in Austria in the Central Organization for a Durable Peace*]。

在《法社会学原理》中，埃利希表明法律生活现象来源于社会，并反过来对社会产生深远影响。他在自己的《法律逻辑》中讨论并驳斥了当时流行于法学家之间的这一观点，即：每个法律判决必须通过纯粹的逻辑程序从既定的法律前提——法典或制定法、法学家法或法官所造之法的规定中推导出来。他阐明了这一观点所产生的社会关系，并揭示出这一观点的社会后果。在这个意义上，这本书是对《法社会学原理》的补充。

这两本书可以称之为埃利希的观点与教义的总结；因为他在这两本书中以连贯的风格讨论了他全部著作的基本观点。鉴于已有埃利希的论文“法社会学”（《哈佛法律评论》36 期第 130 页），在这里对这两本书进行概述可谓多此一举；因为在这篇论文中，埃利希用他自己独到的方法精确陈述了这两本书的内容。我将引用这篇文章中的两段，它们清晰而简明地表达了在埃利希看来，什么是法律的性质。在第 131 页，他说：

> 那些宣称法律具有多样性的人所理解的“法律”不外乎是法条，而这些法条至少在今天，在各国是大不相同的。另一方面，那些强调在这一多样性当中存在共性的人把他们的注意力集中在社会秩序上，而不是法条上。这种社会秩序的主要轮廓在开化的国家和民族中是大同小异的。事实上，它们拥有的许多特点即使在未开化和半开化地区也是一样的。
>
> 社会秩序建立在基本的社会制度之上：婚姻、家庭、财产、契约、继承。然而，一种社会制度不是像一张桌子或一个衣柜那样有形有体的实物。尽管如此，它又是显而易见的，因为处

于社会关系中的人们是根据既定的规范相互交往的。我们知道夫妻或者家庭成员如何彼此对待；我们知道占有应受到尊重，契约应得到履行，死者的财产应交给其亲属或者最后的遗嘱中提到的人，而我们也正是这样做的。如果我们旅行到一个陌生的国度，我们当然会遭遇一些与我们习惯的制度大相径庭的情形，并且因此陷入困境，但是很快我们就通过身边的所见所闻获得足够的知识以避免发生冲突，即使我们并不了解法条。一个法条是一种以言词确定的、指导法庭如何判决法律案件的指令（Entsheidungsnorm，裁判规范），或者是一种指导行政官员如何处理特殊案件的类似指令（Verwaltungsnorm，行政规范）。现代从事实务的法学家通常把“法律”一词仅仅理解为法条，因为这是在日常实践中最让他们感兴趣的法律部分。

在美国法学院协会（the Association of American Law Schools）第14届年会（1914年）会议记录中，威廉·赫伯特·佩奇（William Herbert Page）教授主要根据《法社会学原理》的最后两章，施莫勒年鉴（Schmoller's Jahrbuch）上的“活法的探究”一文，以及《布科维纳人的“活法”》这本小册子，连同那份调查问卷《带有引言的活法之调查》，对埃利希的目标和方法进行了说明和探讨。

浏览本书的目录足以使读者对埃利希提出和展现其观点的方式有一个了解。

在20个实际上是相互独立的讨论之标题下，他论述了若干主题。然而，所有这些讨论都密切联系、相互关联，它们强调、复述和重述了他的基本观点，即：法不是一系列法条，而是社会秩序。

这种社会秩序事实上在所有文明的人类中都是一样的，因为人类社会主要的制度和事实在任何地方都是类似的。本书最有价值或许也是最重要的章节之一，是关于习惯法理论的一章。在这一章中，他主要阐述了非诉讼性的习惯在法律发展中的作用。可以说，仅此一章就对所有关于法律发展的研究作出了具有永恒价值的重要贡献。此外，他用第 16 章一整章来说明国家的立法功能，鉴于法学家和外行人之间普遍存在的对国家立法的过高评价，这一章无比重要，因为它指出了有效的国家立法的局限性。关于使法条在诉讼中有效的一般问题的文献，参见庞德的《法理学讲义大纲》(*Outlines of Lectures on Jurisprudence*)，第四版，第 3 节，第 17 页。

在第 20 和 21 章[1] 中，他阐明了研究活法的方法。活法，正如他所称，也就是真正成为行为规范的法，他将这种法与法院适用的法区分开来。这两章可以说是他整个著作的压顶石。尤其在美国，它们成为各种研究和调查的丰富源泉。

像欧洲大陆的所有社会学法学派的法学家一样，埃利希属于"自由的法的发现"学派(The free-find-of-law school)，而且他的一些最好的作品也许就是在这一领域完成的。在最早的一篇发表在《法律公报》(*Juristische Blätter*, 1888 年)上的作品"论法的漏洞"(Über Lücken im Recht)中，他简要而含糊地表达了他的观点。在《自由的法的发现和自由法学》一书中，他更充分地论述了他的观点并且进行了更详细的论证。在本书第十二章，他讨论了英国法学，表达了他在《自由的法的发现和自由法学》第一页所提出的观点，

[1] 德文第 4 版将原著第 20 章和第 21 章合并为一章，特此说明。——译者

即英国适用法律的方法实际上就是一种自由的法的发现[①]。他在《法律逻辑》中相当令人信服地阐明的事实，几乎在本书的每一章都得到了强调。这一事实就是，即使在今天，当司法裁决要对一个新的情况作出决定时，就像当初刚通过指定的裁判庭进行司法时一样，可能会从独立于所承认的法律资料之外的法律事实中推导出来。

本译者的目标是用英语忠实地传达埃利希的思想。既不想要把埃利希的敏锐复述成通俗、家常而过时的言谈，也不去刻意追求

① 关于美国和英国的自由的法的发现研究，参见罗斯科·庞德的“法的执行”(The Enforcement of Law, 20 Green Bag 401, 1908)以及“社会法学的范围和目的”(The Scope and Purpose of Sociological Jurisprudence, 25 *Harvard Law Review*, at page 515)。并见罗斯科·庞德的“法院与立法”(Courts and Legislation, 7 American *Political Science Review*, 361-383)、《法学方法学》(*Science of Legal Method*, chaps.1-5, *Modern Legal Philosophy Series*, vol. IX, 202-228)；威格摩尔(Wigmore)的《法律的难题》(*Problems of Law*, 65-101)。

并见杰特罗·布朗(Jethro Brown)的《英国的法律执行》(*Administration of Law in England*,1906-1923)；约瑟夫·德雷克(Joseph Drake)的“法的社会学解释”(The Sociological Interpretation of Law, 16 *Michigan Law Review*, 599)。

对司法功能的总体分析，参见罗斯科·庞德的“司法裁决理论”(The Theory of Judicial Decision, 36 *Harvard Law Review*, 641, 802, 940)。关于全部问题的文献，参见罗斯科·庞德的《法理学课程大纲》第十九章(*Outlines of Lectures on Jurisprudence*, chap. XIX)。

并见亚瑟·L. 古德哈特(Arthur L. Goodhart)的《法理学与普通法文集》(*Essays in Jurisprudence and the Common Law*, Essay I)；亚瑟·L. 古德哈特的“决定案件判决的理由”(Determining the Ratio Decidendi of a Case, 40 *Yale Law Journal* 161)；罗斯科·庞德的“现实主义法学的召唤”(The Call for a Realist Jurisprudence, 44 *Harvard Law Review* 697)；卡尔·N. 利韦林(Karl N. Llewellyn)的“关于现实主义的现实主义”(Some Realism about Realism, 44 *Harvard Law Review* 1222)；罗斯科·庞德的“美国司法裁决的理想要素”(The Ideal Element in American Judicial Decision, 45 *Harvard Law Review* 136)；赫尔曼·奥利芬特(Herman Oliphant)的“回归先例”(A Return to Stare Decisis, Proceedings of the Twenty-fifth Annual Meeting of the Association of American Law Schools, 1927)。

文辞的优雅。埃利希的风格是简单、直接的，他的句子一定程度上松散地连串在一起。没有复杂的长句，没有浮夸的段落，没有雕琢的修辞。他确实达到了语言的更高境界，因为他的思想中饱含了感情。所有这些形成了清晰、直接和简洁。而译者已试图尽可能地接近这一风格。有时候，完全忠实于埃利希包装其思想的形式可能会显得有些学究气，尤其是对连词省略的翻译——无论是两个还是更多单词、短语、从句组成的一串，埃利希都坚持使用省略句式。然而，译者相信埃利希是有意使用这种表达方式，以仿效古罗马的原始资料，基于这一理由将它再现在译文中是合适的。译者尽可能接近埃利希的文体，并希望由此成功避免翻译中最大的罪过：增删原文。当然，可以说，所有的翻译都是一种解释，某种程度上这是事实：作者的思想必须经过译者头脑的提炼。但是，还是不断有翻译的痕迹。译者希望他能做到在介绍埃利希的思想时不掺杂自己的思想，同时埃利希的话带给德国原来的读者什么印象，译者希望多少能带给美国读者同样的印象。

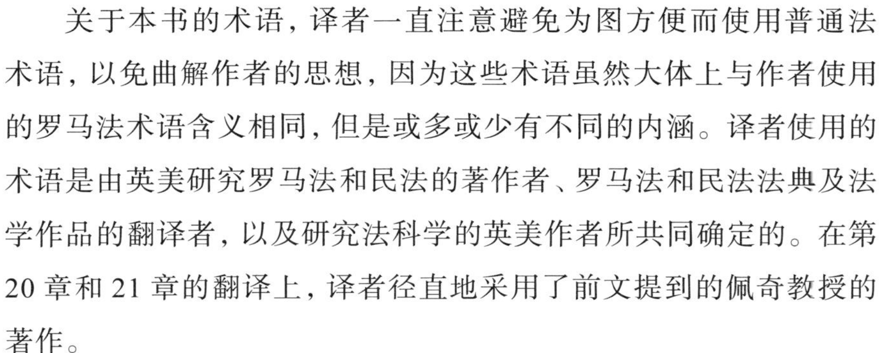

关于本书的术语，译者一直注意避免为图方便而使用普通法术语，以免曲解作者的思想，因为这些术语虽然大体上与作者使用的罗马法术语含义相同，但是或多或少有不同的内涵。译者使用的术语是由英美研究罗马法和民法的著作者、罗马法和民法法典及法学作品的翻译者，以及研究法科学的英美作者所共同确定的。在第20章和21章的翻译上，译者径直地采用了前文提到的佩奇教授的著作。

译者谨向哈佛法学院院长罗斯科·庞德致以深切的谢意，感谢他给予的鼓励、建议与资料。译者同时感谢其朋友安东·乔鲁斯特

（Anton Chroust）博士，感谢他特别提供的关于古日耳曼法与较早的德国法术语释义的宝贵资料。

1936 年 9 月 1 日
于哈佛法学院

附录二

《法社会学原理》中文节译本序说[1]

杨树人　著

“法律社会学”一词虽非埃利希(Eugen Ehrlich)始创，但是以此词为专著之名者，则推埃氏为第一人①。埃氏在“社会学派法理学”(Sociological Jurisprudence)当中占一分重要的地位，这是法学界所公认的。但是法理学为什么要有社会学派呢？关于这一点，当代社会学派巨擘庞德(Roscoe Pound)的说明是值得参考的。

据庞氏的意见②，法学研究的方法乃至成见是随着历代智力工作态度上的大潮流而变化的。在 17 世纪与 18 世纪中，人们把社会现象的各种有组织的知识视为哲学，在 19 世纪中视为历史，而在 20 世纪则视为科学。这种变迁的意义往往只是说，有新的知识潮流或是新的知识兴趣出现了，各个门类的学者都要用新的术语把旧

[1] 此文选自杨树人先生节译《法社会学原理》之译序，载《法律社会学原论》，杨树人译，华国出版社编印(“汉译今世名著菁华”第十种)。题目为本中译者所加，个别文字有删减或校正。——译者

① Timasheff, N.S.: *An Introduction to the Sociology of Law* (Harvard University Committee on the Research of Social Sciences, Cambridge, 1939) p.53.

② “Jurisprudence” in *the Encyclopaedia of the Social Sciences*, (New York, 1932) vol. Viii, p 477 et seq.

的学问重述过。在哲学的方法盛行的时候，法理学称为哲学；及至历史法流行了，法理学视为史学的一类；而在实证主义和社会学方法的控制之下，法理学就变成了科学。

庞德认为，一般言之，分析派的法学家(analytical jurists)以为法理学应当注意研究一个发达的政治社会中司法所依据的权威的律条。历史派法学家视一切的社会管制均在其研究的范围以内。哲学派法学家倾向于以法律的条规为道义条规的一种特殊的类型，因而要进一步研究行为的评价与管束之整个领域。社会学派法学家则考究一种社会运行的程序，并以为司法有关的权威资料必须就此种程序加以处理，加以评定。关于法理学的范围其所以发生这种不同的观点，大部分也由于法学家们所要处理的问题各有不同，分析派法学家著书的时候大体上是一种经济与政治安定的时代，因而法律情形也是安定，在权威的传统而外，不须再引用其他资料，所以他们认为法学家可能需要的一切，均可自流行的立法、学说与司法裁判中觅得。历史派法学家则欲以历史来代替权威和审理，以为社会的法律秩序之不可置喙的基础。因而他们要搜集法律秩序演变中的一切社会管束现象。哲学派法学家大体产生于法律迅速成长的时代，因而特别注意法庭与法家所赖以扩充权威的法律资料之渊源。社会学派法律家从职能方面研究法律，其注意法律有什么作用以及如何作用，尤甚于注意法律是什么，因而以研究法律秩序为主。

法学的研究有极古的历史，此处不能详为追究；甚至各派法理学的内容亦不能逐一陈述，[①] 只能专就社会学派的法理学发展的经

① 关于法理学的名著，Rudolf Stammler: *Lehrbuchder Reohtsphilosophie*, 3. Auflage,

过略为一叙。据庞德的意见,社会学派法理学业已经过了3个时期,现在尚存留于第四个时期之中。最初的社会学派法理学是发端于实证哲学。[①]最初的社会学派法学家所贡献者不过是用实证主义的哲学去充实19世纪的历史派法理学而已。历史派法学家认为在法律发展的后面有一种历史的形而上的原则(a historic metaphysical principle),而实证主义的法律哲学者则认为有物理的定律(physical laws)。但是其结果是一样的。法家的立法和立法的创造行为都是无益的。人们可以遵守社会法则之不可避免的运行,但是不能左右这种运行。第二个时期的社会学派法理学是用生物学的眼光去研

Berlin 1928,与罗斯科·庞德及蒂马舍夫(Timasheff)前引书中均有揭示。兹根据庞德前引一文摘举较重要之参考书如下。关于法理学概论者:Pollock, Federick, *First Book of Jurisprudonce*(6th ed. London, 1929); Kohler, Josef, *Einführung in die Rechts-wissenschaft*(5 Aufl. Leipzig, 1919). 关于分析派法理学者:Austin, John, *Lectures on Jurisprudence*(5th ed. London 1885); Holland, T.E., *Elements of Jurisprudence*(13th ed. Oxford 1924; Binding, K, *Die Normen und ihre Übertretung*(Leipzig 1872-1920); Bierling, E.R., *Zur Kritik der juristischen Grundbegriffe*(Gotha 1877-83); Idem, *Juristische Prinzipienlehre*(Freiburg i. Br. und Tübingen 1894-1917); Kelsen, H., *Das Problem der Souveranität*(Tübingen 1920)。关于历史派法理学者:Sayigny. F. K. von, *Vom Beruf uuserer Zeit für Gesetzgebung und Rechtswissenschaft*(3 Aufl. Freiburgi Br. 1840); Bryce, James, *Studies in History and Jurisprudence*,(London 1901); Vinogradoff, Paul, *Outlines of Historical Jurisprudence*(London 1920-22). 关于哲学派法理学者:Kant, Immanuel, *Metaphysische Anfangsgrunde der Rechtslehre*(2 Aufl. Königsberg 1789); Hegel, Georg Wilheim Friedrich, *Grundlinien der Phllosophie des Rechts*(3 Aufl. Leipzig 1930); Jhering, R. von, *Der Zweck im Recht*, 2 Bde.(6 u. 8.Aufil, Leipzig 1923); Stammler, R., *Wirtschaft und Recht*(5 Aufl, Leipzig 1924); Idem, *Lehrbuch der Rechtsphilosophie*(3 Aufl., Berlin 1928); Kohler, Josef, *Lehrbuch der Rechtsphilosophie*,(3 Aufl., Berlin 1923); Binder, Julius, *Philisophie des Rechts*(Berlin 1925)。

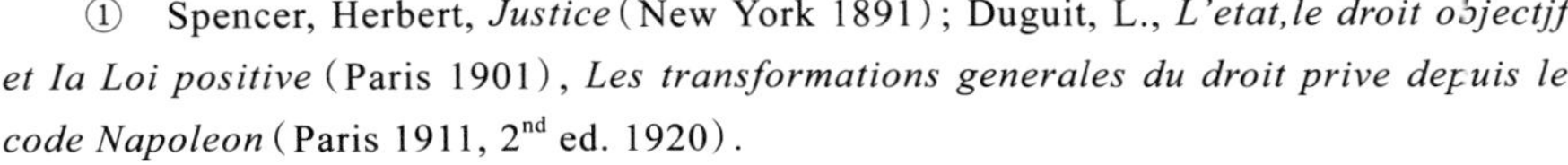
① Spencer, Herbert, *Justice*(New York 1891); Duguit, L., *L'etat,le droit objectjf et Ia Loi positive*(Paris 1901), *Les transformations generales du droit prive depuis le code Napoleon*(Paris 1911, 2nd ed. 1920).

究法律(biological approach to law)[①]。这种法理学，一部分是用生物学的名词去复述过去的机械的法律社会学。一部分是用生物学的比喻去推演出一种法律胚胎学(embryology of law)，利用原始民族社会和法律设施之研究以确定法律发展之定则。另有一种形式的生物学的法理学是用某种生物学原则为哲学系统的基础，例如用生物学上生存竞争解释法律为阶级斗争的产物。第三个时期是心理学的时期，侧重于以心理学的基础去研究法律[②]。关于法官，法学著作家以及立法人的宇宙观的研究即是由此而来。这一种倾向即在目前的法学著作中仍有相当的势力。

约自本世纪初始，社会学派的法理学即开始进入第四时期，庞德称之为“统一的时期”[③]。在19世纪中各派法理学系单纯以法律本身为基础而设法构成一种法科学，实际是就不同时间与空间的法律本身从事法律评论的工作；可是到了20世纪法学家则认为法理学与其他社会科学完全分开是不必要的，而且分开的后果是不幸的。在19世纪中法理学上的问题并不为有关的社会科学所重视，在另一方面，法学家对于有关社会科学的成就亦漠不关心。因此在法律思想与一般思想之间就发生了一道鸿沟，在本世纪初期已经颇为显著。法律设施之落伍不能满足社会的需求，以及法家对于此等需求

---

① Post, A.H., *Grundriss der Ethnologischen Jurisprudenz*, Oldendburg(u. Leipzig 1894-95); Kuhlenbeck, L, Natürliche *Grundlagen des Rechts*(Eisenach 1904).

② Tarde, Gabriel, *Les transformations du droit*(6th ed. Paris 1909).

③ Pound, Roscoe, The Scope and Purposes of Sociological Jurisprundence in *Harvard Law Review*, Vol.xxiv (1910-11) 591-619, and Voi.xxv (1911-12) 140-68, 489-516. *An Introduction to the Philosophy of law*(New Haven 1922); Ehrlich, E., *Die juristische Logik*(Tübingen 1918); Kantorowicz, H.U., *Rechtswissenschaft und Soziologie*(Tübingen 1911); Jerusalem, F.W., *Soziologie des Rechts*(Jena 1925).

甚且懒于认识，似乎都应归罪于19世纪的法科学。在目前的统一阶段上，社会学派的法学家认为过去各种方向的法理学，每一方向对于法科学之全体都有某种贡献，但不应专门研究。他们并且更进一步认为一种隔离的、自我中心的、自足的法理学是徒劳无益的。他们主张法律秩序是社会管束的一个方面，必须就其在各种社会现象当中的地位加以了解，因而他们要求研究法律设施与法律原则的实际社会影响；要求从事社会学的研究以为立法的准备；要研究使法律条规在行动上发生实效的工具；要研究法学思考法律裁判及法律制定的实际方法；要求一种社会学的法律史，去考究过去的法律条规、法律原则与法律设施之社会的背景和社会的后果，并且尤其要研究这些后果是如何致成的。

整个法理学发展的经过，自非寥寥数语所能说尽，上面节述庞德之言，诚然十分简单。不过一般说来，从原来的法理学到法律社会学的途径，大致就是这样的。据庞氏的意见，埃利希的著作对于统一阶段的社会学派的法理学颇有贡献。

埃氏本来对于西洋古今的律条法典有渊博的研究，在他的著作中，都随处流露着其对于罗马法、德意志法、英吉利法，以及近世几部闻名的法典的精辟的认识。他毕生研究的结论是：人类的法律行为范围极广，法律条文只涉及这种行为的一小部分；而法官断处的根据，鲜为法律条文，可以说是自由地寻觅法律；所以研究法律的科学不应当以法典和法律条文为对象，法律的真理要向社会本身去寻找。他在本书寥寥数十字的序文中说，如果要以一句话概括其本书的意义，这一句话应该如下："法律发展的重心，在我们时代和在一切其他时代一样，既不在于立法，亦不在于法理学，亦不在于司法，而实系在于社会本身。”他甚且取消传统的法理学代表法科学的资格；他要指定那以社会本身为研究对象的法学为真正科学的法学：这也就是他命名“法律社会学”的原意。

埃利希 1862 年生于罗马尼亚之切尔诺夫策（Czernowitz），其时属于旧奥匈帝国。早年就学于维也纳大学，即留母校讲学。其后归任切尔诺夫策大学教授。1914 年美人曾聘其赴美演讲，因欧战而不果行。战中切尔诺夫策适当军事要冲，兵灾人祸，损其健康。战后切尔诺夫策大学再立，氏已不克复教，卒于 1922 年，生平著作甚丰，而本书则为其结晶之作。

我所翻译的文字现以节译的形式出版，其间也有一段相当坷坎的经过，全书译稿系于 1935 年秋季交商务印书馆印行。正文于翌年夏初排印清样制就纸型，唯以附注部分，原稿及补稿，一再为商务遗失，致不能发印。第三次补稿于 1941 年 10 月在香港交印，乃太平洋战事爆发后，纸型亦毁于火。战后商务印书馆无力再行排版发印，1948 年夏季始归还所存清样。兹承王岫庐老先生嘱就原稿节译本要由华国出版社印行，至深感谢。前译施塔姆勒《法律哲学课本》（*Stammler, Lehrbuch der Rechtsphilosophie*）一稿亦系于 1941 年 10 月交商务印书馆印行，战后仅残存原稿之半。两稿相较，此书之命运盖犹不幸中之幸者矣。

1951 年 7 月 15 日于台北之东郊

附录三

欧根·埃利希的思想与方法[1]

罗斯科·庞德 著　李丹 译　舒国滢 校

在确定任何事物的起点时所能得到的充分事实表明，现代法科学可以说是开始于17世纪，紧随着此前一个世纪法学与神学的分离。正如17世纪、18世纪所见证的，法科学的问题在于：通过理性探明所假定的社会契约的内容；发现由理性所证明的、一个理想人在一种事情之理想状态下应当遵守的规则，并设计出一种表述及应用这些规则的技术；发现一个理想人为理性所证明的特性，这些特性源于他应当享有一定的东西以及应当自由地做出一定的事情，并且把它们规定为自然的，因而也是法定的权利。这些都是把指导法律成长的实践性问题纳入对权威性法律资料进行重组这一过程的理论方式，它们紧随着从中世纪通过关系组织的社会到以自由的个人竞争获取与坚持己见为基础而组织的社会之转变，后者为成熟的现代法律所支配。对19世纪而言，法科学的问题是：用分析的

[1] 本文原载：Eugen Ehrlich, *Fundamental Principles of the Sociology of Law*, transl. by Walter L. Moll, Harvard University Press 1936。标题为中译本译者所加。——译者

或者历史的或者哲理的方法（因为法学家以方法来加以区分的）来确定法律的性质——这个性质被认为是一个单一纯粹的概念，并且基于那个概念、从那些立场的某一个出发对法条、学说和制度进行评判；确定法律和道德的关系；解释法律的历史并通过它来解释法律、特殊的法条、学说和制度。

对 20 世纪而言，这些问题似乎变成了：第一，不是“法律是什么”，而是“法律做什么”“它怎么做”“它能被用来做什么以及如何办到”；第二，用来评价相互冲突和重叠而必须经由法律秩序来协调或调整的利益与主张之标准；第三，有效的法律行为的界限以及有效地保障被法律秩序所承认和限定的利益之手段。法理学问题的这一变化，带来了方法上的变化，或者，更准确地说，产生了新的方法，即社会—哲学的，社会学的，以及现实主义的方法。

为了理解任何一位法学家，我们不仅要考虑其思想得以表述的那个时代的问题，而且要考虑离他最近的过去的思维方式——在他看来，这些思维方式证明不足以解决那些问题，还要考虑他成长过程中所接受的传统的法律教条和法学原理。埃利希成长于上个世纪形而上学的分析—历史法理学，在本世纪的头十年写出了对这种法科学的反应。政治性社会组织的最高权威的兴起和 17 世纪、18 世纪流行的专制政府的政体，在 19 世纪很大程度上决定着我们对法律性质的看法。《民法大全》的规准在中世纪的大学里作为权威性立法而被讲授并由此形成一种坚固不易的拜占庭式的教育传统，使它们自己适合于这样一种学说。宗教改革时期的民族主义也支持这一点。法被视为由一个政治主权者所规定的、对人们行为表达其意志的法律实体。

受从血缘关系组织的社会到政治组织的社会之转变中的法律秩序现象所触动，古希腊的哲学家开始思索法律的性质以及它的拘束力的根据，从那时起就存在一场争论，即：在诉讼中，究竟是通过掌握政治组织的社会之权力的那些人所适用的专断法条或专断意志，还是通过基于正义原则普遍适用的规则来调解人们的纷争，协调他们的主张和愿望的。这一争论不断以一种形式或另一种形式持续了两千四百年，它与法的稳定性需求与变动性需求之间的平衡问题密切相关，后者是法律秩序中的一个基本问题。

有人试图通过一些表明它应该是什么以及它应该实现什么之普遍、明确的理想，把法律秩序的这两种需求统一起来。因而，只要是符合这个理想的法律，在任何地方、任何时代、任何民族中都是一样的。另一方面，法学家试图通过一种从政治学中拿来的权力分立或分配的学说来实现其稳定性，按照这种学说，法的发现或者法的创制被认为属于立法范围内的事，与法院无关，法学家也不关心此事。这与中世纪的大学流传下来的传统是一致的。即使古典时期的罗马法学家是根据司法程序来拟就规准的（例如，*ius est ars boni et aequi*，法乃善良与公平的技艺），但《民法大全》作为最终的法律权威典籍在大学里研习时仍然被视为立法，它产生了一种从法条集合体的角度而言的法的概念，传递到上个世纪的思考之中。

18 世纪末，康德开始用我们现在称之为法律秩序的概念来替代。某种程度上，维柯（Vico）和孟德斯鸠已先期做到这一点。然而，康德不仅考虑到调整的过程，更考虑了调整的条件，而维柯和孟德斯鸠只不过是先行者。另一方面，正如埃利希所指出的，萨维尼和普赫塔放弃了拜占庭式的个人立法者观念，转而寻求在形成

法律秩序、制作判决的权威性资料以及指导司法程序中起作用的力量。但是，假定术语意味着某种确定的东西，那么在对法的性质讨论了一个世纪之后，直到现代，我们才看到，三种完全不同的事物，即：法律秩序，作为寻找司法和行政判决之根据的权威性资料，以及司法程序，都以法的名义在流行，没有人能够使它们合为一体，即使不分好坏地使用同一个词也不行。埃利希是头一个攻击法不外乎是一堆法条或者法条的集合体这种主张的人。

埃利希研究法律的进路中首先值得注意的是，与19世纪形而上学的和历史的法理学相反，他考虑得更多的是关系、组织和团体，而不是抽象的个人。普通法逐渐形成一种关系的概念，而基尔克（Gierke）通过他对中世纪日耳曼法中的团体的研究得出结论，揭示了关系与团体的重要性。在关系和团体中习以为常的或者被视为正确的，恰恰与正式的立法者所规定的内容相左。由此，由政治组织的社会中某一机构承认或规定的、用来解决或者应该用来解决纷争的法条，在埃利希的思想中处于从属地位，然而这些法条，以及决定它们的司法适用之技术和学说，在上个世纪代表了法科学的全部主题。如同埃利希所看到的，在这些法条背后，我们必须找到人们在相互关系中的行为方式，以及他们应该如何行为从而使这种关系中的内在秩序得以维持。因而，从广义上讲，他与上个世纪的历史学派的法学家（他们认为法律是发现的而不是创造的）站在一条阵线上，也与晚近的历史学派的法学家，例如维诺格拉多夫（Vinogradoff）一致，后者从社会控制总体的角度思考法律。他在上个世纪历史法学的基础上建立了社会学法学，正如柯勒（Kohler）在同样的基础上建立了社会哲理法学。

但是，19 世纪的历史学派的法学家所关心的是一整套法院从中找到或者感觉有必要找到作为司法判决之依据的权威性资料，这些东西是被发现的而不是被创造的。埃利希的思想的重要特点在于其从功能上看重法律秩序，看重形成法律秩序的关系调整，看重一整套行为规范，看重特殊的法律规则，在于指明了裁判规范的有限作用。他认为社会不是一个由孤立、抽象的个人组成的集合体，而是相互之间存在关系的人类团体的总和。这些团体的内在秩序调整就是历史的出发点。

在法律秩序的意义上来使用“法”，团体的这一内在秩序是原初的，同时也依然是基本的形式。从中涌现出了合乎逻辑的派生形式，即一整套法条或者判决指南，以及司法程序的技术。在政治组织的社会秩序崩溃——例如西罗马帝国的灭亡或是法国或者俄国的革命——的时候，仍然存在社会连续性，这些事情证明了埃利希的观点。家庭、邻里或者当时当地的任何基本团体或关系中存在的传统秩序，由公认的并在这些团体和关系中作为具有拘束力而得到普遍遵守的行为规则所维系的内在秩序，即使在政治秩序解体时也仍然起作用。因此，分析法学认为所有的法律规范最终来自政治组织的社会的权威，这一假定就和事实大有出入了。

或许有人会问，这种法律秩序的观点对解决今天的法学难题有什么重要意义呢？在各种不同的方面，我们说，支配生活的法律必须纳入生活之中，并且与生活保持联系。根据生活事实自觉创设裁判规范的最古老理论是把法律规范设想成公式化的理性，并使它们受到理性的批判。另一种理论是把它们设想为公式化的经验并在此基础上使之受到历史的批判。再有一种理论是观察社会事实以

及作为这些事实之先决条件的习惯、自抑和制度，并根据它们在何种程度上维持并推动或者阻碍这些先决条件来评判裁判规范。还有一种理论是探知人们试图满足的需求或欲望，以此推动法律秩序和政治秩序获得承认与保障，并且考虑裁判规范在多大程度上有利于以最小的摩擦与浪费来满足这些需求与欲望。埃利希的方法则是察觉一整套裁判规范意义上的法与构成社会之团体与关系的内在秩序之间的联系。按照这种方式，我们就应该去寻找我们的一般化规准必然最终从中而来并且必须受其评判的“活法”。

亨利·梅因爵士把法看作解决争议的权威性资料的集合体，认为在历史上法官先于法律而出现，如果我们在他使用“法”的意义上使用这个术语，那么情况的确如此。因此，梅因更注重诉讼习惯。埃利希把法看作前者意义上的法由此产生的法律秩序，认为非诉讼的习惯先于法官而产生并且在很多重要却从未提交到法官面前的事情上得到应用。这应当与马林诺夫斯基（Malinowski）的法的概念进行对比，后者认为法是一套拘束性的责任，作为一方的正当权利和另一方的义务，“通过一个社会结构所固有的互利与公开的特殊机制而发生效力”。[①]这是一种从社会学立场得来的富有成效的观点。从社会控制理论的立场来看，它意义重大。但是我们不能忽略，如果一个人研究通过系统地运用政治组织社会的权力（这种权力在宗教改革之后获得了最高权威）进行专门化的社会控制形式，那么从他的立场看，梅因的主张依然有效。

① 马林诺夫斯基：《野蛮社会中的犯罪与习惯》（*Crime and Custom in Savage Society*），第 58 页。

埃利希的进路还应当与经济决定论或者它新近派生的新现实主义进路进行对比。法律规范(埃利希所说意义上的规范包含在团体与关系的内在秩序之中)为每个人分派了在关系或组织中的位置。它决定了他属于控制还是从属的地位。它确定了他的职能。狄骥(Duguit)视为在经济秩序中相互依赖的一种经过观察和验证的社会事实的东西,埃利希则视之为包含在构成人类社会的多方面的团体与关系之中的社会事实的综合体。经济决定论者看作是社会统治阶级的意志强加于那些服从其控制的阶级的东西,埃利希则看作是一种秩序调整,它包含在既定的社会组织之中,在这个组织内部得到承认,普遍地加以遵守,并以法律规范予以表述。在极端的现实主义者看来是个别法官的个人行为习惯的东西,埃利希则视之为活法对没有或不再反映重要团体和关系之内在秩序的规准、一般化和法条的反对。

关于我们评价利益的标准这个根本的法学难题,埃利希要告诉我们什么呢?看起来他的标准将会维持并推动当时当地的重要关系与团体的内在秩序。但是我们如何确定什么团体和关系是重要的?这不是一个某种理想的问题或者形而上学的或历史的重要性问题。它是某种需要对当时当地的生活事实进行实际观察才得以发现的东西。它是这样一个问题:哪些东西是鲜活的,即:具有一种实际上起作用的内在秩序;哪些东西是垂死的,即:不再具备这样一种起作用的内在秩序。这些关系和团体实在就是社会事实。

例如,关于我们普通法中的对价(consideration)原则,一个埃利希的追随者会指出,生意人的商业荣誉感以及银行家的维护信用感,代表了一种真实,而我们历史上可以在法院实施的有关承诺和约定的规定，不但没有维持和推动，反倒妨碍或阻挠了这一真实。它不是生活的一部分。它是裁判规范，而不是生活与实践的规范。这样，我们从外部得到一个对裁判规范的批评，而上个世纪的分析法学和历史法学则是从内部给我们这样一个批评。对于这种规定的价值和功能上的有效性我们有了一个客观的评判尺度。

最后，我们可以注意到埃利希如何处理有效的法律争议之界限这一问题。19 世纪的分析法学家认为这不是一个法理学问题；它是一个政治学问题。如果法条在诉讼中未能生效，那是执法者的错。当诉讼提交到法院要求判决时，法官必须遵守法条。如果软弱无能的执法者没有竭尽全力使诉讼提交到法院或者未能有效地利用行政机器强制推行国家认可或规定的作为行为规则的东西，那不是法学家操心的事。更接近事实的历史学派的法学家宣称失效的法律规则之所以失效是因为它们未能准确地表达和表述生活的经验。哲理派法学家看到的失效的原因在于不符合衡平与正义。法条之所以失去效力或者不能适用于诉讼是因为它违背个人良心的诉求。耶利内克找到的失效原因是缺少社会心理学上的保证。埃利希则说未得到执行或适用的法条不属于活法的一部分。它没有表达或者保护一个在社会中重大的关系或团体或组织中的内在秩序。它不是生活规范，它仅仅是一个裁判规范。

当今思想的特点在于，不再寻求某种所需之物，这种所需之物排斥所有其他事物、忽视与之不相一致的东西。相反，今天我们承认不同观点或不同研究进路的方式的有效性。我们承认从不同的进路得出不同的结果或者相左的结论的可能性。它并未妨碍某种法科学声明：我们不可能用任何一个全部包括的概念将三种东西统

一起来，这三种东西在法理学讨论中都以“法”的名义存在，即：法律秩序，判决的一整套权威性资料，以及司法程序。如果我们从功能上观察它们，我们会看到藏在它们背后的秩序调整，这种秩序调整，如埃利希所说，是社会的支撑。但是我们不必总把它当作政治的秩序调整的一个方面来考虑，像英美的法学家那样，受到我们对法律史所作的传统的政治性解释的影响，就倾向于这么做。然而，为了某些目的，以那种方法去思考它也未尝不可。我们可以尝试通过分析使规范可被识别（用边沁的话说）。我们可以试图通过研究其历史发展了解在什么程度上它们有利于实现法律秩序的目标。我们可以通过社会学了解它们在整个社会控制图式中的地位和任务，认识它们在社会中的角色和功能。如果说方法是工具，我们可以运用各种各样的工具来理解一个复杂的社会秩序中的复杂的社会控制机制。

附录四

欧根·埃利希生平与著作概览[1]

舒国滢 编制

1862 年 9 月 14 日生于（时属奥匈帝国）布科维纳的切尔诺夫策（今属乌克兰，位于乌克兰西南边陲，与罗马尼亚、摩尔多瓦接壤，历史上几易其主，具有亚美尼亚人、德意志人、吉普赛人、犹太人、匈牙利人、罗马尼亚人、俄罗斯人、罗塞尼亚人、斯拉夫人等多重文化）的一个富有浪漫主义教养的（犹太）律师家庭，其父为西蒙·埃利希博士（Dr. Simon Ehrlich）。其本人早年先后在切尔诺夫策大学和维也纳大学学习法律。

1886 年 4 月 8 日在维也纳大学获得法学博士学位。

1887 年发表处女作“论收费票据”（Über Facturenbeisätze, in: *Juristische Blätter*, SS. 365-391 ）。

1888 年发表“论法的漏洞”（Über Lücken im Rechte, in: *Juris-*

---

［1］ 此表主要参考：河上伦逸：“エールリッヒ略歴．主要著作一覧”，载エールリツヒ：《法社会学の基础理论》，河上伦逸、M. フーブリヒト共译，みすず书房 2001 年 9 月第 4 刷发行，第 xv-xvii 页；Klaus A . Ziegert, “Introduction to the Transaction Edition”, in: Eugen Ehrlich, *Fundamental Principles of the Sociology of Law*, transl. by Walter L. Moll, Routledge, New York 2017, pp.xix- l。——译者

tische Blätter, SS. 447-630)。

1889 年发表“贸易中的默示”(Das Stillschweigen im Handelsverkehre, in: *Kaufmannische Zeitschrift*, Jg. 15 Nr. 23.)。

1890 年发表“德国私法领域的社会立法政策”(Sociale Gesetzgebungspolitik auf dem Gebiete des deutschen Privatrechts, in: *Unsere Zeit*, Jg. 1890, Heft 5);“民法典草案与当代的社会政策动向”(Der Entwurf eines bürgerlichen Gesetzbuchs und die socialpolitischen Bestrebungen der Gegenwart, in: *Unsere Zeit*, 1890);“雅利安人的原始社会”(Die arische Urgesellschaft, in: *Deutsche Worte*, Jg. X, S. 353.)。

1891 年发表“私法上的劳动者保护”[Arbeiterschutz im Privatrechte, in: *Arbeiterschutz*, Jg. 2(Nr. 18, 19, 20)]。

1892 年发表“私法中的社会问题”(Die Soziale Frage im Privatrechte, in: *Juristische Blatter*; Die soziale Frage und die Rechtsordnung, in: *Neue Zeit*, Jg.9, Bd. 2, SS. 430, 476, 539.)。

1893 年出版《默示的意思表示》(*Die stillschweigende Willenserkllärung*, Berlin.)。

1894 年根据之前出版的著作,担任维也纳大学私人讲师(讲授罗马法),律师开业,作为犹太人后裔改宗为罗马天主教。

1895 年发表“股票交易仲裁庭”(Das Borsenschiedsgerichte, in: *Neue Revue*, Nr. 9);“论妇女研究问题”(Zur Frage des Frauenstudiums, in: *Deutsche Worte*, Jg. XV, S. 703ff.)。

1896 年 11 月 15 日担任维也纳大学编外教授。

同年发表“瑞士继承法草案”(Der schweizerische Erbre-

chtsentwurf, in: *Archiv für Soziale Gesetzgebung und Statistik*, 9, 1896, SS. 174-186)。

1897 年返回家乡切尔诺夫策，担任切尔诺夫策大学罗马法教授。[1]

1899 年出版《德国民法典上的强行法与非强行法》(*Das zwingende und unzwingende Recht im Bürgerlichen Gesetzbuch für das Deutsche Reich*, Jena.)。

1902 年出版《论法源理论》第一卷：市民法、公法、私法(*Beiträge zur Theorie der Rechtsquellen*, Erster Teil, Berlin.)。

1903 年 3 月 4 日根据法国南希大学民法教授弗朗索瓦·惹尼《实证私法上的解释方法与渊源》(Geny, *Methode d'interpretations et sources du droit*, 1899)的立场和方法，在奥地利维也纳法学会作了一场学术报告，题为《自由的法的发现和自由法学》(*Freie Rechtsfindung und Freie Rechtswissenschaft: Vortrag, gehalten in der juristischen Gesellschaft in Wien am 4. März 1903,* Verlag von C. L. Hirschfeld, Leipzig 1903)，在德语世界第一次明确提出了"自由法学"(Freirechtslehre/Freie Rechtswissenschaft)概念，在理论上确立了"自由法学"的原则，奠定了"自由法运动"的思想基础，因而成为这个法学运动名副其实的思想之父。

---

[1] 埃利希担任切尔诺夫策大学罗马法教授的时间有不同说法，多数英文文献确认其任职时间为 1897 年(参见本书附录：瓦尔特·L. 莫尔，"《法社会学原理》英译本序说")。日文译本确认其任职时间为 1900 年 3 月 1 日(河上伦逸："エールリッヒ略歴．主要著作一覧"，载エールリッヒ：《法社会学の基础理论》，河上伦逸、M. フーブリヒト共译，みすず书房 2001 年 9 月第 4 刷发行，第 xv 页)。——译者

同年发表“铜衡式遗嘱的起源”(Die Anfange des testamentum per aes et libram. Bericht erstattet dem Historikerkongress in Rom [Rechtshistorische Abteilung], 1903, in: *Zeitschrift für vergleichende Rechtswissenschaft* 17, 1905, SS. 99-109.)。

1904年针对明斯特大学罗马法教授卡尔·海因里希·厄尔曼(Karl Heinrich Erman, 1857—1940)就自己的著作《论法源理论》第一卷所写的长篇书评(H. Erman, Recht und Prätor——aus Anlaß von Ehrlich's Buch, *SZ.*, Rom. Abt., XXIV, 421f.),发表“法与裁判官:反论”(Recht und Prätor, Eine Entgegnung, in: *Zeitschrift für das Private und Öffentliche Recht der Gegenwart*, hrsg. von Grünhut, 31, SS. 331-364.)。

1905年发表“法与裁判官:结论”(Recht und Prätor, Eine Erledigung, *ibid.*, 32, SS. 599-612);出版《希腊印象》(*Griechische Eindrücke*, Czernowitz 1905 [Neue freie Presse])。

1906年发表“自由的法的发现”(Die freie Rechtsfindung, in: *Das Recht*, 1906, Nr. 3, SS. 35-41);“国际私法”(Internationales Privatrecht, *Halbmonatshefte der Deutschen Rundschau*, 1906, SS. 433-447.);“安东·门格尔:讣告”(Anton Menger, Nachruf, in: *Neues Frauenleben*, XVII Jahrgang, Nr. 2, Wien, Feb. 1906, SS. 1-3);“安东·门格尔”(Anton Menger, in: *Süddeutsche Monatshefte*, III, von September 1906);“社会学和法学”(Soziologie und Jurisprudenz, in: *Österreichische Richterzeitung*, 1906, SS. 57-72, und gekürzt in: *Die Zukunft*, 54 [1906], SS. 231-240);“罗马法教学的未来”(Die Zukunft des römischen Rechtsunterrichts, in: *Österreichische Rund-*

schau, 6, SS.386-392.)。

同年年底就任切尔诺夫策大学校长，发表校长就职纪念演讲《习惯法的事实》(*Die Tatsachen des Gewohnheitsrechts*, Inaugurationsrede gehalten am 2. Dezember 1906, Selbstverlag der K. K. Universität Czernowitz.)。

1907年发表“论法人问题”(Zur Frage der juristischen Person, in: *Österreichische Richterzeitung*.)。

1908年得到其同事奥托·冯·顿格恩(Otto von Dungern, 1875—1967)协助，筹建“活法研究所”。

1909年发表学术报告“奥地利东部社会政策的任务”(犹太人与农民问题)(Die Aufgaben der Sozialpolitik im Österreichischen Osten [Juden-und Bauern-frage], *Schriften des Sozialwissenschaftlichen Akademischen Vereins in Czernowitz*, Heft I, München u. Leipzig, 1908 [Vortrag geh. im Wintersemester, 1908-1909]); 发表“论权利能力”(Die Rechtsfähigkeit, Berlin.)。

1910年7月24日邀请“自由法运动”的一些头面人物相聚于切尔诺夫策大学，其中包括古斯塔夫·拉德布鲁赫(Gustav Radbruch, 1878—1949，时任海德堡大学讲师)，赫尔曼·康托洛维奇(Hermann Kantorowicz, 1877—1940，当时在弗赖堡大学取得教授资格)，厄恩斯特·弗克斯，卡尔·阿道夫·瓦伦汀·厄利希·荣格(Karl Adolf Valentin Erich Jung, 1866—1950，时任斯特拉斯堡大学教授)，胡果·辛茨海默(Hugo Sinzheimer, 1875—1945，时任法兰克福的律师)，阿尔弗雷德·博奇(Alfred Bozi, 1857—1938，时任北莱茵—威斯特法伦邦哈姆高等法院法官)等人。他们策划组成一个思想交流的团体，并于1911年10月成立了一个旨在促进“符合时代的司法与行政”的协会，创办该协会的机关刊物——《法与经济》月刊（*Recht und Wirtschaft*），主编是耶拿大学教授汉斯·弗里德里希·莱歇尔（Hans Friedrich Reichel, 1878—1939）、曼海姆商事高等学校教授马克斯·鲁姆普夫（Max Rumpf,1878—1953）以及弗朗茨·里斯（Franz Riss）。1922年，魏玛共和国法官协会副主席威廉·克罗纳（Wilhelm Kroner, 1870—1942）主持创办了另一份以“革新德国法制”（Erneuerung des Deutschen Rechtswesens）为宗旨的法官协会机关刊物——《司法》（*Die Justiz*），古斯塔夫·拉德布鲁赫、胡果·辛茨海默和沃尔夫冈·米特迈尔（Wolfgang Mittermaier, 1867—1956，时任吉森大学教授）等人参与该杂志的编辑。上述两本杂志鼓励发表带有自由法理论色彩的文章，被看作是“自由法运动”所倡导的“自由法之制度化”尝试（Versuche zur Institutionalisierung des Freirechts）的当然产物。

1911年发表“活法的探究”（Die Erforschung des lebenden Rechts, in: *Schmollers Jahrbuch für Gesetzgebung, Verwaltung und Volkswirtschaft im Deutschen Reich*, 35, 1, SS. 129-147）；“活法研究所简介”（Ein Institut für lebendes Recht, in: *Juristische Blätter*, SS.229-231, 241-244）；《社会科学高等研究院（备忘录）》（*Hochschule für Gesellschaftswissenschaften*, Denkschrift, Wien.）。

1912年受德国法学家大会第31届年会之邀，就法学教育发表基调报告“对下述问题的鉴定意见：通过（大学学习结束之前或之后的）培训，高度促进法学家对心理学、经济学以及社会学问题的了解，能带来什么？”（Gutachten über die Frage: Was kann geschehen, um bei der Ausbildung [vor oder nach Abschluß des Universitätsstudiums], das Verständnis der Juristen für psychologische, wirtschaftliche und soziologische Fragen in erhöhtem Maße zu fordern ?, *Verhandlungen des 31. Deutschen Juristentages*, II, 1912, SS. 200-220)；《布科维纳人的“活法”》(问卷调查)(Das lebende Recht des Völker der Bukowina, in: *Recht und Wirtschaft*. 1, SS. 273-279, 322-324.)；“法院体制的重新调整”(Die Neuordnung der Gerichtsverfassung, in: *Deutsche Richterzeitung*, Sp. 437-465, 563.)。

1913 年出版《法社会学原理》(*Grundlegung der Soziologie des Rechts*, München u. Leipzig.)；发表“法社会学”(Soziologie des Rechts, in: *Die Geisteswissenschaften* 1913/14, SS. 202-205, 230-234.)。

1914 年的前一年出版的《法社会学原理》在美国引起(特别是哈佛法学院以及罗斯科·庞德)关注。6 月，美国法学院协会(Association of American Law Schools)预定邀请埃利希于同年 12 月在芝加哥召开的第 14 届年会上发表纪念演讲，但由于 7 月 28 日第一次世界大战爆发，该计划中止。在美国法学院协会年末的年会上，威斯康星大学教授威廉·赫伯特·佩奇(William Herbert Page, 1875—1955)代替埃利希作了学术报告，主要根据《法社会学原理》的最后两章、《施莫勒年鉴》上的《活法的探究》一文以及《布科维纳人的“活法”》这本小册子，连同那份调查问卷“带有引言的活法之调查”，对埃利希的理论目标和方法进行了说明和探讨(W. H. Page, Professor Ehrlich’s Czernowitz Seminar of Living Law, *Pro-*

ceedings of 14th Annual Meeting of American Law Schools, 47）。

同年发表“论法社会学”（Zur Soziologie des Rechts, in: *Der Kampf*, Jg. 7, S. 463.）。

1915 年，切尔诺夫策适当军事要冲，成为第一次世界大战的战场，遂化为焦土，其本人到维也纳避难，后辗转各地，深为糖尿病恶化而烦恼（埃利希日记）。同年经美国联邦最高法院大法官小奥利弗·温德尔·霍姆斯（Oliver Wendell Holmes Jr., 1841—1935）引荐，向《哈佛法律评论》投稿，发表“孟德斯鸠与社会学法学”（Montesquieu and Sociological Jursprudence，in：*Harvard Law Review*, 29, 1915/16，pp.582-600.）。同时，与汉斯·凯尔森（Hans Kelsen, 1881—1973）开始了为期两年的学术争论（1915—1917 年）：针对凯尔森的批判性文章“某种法社会学原理”（Hans Kelsen, Eine Grundlegung der Rechtssoziologie, in: *Archiv für Sozialwissenschaft und Sozialpolitik*, 39, 1915, SS. 839-876.），1916 年埃利希写了一篇“反驳”（Entgegnung，*ibid.*，Bd.41, 1916, SS.844-849）；对此，凯尔森发表“再批判”（Replik，*ibid.*, SS. 850-853）；接着埃利希又写“再反驳”（Replik，*ibid.*，Bd.42，SS.60-610），凯尔森发表“结语”（Schlußwort, *ibid.*, S. 611）。整个过程，埃利希自己始终对这个“强硬争论”持消极（应战）态度。

1916 年发表“法与社会”（Das Recht und die Gesellschaft, in: *Zeitschrift für Notariat und freiwillige Gerichtsbarkeit in Österreich*, SS. 208-210）。

1917 年未完成的大作《法官的法的发现理论》之部分发表（Die richterliche Rechtsfindung auf Grund des Rechtssatzes, Vier Stücke aus dem in Vorbereitung begriffenen Werk: Theorie der richterlichen Rechtsfindung, in: *Jherings Jahrbücher für die Dogmatik des bürgerlichen Rechts*, 67, SS. 1-80.)。

同年出版《奥地利中央机构如何维系持久和平的国家难题》(*National Problems in Austria in the Central Organization for a Durable Peace*, The Hague 1917.)。

1918年出版《法律逻辑》(*Die juristische Logik*, Tübingen.)。随后在瑞士的苏黎世作了一些演讲，并发表论文："关于《瑞士民法典》第一条'公认的学理和惯例'"(Die "bewahrte Lehre und Überlieferung"[Art. 1. ZGB]. Leitgedanken eines Referats Ehrlichs vor dem Züricher Juristenverein, aufgezeichnet von H. Schmid, in: *Schweizerische Juristenzeitung*, 16, 1919/20, SS. 225-226)；"瑞士的货币难题"(Die Valutaschwierigkeiten der Schweiz, in: *Schweizerische Zeitschrift für Volkswirtschaft und Sozialpolitik.*)。

第一次世界大战结束，布科维纳作为(因奥地利战败)被瓜分的土地移交给罗马尼亚管理。因领土归属变更，布科维纳社会处于动荡不定之中。战后切尔诺夫策大学复学，发生学生团体抵制埃利希(复教)的运动。

1919年发表"债务问题"(Die Schuldfrage, in: *Das neue Europa*, V, 4, Zürich 1919, SS. 14-17)；"艺术作品与环境：论艺术社会学"(Das Kunstwerk und die Umwelt. Zur Soziologie der Kunst, in: *Das neue Europa*, V, 10/11, SS.70-72)；"论国际联盟的未来"(Von der Zukunft des Völkerbundes, in: *Die "Friedens-Warte", Blätter für zwischenstaatliche Organization*, 21, SS. 89-93.)。

1920年出版《俾斯麦与世界大战》(*Bismarck und Weltkrieg*, Zürich);发表“制定法与活法”(Gesetz und lebendes Rechts, in: *Journal of the Jurisprudence Association*, Bd. 38, Heft 12, SS. 1-22;转载日本《法学协会杂志》38卷12号)。

1921年罗马尼亚政府保留其大学教授的地位,但规定其必须用罗马尼亚语教学和写作,给予其一年用来准备罗马尼亚语讲义的研究假。在乔尔加教授主持的“东欧协会”上演讲“法社会学”(Die Soziologie des Rechts),并于《罗马尼亚国民》(*Neamul Românesc*)杂志上发表。

1922年的前一年发表的最后一部德文作品“法社会学”(Die Soziologie des Rechts)被译为意大利文、日文和英文转载(La Sociologia del Diritto, in: *Rivista Internationale di Filosophia del Diritto*, 2, SS. 96-110;“法社会学”,高柳贤三译,载《法学协会杂志》40卷1号;The Sociology of Law, in: *Harvard Law Review*, 36, 1922/23. pp. 130-145, translated by Nathan Isaacs.)。

同年5月2日,因患肺结核而病逝于布加勒斯特。

译者后记

欧根·埃利希的《法社会学原理》可能是我迄今阅读最慢、翻译耗时最多的一本书。2006年5月受清华大学法学院高鸿钧教授之托接手该书的迻译工作，至2008年8月24日（北京举行的第29届夏季奥林匹克运动会竞赛的最后一天）译稿杀青（中国大百科全书出版社2009年3月初版）。在这两年多的时间里，除完成必要的教学任务之外，本人尽可能推掉各种会议、应酬以及其他稿约（自然，这期间亦几无任何专业论文发表），蔽身于斗室之间，朝临东曦，暮伴西灯，醉心于埃利希这本四百多页的著作，在充斥着艰涩的语言、众多的人物、浩如烟海的资料和生僻的词汇构筑的文本中去切身感受埃利希的精神世界，希冀在他略嫌消瘦的形象中找到破解其写作时的巨大雄心、冷静和精细的著述动力。毫无疑问，这在一定程度上也同时铸造了我的另一种性情——一种沉潜于平凡、寂寥而安静氛围的心情，只有在这种心情中，我才找到"理解"埃利希的专业语言包裹着的热情和慎思，并想象着他一个世纪之前在巴尔干山谷小镇切尔诺夫策（特别是在其生命最后的时日，由于患病和被迫改换授课语言的精神苦闷，拖着瘦弱的身体）孤寂漫步的姿态。无论如何，我需要这样的想象，这是我在翻译任何一本我所尊敬的作品时所不可或缺的。

埃利希在法社会学界无疑是那种人人知晓其名，而其著作却少有人问津的名人，在我国法社会学界也是如此，凡对法社会学略有专攻的学者大体都知道埃利希曾经提出过所谓“活法”的思想，不过我们的研究也仅此而已，学界很少有人系统研究他的思想，甚至很少有人阅读过他的著作。由于其作品多为德文版，学者不易搜罗，难以通读，或许是主要原因。本人早在20世纪80年代即对埃利希的理论产生兴趣，曾经不知天高，根据有限的英语资料写过一篇小文“尤金·埃利希及其《法社会学基本原理》”，发表在《法制日报》1988年2月22日4版。此后由于多种原因中断了研究，1994年我在德国哥廷根大学进修时，有机会复印了埃利希的多种著作，其中就包括这本《法社会学原理》第三版（也是埃利希生前出版的第一版之重印本）。

在翻译这本书中时时遭遇自我知识储备的局限所产生的困难。在这个过程中，拉丁文和法文知识的欠缺，每每使翻译陷入停顿，等待求援。在拉丁文翻译方面，华东政法大学的张礼洪教授、北京师范大学刑事科学研究院的黄风教授、中国政法大学比较法研究所的丁玫教授和罗致敏教授、德国汉堡马克斯-普朗克外国法与国际私法研究所弗朗克·明策尔教授（Prof. Dr. Frank Münzel, 1937—2020年）以及首都师范大学政法学院汪雄副教授都慷慨援手，解决了一个又一个拉丁文引文的汉译理解问题，甚至还校勘了埃利希著作之部分引证本身的问题。

埃利希的这本书早在1936年就被美国学者、乔治华盛顿大学法学教授瓦尔特·L. 莫尔（Walter L. Moll）译成英文，这个英译本曾在1999年被中国社会科学出版社纳入“西学基本经典”，作为其中的一种。我在翻译过程中逐字逐句将这个译本（特别是2017年由罗德里奇［Routledge］出版社出版的新本）与德文第3版和第4版进行了对照，可以说受益匪浅（应当说，莫尔的英译本也有许多不适当的，甚至错误的翻译，恕不一一罗列）。有意思的是，这种对照翻译，还使我发现埃利希原著，尤其是德文第4版存在的（比如漏排、引文错误等）问题，我在本书中对其中的校正作了说明。

前辈杨树人先生早在20世纪30年代就曾翻译过这本书，可惜由于战乱和时局的变动，他所翻译的中译本没有能够出版，使我们中国读者完整了解埃利希的学说晚了70余年，真的是遗憾之至。感谢於兴中教授将杨树人先生于1951年在台湾出版的节译本惠寄于我，我从这个节译本中受益良多。杨先生为此所写的序言感人至深，且极有学术价值，故此，将这个序言连同莫尔教授的英译本序言和罗斯科·庞德教授的推介文章（我的博士生李丹女士帮助翻译了后两篇作品，亦示谢意）一并附在本书之后，供读者研究参考。

商务印书馆副总编辑陈小文先生、政法室主任王曦女士和吴婧编辑敦促本人将译本在商务印书馆再版，对于他们的美意和付出表示万分感谢。借此次修订再版之际，本人认真查对、订正了一些概念的译法，逐句理顺译文的内容，并利用部分参考资料（主要是日本京都大学大学院法学研究科河上伦逸［かわかみ・りんいつ，1945—］教授在《法社会学原理》日文译本中编制的“エールリッヒ略歴．主要著作一覧”以及克劳斯·A. 茨威格特［Klaus A. Ziegert］于1999年8月在澳大利亚悉尼大学为埃利希的《法社会学原理》英译本新版所写的“导言”）专门制作了一个“欧根·埃利希生平与著作概览”，便于读者了解埃利希的为人为学。

另外，就埃利希这本书之书名翻译作一点说明。如读者所见，不同的译者对该著所使用的译名是不一样的：例如，瓦尔特·L. 莫尔的英译本译作《法律社会学基本原理》(*Fundamental Principles of the Sociology of Law*)，河上伦逸的日译本取名为《法社会学之基础理论》(法社会学の基础理论)，杨树人的中文节译本曰《法律社会学原论》。而德文原著的名称为“Grundlegung der Soziologie des Rechts”，按照克劳斯·A. 茨威格特的解释，这里的“Grundlegung”实际上是指“奠基”(laying the foundation，即“奠定基础”之义)，相应地，整个书名应直译为《法社会学奠基》(See Klaus A. Ziegert, “Introduction to the Transaction Edition”, in: Eugen Ehrlich, *Fundamental Principles of the Sociology of Law*, transl. by Walter L. Moll, Routledge, New York 2017, p.xliv, n. 2.)。“奠基”作为书名在德语世界中是比较常见的：比如，著名哲学家伊曼努尔·康德于1785年著《道德形而上学奠基》(*Grundlegung zur Metaphysik der Sitten*)。但如我们所见，在汉语学界，康德的这本书亦经常被译成《道德形而上学原理》(不过，在康德的哲学里，“奠基”这个词有比较严格的用法)。埃利希此书的名称其实没有康德哲学书名那么多讲究，权且译为《法社会学原理》，这并不完全违背埃利希立论的初衷，反而可能与其理论雄心和理论主张恰恰是相吻合的。另一方面，该书名之翻译也没有必要像英译本那样加上“Fundamental”(基本的，或基础的)之类的赘语，汉语“原理”一词中已经包含“基本”或“基础”等意思。

现今世界正在经历百年不遇的新型冠状病毒(Corona Virus Disease 2019/COVID-19)之灾。它像洪水般肆虐我们人类生活的

这一片广袤的土地，打破了千千万万黎民百姓所期盼的祥和与美好的生活，正在改变当下各种社会、政治、经济、文化等力量平衡的格局，甚至有可能打乱世界历史（比如“全球化”）行进的节奏。我本人则闭关于书斋之内，通过“墙”的边界看清和熟悉界限之内的人际、空间之物的方位及距离。“墙”阻隔了危险、恐惧和侵略，也阻隔了人际的交往、信息的通达和意见的交换。不过，另一方面，闭关并不妨碍本人也偶尔透过书斋一窗仰望宁静的天空，瞬间捕捉外部世界时时飞动的自由物体和不断变幻的游动云图，愿意把视野投向更为遥远的地平线，投向无限伸展、没有尽头的时空，因为我相信：

> 不论你望得多远，仍然有无限的空间在外边；无论你能数多久，仍然有无限的时间数不清。（美国诗人瓦尔特·惠特曼语）

舒国滢

2008 年 8 月 24 日一稿

2020 年 9 月 1 日二稿

于元大都西土城夕峰吟斋

图书在版编目(CIP)数据

法社会学原理/(奥)欧根·埃利希著;(德)曼弗雷德·雷宾德尔编校;舒国滢译.—北京:商务印书馆,2024
(汉译世界学术名著丛书:120年纪念版:珍藏本:增订本)
ISBN 978-7-100-23728-4

Ⅰ.①法… Ⅱ.①欧…②曼…③舒… Ⅲ.①法律社会学 Ⅳ.①D902

中国国家版本馆 CIP 数据核字(2024)第 077343 号

汉译世界学术名著丛书
(120 年纪念版·珍藏本·增订本)
法社会学原理
〔奥〕欧根·埃利希 著
〔德〕曼弗雷德·雷宾德尔 编校
舒国滢 译

商 务 印 书 馆 出 版
(北京王府井大街 36 号 邮政编码 100710)
商 务 印 书 馆 发 行
北京市十月印刷有限公司印刷
ISBN 978-7-100-23728-4

2024 年 5 月第 1 版　　开本 710×1000 1/16
2024 年 5 月北京第 1 次印刷　　印张 42½
定价:222.00 元